Lothar Gruchmann:
Der Zweite Weltkrieg
Kriegführung und Politik

Deutscher
Taschenbuch
Verlag

dtv

dtv-Weltgeschichte des 20. Jahrhunderts

Hans Herzfeld: Der Erste Weltkrieg
Gerhard Schulz: Revolution und Friedensschlüsse
Helmut Heiber: Die Republik von Weimar
Ernst Nolte: Die faschistischen Bewegungen
Hermann Graml: Europa zwischen den Kriegen
Erich Angermann: Die Vereinigten Staaten von Amerika seit 1917
Karl-Heinz Ruffmann: Sowjetrußland 1917–1977
Martin Broszat: Der Staat Hitlers
Lothar Gruchmann: Der Zweite Weltkrieg
Thilo Vogelsang: Das geteilte Deutschland
Wilfried Loth: Die Teilung der Welt
Franz Ansprenger: Auflösung der Kolonialreiche

Originalausgabe
1. Auflage September 1967
7., durchgesehene und erweiterte Auflage August 1982
8. Auflage März 1985: 70. bis 74. Tausend

Umschlaggestaltung: Celestino Piatti
Umschlagbild: Deutsche Dornier-Bomber während der Luftparade über Athen
Foto: Ullstein
Gesamtherstellung: C. H. Beck'sche Buchdruckerei, Nördlingen
Printed in Germany · ISBN 3-423-04010-6

Das Buch

Die tiefste Zäsur in der Geschichte des 20. Jahrhunderts ist der Zweite Weltkrieg. Die Aggressionen der Dreierpaktmächte Deutschland, Italien und Japan zwangen die übrigen Großmächte trotz gegensätzlicher Interessen in eine »unnatürliche Koalition«, deren Wesen Winston Churchill bereits 1941 erkannte: »Nichts blieb zu tun, als unsere überwältigenden Machtmittel einzusetzen. Keine andere Kombination auf der Welt könnte gegen unsere vereinte Macht bestehen.« Der Autor dieses Buches legt den Akzent nicht auf die detaillierte Darstellung der Feldzüge in Europa, Afrika und Asien, sondern auf die Erläuterung der politischen Hintergründe und ihren Einfluß auf das militärische Geschehen. In der vorliegenden siebenten Auflage wurden auch die neueren Forschungsergebnisse über die Entzifferung deutscher Funkschlüssel durch die Alliierten und ihre Rolle für den Verlauf des Krieges berücksichtigt.

Der Autor

Dr. Lothar Gruchmann, geboren 1929, ist Mitarbeiter am Institut für Zeitgeschichte in München und nahm von 1962 bis 1968 Lehraufträge an der Universität München wahr. Er veröffentlichte u. a. ›Völkerrecht und Moral. Ein Beitrag zur Problematik der amerikanischen Neutralitätspolitik 1939–1941‹ (1960); ›Nationalsozialistische Großraumordnung‹ (1962); ›Das Korea-Problem‹ (1963); ›Die »verpaßten strategischen Chancen« der Achsenmächte im Mittelmeerraum 1940/41‹ (1970); ›Euthanasie und Justiz im Dritten Reich‹ (1972); ›Die »Reichsregierung« im Führerstaat. (1973); ›Die Überleitung der Justizverwaltung auf das Reich 1933–1935‹ (1977); ›Schweden im Zweiten Weltkrieg‹ (1977); ›Ausgewählte Dokumente zur deutschen Marinejustiz im Zweiten Weltkrieg‹ (1978); ›Die bayerische Justiz im politischen Machtkampf 1933/34‹ (1979); ›Jugendopposition und Justiz im Dritten Reich‹ (1980); ›Georg Elser. Der Attentäter aus dem Volke‹ (1980, m. A. Hoch); ›Nacht- und Nebel-Justiz 1942–1944‹ (1981).

dtv-Weltgeschichte des 20. Jahrhunderts
Herausgegeben von
Martin Broszat und Helmut Heiber

Inhalt

Erster Teil
Hegemoniale Aggression in Europa und Ostasien

1. Kapitel
Der Weg in den Krieg: Europa zwischen Hegemonie und Gleichgewicht

Als die deutschen Truppen im Morgengrauen des 1. September 1939 über die Ostgrenze zum Angriff antraten, setzten sie eine bewaffnete Auseinandersetzung in Gang, die sich innerhalb von rund zweieinhalb Jahren zu einem Weltbrand ausweiten sollte. Bereits zwei Tage später war aus dem Polenfeldzug durch das Eingreifen Englands und Frankreichs ein europäischer Krieg geworden, der sich durch den Eintritt Italiens 1940 und den deutschen Überfall auf die Sowjetunion 1941 weiter ausbreitete. Durch den Angriff Japans auf die angloamerikanischen Positionen in Südostasien und im Pazifik sowie die Kriegserklärung der Achsenmächte an die Vereinigten Staaten im Dezember 1941 wurde schließlich die europäische Auseinandersetzung mit dem seit 1937 währenden japanisch-chinesischen Kampf zu einem Ringen im Weltmaßstab verflochten, bei dem die Völker einander sechs Jahre lang mit den Mitteln moderner Technik bekämpften.

In Europa ging der Krieg zumindest seit dem Eingreifen der beiden Westmächte nicht mehr allein um die Grenzen und die staatliche Existenz Polens, sondern um das Prinzip, nach dem Europa geordnet werden sollte: Hegemonie oder Gleichgewicht. Für Hitler waren Danzig und der Korridor im August 1939 nur noch Vorwand zur militärischen Unterwerfung Polens, zu der er sich als nächstem Schritt auf dem Wege zur deutschen Hegemonie über Europa zu diesem Zeitpunkt bereits entschlossen hatte. Andererseits stellte die Garantie der Westmächte an Warschau in der militärpolitischen Situation, wie sie sich nach dem Abschluß des deutsch-sowjetischen Nichtangriffspaktes im August 1939 darbot, im Falle eines deutschen Angriffs keinen realen Schutz für Polen dar. Sie war vielmehr Ausdruck der jahrhundertealten britischen Konzeption des

»balance of power« in Europa: sie diente dazu, ein möglichst großes Gegengewicht gegen die zur Hegemonie strebende Macht zu errichten. Der Aufbau einer genügend starken Abwehrfront mißlang jedoch, als die Westmächte die Einbeziehung der Sowjetunion in die Defensivkoalition nicht erreichten, sondern im Gegenteil Hitler diese Macht für eine Teilung des polnischen Staates gewinnen konnte. Als Hitler das verbleibende Risiko in Kauf nahm und zum Angriff auf Polen schritt, war die englische Gleichgewichtspolitik gescheitert. Hitlers Fehlspekulation, daß die Westmächte ihre Verpflichtungen gegenüber Warschau nicht erfüllen würden, weil sie Polen doch nicht vor der militärischen Niederlage retten konnten, beruht auf der Verkennung der Grundtatsache, daß es den Westmächten erst in zweiter Linie um den Schutz Polens, in erster Linie aber um die Verhinderung der weiteren gewaltsamen Machtausdehnung Deutschlands auf dem europäischen Kontinent und – nachdem Hitler zum Kriege geschritten war – um die Ausschaltung des nationalsozialistischen Regimes als der Quelle dieses Hegemonialstrebens ging.

Hitlers außenpolitische Überlegungen waren von Anfang an über eine Revision des Versailler Vertrages hinaus auf eine solche Hegemonialstellung gerichtet gewesen. Eine Wiederherstellung der deutschen Grenzen von 1914 bezeichnete er schon in ›Mein Kampf‹ und in seiner Niederschrift von 1928 als unsinnig, da diese nur den »damals augenblicklichen Zustand im Lebenskampf unseres Volkes« dargestellt hätten. Der Lebenskampf eines Volkes aber bestand für Hitler letztlich darin, »der jeweiligen Volkszahl die zur Ernährung notwendige Raummenge« zu erringen und zu bewahren. Wenn er daher Außenpolitik schlechthin als »die Kunst, einem Volke den jeweils notwendigen Lebensraum in Größe und Güte zu sichern« verstand, so galt für ihn dabei der Einsatz von Blut zu diesem Zweck als der einzige, »der vor einem Volke gerechtfertigt werden kann«. Von diesen Grundvorstellungen aus war seine außenpolitische Konzeption nicht die von Grenzrevisionen, sondern einer »klaren weitschauenden Raumpolitik«, die dem deutschen Volk »die Zuweisung eines genügenden Lebensraumes für die nächsten 100 Jahre« bringen sollte[1], die aber letztlich nur durch Waffengewalt realisiert werden konnte. Für die Gewinnung dieses deutschen Lebensraumes kamen für ihn vor allem die Gebiete Rußlands in Betracht, durch deren Besitz sich Deutschland zur Hegemonialmacht über den europäischen

Kontinent aufschwingen sollte, der sich schließlich auch der »Erbfeind« Frankreich würde beugen müssen und von deren in den Kontinent eingebetteten und daher vor Seemächten wie England geschützten Basis aus schließlich auch »Weltpolitik« getrieben werden konnte.

Auf dem Wege zur europäischen Hegemonie war Hitler bis zum Überfall auf Polen bereits ein beträchtliches Stück vorangekommen: Neben der Wiedereinführung der Wehrpflicht, der Mobilisierung der wirtschaftlichen Kräfte und der Aufrüstung im Innern hatte er außenpolitisch beträchtlichen deutschen Machtzuwachs zu verzeichnen: den Anschluß Österreichs und des Sudetenlandes, die Besetzung der Resttschechei und die Bildung des slowakischen Satellitenstaates, die Angliederung des Memellandes und das rumänische Abkommen, das Deutschland erheblichen Einfluß auf die Wirtschaft dieses Landes einräumte. Allerdings muß der Ansicht entgegengetreten werden, daß Hitler alle diese Schritte – und zwar auch in dieser Reihenfolge – »geplant« habe, daß die Entwicklung nach einem von ihm im geheimen folgerichtig ausgebrüteten, langfristigen und starr durchgeführten Plan gelaufen, d. h. ausschließlich durch seinen Willen bestimmt gewesen sei. Diese Ansicht vertreten, hieße dem Glauben an übermenschliche Fähigkeiten huldigen. Hitlers jeweilige Schritte waren wesentlich durch das Verhalten und die Fehler seiner Gegner mitbestimmt, die er einfallsreich, elastisch, rational und mit Einfühlungsvermögen ausnutzte. Bei weitem nicht zu jedem Zeitpunkt war Hitler der Aktive, Fordernde und Agierende. Seine Politik in der Vorkriegsperiode bestand vielfach in abwartender, improvisierter und »reagierender« Ausnutzung der sich stets verändernden internationalen Lage. Bot die Situation aber einmal die Chance zur Verwirklichung eines kurzgesteckten Einzelzieles, dann erfolgte dessen Realisierung in der Form eines blitzartigen Fait accompli, das die Reaktionsfähigkeit der Gegner zunächst überforderte und dann lähmte. Wenn ihn so auf seinem Wege oftmals mehr die Umstände als eine eigene perfektionistische Konzeption zu den aufeinanderfolgenden Einzelschritten führten, blieb doch das Ziel, auf das er sich konstant hinbewegte, ein Fixum: die deutsche Hegemonie auf dem europäischen Kontinent durch Gewinnung von Lebensraum im Osten. Mit rationalem Handeln in konkreten Situationen verfolgte er dieses im Grunde irrationale und ihm als Vision vorschwebende Ziel. Hitler war sich völlig darüber im klaren, daß sein hegemoniales Endziel nur mit kriegerischen Mitteln zu erreichen war: Seine ganze Innenpolitik stand schließlich unter dem Zeichen der Vorbereitung und der totalen Mobilmachung aller Kräfte. Aber er verfolgte die Taktik, die Machtausdehnung Deutschlands zwar durch das bedenkliche Mittel der Drohung mit militärischer Gewalt, jedoch so lange wie möglich ohne offenen Krieg mit anderen Großmächten zu erreichen. In der konkreten Situation der Sudetenkrise schien er erstmals an ein kriegerisches Vorgehen zu denken, um die isolierte und wesentlich schwächere Tschechoslowakei gewaltsam zu zerschlagen und damit zugleich die neugeschaffene Wehrmacht einer Feuer- und Bewährungsprobe zu unterziehen.

Ein Krieg zur Unterwerfung Polens war jedenfalls in Hitlers Konzeption nicht von vornherein »eingeplant«. Im Gegenteil wollte Hitler nach dem Abschluß des deutsch-polnischen Nichtangriffspaktes vom 26. Januar 1934 etwas ganz anderes erreichen: nämlich Polen als möglichen Bundesgenossen für eine spätere militärische Expansion gegen die Sowjetunion gewinnen. In den Gesprächen, die Hitler, Göring und der damalige deutsche Außenminister v. Neurath um diese Zeit mit polnischen Politikern führten, klingt dieser Gedanke immer wieder an. Die Polen, insbesondere der polnische Außenminister Josef Beck, verhielten sich jedoch gegenüber diesen deutschen Angeboten zurückhaltend, da deren Realisierung gegen die polnische Konzeption verstieß, sich als selbständige Kraft zwischen den beiden unversöhnlich scheinenden Mächten Deutschland und Rußland zu behaupten und sich folglich von jeder Bindung an eine der beiden frei zu halten: nach einem erfolgreichen deutsch-polnischen Feldzug gegen Rußland mußte Polen der alleinigen deutschen Hegemonialmacht in Osteuropa völlig ausgeliefert sein. Hitler forcierte in der Folgezeit diese Politik gegenüber Polen nicht, da er zunächst noch die Flankendeckung dieses Staates für seine außenpolitisch riskanten Unternehmungen (Rheinlandbesetzung, Annexion Österreichs und des Sudetenlandes) brauchte. Bei der letzten dieser Aktionen verwandelte sich die passive Rückendeckung Polens sogar in regelrechte Schützenhilfe, als Polen sich Hitler mit Forderungen an die Tschechoslowakei anschloß und seinerseits die Abtretung des teilweise von Polen bewohnten Teschener Gebietes verlangte. Das deutsch-polnische Zusammenspiel ging hier so weit, daß für den Fall eines militärischen Vorgehens gegen die Tschechoslowakei bereits eine Demarkationslinie zwischen eventuell einrückenden deutschen und polnischen Truppen vereinbart wurde. Aber nicht lange nachdem die Sudetenkrise durch die Münchner Konferenz beigelegt worden war und auch Polen der Prager Regierung seinen Anteil abgepreßt hatte, sollte die polnische Regierung diese kurzsichtige Politik, die sie in den Augen der Welt und vor allem der Westmächte in Mißkredit gebracht hatte, bereits bereuen. Hitler nutzte die Situation aus, um Polen – nachdem die polnische Flankendeckung entbehrlich geworden war – durch die Anmeldung deutscher Revisionsforderungen zu einer Entscheidung für oder gegen eine weitere Zusammenarbeit mit Deutschland zu zwingen. Bereits am 24. Oktober 1938 brachte v. Ribbentrop, seit Februar Reichsaußenminister, gegenüber dem polnischen Botschafter Lipski die Angliederung Danzigs und einer exterritorialen Auto- und Eisenbahnverbindung nach Ostpreußen sowie den polnischen Beitritt zu dem mit Japan und Italien 1936 bzw. 1937 abgeschlossenen Antikominternpakt zur Sprache. Ziel war eine enge Bindung Polens an das Deutsche Reich, um auf diesem Wege zugleich eine Hegemonialstellung über die anderen osteuropäischen Mittel- und Kleinstaaten zu gewinnen. Ob Hitler nach einem solchen Arrangement mit Polen beabsichtigte, sich zunächst gegen den Westen zu wenden – ein Plan, den er einmal als »an sich erwünscht« bezeichnete –, kann nicht mit Sicherheit gesagt werden und dürfte von der Situation abhängig gewesen sein.

Gegenüber den deutschen Forderungen, die in den folgenden Monaten ständig wiederholt wurden, verhielten sich die Polen aus den erwähnten Gründen ausweichend. Aber ihre Lage war schwierig: Einerseits handelte es sich bei den deutschen Revisionsforderungen um an sich gemäßigte und berechtigte Verlangen, gegen die Polen auch bei den Westmächten keine Unterstützung erhoffen konnte, zumal sich die Beziehungen zu ihnen seit dem polnischen Verhalten in der Sudetenkrise abgekühlt hatten. Andererseits fürchtete Beck mit der Erfüllung dieser Forderungen die einzige Barriere niederzureißen, die Polen vor einem Bündnis mit Deutschland bewahren und damit die polnische Unabhängigkeit erhalten konnte. Aus diesem Dilemma wurde die polnische Regierung durch einen Schritt Hitlers erlöst, – durch die unter Bruch des Münchner Abkommens erfolgende Besetzung der Resttschechei am 15. März 1939. Dieser Coup offenbarte den Westmächten schlagartig, daß es Hitler nicht um Revision des Versailler Vertrages und um das Prinzip des Selbstbestimmungsrechts der Völker ging, sondern um hegemoniale Expansion und Unterdrückung fremder Völker. Unter diesem Schock gaben die Westmächte ihre Appeasement-Politik auf und entschlossen sich, der weiteren, auf Kosten der Unabhängigkeit anderer Staaten erfolgenden Expansion Deutschlands entgegenzutreten: das europäische Gleichgewicht sollte durch den Aufbau einer kollektiven Abwehrfront aufrechterhalten werden.

Durch die Errichtung des deutschen Protektorats über Böhmen und Mähren und des in einem engen Schutzverhältnis zu Deutschland stehenden slowakischen Staates, von dem aus Polen nun auch von Süden her militärisch in die Zange genommen werden konnte, verstärkte sich in Polen die Ansicht, daß die deutschen Forderungen bald von einer Drohung mit Gewalt begleitet sein könnten. Denn auch Ribbentrop wiederholte am 21. März 1939 dem polnischen Botschafter Lipski gegenüber diese Forderungen und Vorschläge – einschließlich einer gemeinsamen Politik gegenüber der Sowjetunion – eindringlich und warnte, Hitler dürfe durch die »merkwürdige Haltung Polens« nicht »den Eindruck erhalten, daß Polen einfach nicht wolle«.[2] Die Weisung Hitlers an den Oberbefehlshaber des Heeres vom 25. März 1939 läßt jedoch erkennen, daß er zu diesem Zeitpunkt auch im Falle einer polnischen Ablehnung noch nicht an eine gewaltsame Lösung dachte, um »Polen nicht dadurch in die Arme Englands zu treiben«.[3]

Der polnische Außenminister, der unterdessen bei einem Besuch in London die Gewißheit erlangte, daß die Westmächte nach der Umstellung ihrer Deutschlandpolitik ein starkes Interesse am weiteren Bestand eines unabhängigen Polen hatten, entschloß sich nunmehr – obwohl er noch keinerlei bindende Zusage für eine englische Hilfe im Falle einer deutschen bewaffneten Reaktion erhalten hatte –, die deutschen Forderungen am 26. März 1939 zum erstenmal eindeutig abzulehnen. Damit war die Unüberbrückbarkeit des deutsch-polnischen Gegensatzes offenbar geworden. Als in London die Verschärfung der Beziehungen zwischen Deutschland und Polen gemeldet wurde und Gerüchte über deutsche Truppenkonzentrationen an der polnischen Grenze auftauchten, entschloß sich der britische Premierminister Chamberlain zu einer in der Geschichte der englischen Diplomatie einzigartigen Verpflichtung Englands auf dem europäischen Kontinent, um Deutschland von befürchteten aggressiven Schritten abzuhalten: zur Garantieerklärung für Polen vom 31. März 1939. Sie besagte, daß die britische

Regierung »im Falle irgendeiner Handlung, welche die Unabhängigkeit Polens klar bedroht und gegen welche die polnische Regierung es dementsprechend für notwendig erachtet, mit ihren nationalen Kräften Widerstand zu leisten«, Polen mit allen verfügbaren Mitteln unterstützen werde.[4] Frankreich schloß sich dieser Garantie sofort an, die sich in der Folge als übereilt und für die weitere Entwicklung nicht ohne Schaden erweisen sollte. Ähnliche Garantien wurden an Rumänien, gegen die italienischen Ambitionen auf dem Balkan auch an Griechenland und die Türkei gegeben.

Als Polen durch die Annahme der britischen Garantie und die definitive Ablehnung der deutschen Vorschläge seinen Willen klar bekundet hatte und Hitler erkannte, daß sein Endziel der Eroberung von Lebensraum in Rußland nicht mehr zusammen mit einem polnischen Satelliten verwirklicht, sondern nur noch gegen ein Polen erzwungen werden konnte, das sich seine unabhängige Stellung bewahren wollte, reifte in den folgenden Wochen in ihm der Entschluß, Polen gewaltsam auszuschalten.

Bereits am 3. April 1939 gab er der Wehrmacht die Weisung, den »Fall Weiß«, den Feldzug gegen Polen, bis zum 1. September 1939 als frühestmöglichem Auslösungstermin vorzubereiten. Am 28. April 1939 kündigte er in einer Reichstagsrede kurzerhand den deutsch-polnischen Nichtangriffsvertrag von 1934, da ihn die Polen einseitig gebrochen hätten. Gleichzeitig erklärte er den deutsch-englischen Flottenvertrag von 1935, der das Stärkeverhältnis der deutschen zur englischen Flotte auf 35:100 festgelegt hatte, als Antwort auf die englische »Einkreisungspolitik« für hinfällig. Hier mag Hitlers Enttäuschung über seine seit der Sudetenkrise immer mehr schwindende Illusion mitgewirkt haben, daß ihm England für den Verzicht auf eine deutsche Seemacht freie Hand im Osten gewähren würde. Hitlers Erkenntnis, daß die Zeit deutscher Machtexpansion ohne Krieg nunmehr vorüber sein werde, wird in seiner Äußerung anläßlich einer Besprechung mit den Oberbefehlshabern der Wehrmachtteile am 23. Mai 1939 deutlich. In dieser vertraulichen Besprechung bekundete er daher seinen »Entschluß, bei erster passender Gelegenheit Polen anzugreifen« und legte seine Ziele offen dar: »Danzig ist nicht das Objekt, um das es geht. Es handelt sich für uns um die Erweiterung des Lebensraumes im Osten und Sicherstellung der Ernährung sowie die Lösung des Baltikum-Problems.«[5] Dabei betrachtete er die Isolierung Polens als »entscheidend«: gemäß seiner bisher bewährten Methode, das jeweilige Objekt seiner Aktionen einzeln anzugehen, sollte nunmehr auch der für die Verfolgung seiner Absichten unvermeidlich scheinende Krieg gegen Polen ein begrenzter Krieg werden. Deshalb hatte er schon in seiner Weisung für den »Fall Weiß« gefordert, daß Polen rasch niedergeschlagen werden müsse, um die Westmächte von der Sinnlosigkeit eines Eingreifens zu überzeugen und dadurch Polen über den Kriegsausbruch hinaus isoliert zu halten.

Das Gelingen einer Isolierung Polens hing weitgehend davon ab, ob es die Westmächte erreichen würden, die Sowjetunion in die kollektive Abwehrfront einzubeziehen. Dieser Versuch der Westmächte stieß allerdings auf erhebliche Schwierigkeiten. Ein Viermächtepakt zwischen England, Frankreich, Sowjetrußland und Polen scheiterte bereits im März 1939 hauptsächlich an der Furcht Polens, Hitler durch eine so enge Zusammenarbeit mit Moskau geradezu zu militärischem Vorgehen zu provozieren. Die Sowjets erstrebten daraufhin aus Argwohn vor einem Zusammengehen der bürgerlich-demokratischen mit den faschistischen Mächten in einer kapitalistischen Front – eine Befürchtung, die ihnen noch von der westlichen Appeasement-Politik gegenüber Hitler in den Knochen steckte – einen engen Defensivpakt zwischen London, Paris und Moskau. Der englische Gegenvorschlag einer lediglich zusätzlichen sowjetischen Garantie der von den Westmächten bereits garantierten Staaten (Polen, Rumänien, Belgien, Griechenland und Türkei), die erst dann wirksam werden sollte, wenn der betreffende Staat die sowjetische Hilfe verlangte, wurde Mitte Mai von den Sowjets abgelehnt. Nach langwierigen Verhandlungen konnte am 23. Juli der Entwurf eines Abkommens paraphiert werden, das allerdings erst nach Abschluß einer ergänzenden Militärkonvention in Kraft treten sollte. Das Abkommen sah gegenseitige Hilfeleistung bei einem Angriff Deutschlands auf eine der drei Mächte vor, ferner bei »einer direkten oder indirekten Aggression« gegen Finnland, die Baltenstaaten und die bereits genannten Länder, sobald einer der drei Vertragspartner einen dieser Staaten unterstützen zu müssen glaubte. Aber die Verhandlungspartner konnten sich über die Definition der »indirekten Aggression« nicht einig werden. Die Crux der Verhandlungen und der tiefere Grund ihres Scheiterns lagen darin, daß die Sowjetunion zur Erhaltung jener ostmitteleuropäischen Staatenwelt herangezogen werden sollte, die nach dem Ersten Weltkrieg ohne Einwilligung der Sowjetunion und zum Teil auf Kosten ihres Territoriums errichtet worden war, und daß folglich die Westmächte keine genügende Garantie gegen eine Ausnutzung der Abmachungen für eine Revision des Status quo seitens der Sowjets erhalten zu können glaubten. Der »Cordon sanitaire« – einst zur schützenden Isolierung Europas vor dem bolschewistischen Rußland errichtet – sollte sich nun als Hindernis für die Rückkehr Rußlands in die europäische Politik und die Erhaltung der Stabilität Europas erweisen.

Der schleppende Gang der Verhandlungen und die gegenseitige Verstimmung der Verhandlungspartner waren Hitler nicht verborgen geblieben. Auch gab es seit April 1939 Anzeichen einer sowjetischen Annäherung an Deutschland, vor allem den sowjetischen Vorschlag einer Wiederaufnahme von Wirtschaftsverhandlungen im Mai, der von der Erklärung des neuen sowjetischen Außenministers Molotow begleitet wurde, daß ihnen eine Besserung der politischen Beziehungen vorangehen müsse. Die nächsten Monate waren von beiderseitigen vorsichtigen Tastversuchen gekennzeichnet, zumal man auf deutscher Seite befürchtete, daß ein Eingehen auf politische Gespräche von den Sowjets nur als Druckmittel in den Verhandlungen mit den Westmächten benutzt werden könnte. Nach dem Stocken der sowjetisch-englisch-französischen Verhandlungen hielt Hitler jedoch Mitte August den Zeitpunkt für einen Versuch gekommen, die Sowjetunion ins eigene Lager herüberzuziehen. Am 14. August ließ Ribbentrop den Sowjets in Moskau mitteilen, daß die verschiedenen Weltanschauungen beider Staaten kein Hindernis für die Wiederherstellung einer guten Zusammenarbeit seien und daß es »zwischen Ostsee und Schwarzem Meer keine Frage« gebe, »die nicht zur vollen Zufriedenheit beider Länder geregelt« werden könne. Ein »Zerfleischen Deutschlands und Rußlands im Interesse der westlichen Demokratien« müsse vermieden werden.[6] Deshalb sei er bereit, persönlich nach Moskau zu kommen, um das langwierige Verfahren über die normalen diplomatischen Kanäle abzukürzen. Der sowjetische Gegenvorschlag, zunächst das bereits in Verhandlung befindliche Wirtschaftsabkommen, sodann einen Nichtangriffspakt mit einem Protokoll als integrierendem Bestandteil abzuschließen, in dem die Interessen beider Partner an weiteren außenpolitischen Fragen geregelt werden sollten, wurde von der deutschen Regierung angenommen. Da Hitler nunmehr in Zeitdruck zu geraten drohte – der Angriffstermin für einen erfolgreichen schnellen Feldzug gegen Polen noch in diesem Jahr durfte nicht zu spät angesetzt werden –, drängte Berlin mehrmals auf einen baldigen Empfang Ribbentrops in Moskau, zuletzt durch ein persönliches Telegramm Hitlers an Stalin vom 20. August. Die Sowjets erkannten den Grund für Hitlers Eile und trugen ihr aus Gründen der eigenen Staatsraison Rechnung: Ribbentrop konnte tatsächlich noch in der Nacht zum 24. August in Moskau den Nichtangriffspakt und ein geheimes Zusatzprotokoll unterzeichnen, in dem die beiderseitigen Interessensphären in Osteuropa wie folgt abgegrenzt wurden: »Für den Fall einer territorial-politischen Umgestaltung« dieses Raumes sollten Finnland, Estland und Lettland in die sowjetische, Litauen in die deutsche Interessensphäre fallen. Durch Polen verlief die Interessengrenze entlang den Flüssen Narew, Weichsel und San. Das zu Rumänien gehörende bessarabische Gebiet wurde deutscherseits als sowjetisches Interessengebiet anerkannt.[7]

Mit dem deutsch-sowjetischen Nichtangriffspakt und dem Übereinkommen über eine neue Teilung Polens hoffte Hitler, Polen isoliert zu haben. Ein persönliches Schreiben Chamberlains mit der Warnung, daß ein deutsch-sowjetisches Abkommen den Entschluß Englands zur Erfüllung seiner Verpflichtungen gegenüber Polen in keiner Weise ändere, hielt er offensichtlich für einen Bluff. Denn am 25. August befahl er den Angriff auf Polen für den nächsten Tag, widerrief aber am Spätnachmittag den Befehl, als die Nachricht von der Umwandlung der englischen Garantie für Polen in ein gegenseitiges Beistandsabkommen und ferner ein Brief Mussolinis eintraf, daß Italien wegen mangelnder Kriegsvorbereitung trotz seiner Verpflichtungen aus dem deutsch-italienischen »Stahlpakt« vom Mai 1939 nicht in den Krieg eintreten könne. Dank ihres exakten Funktionierens konnte die bereits angelaufene deutsche Militärmaschinerie tatsächlich rechtzeitig wieder angehalten werden, bis auf ein Sonderkommando, das auf polnisches Gebiet vordrang, den Jablunka-Paß besetzte und sich dann zur Grenze zurückschlagen mußte. In seiner Vorstellung, die Westmächte würden trotz aller Verpflichtungen Polen im Ernstfall im Stich lassen, offenbar wieder erschüttert, wollte Hitler Zeit gewinnen, um in den folgenden Tagen die Westmächte durch einen diplomatischen Nervenkrieg in ihren Entschlüssen wankend zu machen und von Polen zu trennen. In Gesprächen mit dem französischen Botschafter Coulondre und dem britischen Botschafter Henderson, in einem Briefwechsel mit dem französischen

Premierminister Daladier und durch ein »großzügiges Angebot« an England, das den Vorschlag einer deutschen Garantie des Britischen Imperiums einschloß, suchte er die Westmächte nochmals zu bewegen, seiner Expansionspolitik keine Hindernisse in den Weg zu legen: er betonte den Verzicht auf Elsaß-Lothringen und die Endgültigkeit der deutschen Westgrenze, folglich gebe es keine Gegensätze zwischen Deutschland und den Westmächten und es sei daher ein Wahnsinn, wenn es wegen des Polenkonfliktes zu einem Krieg komme, zumal England und Frankreich eine militärische Niederwerfung Polens doch nicht verhindern könnten. Gleichzeitig aber drohte er, daß er entschlossen sei, die »mazedonischen Zustände« an Deutschlands Ostgrenze mit allen Mitteln zu beseitigen, und daß er auch mit den Westmächten den Kampf auf Leben und Tod aufnehmen werde, falls sie zugunsten Polens eingriffen. Bei seinen Versuchen, die gegnerische Koalition zu sprengen, begriff Hitler nicht, daß hinter der Haltung der Westmächte das realpolitische Interesse stand, eine gewaltsam erzwungene Hegemonie Deutschlands über Europa zu verhindern, die ihre eigene Existenz bedrohen konnte. Besonders die Engländer versuchten Hitler immer wieder zu erklären, daß es nicht Sinn der Garantie an Polen sei, *jegliche* Neuregelung der deutsch-polnischen Grenze unmöglich zu machen, sondern eine *gewaltsame* Revision unter Bedrohung der polnischen Unabhängigkeit zu verhindern. Sie boten daher ihre Vermittlung für das Zustandekommen direkter deutsch-polnischer Verhandlungen an, bei denen allerdings auch die wesentlichen Interessen Polens respektiert werden müßten, und schlugen die internationale Garantie eines einmal erreichten Abkommens vor. Die polnische Regierung sagte ihre Bereitschaft zu direkten Verhandlungen zu. Hitler, der zunächst ausweichend geantwortet hatte, verband am 29. August seine Zusage mit der Forderung, die britische Regierung solle dafür sorgen, daß ein bevollmächtigter polnischer Vertreter noch am nächsten Tage in Berlin eintreffe. Seine Vorschläge an Polen werde er wenn möglich noch vorher der britischen Regierung zur Kenntnis bringen. Eine internationale Garantie könne jedoch nicht ohne die Beteiligung der Sowjetunion erfolgen.

Hitler hatte die Befristung des Verhandlungsbeginns dem britischen Botschafter gegenüber damit begründet, daß die »polnischen Provokationen« gegen die deutsche Minderheit jederzeit ein deutsches Eingreifen notwendig machen könnten. In der Tat hatte sich die Spannung zwischen den in Polen lebenden deutschen Volksgruppen und ihrer polnischen Umwelt in den vergangenen Monaten verschärft. Die Massierung der deutschen Truppen an der Grenze und in Ostpreußen, die Aufstellung von militärischen Verbänden in Danzig und die geheime Waffeneinfuhr dorthin, die Truppenbewegungen nach Hitlers erstem Angriffsbefehl und der Zwischenfall am Jablunka-Paß mußten die Nervosität in Polen naturgemäß auf den Höhepunkt bringen und die Gefahr von Ausschreitungen gegen Volksdeutsche weiter vergrößern. Polnische Übergriffe auf Deutsche, die teils aus Furcht vor Sabotageakten dieser »5. Kolonne«, teils als Reaktionen auf von deutschen Stellen bewußt gesteuerte Provokationen geschahen, wurden wiederum von der deutschen Propaganda in Zahl und Bedeutung aufgebauscht und übertrieben. Das Minderheitenproblem, das während der vorangegangenen Jahre in den deutsch-polnischen Beziehungen so gut wie keine Rolle gespielt hatte, sollte dadurch hochgespielt werden, um in Deutschland Kriegsstimmung zu entfachen und vor der Welt das beabsichtigte Vorgehen zu rechtfertigen. Daher richtete die englische Regierung bei ihrer Bemühung um direkte deutsch-polnische Verhandlungen sowohl an Polen wie an Deutschland die dringende Bitte, alles zu tun, um diese Zusammenstöße zu vermeiden. Unter dem Eindruck der verhängnisvollen Zwangsläufigkeit, die die Mobilmachungen der Mächte beim Kriegsausbruch 1914 ausgelöst hatte, suchte sie ferner gemeinsam mit der französischen Regierung eine Verschiebung der polnischen Generalmobilmachung zu erreichen, durch die der getarnte und ohne öffentlich verkündete Mobilmachung erfolgte deutsche Aufmarsch pariert werden sollte. Denn Deutschland war es gelungen, die erforderlichen Einberufungen und Requirierungen unter dem Deckmantel von »Herbstübungen« vorzunehmen und wesentliche Teile seiner aktiven Streitkräfte in die vorgesehenen Aufmarschräume zu verlegen: nach Ostpreußen unter dem Vorwand der Veranstaltung einer 25-Jahr-Feier der Tannenbergschlacht und nach Pommern zum angeblichen Bau von Verteidigungsstellungen. Diese ausgedehnten Vorbereitungen hatten es Hitler am 25. August ermöglicht, zugleich mit seinem ersten Angriffstermin auch erst den »X-Tag«, d. h. den ersten geheimen Mobilmachungstag, auf den 26. August festzusetzen. Als die deutschen Bewegungen vom 26. August den polnischen Generalstab von der Möglichkeit eines deutschen Überraschungsangriffs überzeugten, wollte er am 29. August die allgemeine Mobilmachung anordnen, ohne die eine Beendigung der polnischen militärischen Vorbereitungen – die ebenfalls bereits angelaufen waren – nicht erfolgen konnte. Auf die englisch-französischen Einwirkungen hin verschob die polnische Regierung unter schweren Bedenken die Mobilmachung auf den Nachmittag des 30. August und ging damit das Risiko ein, daß die noch aufzubietenden Divisionen im Ernstfall fehlen würden. Tatsächlich war am Morgen des 1. September die polnische Mobilmachung auch nicht abgeschlossen. Ihre Anordnung wurde von der Erklärung begleitet, daß sich die bisherige polnische Politik dadurch in keiner Weise geändert habe.

In den frühen Morgenstunden des 30. August ließ die britische Regierung Berlin wissen, daß sie es für unvernünftig halte, noch an diesem Tage einen polnischen Vertreter zur Stelle zu schaffen, und daß die deutsche Regierung das nicht erwarten dürfe. In der beruhigenden Gewißheit dieser Nachricht ließ Hitler im Laufe des Tages von Sachverständigen des Auswärtigen Amts ein 16 Punkte umfassendes »großzügiges Angebot« an Polen ausarbeiten – jedoch mit der Absicht, es nie zur Grundlage von Verhandlungen zu machen: Rückkehr Danzigs zum Reich, Überlassung Gdingens als polnischer Freihafen, Volksabstimmung im Korridor unter internationaler Kontrolle »nicht vor Ablauf eines Jahres« und ein exterritorialer Verkehrsweg durch den Korridor für die in der Abstimmung unterlegene Partei. Dieses maßvolle Angebot sollte lediglich dazu benutzt werden, Polen vor der Weltöffentlichkeit die Schuld am Scheitern von Verhandlungen und damit am Kriegsausbruch zuzuschieben.

Um Mitternacht vom 30. auf den 31. August 1939 suchte der britische Botschafter Reichsaußenminister Ribbentrop auf und regte an, daß die deutsche Regierung die in Aussicht gestellten Vorschläge dem polnischen Botschafter in Berlin übergeben solle, um direkte deutsch-polnische Verhandlungen in Gang zu bringen. Wenn die britische Regierung die Ansicht gewänne, daß die Vorschläge eine vernünftige Grundlage für Verhandlungen abgäben, würde sie ihren Einfluß im Sinne einer solchen Lösung in Warschau geltend machen. Auf die Frage Hendersons, ob die deutschen Vorschläge bereits vorlägen, las ihm Ribbentrop die 16 Punkte vor mit der Bemerkung, sie seien jedoch nunmehr hinfällig geworden, da bis Mitternacht kein polnischer Vertreter erschienen sei. Eine Überlassung des Textes an den britischen Botschafter verweigerte Ribbentrop.

Während Hitler am 31. August mittags den endgültigen Befehl zum Angriff auf Polen für den nächsten Morgen gab, bemühten sich die Westmächte, Warschau zu einer Kontaktaufnahme mit Berlin zu bewegen. Frankreich riet, auf die deutsche Forderung einzugehen und einen Unterhändler zu ernennen, der sofort nach Berlin geschickt werden sollte. England empfahl, den polnischen Botschafter Lipski zu beauftragen, die deutschen Vorschläge entgegenzunehmen, ohne ihn jedoch zu Verhandlungen zu bevollmächtigen, die der Regierung in Warschau vorbehalten bleiben sollten. Der polnische Außenminister fand sich jedoch lediglich bereit, dem deutschen Außenministerium durch Lipski mitteilen zu lassen, daß Polen den Vorschlag direkter Verhandlungen annehmen werde, autorisierte jedoch den polnischen Botschafter nicht, Vorschläge anzunehmen oder zu diskutieren, aus Furcht, daß sie mit einem Ultimatum verbunden sein könnten. Den Engländern teilte Beck mit, falls man ihn nach Berlin einlade, werde er nicht hinfahren, »da er nicht die Absicht habe, wie Präsident Hacha behandelt zu werden«.[8] Lipskis Unterredung mit Ribbentrop am Abend des 31. August, in der er die von Beck aufgetragene Mitteilung machte, war in wenigen Minuten beendet, da er die Frage Ribbentrops, ob er zu Verhandlungen bevollmächtigt sei, verneinen mußte. Damit war der letzte deutsch-polnische Kontakt vor Ausbruch der Feindseligkeiten beendet.

Die 16 Punkte wurden noch am späten Abend über den deutschen Rundfunk verbreitet: Hitler hatte sein Alibi. Dazu hatte allerdings die taktisch unkluge polnische Weigerung, deutsche Vorschläge durch den polnischen Botschafter in Berlin entgegenzunehmen, nicht unerheblich beigetragen. Selbst als Lipski den Inhalt der 16 Punkte durch offensichtlich sogar eigenmächtiges Handeln Görings auf dem Umweg über den Schweden Dahlerus und den britischen Botschafter Henderson spätestens am Vormittag des 31. August übermittelt bekam, reagierten die Polen nicht. So sehr die polnische Haltung in der letzten Phase der Entwicklung im August 1939 aus der Furcht verstanden werden muß, von Hitler unter Drohung mit militärischer Gewalt und erheblichem psychischem Druck Zugeständnisse abgepreßt zu erhalten, war die Politik der polnischen Regierung bereits seit der britischen Garantiegewährung durch eine erhebliche Starrheit gekennzeichnet, die letzten Endes den Absichten Hitlers förderlich war. Gewiß hat Hitler nach dem britischen Garantieversprechen seinen diplomatischen Vertretern jede materielle Erörterung des deutsch-polnischen Problems und etwaiger polnischer Gegenvorschläge untersagt und damit bis zu dem nicht ernstgemeinten Manöver vom 29./30. August die Aufnahme unmittelbarer Verhandlungen von deutscher Seite aus verhindert. Auf der anderen Seite nutzten aber die Polen den Schutz dieser Garantie dazu aus, ihre Haltung gegenüber Deutschland zu versteifen und eine ernsthafte Überprüfung des deutsch-polnischen Problems und entsprechende Initiativen zu unterlassen. Das hatte zur Folge, daß zumindest der *Versuch* unterblieb (ungeachtet der Frage, ob er bei Hitlers Absichten Erfolg gehabt hätte), das deutsch-polnische Problem unter Wahrung der polnischen Unabhängigkeit zu lösen, und daß damit Hitler der gewünschte Vorwand zu gewaltsamem Vorgehen geliefert wurde. Durch ein Entgegenkommen in der Sache hätten sich die Polen, mit der englischen Garantie im Rücken, für die Verteidigung ihrer Unabhängigkeit eine um so solidere moralische Position geschaffen. Hier kann auch die britische Politik nicht von dem Fehler freigesprochen werden, daß sie sich durch die übereilte Garantie jeglicher erfolgversprechender Einwirkungsmöglichkeit auf die polnische Politik begab und damit Hitlers Propagandathese Vorschub leistete, sie habe mit der Garantie deutsch-polnische Verhandlungen verhindern wollen und ihm dadurch nur die gewaltsame Lösung übrig gelassen. Die bloße Mahnung der Briten an Polen, daß die Garantie nur dann in Kraft träte, wenn sich die Polen in einem Fall verteidigten, »in dem die polnische Unabhängigkeit eindeutig bedroht« sei[9], half in dieser Situation gar nichts. Vor allem aber beruhte die polnische Politik einer Versteifung gegenüber Deutschland bei gleichzeitiger Ablehnung einer Zusammenarbeit mit der Sowjetunion auf einer maßlosen Überschätzung der eigenen Kräfte und einer ebensolchen Unterschätzung Deutschlands, wie sie in zahlreichen damaligen Äußerungen führender polnischer Politiker und Militärs zum Ausdruck kam. Zumal nach dem Abschluß des deutsch-sowjetischen Paktes war diese Politik einer »unabhängigen dritten Kraft« in Ostmitteleuropa eine Illusion geworden, die jegliche reale Grundlage verloren hatte. Aber diese polnischen und englischen Fehler, die Hitler das Spiel erleichterten, dürfen nicht darüber hinwegtäuschen, daß seine Absicht, Polen »so oder so« seiner Unabhängigkeit zu berauben, die Ursache war, die diese aus nur allzu berechtigten Befürchtungen geborenen fehlerhaften Reaktionen erst auslöste.

Am 1. September morgens 4.45 Uhr traten die deutschen Truppen zum Angriff über die polnische Grenze an und nahm das in Danzig zu »Besuch« befindliche Linienschiff »Schleswig-Holstein« die Westerplatte unter Feuer. Der deutsch-polnische Krieg hatte begonnen. Um 10 Uhr gab Hitler in einer Rede vor dem telegrafisch zusammengerufenen Reichstag bekannt, daß sein großzügiges Angebot von den Polen mit bewaffneten Grenzzwischenfällen, »darunter drei ganz schweren«, beantwortet worden sei und daß daher seit dem Morgen »zurückgeschossen« werde. Mit den drei schweren Grenzzwischenfällen waren offensichtlich der am vorangegangenen Abend vom Sicherheitsdienst der SS fingierte Überfall »polnischer Aufständischer« auf den Sender Gleiwitz und die beiden unter Verwendung polnischer Uniformen durchgeführten Anschläge auf das Zollhaus Hochlinden (Kreis Ratibor) und das Forsthaus Pitschen (Kreis Kreuzburg in Oberschlesien) gemeint. Diese propagandistisch sofort ausgewerteten Scheinangriffe sollten Polen als den Angreifer und den deutschen Angriff als berechtigte Abwehraktion erscheinen lassen und damit den Engländern und Franzosen die letzte Chance geben, sich ihren Verpflichtungen gegenüber Polen zu entziehen. Die Westmächte ordneten jedoch die Generalmobilmachung an und übergaben am Abend des 1. September 1939 gleichlautende Warnungsnoten, in denen sie feststellten, daß durch das militärische Vorgehen Deutschlands in Polen eine Lage geschaffen worden sei, durch die sie ihre Verpflichtungen Polen gegenüber erfüllen müßten. Falls Deutschland nicht unverzüglich seine Bereitschaft bekunde, die Angriffshandlungen einzustellen und seine Truppen wieder zurückzuziehen, würden sie Polen bewaffnet unterstützen. Die Westmächte hatten zunächst von einem Ultimatum abgesehen und sich auf diese Warnung beschränkt, da die französische Regierung erklärte, ohne Zustimmung des für den nächsten Tag einberufenen Parlaments kein Ultimatum stellen zu können. Diese zögernde Haltung bestärkte Hitler in seiner Meinung, daß die Westmächte nicht in den Krieg eintreten würden.

Das Zögern wurde auf französischer Seite durch den italienischen Vorschlag einer internationalen Konferenz gefördert, an den sich die französische Regierung als letzte Hoffnung klammerte. Durch die Nachrichten aus Berlin beunruhigt, hatte Mussolini, der befürchtete, im Kriegsfalle Italiens ungenügende militärische Bereitschaft vor der Welt offenbaren zu müssen und seinen eigenen Stern neben den Erfolgen Hitlers erblassen zu sehen, am 31. August den Westmächten eine Art Wiederholung der Münchner Konferenz vorgeschlagen. Frankreich nahm am 1. September diesen Vorschlag an unter der Bedingung, daß auch Polen dazu eingeladen werde. Die Bemühungen der französischen Regierung, Polen zur Teilnahme zu bewegen, verliefen allerdings negativ: Beck antwortete, man befände sich seit heute mitten im Kriege und es ginge jetzt nicht mehr um eine Konferenz, sondern um die gemeinsame Abwehr des deutschen Angriffs. England begrüßte zwar die Bemühungen Mussolinis, fügte aber hinzu, daß der deutsche Angriff eine weitere Verfolgung dieses Planes unmöglich erscheinen lasse. Nichtsdestoweniger unterbreitete Mussolini am 2. September Hitler den Vorschlag einer Konferenz der Achsenmächte mit den Westmächten einschließlich Polens mit dem Hinweis, durch die bereits erfolgte Einverleibung Danzigs und die militärischen Anfangserfolge in Polen habe Deutschland genügend reale Sicherheiten für die Erfüllung seiner Forderungen. Hitler, dem es auf den Gewinn von Zeit ankam, während der sein Vormarsch in Polen weiterging und der Kriegseintritt der Westmächte durch das französische Friedensbedürfnis weiterhin hinausgeschoben wurde, sagte eine Antwort bis zum Mittag des 3. September zu. Die französische Regierung war daraufhin tatsächlich bereit, ihre Kriegserklärung an Deutschland bis zu diesem Zeitpunkt zu verschieben. Die Engländer machten aber den Rückzug der deutschen Truppen aus polnischem Gebiet zur Vorbedingung – eine Entscheidung, der sich die französische Regierung anschloß. Daraufhin sahen auch die Italiener am Abend des 2. September ihren Konferenzvorschlag als gescheitert an.

Am 3. September 1939, morgens 9 Uhr, übergab der britische Botschafter in Berlin das englische Ultimatum, in dem der Kriegszustand zwischen Deutschland und England für 11 Uhr angekündigt wurde, falls bis dahin keine befriedigende Antwort auf die Warnungsnote vom 1. September gegeben werde. Um die Mittagszeit wurde ein analoges französisches Ultimatum überreicht, das auf 17 Uhr befristet war. Damit trat am 3. September 1939 das ein, was Hitler nach dem deutsch-sowjetischen Pakt zu vermeiden geglaubt, aber dennoch bewußt riskiert hatte: das Eingreifen der Westmächte auf der Seite Polens und damit der Zweifrontenkrieg. Statt der Lokalisierung des Krieges gegen Polen stand Hitler nun zum erstenmal einer geschlossenen Koalition gegenüber, die sich seinen Bestrebungen mit den Mitteln der Gewalt entgegenstemmte. Hitlers Konzeption, daß

England einen deutschen Vorherrschaftsanspruch in Europa nicht bekämpfen werde, solange Deutschland rein kontinentale Ziele verfolge und Englands See- und Handelsinteressen nicht durchkreuze, war damit restlos zusammengebrochen. Sein Versuch, von England freie Hand im Osten gegen Respektierung der britischen Interessen in der Welt zu erhalten, war gescheitert. Der Kampf um das europäische Gleichgewicht hatte begonnen, für dessen Erhaltung in einem fast ein halbes Jahrzehnt währenden erbitterten Ringen immer neue außereuropäische Kräfte gegen das deutsche Hegemonialstreben in die Waagschale geworfen werden sollten, bis schließlich zwei aufsteigende Weltmächte das alte europäische Staatensystem unter sich begruben und das Schicksal Europas bestimmten.

2. Kapitel
Die Niederwerfung und Teilung Polens: Friedenschance oder Gewaltentscheidung

Deutschland war im September 1939 militärisch und wirtschaftlich wohl für einen Krieg gegen Polen, nicht aber für einen europäischen Krieg genügend vorbereitet. Abgesehen davon, daß über den »Fall Weiß« hinaus auch keinerlei offensive strategische Planungen vorlagen, war der Aufbau der Wehrmacht – der nach Hitlers Weisungen erst 1942 abgeschlossen sein sollte – noch keineswegs beendet. Das Heer bestand aus 102 Divisionen, von denen die Hälfte aktiv und voll einsatzfähig war. Die schnelle Aufstellung neuer Verbände hatte das Heer personell und rüstungsmäßig mehr in die Breite als in die Tiefe entwickelt, zu Mängeln im Ausbildungsstand und inneren Gefüge der Truppe und vor allem zu Schwierigkeiten bei der notwendigen starken Erweiterung des Offizierskorps geführt. Dagegen hatte die richtige Einschätzung der Motorisierung und ihrer Bedeutung für die moderne Kriegführung die Aufstellung selbständig operierender Panzer- und motorisierter Verbände bewirkt. Die Verwendung dieser modernen Verbände zusammen mit der Luftwaffe schuf neue Organisationsformen, neue Führungsgrundsätze in Strategie und Taktik, die selbst eine zahlenmäßige Überlegenheit des Gegners in der Landkriegführung aufwiegen konnten.

Die Luftwaffe war mit einer Gesamtzahl von 4300 Maschinen den Gegnern an modernen Flugzeugen zahlenmäßig überlegen. Sie war jedoch überwiegend für die Verteidigung des Reichsgebietes und für die operative Unterstützung des Heeres in der Landkriegführung und nicht für den strategischen Luftkrieg zur Vernichtung des gegnerischen Wirtschaftspotentials ausgebaut worden. Ihre Stärke lag in modernen Jagdflugzeugen, Sturzkampffliegern und Bombern mit begrenzter Reichweite; für eine maritime Kriegführung gegen einen Feind wie England fehlten jedoch Langstreckenbomber und vor allem Flugzeugträger.

Im Gegensatz zu Heer und Luftwaffe, auf denen das Schwergewicht der Rüstung gelegen hatte, war die Kriegsmarine dem Gegner, allein schon der französischen Flotte, an Kampfkraft hoffnungslos unterlegen. Entsprechend der kontinentalen Zielsetzung Hitlers, die eine Gegnerschaft Englands ursprünglich nicht ins Auge faßte, war beim Ausbau der Marine nicht einmal die Kapazität des deutsch-englischen Flottenvertrages ausgeschöpft worden, auch nicht hinsichtlich der U-Boote. Erst als seit der Sudetenkrise eine Auseinandersetzung mit England in den Bereich des Möglichen rückte, wurde die Seerüstung beschleunigt, soweit es die Priorität der anderen beiden Wehrmachtteile zuließ. Nach der Kündigung des Flottenabkommens mit England im April 1939 sollte die Kriegsmarine gemäß dem sogenannten »Z-Plan« bis zum Jahre 1948 auf 10 Schlachtschiffe, 4 Flugzeugträger, 20 schwere und 48 leichte Kreuzer, 22 Spähkreuzer, 66 Zerstörer, 90 Torpedoboote und 249 U-Boote verstärkt werden. Das bisher befolgte Prinzip einer »homogenen Flotte« mit einem ausgewogenen Verhältnis zwischen den traditionellen Schiffstypen sollte beibehalten werden. Das Festhalten an diesem Grundsatz bewirkte, daß die deutsche U-Boot-Waffe – die einzige Waffe, durch die England mit Erfolg angegriffen werden konnte – bei Kriegsausbruch der englischen der Zahl nach gerade ebenbürtig war: sie besaß 57 Boote. Dagegen war die deutsche Flotte der englischen hinsichtlich der schweren und mittleren Überwasserstreitkräfte mit einem Verhältnis von 1 : 7,5 unterlegen.

Im Bereich des militärischen Funk- und Nachrichtenwesens war Deutschland 1939 technisch auf der Höhe, jedoch sollte es während des ganzen Krieges gegenüber den westlichen Alliierten auf einem wichtigen Sektor der Funkaufklärung im Rückstand bleiben. Bei der taktischen Funkaufklärung, die durch Beobachtung des gegnerischen Funkverkehrs über Unterstellungsverhältnisse, Kräftegliederung und -konzentrationen sowie über die geographischen Standorte von Truppenteilen und Schiffen der Gegenseite Aufschluß gab, hielten sich die Erfolge beider Seiten im allgemeinen die Waage. Doch bei der Entzifferung, d. h. dem inhaltlichen Mitlesen der verschlüsselten gegnerischen Funksprüche erlangten die Alliierten einen wesentlichen Vorsprung: Es gelang ihnen, das deutsche Schlüsselverfahren zu lösen, das auf der Verwendung einer 1934/35 bei der Wehrmacht eingeführten Version der in den zwanziger Jahren bei verschiedenen Ländern zum Patent angemeldeten »Enigma«-Maschine beruhte und wegen der ungeheuer großen Zahl an Variationsmöglichkeiten von den Deutschen für absolut sicher gehalten wurde. Schon in den Jahren vor Kriegsausbruch war es dem Entzifferungsbüro der polnischen Armee durch besondere Methoden mathematischer Analyse gelungen, einen theoretischen Weg zur Lösung dieses Problems zu finden und mit Hilfe spezieller Rechen- und nachgebauter Schlüsselmaschinen vorübergehend auch praktische Erfolge zu erzielen; jedoch war der dabei erforderliche Zeitaufwand noch viel zu groß, um entzifferte deutsche Funksprüche im Ernstfall operativ nutzen zu können. Bei ihrer Arbeit waren die Polen vom französischen Nachrichtendienst unterstützt worden, der durch einen deutschen Agenten Schlüsselunterlagen hatte beschaffen können. Als die Polen schließlich im Juli 1939 die Engländer und Franzosen, die sie nach der März-Garantie als potentielle Verbündete betrachten konnten, in die bisherigen Ergebnisse ihrer Bemühungen einweihten, konnte die nunmehr gemeinsam aufgenommene Arbeit für die Verteidigung Polens keinen Nutzen mehr bringen. Der Schilderung der Kriegsereignisse vorgreifend, sei die weitere Entwicklung auf diesem Gebiet kurz umrissen: Beim deutschen Einmarsch flohen die polnischen Experten über Rumänien nach Frankreich und setzten die Zusammenarbeit im französischen Dechiffrierzentrum Vignolles bei Paris fort. Auf den Norwegenfeldzug konnte diese Arbeit keinen Einfluß nehmen, weil die Entzifferung der deutschen Funksprüche noch immer nur mit mehrwöchiger Verzögerung möglich war. Die polnischen Vorarbeiten nutzend, gelang es jedoch dem Team des britischen Mathematikers Turing im Zentrum des englischen Entzifferungsdienstes, dem Landsitz Bletchley Park nördlich von London, einen leistungsfähigen Rechner (»The Bombe«) zu konstruieren, mit dessen Hilfe nach Beginn des Westfeldzuges im Mai 1940 der Hauptschlüssel der deutschen Luftwaffe gelöst und Funksprüche mit nur wenigen Tagen Verzögerung entziffert werden konnten. Die schnellen deutschen Operationen, die ständig wechselnde taktische Situationen schufen, erlaubten auch in diesem Feldzug noch keine rechte Nutzung der nachhinkenden Meldungen. In der Folgezeit wurden die durch ein ständig erweitertes Netz von Horchstationen aufgefangenen, in Bletchley Park mit immer kürzeren Verzögerungen entzifferten und übersetzten Sprüche wichtigen Inhalts an das britische Kriegs- und Luftwaffenministerium, die Admiralität und den Premierminister gegeben. Informationen, die für die operativen Führungsstäbe wichtig waren, wurden nur an ihnen zugeteilte »Special Liaison Units« (SLUs) übermittelt, deren Chefs direkten Zugang zum jeweiligen Befehlshaber und wenigen eingeweihten Offizieren seines Stabes hatten, während ihre Tätigkeit allen anderen Dienststellen gegenüber geheim blieb. Im Laufe des Krieges wurden diese britischen SLUs schließlich allen Hauptquartieren bis herab zur Armee- und Luftflottenebene beigegeben – auf dem nordafrikanisch-europäischen Kriegsschauplatz später auch den amerikanischen. Alle Mitteilungen, die sich auf entziffertes deutsches Material bezogen, wurden mit der höchsten Geheimhaltungsstufe »Ultra« gekennzeichnet, eine Bezeichnung, die später auf das ganze Entzifferungsunternehmen angewendet wurde. Um die Geheimhaltung zu sichern, mußten die eingeweihten Befehlshaber alle auf der Auswertung von »Ultra« basierenden Befehle anderweitig mit Erkenntnissen aus Luftaufklärung, Funkbeobachtung, Kriegsgefangenenaussagen, Agentenmeldungen usw. begründen. Soweit »Ultra«, das sich später auch auf Schlüsselbereiche der deutschen Marine und des Heeres erstrecken sollte, bei den militärischen Ereignissen eine Rolle spielte, wird bei der Darstellung auf sie eingegangen werden. Ergänzend sei erwähnt, daß die Engländer die neuen italienischen Schlüsselmittel und Codes, die nach dem Kriegseintritt eingeführt wurden, wegen häufiger Wechsel schwieriger und jeweils nur für kurze Zeiträume entziffern konnten; in Italienisch-Ostafrika, wo die vom Mutterland abgeschnittenen Streitkräfte wegen der weiten Entfernung zum Oberkommando ihre Schlüssel seltener ändern konnten, trug »Ultra« zur Beschleunigung des Sieges über die Italiener 1941 bei. Soweit vor allem die italienische Marine die Enigma-, seit 1941 weitgehend die Hagelin-Schlüsselmaschine verwendete, waren ihre Funksprüche der gleichen Gefährdung ausgesetzt wie die deutschen.

Der deutsche Entzifferungsdienst, der bei Kriegsbeginn in sechs, später sogar in sieben getrennt arbeitende Stellen zersplittert war – neben den drei Wehrmachtteilen und dem Oberkommando der Wehrmacht waren auf diesem Gebiet noch das Auswärtige Amt, Görings »Forschungsstelle« und später Himmlers Reichssicherheitshauptamt tätig –, hatte bei der Lösung der britischen und amerikanischen Maschinenschlüsselverfahren im Gegensatz zu den alliierten Erfolgen keine Ergebnisse aufzuweisen. Dem Entzifferungsdienst der Kriegsmarine (xB-Dienst) gelang es, bei Kriegsbeginn einige Schlüssel der englischen Marine, die auf dem Handverfahren beruhten, zu knacken und z. B. während des Norwegenfeldzuges Funksprüche – wenn auch mit erheblicher Verzögerung – zu entziffern, bis die Engländer im August 1940 neue Schlüsselunterlagen einführten. Im Gegensatz zum Maschinenschlüssel mußte jedoch bei einem Einbruch in einen Handschlüssel jeder einzelne Spruch besonders entziffert werden, was das Verfahren wesentlich komplizierte. Den ab 1941 verwendeten englischen Schlüssel für die alliierte Steuerung der Atlantik-Geleitzüge vermochte der xB-Dienst zu lösen und ab Herbst 1942 Funksprüche zum Teil so rechtzeitig zu entziffern, daß sie von der U-Boot-Führung operativ verwendet werden konnten. Durch die Änderung des Konvoi-Schlüssels im Sommer 1943 wurde auch dieser Erfolg wieder zunichte gemacht. Gegenüber einigen sowjetischen Schlüsselsystemen erzielte der deutsche Entzifferungsdienst, mit Ausnahme bei Funksprüchen auf oberster Ebene, hingegen gute Ergebnisse.

Die Überlegenheit der Westmächte auf dem Gebiet der Funkentzifferung stellte jedoch keinen Faktor dar, der den Ausgang des Krieges entschied: die Alliierten hätten ihn dank ihres personellen und materiellen Übergewichts auch ohne »Ultra« gewonnen. Abgesehen davon, daß »Ultra« auf den osteuropäischen Kriegsschauplatz kaum direkten Einfluß nahm – die Westmächte hüteten ihr Geheimnis gegenüber der Sowjetunion, weil sie den sowjetischen Nachrichtenschlüssel gegenüber den Deutschen nicht für sicher hielten –, gewannen die Westmächte in Planungen der obersten Führung der Achsenmächte durch »Ultra« schon deshalb keinen Einblick, weil Weisungen auf dieser höchsten (strategischen) Ebene durch Kuriere und sichere Drahtverbindungen wie Fernschreiber und Telefon übermittelt wurden. Nur bei Störungen oder geographisch bedingten Lücken in den Fernschreibverbindungen wurde das Richtfunkverfahren benutzt, das aber zur Verschlüsselung nicht die »Enigma«-Maschine benutzte und den Alliierten daher bis zum Einsatz des ersten frei programmierbaren Computers (»Colossus«) Ende 1943 unzugänglich blieb. Auf dem normalen Funkwege dürfte maximal ein Drittel des gesamten Nachrichtenverkehrs erledigt worden sein, und zwar überwiegend auf mittlerer (operativer) und unterer (taktischer) Ebene, d. h. überall dort, wo sich Truppen, Schiffe und Flugzeuge in Bewegung befanden. Von diesem Gesamt-Funkverkehr, der bei weitem nicht komplett empfangen wurde, konnte Bletchley Park nur bestimmte deutsche Schlüsselbereiche entziffern – der Einbruch in einen der dreizehn Bereiche der Marine erfolgte im März, in einen Teil der Heeresschlüssel erst im September 1941. Die Entzifferung in diesen partiellen Bereichen konnte auch nur beschränkt nach Prioritäten, mit unterschiedlichen zeitlichen Verzögerungen und völligen, teils monatelangen »black outs« erfolgen. Von einem kontinuierlichen »Mitlesen des deutschen Funkverkehrs« konnte also keine Rede sein. Zudem waren die Funksprüche, auch wenn sie rechtzeitig entziffert vorlagen, in allen Stadien ihrer Verwertung möglichen Fehlleistungen ausgesetzt: ihre Priorität und Bedeutung konnte zu spät erkannt werden, sie konnten fehlinterpretiert, falsch in das Gesamtgeschehen eingeordnet und den »falschen« Empfängern zugeleitet werden; auch konnten falsche Schlüsse aus ihnen gezogen werden, zumal der Gegner innerhalb der zwangsläufig verstrichenen Frist seine Absicht geändert haben konnte. Schließlich konnten selbst bei richtiger Schlußfolgerung die militärischen Kräfte fehlen oder andere Hindernisse auftreten, um überhaupt oder schnell genug reagieren zu können: »Ultra« war keineswegs eine Wunderwaffe, deren Besitz den Sieg verbürgte. Wenn »Ultra« somit auch zu keinen dramatischen strategischen Wendungen im Verlauf des Zweiten Weltkrieges führte, so ist doch nicht zu bestreiten, daß die Überlegenheit der Alliierten auf dem Gebiet der Entzifferung als Teil der Funkaufklärung zur Beschleunigung ihres Erfolges auf dem atlantisch-westeuropäischen Kriegsschauplatz und damit zur Abkürzung des Krieges beigetragen hat.

Auf dem Gebiet der wirtschaftlichen Rüstung wies Deutschland im Jahre 1939 bei seiner starken Auslandsabhängigkeit auf dem Gebiet der kriegswichtigen Rohstoffe wie Mineralöl (65 Prozent), Eisenerz (66 Prozent), Kautschuk (85 Prozent) und Nichteisen-Metallen: Bauxit (99 Prozent), Nickel (95 Prozent), Kupfer (70 Prozent), Blei (50 Prozent) usw. keine Vorräte auf, die den Verbrauch für einen längeren Zeitraum decken konnten. Der Bedarf für die wichtigsten Rohstoffe war für ungefähr ein Jahr gesichert. Unter diesem Durchschnitt lagen die Vorräte an Kautschuk, Magnesium und Kupfer, darüber Manganerz, Aluminium und Kobalt. Auch die Ausrüstungsvorräte des Heeres lagen in wesentlichen Bereichen unter der Vier-Monats-Grenze, die das Oberkommando des Heeres gefordert hatte, um den Anschluß an die anlaufende Kriegsfertigung zu erreichen. Bei der Luftwaffe war das Soll an Bombenvorrat für drei Monate erfüllt, bei der Kriegsmarine die Ausrüstung vollzählig. Der Aufbau einer autarken Wirtschaft hatte durch die vermehrte Produktion von synthetischen Treibstoffen, künstlichem

Gummi (Buna), Zellwolle, Kunststoffen usw. erhebliche Fortschritte gemacht, aber 1939 die Grenze des Möglichen noch nicht erreicht. Der Handelsvertrag mit der Sowjetunion versprach zwar bei einer Blockade auf dem Gebiet der Ernährung und der Rohstoffe Erleichterung, bedeutete aber auch eine gewisse Abhängigkeit von Rußland. Gewiß durfte man von der Mobilisierung der deutschen Kriegswirtschaft selbst bei Verknappung der Arbeitskräfte und gedrosselter Rohstoff- und Fertigwarenzufuhr noch eine Erhöhung der Produktion erwarten. Auf die Dauer aber war auch das nur sinnvoll, wenn es gelang, eine militärische Entscheidung zu erzwingen oder sich in den Besitz fremder Arbeitskräfte und Rohstoffquellen zu bringen, ehe das weit überlegene Rohstoff- und Wirtschaftspotential der Gegner sich in Rüstung umsetzte und militärisch zum Tragen kam.

Auf der Erkenntnis, daß Deutschland einem Weltkrieg gegen überlegene Wirtschaftsmächte nicht gewachsen sei, hatte der Widerstand des damaligen Generalstabschefs des Heeres, des Generals Ludwig Beck, gegen Hitlers Kriegspolitik im Jahre 1938 beruht. Auch jetzt, nach dem Kriegseintritt der Westmächte im September 1939, ließen der Zustand von Wehrmacht und Wehrwirtschaft sowie die Sektoren, auf denen dank der gegnerischen Versäumnisse der momentane Vorsprung der deutschen Rüstung lag, nur eine Chance offen: die Führung eines zeitlich und räumlich begrenzten Landkrieges mit solch entscheidenden Erfolgen, daß sich die Gegner zum Friedensschluß bequemten. Einen solchen Krieg hoffte Hitler mit dem Polenfeldzug zu führen; durch eine blitzartige Niederwerfung Polens sollten die Westmächte vor vollendete Tatsachen gestellt werden. Falls sie überhaupt ernsthaft kämpfen wollten, sollte das Objekt, für dessen Verteidigung die Westmächte nach Hitlers Meinung ins Feld zogen, beseitigt sein, ehe sie überhaupt richtig zu kämpfen angefangen hatten. Hitlers »Weisung Nr. 1 für die Kriegführung« vom 31. August 1939 schrieb daher vor, im Westen »die Verantwortung für die Eröffnung von Feindseligkeiten eindeutig England und Frankreich zu überlassen«, geringfügigen Grenzverletzungen nur örtlich entgegenzutreten und die Grenze nirgends ohne Hitlers ausdrückliche Genehmigung zu überschreiten. Die Neutralität Hollands, Belgiens, Luxemburgs und der Schweiz waren »peinlich zu achten«. Auch die Kriegsmarine sollte sich rein defensiv verhalten und die Luftwaffe lediglich feindliche Luftangriffe an der Reichsgrenze abwehren. Bei einer Eröffnung der Feindseligkeiten durch die Westmächte sollte sich die Wehrmacht »unter möglichster Schonung der Kräfte« auf die Verteidigung des Westwalls beschränken, um »die Voraussetzungen für den siegreichen Abschluß der Operationen gegen Polen zu erhalten«.[10] Kriegsmarine und Luftwaffe sollten in diesem Falle hauptsächlich zur Unterbindung der Seezufuhr nach England und von Truppentransporten nach Frankreich eingesetzt werden.

Hitlers Hoffnung, daß die Westmächte nicht ernsthaft kämpfen würden, schien sich zunächst zu bewahrheiten. Das aus 110 Divisionen bestehende französische Heer, von denen 16 an der italienischen Grenze und eine Anzahl weiterer in Nordafrika standen, unternahm keine Offensive auf die deutsche Westgrenze, die zugunsten des Polenfeldzuges bis auf 8 aktive und 26 Reserve- und Landwehrdivisionen mit einem Munitionsvorrat für drei Kampftage von Streitkräften entblößt worden war. Ein schwacher Erkundungsvorstoß gegen den Höhenzug des Warndt bei Saarbrücken war alles, was von der Entlastungsoffensive übrigblieb, die den Polen im »Gamelin-Kasprzycki-Abkommen« vom Mai 1939 versprochen worden war und spätestens 15 Tage nach dem ersten französischen Mobilmachungstag beginnen sollte. Hinter dem Schutzwall der Maginot-Linie suchte Frankreich Zeit zu gewinnen, bis mit Hilfe weiterer Verbündeter ein Belagerungs- und Abnutzungskrieg auf anderen Schauplätzen und eine Niederzwingung Deutschlands möglich würde. Diese vom französischen Oberbefehlshaber Gamelin geteilte defensive und leicht fatalistische Grundhaltung entsprach der in Frankreich herrschenden kriegsunlustigen Stimmung, die in dem Schlagwort der französischen Kommunisten ihren geradezu symbolischen Ausdruck fand: »Mourir pour Dantzig? – Non!« Auch die Engländer wollten einen Angriff verschieben, bis sie eine Landarmee auf die Beine gestellt haben würden. Doch das englische Expeditionskorps auf dem Festland bestand im Oktober 1939 erst aus vier Divisionen. Bis auf einen erfolglosen englischen Luftangriff auf den Flottenstützpunkt Wilhelmshaven bereits am 4. September unterblieben während des Polenkrieges weitere Luftangriffe auf Wunsch der Franzosen, die deutsche Vergeltungsangriffe auf ihre Industriezentren fürchteten. Die Westmächte suchten offensichtlich den heroischen Widerstand der Polen zu nutzen, um unterdessen das Mißverhältnis zur deutschen Schlagkraft wettzumachen. Der »Sitzkrieg«, der »drôle de guerre« im Westen begann. Hitlers waghalsiges Spiel, im Westen zu bluffen und im Osten zu schlagen, gelang: der von den deutschen Generälen befürchtete Zweifrontenkrieg fand 1939 tatsächlich nicht statt. In dieser Lage konnte sich die deutsche Streitmacht fast ganz auf den Osten konzentrieren, wo der deutsche Aufmarsch mit 57 meist aktiven Divisionen, darunter allen Panzer- und motorisierten Divisionen, Westpolen umklammert hielt. Den linken Angriffsflügel bildete die Heeresgruppe Nord unter Generaloberst v. Bock in Ostpreußen und in Pommern. Am anderen Flügel stand die Heeresgruppe Süd unter Generaloberst v. Rundstedt in Schlesien und in der Slowakei. Ziel des deutschen Feldzugsplanes war, nach einem Durchbruch starker und schneller Verbände die polnischen Armeen westlich der Narew-Weichsel-Linie in einer großen Umfassungsschlacht zu vernichten. Eine zweite große Zangenbewegung sollte, von Ostpreußen und der Slowakei ausgehend, in der Folge die östlich von Warschau stehenden polnischen Kräfte einschließen, um ihr Entweichen in die sumpfigen und bewaldeten Gebiete Ostpolens zu verhindern.

Der polnische Aufmarsch kam den deutschen Absichten geradezu entgegen. Das Gros des aus rund 40 Divisionen, 11 Kavalleriebrigaden und wenigen Verbänden leichter Kampfwagen bestehenden polnischen Heeres war ohne natürliche Verteidigungslinie längs der deutschen und slowakischen Grenze aufgestellt, um die Ölfelder Galiziens, das ostoberschlesische Kohlen- und Industrierevier, das Textilgebiet von Lodz und die meist in Westpolen liegenden polnischen Rüstungszentren und Munitionsfabriken zu schützen. Was Waffen und Kriegsmaterial anbelangt, waren die polnischen Armeen den deutschen von vornherein unterlegen. Der polnische Oberbefehlshaber, Marschall Rydz-Smigly, beabsichtigte, die peripher gelegenen lebenswichtigen Rüstungs- und Versorgungsgebiete Polens zu verteidigen und gegen Ostpreußen sogar offensiv vorzugehen. Darüber hinaus hegte er den utopischen Plan, im Zusammenwirken mit den zum Angriff antretenden Westmächten nach Berlin vorstoßen zu können. Die Konzeption des polnischen Generalstabes ist nur aus einer verhängnisvollen Unterschätzung der deutschen Kräfte und der operativen Möglichkeiten der modernen Luft- und Panzerwaffen sowie aus der Erwartung einer englisch-französischen Großoffensive im Westen zu erklären.

Die deutschen Operationen wurden am Morgen des 1. September durch Überraschungsangriffe der deutschen Luftwaffe auf die polnischen Flughäfen eingeleitet, die die weit unterlegene feindliche Luftwaffe überwiegend noch am Boden vernichtete. Bereits am zweiten Tage beherrschten die Deutschen den Luftraum; dadurch konnten das polnische Verkehrs- und Nachrichtennetz zerschlagen und die Vollendung des polnischen Aufmarsches sowie der Transport polnischer Reserven aus Ostpolen an die Front verhindert werden. Von der Luft aus operativ unterstützt, durchbrachen die deutschen motorisierten Angriffskeile die polnischen Grenzarmeen. Die Spitze der 10. Armee unter General v. Reichenau, die den Hauptstoß auf Warschau zu führen hatte, war am 7. September nur noch sechzig Kilometer von der polnischen Hauptstadt entfernt; am nächsten Tag stand das weit vorausgeeilte XVI. Panzerkorps unter General Hoepner am südwestlichen Stadtrand. Bereits drei Tage vorher hatte sich die polnische Regierung von Warschau nach Lublin begeben, am 6. September war ihr das polnische Oberkommando gefolgt.

Am 17. September 1939 – Warschau war umstellt, Brest-Litowsk genommen und der äußere Umfassungsring bei Wlodawa geschlossen – marschierten die Sowjets auf breiter Front in Ostpolen ein. Bereits am 3. September hatte Ribbentrop in Moskau angeregt, die im Geheimprotokoll vom 23. August vereinbarten sowjetischen Interessengebiete in Polen baldigst zu besetzen. An einem militärischen Eingreifen lag aber den Sowjets zunächst gar nichts; für sie war es vorteilhafter, den Kämpfen zuzusehen und die Niederlage Polens abzuwarten, um vor der Welt nicht als Mitschuldige am Untergang Polens dazustehen. Zur Tarnung ihrer Absicht führten sie mit der polnischen Regierung bis zum 8. September sogar noch Scheinverhandlungen über Waffenlieferungen. Andererseits glaubten sie, ihren Anteil in Sicherheit bringen zu müssen, ehe etwa Hitler mit Polen einen Waffenstillstand abschließen könnte. Sie beabsichtigten zunächst, ihr Eingreifen vor der Weltöffentlichkeit damit zu motivieren, daß sie den von Deutschland »bedrohten« Ukrainern und Weißrussen in Polen zu Hilfe eilen wollten. Ribbentrop bezeichnete jedoch eine solche Begründung als schlechterdings »unmöglich«. Die sowjetische Erklärung, die schließlich am 17. September herausgegeben wurde, besagte, daß der polnische Staat zu existieren aufgehört habe und folglich alle sowjetisch-polnischen Verträge ihre Gültigkeit verloren hätten. Polen habe sich in ein Feld für Überraschungen verwandelt, die die Sowjetunion gegebenenfalls bedrohen könnten, daher könne sie sich diesen Tatsachen gegenüber nicht weiter neutral verhalten. Die geschickte Formulierung erleichterte es den westlichen Garantiemächten Polens, vor der sowjetischen Aggression ihre Augen zu verschließen, zumal eine geheime Zusatzklausel zum englisch-polnischen Beistandsabkommen vom 25. August auch formal festgelegt hatte, daß die Garantie nur gegen aggressive Schritte *Deutschlands* gerichtet sei. Abgesehen davon, daß es von den Westmächten realpolitisch unklug gewesen wäre, sich in dieser Lage mit der Sowjetunion einen zusätzlichen Gegner aufzuladen und diese Macht in das Lager Hitlers zu drängen, zeigte sich im Verhalten der Westmächte nochmals deutlich, daß nicht der Schutz Polens, sondern die Verhinderung der deutschen Vorherrschaft das primäre Ziel der westlichen Garantiepolitik gewesen war.

Die Sowjets trafen bei ihrem Vormarsch zur Interessengrenze Narew–Weichsel–San auf hartnäckigen örtlichen Widerstand der Polen, den sie jedoch bald zu brechen vermochten. Die Gebiete östlich dieser Linie wurden von den deutschen Truppen schnellstens – wenn auch nicht immer reibungslos – geräumt. Die in heftige Belagerungskämpfe um Lemberg verwickelten deutschen Verbände wurden von russischen Truppen abgelöst und die Stadt kapitulierte am 22. September vor den Sowjets.

Da die Weichsel als deutsch-sowjetische Demarkationslinie festgelegt worden war, trieb Hitler nun die Einnahme Warschaus voran, das nach heftigen Luftangriffen und Artilleriebeschuß am 27. September kapitulierte. Am 28. ergab sich die Festung Modlin, am 2. Oktober der Kriegshafen Hela und am 6. Oktober hörten die letzten örtlichen Widerstandshandlungen auf: der »Blitzfeldzug« in Polen war beendet. Die deutsche Wehrmacht hatte mit den verhältnismäßig geringen Verlusten von 10572 Gefallenen, 30322 Verwundeten und 3409 Vermißten einen glänzenden Sieg errungen. Die neuen Prinzipien des Bewegungskrieges hatten sich bewährt. Die polnischen Truppen hatten sich tapfer – teilweise in verzweifelten Kavallerieattacken gegen deutsche Panzer – geschlagen, ihre oberste Führung hatte jedoch versagt. Rund 700000 Mann gerieten in deutsche, 200000 in sowjetische Gefangenschaft, 100000 wurden in Rumänien und Ungarn und rund 50000 in Litauen und Lettland interniert. Über die polnischen Verluste gibt es keine Angaben.

Der polnische Staatspräsident Moscicki war mit der Regierung am 17. September, als die Sowjets einrückten und die Niederlage feststand, über die Grenze nach Rumänien gegangen und dort interniert worden. An der Ausübung der Staatsgewalt gehindert, übertrug er sein Amt dem in Paris lebenden ehemaligen Woiwoden von Pommerellen, Wladyslaw Raczkiewicz, der am 30. September 1939 aus Mitgliedern der bisherigen polnischen Oppositionsparteien eine polnische Exilregierung unter General Sikorski bildete. Diese Regierung wurde von England, Frankreich, den Vereinigten Staaten und den meisten Commonwealth-Staaten als Rechtsnachfolgerin anerkannt, richtete schließlich im Dezember 1939 ein Exilparlament ein und stellte eigene Streitkräfte aus Auslandspolen auf, um weiterhin als kriegführender Alliierter bewertet zu werden.

Die Frage war, wie Hitler unter diesen Umständen den deutschen militärischen Sieg politisch auszuwerten gedachte. Wenn die Westmächte nicht in den Krieg eingetreten wären, ist es durchaus denkbar, daß Hitler zu seiner ursprünglichen antisowjetischen Politik zurückgekehrt wäre und nach einem Sieg über Polen einen polnischen Satellitenstaat errichtet und in seine Dienste gespannt hätte. Als jedoch die Zusammenarbeit mit der Sowjetunion, auf die Hitler nunmehr angewiesen war, den Einmarsch der Roten Armee nach Polen brachte, war die künftige Behandlung Polens bereits wesentlich präjudiziert. Das Geheimprotokoll vom 23. August hatte zwar die Möglichkeit der Existenz eines territorial reduzierten polnischen Staates nicht ausgeschlossen, aber bereits am 20. September bekam der deutsche Botschafter in Moskau durch Molotow zu hören, daß Stalin dem Gedanken eines selbständigen Restpolens abgeneigt sei und in Verhandlungen über eine endgültige deutsch-sowjetische Grenzziehung einzutreten wünsche. Ribbentrop flog daraufhin abermals nach Moskau und unterzeichnete den deutsch-sowjetischen Grenz- und Freundschaftsvertrag vom 28. September 1939, der die »Grenze der beiderseitigen Reichsinteressen im Gebiete des bisherigen polnischen Staates« als »endgültig« festlegte, die »erforderliche staatliche Neuregelung« der Gebiete beiderseits dieser Grenze dem jeweiligen Partner überließ und jegliche Einmischung dritter Mächte dabei ablehnte.[11] Ein geheimes Zusatzprotokoll änderte die am 23. August vereinbarte Interessenabgrenzung dahingehend, daß die Woiwodschaft Lublin und Teile der Woiwodschaft Warschau bis zum Bug, ferner der Landzipfel von Suwalki der deutschen, dafür aber Litauen – bis auf einen schmalen Gebietsstreifen im Südwesten, der im Fall der Durchführung besonderer sowjetischer Maßnahmen in Litauen an Deutschland fallen sollte – der sowjetischen Interessensphäre zugeschlagen wurden. Ein weiteres Zusatzprotokoll vom 4. Oktober 1939 regelte dann den genauen Grenzverlauf entlang der Flüsse Pissa–Narew–Bug. Das Gebiet mit überwiegend polnischer Bevölkerung (188000 qkm mit 20 Millionen Einwohnern, davon 85 Prozent Polen) kam in deutsche Hand, während die Gebietsteile mit überwiegend weißruthenischer und ukrainischer Bevölkerung (200000 qkm mit 12 Millionen Einwohnern) den Sowjets zufielen. Damit war die vierte Teilung Polens vollendet, zugleich aber auch die Möglichkeit einer politischen Beendigung des Krieges entfallen: mit den Deutschland verbliebenen polnischen Gebieten allein konnte nach Abzug der beabsichtigten deutschen Annexionen kein polnisches Staatsgebilde geschaffen werden, mit dem sich irgendeine polnische Regierung hätte abfinden können. Mit der Unmöglichkeit eines Friedensschlusses im Osten mußte ein Einlenken der Westmächte und damit die Beendigung des europäischen Krieges aus dem Bereich der Wahrscheinlichkeit rücken.

Anläßlich der Unterzeichnung ihres Freundschaftspaktes hatten die deutsche und die sowjetische Regierung am 28. September 1939 eine gemeinsame Erklärung herausgegeben, daß es nach der Schaffung des »dauerhaften Friedens« in Osteuropa »dem wahren Interesse aller Völker entsprechen würde, dem gegenwärtig zwischen Deutschland einerseits und England und Frankreich andererseits bestehenden Kriegszustand ein Ende zu machen«, und daß sie sich gemeinsam darum bemühen wollten.[12] Zu diesen »Bemühungen« gehörte Hitlers »Friedensappell« in seiner Reichstagsrede vom 6. Oktober 1939: Die Wiedererrichtung eines polnischen Staates, »der in seinem Aufbau und in seiner Führung die Garantie bietet, daß weder ein neuer Brandherd gegen das Deutsche Reich entsteht noch eine Intrigenzentrale gegen Deutschland und Rußland gebildet wird«, sei ausschließlich Sache des Reiches und Sowjetrußlands und werde durch eine Fortsetzung des Krieges im Westen nicht gefördert. Wenn aber England nicht einlenke, drohte Hitler, dann sei diese Erklärung seine letzte gewesen und die Westmächte würden geschlagen werden.[13]

Am 12. Oktober antwortete der britische Premierminister Chamberlain nach Beratung mit der französischen Regierung und den Dominions auf Hitlers Ausführungen mit einer Rede im Unterhaus: Die Vorschläge Hitlers über das Schicksal Polens enthielten keine Anregung über eine Wiedergutmachung und ihre Annahme bedeute praktisch die Anerkennung seiner

Eroberungen und des Rechts auf freie Verfügung über die eroberten Gebiete. »Entweder muß die deutsche Regierung vollgültige Beweise der Aufrichtigkeit ihres Friedenswunsches geben, und zwar durch Taten und tatsächliche Garantien für ihre Absicht, Zusicherungen auch einzuhalten, oder wir müssen in unserer Pflichterfüllung bis zum Ende ausharren.«[14] Es sollte sich erweisen, daß die deutsche Führung zu solchen Taten hinsichtlich Polens gerade nicht bereit war. England aber war nicht gewillt, Deutschland lediglich eine Atempause zu gewähren. Hitlers Versuch, die englische Anerkennung der deutschen Hegemonie auf dem europäischen Festland zu erlangen, war wiederum gescheitert. Der europäische Krieg ging trotz des deutschen Sieges über Polen weiter.

Mit dieser Entscheidung der Westmächte war auch der Versuch Görings mißlungen, über den einflußreichen amerikanischen Ölexporteur William R. Davis – der mit Einverständnis Präsident Roosevelts eine Sondierungsreise nach Rom und Berlin unternommen hatte – durch Vortäuschung weitgehender Konzessionsbereitschaft die Vermittlung des amerikanischen Präsidenten für einen Frieden mit den Westmächten zu erreichen. Göring war am 3. Oktober Davis gegenüber so weit gegangen, deutscherseits »einen neuen polnischen Staat und eine unabhängige tschechoslowakische Regierung« zu versprechen.[15] Doch Roosevelt lehnte es ab, ohne offizielle Aufforderung durch eine der kriegführenden Regierungen eine Vermittlungsaktion zu unternehmen.

Der Erwähnung eines polnischen Reststaates in Hitlers »Friedensrede« vom 6. Oktober durfte zu diesem Zeitpunkt schon nicht mehr allzuviel Gewicht beigemessen werden. Bereits am selben Tage – ohne eine Reaktion der englischen Regierung auf seinen Appell überhaupt abzuwarten – ordnete Hitler die staatsrechtliche Eingliederung nahezu der Hälfte des deutsch besetzten Westpolens (ca. 90000 qkm mit 10 Millionen Einwohnern), darunter Gebiete mit 98 Prozent nichtdeutscher Bevölkerung, in das Reich an und unterzeichnete am 8. Oktober einen entsprechenden Erlaß. Damit war die deutsche Grenze von 1914 tief in das polnische Kernland hinein verlegt worden. Aber auch gegenüber dem verbleibenden polnischen Restgebiet zwischen dem Reich und der deutsch-sowjetischen Interessengrenze hatte sich Hitler zur Zeit seiner Reichstagsrede bereits auf eine Politik festgelegt, die die Errichtung eines unabhängigen polnischen Staatswesens als Partner für einen Friedensschluß mehr als fragwürdig erscheinen lassen mußte. Im Rahmen der bevölkerungspolitischen Neuordnung, d. h. der »Eindeutschung« der eingegliederten Gebiete durch Ansiedlung von Volksdeutschen – für deren Realisierung Hitler bereits am 28. September Anordnungen traf –, war das polnische Restgebiet als Reservat für die aus jenen Gebieten abzuschiebenden Polen und Juden ausersehen. An diesem Tage beauftragte er den Reichsführer SS und Chef der Deutschen Polizei, Heinrich Himmler, mit der gewaltsamen Durchführung dieser »Flurbereinigung«. Hitlers geheimer Erlaß vom 7. Oktober 1939, der Himmler zum »Reichskommissar für die Festigung deutschen Volkstums« bestellte, sprach u. a. von der »Ausschaltung des schädigenden Einflusses von solchen volksfremden Bevölkerungsteilen, die eine Gefahr für das Reich und die deutsche Volksgemeinschaft bedeuten«[16], und ließ damit die Schärfe des beabsichtigten »Volkstumskampfes« vorausahnen. Am Tage der englischen Ablehnung seines »Angebotes«, am 12. Oktober 1939, entschied sich Hitler endgültig gegen den Gedanken einer restpolnischen Eigenstaatlichkeit: durch die Errichtung des »Generalgouvernements für die besetzten polnischen Gebiete« wurde auch Restpolen als eine Art koloniales »Nebenland« des Reiches unter deutsche Verwaltung gestellt. Mit der Aufhebung der Militärverwaltung am 25. Oktober 1939, die dem Heer die vollziehende Gewalt in Polen endgültig aus den Händen nahm, war der Weg frei für die Gewalt- und Terrorherrschaft der Himmlerschen SS- und Polizeieinheiten, die zur Vertreibung und teilweisen physischen Vernichtung der Substanz des »rassisch minderwertigen« polnischen Volkstums antraten, um der germanischen »Herrenrasse« in Polen Raum zu schaffen. Diese im Namen der nationalsozialistischen Rassen-Irrlehre einsetzenden Unrechtstaten waren nicht mit den polnischen Morden an Volksdeutschen zu rechtfertigen, die sich nach Hitlers Überfall auf Polen ereigneten, als Marschkolonnen internierter Volksdeutscher zwischen die zurückflutenden polnischen Truppen gerieten, oder als in Bromberg das Gerücht von der Aktivität volksdeutscher »Heckenschützen« gegen polnisches Militär zu einer blutigen Pauschalabrechnung gegen die Deutschen führte. (Hitler ließ die ermittelte Gesamtzahl von rund 6000 in Polen ermordeter oder vermißter Volksdeutscher zu Propagandazwecken einfach verzehnfachen.) Das Moment der Spontaneität in einer panikartigen Situation, das den polnischen Ausschreitungen anhaftete, fehlte den systematischen deutschen

Ausrottungsmaßnahmen völlig. Vergebens wandten sich die örtlichen Militärbefehlshaber in Polen, die noch den Vorstellungen traditioneller Kriegführung verhaftet waren, durch Proteste an die Führung gegen die seit Oktober 1939 einsetzenden systematischen Verhaftungen und Exekutionen der polnischen Intelligenz und gegen die Massenerschießungen von Juden durch die SS. Am bekanntesten ist die Denkschrift des als Nachfolger v. Rundstedts als Oberbefehlshaber Ost eingesetzten Generalobersten Blaskowitz an Hitler vom November 1939, die Blaskowitz schließlich nur die Enthebung von diesem Posten einbrachte, da man – wie Hitler kommentierend erklärte – mit »Heilsarmee-Methoden« keinen Krieg führen könne.

Im Gegensatz zu Hitlers Erwartungen stärkte die Niederwerfung Polens die Regierungen der Westmächte geradezu in ihrem Entschluß, weiterzukämpfen. Für Hitler bedeutete der Sieg über Polen allerdings den Vorteil einer Beendigung des Zweifrontenkrieges. Die mit Moskau am 28. September 1939 vereinbarte und in der Folge durchgeführte Rücksiedlung der Volksdeutschen aus den Gebieten der sowjetischen Interessensphäre in die neu eingegliederten deutschen Ostgebiete, ferner der geplante Bau eines Ostwalles von riesigen Ausmaßen an der deutsch-sowjetischen Interessengrenze lassen darauf schließen, daß Hitler sein Fernziel einer weiträumigen Ostexpansion für einen längeren Zeitraum außerhalb der Möglichkeit einer Realisierung gerückt sah. Die nationalsozialistische Ostkolonisations-Politik wurde somit in einer gleichsam improvisierten Wendung nunmehr auf das dicht besiedelte Polen angewandt, dessen Erwerb Hitler sicher nicht »vorausgeplant« hatte: es war ihm durch den schnellen Entschluß zum Kriege zugefallen, zu dem ihn der Widerstand Polens, sich nicht »gutwillig« zum Satelliten machen zu lassen, bewogen hatte. Am 17. Oktober äußerte Hitler aber gegenüber dem Chef des OKW, Generaloberst Keitel, daß Polen ein potentielles militärisches Aufmarschgebiet für die Zukunft sei und daher die Verkehrs- und Nachrichtenverbindungen dort in Ordnung gehalten werden müßten. Die auf den Antibolschewismus eingeschworenen Kreise und die eingefleischten Anhänger des Ost-Expansionismus in der Partei, wie z. B. Alfred Rosenberg, sorgten dafür, daß dieser Gedanke wachgehalten wurde.

Für Hitler, der sich stets auf das nächstliegende Ziel zu konzentrieren pflegte, war das Bündnis mit der Sowjetunion als Rückendeckung für die Weiterführung des Krieges im Westen zunächst das Wichtigste und Entscheidende. Er ließ alle expansiven Fernziele ruhen, bis sie wiederauflebten, als er sich wiederum aus rein situationsbedingten Erwägungen heraus – weil es ihm die Kriegslage zu gebieten schien – zum Angriff auf die Sowjetunion entschloß. Nach der Niederwerfung Polens jedoch und dem gescheiterten Versuch, die Westmächte zum Einlenken zu bewegen, konzentrierte er sich zunächst völlig auf die Kriegführung gegen Frankreich und England.

3. Kapitel
Der »Sitzkrieg«, Hitlers Offensivabsicht und der finnische Winterkrieg: der Westen verharrt, der Osten marschiert

Während in Polen die Entscheidung fiel, ging an der Westfront der »Sitzkrieg« weiter. Beide Seiten verharrten in der Defensive. Die Luftstreitkräfte begnügten sich mit Aufklärungsflügen und mit dem Abwurf von Flugblättern, in denen sich die Parteien gegenseitig von der Sinn- und Aussichtslosigkeit einer weiteren Kriegführung zu überzeugen suchten. Zusammen mit der militärischen Inaktivität bewirkte diese psychologische Beeinflussung, daß der Krieg vom einfachen Soldaten fast nicht mehr ernst genommen wurde: Landser und Poilu glaubten zunächst nicht daran, daß sie tatsächlich gegeneinander würden kämpfen müssen – vor allem, weil sie die Ziele dieses Krieges nicht erkannten. Die Franzosen hatten kein Eroberungsziel, wie es 1914 Elsaß-Lothringen dargestellt hatte. Hatte andererseits nicht auch Hitler immer wieder öffentlich auf dieses Streitobjekt verzichtet? Sollte man für Danzig kämpfen, das dem Deutschen Reich längst wieder einverleibt war, für Polen, das sich Deutschland und Rußland geteilt hatten? Die Führung würde Frieden schließen, und der »drôle de guerre«, der »phony war«, der »Sitzkrieg« würde beendet sein.

Das äußerlich sichtbare Verhalten der beiden Armeeführungen schien diese allgemeine Auffassung zu bestätigen. Als sich das deutsche Westheer mit der am 20. September beginnenden Truppenverschiebung aus Polen verstärkte, begannen die Franzosen am 3. Oktober die von ihnen im Vorfeld des Westwalles besetzten deutschen Grenzvorsprünge bei Saarbrücken wieder zu räumen. Der alliierte Oberbefehlshaber, General Gamelin, rechnete erst im Frühjahr 1941 mit einer materiellen Überlegenheit der Westmächte, die ihnen eine Offensive erlauben würde.

Auch das deutsche Oberkommando des Heeres (OKH), das in Zossen südlich Berlin Quartier genommen hatte, vor allem der Oberbefehlshaber des Heeres, Generaloberst v. Brauchitsch, und sein Generalstabschef, General Halder, standen einer deutschen Offensive im Westen aus politischen und militärischen Erwägungen ablehnend gegenüber: Ein nach Meinung des OKH unbedingt anzustrebender Kompromißfrieden zur Vermeidung des gefürchteten »großen« Krieges wäre durch eine deutsche Offensive gestört worden. Eine politische Lösung des Konflikts mußte jedoch durch Hitlers Haltung in der Polenfrage und die polnische Teilung bereits seit den ersten Oktobertagen so gut wie aussichtslos erscheinen. Desto mehr gewannen die militärischen Gründe, die gegen eine deutsche Offensive im Herbst und Winter 1939 sprachen, an Bedeutung. Die bei Kriegsbeginn neu aufgestellten Reserve- und Landwehrdivisionen waren nicht einmal zu Verteidigungszwecken voll einsatzfähig. Die Panzerverbände mußten nach dem Polenfeldzug erheblich aufgefrischt und mit schwereren Panzern vom Typ III und IV ausgerüstet werden, da die in Polen noch überwiegend eingesetzten Typen I und II den französischen und englischen Modellen und Panzerabwehrwaffen unterlegen waren. Die Munitionierung reichte nach dem Stand vom Oktober 1939 höchstens für ein Drittel der deutschen Divisionen, und zwar für den Zeitraum von einem Monat. Vor allem ermöglichte die Witterung im Herbst und Winter den Einsatz der Panzer- und der Luftwaffe nur unvollkommen. Demgegenüber sah die Mehrzahl der deutschen Generäle in der französischen Armee, in ihrer Artillerie und ihren Befestigungsanlagen einen äußerst starken und schwer überwindlichen Gegner. Die einzige Möglichkeit einer erfolgversprechenden Offensive sah das OKH in einer »Operation im Nachzug«, d. h. in einem Gegenschlag gegen eine feindliche Offensive etwa auf das Ruhrgebiet, die dem Gegner das Anrennen gegen den Westwall oder das Odium der Neutralitätsverletzung gegenüber Holland, Belgien und Luxemburg überließ.

Aber die Fassade des »drôle de guerre«, die äußere Ruhe dieser Monate trog. In dieser Zeit vollzog sich die dramatische Auseinandersetzung zwischen Hitler und der Generalität des Heeres über die Weiterführung des Krieges. Die Generäle wollten die Defensive und Zeitgewinn für eine politische Verständigung mit den Westmächten. Hitler, der auf seine Ziele in Polen nicht zu verzichten gedachte, wollte schnellstens die Offensive zur militärischen Niederwerfung dieser Mächte. Er sah in der Zurückhaltung der Westmächte nicht eine Friedenschance, sondern ein Schwächezeichen, das ihn zu einem baldigen Angriff bewog. Mit dem Ausgang dieser Auseinandersetzung begann die »Entmachtung des OKH«, d. h. die Ausschaltung des Generalstabes des Heeres als maßgeblich mitentscheidende Instanz bei der Landkriegführung, die sich später verhängnisvoll auswirken sollte, als Hitler mit seinem Oberkommando der Wehrmacht (OKW) praktisch die Operationen des Heeres bestimmte. Hier zeigte sich die unklare Organisation der Wehrmacht-Spitzengliederung, die sich praktisch in vier Generalstäbe, in den Wehrmachtführungsstab des OKW und die Generalstäbe von Heer, Luftwaffe und Marine aufsplitterte, die jeweils den Interessen der anderen Waffengattungen ohne das notwendige Verständnis gegenüberstanden und einen für die Gesamtkriegführung verantwortlichen »Reichsgeneralstabschef« ausschlossen. An seine Stelle trat praktisch Hitler mit seinen Entscheidungen: Bereits am 27. September – offenbar unter dem Eindruck des Sieges in Polen – teilte er ohne vorherige Befragung des OKH den Oberbefehlshabern der drei Wehrmachtteile in der Reichskanzlei seinen Entschluß mit, noch in diesem Jahre im Westen unter Bruch der holländischen, belgischen und luxemburgischen Neutralität offensiv zu werden, falls die Westmächte nicht einlenkten. Generaloberst v. Brauchitsch und General Halder waren der Ansicht, daß eine deutsche Offensive nach anfänglichen Erfolgen spätestens an der französisch-belgischen Grenze steckenbleiben und in einen Stellungs- und Abnützungskrieg mit verlustreichen Frontalschlachten übergehen werde, der schließlich zur deutschen Niederlage führen müsse. In Erinnerung an 1914 dachten sie auch an die Rückwirkung der Neutralitätsverletzung auf die Haltung anderer neutraler Staaten wie die USA und fürchteten die harten Friedensbedingungen, die einem besiegten Deutschland nach einem solchen Vorgehen auferlegt werden würden. Sie beschlossen daher, Hitler von dem Vorhaben einer Westoffensive abzubringen oder – wenn sich das als unmöglich erwies – wenigstens einen Aufschub zu erreichen. Doch von den vorgetragenen Bedenken des OKH unbeeindruckt, gab Hitler unter dem Datum des 9. Oktober 1939, also bereits vor einer Reaktion der Westmächte auf seinen Friedensappell vom 6. Oktober, eine Weisung für die Kriegführung heraus, in der er seinen Entschluß zum baldigen Angriff im Falle eines Nichteinlenkens der Westmächte bekräftigte. Kriegsziel war die militärische »Vernichtung der Kraft und Fähigkeit der Westmächte, noch einmal der ... Weiterentwicklung des deutschen Volkes in Europa entgegentreten zu können.«[17]

Aufgabe des OKH war es, schnellstens einen Operationsplan auszuarbeiten – eine Aufgabe, die die verantwortlichen Generäle in starke Gewissenskonflikte brachte. Einerseits waren sie ihrer ganzen Tradition nach verpflichtet, Hitler als Staatsoberhaupt und Oberbefehlshaber der Wehrmacht zu gehorchen, andererseits lehnten sie die befohlene Offensive aus fachlichem und moralischem Verantwortungsbewußtsein heraus ab. Es kam hinzu, daß unterdessen auch die Ausrottungsmaßnahmen der SS gegen die Bevölkerung Polens im OKH bekannt wurden. Wie im September 1938 wurden die Generäle abermals mit dem Problem konfrontiert, ob sie Hitler durch einen Staatsstreich stürzen sollten – damals, um den Krieg zu verhindern, diesmal, um zu einem Vergleichsfrieden zu gelangen. Generaloberst v. Brauchitsch war zur aktiven Unterstützung einer solchen Konsequenz nicht bereit, da er einem Putschversuch wegen der nach dem Polensieg im Volke herrschenden Hochstimmung und wegen der pro-nationalsozialistischen Einstellung des jüngeren Offizierskorps keine Chancen gab. Aber er war bereit, wenigstens die Augen vor der Aktivität zu verschließen, die General Halder und eine Gruppe von Vertrauten im OKH entwickelten. Halder beauftragte den Vertreter der Abwehr im OKH, Oberstleutnant Groscurth, mit der generalstabsmäßigen Ausarbeitung eines Putschplans und ließ die Vorbereitungen von 1938 durch den Chef der Zentralabteilung im Amt Ausland-Abwehr, Oberst Oster, auf den neuesten Stand bringen. Er sondierte unter den Generälen über ihre Bereitschaft zur Unterstützung eines Staatsstreichs und hatte mehrere Einheiten mit eingeweihten Kommandeuren auf dem Weg von Polen zur Westfront auf Truppenübungsplätzen östlich der Elbe zurückbehalten, um sie gegebenenfalls gegen Berlin einsetzen zu können. Halder nahm Verbindung zum Befehlshaber des Ersatzheeres, General Fromm, zum Chef des Amtes Ausland-Abwehr im OKW, Admiral Canaris, schließlich auch zu seinem eigenen Vorgänger im OKH, Generaloberst Beck, und zu dem ehemaligen Leipziger Oberbürgermeister Goerdeler auf. Aber Halder war nicht bereit, etwas zum Schaden der Truppe zu unternehmen, etwa Landesverrat zu begehen oder Hitlers Anweisungen und die Vorbereitung der Offensive zum Vorteil der Gegner zu sabotieren. Sein einziges Ziel war, die seiner Beurteilung nach zur deutschen Niederlage führende Offensive zu verhindern. Er ging daher mit v. Brauchitsch darin konform, eine Offensive zunächst auf fachlich-militärischer Ebene zu bekämpfen, d. h. Hitler die Aussichten einer solchen nüchtern darzulegen.

Bereits am 11. bzw. 12. Oktober brachten auch die Oberbefehlshaber der damals an der Westfront bestehenden beiden Heeresgruppen, Generaloberst Ritter v. Leeb (Heeresgruppe C) und Generaloberst v. Bock (Heeresgruppe B), dem OKH gegenüber in Denkschriften die von sämtlichen Oberbefehlshabern ihrer Armeen geteilten Bedenken gegen die geplante Offensive zum Ausdruck. Nach erneutem Vortrag des Oberbefehlshabers des Heeres legte Hitler am 16. Oktober jedoch den Angriffstermin auf die Zeit zwischen 15. und 20. November fest. Daraufhin gab das OKH am 19. Oktober 1939 die erste Aufmarschanweisung »Gelb« – wie der Deckname für die Westoffensive lautete – heraus, die nach Einwendungen Hitlers und des OKW abgeändert und durch eine zweite Aufmarschanweisung vom 29. Oktober ersetzt wurde. Ziel des Gesamtplanes war, mit einem Stoß durch Holland und Belgien die gegnerischen Kräfte nördlich der Somme zu vernichten und bis zur Kanalküste vorzudringen. Wie die Offensive nach diesem ersten Schlag weitergeführt werden sollte, blieb dagegen offen: ein Zeichen, daß man damals mit einer entscheidenden Niederwerfung Frankreichs, die den Frieden bringen konnte, durch diese Operation nicht rechnete. Als Hitler am 22. Oktober den Angriffstermin auf den 12. November vorverlegte, entschloß sich der Oberbefehlshaber des Heeres zu dem schwerwiegenden Schritt, Hitler in einer persönlichen Unterredung umzustimmen.

Am 5. November kam es zu jener dramatischen Auseinandersetzung, die zu einem nie mehr geheilten Bruch des Vertrauensverhältnisses zwischen Hitler und dem Oberbefehlshaber des Heeres führen sollte. Brauchitsch trug Hitler eine Denkschrift vor, in der nochmals alle militärischen Argumente gegen eine Offensive zusammengefaßt waren. Aber Hitler zeigte sich den Sachargumenten nicht zugänglich. Als v. Brauchitsch ausführte, daß die deutsche Infanterie im Polenfeldzug die Leistungen von 1914 nicht erreicht habe, und auf Disziplinlosigkeiten hinwies, die bei starker Belastung der Truppe aufgetreten seien, bekam Hitler einen Wutanfall. Er witterte Defaitismus und drohte, den »Geist von Zossen auszurotten«. Er brach die Unterredung schroff ab und diktierte unmittelbar nach dieser Aussprache den Entlassungsbefehl für v. Brauchitsch, zerriß aber den Entwurf wieder. Die latent vorhandene gegenseitige Abneigung war offen zum Ausbruch gekommen und sollte künftig auch rein sachliche Differenzen in der Operationsführung belasten. Halder befürchtete nunmehr, daß Hitler von den Staatsstreichplänen Kenntnis erlangt habe und ließ alles belastende Material vernichten und die Putschvorbereitungen abbrechen. Damit war die Aussicht auf einen erfolgreichen Staatsstreich zunächst begraben. Am 8. November 1939 entging Hitler dem Attentat im Münchner Bürgerbräukeller, das offensichtlich das Werk des Einzelgängers Georg Elser war und mit der Militäropposition jedenfalls nichts zu tun hatte, durch vorzeitiges Verlassen der Gedenkfeier für seinen eigenen verunglückten Putsch von 1923. Die Furcht vor einer folgenden Großfahndung der Gestapo ließ alle Staatsstreichpläne in den Hintergrund treten. Es nutzte nun auch nichts mehr, daß die Widerstandsgruppe um Beck, die über den Vatikan Verbindung mit London aufgenommen hatte, von den Gegnern das Versprechen eines militärischen Stillhaltens während eines Umsturzes in Deutschland und annehmbare Bedingungen für anschließende Friedensgespräche zugesagt bekam. Als Hitler den 12. November als Angriffstermin gegen alle Widerstände des OKH durchgesetzt hatte, war zugleich offenbar geworden, daß das OKH anders als die Oberste Heeresleitung im Ersten Weltkrieg von einem mitentscheidenden Organ zu einem höchstens technisch-beratenden, wenn nicht nur ausführenden Organ abgesunken war. Allerdings wurde der Angriffstermin am 7. November wegen schlechter Witterung verschoben – ein Vorgang, der sich im Laufe des Winters 1939/40 bis zur letzten Verschiebung am 7. Mai 1940 insgesamt 29 mal wiederholen sollte. Alle diese Angriffstermine wurden von Oberst Oster auf eigene Faust und ohne Wissen Halders dem holländischen Militärattaché in Berlin mitgeteilt, um – wie Oster hoffte – durch daraufhin eingeleitete holländische und belgische Gegenmaßnahmen Hitler vom Beginn des Angriffs abzuhalten. Oster griff zu diesem verzweifelten Mittel und nahm das Odium des Landesverrats auf sich, als er erkannte, daß die Generäle nicht putschen, sondern marschieren würden. Sein Unterfangen scheiterte allerdings daran, daß seine ständig erneut gemeldeten Termine nicht mehr ernst genommen wurden und die Holländer und Belgier sogar glaubten, Hitler wolle sie durch Täuschungsmanöver zu neutralitätswidrigem Handeln provozieren, um einen Vorwand zum Angriff zu haben. Letzten Endes zum eigenen Schaden lehnten sie aus diesem Grunde auch die Angebote der Westmächte zu gemeinsamen Generalstabsbesprechungen ab. Als sich die Anzeichen eines bevorstehenden deutschen Angriffs auf ihre Länder verdichteten, orientierten sie allerdings ihre Verteidigung einseitig nach Osten. Die Belgier nahmen ferner Informationsgespräche mit den Militärattachés der Westmächte über eine mögliche gemeinsame Verteidigung am Albert-Kanal und an der Maas auf, vermieden jedoch Gespräche über operative Maßnahmen und Kräfteeinsatz. Die Erörterung eines präventiven Einmarsches britischer und französischer Truppen lehnten beide Staaten auch weiterhin ab.

Der vergebliche belgisch-niederländische Friedensappell an die kriegführenden Mächte vom 7. November, der an den bekannten Bedingungen der Westmächte hinsichtlich der Tschechoslowakei und Polens scheiterte, und die Ablehnung eines Vermittlungsangebots des rumänischen Königs Carol durch Hitler am 16. November demonstrierten nochmals die Unmöglichkeit, den Konflikt mit politisch-diplomatischen Mitteln beizulegen.

Offensichtlich um die Vertrauenskrise zwischen ihm und den Generälen zu beseitigen, ihre Bedenken gegen eine Offensive zu zerstreuen und sie durch die Macht seiner Rede mitzureißen, hielt Hitler am 23. November vor den Oberbefehlshabern und hohen Offizieren der drei Wehrmachtteile eine eineinhalbstündige Ansprache. In versteckter Form geißelte er die ewigen Bedenken seiner Generäle, denen gegenüber er stets recht behalten habe. Heute habe man nur an einer Front zu kämpfen und sei dem Gegner überlegen, bereits in 6 Monaten könne das Kräfteverhältnis ein ungünstigeres sein. Den Gedanken an einen Kompromiß mit den Westmächten müsse man sich aus dem Kopf schlagen, Sieg oder Niederlage sei die Parole. Sein Entschluß zum Angriff sei unabänderlich. Es werde »nach außen keine Kapitulation, nach innen keine Revolution« geben.[18] Die Spannung zwischen Hitler und der Mehrzahl der höheren Offiziere sollte sich jedoch erst mit den erfolgreichen Offensiven in Norwegen und im Westen legen.

Wenn auch die Wetterlage der äußere Anlaß zur dauernden Verschiebung der Westoffensive war, so wurde Hitlers Zögern sicher von dem Faktum mitbestimmt, daß der erste, auf seine Weisungen hin vom OKH ausgearbeitete Operationsplan kaum durchschlagenden Erfolg zu bieten schien. Das Hinausschieben des Angriffs war daher von ständigen operativen Planungen und Änderungen begleitet.

Während die Westmächte Gewehr bei Fuß standen und Hitler zur Offensive im Westen drängte, gingen die Sowjets daran, die ihnen von Hitler gewährten territorialen Zugeständnisse einzubringen. Anfang November 1939 wurden die westukrainischen Gebiete Polens an die Ukrainische Sowjetrepublik und das polnische Weißruthenien an die Weißrussische Sowjetrepublik angegliedert. Die russische Besatzungspolitik in diesen Gebieten stand bei der Sowjetisierung und Unterdrückung des polnischen Nationalcharakters dem SS-Terror an Brutalität in keiner Weise nach: die bei Katyn erschossenen über 4000 polnischen Offiziere legen davon beredtes Zeugnis ab.

Als Ribbentrop auf seiner zweiten Moskaureise am 27. September 1939 im Kreml eintraf, begegnete er dem estnischen Außenminister Selter, der den Kreml bleich und niedergeschlagen verließ. Selter hatte unter erheblichem sowjetischem Druck und nach militärischen Demonstrationen der Roten Armee an der estnischen Grenze gerade einem »Beistandspakt« mit Rußland zugestimmt, der bereits am nächsten Tag unterzeichnet wurde und den Sowjets in Estland militärische Stützpunkte einräumte – so in Baltischport und auf den Inseln Ösel und Dagö. Da die Sowjets mit der Möglichkeit eines baldigen Friedensschlusses zwischen Deutschland und den Westmächten immerhin rechnen mußten und daher die Zeit nutzen wollten, folgten ähnliche Verträge bereits am 5. Oktober mit Lettland und am 11. Oktober mit Litauen, das als Gegenleistung das polnische Gebiet um Wilna zugesprochen bekam. In diesen Verträgen verpflichteten sich die drei Baltenstaaten, mit anderen Mächten keine gegen die Sowjetunion gerichteten Abmachungen zu treffen. Als sich Finnland weigerte, einen ähnlichen Vertrag zu schließen, griffen die Sowjets zur Gewalt. Am 26. November behaupteten sie, finnische Artillerie habe bei Mainila auf der karelischen Landenge über die Grenze geschossen, vier Rotarmisten getötet und eine Reihe weiterer verletzt. Diese »Provokation« nahmen die Sowjets zum Anlaß, die diplomatischen Beziehungen abzubrechen und am 30. November mit der Bombardierung Helsinkis und anderer Städte und dem Beschuß der finnischen Südküste durch Schiffsartillerie die Feindseligkeiten zu eröffnen. Eine finnische »Volksregierung« unter dem Kominternführer Otto Ville Kuusinen wurde am 1. Dezember in der Grenzstadt Terijoki gebildet und erkannte die sowjetischen Forderungen sofort vertraglich an. Dagegen schlossen sich die finnischen Sozialisten der am gleichen Tage unter Ministerpräsident Ryti gebildeten Koalitionsregierung an. Die kleine Republik mit 3,5 Millionen Einwohnern und einem unter Anspannung aller Kräfte aufgestellten Heer von 10 Divisionen ohne ausreichend moderne Bewaffnung verteidigte sich mit bewundernswerter Tapferkeit erfolgreich gegen den Sowjetkoloß von 180 Millionen, der vier Armeen unter Marschall Timoschenko gegen Finnland einsetzte. Nur im hohen Norden ging Petsamo an die von Murmansk aus vorstoßenden Sowjets verloren.

Dem finnischen Oberbefehlshaber, Marschall Mannerheim, war von vornherein klar, daß Finnland zwar Zeit gewinnen, einer endgültigen Niederlage jedoch kaum entgehen konnte. Die Zeit mußte daher durch politische Aktivität genutzt werden. Zwar weckte der finnische Kampf bei allen Völkern der Welt wärmste Sympathien; er wurde durch Freiwillige der verschiedensten Länder – aus Schweden kamen allein 8000 – unterstützt. Waffen und Kriegsmaterial traf von den Westmächten, von Italien und Ungarn ein. Aber eine offizielle Hilfeleistung unter Aufgabe ihrer Neutralität lehnten die finnischen Nachbarn Norwegen, Schweden und Dänemark mit Rücksicht auf Hitlers Politik ab. Denn Hitler wollte jede Unruhe in Skandinavien, die ein Eingreifen der Westmächte herausfordern konnte, vermieden wissen und beabsichtigte ferner, sein Interessenbündnis mit der Sowjetunion strikt einzuhalten – selbst wenn es ihn die Sympathien der europäischen Kleinstaaten und des verbündeten Italien kostete. Er genehmigte daher auch die Versorgung der sowjetischen U-Boote in der Ostsee durch deutsche Schiffe. Als Finnland die sowjetische Aggression vor den Völkerbund brachte, war die Verurteilung der Sowjetunion und ihr Ausschluß als Mitglied am 14. Dezember 1939 die letzte Zuckung, deren diese in der Agonie liegende internationale Organisation fähig war.

Im Januar 1940 wurden die sowjetischen Streitkräfte an der Finnlandfront erheblich verstärkt und dem Oberbefehl des Verteidigungskommissars Woroschilow unterstellt. Nach starker Artillerievorbereitung brach Anfang Februar der mit 25 Divisionen und 3000 Panzern geführte sowjetische Hauptstoß gegen die Mannerheim-Linie los. Doch hatte sich inzwischen die Lage für eine Verständigung nicht ungünstig entwickelt: der beharrliche Widerstand Finnlands hatte sich gelohnt. Nachdem sich nämlich der Kampf unerwartet lange hingezogen und der Völkerbund zur Hilfeleistung an Finnland aufgefordert hatte, nahm bei den Westmächten Anfang Februar der Plan konkrete Gestalt an, den Finnen über Nordnorwegen (Narvik) und die nordschwedischen Eisenbahnen zu Hilfe zu eilen und damit gleichzeitig die deutsche Erzzufuhr aus Schweden zu unterbinden. Doch das Unternehmen verschleppte sich, da Norwegen und Schweden den alliierten Truppen keinen Durchzug gewähren wollten. Gerade diese mögliche Ausweitung des europäischen Krieges aber kam sowohl den Finnen wie auch den Sowjets ungelegen: die Finnen wollten weder sich selbst noch ihre skandinavischen Nachbarn in die Auseinandersetzung zwischen Deutschland und den Westmächten verwickelt sehen, während Stalin bei einem Festsetzen der Westmächte in Nordeuropa das gleiche für die Sowjetunion fürchtete. Die Anfang März durch schwedische Vermittlung zwischen beiden Kriegführenden aufgenommenen Verhandlungen endeten am 12. März 1940 mit dem Frieden von Moskau. Gerade an diesem Tage hatte sich die englische Regierung zu dem Entschluß durchgerungen, auch ohne norwegische Einwilligung in Narvik zu landen. Da aber der Friedensschluß den Westmächten das Argument der Finnlandhilfe nahm, wurde das Unternehmen zunächst abgeblasen.

Durch den Frieden von Moskau fielen die Inseln Hogland, Aspö und Björkö, die karelische Landenge mit Wiborg, das Nord- und Ostufer des Ladogasees, ferner ein Gebietsstreifen bei Salla, dessen Abtretung Mittelfinnland weiter verengte und die Sicherheit der russischen Murmanbahn erhöhte, und die Westhälfte der Fischerhalbinsel im Norden (insgesamt 40000 qkm) an die Sowjetunion. Auf Petsamo mit seinen wertvollen Nickelgruben verzichteten die Sowjets, um Reibereien mit England zu vermeiden, da die Gruben zu einem wesentlichen Teil englisches Eigentum waren. Die finnische Halbinsel Hangö am Eingang zum Finnischen Meerbusen wurde für dreißig Jahre an die Sowjets verpachtet. Wie die Baltenstaaten mußte sich auch Finnland verpflichten, keiner gegen die Sowjetunion gerichteten Koalition beizutreten. Immerhin aber hatte sich Finnland seine Souveränität bewahren können und damit die Chance, den Moskauer Frieden zu revidieren. Die Schwerfälligkeit der Roten Armee, die ihren kräftemäßig weit unterlegenen Gegner erst nach drei Monaten hatte zum Frieden zwingen können, verführte die Militärexperten aller Länder zu einer negativen Beurteilung und trug zu der verhängnisvollen Unterschätzung der militärischen Kraft der Sowjetunion durch Hitler bei. Dabei wurde aber übersehen, daß Moskau den Krieg sozusagen »mit der linken Hand« geführt hatte – denn nur der Militärbezirk Leningrad war zunächst mobilisiert worden.

4. Kapitel
Unternehmen »Weserübung«: die Ausweitung des Krieges nach Norden

Mit dem russisch-finnischen Krieg war der Norden Europas in erhöhtem Maße in das Blickfeld der kriegführenden Mächte gerückt. Seit Kriegsbeginn hatten sich beide Seiten über diesen strategisch wichtigen Raum ihre Gedanken gemacht und Erwägungen angestellt, ihn dem Zugriff des Gegners zu entziehen und der eigenen Kriegführung nutzbar zu machen. Die Neutralität der skandinavischen Staaten bot an sich für Deutschland zwei Vorteile. Einmal konnte das für die deutsche Kriegführung unentbehrliche Eisenerz aus den nordschwedischen Gruben von Kiruna und Gällivare über den eisfreien norwegischen Hafen Narvik und durch die Küstengewässer des neutralen Norwegen ungehindert nach Deutschland verschifft werden; denn der zweite mögliche Weg durch den Bottnischen Meerbusen zum schwedischen Hafen Luleå war wegen des Eises nur im Sommer benutzbar. Zum anderen konnten die Schiffe der deutschen Flotte durch die norwegischen Hoheitsgewässer den im November 1939 von den Sowjets zur Verfügung gestellten Stützpunkt Polarnoje am Nördlichen Eismeer erreichen und von dort aus in den Nordatlantik vorstoßen. Aus diesen Gründen überhäufte Winston Churchill, seit dem 5. September 1939 Erster Lord der Britischen Admiralität, die englische Regierung mit Vorschlägen und Plänen zur Anlegung mehrerer Minenfelder in den norwegischen Gewässern, um dieses Loch in der britischen Blockade zu schließen und die deutschen Schiffe zum Ausweichen auf die hohe See zu zwingen, ferner mit Anregungen zur Besetzung von Stützpunkten an der norwegischen Küste. Aber das britische Kabinett fand sich lediglich dazu bereit, vorbereitende Landungspläne für eine militärische, auf der Rechtsgrundlage des Artikels 16 der Völkerbundssatzung erfolgende Unterstützung Finnlands und für einen Gegenschlag im Falle einer deutschen Landung in Südnorwegen ausarbeiten zu lassen und Außenminister Halifax zu beauftragen, in Stockholm und Oslo wegen der Zustimmung zu einer solchen Aktion zu sondieren.

Auf deutscher Seite lenkte der Oberbefehlshaber der Kriegsmarine, Großadmiral Raeder, in einem Vortrag am 10. Oktober

1939 erstmals Hitlers Aufmerksamkeit auf Skandinavien: Er warnte, daß die Engländer mit den verfügbaren deutschen Kräften nicht wieder aus Norwegen vertrieben werden könnten, wenn sie sich einmal dort festgesetzt hätten. Sie würden dann die Ostsee-Eingänge beherrschen, die deutschen Operationen in der Nordsee und Luftangriffe auf England flankieren und Druck auf Schweden ausüben können. Hingegen böten deutsche Stützpunkte in Norwegen der Kriegsmarine eine breite Ausfallbasis zum Atlantik und verhinderten die abermalige Einsperrung der eigenen Flotte wie im Ersten Weltkrieg durch einen englischen Minengürtel zwischen den Shetland-Inseln und Bergen. Eine Denkschrift des Befehlshabers der deutschen U-Boot-Flotte, Admiral Dönitz, ergänzte Raeders Ausführungen durch den Hinweis, daß sich der Anmarschweg der im Atlantik operierenden U-Boote durch den Besitz eines Hafens wie Trondheim wesentlich verkürzen würde. Hitler verschloß sich den Argumenten der Marineleitung keineswegs – aber ganz vom Gedanken einer Westoffensive eingenommen, wollte er im Norden wohl nicht eher aktiv werden, bis sich ernsthafte gegnerische Absichten auf Skandinavien abzeichneten. Die Entwicklung wurde erst durch den Besuch Vidkun Quislings in Berlin im Dezember 1939 vorangetrieben. Quisling, Führer der unbedeutenden norwegischen Faschistenpartei »Nasjonal Samling«, hatte bereits vor dem Kriege mit dem Außenpolitischen Amt der NSDAP unter Alfred Rosenberg Verbindung aufgenommen, um sich die deutsche Unterstützung für einen Staatsstreich in Norwegen zu sichern. Durch Vermittlung Rosenbergs wurde Quisling am 11. Dezember von Raeder und am 13. und 18. Dezember von Hitler empfangen und machte von den englischen Sondierungen in Norwegen und Schweden wegen einer Landungsaktion Mitteilung. Da auch anderweitig Anzeichen auf eine alliierte Aktion gegen Norwegen hindeuteten, gab Hitler noch am 13. Dezember den Befehl, die Norwegenaktion vorzubereiten. Die Bearbeitung unter dem Kennwort »Weserübung« sollte allerdings nicht vom Generalstab des Heeres, sondern von einem besonderen Arbeitsstab im OKW vorgenommen werden, der auch den Kern des künftigen Operationsstabes abgeben sollte. Damit wurde zugleich eine grundsätzliche Entscheidung gefällt. Das OKW – bisher ein Gremium, das die Pläne Hitlers in Weisungen formulierte und die Operationsentwürfe der Wehrmachtteile auf Einhaltung der von Hitler gegebenen Richtlinien hin kontrollierte – wurde mit der Operationsführung unmittelbar betraut und das OKH völlig ausgeschaltet. Es gab von nun an OKW-Kriegsschauplätze, an die das OKH nur Kräfte abzugeben hatte, ohne an der Operationsführung beteiligt zu sein, und OKH-Kriegsschauplätze, auf denen es die Landoperationen weiterhin – in zunehmendem Maße allerdings nur als ausführendes Organ – leitete.

Als sich im Januar 1940 die Anzeichen einer bevorstehenden deutschen Offensive in Westeuropa verdichteten, bekam Churchill für die Unterstützung seiner Skandinavienpläne einen Verbündeten: den französischen Ministerpräsidenten Edouard Daladier. Getreu den Plänen des französischen Oberkommandierenden, General Gamelins, Deutschland auf Abnutzungskriegsschauplätzen zu binden, hoffte Daladier den drohenden deutschen Angriff auf Frankreich nach dem Norden ablenken zu können. Am 5. Februar beschloß der Oberste Alliierte Kriegsrat unter Vorsitz Gamelins in Paris, Finnland über Narvik und die nordschwedischen Bahnen mit vier englischen und französischen Divisionen Hilfe zu leisten und dabei gleichzeitig die schwedischen Erzlieferungen nach Deutschland zu unterbinden. Am 16. Februar wurde der deutsche Tanker »Altmark«, der das im Südatlantik operierende Panzerschiff »Admiral Graf Spee« mit Brennstoff versorgt und dabei 300 von versenkten Schiffen stammende englische Seeleute an Bord genommen hatte, in norwegischen Hoheitsgewässern von dem britischen Zerstörer »Cossack« in den Jössing-Fjord abgedrängt und die Gefangenen befreit. Das von Churchill persönlich befohlene Unternehmen überzeugte Hitler, daß mit alliierten Übergriffen auf Norwegen in verstärktem Maße zu rechnen war, und ließ ihn die eigene Norwegenaktion beschleunigt vorantreiben.

Als am 12. März 1940 zwischen Finnland und der Sowjetunion Frieden geschlossen wurde und damit der Anlaß für eine Finnlandhilfe entfiel, erwies sich, daß die Regierungen Chamberlain und Daladier nicht bereit waren, sich ohne die moralische Rückendeckung einer vom Völkerbund sanktionierten kollektiven Hilfsaktion über die Neutralität der skandinavischen Staaten hinwegzusetzen. Die für das Unternehmen vorgesehenen britischen Streitkräfte wurden nach Frankreich verlegt und die Schiffskonzentrationen wieder aufgelöst. Die Mehrheit des französischen Parlaments empfand diese Kriegführung als zu lasch: am 20. März mußte Daladier zurücktreten. Sein Nachfolger wurde der bisherige Finanzminister Paul Reynaud, der zusammen mit Churchill den Obersten Kriegsrat am 28. März zu dem Entschluß brachte, die norwegischen Küstengewässer am 5. April zu verminen (Operation »Wilfred«), und anschließend Narvik, Trondheim, Bergen und Stavanger zu besetzen, um einem erwarteten deutschen Gegenschlag zuvorzukommen. Allerdings standen für das Vorhaben nur zwei Divisionen zur Verfügung. Es bestanden Pläne, im weiteren Verlauf die schwedischen Erzgruben entlang der Bahn Narvik-Luleå zu besetzen und eine zusammenhängende Front gegen Süden zu errichten. Die Operation »Wilfred« wurde jedoch um drei Tage auf den 8. April verschoben – eine Zeitspanne, die dem deutschen Unternehmen gegen Norwegen den entscheidenden Vorsprung geben sollte. Als die alliierten Landungstruppen am 7. April eingeschifft wurden, meldete die englische Luftaufklärung einen deutschen Flottenverband mit größeren Einheiten im Skagerrak auf Nordkurs: Unternehmen »Weserübung« hatte begonnen. Sofort wurden die alliierten Truppen wieder ausgeladen. Nach dem für die Verminungsaktion »Wilfred« bestimmten englischen Verband stach nun auch die britische Home Fleet unter Admiral Sir Charles M. Forbes mit drei Schlachtschiffen sowie einer Anzahl von Kreuzern und Zerstörern in See. Noch zweifelte man jedoch in London an einem so tollkühnen Unternehmen wie einer deutschen Landung in Nordnorwegen.

Bei dem deutschen Unternehmen, mit dessen Vorbereitung und Führung im Februar General v. Falkenhorst betraut worden war, hatte Hitler in seiner grundsätzlichen Weisung vom 1. März 1940 neben größter Beschleunigung vor allem auf die Sicherstellung völliger Überraschung gedrungen. Er hatte daher auch auf ein Zusammenwirken mit der Quisling-Gruppe bei der Invasion verzichtet. Hitlers Weisung bestimmte, daß dem Unternehmen der Charakter einer friedlichen Besetzung gegeben werden und den Regierungen der betroffenen Länder bei Beginn der Aktion entsprechende Mitteilungen gemacht werden sollten. Zugleich befahl sie jedoch, daß »trotzdem auftretender Widerstand ... unter Einsatz aller militärischer Mittel zu brechen« sei.[19] Das Unternehmen wurde auf den 9. April 1940 morgens 5.15 Uhr angesetzt. Da die Besetzung Dänemarks – das wegen der Nachschubverbindungen und der Ausnutzung seiner Flugplätze in die Aktion einbezogen worden war – und die Einnahme der sieben Landungsköpfe an der ausgedehnten norwegischen Küste bis nach Narvik aus Überraschungsgründen gleichzeitig erfolgen sollten, mußten die Verbände wegen des unterschiedlichen Anmarschweges zeitlich gestaffelt auslaufen.

Das OKH hatte fünf Infanteriedivisionen und eine Gebirgsjägerdivision, ferner Artillerie-, Panzer- und Nachrichtenverbände für die Norwegenaktion (»Weserübung-Nord«) und zwei Divisionen und eine Panzerschützenbrigade für die Besetzung Dänemarks (»Weserübung-Süd«) zur Verfügung gestellt. Die Luftwaffe beteiligte sich mit einem Fallschirmjägerregiment, einigen Flakabteilungen, 340 Kampfflugzeugen sowie 550 Transport- und Aufklärungsflugzeugen und sicherte damit dem Unternehmen die Luftüberlegenheit. Die Kriegsmarine setzte alle verfügbaren Einheiten ein – auch sämtliche U-Boote wurden zum Schutz der Seetransporte herangezogen. Bei der starken Unterlegenheit der deutschen Kriegsmarine gegenüber der englischen Flotte verstieß das Unternehmen nach den Worten Raeders »gegen alle Lehren der Seekriegslehre« und hing daher vom Moment der Überraschung ab. Gerade in seiner von der Gegenseite nicht für möglich gehaltenen Kühnheit lag aber die Voraussetzung für das Gelingen, denn gewisse Anzeichen einer bevorstehenden deutschen Aktion waren den Gegnern nicht verborgen geblieben. Bereits am 3. April meldeten die in Deutschland akkreditierten Vertreter der skandinavischen Staaten starke Truppenkonzentrationen in den Häfen von Rostock, Stettin und Swinemünde. Wie die ständig sich verschiebenden Angriffstermine für die Westoffensive gab Oberst Oster von der deutschen Abwehr auch den Termin für »Weserübung« ohne weitere Einzelheiten an den holländischen Militärattaché weiter, der am 4. April die Regierungen der drei skandinavischen Staaten warnen ließ. Auf diesem Umweg traf die Nachricht am 6. April schließlich in London ein, wo am gleichen Tage auch Informationen aus eigenen Spionagequellen vorlagen. Aber sowohl hier wie in den skandinavischen Hauptstädten blieben Ziel und Umfang einer deutschen Aktion ungewiß und der alte Zweifel an der Echtheit von Agentenmeldungen wach.

Die am 7. April von der englischen Luftaufklärung gesichteten Schiffe gehörten zu dem für Narvik und Trondheim bestimmten Verband unter Vizeadmiral Lütjens, bestehend aus den Schlachtschiffen »Scharnhorst« und »Gneisenau«, 10 Zerstörern mit 2000 Mann Landungstruppen (Gruppe Narvik), ferner aus dem schweren Kreuzer »Admiral Hipper«, 4 Zerstörern und 1700 Mann (Gruppe Trondheim). Alle deutschen Landungsverbände erreichten ihre Bestimmungsorte, ohne auf die Home Fleet zu stoßen, die sich bei ausgesprochen nebligem Wetter vergebens um Aufklärung der Lage und um Gefechtsberührung bemühte. Den einzigen ernsthaften Widerstand erfuhr die zur Einnahme von Oslo bestimmte Landungsgruppe. Der schwere Kreuzer »Blücher«, auf dem sich General v. Falkenhorst befand, wurde versenkt, die »Lützow« (ehemals Panzerschiff »Deutschland«) beschädigt, die anderen Schiffe zum Beidrehen gezwungen. Die Luftwaffe kämpfte jedoch die norwegischen Festungen nieder und landete mit Transportmaschinen vom Typ Ju 52 acht Kompanien, die in Oslo einrückten und die Stadt hielten, bis am nächsten Tage die Schiffe einfahren konnten. Damit waren alle in Norwegen geplanten Landungen gelungen.

Dänemark hatte am 9. April nahezu unbehindert besetzt werden können. Bereits gegen 7 Uhr morgens beschloß die dänische Regierung unter Vorsitz König Christians X., keinen weiteren Widerstand zu leisten und die deutschen Forderungen unter Protest anzunehmen.

Die deutschen Gesandten in Kopenhagen und Oslo hatten Anweisung erhalten, pünktlich 5.20 Uhr gleichlautende Noten zu überreichen, in denen die Übernahme des deutschen bewaffneten Schutzes mit dem unmittelbar bevorstehenden Einrücken der Westmächte in diese Staaten begründet und Maßnahmen gefordert wurden, um das reibungslose Vorgehen der deutschen Truppen sicherzustellen. Beiden Staaten wurden dafür territoriale Unversehrtheit und politische Unabhängigkeit zugesichert. Der norwegische König, Haakon VII., die Regierung Nygaardsvold, Parlament und Armeeführung aber begaben sich ins Innere des Landes nach Hamar, 100 km nördlich von Oslo, und waren entschlossen, den Kampf fortzusetzen. Noch am 10. April führte der deutsche Gesandte Curt Bräuer bei Elverum mit Haakon VII. ein Gespräch, um eine Verständigung und die Rückkehr des Königs in die Hauptstadt zu erreichen. Die Verhandlungen scheiterten daran, daß sich der König weigerte, Quisling – der sich am Vortage zum norwegischen Regierungschef ausgerufen hatte – entgegen den Verfassungsbestimmungen als Ministerpräsident zu bestätigen, da seine Partei nie mehr als 2 Prozent der Wählerstimmen erhalten hatte. Es nutzte auch nichts, daß Bräuer am 15. April den Rücktritt Quislings durchsetzte und die Verwaltung im besetzten norwegischen Gebiet einem »Administrationsrat« anvertraute, der vom norwegischen Obersten Gerichtshof auf der Grundlage verfassungsrechtlichen Notstandes errichtet wurde und aus regierungstreuen Norwegern bestand: König und Regierung blieben bei ihrem Entschluß, dem Vorrücken der deutschen Truppen zu Lande weiter Widerstand zu leisten.

Wie zu erwarten, bereitete die Rückführung der deutschen Kriegsschiffe erhebliche Schwierigkeiten. Es gelang englischen Flugzeugen, den Kreuzer »Königsberg« und das Artillerieschulschiff »Bremse«, ferner englischen U-Booten, den Kreuzer »Karlsruhe« zu versenken und den schweren Kreuzer »Lützow« stark zu beschädigen. Durch den Angriff fünf britischer Zerstörer auf Narvik am 10. April und einem weiteren durch das Schlachtschiff »Warspite« und den Flugzeugträger »Furious« unterstützten Angriff von neun britischen Zerstörern auf diesen Hafen am 13. April wurden bei zwei englischen Verlusten sämtliche 10 deutschen Zerstörer versenkt. Aber die unbestrittene deutsche Luftherrschaft über das mittel- und südnorwegische Seegebiet vereitelte von vornherein jeden wirkungsvollen Einsatz der Home Fleet gegen die deutschen Kriegsschiffe.

Während die Norweger dem deutschen Streben, zwischen den einzelnen Landungsköpfen Verbindung herzustellen, unter Ausnutzung der unwegsamen Gebirgslandschaft zähen Widerstand entgegensetzten, beabsichtigten die Alliierten durch Landungen in Narvik und in Mittelnorwegen – wo das Land an einer engen Stelle bei Trondheim leicht durchstoßen und abgeschnürt werden konnte –, ihre ursprünglichen Ziele doch noch zu erreichen. Da Churchills Plan eines frontalen Flottenangriffs auf das deutsch besetzte Trondheim angesichts der deutschen Luftherrschaft aufgegeben werden mußte, landeten die Alliierten mit zwei englischen Divisionen und einer französischen Division in zwei von den Deutschen noch nicht besetzten Häfen: am 14. April in Namsos, 160 km nördlich von Trondheim, und am 17. April in Åndalsnes, 250 km südlich dieser Stadt. Von den beiden kleinen Häfen aus, in denen kaum schweres Material ausgebootet werden konnte und die nur schlechte Verbindungen ins Innere des Landes besaßen, beabsichtigten sie mit Unterstützung durch eine norwegische Division die Hafenstadt Trondheim in einer Zangenbewegung zu nehmen. Aber ohne Panzer und wesentliche Artillerieunterstützung und unter den ständigen Angriffen der deutschen Luftwaffe, die den eigenen Verbänden Verstärkungen zuführte, blieb die alliierte Offensive stecken. Am 23. April nahmen die deutschen Truppen Lillehammer, das die Engländer zur Abdeckung ihres Unternehmens nach Süden besetzt hatten, am 30. April vereinigten sie sich in Dombås mit den aus Trondheim zum Gegenstoß angetretenen deutschen Kräften. Die Alliierten entschlossen sich zum Rückzug und räumten nach Einschiffung ihres Expeditionskorps Mittelnorwegen bis zum 2. Mai völlig. Dagegen sollte sich der Kampf um Narvik für die deutschen Streitkräfte zu einer ernsten Krise entwickeln. Vom 14. April an hatten die Gegner in Harstad auf der Narvik vorgelagerten Lofoten-Insel Hinnöy allmählich eine ansehnliche Streitmacht von über 20000 Engländern, französischen Alpenjägern, Fremdenlegionären und exilpolnischen Einheiten versammelt, die schließlich am 12. Mai am Nordufer des nach Narvik führenden Fjords landete und zusammen mit 3500 Norwegern die deutsche Narvik-Gruppe unter General Dietl – 1700 Gebirgsjäger und 2100 Besatzungsmitglieder der gesunkenen Zerstörer nebst einigen Gebirgsbatterien – hart bedrängte. Doch mit den überraschenden Erfolgen der am 10. Mai begonnenen deutschen Westoffensive trat auch im Norden die entscheidende Wendung ein: die Westmächte entschlossen sich am 24. Mai, das Narvikunternehmen abzubrechen, um alle ihre Kräfte an der Frankreichfront zu konzentrieren, und räumten bis zum 8. Juni Nordnorwegen völlig. An diesem Tage konnten die deutschen Schlachtschiffe »Scharnhorst« und »Gneisenau« und der schwere Kreuzer »Hipper«, die zur Entlastung Narviks nochmals aus Kiel ausgelaufen waren (Operation »Juno«), durch die Versenkung des englischen Flugzeugträgers »Glorious«, zweier Zerstörer und einiger Transportschiffe bei Jan Mayen einen Sieg erfechten. Am 10. Juni 1940 kapitulierten die letzten norwegischen Streitkräfte: Unternehmen »Weserübung« war abgeschlossen, Dänemark und Norwegen endgültig in deutscher Hand. Wieder war eine deutsche Offensive im Einfrontenkampf – die erste gemeinsame Aktion aller drei Wehrmachtteile – mit verhältnismäßig geringen Verlusten von 1317 Toten, 1604 Verwundeten und 2375 meist auf dem Seetransport Vermißten erfolgreich beendet. Die militärische Bedeutung des Erfolges lag in erster Linie in der Verhinderung der gegnerischen Absichten, die deutsche Erzzufuhr abzuschneiden und eine zweite Front in Skandinavien zu errichten. Was die Erweiterung der Basis für die Kriegführung gegen England angeht, wurde der deutsche Erfolg allerdings durch zweierlei entwertet. Einmal durch die am 10. Mai erfolgende englische Besetzung Islands und der dänischen Färöer, von denen aus der Zugang zum Atlantik auch weiterhin kontrolliert werden konnte, und zum anderen durch die starken Verluste der deutschen Flotte, die eine volle Ausnutzung der neugewonnenen strategischen Möglichkeiten zumindest für die Überwasserstreitkräfte verhinderten. Neben Transportern und kleineren Einheiten waren ein schwerer und zwei leichte Kreuzer, zehn Zerstörer und sechs U-Boote gesunken, und beide Schlachtschiffe, zwei schwere, ein leichter Kreuzer und eine Reihe Zerstörer und kleinerer Fahrzeuge beschädigt worden – eine schlechte Bilanz für die ohnehin nicht starke deutsche Flotte, die nun im Sommer 1940 den Schutz der langgestreckten norwegischen Küste übernehmen mußte und der entscheidenden Auseinandersetzung mit England erst noch gegenüberstand. Von der politischen Gesamtkriegführung her gesehen, brachte das Unternehmen »Weserübung« letzten Endes überwiegend Nachteile. Hitler, dessen Streben zu diesem Zeitpunkt einzig und allein darauf gerichtet war, alle Kräfte im Westen zu konzentrieren, um Frankreich als Hegemonialkonkurrenten auf dem europäischen Festland auszuschalten und dadurch England zum Einlenken zu bringen, hatte nach Norden ausgreifen müssen, wo die Besetzung Norwegens und Dänemarks von nun an ständig rund 300 000 Mann band, die für den Einsatz auf anderen Kriegsschauplätzen ausfielen. Vor allem durch die Besetzung Norwegens hatte sich die deutsche Hegemonialmacht mit der Feindschaft eines weiteren Volkes belastet, denn die Norweger sahen ihre einzig legitime Regierungsgewalt in der Regierung Nygaardsvold verkörpert, die zusammen mit König Haakon am 7. Juni 1940 von Tromsö in Nordnorwegen aus nach London ins Exil gegangen war, um den Kampf für die Unabhängigkeit des Landes an der Seite der Westmächte fortzusetzen. Diese Regierung trat neben die polnische, tschechische und inzwischen auch gebildete holländische in den Kreis der Exilregierungen ein, die von außen in das von der deutschen Machtausweitung erfaßte Europa wie Magnete hineinwirkten und die Kräfte des Widerstandes gegen die deutsche Hegemonie in zunehmendem Maße weckten. Die Versuche der deutschen Besatzungspolitik, Norwegen mit Hilfe der Quisling-Bewegung und durch SS- und Polizeiterror nationalsozialistisch auszurichten, zerstörten jegliche noch für Deutschland vorhandene Sympathien und forderten die Bevölkerung zum Widerstand heraus.

5. Kapitel
Der »Sichelschnitt« im Westen: die Vertreibung Englands vom Kontinent

Ungeachtet der Entwicklung in Nordeuropa blieb Hitlers Hauptaugenmerk im Winter und Frühjahr 1940 auf eine baldige Offensive im Westen gerichtet, mit der er einer weiteren Mobilisierung der alliierten Kampfkraft zuvorzukommen hoffte. Der vorliegende deutsche Offensivplan versprach durch seinen frontalen Ansatz allerdings keine Verwirklichung der Absicht Hitlers, den Krieg durch eine rasche Vernichtung der gegnerischen Streitkräfte auf dem westeuropäischen Kontinent zu entscheiden. Der Angriffsplan wurde daher Gegenstand fortwährender Diskussionen und Besprechungen zwischen Hitler und den Generälen, vor allem hinsichtlich der Schwerpunktfrage.

Bereits am 31. Oktober 1939 hatte der Generalstabschef der Heeresgruppe A, Generalleutnant v. Manstein, dem OKH vorgeschlagen, den Schwerpunkt zur Frontmitte (Heeresgruppe A) zu verlegen, um durch einen überraschenden Vorstoß durch die Ardennen – wo der Gegner des schwierigen Geländes wegen keine Offensive moderner Panzertruppen und größerer Verbände erwarten würde – in Richtung auf die untere Somme die nach Belgien vorgeschobenen Feindkräfte abzuschneiden, vom Rücken her anzugehen und im Zusammenwirken mit der nach Westen vorgehenden Heeresgruppe B zu vernichten. Gleichzeitig sollte einem feindlichen Gegenangriff von Süden her offensiv begegnet und der Aufbau einer geschlossenen gegnerischen Front westlich der Maas verhindert werden, um dadurch günstige Voraussetzungen für die Weiterführung der Offensive nach Frankreich hinein zu schaffen. Aber das OKH lehnte eine derart schwerwiegende Änderung der vorgesehenen Schwerpunktbildung ab, da es einen Angriff durch die verkehrsarmen, von tiefen, in nordsüdlicher Richtung verlaufenden Tälern durchzogenen Ardennen für unmöglich hielt und eine ernsthafte Bedrohung des langgestreckten deutschen Vorstoßes jenseits der Maas von Süden her befürchtete.

Am 10. Januar hatte sich eine Me 108 auf dem Wege von Münster nach Köln verflogen und mußte bei Mechelen auf belgischem Gebiet notlanden. An Bord befand sich ein Major der Luftwaffe, der als Kurier wichtige Dokumente über den deutschen Offensivplan bei sich trug. Obwohl die Belgier aus den erbeuteten Resten der Dokumente, die nicht mehr völlig hatten vernichtet werden können, im wesentlichen nur die schon aus anderen Quellen bekannte Absicht eines deutschen Angriffs auf Belgien ohne Kräfte- und Terminangaben bestätigt bekamen, mußte man auf deutscher Seite damit rechnen, daß der Gegner von den Grundzügen des Offensivplans Kenntnis erlangt hatte. Die darauf erfolgenden belgischen Abwehrmaßnahmen und die Ergebnisse mehrerer Kriegsspiele des OKH im Februar steigerten die Bereitschaft v. Brauchitschs und Halders für eine Änderung des ursprünglichen Plans. Da unterdessen auch die feindliche Absicht bekannt wurde, einem deutschen Angriff auf Belgien starke Kräfte entgegenzuwerfen und damit tatsächlich »in die Falle« gehen zu lassen, machte sich das OKH allmählich mit den Gedankengängen des Manstein-Plans vertraut. Entscheidend wurde allerdings erst, daß Hitler durch seinen Chefadjutanten Oberst Schmundt, der Ende Januar die Heeresgruppe A besucht hatte, von Mansteins Vorschlägen Kenntnis erhielt und diesem am 17. Februar Gelegenheit gab, seinen Plan vorzutragen. Hitler erkannte darin eigene Gedanken, die er unabhängig erwogen hatte, in verbesserter und ausgearbeiteter Form wieder und war sofort für Mansteins Projekt eingenommen. Bereits am nächsten Tag wurde in einer Besprechung zwischen Hitler, v. Brauchitsch und Halder der bisherige Operationsplan entsprechend geändert, und am 24. Februar hatte das OKH die neue Aufmarschanweisung, den »Sichelschnittplan«, mit einer Kräfteverteilung ausgearbeitet, die seine erfolgreiche Ausführung ermöglichen sollte.

Der Operationsplan der Westmächte arbeitete den deutschen Absichten geradezu ideal in die Hände. Am 17. November 1939 hatte der Oberste Alliierte Kriegsrat, der angesichts der vermeintlichen Unüberwindbarkeit der Maginot-Linie eine Neuauflage des Schlieffen-Plans erwartete, beschlossen, dem deutschen Angriff durch Belgien möglichst weit östlich zu begegnen. Die Engländer hatten sich diesem Beschluß gebeugt, obwohl sie es für besser hielten, zusammen mit den zurückgehenden Belgiern den Feind an der auszubauenden französisch-belgischen Grenze zu erwarten. Gemäß der letzten entsprechenden Anweisung vom März 1940 sollte die französische Heeresgruppe 1, die längs der belgischen Grenze stand und sich aus sieben Armeen mit insgesamt 37 Divisionen und 9 vor Lille aufmarschierten Divisionen des englischen Expeditionskorps unter General Lord Gort zusammensetzte, bei Beginn des deutschen Einmarsches zur belgischen Hauptverteidigungslinie an die Flüsse Dyle und Maas vorrücken und nördlich Antwerpens Verbindung mit den holländischen Streitkräften aufnehmen. Der größere Teil dieser Heeresgruppe unter General Billotte wurde später durch den deutschen »Sichelschnitt« von seiner Basis Frankreich abgetrennt. Insgesamt waren 137 französische und englische Divisionen eingesetzt, zu denen noch 22 belgische und 12 holländische kamen. Die Zahl der alliierten Panzer- und Panzerfahrzeuge betrug rund 3000, die jedoch größtenteils nicht zu eigenen Verbänden zusammengefaßt waren – es gab nur drei französische Panzerdivisionen – und folglich nicht für selbständige Operationen größeren Stils eingesetzt werden konnten. Die alliierte Luftmacht zählte rund 2800 Maschinen, von denen 650 zur Verteidigung auf der englischen Insel blieben. Dieser Streitmacht konnte Deutschland nach Abzug der in Polen, Dänemark und Norwegen stehenden Truppen 136 Divisionen (davon 10 Panzerdivisionen), 2500 Panzerwagen und 3800 Flugzeuge entgegenstellen.

Am 9. Mai 1940 hatte Hitler den Angriff endgültig für den nächsten Morgen befohlen. Am 10. Mai, 5.30 Uhr, brachen die deutschen Truppen ohne Kriegserklärung in Holland, Belgien und Luxemburg ein, deren Neutralität Hitler bis dahin in wiederholten Erklärungen zu achten versprochen hatte. In gleichlautenden Noten wurde den Holländern und Belgiern vorgeworfen, daß sie ihre Verteidigung einseitig nach Osten ausgerichtet, militärische Besprechungen mit den Westmächten gepflogen hätten und Holland darüber hinaus das Überfliegen seines Gebiets durch englische Flugzeuge geduldet habe. Folglich müsse Deutschland den Schutz dieser neutralen Staaten übernehmen, um die tödliche Gefahr eines unmittelbar bevorstehenden alliierten Angriffs durch deren Territorium auf das Ruhrgebiet abzuwenden. Die holländische und belgische Regierung lehnten jedoch eine widerstandslose Hinnahme des Einmarsches ab und riefen die Westmächte um Hilfe an, die das sofortige Vorrücken ihrer Truppen nach Norden veranlaßten.

Die überraschenden Vorgänge auf dem Kontinent gaben in England den letzten Anstoß zum Sturz der Regierung Chamberlain, deren Fehlschläge in Norwegen bereits am 7. und 8. Mai im Unterhaus erregt kritisiert und mit einer Abstimmung quittiert worden waren, die einer Mißtrauenskundgebung gleichkam. Die beginnende Schlacht in Frankreich machte die Bildung einer nationalen Regierung auf breiter Basis notwendig, zu der die Oppositionsparteien allerdings unter einem Premier Chamberlain nicht bereit waren. Mit dem Amt des Premierministers wurde Winston Churchill, der langjährige Gegner der Appeasement-Politik Chamberlains innerhalb der Konservativen Partei, betraut. Damit war in dieser entscheidenden Stunde ein Mann an die Spitze der englischen Nation getreten, der sein Land mit Zähigkeit und Energie durch die kommenden Krisen zum Siege führen sollte.

Nach einer überfallartigen Ausschaltung der holländischen Luftwaffe wurden bereits am Morgen des 10. Mai deutsche Fallschirm- und Luftlandetruppen über Holland abgesetzt. Die wichtigen Brücken bei Moerdijk und südlich von Rotterdam kamen dadurch schnell in deutsche Hand und konnten bis zum Eintreffen der Panzerverbände der Heeresgruppe B (Generaloberst v. Bock) gehalten werden. Damit war bereits der südliche Zugang zur »Festung Holland« gesichert – zu jenem Raum zwischen Rotterdam, Utrecht, Haarlem und Den Haag, der im Süden durch die dreifache Flußlinie von Maas, Waal und Lek und im Osten von der Grebbe-Linie zwischen dem Ijssel-Meer und dem Waal geschützt war und mit Hilfe alliierter Verstärkungen verteidigt werden sollte. Bereits am 13. Mai konnte von Süden und Osten her der Angriff auf die »Festung Holland« beginnen. Die Brücken von Rotterdam, dem wichtigsten Zugang zur »Festung Holland« von Süden her, wurden jedoch von den Holländern hartnäckig verteidigt. Daraufhin wurde die Stadt in ultimativer Form und unter Androhung ihrer Zerstörung aus der Luft zur Übergabe aufgefordert. Während die Übergabeverhandlungen bereits im Gange waren, vernichtete ein deutscher Luftangriff, der infolge unzureichender Nachrichtenverbindungen nur noch zum Teil aufgehalten werden konnte, die Altstadt von Rotterdam. Die erheblichen Verluste der Zivilbevölkerung waren den Alliierten ein Anlaß, gegen die »Brutalität« der deutschen Luftkriegführung zu argumentieren und später ihre eigenen Großangriffe auf deutsche Städte zu rechtfertigen.

Angesichts der ausweglosen Lage unterzeichnete der holländische Oberbefehlshaber am 15. Mai 1940, 11.45 Uhr, die Kapitulationsurkunde: der Feldzug in Holland war innerhalb von fünf Tagen und mit geringen deutschen Verlusten (2100 Gefallene, 2700 Verwundete) beendet. Die holländische Königin und ihre Regierung waren nach London ins Exil gegangen, um den Kampf für die Befreiung ihres Landes fortzusetzen.

Inzwischen war die Heeresgruppe B zwischen Roermond und Lüttich auch in Belgien eingerückt. Am Morgen des ersten Angriffstages konnten durch Fallschirmjäger zwei Brücken über den Albert-Kanal genommen, das Fort Eben Emael durch eine Luftlandetruppe, die zum erstenmal in der Kriegsgeschichte mit Lastenseglern transportiert worden war, fast aktionsunfähig gemacht und mit Unterstützung eines herangeführten Infanterieregimentes am nächsten Morgen vollends erobert werden. Dadurch waren bereits am Abend des 10. Mai Brückenköpfe jenseits der Maas und des Albert-Kanals gebildet. Aus ihnen konnte am 11. Mai das Panzerkorps Hoepner zum Flankenstoß in Richtung Gemboux antreten, um den Aufbau einer alliierten Verteidigungsfront an der Dyle zu verhindern, während andere Verbände auf Antwerpen vorrückten. Diese Bewegungen sollten dem Gegner den Schwerpunkt der deutschen Offensive vorspiegeln, dem es entgegenzutreten galt, und in der Tat traf Hoepner am 12. Mai auf französische Panzerkräfte, die den vorrückenden englischen und französischen Kräften zur Besetzung der Dyle-Stellung Zeit verschaffen sollten: der Gegner war wie erhofft in die Falle gegangen. An der Dyle-Stellung stießen die deutschen Truppen am 15. Mai zunächst auf zähen Widerstand.

Bei der Heeresgruppe A (Generaloberst v. Rundstedt), die den entscheidenden »Sichelschnitt« auszuführen hatte, ging der vom Gegner nicht erwartete Angriff durch Luxemburg und die Ardennen zügig voran. Bereits am 13. Mai, nach einem Vorstoß von rund 100 Kilometern, konnten die Panzerverbände bei Dinant, Monthermé und Sedan die Maas überschreiten. Unter taktischer Zusammenarbeit mit der Luftwaffe durchbrachen sie hier die Ausläufer der Maginot-Linie und stießen anschließend so schnell in Richtung Kanalküste nach Westen vor, daß die nachrückenden Verbände mit ihnen kaum Verbindung halten konnten. Den im Abschnitt Namur-Sedan zurückflutenden französischen Armeen gelang es nicht, die deutschen Brückenköpfe an der Maas einzudrücken. Ein von General de Gaulle – der seit Jahren auf die Bedeutung der Panzerwaffe für die moderne Kriegführung hingewiesen, aber beim französischen Oberkommando tauben Ohren gepredigt hatte – mit einem neugebildeten Panzerverband nördlich Laon geführter Stoß in die Südflanke des Panzerkorps Guderian wurde mit Hilfe von Stukas zurückgeworfen und Laon am 16. Mai genommen. Da die nachfolgenden Verbände genügend weit aufgeschlossen hatten, ließ Generaloberst v. Rundstedt die Panzerverbände weiter bis zur Linie St. Quentin-Cambrai vorgehen. Angesichts der sich abzeichnenden Umfassung im Süden entschloß sich General Billotte am 16. Mai, die Dyle-Stellung zu räumen und mit seiner Heeresgruppe auf die Schelde zurückzugehen.

Am 17. und 18. Mai zeigte Hitler zunehmende Nervosität wegen einer Gefährdung der langgestreckten Südflanke. In der Tat wäre ein Stoß in die deutsche Südflanke die gegebene Reaktion gewesen. Aber Churchill, der am 16. Mai auf alarmierende Nachrichten hin zu einem kurzen Besuch nach Paris geeilt war, mußte aus dem Munde Gamelins erfahren, daß dafür im Moment keine Reserven bereitstanden: das Gros der schnellen Verbände war in die deutsche Falle hineingerollt. Bei der Schnelligkeit des deutschen Vordringens sollte es der französischen Führung auch weiterhin nicht gelingen, ihre zurückgehenden Armeen zu sammeln und schnell genug strategische Reserven heranzubringen, um eine neue Front aufzubauen oder einen Gegenangriff zu führen. Der Schock des deutschen Erfolges wirkte verwirrend und auf alle Maßnahmen lähmend. Am 18. Mai wurde General Gamelin als Oberbefehlshaber durch General Weygand ersetzt, der bis dahin die Syrien-Armee befehligt hatte. Weygand setzte den von Gamelin bereits eingeleiteten Versuch fort, die Frontlücke durch einen koordinierten Angriff von Norden und von Süden her zu schließen. Aber die deutsche Abwehrfront nach Süden bildete sich schneller, als sich eine neue französische Armee zum Angriff versammeln konnte, da sich der Transport ihrer Kräfte durch starke deutsche Lufteinwirkung verzögerte. Der Angriff der Engländer kam von Arras her dagegen voran und verursachte bei den Verbänden der deutschen »Sichelspitze« eine vorübergehende Krise, die durch den Einsatz von Sturzkampffliegern behoben werden konnte.

Mit dem Fehlschlagen des Weygand-Plans war das Schicksal der abgeschnittenen französischen Armeen, des englischen Expeditionskorps und der belgischen Streitkräfte besiegelt: das Panzerkorps Guderian erreichte in der Nacht zum 21. Mai die Kanalküste. Der »Sichelschnitt« war gelungen, die alliierten Armeen in zwei Teile gespalten. Die Engländer entschlossen sich endgültig zum Rückzug auf Dünkirchen. Während die Somme durch nachrückende deutsche Infanterie nach Süden abgesichert und die gewonnenen Brückenköpfe über den Fluß gehalten wurden, drehten die deutschen Panzerkorps nach Norden und Nordosten, schlossen Boulogne und Calais ein und standen am 24. Mai an der Aa zwischen Gravelines und St. Omer. Da erreichte die Panzerverbände am 24. Mai der von Hitler ausgehende Befehl, die Panzerspitzen zurückzunehmen und über die gewonnene Linie nicht weiter vorzugehen – jener Befehl, der für das Gros des englischen Expeditionskorps und der mit ihm eingeschlossenen französischen Verbände die Rettung bedeutete.

Nach dem Kriege ist gelegentlich behauptet worden, Hitler habe die Masse des englischen Heeres bei Dünkirchen mit Absicht entkommen lassen, um sich den Weg einer Verständigung mit England nicht zu verbauen. Ein solches Handeln hätte jedoch mit dem Grundziel in Widerspruch gestanden, das Hitler mit dem Westfeldzug verfolgte: die Streitmacht Frankreichs und Englands auf dem Kontinent so gründlich zu zerschlagen, daß England zu einem Frieden bereit sein würde, der Deutschland die Hegemonialstellung auf dem europäischen Festland überließ. Auch Hitlers »Weisung Nr. 13« vom 24. Mai besagte ausdrücklich, daß »die Vernichtung der im Artois und in Flandern eingeschlossenen franz.-engl.-belg. Kräfte« das nächste Ziel sei, und daß die Luftwaffe »das Entkommen englischer Kräfte über den Kanal zu verhindern« habe.[20] Der Anhaltebefehl Hitlers beruhte vielmehr auf der vom Oberbefehlshaber der Heeresgruppe A, v. Rundstedt, geteilten Überlegung, daß die in einem vierzehntägigen Feldzug stark strapazierten Panzerkräfte für die kommenden Kämpfe in Frankreich geschont werden müßten und daher nicht in dem seiner Meinung nach für Panzer ungeeigneten Gelände Flanderns verbraucht werden dürften. Hitler wurde in seinem Entschluß durch das Drängen Görings bestärkt, der darauf bestand, die Vernichtung des eingeschlossenen Feindes schon aus Prestigegründen gegenüber dem Heer der »nationalsozialistischen Luftwaffe« zu überlassen.

Erst am Nachmittag des 26. Mai konnte das OKH von Hitler den Befehl zu erneutem Angriff der Panzer mit gewissen Einschränkungen erwirken. Die abermalige Umstellung der Panzertruppe von Instandsetzungsarbeiten auf Bewegung verzögerte ihr Eingreifen jedoch um weitere sechzehn Stunden. Die Engländer und Franzosen hatten die Zwischenzeit genutzt, um durch Neugruppierung ihre Front zu festigen und deren schrittweise Rückverlegung auf den Brückenkopf von Dünkirchen einzuleiten.

Ohne Aussicht auf Entrinnen und im Raum um Brügge immer

stärker zusammengedrängt, kapitulierte die belgische Armee am Vormittag des 28. Mai. Gegen den Widerstand seiner Regierung, die sich ins Exil begab, beharrte König Leopold darauf, mit seiner Armee in deutsche Gefangenschaft zu gehen.

Am Abend des 26. Mai befahl die britische Admiralität den Beginn der Evakuierung der englischen und französischen Verbände, die unter dem Namen »Operation Dynamo« in die Geschichte eingegangen ist. Mit Hilfe von rund 860 zusammengebrachten, überwiegend kleinen Schiffen gelang es unter freiwilliger Mitarbeit der englischen Küstenbevölkerung, vom 27. Mai bis zum 4. Juni annähernd 340000 Mann, darunter 120000 Franzosen und Belgier, allerdings ohne Material und schwere Waffen, nach England zu bringen. Die deutsche Luftwaffe zeigte sich trotz starken Einsatzes nicht in der Lage, die Räumungsaktion zu verhindern. Die Ursachen dafür waren teilweises schlechtes Wetter, die aufopfernde Gegenwehr der englischen Jagdwaffe und die geringe Wirkung der Bomben im weichen Küstensand. Bei der deutschen Kriegsmarine machten sich die starken Verluste der Norwegenaktion bemerkbar: sie konnte zwar Schnellboote und U-Boote, aber keine Zerstörer und Torpedoboote einsetzen, da weitere Verluste an diesen Einheiten die Operationsfreiheit der schweren Überwasserstreitkräfte beeinträchtigt hätten. Immerhin konnten 243 gegnerische Fahrzeuge, darunter 6 englische und 3 französische Zerstörer, versenkt werden.

Am Morgen des 4. Juni verließen die letzten Transportboote Dünkirchen. Die erste Phase des Westfeldzuges war beendet, die Armeen Englands zunächst vom Kontinent vertrieben. Laut Wehrmachtbericht waren bis dahin 1,2 Millionen feindliche Soldaten gefangengenommen, die Ausrüstung von rund 80 Divisionen zerstört oder erbeutet und über 1800 feindliche Flugzeuge vernichtet worden. Hitler befahl, das Reichsgebiet acht Tage lang zu beflaggen und drei Tage lang die Glocken läuten zu lassen.

Trotz des Sieges war das eigentliche Ziel des Feldzuges, die Vernichtung der englischen Streitkräfte und ihre Ausschaltung für die weitere Kriegführung, nicht erreicht worden. Das Gros des englischen Expeditionskorps war auf die britischen Inseln entkommen. Das blieb zwar für die weiteren Kämpfe in Frankreich zunächst ohne Bedeutung, sollte sich aber in der Zukunft auswirken. Zusammen mit den aus Narvik zurücktransportierten englischen Truppen bildeten die aus Dünkirchen geretteten

Divisionen den Kern einer neuen Armee, die – zunächst mit alten amerikanischen Waffen ausgerüstet – zur Verteidigung der englischen Insel bereitstand und fast genau vier Jahre später zusammen mit ihrem amerikanischen Verbündeten als moderne Invasionsarmee wieder französischen Boden betreten sollte.

6. Kapitel
Der Zusammenbruch Frankreichs und der Kriegseintritt Italiens: Ausschaltung des französischen Machtfaktors auf dem Kontinent und Ausweitung des Krieges nach Süden

Durch den »Sichelschnitt« war Frankreichs Streitmacht schwer angeschlagen worden. Fast die Hälfte ihrer Divisionen und die Mehrzahl der motorisierten Verbände waren verloren gegangen. Verstärkungen aus Nordafrika und von der französisch-italienischen Grenze sowie Neuaufstellungen brachten die Zahl der gegen Deutschland verfügbaren Divisionen auf 65, mit denen die französische Führung die Maginot-Linie und die nach Westen bis zum Meer anschließende, an die Flüsse Aisne und Somme angelehnte »Weygand-Linie« hoffte verteidigen zu können. Viel Zeit zum Ausbau dieser Linie blieb den Franzosen allerdings nicht: bereits am Tage nach der Einnahme von Dünkirchen, am 5. Juni 1940, begann die »Schlacht um Frankreich« durch die deutsche Offensive, die seit dem 20. Mai, noch während der sich anbahnenden Umfassungsschlacht in Belgien, operativ vorbereitet worden war. Schon nach wenigen Tagen war diese Schlacht für die Franzosen aussichtslos geworden. Schwer angeschlagen gingen ihre Armeen auf den von Flüchtlingen verstopften Straßen zurück. Die französische Luftwaffe, die zu Beginn der Schlacht um Frankreich nur noch aus 400 Jägern und 70 Bombern bestand, war um die Hälfte dezimiert worden. Am 10. Juni verließ die französische Regierung Paris und begab sich nach Tours. Am gleichen Tage traf die Nachricht von der italienischen Kriegserklärung an Frankreich ein: Italien hatte – wie Roosevelt es formulierte – seinem niederbrechenden Nachbarn den »Dolch in den Rücken gestoßen«.[21]

Da es sinnlos schien, die Pariser Schutzstellung zu halten, während westlich der Hauptstadt die Seine und östlich die Marne von deutschen Truppen überschritten wurde, ordnete General Weygand am 12. Juni den allgemeinen Rückzug auf die Linie Caen–Tours–mittlere Loire–Dijon an. Am 14. Juni rückten deutsche Truppen in Paris ein, das zur offenen Stadt erklärt worden war. Unterdessen hatte auch die deutsche Heeresgruppe C (Generaloberst Ritter v. Leeb) angegriffen, war am 14. Juni vor Saarbrücken in die Maginot-Linie eingebrochen und zwei Tage später bei Kolmar über den Rhein gegangen. Am 17.

Juni suchte die neue französische Regierung unter Marschall Pétain durch die Vermittlung Spaniens um Waffenstillstand nach.

Angesichts des sich abzeichnenden militärischen Zusammenbruchs waren General Weygand und der Stellvertreter des Ministerpräsidenten Reynaud, Marschall Pétain, bereits nach den ersten Tagen der Schlacht um Frankreich zu der Überzeugung gelangt, daß die französische Regierung Frieden schließen müsse, solange sie noch genügend Truppen besitze, um im Lande eine allgemeine Anarchie, wenn nicht Schlimmeres: eine soziale Revolution, zu verhindern. Die Gefahr eines Ausscheidens Frankreichs aus dem Kriege bewog Churchill, am 11. Juni ins französische Hauptquartier nach Briare bei Orléans zu fliegen. Er beschwor die Franzosen, Paris zu verteidigen und in Frankreich einen sich bis zum Guerillakrieg steigernden Widerstand zu leisten, um möglichst zahlreichen Kräften den Rückzug nach Nordafrika zu ermöglichen und mit Hilfe der starken französischen Flotte den Krieg gegen Deutschland vom Kolonialreich aus fortzusetzen. Das war auch die Ansicht Reynauds und einer Minderheit des französischen Kabinetts, zu der der Innenminister Mandel und der zum Unterstaatssekretär im Verteidigungsministerium ernannte General de Gaulle gehörten. Weygand forderte von Churchill den Einsatz aller englischen Jägerstaffeln in Frankreich, denn hier falle jetzt die Entscheidung. Aber Churchill war nicht bereit, die für die Verteidigung der englischen Insel als Minimum angesehenen 25 Jägerstaffeln weiter zu reduzieren. In der Antwort Churchills an Reynaud spiegelt sich zugleich der Unterschied zwischen dem kontinentalen Denken der französischen Militärs und dem global-maritimen Denken des britischen Premiers wider: »Dies ist nicht der entscheidende Punkt, und dies ist nicht die entscheidende Stunde. Diese Stunde wird kommen, wenn Hitler mit seiner Luftwaffe gegen England losschlägt. Wenn wir die Luftherrschaft bewahren und wenn wir die Meere offen halten können . . ., dann werden wir alles für euch zurückgewinnen«.[22] Aber Weygand und Pétain, die glaubten, daß auch England in absehbarer Zeit von Deutschland besiegt oder zum Einlenken gezwungen sein werde, sahen in dem Gedanken einer völligen Aufopferung und Überlassung des Mutterlandes an den Gegner nur die egoistische Absicht Englands, »bis zum letzten Franzosen zu kämpfen« und sich auf Kosten Frankreichs das Leben zu verlängern. Sie glaubten dem nationalen Interesse Frankreichs am besten dadurch zu dienen, daß sie mit dem Gegner ins Gespräch kamen, ehe die Niederlage vollkommen war.

In dieser verzweifelten Lage richtete Reynaud am 10. Juni einen dramatischen Appell an Präsident Roosevelt, in dem er diesen um die Zusage von Unterstützung bis zur äußersten Grenze des Möglichen bat. Aber Roosevelt konnte bei der in den Vereinigten Staaten vorherrschenden isolationistischen Stimmung nicht mehr tun, als am 13. Juni zu antworten, daß seine Regierung die Bemühungen für die Lieferung von Kriegsmaterial verdoppeln werde – und selbst dieses Zugeständnis wollte er keinesfalls veröffentlicht wissen. Roosevelt durfte seine Wiederwahl im November 1940 nicht gefährden, indem er die Vereinigten Staaten in Überschreitung seiner verfassungsmäßigen Befugnisse zur Unterstützung der Westmächte verpflichtete. Churchill allerdings wollte aus der Antwort Roosevelts herauslesen, daß sich die Vereinigten Staaten damit zu einem späteren Kriegseintritt verpflichteten, wenn Frankreich nicht aufgebe und im Kampf bleibe. Diese Auffassung Churchills wurde jedoch durch ein weiteres Telegramm Roosevelts vom gleichen Tage ausdrücklich widerlegt.

Als sich die Forderung der französischen Militärs nach einem sofortigen Abschluß eines Waffenstillstandes verschärfte, flog Churchill am 13. Juni nochmals zu Beratungen nach Tours, wohin sich die französische Regierung unterdessen zurückgezogen hatte. Reynaud fragte Churchill nun in aller Form, ob England gewillt sei, Frankreich angesichts der Opfer, die es bereits für die gemeinsame Sache getragen habe, von der am 28. März 1940 eingegangenen Verpflichtung zu befreien, keinen Sonderfrieden oder separaten Waffenstillstand abzuschließen. Churchill erklärte, England würde zwar seine Zeit nicht mit Vorwürfen und Beschuldigungen gegen Frankreich vergeuden, könne jedoch Frankreich von seiner Verpflichtung nicht entbinden.

Auf der Suche nach einem Ausweg schlug Reynaud vor, daß sich die französische Regierung nach dem Muster anderer von Hitler unterworfener europäischer Staaten außer Landes begeben solle, um von dort aus den Kampf um die Befreiung des Mutterlandes weiterzuführen, während Generalissimus Weygand bevollmächtigt werden sollte, zu einem ihm notwendig erscheinenden Zeitpunkt zu kapitulieren. Doch Weygand lehnte es ab, den Politikern die Verantwortung für die Kapitulation abzunehmen. Außerdem würde ein nicht von der Regierung geschlossener Waffenstillstand Frankreich keinen Frieden bringen, sondern es nur einer völligen deutschen Besetzung auf Gedeih und Verderb ausliefern. Während die französische Regierung diese Fragen in Bordeaux – ihrer nächsten Zufluchtstätte – beriet, griff Churchill am 16. Juni zu einem äußersten Mittel, um die Franzosen bei der Stange zu halten: er bot ihnen eine Union zwischen Frankreich und England mit gemeinsamen Staatsorganen und Staatsangehörigkeitsrecht an. Mit diesem Vorschlag hoffte er, Reynaud das Mittel in die Hand zu geben, sein Kabinett für die Überführung der französischen Flotte in englische Häfen und die Fortsetzung des Krieges von Afrika aus zu gewinnen. Aber der Unionsvorschlag stieß bei der Mehrzahl der französischen Regierungsmitglieder auf Mißtrauen und Ablehnung: sie sahen darin nur ein Mittel Englands, sich des Kolonialreiches und der Flotte Frankreichs zu bemächtigen. Pétain war überzeugt, daß England in einigen Wochen selbst erledigt sein werde, und sprach von einer »Ehe mit einer Leiche«. Reynaud hatte die Partie verloren, er trat am Abend des 16. Juni zurück und empfahl dem Präsidenten der Republik, Lebrun, Marschall Pétain zum Ministerpräsidenten zu berufen. Pétain bildete sofort eine neue Regierung und suchte noch in der Nacht über Madrid um die deutschen Bedingungen für einen Waffenstillstand nach. Den Engländern wurde versichert, daß man einer Auslieferung der französischen Flotte an Deutschland nicht zustimmen werde.

Beim Abschluß des Waffenstillstandes mit Frankreich mußte Hitler erstmals mit den Wünschen und Zielen seines italienischen Verbündeten rechnen. Denn Mussolini war in erster Linie in den Krieg eingetreten, um an der erwarteten Beute beteiligt zu werden. Bislang hatte Italien, für einen Krieg nicht gerüstet, im Zustand der »non-belligeranza« verharrt. »Nichtkriegführung« sollte heißen, daß Italien zwar die Vorteile eines neutralen Staates genoß, jedoch gesinnungsmäßig auf deutscher Seite stand. König Viktor Emanuel III., der Außenminister und Schwiegersohn Mussolinis, Graf Ciano, leitende Militärs wie der Generalstabschef Marschall Badoglio und von der katholischen Kirche beeinflußte führende Kreise traten für die weitere Neutralität Italiens ein. Mussolini selbst schwankte gegenüber dem erfolgreichen Achsenpartner zwischen Bewunderung und neidgeladenem Ressentiment. Einerseits mißtraute er dem deutschen Machtzuwachs, andererseits fürchtete er die günstige Gelegenheit vorübergehen zu lassen, an der Seite Deutschlands seine Ambitionen im Mittelmeerraum zu verwirklichen. Im Grunde war ihm ein totaler deutscher Sieg genauso unlieb wie ein solcher der Westmächte. Deshalb suchte er Hitler noch in seinem Schreiben vom 4. Januar 1940 zu einer Verständigung mit den Westmächten zu bewegen, für die er seine Vermittlung anbot. Die deutschen Siege in Norwegen, Holland, Belgien und Nordfrankreich überzeugten Mussolini schließlich von der Überlegenheit Deutschlands, die eine baldige Entscheidung des Krieges erzwingen werde. Die beschwörenden Appelle Reynauds, Churchills und Roosevelts, die Mussolini von einer Ausweitung des Krieges abzuhalten suchten, blieben vergeblich. Am 10. Juni trat Italien in den Krieg ein, wurde aber nur an einer Stelle aktiv: am 21. Juni – also nach dem französischen Ersuchen um Waffenstillstand – begann ein italienischer Angriff auf die französische Alpenfront, der bereits in der ersten Linie des Gegners steckenblieb und die völlig unzulängliche Ausrüstung der italienischen Armee mit Offensivwaffen offenbarte. An erfolgreiche Überraschungsangriffe an strategisch entscheidenden Stellen des Ringens um ein »mare nostro« – etwa auf Tunis, um die Mittelmeerenge zwischen Tunis und Sizilien zu beherrschen, oder auf Malta, um den Verbindungs- und Nachschubweg vom italienischen Mutterland zum afrikanischen Kriegsschauplatz zu sichern – war in dieser Lage gar nicht zu denken. Welche Belastung die Ausdehnung des Krieges auf den Mittelmeerraum letztlich für Deutschland bedeutete, sollte sich erst in der Folge erweisen. Aber Mussolini hoffte, daß ihm die Früchte des deutschen Sieges über Frankreich kampflos in den Schoß fallen würden. Er forderte nichts weniger als Nizza, Savoyen, Korsika, Tunis, Dschibuti, Syrien, Stützpunkte an der algerischen und marokkanischen Küste und die Auslieferung der französischen Flotte.

Am 18. Juni trafen sich Hitler und Mussolini in München. Hitler gelang es, seinen Partner davon zu überzeugen, daß gegenüber Frankreich gemäßigte Forderungen am Platze seien. Es müsse unbedingt vermieden werden, daß »die Französische Regierung etwa die deutschen Vorschläge ablehne und sich ins Ausland nach London begebe, um von dort aus den Krieg weiterzuführen«. In diesem Falle würde England durch die französische Flotte eine für die Achsenmächte äußerst unwillkommene Verstärkung erfahren. Er bestand ferner darauf, die Waffenstillstandsverhandlungen mit Frankreich getrennt zu führen, da »wohl Italien kaum an dem Ort würde verhandeln wollen, an dem die deutsch-französischen Waffenstillstandsverhandlungen stattfänden«[23]: Hitler war entschlossen, zur Auslöschung der »Schmach von Versailles« die Franzosen an jener historischen Stätte von Compiègne unterzeichnen zu lassen, an der 1918 die deutsche Waffenstillstandsdelegation empfangen worden war – und damals hatten die Italiener auf der anderen Seite gestanden. Er wollte wohl auch den Franzosen die Peinlichkeit ersparen, gleichzeitig mit Deutschland einem »Sieger« gegenübertreten zu müssen, der bislang nicht gekämpft hatte, und die Verhandlungen nicht unnötig mit der italienisch-französischen Animosität belasten. Außerdem wünschte er seine zukünftige, auf der Grundlage des Waffenstillstandes zu führende Frankreichpolitik unabhängig gestalten zu können.

In der Nacht zum 21. Juni wurde die französische Waffenstillstandsdelegation unter Vorsitz General Huntzigers bei Tours durch die Front geschleust und am Nachmittag im historischen Salonwagen im Wald von Compiègne in Gegenwart Hitlers empfangen, der jedoch den Verhandlungsort nach Verlesung der Präambel des deutschen Vertragsentwurfs durch Generaloberst Keitel verließ. Wenn in den Verhandlungen deutscherseits auch ein »Akt wiedergutmachender Gerechtigkeit« für das einst Erlittene gesehen wurde, verliefen sie doch in würdiger Form. Nach Klärung von Einzelfragen und telefonischen Rücksprachen Huntzigers mit der französischen Regierung in Bordeaux wurde das Abkommen am 22. Juni unterzeichnet. Seine Bedingungen verfolgten das Ziel, eine Wiederaufnahme des Kampfes durch Frankreich unmöglich zu machen, Deutschland für die weitere Kriegführung gegen England alle erforderlichen Sicherheiten zu geben und die Voraussetzungen für einen kommenden Frieden zu schaffen, dessen Inhalt – wie es in der Präambel hieß – »die Wiedergutmachung des dem Deutschen Reich selbst mit Gewalt angetanen Unrechts sein wird«.[24] Nordfrankreich mit Paris, die Kanal- und Atlantikküste – ungefähr zwei Drittel Frankreichs – blieben für die weitere Kriegführung besetzt. Die französischen Streitkräfte wurden demobilisiert, Waffen und Kriegsmaterial teils an Deutschland ausgeliefert, teils im unbesetzten Landesteil unter deutscher und italienischer Kontrolle gelagert. Frankreich verblieb ein Heer von 100000 Mann, dagegen stärkere Truppen in den Kolonien. Die französische Flotte war – soweit sie nicht zur Wahrung französischer Kolonialinteressen freigegeben wurde – in bestimmten französischen Häfen unter deutscher und italienischer

Aufsicht zu demobilisieren. Deutschland versprach feierlich, die derart internierte Flotte nicht für die eigene Kriegführung einzusetzen und bei Friedensschluß keine Forderung auf sie zu erheben. Alle deutschen Kriegs- und Zivilgefangenen waren auszuliefern, ferner auf Verlangen deutsche Emigranten aus allen französischen Besitzungen. Die französischen Kriegsgefangenen sollten dagegen bis zum Friedensschluß in deutschem Gewahrsam bleiben. Eine ständige deutsch-französische Waffenstillstandskommission sollte die Durchführung des Vertrages regeln und dieser in Kraft treten, sobald ein französisch-italienischer Waffenstillstand zustande gekommen sei.

Nachdem die französische Delegation in deutschen Flugzeugen nach Rom weitergeflogen worden war, wurde dort am 24. Juni auch der Waffenstillstand zwischen Frankreich und Italien ohne jegliche Zeremonie unterzeichnet. Mussolini stellte seine weitgehenden Forderungen bis zum Friedensschluß zurück. Er begnügte sich damit, daß die von den Italienern bis dahin eingenommenen Landstriche, die allerdings kaum wesentlich über das italienische Territorium hinausragten, und ein schmaler Gebietsstreifen bei Nizza mit der Stadt Mentone besetzt blieben. Frankreich mußte entlang der französisch-italienischen und der tunesisch-libyschen Grenze, ferner in seinen an Libyen angrenzenden Gebieten entmilitarisierte Zonen einrichten sowie die Häfen Toulon, Ajaccio auf Korsika, Biserta in Tunis, Oran in Algerien und Französisch-Somaliland für die Dauer des Krieges gegen England entmilitarisieren und den Hafen Dschibuti für Transporte nach Äthiopien zur Verfügung stellen. Die übrigen Bestimmungen entsprachen den deutsch-französischen Abmachungen.

Am 25. Juni 1940, 0.35 Uhr, trat der Waffenstillstand in Kraft. Mit der Schlacht um Frankreich hatte Deutschland unter dem Opfer von 27074 Toten, 111034 Verwundeten und 18384 Vermißten einen überwältigenden Sieg errungen. Frankreich beklagte rund 100000 Gefallene, 1,9 Millionen Mann gingen in deutsche Gefangenschaft. Die bewegliche deutsche Kriegführung unter operativer Verwendung schneller Verbände in Zusammenarbeit mit der Luftwaffe hatte sich der gegnerischen Defensivstrategie eindeutig überlegen erwiesen. Die deutsche Wehrmacht schien in den Augen der Welt unwiderstehlich, Hitlers Feldherrnkunst unbestritten zu sein. Hitler ließ den »glorreichsten Sieg aller Zeiten« durch zehntägige Beflaggung des Reiches und siebentägiges Glockengeläut würdigen.

Mit Frankreich hatte Hitler – dank der sowjetischen Rückendeckung abermals in einem Einfrontenkrieg – seinen Hegemonialkonkurrenten in Mitteleuropa niedergeworfen. Für Hitler stand fest, daß sich der französische »Erbfeind« niemals wieder zu seiner einstigen Großmachtstellung auf dem europäischen Kontinent erheben durfte, um Deutschland die Vorherrschaft erneut streitig zu machen. Aber noch hielt Hitler mit seinen Absichten hinter dem Berg. Seine äußerst maßvollen Bedingungen gegenüber Frankreich zielten zunächst darauf ab, dessen Kolonialreich und Flotte zu »neutralisieren« und den Franzosen so viel Potential zu belassen, daß sie ihre Besitzungen – die für die englische Kriegführung wertvolle Operationsbasen dargestellt hätten – gegen englischen Zugriff verteidigen konnten. Bei einer vorzeitigen Offenbarung seiner Endziele mußte er damit rechnen, daß Frankreich von Nordafrika aus den Krieg an der Seite Englands fortsetzte oder zumindest die französischen Kolonien von der Pétain-Regierung abfielen. Schon die bald erfolgende de facto-Annexion von Elsaß-Lothringen – auch Luxemburgs – mit ihren »Eindeutschungsmaßnahmen«, die Einführung einer Sperrzone in Ostfrankreich und an der Kanalküste, in die französische Flüchtlinge nicht mehr zurückkehren durften, ferner die Vermeidung echter Zusammenarbeit mit kollaborationsbereiten Kräften in Frankreich, denen man durch Bekanntgabe der zukünftigen französischen Grenzen Sicherheit und ein lohnendes Ziel zum Kampf auf deutscher Seite hätte bieten können – das alles ließ für die Zukunft Frankreichs unter der deutschen Vorherrschaft zumindest nicht allzuviel Gutes ahnen.

Das unbesetzte Frankreich schien sich weitgehend in das »Neue Europa« einzuordnen. Die Regierung Pétain, die sich schließlich in Vichy niederließ, wurde Kristallisationspunkt der innenpolitischen Gegner der französischen Republik und ihres parlamentarischen Regimes, das für den Zusammenbruch verantwortlich gemacht wurde. In Anlehnung an Deutschland und Italien forderten diese Kräfte die Errichtung eines konservativen autoritären Regimes. Symbol dieses neuen Frankreich wurde die mit Hindenburg vergleichbare Gestalt des alten Marschalls Pétain, der als »Chef de l'État français« gleichzeitig Staatsoberhaupt und Regierungschef wurde. Senat und Kammer konnten von nun an nur noch vom Staatschef einberufen werden. Neben dem Ministerrat, in dem Pétain selbst den Vorsitz führte, gab es einen engeren Ausschuß, den Kabinettsrat, der die eigentliche Arbeit leistete und dem der Stellvertreter Pétains, Pierre Laval, vorstand. Laval, der an den bereits feststehenden Sieg Deutschlands glaubte, vertrat die Politik, mit Deutschland sogar weitgehend unter den Bedingungen der Nationalsozialisten zusammenzuarbeiten, um an der Seite des Siegers einen gesicherten Platz in der »Neuen Ordnung Europas« einzunehmen. Er sollte durch die Haltung Hitlers bitter enttäuscht werden.

Die Ereignisse führten zu einem völligen Bruch der neuen französischen Regierung mit dem bisherigen englischen Verbündeten. Um die Gefahr auszuschalten, daß Hitler die moderne französische Flotte unter irgendeinem Vorwand doch noch für seine Kriegführung verwendete, bemächtigten sich die Briten am 3. Juli 1940 schlagartig aller in den Häfen ihres Herrschaftsbereichs liegenden französischen Kriegsschiffe. Ein starkes englisches Geschwader wurde nach Oran und Mers-el-Kebir geschickt, um den dort ankernden französischen Flottenverband unter Admiral Gensoul zum Übertritt auf die englische Seite, zum Anlaufen eines englischen Hafens oder zur Selbstversenkung aufzufordern. Als sich der französische Admiral weigerte, eröffneten die Engländer das Feuer und setzten nach heftiger Gegenwehr drei Schlachtschiffe, darunter die moderne »Dunkerque«, außer Gefecht, während ihr Schwesterschiff »Strasbourg« schwer beschädigt nach Toulon entkam. Am 8. Juli wurde das in Dakar liegende, noch nicht ganz fertiggestellte Schlachtschiff »Richelieu« durch einen britischen Angriff schwer beschädigt. Diese zur Sicherung der englischen Seeherrschaft unternommene Operation »Catapult«, die Churchill »einen höchst widerwärtigen Beschluß, den unnatürlichsten und schmerzlichsten, den ich je zu fassen hatte«[25], nannte, wurde von der Vichy-Regierung mit einem Vergeltungsangriff ihrer Luftstreitkräfte auf Gibraltar und mit dem Abbruch der diplomatischen Beziehungen zu England beantwortet.

Während das französische Kolonialreich zunächst einmütig hinter der Regierung von Vichy stand, sollte dieser bald eine ernsthafte Konkurrenz im »Nationalkomitee der Freien Franzosen« erwachsen, das General de Gaulle in London ins Leben rief. De Gaulle hatte am Tage des französischen Waffenstillstandsangebots den Verbindungsoffizier Churchills beim französischen Oberkommando, General Spears, zum Flugplatz begleitet und sich in die anrollende Maschine geschwungen, um mit nach England zu fliegen. Am Abend des nächsten Tages, des

18. Juni 1940, richtete er über den Rundfunk einen Appell an das französische Volk, den Kampf an der Seite des meerbeherrschenden britischen Weltreichs fortzusetzen, das mit der materiellen Unterstützung durch die Vereinigten Staaten siegen werde: »Dieser Krieg ist nicht durch die Schlacht um Frankreich entschieden. Dieser Krieg ist ein Weltkrieg.«[26] In Frankreich selbst blieb die freifranzösische Bewegung de Gaulles zunächst ohne Resonanz. Jedoch konnte sie in den entfernteren Kolonien wie Französisch-Äquatorialafrika und Kamerun mit teilweiser Unterstützung der örtlichen Gouverneure Fuß fassen. Eine Landung freifranzösischer Kräfte in Dakar mit dem Ziel, auch Französisch-Westafrika zu gewinnen und von dort aus auf Nordafrika überzugreifen – ein Unternehmen, zu dem englische Seestreitkräfte lediglich Flottenschutz gewährten, um seinen französischen Charakter zu wahren –, wurde im September 1940 von dem dortigen vichytreuen Gouverneur Boisson mit Waffengewalt abgeschlagen. Je mehr aber die anfänglich verständigungsbereite Vichy-Regierung durch Hitler vor den Kopf gestoßen wurde und der Ausgang des sich in die Länge ziehenden Krieges ungewiß wurde, sollte auch im Mutterland der antideutsche Widerstand wachsen und sich im besetzten Frankreich durch illegale Gewaltakte gegen die deutsche Besatzung Luft machen.

7. Kapitel
»Seelöwe«, »Adler« und Atlantikschlacht: Stagnation der Kriegführung gegen England

Nach der Niederlage der Westmächte auf dem Festland und dem Gewinn der Kanal- und Atlantikküste als Basis für die weitere deutsche Kriegführung glaubte Hitler, daß England sich nunmehr in einer hoffnungslosen Lage befände und zu einer Verständigung bereit sein würde. Denn um die drohende Vernichtung seiner Wirtschaftskraft durch Abschnürung der lebenswichtigen Versorgungslinien und eine bevorstehende Invasion von sich abzuwenden, brauchte England nach Hitlers Vorstellung schließlich nur eines zu tun: die Tatsache der deutschen Vorherrschaft auf dem europäischen Kontinent anzuerkennen und im äußersten Falle die ehemaligen deutschen Kolonien zurückzugeben. Dafür würde es sein Weltreich – das Hitler stets als einen globalen »Stabilisierungsfaktor« ansah, dessen Zerstörung nur Japan, Amerika und der Sowjetunion zugute käme – und seine Flotte unversehrt erhalten. Über Schweden, die Vereinigten Staaten und den Vatikan wurden vorsichtig deutsche Friedensfühler ausgestreckt. Mit dem Einlenken der Engländer hätte Hitler schließlich doch noch die Verwirklichung jener Idealkonzeption erzwungen, die ihm seit der Abfassung seines Buches ›Mein Kampf‹ vorschwebte: mit der Rückendeckung des britischen Weltreichs einmal gegen den sowjetischen Kontinentalkoloß vorgehen zu können, um im Osten deutschen Lebensraum zu gewinnen und ein »deutsches Indien« zu errichten.

Bereits am 15. Juni 1940, als der Frankreichfeldzug seinem Ende zuging, hatte Hitler die Herabsetzung der Heeresstärke auf 120 Divisionen festgesetzt. Am 9. Juli ordnete Hitler an, das Schwergewicht der Rüstung auf Luftwaffe und Kriegsmarine zu verlegen – eine Maßnahme, die als Vorbereitung sowohl für eine allgemeine Demobilisierung als auch für die weitere Kriegführung gegen England angesehen werden konnte.

Hitler verschob zunächst auch die Reichstagssitzung zur Feier des Sieges über Frankreich, da er die Umbildung des englischen Kabinetts und ein Verhandlungsangebot erwartete. Aber Hitler wartete vergebens. Die englische Regierung dachte nicht daran, zu kapitulieren und das Ziel aufzugeben, für das sie in den Krieg gezogen war: die Erhaltung des Gleichgewichts in Europa. Der Widerstandswille der britischen Regierung wurde nicht eine Minute lang durch einen Kompromißgedanken gelähmt – selbst wenn ein solcher Kompromiß England unter Umständen die Rolle eines Zuschauers bei einer Auseinandersetzung zwischen dem nationalsozialistischen Deutschland und dem bolschewistischen Rußland hätte einbringen können. Bereits am 18. Juni 1940 hatte Churchill die englische Haltung vor dem Unterhaus deutlich umrissen:

»Hitler weiß sehr wohl, daß er entweder uns auf unserer Insel zerschmettern oder den Krieg verlieren muß. Vermögen wir ihm standzuhalten, so kann ganz Europa befreit werden ... Rüsten wir uns daher zur Erfüllung unserer Pflicht; handeln wir so, daß, wenn das Britische Reich und seine Völkergemeinschaft noch tausend Jahre bestehen, die Menschen immer noch sagen werden: ›Das war ihre größte Stunde‹.«[27]

Die Politik der britischen Regierung wurde vom englischen Volk einmütig gebilligt. Sie bedeutete für Hitler, daß das durch Gewaltanwendung Erreichte nicht gesichert war, sondern zunächst nur weiter mit Hilfe von Gewalt bewahrt werden konnte. Hitler mußte nunmehr zum Kampf gegen das englische Mutterland übergehen, wobei er immer noch hoffte, die Engländer durch eine bloße Demonstration der Gewalt zum Einlenken bringen zu können.

Bei dieser Gelegenheit zeigte sich abermals, daß Deutschland 1939 ohne umfassenden Gesamtplan in den Krieg gegangen war, denn an eine Landung auf der englischen Insel hatte die deutsche Führung bisher nie gedacht. Die oberste Wehrmachtführung hatte gegen England immer nur ins Auge gefaßt, bei Gewinnung günstiger Ausgangsbasen mit Luftwaffe und Kriegsmarine einen umfassenden Wirtschaftskrieg zu führen, der die Insel bei ihrer starken Abhängigkeit von Zufuhren kampfunfähig machen sollte.

Als das OKW im Auftrage Hitlers die drei Wehrmachtteile am 2. Juli 1940 erstmals anwies, für den Fall einer Landung in England Vorbereitungen zu treffen, mußten die Arbeiten unter dem Druck von Zeit und Umständen aufgenommen werden. Am 16. Juli erging Hitlers grundlegende Weisung Nr. 16: »Da England, trotz seiner militärisch aussichtslosen Lage, noch keine Anzeichen einer Verständigungsbereitschaft zu erkennen gibt, habe ich mich entschlossen, eine Landungsoperation gegen England vorzubereiten und wenn nötig, durchzuführen.« Ziel dieses unter dem Decknamen »Seelöwe« laufenden Unternehmens sollte sein, »das englische Mutterland als Basis für die Fortführung des Krieges gegen Deutschland auszuschalten« und notfalls »in vollem Umfang zu besetzen«.[28] Die Vorbereitungen sollten ursprünglich Mitte August abgeschlossen sein. Das Heer forderte eine möglichst breite Landungsfront, um schnell in einen Bewegungskrieg übergehen zu können. Die Marine dagegen verlangte eine schmale Übergangsstelle, um sowohl den Transport als auch die Sicherung des Überganges gegen die überlegenen britischen Seestreitkräfte bewältigen zu können. Durch den OKW-Befehl vom 27. August fällte Hitler schließlich einen Kompromißentscheid, indem er eine Landungsfront zwischen Folkestone und Worthing festsetzte. Die Hauptaufgabe sollte der Heeresgruppe A unter dem nunmehrigen Generalfeldmarschall v. Rundstedt zufallen. Die Landungsstreitmacht bestand aus 24 Divisionen, von denen im 1. und 2. Treffen je 9 Divisionen übergesetzt werden sollten. Für die Einnahme von Brighton und der Höhen nördlich von Dover waren zusätzlich Fallschirmtruppen vorgesehen. Die Heeresgruppe B stand mit 3 Divisionen in Bereitschaft, um die Landungstruppen zu verstärken oder bei günstiger Entwicklung des Unternehmens von Cherbourg aus in der Lyme Bay bei Weymouth zu landen. Dieser durch später nachzuführende OKH-Reserven vergrößerten Streitmacht standen auf englischer Seite neben Territorialtruppen und Home Guard 26 aktive, zum Teil noch ungenügend ausgerüstete Divisionen – davon 3 Panzer- und 13 erstklassige Divisionen als Bereitschaft in Südengland – gegenüber.

Als sich die Vorbereitungen verzögerten, setzte Hitler am 31. Juli ihren Abschlußtermin auf den 15. September fest, da nach diesem Termin das Wetter für die entscheidende Mitwirkung der Luftwaffe als zu unsicher angesehen wurde. Die englische Führung, die die Invasionsvorbereitungen aus der Luftaufklärung, aus Agentenmeldungen und einzelnen durch „Ultra“ entzifferten Luftwaffen-Funksprüchen erkannte, gab am 7. September Invasionsalarm (Deckname »Cromwell«), als ein aufgefangener deutscher Befehl für den 8. September Urlaubssperre anordnete. Die deutsche Marine hatte bis zum 4. September von der Küsten- und Binnenschiffahrt Deutschlands und der besetzten Länder 168 geeignete Transportdampfer (mit über 700000 BRT), 1910 Prähme, 419 Schlepper und Fischdampfer sowie 1600 Motorboote erfaßt. Die deutsche Wirtschaft, der insgesamt 1200000 BRT Schiffsraum zur Verfügung standen, wurde durch den Entzug von 440000 BRT äußerst stark belastet. Als Anfang September die Verlegung der Transportschiffe aus den deutschen Nordseehäfen entlang der Kanalküste nach Süden in die Absprunghäfen begann, wurde sie durch Verminungsaktionen und Angriffe der Royal Air Force erheblich gestört und verzögert, die erforderlichen Minenräumungsarbeiten zum Teil verhindert. Am 30. August meldete die Seekriegsleitung, daß durch die Einwirkung der englischen Luftwaffe und den unzureichenden Schutz der eigenen Schiffe der Termin 15. September nicht eingehalten werden könne. Das OKW verschob daraufhin den Termin auf den 21. September. Die Marine glaubte ihre Vorbereitungen zwar bis dahin zu beenden, sie wies jedoch am 10. September darauf hin, daß die als Voraussetzung für das Unternehmen angesehene deutsche Luftherrschaft über dem Kanal noch nicht erreicht worden sei. Um das Ergebnis des verschärften Luftkrieges abzuwarten, verlängerte Hitler den Termin bis zum 24. September. Als die Wetterlage ab 16. September keine Großangriffe der Luftwaffe mehr zuließ, verschob Hitler am nächsten Tag die Landungsaktion »bis auf weiteres«. Ein durch »Ultra« entzifferter deutscher Funkspruch vom 17. September, daß die 7. Fliegerdivision auf den holländischen Flugplätzen die Verladeeinrichtungen wieder auflockern sollte, die für den Lufttransport von Truppen und Nachschub nach England vorgesehen waren, wurde von Churchill als das Ende der akuten Invasionsgefahr angesehen und förderte seinen Entschluß, nunmehr Streitkräfte von den britischen Inseln nach Nordafrika zu verlegen, um die in Ägypten eingedrungenen Italiener zu vertreiben. Da jedoch gleichzeitig auch Nachrichten über fortdauernde deutsche Invasionsvorbereitungen eingingen, die Hitler zur Täuschung der Engländer befohlen hatte, entschloß sich demgegenüber die britische Admiralität erst im November, die für die Abwehr einer Invasion zurückgehaltenen Zerstörer für die Sicherung der Atlantik-Geleitzüge einzusetzen. Hitler aber hatte sich tatsächlich am 12. Oktober entschieden, die Landung endgültig auf das Frühjahr 1941 zu verlegen. Damit war der »Seelöwe« tot. Eine der wichtigsten Entscheidungen des Zweiten Weltkrieges war gefallen. Ursache für diese Entscheidung war, daß die von allen Beteiligten als die wichtigste angesehene Voraussetzung nicht erfüllt worden war: die deutsche Luftherrschaft oder zumindest Luftüberlegenheit über dem Kanal und Südengland.

Die Luftkriegführung gegen England war bis Sommer 1940 durch starke Zurückhaltung gekennzeichnet. Durch den Westfeldzug waren nunmehr günstige Basen gewonnen, aber der Ausbau der Bodenorganisation und die Ergänzung der Verbände nahmen über fünf Wochen in Anspruch. Bis Anfang August konnte die Zahl der Maschinen auf 949 Kampfflugzeuge, 336 Sturzkampfflugzeuge, 869 Jagdflugzeuge und 268 Zerstörerflugzeuge gebracht werden. Ihnen standen auf englischer Seite 700 englische Jäger, hauptsächlich vom Typ »Hurricane« und »Spitfire« – dem deutschen Typ Me 109 an Geschwindigkeit unterlegen, jedoch an Wendigkeit, Flugdauer und Bewaffnung überlegen – und 500 Bomber gegenüber.

Am 1. August 1940 erging Hitlers Weisung Nr. 17 für den verschärften Luft- und Seekrieg gegen England. Die erste Aufgabe der Luftwaffe sollte es sein, die englische Luftstreitmacht durch Angriffe auf fliegende Einheiten, Bodenorganisation und Luftrüstungsindustrie möglichst bald niederzukämpfen. Nach Erringung einer zeitlichen und örtlichen Luftüberlegenheit sollten sich die Angriffe auf die Häfen und auf Einrichtungen der Lebensmittelbevorratung konzentrieren. Der Luftkrieg sollte so geführt werden, daß die Luftwaffe jederzeit auch ihre Aufgaben beim Unternehmen »Seelöwe« wahrnehmen konnte. Es sollte sich allerdings zeigen, daß das Oberkommando der Luftwaffe die Durchführung der Weisung nicht ausschließlich auf die Vorbereitung des Landungsunternehmens abstellte.

Wegen der Wetterlage konnten die ersten Großangriffe der eingesetzten Luftflotten 2 (Feldmarschall Kesselring) und 3 (Feldmarschall Sperrle) auf küstennahe Flugplätze in Südengland von Holland, Belgien und Nordfrankreich aus erst am 13. August (»Adlertag«) beginnen. Wenn Göring aber gehofft hatte, die englische Jagdwaffe spätestens in einer Woche niederzukämpfen, sah er sich darin bald getäuscht: die englischen Jagdflugzeuge wichen Luftkämpfen mit deutschen Jägern aus und stellten sich nur dann zum Kampf, wenn es galt, eingeflogene deutsche Bombenflugzeuge anzugreifen. Um die britischen Jäger herauszufordern, wurden die Angriffe daher am 24. August auf Bodenorganisation und Luftindustrie im Raum um London ausgedehnt. Bereits hier zeigte sich, daß die deutsche Luftwaffe für einen strategischen Luftkrieg im Grunde nicht gerüstet war. Es fehlten schnelle, stark bewaffnete Fernbomber und geeignete Begleitjäger mit großem Aktionsradius. Ungepanzert und zur Abwehr ungenügend bewaffnet, benötigten die deutschen Bomber erheblichen Jagdschutz, der bei der geringen Flugdauer der Me 109 immer nur für kurze Zeit gewährt werden konnte. Die weiterreichenden zweimotorigen Geleitjäger vom Typ Me 110 besaßen wiederum eine zu geringe Wendigkeit, um mit den englischen Jägern fertig zu werden. Da die Engländer auch jetzt die Taktik beibehielten, ihre Jagdflugzeuge nur gegen Bomber anzusetzen und Kämpfe mit der deutschen Jagdwaffe zu vermeiden, blieb die von deutscher Seite angestrebte Entscheidung aus. Die englische Führung sah jedoch der Fortsetzung der deutschen Angriffe auf die Bodenorganisation des englischen Jagdschutzes mit ernster Besorgnis entgegen. Aber gerade jetzt verlagerte die deutsche Luftwaffenführung ihre Angriffe auf das englische Wirtschaftspotential und auf die Stadt London.

In seiner Rede zur Eröffnung des Winterhilfswerks am 4. September drohte Hitler, die englischen Städte »auszuradieren«. Damit begann die zweite Phase der Luftschlacht über England mit dem Ziel, die englische Wirtschaftskraft zu zerschlagen und die englische Bevölkerung zu demoralisieren. Diese Phase wurde in der Zeit vom 6. bis 19. September zunächst durch große Tages- und Nachtangriffe auf Hafenanlagen und andere militärische und wirtschaftliche Objekte in London und seiner Umgebung eingeleitet. Mit ihr entwickelte sich die Zielsetzung des Luftkrieges bereits von der Vorbereitung der Operation »Seelöwe« weg. Die nun beginnenden Luftschlachten kosteten beide Seiten starke Verluste. Allein am 15. September 1940, dem »Battle of Britain«-Tag, an dem die Luftkämpfe ihren Höhepunkt erreichten, verlor die deutsche Luftwaffe 56 Maschinen, und fast mit jeder abstürzenden Maschine war auch die ausgebildete Besatzung verloren, während die englischen Piloten, soweit sie sich unversehrt durch Fallschirmabsprung retten konnten, zu neuem Einsatz zur Verfügung standen. Als am 16. September die Großangriffe wegen schlechter Wetterlage abgebrochen werden mußten, war es bis dahin weder gelungen, Englands Industriepotential trotz erheblicher Zerstörungen zu vernichten und den Widerstandswillen der Bevölkerung zu brechen, noch die für das Unternehmen »Seelöwe« erforderliche Luftüberlegenheit zu gewinnen. Bis zum 13. November waren insgesamt 1733 deutsche und 915 englische Maschinen verlorengegangen.

Mit dem Angriff auf Coventry in der Nacht vom 14./15. November 1940 begann der letzte Abschnitt der Luftschlacht um

England, der durch Nachtangriffe auf Industriestädte und Häfen gekennzeichnet war und 1941 endgültig eingestellt wurde, weil auch diese Art Angriffe die Engländer nicht friedensbereit machen konnten und das Gros der Luftwaffe (61 Prozent) nunmehr im Osten eingesetzt wurde. In diesem Zeitraum war durch die gesteigerte englische Flugzeugproduktion und die zunehmenden Lieferungen aus den Vereinigten Staaten die Aussicht auf einen Erfolg bereits hoffnungslos. Die Luftschlacht um England war für Hitler verloren; sie hatte die deutsche Luftwaffe bis Ende März 1941 insgesamt 2265 Maschinen, 3363 Tote, 2117 Verwundete und 2641 Vermißte oder Gefangene gekostet. Sie war zugleich die erste entscheidende Niederlage, die Deutschland im Zweiten Weltkrieg hinnehmen mußte. Auch »Ultra« hatte dazu beigetragen. Zwar konnten die Engländer durch die Entzifferung der deutschen Funksprüche die Angriffsziele und -zeiten der deutschen Luftverbände nicht im voraus erfahren, da die Einsatzbefehle nicht per Funk übermittelt wurden: daher muß auch die Behauptung in das Reich der Legende verwiesen werden, Churchill habe bereits Tage vorher von dem Nachtangriff auf Coventry (14./15. November) gewußt, jedoch besondere Abwehrmaßnahmen und die Räumung der Stadt unterlassen, um den Deutschen das »Ultra«-Geheimnis nicht zu verraten. Doch gewannen die Briten aus vielen entzifferten Einzelsprüchen wertvolle Erkenntnisse über Verteilung und Stationierung der deutschen Luftstreitkräfte sowie über Stärke und Einsatzbereitschaft der einzelnen Einheiten. Diese Kenntnisse ermöglichten ihnen, die von ihrem Radarwarnsystem gemeldeten anfliegenden Verbände zu identifizieren, die eigene Jagdwaffe rationell gegen Bomber anzusetzen und die feindlichen Jäger zu meiden. Am 15. August, als die Luftkämpfe ihren ersten Höhepunkt erreichten, bewahrte sie das Wissen um die Absicht der Deutschen, in mehreren Wellen anzugreifen, vor dem Fehler, ihre Kräfte bei der Abwehr der ersten Welle zu verausgaben, wie Göring gehofft hatte. Auch bei der Behinderung des Funkleitstrahlverfahrens, mit dem die deutschen Bomber nachts an ihre Ziele geführt wurden, half »Ultra« die Standorte der Sender, die Frequenzen und Richtungen der Leitstrahlen ausfindig zu machen, um die Angriffe durch elektronische Störmaßnahmen fehlleiten zu können.

Zwar war die mangelnde Luftüberlegenheit im September 1940 für Hitler ein zwingender Grund, der den Verzicht auf die

Landung in England rechtfertigte. Doch schien er an dieses Unternehmen überhaupt nicht recht »rangehen« und hier entgegen seiner Gewohnheit kein größeres Risiko auf sich nehmen zu wollen. Ihm fehlte diesmal augenscheinlich jener mitreißende Wille, der die Bedenken seiner Generäle vor dem Westfeldzug zerstreut hatte – im Gegenteil hob er von sich aus die Schwierigkeiten eines solchen Unternehmens, die sich im Laufe der Vorbereitungen in zunehmendem Maße offenbarten, immer wieder hervor. Hitlers Zögern hatte mehrere Gründe. Zunächst einmal lähmte die anfängliche Erwartung einer englischen Verständigungsbereitschaft seine Entschlüsse. Erst als sie ausblieb, rang er ernsthaft um eine neue Konzeption für die Fortführung des Krieges. Ein Fehlschlagen der Landung, das die Kette seiner bisherigen Erfolge unterbrach, mußte den Nimbus der deutschen Unbesiegbarkeit und sein eigenes Prestige als Feldherr erschüttern und den englischen Widerstandswillen enorm versteifen. Vor allem wären die eingesetzten Kräfte des Heeres und der Marine zunächst zum großen Teil verloren gewesen. Aber selbst bei einer gelungenen Landung und der Besetzung des englischen Mutterlandes mußte er damit rechnen, daß die englische Regierung den Krieg von Kanada aus fortsetzte und ihn, Hitler, in einen langwierigen Seekrieg – wahrscheinlich zugleich mit den Vereinigten Staaten – in Räumen verwickelte, in denen nicht die Ziele seiner Kriegspolitik lagen. Würden die Nutznießer des mit deutschem Blut gewonnenen Sieges über das englische Mutterland nicht andere Mächte – Japan, Rußland und die Vereinigten Staaten – sein, die das britische Weltreich beerbten? Wäre ein solcher Krieg angesichts von Hitlers säkularem Ziel, der Gewinnung deutschen »Lebensraumes« im Osten, nicht ein Krieg mit verkehrter Front, ein solcher Sieg nicht ein Sieg am falschen Ort gewesen? Nicht England zu schlagen, sondern ihm die Aussichtslosigkeit eines weiteren Streitigmachens der deutschen Hegemonie zu demonstrieren, war die eigentliche Absicht Hitlers. Hitler suchte nach einem Ausweg: Was bewog die Engländer, ihren nach seiner Meinung aussichtslosen Kampf fortzusetzen? Wo war England außer einer Landung noch zu schlagen und zum Frieden zu zwingen? Außer einer Belagerung der Insel durch verschärften See- und Luftkrieg boten sich hier in Hitlers Vorstellung zwei Möglichkeiten an: ein Angriff auf Englands Positionen im Mittelmeerraum und ein Angriff auf – die Sowjetunion.

In der Tat standen Hitlers Überlegungen hinsichtlich einer

Landung in England in engem Zusammenhang mit der russischen Frage. Das Scheitern einer Invasion oder die Verwicklung in einen langwierigen und opferreichen Krieg mit England konnten zweifellos Rückwirkungen auf die sowjetische Politik haben. Obwohl sich die Sowjetunion dem deutschen Vertragspartner gegenüber bisher »korrekt« verhielt, mußte sie ein natürliches Interesse daran haben, einer deutschen Hegemonie über Europa ebenfalls entgegenzutreten. Bislang hatte sie die deutschen Erfolge durch eine entsprechende expansive Politik in Osteuropa auszugleichen versucht, die sich bis auf die Annexion der Nordbukowina im Rahmen der deutsch-sowjetischen Interessenabgrenzung hielt und in anderem Zusammenhang erörtert werden soll. Noch gab es keine Anzeichen, daß die Sowjets ihre bisherige Linie zu verlassen beabsichtigten. Aber würde Stalin die endgültige Niederwerfung Englands wirklich zulassen? Würde er nicht jede schwierige Situation, in die Deutschland bei seinem Kampf mit England etwa geraten konnte, zur Erpressung weiterer territorialer Zugeständnisse in Osteuropa ausnutzen? War aber nicht gerade die sowjetische Rückenbedrohung Deutschlands die Hoffnung Englands, die diesen Staat bewog, seinen nach Ansicht Hitlers aussichtslosen Kampf um die Wiederherstellung des Gleichgewichts in Europa fortzusetzen? Diesen Gedanken erwog Hitler seit Anfang Juli, er nahm bei ihm immer festere Gestalt an.

Bereits zu dieser Zeit sah Hitler im Angriff auf die Sowjetunion ein Mittel, den Krieg gegen England zu verkürzen und durch ein erzwungenes englisches Einlenken zu beenden. Im Juli 1940 erfolgten daher auch die ersten Anweisungen Hitlers an das OKH zur Vorbereitung eines Feldzuges gegen die Sowjetunion, dessen Grundzüge jedoch erst am 18. Dezember 1940 in Hitlers Weisung Nr. 21 zum Fall »Barbarossa« – wie der Deckname für dieses Unternehmen lautete – festgelegt wurden. Gleichfalls Ende Juli befahl Hitler zu diesem Zwecke nach der vorangegangenen Heeresverminderung wiederum eine Verstärkung des Heeres auf 180 Divisionen. Das bedeutet jedoch nicht, daß Hitler im Sommer 1940 zu einem Angriff auf Rußland im nächsten Jahr – d. h. vor der Beendigung des Krieges mit England – bereits fest entschlossen war. Denn noch gab es eine andere Möglichkeit, die englische Hoffnung auf den sowjetischen Festlandsdegen zunichte zu machen: den Versuch, die Sowjetunion in einen Kontinentalblock einzureihen und am Kampf gegen England aktiv zu beteiligen.

Ebenso blieb die Absicht, England im Mittelmeer zu treffen, weiterhin im Spiel: mit Zustimmung oder Beteiligung Spaniens Gibraltar zu erobern und durch die Unterstützung eines italienischen Angriffs in Nordafrika den Suezkanal zu nehmen, um Englands Stellung im Mittleren Osten zu erschüttern und seine Ölversorgung zu gefährden. Bereits im August 1940 wurde der erste Operationsentwurf für die Eroberung Gibraltars ausgearbeitet. Hitlers Weisung Nr. 18 vom 12. November 1940, die den »vorbereitenden Maßnahmen der Oberkommandos für die Kriegführung der nächsten Zeit« die Richtlinien gab, zeigt die ganze Skala der möglichen Aktionen. Unter dem Decknamen »Felix« sollte ein deutsches Eingreifen auf der iberischen Halbinsel vorbereitet werden mit dem Ziel, durch die Einnahme Gibraltars und die Sicherung Spanisch-Marokkos das westliche Mittelmeer abzuschließen und die Landung englischer Kräfte in Spanien, Portugal und auf den Atlantischen Inseln zu verhindern. Für die Unterstützung der am 13. September von Libyen aus angelaufenen italienischen Offensive gegen Ägypten sollten ein Panzerverband und Fliegereinheiten bereitgehalten werden. Ein deutsches Eingreifen sollte jedoch erst erfolgen, wenn die Italiener Marsa Matruk erreicht haben würden, um von dem dort einzurichtenden Luftstützpunkt aus die englische Flotte in Alexandrien angreifen und den Suezkanal verminen zu können. Auf dem Balkan, wo Mussolini am 28. Oktober sein Griechenland-Abenteuer begonnen hatte, sollte von Bulgarien aus eine Besetzung Nordgriechenlands bis zum Ägäischen Meer vorbereitet werden, die der Luftwaffe eine Basis für den Einsatz gegen britische Ziele im östlichen Mittelmeer schaffen sollte. Da »bei Veränderung in der Gesamtlage die Möglichkeit oder Notwendigkeit gegeben sein kann, im Frühjahr 1941 doch noch auf das Unternehmen ›Seelöwe‹ zurückzukommen«, sollten die drei Wehrmachtteile bestrebt bleiben, »die Grundlagen für ein solches Unternehmen in jeder Hinsicht zu verbessern«. Unter Hinweis auf die gerade beginnenden Besprechungen mit Molotow in Berlin heißt es in der Weisung bezüglich der Sowjetunion: »Politische Besprechungen mit dem Ziel, die Haltung Rußlands für die nächste Zeit zu klären, sind eingeleitet. Gleichgültig, welches Ergebnis diese Besprechungen haben werden, sind alle schon mündlich befohlenen Vorbereitungen für den Osten fortzuführen.«[29] Diese Skala der Möglichkeiten zeigt, wie die Zielsetzungen für die weitere Kriegführung zu diesem Zeitpunkt noch in der Schwebe waren. Sie offenbart zugleich die Unsicherheit, die Hitler hinsichtlich der Kriegführung gegen England befallen hatte. Neben diesen Möglichkeiten der Fortsetzung des Krieges wurde außer dem Luftkrieg gegen England zunächst nur eine konkret verfolgt: der Versuch, die Zufuhren nach der englischen Insel durch den Handelskrieg zur See zu unterbinden.

Auch für diese Aufgabe war die Kriegsmarine ungenügend gerüstet, da eine rechtzeitige Verlegung des Schwerpunkts auf den U-Boot-Bau versäumt worden war. Bei Kriegsbeginn besaß Deutschland 57 fertige U-Boote, von denen nur 23 für den Einsatz im Atlantik geeignet waren, während der Befehlshaber der U-Boote, Dönitz, nach Durchführung von Kriegsspielen im Winter 1938/39 zu dem Ergebnis gekommen war, daß mindestens 300 Boote erforderlich seien, um England erfolgreich von seiner Zufuhr abzuschneiden. Die von Dönitz gegen gesicherte Geleitzüge entwickelte »Rudeltaktik«, d. h. der Einsatz einer ganzen Gruppe von U-Booten unter einheitlicher Führung, konnte in der ersten Phase der »Schlacht im Atlantik« (September 1939 bis März 1940) wegen der wenigen Atlantikboote nicht angewendet werden. Hinzu kam, daß der Handelskrieg zur See gegen England zunächst nach den völkerrechtlichen Bestimmungen der Prisenordnung geführt werden sollte.

Während dieser ersten Phase der Atlantikschlacht versenkten die deutschen Atlantikboote in Einzelunternehmungen 148 Schiffe mit insgesamt 678130 BRT, ferner die kleineren Boote, teilweise durch Minenlegen, im Seegebiet um die englische Insel zusätzlich 267443 BRT. Dabei gingen 18 U-Boote verloren, die durch die Fertigstellung von Neubauten ersetzt werden konnten. Mit der Versenkung des Flugzeugträgers »Courageous« (17. 9.) und des Schlachtschiffes »Royal Oak« (14. 10.) wurden auch gegen die englische Kriegsmarine bemerkenswerte Erfolge erzielt. Am Handelskrieg beteiligten sich Überwasserstreitkräfte, so die Panzerschiffe »Deutschland« im Nordatlantik und »Graf Spee« im Südatlantik und Indischen Ozean. In mehrmonatigen Kreuzfahrten versenkten sie 57051 BRT. Am 13. Dezember wurde die »Graf Spee« von den englischen Kreuzern »Exeter«, »Ajax« und »Achilles« gestellt und lief nach einem Gefecht beschädigt Montevideo an. Da eine Reparatur innerhalb der von den uruguayischen Behörden gestellten Frist nicht möglich war, versenkte sich das Schiff am 17. Dezember 1939 in der La Plata-Mündung. Die Schlachtschiffe »Scharnhorst« und

»Gneisenau« unternahmen im November 1939 einen Vorstoß in die Gewässer südlich von Island und versenkten einen feindlichen Hilfskreuzer. Ein zweiter, zusammen mit dem schweren Kreuzer »Hipper« im Februar 1940 unternommener Vorstoß gegen den Konvoiverkehr zwischen England und Bergen blieb ohne Erfolg.

In der ersten Phase der Atlantikschlacht beliefen sich die Gesamtverluste an feindlichem und im gegnerischen Dienst fahrendem Schiffsraum auf ungefähr 1,3 Millionen BRT. Im April 1940 wurde der Handelskrieg durch den Einsatz aller Kräfte für die Norwegenaktion unterbrochen. Nach einer durch die Überholung aller Boote verursachten Pause begann die zweite Phase der »Schlacht im Atlantik« (Juni/Juli 1940 bis März 1941). Die von Hitler befohlene verschärfte Luft- und Seekriegführung gegen England hatte zur Folge, daß der Oberbefehlshaber der Kriegsmarine am 17. August 1940 endlich auch den uneingeschränkten U-Boot-Krieg im Seegebiet um England durchsetzen konnte, um eine totale Blockade Englands zu erzielen. Zwar hatte sich die Gesamtzahl der Frontboote durch die Abgabe von Schulbooten für das große beginnende Ausbildungsprogramm verringert, doch konnten durch die Verkürzung des Anmarschweges aus den westfranzösischen Häfen und der Reparaturzeiten jetzt im Durchschnitt 12 Boote gleichzeitig im Operationsgebiet stehen, wodurch erstmals auch der Einsatz in »Rudeln« möglich wurde. Außerdem waren die englischen Zerstörerverbände in dieser Zeit durch Abwehraufgaben gegen die drohende Invasion gebunden. So konnten im September 1940 allein aus einem Geleitzug 12 Schiffe, im Oktober aus einem anderen sogar 31 Schiffe und im Dezember nochmals 11 Schiffe herausgeschossen werden. Zur Verstärkung der deutschen Kräfte wurden im September 1940 italienische U-Boote aus dem Mittelmeer nach Bordeaux verlegt. Aber die vorhandenen Chancen des U-Boot-Krieges konnten nicht in vollem Umfang ausgenutzt werden, da den deutschen U-Booten mangels ausreichender Luftaufklärung die »Augen« fehlten. Erst im Januar 1941 wurde der Marine eine unzureichende Anzahl viermotoriger Langstreckenflugzeuge Focke-Wulf 200 »Condor« zur Verfügung gestellt, von denen täglich nur zwei patrouillieren konnten. Obwohl die deutschen Versenkungsziffern in den ersten Monaten des Jahres 1941 insgesamt weiter anstiegen, konnten die U-Boote die Erfolgszahlen der Herbstmonate 1940 nicht mehr erreichen. Als im März 1941 mit einem Schlag fünf Boote verlorengingen, vermutete die deutsche Führung neue Abwehrmittel des Gegners und verlegte das Operationsgebiet aus der Küstennähe weiter nach Westen. Damit ging die zweite Phase der Atlantikschlacht zu Ende, in der die deutschen und italienischen U-Boote bei 14 deutschen Eigenverlusten 410 Schiffe mit fast 2,2 Millionen BRT versenkten. Zu diesen Erfolgen kamen erstmals diejenigen der deutschen Hilfskreuzer, d. h. der als Handelsschiffe getarnten, bewaffneten Kaperschiffe. Auch die schweren Kreuzer »Scheer« und »Hipper« und die Schlachtschiffe »Scharnhorst« und »Gneisenau« brachen in den Atlantik durch und versenkten 256496 BRT; die beiden Schlachtschiffe blieben anschließend im Flottenstützpunkt Brest. Zusammen mit den Erfolgen der Fernkampfflugzeuge in Höhe von 207889 BRT wurden in dieser zweiten erfolgreichsten Phase der Atlantikschlacht auf den Ozeanen über 3 Millionen BRT feindlicher Schiffsraum vernichtet. Dazu kamen die Versenkungen um England durch Minen, Luftwaffe und leichte Seestreitkräfte (547886 BRT) und die italienischen Erfolge im Mittelmeer (68520 BRT). In dieser Phase hatten die Engländer aus »Ultra« noch keinerlei Nutzen ziehen können, da ihnen der Einbruch in den Funkschlüssel der deutschen Marine erst im März 1941 gelang.

Der durch die »Schlacht im Atlantik« verursachte Verlust an Schiffsraum, der wesentlich höher war als die Tonnage der für England verfügbaren Neubauten, bereitete der britischen Führung im Herbst und Winter 1940 ernste Sorgen. Aber die Störungen des englischen Wirtschaftslebens durch den Zufuhrkrieg reichten nicht aus, um England auf die Knie zu zwingen. Nach Überlegungen der deutschen U-Boot-Führung mußten die Gesamtversenkungen monatlich mindestens dreiviertel Millionen BRT betragen, um England innerhalb eines Jahres die Fortsetzung des Krieges unmöglich zu machen – eine Monatsziffer, die nur im Jahre 1942 einige Male erreicht bzw. überschritten wurde. Umsonst forderte Großadmiral Raeder in Besprechungen mit Hitler vom November und Dezember 1940 wiederholt, alle Kräfte auf die Kriegführung gegen England, auf den Ausbau der U-Boot-Flotte und See-Luftwaffe zu konzentrieren und auf einen Angriff gegen die Sowjetunion vor der Niederringung Englands zu verzichten. Aber Hitler sah im Dezember 1940, nach dem mißlungenen Versuch einer kontinentalen Koalitionsbildung zur aktiven Kriegführung gegen England, gerade in einer raschen militärischen Ausschaltung der Sowjetunion das einzige wirksame Mittel, den Krieg mit England zu beenden.

8. Kapitel

Der Versuch einer anti-englischen Koalitionsbildung: Das Europa der Achsenmächte zwischen England und Rußland

Von der Vorstellung ausgehend, daß die Engländer in ihrem Kampf nur noch von der Hoffnung auf mögliche Verbündete aufrechterhalten würden und daß man ihnen diese Hoffnung durch eine Demonstration ihrer politischen Isolierung nehmen müsse, entwickelte Hitler im Herbst 1940 eine starke außenpolitische Aktivität, um das von den Achsenmächten beherrschte Europa zu stabilisieren und sowohl innerhalb wie außerhalb des europäischen Raumes Bundesgenossen für den Kampf gegen England zu gewinnen.

Zunächst sollte die Entwicklung auf dem Balkan, den Hitler vor allem wegen der Bedeutung der rumänischen Öllieferungen aus allen kriegerischen Verwicklungen herauszuhalten wünschte, ein Eingreifen der deutschen Hegemonialmacht erforderlich machen, die das Einschwenken Rumäniens in das Lager der Achsenmächte bewirkte. Den Anstoß zu einer allgemeinen Bewegung auf dem Balkan gaben die Sowjets, die am 23. Juni 1940 der deutschen Regierung mitteilten, daß sie nunmehr an die Annexion des ihnen im deutsch-sowjetischen Geheimvertrag vom August 1939 zugesprochenen Bessarabien gehen wollten – daß sie von Rumänien darüber hinaus aber auch die Abtretung der Bukowina verlangen würden. Drei Tage später forderte ein auf 24 Stunden befristetes sowjetisches Ultimatum die rumänische Regierung auf, Bessarabien – das bis 1918 zu Rußland gehört hatte – und die Nordbukowina an die Sowjetunion abzutreten. Die Forderung auf die Südbukowina hatten die Sowjets nach deutschen Gegenvorstellungen fallen gelassen. Als sich die rumänische Regierung hilfesuchend nach Berlin wandte, wurde ihr von dort der Rat erteilt, den sowjetischen Forderungen zu entsprechen, da Deutschland keinen Krieg zwischen Rußland und Rumänien wünsche. Den Rumänen blieb nichts anderes übrig, als die geforderten Gebiete innerhalb von vier Tagen für die Sowjets zu räumen. Um vor weiteren sowjetischen Absichten geschützt zu sein, bat König Carol II. Hitler um die Garantie der rumänischen Grenzen und die Entsendung einer Militärmission nach Rumänien. Gleichzeitig verzichtete Rumänien auf die durch die politisch-militärische Entwicklung sinnlos gewordene englisch-französische Garantie vom April 1939 und trat aus dem Völkerbund aus. Hitler antwortete, daß eine deutsche Garantie erst nach Befriedigung auch der Revisionsforderungen Ungarns auf Siebenbürgen und Bulgariens auf die Süddobrudscha erfolgen könne – Forderungen, die diese beiden Staaten, durch den sowjetischen Schritt ermutigt, nunmehr gegen Rumänien erhoben. Hitler erkannte die territorialen Wünsche Ungarns, das bereits im Februar 1939 dem Antikominternpakt beigetreten war, wohl aus der Vorstellung heraus an, daß die Neuordnung Europas grundsätzlich eine Änderung der Pariser Vorortverträge bedinge und Rumänien für seine Haltung im Ersten Weltkrieg und für die Annahme der englischen Garantie im April 1939 eine »Strafe« erhalten müsse. Er riet jedoch, eine Einigung auf friedlichem Wege herbeizuführen, da Deutschland ein unbedingtes Interesse an der Aufrechterhaltung der Ruhe in Südosteuropa habe. Während die rumänisch-bulgarischen Verhandlungen in Craiova am 21. August zu einer Einigung über die Abtretung der bis 1913 zu Bulgarien gehörenden Süddobrudscha führten, scheiterten die rumänisch-ungarischen Verhandlungen von Turnu-Severin am 23. August. Als sich die Parteien mit der Bitte um einen Schiedsspruch an Hitler wandten, entschloß sich dieser am 26. August, in den Streit einzugreifen, weil er beim Ausbruch von Feindseligkeiten eine Einmischung der Sowjets befürchtete. Am 30. August 1940 fällten die Außenminister Ribbentrop und Ciano als Vertreter der beiden neuen »Ordnungsmächte« Europas in Wien den sogenannten »zweiten Wiener Schiedsspruch«, der die ungarischen Forderungen zu zwei Drittel befriedigte. Die Art der Grenzziehung zeigte, daß man sich dabei die Lebensinteressen der beiden betroffenen Völker kaum ernsthaft verdeutlicht hatte: Rumänien mußte einen Gebietskeil mit über 43 000 qkm und 2,5 Millionen Einwohnern abtreten, der bis in das Zentrum Rumäniens nördlich von Kronstadt reichte. Dafür garantierten die Achsenmächte Rumänien den Bestand seines ihm verbleibenden Staatsgebietes.

Diese Ereignisse lösten in Rumänien eine innenpolitische Krise aus, die zu einer autoritären Staatsform und zur entgültigen Eingliederung in das Achsenlager führte. Der Zorn des rumänischen Volkes richtete sich hauptsächlich gegen König Carol, dessen Politik die Schuld an den eingetretenen Gebietsverlusten gegeben wurde. Als ausbrechende Unruhen in einem mißglückten Putsch der »Eisernen Garde« – einer extremistischen, den

Verhältnissen in Südosteuropa angepaßten faschistischen Organisation – gipfelten, berief der König am 4. September 1940 den General Ion Antonescu zum Ministerpräsidenten und erteilte ihm außerordentliche Vollmachten. Trotzdem mußte König Carol zwei Tage später zugunsten seines Sohnes Michael abdanken und ins Exil gehen. Antonescu, den der junge König in seinen Vollmachten als »Staatsführer« (Conducator) bestätigte, löste das Parlament auf und etablierte eine autoritäre Staatsführung. Als er die Bitte um eine deutsche Militärmission erneuerte, entschloß sich Hitler zur Entsendung einer »Lehrtruppe« in Stärke einer motorisierten Infanteriedivision nebst Luftwaffeneinheiten (Flak und Jäger), die in der Zeit von Oktober bis Mitte November 1940 in Rumänien eintrafen und neben einer Reform der rumänischen Streitkräfte den Auftrag hatten, die rumänischen Ölfelder zu schützen und »für den Fall eines uns aufgezwungenen Krieges mit Sowjetrußland«[30] den Einsatz deutsch-rumänischer Kräfte von diesem Raum aus vorzubereiten. Dieses politische und militärische Festsetzen Deutschlands auf dem Balkan sollte allerdings Rückwirkungen auf die italienische und die sowjetische Haltung zeitigen, die den Zielen Hitlers, alle Kräfte für die Kriegführung im Mittelmeerraum zu konzentrieren und weitere Bundesgenossen gegen England zu gewinnen, entgegenarbeiteten.

Die Politik der Koalitionsbildung gegen England wurde im September 1940 durch den Abschluß des Dreimächtepaktes zwischen den Achsenmächten und Japan einen Schritt vorangebracht. Nach dem Abschluß des deutsch-sowjetischen Paktes vom August 1939 hatte Japan zunächst seine Beziehungen zur Sowjetunion verbessert und sich in der Folgezeit nach Süden gewandt, um die holländische und französische Niederlage und die Bindung Englands in Europa für ein Vorgehen in diese Richtung auszunutzen. Dabei ließ der sich versteifende Widerstand der Vereinigten Staaten gegen die japanische Expansionspolitik in Ostasien, der sich zunächst in Wirtschaftsmaßnahmen ausdrückte, den Abschluß eines Beistandspaktes mit Deutschland als Warnung an die amerikanische Adresse erwünscht erscheinen. Schon im Juni 1940 waren die Japaner an Deutschland mit einem entsprechenden Angebot herangetreten, aber erst nachdem sich gezeigt hatte, daß England militärisch nicht zu schlagen war, war Hitler im September 1940 bereit, ein Bündnis mit Japan abzuschließen. Das Ergebnis der nunmehr gleichlaufenden Interessen gegen die angelsächsischen Mächte war die

Unterzeichnung des Dreimächtepaktes zwischen Deutschland, Italien und Japan am 27. September 1940 in Berlin, in dem sich die Partner gegenseitig die Führung Deutschlands und Italiens bei der Schaffung einer neuen Ordnung in Europa und die Führung Japans bei der Neuordnung des »großostasiatischen Raumes« zusicherten. Sie verpflichteten sich ferner zur gegenseitigen Unterstützung mit allen Mitteln, falls einer der Partner von einer Macht angegriffen würde, »die gegenwärtig nicht in den europäischen Krieg oder in den chinesisch-japanischen Konflikt verwickelt ist«. Da der Pakt laut Artikel 5 »in keiner Weise den politischen Status berühren« sollte, »der gegenwärtig zwischen jedem der drei vertragschließenden Teile und Sowjetrußland besteht«[31], war die Unterstützungsklausel vorwiegend dazu bestimmt, die Vereinigten Staaten von einem Kriegseintritt abzuhalten. Der Abschluß des Dreimächtepaktes war zweifellos ein großer propagandistischer Erfolg, der jedoch für die Bildung einer aktiven Front gegen England ohne sofortige Wirkung blieb, da die Japaner zu einem militärischen Vorgehen gegen die britischen Besitzungen in Ostasien, besonders gegen Singapur, zunächst nicht zu bewegen waren.

Für eine Koalitionsbildung zur Fortführung des Krieges gegen England im Mittelmeer wurde Hitler im Oktober 1940 aktiv. Den Auftakt gab ein Treffen Hitlers mit Mussolini auf dem Brenner am 4. Oktober 1940, bei dem Hitler seine Absicht bekundete, Spanien und Frankreich weitgehend in die Koalition gegen England einzugliedern. Voraussetzung sei, daß Spanien, Frankreich und Italien bezüglich ihrer kolonialen Forderungen in Afrika zu einem Kompromiß kämen, wobei nach dem Endsieg gegebenenfalls auf britisches Gebiet (Nigeria) zurückgegriffen werden könne. Um seine Koalitionspläne zu verwirklichen, trat Hitler in der zweiten Oktoberhälfte eine Reise an, die ihn mit dem spanischen »Caudillo«, General Franco, dem französischen Staatschef Pétain und dessen Stellvertreter Laval zusammenführte. Diese Reise sollte jedoch mit einem völligen Mißerfolg enden.

Genau wie Mussolini hatte sich Franco, der bei Beendigung des spanischen Bürgerkriegs im März 1939 dem Antikominternpakt beigetreten war, nach Ausbruch des Krieges zunächst um eine Verständigung zwischen den Kriegführenden bemüht. Nach dem Kriegseintritt Italiens war er angesichts der deutschen Erfolge von der Neutralität zur »Nichtkriegführung« zugunsten der Achsenmächte übergegangen und hatte am 14. Juni

1940 die Gelegenheit benutzt, um gegen den Protest der Westmächte die internationalisierte Tangerzone zu besetzen. Als die Franzosen um Waffenstillstand gebeten hatten, ließ er der deutschen Regierung mitteilen, daß Spanien bereit sei, »nach kurzer Vorbereitung der öffentlichen Meinung in den Krieg einzutreten«[32]. Spanien forderte dafür Gibraltar, Marokko, Oran und eine Vergrößerung seiner Gebiete in Westafrika und Guinea. Voraussetzung sei jedoch die vorherige Lieferung von Kriegsmaterial, Rohstoffen und Nahrungsmitteln. Aber Hitler, der den Krieg bereits als gewonnen ansah, ließ ausweichend antworten. Im September 1940 besuchte der spanische Innenminister und Falangeführer Serrano Suñer – Francos Schwager – Berlin. Angesichts der Unmöglichkeit, den Krieg mit England in absehbarer Zeit zu beenden, zeigte Hitler nunmehr ein starkes Interesse am Kriegseintritt Spaniens – aus dem gleichen Grunde aber wurden die Spanier wieder zurückhaltender. Sie machten ihre Beteiligung am Kriege von erheblichen Lieferungen von Artillerie- und Flakgeschützen zum Schutze ihrer Küsten, ferner von Treibstoff, Rohstoffen und Getreide abhängig, die deutscherseits nicht zugesagt werden konnten. Vor allem lehnten sie die deutschen Gegenforderungen auf Spanisch-Guinea und die Insel Fernando Póo zur Abrundung des zukünftigen deutschen Kolonialreiches in Mittelafrika, ferner auf eine der Kanarischen Inseln und auf Mogador und Agadir an der marokkanischen Atlantikküste als Stützpunkte ab, obwohl ihnen dafür Gibraltar und Französisch-Marokko zugesichert wurden. Hinsichtlich der territorialen Forderungen Spaniens auf Kosten Frankreichs wollte jedoch Hitler noch keine bindenden Versprechungen machen, weil er befürchtete, daß ein Bekanntwerden derartiger Zusagen die Loslösung der französischen Kolonien in Nord- und Westafrika von Vichy und ihren Übertritt auf die Seite de Gaulles und Englands bewirken würde. Die beabsichtigte Unterzeichnung eines Geheimprotokolls über den Kriegseintritt mußte unter diesen Umständen zunächst unterbleiben. Man erhoffte sich die Lösung der aufgetauchten Probleme von einer persönlichen Begegnung der beiden Staatschefs, die am 23. Oktober 1940 in dem kleinen Bahnhof von Hendaye an der französisch-spanischen Grenze stattfand.

In Hendaye bot Hitler dem »Caudillo« den sofortigen Abschluß eines Bündnisses an und schlug den spanischen Kriegseintritt für den Januar 1941 vor. Spätestens am 10. Januar 1941 sollte der Einmarsch der deutschen Truppen in Spanien beginnen, um möglichst bald danach mit spanischer Unterstützung den Angriff auf Gibraltar vom Lande her durchführen zu können. Spanien solle dafür Gibraltar und »eine koloniale Erweiterung in Afrika« bekommen. Da die spanischen Territorialwünsche mit der Hoffnung Frankreichs, sein Kolonialreich unversehrt zu erhalten, in Widerspruch ständen, müsse Spanien – wie übrigens auch Deutschland und Italien – seine Ansprüche zurückschrauben, um die Mitwirkung Frankreichs zu erhalten. Da diese drei Mächte aus dem Kriege jedoch als Verbündete hervorgehen würden, sei für eine Berichtigung der kolonialen Besitzabgrenzung später immer noch Gelegenheit. Aber Franco erlag weder der persönlichen Suggestionskraft Hitlers, noch ließ er sich durch die Dankesschuld für die deutsch-italienische Hilfe, ohne die er den Bürgerkrieg nicht gewonnen hätte, zu unbedachten Schritten bewegen. Er war nicht bereit, seine so hart erkämpfte Macht in Spanien ohne zwingenden Grund aufs neue zu riskieren – und das Risiko war zweifellos hoch, solange England nicht besiegt war. Franco verwies auf die schlechte Ernährungs- und Rüstungslage als Folge des langen Bürgerkrieges und wiederholte seine Forderungen auf Artillerie, um Spaniens Küsten und die Kanarischen Inseln gegen die englische Seemacht verteidigen zu können. Hinsichtlich Gibraltars erfordere der spanische Nationalstolz, daß dieser einst durch die Engländer geraubte Felsen nur von spanischen Truppen zurückerobert werde. Nach einer Einnahme Gibraltars stehe Afrika überdies den Achsenmächten für die Besitzergreifung auf dem Landwege nur bis zum Wüstengürtel offen, ein weiteres Vordringen würde die Seeherrschaft erfordern. Selbst wenn die englische Insel erobert werden könne, würden die Engländer den Krieg mit amerikanischer Unterstützung von Kanada aus fortführen. Franco ließ sich durch Hitlers Entgegnungen nicht beeindrucken. Hitler, dessen Nerven durch die Verhandlung sichtlich strapaziert wurden, war nahe daran, die Unterredung als zwecklos abzubrechen, setzte sich aber wieder, um den »Caudillo« erneut zu bearbeiten. Neun Stunden dauerte diese Prozedur, von der Hitler später Mussolini gegenüber gestand, daß er sich eher »drei oder vier Zähne auf einmal ziehen lassen«[33] wolle, als sie noch einmal durchzumachen. Franco, der es nicht zum offenen Bruch kommen lassen wollte, war schließlich mit der Unterzeichnung eines Protokolls einverstanden, in dem Spanien seine Bereitschaft erklärte, Mitglied des Dreimächtepakts sowie des deutsch-italienischen »Stahlpakts« zu werden und in den Krieg einzutreten – unter dem Vorbehalt, daß der Zeitpunkt noch gemeinsam festgesetzt werden sollte. Mit diesem Vorbehalt war die Abmachung für Hitler, der feste Termine für das Unternehmen »Felix« brauchte, praktisch wertlos.

In Montoire traf sich Hitler am 24. Oktober mit Marschall Pétain. In diesem Gespräch verfolgte Hitler die Absicht, wenn schon nicht eine Kriegserklärung Frankreichs an England, so wenigstens die französische Unterstützung für die militärischen Aktionen der Achse gegen England im Rahmen der Frankreich verbliebenen Möglichkeiten zu erreichen, vor allem die Verteidigung der französischen Kolonien in Afrika und Nahost gegen Angriffe de Gaulles und der Engländer sowie die eventuelle Überlassung von Stützpunkten und anderer militärischer Hilfsmittel für den Kampf gegen England. Vor allem versprach er sich von dem Einschwenken Frankreichs eine starke psychologische Wirkung auf die englische Kampfmoral. In seiner Unterredung mit Pétain betonte Hitler zunächst, daß die frühere französische Regierung Deutschland grundlos den Krieg erklärt habe und ihm im Falle eines Sieges sicher schwerere Bedingungen auferlegt haben würde als 1918. Es sei daher von vornherein klar, daß Frankreich seinen Anteil bei der territorialen und materiellen Wiedergutmachung der Kriegskosten zu tragen habe. Sollte der Krieg lang dauern und schließlich mit einem deutsch-englischen Kompromiß enden, werde Frankreich die Hauptlast übernehmen müssen. Könne England dagegen schnell und wirksam niedergeworfen werden, dann bestehe die Möglichkeit, Frankreich auf Kosten Englands zu entlasten. Zwar werde eine Neuverteilung des afrikanischen Kolonialbesitzes unter die europäischen Kontinentalmächte unumgänglich sein; soweit aber französisches Territorium davon berührt werde, könne Frankreich aus englischem Besitz voll entschädigt werden. Alles hänge davon ab, ob Frankreich weiter eine unbeteiligte und abwartende Haltung oder seinen Platz an der Seite der Achsenmächte wählen werde und sich dadurch zugleich eine ihm gebührende Stellung im zukünftigen »Neuen Europa« sichern wolle. Eine konkrete Festlegung der Bedingungen des künftigen deutsch-französischen Friedens könne jedoch vor Kriegsende in keinem Falle erfolgen.

War Hitler bei Franco an der Zähigkeit und Verschlagenheit seines spanischen Gegenspielers gescheitert, so legte nunmehr die selbstbewußte Würde und Zurückhaltung des siegreichen Marschalls des Ersten Weltkrieges, der Hitler in mancher Hinsicht an den alten Hindenburg erinnern mochte, eine Distanz zwischen die beiden Gesprächspartner, die Hitler nicht zu überwinden vermochte. Pétain erwiderte, daß sich Frankreich seiner Verantwortung für die verursachten Kriegsschäden sicher nicht entziehen könne. Er stimme im Prinzip einer Zusammenarbeit mit Deutschland zu, könne aber bezüglich der einzelnen konkreten Bedingungen dieser Zusammenarbeit ohne Konsultation seines Kabinetts keine bindenden Zusagen machen. Der kleine bewegliche Laval ergänzte die Ausführungen Pétains dahingehend, daß die heutige Unterredung mit der beiderseitigen grundsätzlichen Übereinstimmung, eine schrittweise Zusammenarbeit zu realisieren, eine bessere Vorbereitung der französischen öffentlichen Meinung ermögliche als eine bindende Fixierung der Bedingungen einer solchen Zusammenarbeit, die gerade die entgegengesetzte Wirkung zeitigen würde. Außerdem könne der Marschall auch nach der neuen Verfassung England den Krieg nur durch einen Parlamentsbeschluß erklären, dessen Herbeiführung jedoch zu erheblichen innenpolitischen Schwierigkeiten führen würde, da die Zusammensetzung des Parlaments noch aus der vergangenen Ära stamme. Dagegen könne eine energische Verteidigung der französischen Kolonien gegen England im Endeffekt dasselbe Resultat erzielen wie eine konkretere Zusammenarbeit. Man kam überein, die Einzelheiten der praktischen Zusammenarbeit in einem besonderen Abkommen zu vereinbaren und erforderliche militärische Maßnahmen – wie die Verstärkung der französischen Kräfte in Afrika – durch die Waffenstillstandskommission zu regeln.

Wie in Hendaye hinsichtlich Spaniens, blieb auch in Montoire hinsichtlich Frankreichs die Frage der konkreten Zusammenarbeit offen. Hitler hatte Pétain keine konkreten Zusagen bezüglich der Entlassung der nahezu 2 Millionen kriegsgefangenen Franzosen und der Friedensbedingungen für Frankreich gemacht – und die bald darauf erfolgende Zwangsaussiedlung von rund 100000 Franzosen aus Lothringen ins unbesetzte französische Gebiet sollte Vichy eine deutliche Warnung sein. Folglich blieb auch die Haltung Vichys weiter ungewiß. Pétain beschritt jedoch in der Folge weder den Weg Lavals, den Weg der »Collaboration«, noch den Weg de Gaulles, von Afrika aus den Kampf gegen Deutschland an der Seite Englands fortzuführen. Da der Krieg noch nicht entschieden war, bargen beide Wege das Risiko des Untergangs an der Seite des Besiegten in sich. Pétain entschied sich für die Politik des »Attentisme«, des Abwartens unter geschicktem Lavieren, um Frankreich und sein Kolonialreich über alle Stürme hinweg zu erhalten und es weder den Deutschen noch den Alliierten zur weiteren Kriegführung auszuliefern.

Mit Hitlers Mißerfolgen in Hendaye und Montoire waren der Plan eines Kontinentalblocks und die ursprüngliche Konzeption der Kriegführung im Mittelmeer gegen England bereits so gut wie gescheitert. Aber zu den Fehlschlägen dieser Reise sollte sich ein weiterer gesellen, dessen volle Auswirkung sich erst später offenbarte. Auf der Rückfahrt erhielt Hitler die Nachricht, daß Mussolini beabsichtige, von Albanien aus überraschend gegen Griechenland vorzugehen. Bereits vor Antritt seiner Reise hatten Hitler entsprechende warnende Mitteilungen vorgelegen, aber Hitler hatte offensichtlich nicht geglaubt, daß Mussolini ohne vorherige Verständigung mit ihm einen solchen Schritt tatsächlich unternehmen werde, der kriegerische Verwicklungen auf dem Balkan heraufbeschwören mußte. Um Mussolini von dem geplanten Vorhaben abzuhalten und vor allem auch das italienische Mißtrauen über das deutsch-französische Gespräch zu zerstreuen, befahl Hitler die sofortige Umleitung seines Sonderzuges nach München und ersuchte Mussolini um ein Zusammentreffen, das am 28. Oktober in Florenz stattfand.

Der Entschluß des Duce, den seit langem schwelenden Grenzstreit zwischen dem im April 1939 von Italien annektierten Albanien und dessen griechischem Nachbarn zu einem Angriff auf Griechenland auszunutzen, war die Reaktion auf die Entsendung deutscher Truppen nach Rumänien, die Mussolini als Schlag gegen seine eigene Politik im Donauraum empfand. »Diesmal werde ich ihm mit gleicher Münze heimzahlen«, äußerte er am 12. Oktober zu Ciano, »er wird aus den Zeitungen erfahren, daß ich in Griechenland einmarschiert bin. So wird das Gleichgewicht wiederhergestellt sein.«[34] Als Hitlers Sonderzug in Florenz einrollte, teilte er daher noch auf dem Bahnsteig dem Führer strahlend mit, daß der italienische Angriff am Morgen dieses Tages begonnen habe. Hitler, der zu spät gekommen war, machte gute Miene zum bösen Spiel, obwohl er mit Recht befürchtete, daß Mussolinis Abenteuer den Engländern erneut Gelegenheit zum Festsetzen auf dem europäischen Kontinent geben könne: außer dem Angebot von Fallschirmtruppen zur Sicherung der Insel Kreta gegen eventuelle britische Aktionen drehte sich das Gespräch im wesentlichen nicht um Griechenland, sondern um Hitlers Unterredungen mit Laval, Franco und Pétain. Für Hitlers Frankreichpolitik war dabei kennzeichnend, daß er Mussolinis Vorschlag, den Franzosen für einen Beitritt zur anti-englischen Front die zukünftigen Friedensbedingungen bekannt zu geben, mit der Begründung ablehnte, man müsse die Franzosen weiter im Ungewissen lassen und bei ihnen dadurch das Gefühl wachhalten, daß sie nur durch die Förderung einer raschen Beendigung des Krieges vorteilhafte Friedensbedingungen erreichen könnten. Die französischen Kriegsgefangenen brauche er außer als notwendige Arbeitskräfte auch als Faustpfand. Große Überraschung löste bei den italienischen Gesprächspartnern Hitlers Mitteilung aus, daß Molotow im nächsten Monat nach Berlin kommen werde, wo Hitler versuchen wolle, den sowjetischen Expansionsdrang vom Bosporus und von Gebieten, in denen er mit deutschen und italienischen Interessen kollidieren könne, in Richtung auf Indien abzulenken. Wenn Stalin klug und einsichtig genug sei, könne damit von Japan über Rußland bis nach Europa eine weltweite Front gegen England errichtet werden, deren Wirkung auf das englische Inselreich vernichtend sein werde.

In der deutsch-sowjetischen Interessengemeinschaft waren im Laufe des Sommers gewisse Spannungen entstanden, die Molotow bei seinem Besuch in Berlin, der am 12. und 13. November 1940 stattfand, zur Sprache bringen sollte. Das Jahr hatte noch in vollem Einvernehmen begonnen. Am 11. Februar 1940 war ein Wirtschaftsabkommen unterzeichnet worden, das als erste Etappe des vorgesehenen Programms sowjetische Rohstofflieferungen im Werte von 800 Millionen Reichsmark innerhalb eines Jahres vorsah, darunter 900000 t Erdöl, 500000 t Eisenerz, 300000 t Schrott und Roheisen sowie 100000 t Baumwolle. Die in einem Zeitraum von 18 Monaten zu erfüllenden sowjetischen Lieferungen, die die Wirkung der englischen Blockade erheblich abschwächten, sollten durch deutsche Gegenlieferungen – Industriegüter und Kriegsmaterial – erst in einem Zeitraum von 27 Monaten ausgeglichen werden.

Während die deutsche Besetzung Norwegens der Sowjetunion nicht ungelegen kam, weil sie die Drohung einer militärischen Intervention der Westmächte in die sowjetisch-finnischen Beziehungen beseitigte, löste der überraschende Zusammenbruch Frankreichs bei den Russen zunächst die Besorgnis aus, daß Deutschland damit den Kampf um Europa ohne wesentliche Schwächung erfolgreich beendet haben und nunmehr der

Sowjetunion als der einzigen verbliebenen Großmacht auf dem Kontinent gegenübertreten könnte. Da die Sowjets statt mit einem langen zermürbenden Krieg zwischen den kapitalistischen Staaten nunmehr mit einem raschen Ende des Kampfes rechnen mußten, begannen sie, die ihnen durch das deutsch-sowjetische Geheimabkommen zugesprochenen Territorien schnellstens einzubringen, um damit zugleich gegenüber Deutschland an der deutsch-sowjetischen Interessengrenze ein möglichst großes Vorfeld zu gewinnen. Kurz nach der Einnahme von Paris richtete die Sowjetunion daher an die drei Baltenstaaten Ultimaten, in denen die Umbildung ihrer Regierungen und die Zustimmung zur völligen Besetzung ihres Territoriums gefordert wurden. Der Besetzung folgte die erzwungene Bildung von »Volksregierungen« aus Kommunisten und Linksradikalen. Am 14. und 15. Juli 1940 wurden »Wahlen« nach sowjetischem Muster abgehalten, und nach »spontanen« Demonstrationen beschlossen die neugewählten Parlamente am 21. Juli den Anschluß ihrer Staaten an die Sowjetunion, der durch den Beschluß des Obersten Sowjets Anfang August vollzogen wurde. Nachdem noch im Vorjahr mit der Aufteilung umfangreicher Gebiete in die beiderseitigen Interessensphären großzügig verfahren worden war, war es ein Zeichen für die sich verschlechternden deutsch-sowjetischen Beziehungen, daß sich die Verhandlungen über den litauischen Grenzstreifen von Mariampol monatelang hinzogen. Deutschland verzichtete schließlich am 10. Januar 1941 auf dieses Gebiet gegen eine Zahlung von 7,5 Millionen Golddollar (31,5 Millionen Reichsmark), die teils in Buntmetallen, teils in Gold erfolgen sollte.

War den Sowjets im nördlichen und mittleren Osteuropa die Gewinnung eines entsprechenden Glacis zum Schutze der Zugänge nach Leningrad und Moskau durch die Annexion der weißruthenischen und ukrainischen Gebiete Polens, der Baltenstaaten und durch die Grenzkorrekturen und Stützpunkte in Finnland weitgehend gelungen, sollten sie in Südosteuropa ihr Ziel nicht erreichen. Hier blieb ihnen die Kontrolle über ein genügend großes Vorfeld einschließlich Bulgariens versagt, durch das der Weg zur Ukraine zwischen den Karpaten und der Schwarzmeerküste sowie der Zugang vom Mittelmeer ins Schwarze Meer und zum Kaukasus gesichert werden konnte. Der erste Schritt, den die Sowjetunion durch die Annexion Bessarabiens und der Nordbukowina Ende Juni 1940 in diese Richtung unternahm, wurde durch Hitlers Garantie an Rumänien und die anschließende Verlegung deutscher Truppen in dieses Land ausmanövriert. Das Gebiet des von Deutschland garantierten rumänischen Staates erstreckte sich – trotz aller Abtretungen – von Ungarn bis zur Küste des Schwarzen Meeres und trennte die Sowjetunion durch den Landstreifen der Norddobrudscha von Bulgarien. Das bedeutete nichts weniger, als daß ganz Südosteuropa südwestlich des Karpatengebiets und des Pruths nunmehr endgültig in die deutsch-italienische Interessensphäre fiel. Die deutsche Garantie, die Rumänien ohne vorherige Fühlungnahme mit der Sowjetunion gegeben und den Sowjets am 31. August 1940 als vollzogene Tatsache mitgeteilt wurde, stellt daher den Wendepunkt in den deutsch-sowjetischen Beziehungen dar. Die Sowjetregierung warf Deutschland die Verletzung des Artikels 3 des Vertrages vom August 1939 vor, der die gegenseitige Konsultation und Information der Partner über sie gemeinsam interessierende Fragen vorsah.

Als sich im Sommer 1940 die Spannungen zwischen der Sowjetunion und Finnland abermals zu verschärfen schienen, änderte sich die deutsche Einstellung auch gegenüber diesem Lande. Mitte August wurde mit Marschall Mannerheim Verbindung aufgenommen und gegen Zusage deutscher Waffenlieferungen schließlich ein Abkommen über den Durchmarsch deutscher Truppen nach Nordnorwegen (Kirkenes) abgeschlossen. Als die Sowjets Meldungen von der Ausschiffung deutscher Truppen in verschiedenen finnischen Häfen erhielten, reagierten sie auf die deutsche Aktivität äußerst empfindlich und forderten am 26. September unter Berufung auf den Konsultationsartikel Auskunft über Zweck und Absicht der mit Finnland getroffenen Abreden. Gleichfalls wünschten sie über die Ziele des vor der Unterzeichnung stehenden Dreimächtepaktes informiert zu werden.

Um das russische Mißtrauen zu beseitigen und den Versuch einer Einbeziehung der Sowjetunion in die Front gegen England einzuleiten, schrieb Ribbentrop am 13. Oktober 1940 einen Brief an Stalin, in dem er die deutschen Aktionen als ausschließlich gegen englische Absichten gerichtete Maßnahmen hinstellte und Molotow nach Berlin einlud, um die Beziehungen zwischen Deutschland und der Sowjetunion »auf längste Sicht zu ordnen und durch Abgrenzung ihrer Interessen nach säkularen Maßstäben die zukünftige Entwicklung ihrer Völker in die richtigen Bahnen zu lenken«.[35] Stalin antwortete mit einem Schreiben vom

21. Oktober, in dem er die Einladung Molotows nach Berlin annahm.

In den Gesprächen, die Hitler und Ribbentrop am 12. und 13. November mit dem sowjetischen Außenminister führten, vertraten die deutschen Gesprächspartner ihre bekannte These, daß England militärisch bereits geschlagen sei und es nur noch darum gehe, den Krieg zu beenden. Danach, führte Hitler aus, könne »das britische Weltreich als eine gigantische Weltkonkursmasse«[36] zwischen den Interessenten Deutschland, Italien, Sowjetrußland, Frankreich, Spanien und Japan aufgeteilt werden. Italiens Interessen lägen in Nord- und Nordostafrika, die deutschen in Mittelafrika, auch Japan könne Rohstoffe und Siedlungsraum nur in den Gebieten südlich seiner Inseln und Mandschukuos finden. Er glaube, daß auch die Sowjetunion im Süden ihres Staatsgebietes in Richtung auf den Indischen Ozean wertvolle Gebiete und vor allem einen eisfreien Zugang zum Weltmeer gewinnen könne. Wenn man daher eine befriedigende Abgrenzung der gegenseitigen Interessensphären erreichen könne, sei eine zukünftige Zusammenarbeit zwischen den Mitgliedern des Dreimächtepaktes und Sowjetrußland in diesem Sinne möglich.

Molotow, der England noch keineswegs für besiegt hielt, schien es dagegen wichtiger, unter Ausnutzung der Situation aus einem deutsch-sowjetischen Zusammengehen weitere Gewinne in Osteuropa herauszuholen, als sich in einen Krieg mit dem britischen Weltreich zu stürzen. Mit unbeirrbarer Logik und Hartnäckigkeit führte er das Gespräch von Hitlers und Ribbentrops utopischen Weltaufteilungsplänen mit leicht tadelndem Unterton immer wieder auf die konkreten sowjetischen Interessen in Osteuropa zurück. Die territorialen Abmachungen des deutsch-sowjetischen Vertrages vom vergangenen Jahr seien bis auf die finnische Frage verwirklicht worden. Nunmehr habe Deutschland aber Truppen nach Finnland geschickt, habe mit Finnland wirtschaftliche Vereinbarungen getroffen und Waffen geliefert. Diese deutschen Schritte, ferner demonstrative Empfänge führender finnischer Politiker in Deutschland hätten die finnische Haltung gegenüber der Sowjetunion versteift. Da die Sowjetunion aber das finnische Problem unbedingt zu lösen beabsichtige, stelle er die Frage, ob das deutsch-sowjetische Abkommen hinsichtlich Finnlands noch Geltung besitze.

Mit einem Seitenhieb auf die russische Annexion der Nordbukowina erwiderte Hitler, daß sich Deutschland im Gegensatz zur Sowjetunion bei seinen tatsächlichen Besitzergreifungen stets an das erwähnte Abkommen gehalten habe, folglich liege auch Finnland nach wie vor in der sowjetischen Interessensphäre. Deutschland habe nach Finnland keine Truppen entsandt, sondern transportiere solche lediglich durch dieses Land nach Nordnorwegen. Er wünsche keine neuen kriegerischen Verwicklungen im Ostseeraum, die ein Eingreifen Schwedens und möglicherweise die Errichtung englischer und amerikanischer Luftstützpunkte in diesem Raum zur Folge haben könnten. Rußland solle daher mit seiner Finnlandaktion sechs oder zwölf Monate warten. Molotow entgegnete, er sehe keinen Grund, weshalb die Sowjetunion die Verwirklichung ihrer Ansprüche verschieben solle. Deutschland habe vor einem Jahr gegen den Finnlandkrieg nichts einzuwenden gehabt, er könne nicht einsehen, woher jetzt – nachdem Deutschland seine Gegner in Westeuropa niedergeworfen habe und auch England bereits als besiegt ansehe – im Ostseeraum plötzlich eine Kriegsgefahr herkommen solle. Wenn sich Deutschland und Rußland in der finnischen Frage einig seien, brauche es überdies wegen Finnland keineswegs zu einem Kriege zu kommen. Mit der Bemerkung, wenn Molotow versichere, daß an der Ostsee kein Krieg ausbrechen werde, sei die Diskussion eigentlich rein theoretisch gewesen, wandte sich Hitler wieder den »wichtigeren Problemen« einer Aufteilung des englischen Weltreiches zu. Aber Molotow lenkte das Gespräch abermals auf Angelegenheiten zurück, die *ihm* wichtiger erschienen: diesmal auf den Balkan und die Meerengenfrage. Die unter Verletzung der Konsultationspflicht gegenüber der Sowjetunion den Rumänen gegebene deutsche Garantie sei gegen die Interessen Sowjetrußlands als Schwarzmeermacht gerichtet, »wenn man sich so grob ausdrücken dürfe«.[37] Da eine Aufhebung dieser Garantie nach der Ansicht des Führers vorläufig nicht möglich sei, stelle er die Frage, was Deutschland davon halten würde, wenn Rußland eine gleiche Garantie mit Bulgarien vereinbarte, um von dort aus den Zugang zum Schwarzen Meer zu sichern, der in der Geschichte so oft das Tor für Angriffe auf Rußland gewesen sei? In die inneren Angelegenheiten Bulgariens beabsichtige sich die Sowjetregierung dabei nicht einzumischen. Hitler erwiderte, daß die Garantie an Rumänien notwendig gewesen sei, um die Rumänen zu den Gebietsabtretungen an die Sowjetunion, ferner an Ungarn und Bulgarien ohne bewaffneten Widerstand zu bewegen. Denn Deutschland habe wie im Ostseeraum auch auf dem Balkan wegen des rumänischen Öls ein Interesse an der Vermeidung jeglichen kriegerischen Konflikts. Wegen der sich überstürzenden Ereignisse habe für eine vorherige Abstimmung mit der Sowjetunion die Zeit gefehlt. Molotows Sondierung wegen einer sowjetischen Garantie an Bulgarien konterte Hitler damit, daß ihm nicht bekannt sei, daß dieser Staat die Sowjetunion um eine solche Garantie gebeten habe. Außerdem könne er dazu nicht Stellung nehmen, bevor er nicht die Meinung Mussolinis eingeholt habe. Um die sowjetischen Interessen in der Meerengenfrage zu sichern, schlug Hitler vor, die Achsenmächte und Rußland sollten gemeinsam auf die Türkei einwirken, damit diese sich von ihren Bindungen an England löse und einer Revision des Meerengenabkommens von Montreux zustimme, durch die nur die Sowjetunion und die anderen Schwarzmeerstaaten das Recht erhalten sollten, die Meerenge mit ihren Kriegsschiffen frei zu passieren, während die Handelsschiffahrt für alle Nationen frei sein sollte. Molotow antwortete, Rußland wolle sich eine Garantie gegen einen durch die Meerengen erfolgenden Angriff nicht nur auf dem Papier, sondern »in der Tat« verschaffen und glaube, mit der Türkei darüber einig werden zu können. Ein Bündnis mit Bulgarien würde die Lösung dieser Frage mit der Türkei wesentlich erleichtern.

Es entbehrt nicht einer gewissen Ironie, daß sich Ribbentrop und Molotow zu ihrer letzten Unterredung am Abend des 13. November vor den Flugzeugen jenes »bereits geschlagenen England« in den Luftschutzkeller zurückziehen mußten. Hier händigte Ribbentrop Molotow den Entwurf eines Vertrages zwischen den Dreimächtepakt-Staaten und der Sowjetunion aus, in dem sich die Partner politische Zusammenarbeit hinsichtlich der Ziele des Dreimächtepaktes sowie gegenseitige Achtung ihrer natürlichen Interessensphären zusicherten und versprachen, keiner Mächtegruppierung beizutreten, die sich gegen einen der Vertragspartner richte. Ein Geheimprotokoll-Entwurf definierte die Interessensphären in allgemeiner Form, wie sie dem sowjetischen Außenminister bereits in den Gesprächen dargelegt worden waren. Ein weiterer solcher Entwurf legte das Ziel der Revision des Meerengenabkommens von Montreux zwischen Deutschland, Italien und der Sowjetunion fest.

Die Gegenvorschläge, die Molotow am 25. November dem deutschen Botschafter in Moskau übergab, zeigten, daß auch die Unterredungen mit Molotow im Grunde negativ verlaufen waren. Sie bewiesen erneut, daß die Sowjets von ihren Aspirationen in Osteuropa nicht abzulenken waren und auf einer Festsetzung in Finnland, Bulgarien, im Bosporus und den Dardanellen bestanden. Die Überzeugung, daß er mit der Sowjetunion zu keiner auch nur vorübergehenden Abgrenzung der Interessengebiete kommen würde, die ihm gleichzeitig eine günstige Ausgangsstellung für ein späteres Vorgehen gegen diese Macht gewährte, führte Hitlers endgültigen Entschluß herbei, die Sowjetunion noch vor der Bezwingung Englands im Frühjahr 1941 anzugreifen. Da sich Rußland nicht gegen England einspannen ließ, mußte dieser »englische Festlandsdegen« – dessen hartnäckig verfolgte Eigeninteressen durch die Berliner Gespräche abermals deutlich geworden waren – nach Hitlers Meinung militärisch zerschlagen werden, um England zur Vernunft zu bringen. Hitler ließ daher auf die Gegenvorschläge Molotows bis zum Angriff auf die Sowjetunion im Juni 1941 nicht mehr antworten.

Die einzigen Fortschritte, die im Jahre 1940 bei der Bildung einer kontinentalen Front gegen England noch erzielt wurden, war der Beitritt Ungarns, Rumäniens und der Slowakei zum Dreimächtepakt am 20., 23. und 24. November. Bulgarien sollte auf Wunsch König Boris' III. erst dann beitreten, wenn die Verteidigung des Landes gegen eventuelle sowjetische und türkische Reaktionen gesichert sei. Griechenland war durch den italienischen Angriff endgültig in das gegnerische Lager gedrängt worden. Jugoslawien, durch das Vorgehen der Italiener gegen Griechenland mißtrauisch geworden und durch die Balkanentente vom Februar 1934 mit Griechenland verbunden, wurde für einen Beitritt zum Dreimächtepakt umworben.

Das Gibraltarprojekt mußte im Dezember 1940 wegen der Zurückhaltung Spaniens endgültig begraben werden. Bei Hitlers Einstellung zu Vichy kam auch die Politik der »Collaboration« zwischen Deutschland und Frankreich keinen Schritt voran. Pétain gelang es, hinter dem Rücken Lavals durch Vermittlung des französischen Professors Rougier mit der englischen Regierung zu einer Art Modus vivendi zu kommen, indem die Briten die Unterlassung eines weiteren Vorgehens gegen die von Vichy beherrschten Kolonien sowie die Unversehrtheit Frankreichs und seines Kolonialreiches nach dem Kriege zusagten, während Vichy versprach, gegen England und die von de Gaulle kontrollierten Kolonien nicht aktiv zu werden und Deutschland keine Stützpunkte in den Kolonialgebieten einzuräumen. Letzteres wagte die deutsche Regierung nicht zu erzwingen, weil sie als Reaktion den Abfall Französisch-Nordafrikas von Vichy befürchtete. Für das Mißtrauen, das die deutsch-französischen Beziehungen auch weiterhin beherrschte, ist kennzeichnend, daß Hitler für den Fall eines Übertritts Nordafrikas zu den Gegnern durch die Weisung Nr. 19 vom 10. Dezember 1940 den Einmarsch in den noch unbesetzten Teil des französischen Mutterlandes und die Sicherstellung der französischen Heimatflotte – Unternehmen »Attila« – vorbereiten ließ. Nach internen Auseinandersetzungen im französischen Kabinett enthob Pétain am 13. Dezember Laval seiner Ämter und weigerte sich trotz deutscher Gegenvorstellungen, ihn vorerst wieder einzusetzen. Mit Lavals Nachfolger, Admiral Darlan, der sich ebenfalls zur Zusammenarbeit mit Deutschland bekannte, hatte Hitler am 25. Dezember eine Aussprache in Beauvais, die trotz der Beteuerungen Darlans die Ausweglosigkeit dieser Politik widerspiegelte.

Hitlers Versuche, eine kontinentale Front gegen England aufzubauen und Spanien sowie Frankreich für die Unterstützung einer offensiven Kriegführung im westlichen Mittelmeer zu gewinnen, mußten unter diesen Umständen am Jahresende 1940 als gescheitert angesehen werden. Als die unglückliche italienische Kriegführung im östlichen Mittelmeer mit ihren Rückschlägen in Albanien und Libyen ein deutsches Eingreifen in Nordafrika und auf dem Balkan erforderlich machten, war im Gegenteil die Initiative zunächst wieder an den englischen Gegner übergegangen.

9. Kapitel
Die Kriegführung im Mittelmeerraum und in Afrika: Ende des italienischen »Parallelkrieges«

Trotz des ungenügenden Rüstungsstandes der italienischen Wehrmacht war Mussolini im Juni 1940 in den Krieg eingetreten, weil er glaubte, sich an der Seite des Siegers am Tisch der Friedenskonferenz niederlassen zu können. Aber selbst als sich die Aussicht auf einen kurzen Krieg zerschlug, hatte sich durch das Ausscheiden Frankreichs das Stärkeverhältnis im Mittelmeerraum zunächst so zugunsten Italiens verschoben, daß ein rascher Vorstoß gegen die englische Position in Ägypten und am Suezkanal Erfolg versprechen konnte. Das britische Nahost-Kommando verfügte im gesamten Raum von Palästina, wo die Verbände durch drohende Araberaufstände gebunden waren, bis Kenia über knappe 100000 Mann – davon über nur 36000 in Ägypten. Ihnen standen in Libyen unter Marschall Balbo 215000 Mann und in Italienisch-Ostafrika (Eritrea, Abessinien und Somaliland) unter dem Vizekönig von Äthiopien, dem Herzog von Aosta, 250000 Mann italienischer Truppen gegenüber. Der italienischen Luftwaffe mit 3300 Flugzeugen, davon ein Drittel moderne Maschinen, hatten die Engländer nur geringe Kräfte entgegenzustellen. Die italienische Flotte war mit 6 Schlachtschiffen, 7 schweren und 15 leichten Kreuzern, 55 Zerstörern, 68 Torpedobooten und 111 U-Booten dem britischen Alexandria-Geschwader, das 4 Schlachtschiffe, 7 Kreuzer, 22 Zerstörer, einen Flugzeugträger und 12 U-Boote zählte, zahlenmäßig weit überlegen. Aber die Italiener schienen nicht bereit, ihre Überlegenheit planmäßig einzusetzen, um durch die Eroberung Maltas die Nachschubverbindungen nach Tripolis ein für allemal zu sichern oder von Libyen und Ostafrika her Ägypten in die Zange zu nehmen und dadurch zugleich mit ihren vom Mutterland abgeschlossenen Ostafrikabesitzungen wieder Verbindung herzustellen. Dem italienischen Heer mangelte es wegen ungenügender Motorisierung an Beweglichkeit, auch fehlten moderne Panzerverbände und Panzerabwehrwaffen. Der Einsatz der Flotte wurde durch Brennstoffmangel, das Fehlen von Flugzeugträgern und wohl auch durch einen Minderwertigkeitskomplex gegenüber der englischen Flotte behindert. Als die Italiener mit überlegenen und durch

Luftverbände vom Lande her unterstützten Seestreitkräften am 9. Juli 1940 mit dem britischen Alexandria-Geschwader, das einen Geleitzug durchs Mittelmeer sicherte, beim Kap Stilo (Kalabrien) in Gefechtsberührung kamen, brachen sie den Kampf ab und zogen sich zurück. Geleitzüge versorgten Malta, dessen Verteidigungssystem zu dieser Zeit noch so schwach war, daß es wegen der italienischen Luftüberlegenheit nicht als Flottenstützpunkt verwendet wurde, mit Waffen und Material: die Insel konnte von den Engländern in der Folgezeit zu einer stark befestigten Basis für die Bekämpfung des italienischen Nachschubs nach Tripolis ausgebaut werden. Die italienischen Geleitzüge waren wegen der von Malta her drohenden Flugzeug- und U-Boot-Gefahr bald zu großen Umwegen gezwungen.

Nach dem Prinzip der »Politik der getrennten Räume«, wonach sich die deutsche Kriegführung auf den Raum nördlich der Alpen beschränkte, überließ Hitler – der die militärische Kraft Italiens in verhängnisvoller Weise überschätzte – den Raum südlich davon ganz dem »Parallelkrieg« seines Verbündeten zur Wiedererrichtung eines »Römischen Mittelmeerreiches«. Trotz des Militärbündnisses vom Mai 1939 bestand zwischen den Partnern keine echte Zusammenarbeit und keine Abstimmung hinsichtlich der strategischen Operationen oder der Kriegsziele. Hitler und Mussolini selbst weihten sich gegenseitig über ihre letzten Absichten gerade so weit ein, wie sie es für gut befanden. Die drei deutschen Wehrmachtteile waren beim Comando Supremo, dem italienischen Wehrmachtsgeneralstab, getrennt und mit oftmals divergierenden Interessen vertreten. Sein Chef, Marschall Badoglio, hatte sich angesichts der mangelnden Bereitschaft der italienischen Streitkräfte gegen einen Kriegseintritt gewandt, schließlich aber den Befehlen Mussolinis gebeugt.

Die Italiener wurden zunächst in Ostafrika offensiv und besetzten im Laufe des August das rings von italienischem Gebiet umschlossene und von einer nur 1470 Mann starken Besatzung verteidigte Britisch-Somaliland, das die Engländer über See räumten. Trotzdem wurde dadurch der englische Nachschub nach Ägypten von Süden her nicht unterbunden, da das gegenüberliegende Aden, das den Zugang zum Roten Meer beherrschte, weiterhin in englischer Hand blieb.

In Libyen weigerte sich der dortige Gouverneur und Oberbefehlshaber, Marschall Graziani, Nachfolger des am 28. Juni von der eigenen Flak über Tobruk abgeschossenen aktiveren

Marschall Balbo, eine sofortige Offensive gegen Ägypten zu beginnen. Auch Marschall Badoglio wollte den Angriff erst gleichzeitig mit einer deutschen Landung in England unternehmen. Auf den ausdrücklichen Befehl Mussolinis hin traten sechs Divisionen zusammen mit acht Panzerbataillonen schließlich am 13. September gegen die schwachen britischen Grenztruppen an, besetzten Sollum, blieben aber nach der Einnahme von Sidi Barani stehen.

Die erste ernsthafte Niederlage erlitten die Italiener zur See: der englische Flugzeugträger »Illustrious«, der zusammen mit einem Schlachtschiff und zwei Kreuzern Ende August nach Alexandrien verlegt worden war, griff mit seinen Torpedoflugzeugen am 11. November überraschend den Flottenstützpunkt Tarent an und beschädigte drei italienische Schlachtschiffe und zwei Kreuzer schwer. Die Folge war, daß sich die italienische Flotte bei der Bekämpfung englischer Geleitzüge im Mittelmeer noch stärker als bisher zurückhielt.

Durch Truppen aus England, den Dominions und Indien verstärkt, traten die Engländer schließlich am 9. Dezember 1940 mit einer neu ausgerüsteten Panzer- und einer indischen Division in Ägypten zum Gegenangriff an. Bereits am Abend des nächsten Tages war Sidi Barani genommen und die Masse von vier italienischen Divisionen zerschlagen und gefangen. Die Engländer gingen weiter nach Westen vor, nahmen nach einer Belagerung die befestigten libyschen Häfen Bardia (4. Januar) und Tobruk (22. Januar), stießen schließlich geradewegs bis Benghasi durch und zwangen die im Cyrenaika-Küstenvorsprung abgeschnittenen italienischen Verbände zur Kapitulation. Vom Beginn der Offensive bis zum 7. Februar 1941 hatten die Italiener fast acht Divisionen mit 130000 Gefangenen, 470 Panzer und über 1300 Geschütze verloren. Die englischen Verluste betrugen 500 Tote, 1373 Verwundete und 55 Vermißte. Durch die Abgabe englischer Streitkräfte nach Griechenland wurden die Briten jedoch zur Aufgabe ihrer Libyen-Offensive gezwungen und gingen zur Verteidigung über.

Die deutschen Verbände mußten nun statt zur Unterstützung einer italienischen Offensive zur Abwendung einer italienischen Niederlage eingesetzt werden. Im Dezember 1940 wurde zunächst das X. Fliegerkorps unter General Geisler mit rund 160 Bombern und 20 Jagdflugzeugen nach Sizilien verlegt. Es zwang die Engländer zur Einstellung ihres Geleitzugverkehrs durch das Mittelmeer. Mussolini, der sich noch im

November gegen die Entsendung deutscher Verbände nach Nordafrika gesträubt hatte, mußte nun im Dezember Hitler darum bitten. In seiner Weisung Nr. 22 vom 11. Januar 1941 befahl Hitler die Aufstellung eines Panzersperrverbandes zum Einsatz in Tripolitanien, dessen Überführung nach Tripolis – Unternehmen »Sonnenblume« – für Mitte Februar vorgesehen wurde. Mit dem Oberbefehl wurde General Rommel beauftragt, der durch seine bewegliche Kriegführung bald den Ruf des »Wüstenfuchses« erlangen sollte. Der Verband, der auf Hitlers Anweisung vom 18. Februar die Bezeichnung »Deutsches Afrikakorps« erhielt, bestand zunächst aus einer leichten Division, der im Mai eine Panzerdivision nachgeführt werden sollte. Obwohl Hitler Afrika lediglich als einen Nebenkriegsschauplatz ansah, sollte das deutsche Eingreifen – zusammen mit den bald darauf erfolgenden Aktionen auf dem Balkan – die Lage im Mittelmeerraum für die Italiener bald wesentlich verbessern, zugleich allerdings auch die italienische »Parallelkriegführung« ein für allemal beenden.

Entgegen der Weisung, die Front lediglich zu stabiliseren und für eine Offensive das Eintreffen der angekündigten Panzerdivision abzuwarten, begann Rommel am 31. März bei El Agheila seinen Gegenangriff auf die britischen Verbände, die durch die Abgabe von Kräften nach Griechenland geschwächt und wegen der Aktivität des X. Fliegerkorps auf eine 500 Kilometer lange Versorgungsstrecke zu Lande von Tobruk aus angewiesen waren. Für die Engländer kam der Vorstoß insofern völlig überraschend, als sie durch »Ultra« davon informiert waren, daß Rommels Panzerdivision erst im Mai eintreffen würde – ein schlagendes Beispiel dafür, daß »Ultra« bei Improvisationen des Gegners geradezu in die Irre führen konnte. Der Angriff, der gegen die Bedenken des neuen italienischen Oberbefehlshabers in Libyen, General Gariboldi, vorgetragen wurde, führte nach der Einnahme von Benghasi am 4. April zur Rückeroberung der Cyrenaika und am 11. April zur Einschließung Tobruks. Nach mehreren vergeblichen Versuchen ihrer Erstürmung mußte diese von den Engländern über See verstärkte Festung belagert werden.

Unterdessen hatte sich das Stärkeverhältnis zur See zum Nachteil der Italiener verschoben: Ihre Absicht, zur Unterbindung der britischen Truppentransporte von Afrika nach Griechenland einen Flottenvorstoß in die Gewässer der Insel Kreta zu unternehmen, war durch die Entzifferung eines von ihnen sonst wenig gebrauchten »Enigma«-Schlüssels den Engländern bekannt geworden. Dadurch konnte die britische Mittelmeerflotte die Angreifer am 28. März 1941 bei Kap Matapan in günstiger Position abfangen und durch das Versagen der italienischen Luftaufklärung und -unterstützung drei Kreuzer und zwei Zerstörer versenken sowie eines der Schlachtschiffe beschädigen. Die britischen Angriffe richteten sich nunmehr verstärkt gegen den deutsch-italienischen Nachschubverkehr nach Tripolis. Sie vermochten jedoch Rommels Vordringen zur libysch-ägyptischen Grenze nicht mehr zu verhindern, wo er trotz englischer Gegenangriffe im Mai und Juni im Raum Sollum und am südlich davon gelegenen Halfaya-Paß seine Stellung mit Hilfe der inzwischen nach Nordafrika überführten Panzerdivision behauptete. Da jedoch die Belagerung Tobruks starke Kräfte band und Rommel wegen des beginnenden Rußlandfeldzugs keine weiteren Verstärkungen erhielt, blieb die Lage in den nächsten Monaten konstant.

Während in Nordafrika mit deutscher Unterstützung die Lage wiederhergestellt werden konnte, ging das vom Mutterland abgeschnittene Italienisch-Ostafrika endgültig verloren. Am 5. Mai 1941 konnte Kaiser Haile Selassie, den die Italiener im Jahre 1936 aus Abessinien vertrieben hatten, in sein Land zurückkehren.

Wie in Afrika erlitten die Italiener auch an der Albanienfront, wo der Angriff mit ungenügenden Kräften begonnen worden war, bald eine Niederlage. Da sich Bulgarien jede Feindseligkeit gegenüber Griechenland versagt hatte, konnten die Griechen alle ihre Kräfte an der albanischen Front einsetzen und dort vor allem schneller verstärken als die Italiener. Bereits Mitte November mußten diese auf ihre Ausgangsstellung zurückgehen.

Der griechische Ministerpräsident Metaxas hatte sich bei Beginn des italienischen Überfalls unter Berufung auf die englische Garantie vom April 1939 sofort nach London um Hilfe gewandt. England ergriff die Gelegenheit, sich abermals auf dem europäischen Kontinent festzusetzen, um dort nach Möglichkeit eine neue Front aufzubauen, konnte allerdings zunächst lediglich mit Luft- und Seestreitkräften helfen. Nur auf Kreta konnten auch britische Truppen gelandet und die Griechen durch die Ablösung der dortigen Garnison entlastet werden. Am 20. November 1940 drückte Hitler in einem Brief an Mussolini seine Besorgnis über die »sehr schweren psychologischen und militärischen Auswirkungen« der unüberlegten italienischen Griechenlandaktion aus. Die Häfen in Süditalien, Albanien und vor allem das rumänische Erdölgebiet seien für englische Bomber nunmehr in greifbare Nähe gerückt. Die Zerstörung der englischen Flugplätze im griechischen Raum aus der Luft sei »nach den Erfahrungen des bisherigen Luftkrieges« – d. h. der Angriffe auf England – ausgeschlossen. »Diese Lage ist, militärisch gesehen, drohend. Wirtschaftlich gesehen, soweit es sich um das rumänische Petroleumgebiet handelt, geradezu unheimlich.« Er habe sich daher zu einem militärischen Vorgehen gegen Griechenland entschlossen. Voraussetzung dafür sei, daß Jugoslawien neutral gehalten oder zur aktiven Mitwirkung veranlaßt werden könne. Leider sei eine Offensive auf dem Balkan vor März unmöglich, dann aber müsse gehandelt werden, da er seine Kräfte »spätestens bis Anfang Mai« zurückerhalten wolle.[38] Wozu er dann seine Truppen brauchte, verschwieg er Mussolini: Hitler war entschlossen, die Bedrohung vom Balkan her auszuräumen, bevor er im Frühjahr zum Angriff gegen die Sowjetunion schritt. In der Weisung Nr. 20 vom 13. Dezember 1940 legte Hitler die Grundzüge des geplanten Feldzuges gegen Griechenland – Unternehmen »Marita« – nieder.

Während sich Deutschland um die Mitwirkung Bulgariens und Jugoslawiens bemühte, war es Churchills Ziel, durch die Einbeziehung der Türkei und Jugoslawiens zusammen mit Griechenland eine Balkanfront aufzubauen. Churchill versuchte, die türkische Regierung, die sich durch eine deutsche Besetzung Bulgariens und Griechenlands bedroht fühlen mußte, zur Unterstützung Griechenlands und zur Aufnahme englischer Luftverbände zu bewegen, um Deutschland mit der Drohung einer Bombardierung der rumänischen Ölfelder von der Truppenverlegung nach Bulgarien abzuhalten und die Bulgaren zur Neutralität zu zwingen. Aber die Türkei lehnte diese Vorschläge ab, weil die von England angebotene Unterstützung zu gering war, um eine etwaige deutsche Reaktion abzuwehren. Sie schloß im Gegenteil mit Bulgarien am 17. Februar einen Nichtangriffsvertrag ab. Auch die jugoslawische Regierung ging nicht auf Churchills Vorschlag ein, durch einen Überraschungsangriff auf Albanien die Italiener vom Balkan zu werfen und damit die Situation dort schlagartig zu ändern, da ihr die angebotene britische Hilfe ebenfalls zu gering erschien. Die griechische Regierung, die die Ansammlung deutscher Streitkräfte in Südrumänien mit Besorgnis beobachtete, bat London am 8. Februar um die Entsendung englischer Truppen auf das griechische Festland. Das englische Kabinett entschloß sich am Monatsende, vom Nahost-Kommando ein Expeditionskorps unter General Wilson für Griechenland abzuzweigen, das aus drei australischen und neuseeländischen Divisionen nebst einer englischen Panzerbrigade bestand und ab 7. März unter dem Schutz der Alexandria-Flotte ohne Verluste in Griechenland ausgeschifft wurde.

Unterdessen hatte Deutschland das bulgarische Einverständnis zum deutschen Aufmarsch an der bulgarisch-griechischen Grenze erwirkt. Zwar lehnte Bulgarien eine aktive Teilnahme am Krieg gegen Griechenland ab, verpflichtete sich aber dafür, sechs Divisionen an die türkische Grenze zu verlegen, die im Falle eines türkischen Angriffs durch deutsche Kräfte verstärkt werden sollten. Diesen geheimen Vereinbarungen folgte das offene Einschwenken Bulgariens in das Lager der Achsenmächte durch den Beitritt zum Dreimächtepakt am 1. März 1941. Am nächsten Tag begann der Einmarsch der deutschen Truppen in bulgarisches Territorium. Die Sowjetunion, die dadurch die Ausdehnung ihres Einflußbereiches auf Bulgarien ein für allemal vereitelt sah, erklärte diesen deutschen Schritt als eine »Verletzung ihrer Sicherheitsinteressen«[39] und gab zu verstehen, daß Deutschland auf eine sowjetische Unterstützung seiner Handlungen in Bulgarien nicht rechnen könne.

Jugoslawien, dessen Stellung sich durch den deutschen Einmarsch in Bulgarien insofern verschlechtert hatte, als es nun im Norden und Osten von den Achsenmächten und deren Verbündeten umgeben war, suchte sich zunächst weiter neutral zu halten und einer Bindung an Deutschland vorsichtig zu entziehen. Es befand sich, um mit Churchill zu sprechen, in der Lage »eines unglückseligen Mannes, der mit einem Tiger zusammen in einem Käfig eingesperrt ist und diesen nicht zu reizen sucht, obwohl die Futterzeit ständig näherrückt«.[40] Dazu kamen innenpolitische Konflikte: bei einem Anschluß an die Achse drohten die Serben zu rebellieren, bei einem Krieg gegen Deutschland aber die Kroaten. Selbst Hitlers Angebot, Jugoslawien für den Beitritt zum Dreimächtepakt einen Zugang zur Ägäis mit dem Hafen Saloniki zu verschaffen, war in dieser Lage keine ausreichende Verlockung. Nur widerstrebend und nach erheblichen deutschen Einwirkungen beschloß die Regierung Cvetković den Beitritt – mit dem Erfolg, daß drei ihrer Minister sofort zurücktraten. Am 25. März 1941 fand in Wien die Unterzeichnung statt, nachdem sich die Jugoslawen die Zusicherung erwirkt hatten, daß damit keinerlei militärische Verpflichtungen oder eine Gewährung von Durchmarschrechten verbunden seien. Bei ihrer Rückkehr wurde die Regierung am 27. März durch einen Putsch nationalistischer Offiziere unter dem Fliegergeneral Simović gestürzt, Prinzregent Paul wurde gezwungen, ins Exil zu gehen, und der minderjährige König Peter II. übernahm die königlichen Machtbefugnisse. Obwohl der Umschwung durch Demonstrationen für die Westmächte und Angriffe auf die deutsche diplomatische Vertretung in Belgrad von der Bevölkerung unterstützt wurde, wagte die neue Regierung nicht, den Dreimächtepakt offen zu kündigen. Sie widerstand auch weiterhin Churchills Anregungen, sich durch einen schnellen Angriff auf Albanien gegen das zu erwartende deutsche Vorgehen eine günstigere Verteidigungslage zu schaffen.

In der Tat reagierte Hitler auf die Vorgänge in Belgrad noch am gleichen Tage mit dem Entschluß, »ohne mögliche Loyalitätserklärungen der neuen Regierung abzuwarten, . . . Jugoslawien militärisch und als Staatsgebilde zu zerschlagen«.[41] Allerdings müsse deswegen der Beginn des Angriffs auf die Sowjetunion um vier Wochen verschoben werden – ein Zeitverlust, der für den Rußlandfeldzug schwerwiegende Folgen haben sollte. Die Engländer, die seit Januar 1941 durch »Ultra« zunächst die Vorbereitungen und dann die tatsächliche Verlegung deutscher Luftwaffenverbände aus dem Westen nach Rumänien und Bulgarien beobachtet hatten und in den ersten Apriltagen den weiteren Transport von Streitkräften auf den Balkan feststellten, erkannten zwar die unmittelbar bevorstehende Offensive, konnten ihr aber keine zusätzlichen Kräfte entgegensetzen.

Einen Tag vor dem deutschen Angriff, am 5. April 1941, unterzeichneten die Vertreter Jugoslawiens und der Sowjetunion in Moskau einen Nichtangriffs- und Freundschaftspakt, der zur gegenseitigen Aufrechterhaltung freundschaftlicher Beziehungen verpflichtete, falls einer der Partner von einem dritten Staat angegriffen würde. Obwohl dieser Vertrag keinerlei militärische Verpflichtungen enthielt, lag darin doch zum ersten Mal eine deutliche sowjetische Distanzierung vom deutschen Partner und dessen Absichten.

Zum Zeitpunkt des deutschen Einmarsches waren von den 17 jugoslawischen Infanterie- und 3 Kavalleriedivisionen erst zwei Drittel kriegsbereit. Ihre Ausrüstung war mangelhaft, Panzer fehlten völlig. Den im Höchstfalle 300 verwendungsfähigen Flugzeugen stand die deutsche Luftflotte 4 unter General Löhr mit fast 800 Maschinen, davon 400 Bombern gegenüber. Der Jugoslawienfeldzug wurde am 6. April mit Luftangriffen auf Belgrad und das jugoslawische Verkehrsnetz eröffnet. Aus der Steiermark und Ungarn (2. Armee unter Generaloberst Frhr. von Weichs) sowie aus Bulgarien (12. Armee unter Feldmarschall List) drangen die deutschen Streitkräfte in Jugoslawien ein. Am 10. April wurde Agram besetzt, wo die kroatische Ustascha-Bewegung den unabhängigen Staat Kroatien ausrief, am 12. April Belgrad erreicht, während die Italiener von Fiume aus entlang der dalmatinischen Küste vorrückten.

Am 14. April trat General Simović als jugoslawischer Oberbefehlshaber zurück; sein Nachfolger, General Katafatović, unterzeichnete drei Tage später den Waffenstillstand mit bedingungsloser Kapitulation. Insgesamt 344000 Mann gingen in deutsche Gefangenschaft. Die deutschen Verluste dieses Blitzfeldzuges waren mit 151 Gefallenen, 392 Verwundeten und 15 Vermißten außerordentlich gering. Während König Peter in London eine Exilregierung bildete, verfiel sein Land der »Neuordnung« des Balkanraums durch die Achsenmächte.

Gleichfalls am 6. April war die deutsche 12. Armee mit einem Stoß über jugoslawisches Gebiet auf Saloniki, ferner auf breiter Front an der griechisch-bulgarischen Grenze zum Angriff gegen die Griechen und Briten angetreten. Während die gut ausgebaute »Metaxas-Linie« in Ostmazedonien trotz dem Einsatz von Sturzkampffliegern und schweren Waffen zunächst hielt, erreichten deutsche Panzerkräfte am 9. April Saloniki und schlossen damit alle in Ostmazedonien stehenden griechischen Kräfte ein. Die Kapitulation dieser Verbände wurde am nächsten Tage in Saloniki unterzeichnet.

Nachdem sie die Verbindung mit den italienischen Kräften in Albanien hergestellt hatten, schwenkten nun auch die anderen in Südjugoslawien stehenden Verbände der 12. Armee zum Angriff nach Süden ein und erzielten einen Durchbruch zwischen dem englischen Expeditionskorps und der griechischen Albanienarmee. Eine Umfassung des englischen Expeditionskorps gelang nicht, da die Engländer rechtzeitig auf eine neue Stellung zwischen dem Olymp und Chromion ausgewichen waren. Verhängnisvoll wirkte sich dagegen der deutsche Durchbruch für die an der Albanienfront in Westmazedonien und im Epirus stehende Masse des griechischen Heeres aus. In der Flanke bedroht, kapitulierten insgesamt 16 Divisionen am 21. April auf eigene Faust vor der 12. Armee. Die in Larissa erfolgte Unterzeichnung der Kapitulation mußte auf Betreiben Mussolinis unter Einbeziehung der Italiener am 23. April in Saloniki wiederholt werden.

Von den griechischen Streitkräften getrennt, hatte General Wilson am 15. April im Einvernehmen mit der griechischen Regierung den Rückzug und die Evakuierung des gesamten britischen Expeditionskorps aus Griechenland beschlossen, um dem Lande weitere Verwüstungen zu ersparen. Am 24. April, am Tage der endgültigen Kapitulation Griechenlands, begann sich das Gros der englischen Streitkräfte an der offenen Ost- und Südküste Attikas einzuschiffen. Unter dem Druck der absoluten deutschen Luftherrschaft und der nachdrängenden überlegenen deutschen Verbände gelang es den Engländern in den Nächten vom 24. bis 29. April, über 50000 Mann – 80 Prozent des Expeditionskorps – nach Kreta und Ägypten abzutransportieren. Sämtliches schwere Material mußte zurückgelassen und zerstört werden. Von den zur Rettungsaktion eingesetzten 6 Kreuzern und 19 Zerstörern der Alexandria-Flotte gingen 2 Zerstörer, ferner über 20 Transportdampfer verloren. Bei diesem letzten deutschen Blitzfeldzug auf dem europäischen Kontinent gerieten 12000 Briten und 218000 Griechen in Gefangenschaft. Die deutschen Verluste betrugen 100 Gefallene und 3500 Verwundete und Vermißte. Unter den nach Kreta Evakuierten befanden sich König Georg II. und die griechische Regierung, die über Alexandria schließlich nach London ins Exil gingen.

Um die Gefahr englischer Luftangriffe auf das rumänische Ölgebiet endgültig auszuschalten und den wichtigen Ölversorgungsweg Konstanza–Bosporus–Korinth–Italien zu sichern, ordnete Hitler in seiner Weisung Nr. 28 vom 25. April 1941 die Vorbereitung eines Luftlandeunternehmens gegen Kreta – Unternehmen »Merkur« – an. Diese in der Kriegsgeschichte bisher einzigartige Aktion wurde durch die absolute deutsche Luftherrschaft über dem vorgesehenen Operationsraum ermöglicht. Kreta selbst war bis zum Zeitpunkt des deutschen Angriffs von britischen Flugzeugen völlig geräumt worden, um die wenigen vorhandenen Maschinen nicht der Vernichtung aus der Luft auszusetzen. Die Flugabwehr war ungenügend, die Besatzung bestand aus 10000 Griechen sowie rund 30000 Engländern, Neuseeländern und Australiern unter General Freyberg, die über nur 20 leichte Panzer verfügten.

Mit der Durchführung der Luftlandeoperation war die Luftflotte 4 unter Generaloberst Löhr betraut. An Truppen standen ihr eine Luftlandedivision und eine verstärkte Gebirgsjägerdivision zur Verfügung. Ziel der Operation war die schlagartige Besetzung des Hafens an der Suda-Bucht sowie der drei Flugplätze Maleme, Réthymnon und Heraklion durch Lastensegler und Fallschirmabsprung, um auf diesen Plätzen anschließend die Gebirgsjäger mit Transportmaschinen landen zu können. Schwere Waffen sollten auf dem Seewege nachgeführt werden. Die Überraschung mißlang völlig, da Freyberg durch »Ultra« bereits seit dem 1. Mai über die deutschen Angriffsziele und den mehrmals verschobenen Termin informiert wurde. Jedoch erwies sich hier deutlich, daß den Engländern das Wissen um die Pläne des Gegners nichts nützte, wenn seine Überlegenheit – in diesem Falle vor allem die deutsche Beherrschung des Luftraums – mangels eigener Kräfte nicht aufgewogen werden konnte.

Nach vorbereitenden Bombenangriffen landete die erste Welle am Morgen des 20. Mai mit je einem verstärkten Fallschirmregiment im Raum Maleme und im Raum Kanea-Suda im Westen der Insel. Teile der Luftlandetruppen sprangen mitten in den abwehrbereiten Gegner und wurden fast völlig aufgerieben. Bis zum Abend war noch keiner der Flugplätze Kretas in deutscher Hand und das Unternehmen geriet in eine ernste Krise. Die gelandeten Verbände konnten sich jedoch halten, bis am nächsten Tag die noch verfügbaren Teile der Luftlandedivision zur Unterstützung der Gruppe bei Maleme abgesetzt wurden, um wenigstens diesen Flugplatz in die Hand zu bekommen. Das gelang bis zum Nachmittag des zweiten Tages wenigstens so weit, daß die ersten Transportmaschinen vom Typ Ju 52 mit Gebirgsjägern unter starken Verlusten an Menschen und Maschinen landen konnten. Damit war die Voraussetzung für eine Ausweitung des Luftlandekopfes geschaffen. Dagegen wurde der Nachschub über See durch die britische Alexandria-Flotte zunächst verhindert: Von den beiden aus kleineren Dampfern und Motorseglern zusammengestellten Geleitzügen wurde der eine in der Nacht zum 22. Mai von englischen Kreuzern und Zerstörern zum großen Teil versenkt, der andere am Vormittag zum Abdrehen gezwungen. Durch die herbeigerufenen deutschen Luftstreitkräfte begann um Kreta die erste »See-Luftschlacht« des Zweiten Weltkrieges, die das britische Alexandria-Geschwader erhebliche Verluste kostete.

Unterdessen konnten am 27. Mai der westliche Teil der Insel mit dem Ort Kanea genommen und bis zum 30. Mai die eingeschlossenen Gruppen bei Réthymnon und bei Heraklion entsetzt werden. General Freyberg entschloß sich zur Evakuierung seiner Truppen von der Insel, die unter dem abermaligen Einsatz des Alexandria-Geschwaders erfolgte. Diese Aktion kostete die Engländer erneute Schiffsverluste. Insgesamt wurden in den See-Luftschlachten um Kreta 3 englische Kreuzer und 6 Zerstörer versenkt, sowie 3 Schlachtschiffe, 1 Flugzeugträger, 6 Kreuzer und 5 Zerstörer beschädigt. Es gelang den Engländern, rund 17000 Mann, d. h. über die Hälfte der Besatzung, aus Kreta zu evakuieren. Sie verloren 15 000 Tote, Verwundete und Gefangene, dazu 2 000 Seeleute. Die deutschen Verluste betrugen bei einem Gesamteinsatz von ungefähr 22000 Mann 2071 Tote, 2 594 Verwundete und 1 888 Vermißte – also weit mehr, als der ganze Balkanfeldzug gekostet hatte. Unter dem Eindruck der hohen Verluste gewann Hitler die Überzeugung, daß sich die Fallschirmtruppe als Überraschungswaffe überlebt habe – eine Überzeugung, die sicher zu seiner Entscheidung beitrug, eine ähnliche Aktion gegen Malta im Sommer 1942 (Unternehmen »Herkules«) nicht durchzuführen.

Die deutschen Erfolge auf dem Balkan, auf Kreta und in Nordafrika hätten an sich eine günstige Ausgangsstellung für eine weitere offensive Kriegführung gegen die britische Position im Nahen Osten geboten. Aber für Hitler blieb Rußland die wichtigste feindliche Position, die es zu zerschlagen galt. Als Ende April 1941 im Irak ein von deutschen und italienischen Vertretern geförderter Aufstand gegen die Engländer ausbrach und der arabische Nationalistenführer Raschid Ali um Hilfe bat, entschloß sich Hitler, wenigstens beschränkte Waffenhilfe zu leisten. Wegen der Neutralität der Türkei und der Beherrschung des Seegebiets im östlichen Mittelmeer durch die Engländer kam jedoch nur Hilfe auf dem Luftwege über die französischen Mandatsgebiete Syrien und Libanon in Frage. Die Vichy-Regierung erklärte sich bereit, deutsche Flugzeuge in Syrien zwischenlanden zu lassen und aus den in Syrien aufgrund des Waffenstillstandes eingelagerten Beständen Waffen nach dem Irak zu liefern. Darlan ergriff diese Gelegenheit zu praktischer Zusammenarbeit um so lieber, als die deutsche Regierung dafür zu Zugeständnissen bereit war: zu einer Lockerung des Verkehrs zwischen dem besetzten und dem unbesetzten Frankreich, einer Reduzierung der Besatzungskosten und dem Versprechen, die Teilnehmer am Ersten Weltkrieg aus deutscher Gefangenschaft zu entlassen, soweit sie nicht Offiziere waren. Als im Mai deutsche und italienische Flugzeuge auf syrischen Plätzen landeten, zeichnete sich für die Engländer die Gefahr ab, daß Hitler das Ziel verfolgte, Syrien zur Basis für Luftangriffe auf Ägypten, den Suezkanal und die persischen Ölraffinerien in Abadan zu machen und gleichzeitig auf eine Änderung der türkischen Haltung hinzuwirken. Bei der angespannten Lage des englischen Nahost-Kommandos, das in dieser Zeit mit der Verteidigung Ägyptens, Kretas, des Irak, ferner mit der Eroberung Abessiniens und der Verstärkung Maltas belastet war, hätte ein solcher Schritt auf die britische Position im Nahen und Mittleren Osten in der Tat verhängnisvolle Auswirkungen haben können. Erleichtert stellten die Engländer durch »Ultra« jedoch bald fest, daß die von deutscher Seite vorgesehenen Maßnahmen zur Verfolgung solcher weitreichenden Ziele nicht geeignet waren: Hitler war nicht gewillt, die Lage zu diesem Zeitpunkt für ein energisches Vorgehen gegen England auszunutzen. Die über Syrien gewährte Waffenhilfe konnte die Niederwerfung des Aufstandes im Irak nicht verhindern: Ende Mai rückten die Engländer in Bagdad ein und trieben Raschid Ali ins Exil nach Teheran.

Nachdem die englische Luftwaffe bereits am 15. Mai deutsche Flugzeuge auf verschiedenen französischen Flugplätzen Syriens angegriffen hatte, drangen englische Streitkräfte unter General Wilson – von freifranzösischen Verbänden unter General Catroux unterstützt – am 8. Juni 1941 von Palästina aus in Syrien ein. Der Angriff war von einer Erklärung de Gaulles begleitet, in der dieser Syrien und dem Libanon die Unabhängigkeit und eine Regelung ihres zukünftigen Verhältnisses zu Frankreich in einem Vertrag nach englisch-ägyptischem Muster versprach. Um diese Gebiete nicht zu verlieren, leistete die französische Levante-Armee unter General Dentz auf Befehl der Vichy-Regierung erbitterten Widerstand, war jedoch schließlich am 14. Juli zu einem Waffenstillstand gezwungen, der ihren Truppen unter Übergabe der schweren Waffen freien Abzug nach Frankreich gewährte.

Durch die Besetzung Syriens und des Libanon, die unter die freifranzösische Verwaltung des von de Gaulle zum Generalbevollmächtigten ernannten Generals Catroux kamen, verbesserte sich die Lage der Engländer im östlichen Mittelmeer wesentlich: die Verteidigung des Suezkanals war Hunderte von Kilometern nach Norden vorgerückt, die Gefahr einer Ausdehnung der deutschen Luftherrschaft über den Irak und Iran war gebannt und die Türkei vom Druck auf ihre Südgrenze befreit. Vergebens mahnte eine Denkschrift der Seekriegsleitung vom Juni 1941, trotz des Rußlandunternehmens die strategische Lage in diesem Raum zur Erreichung der als kriegsentscheidend angesehenen Ziele unvermindert und ohne Verzögerung noch zu einem Zeitpunkt auszunutzen, »zu dem die Hilfe der USA für England noch keinen entscheidenden Umfang angenommen hat«.[42] Doch Hitler, der mit einer schnellen Niederwerfung der Sowjetunion rechnete, sah in dem Entwurf seiner Weisung Nr. 32 vom 11. Juni 1941 eine »Fortsetzung des Kampfes gegen die britische Position im Mittelmeer und in Vorderasien durch konzentrischen Angriff, der aus Libyen durch Ägypten, aus Bulgarien durch die Türkei und unter Umständen auch aus Transkaukasien heraus durch den Iran« geführt werden sollte, erst nach dem Rußlandfeldzug »für den Spätherbst 1941 und den Winter 1941/42« vor.[43]

Indem sich Hitler in der Widerstandskraft des sowjetischen Gegners verrechnete, sollte die Gelegenheit zur Verfolgung dieser weitgesteckten Ziele jedoch nicht mehr wiederkehren.

10. Kapitel
Der deutsche Angriff auf die Sowjetunion: Versuch einer Ausschaltung des »englischen Festlanddegens« und der Eroberung von »Lebensraum«

Als die Engländer nach der Niederwerfung Frankreichs nicht einlenkten, beschäftigte Hitler als Alternative zu einer Landung auf der englischen Insel seit Juli 1940 der Gedanke, England durch die Ausschaltung seines »Festlanddegens Sowjetunion« friedensbereit zu machen. Man darf mit Sicherheit annehmen, daß Hitler eines Tages sowieso über die Sowjetunion hergefallen wäre. Denn der Gewinn ausgedehnten russischen Raumes war nun einmal Hitlers Fernziel. Aber daß sich Hitler noch während des Kampfes mit England zum Angriff auf die Sowjetunion entschloß, lag einzig und allein an dem Dilemma, in das seine Kriegführung geraten war. Hitler glaubte, daß die Engländer ihre Sache verloren geben müßten, wenn die Dreimächtepakt-Staaten den eurasiatischen Kontinent eindeutig unter ihre Herrschaft gebracht haben würden.

Die militärischen Angriffsvorbereitungen auf die Sowjetunion, deren Ausarbeitung Hitler im Juli 1940 befahl, müssen daher unter dem doppelten Aspekt gesehen werden, daß sie einmal Hitlers säkularem Ziel der »Lebensraumgewinnung« unter gleichzeitiger Ausrottung der bolschewistischen Ideologie, zum anderen aber der Kriegführung gegen England dienten. Wohl hat Hitler mit den Molotow-Gesprächen vom November 1940 den Versuch unternommen, England seines potentiellen »Festlanddegens« zu berauben, nicht indem er ihn zerschlug, sondern indem er ihn gegen England richtete: die aktive Teilnahme der Sowjetunion an einer anti-englischen Kontinentalkoalition sollte Englands Einlenken erzwingen. Fest steht aber auch, daß er in seiner bereits vor Beginn dieser Gespräche konzipierten Weisung Nr. 18 vom 12. November 1940 befahl, die militärischen Angriffspläne gegen die Sowjetunion ohne Rücksicht auf das Ergebnis dieser Gespräche weiter zu bearbeiten, damit er aufgrund dieser Ausarbeitungen konkrete Weisungen erteilen könne: ein späterer Überfall auf die Sowjetunion sollte in jedem Falle vorbereitet sein.

Hitlers Entschluß zum Angriff im Jahre 1941 war von keiner unmittelbaren Bedrohung durch die Sowjetunion veranlaßt.

Deutschland mußte zwar mit zunehmender Dauer des Krieges gegen England von der Haltung der Sowjetunion in der Frage der Rohstofflieferungen immer abhängiger werden und damit rechnen, daß der Kreml diese Situation zur Erpressung weiterer territorialer Zugeständnisse in Osteuropa ausnutzen würde. Aber eine Kriegseröffnung durch die Sowjets war aus politischen und militärischen Gründen äußerst unwahrscheinlich. Ihre bisherige Politik hatte ihnen ohne dieses Mittel ansehnliche territoriale Erfolge eingebracht, und ihre militärische Kraft war 1941 kaum für eine Verteidigung ihres Landes gegen einen deutschen Angriff ausreichend. Sie waren erst im Begriff, ihre veraltete Panzer- und Flugwaffe zu erneuern und eine hinter dem Ural gelegene Rüstungsindustrie aufzubauen. Daher suchten sie einen bewaffneten Konflikt mit Deutschland zu vermeiden. Wenn sie in diplomatischen Gesprächen ihre Interessen in Osteuropa auch hartnäckig vertraten, gaben sie im Handeln doch stets nach, wenn ein ernsthafter Interessenkonflikt drohte. Hitlers Angriff auf Rußland war auch kein »Kreuzzug« zur Rettung Europas vor dem Bolschewismus, als den ihn Hitler und die Goebbels-Propaganda später hinzustellen versuchten, denn die Vernichtung des Bolschewismus war sozusagen nur ein »Nebenprodukt«, das bei Hitlers Politik der Eroberung von Lebensraum in Rußland und der indirekten Kriegführung gegen England abfiel.

Als Hitler am 21. Juli 1940 dem OKH befahl, »das russische Problem in Angriff zu nehmen«[44], erwog er noch im Herbst des selben Jahres anzugreifen. Der Chef des OKW, Generalfeldmarschall Keitel, und der Chef des Wehrmachtführungsamts, General Jodl, überzeugten Hitler jedoch von der Unmöglichkeit, einen Aufmarsch noch im Herbst dieses Jahres beenden zu können. In der entscheidenden Besprechung am 31. Juli 1940 auf dem Berghof befahl Hitler nunmehr, neben dem Operationsplan auch die Aufstellung der notwendigen Kräfte für einen Angriff auf Rußland im Frühjahr 1941 vorzubereiten: Die Erhöhung der Heeresstärke auf 180 Divisionen wurde durch den OKW-Befehl vom 10. September angeordnet. Die Operationsvorschläge, die Hitler als Ergebnis eingehender Studien von Halder vorgetragen wurden, fanden schließlich ihren Niederschlag in Hitlers Weisung Nr. 21 vom 18. Dezember 1940, die dem Feldzug auch den Decknamen »Fall Barbarossa« gab. Gemäß dieser Weisung sollte die Wehrmacht bis zum 15. Mai 1941 ihre Vorbereitungen abschließen, um »auch vor Beendigung des

Krieges gegen England Sowjetrußland in einem schnellen Feldzug niederzuwerfen«. Das Ziel war, die Masse des russischen Heeres noch im westlichen Rußland durch Umfassungsoperationen zu vernichten und die Linie Wolga–Archangelsk zu erreichen, von der aus einerseits die russische Flugwaffe deutsches Gebiet nicht mehr angreifen, andererseits aber »das letzte Rußland verbleibende Industriegebiet am Ural durch die Luftwaffe ausgeschaltet werden« konnte.[45]

Als der Aufmarsch im Osten schon im Gange war, meldeten sich noch einmal vergebens Mahner zu Wort, wie Großadmiral Raeder, der Staatssekretär im Auswärtigen Amt, von Weizsäkker, der Botschafter in Moskau, Graf von der Schulenburg, der dortige Militärattaché, General Köstring, und andere, die davor warnten, daß der Beginn eines Zweifrontenkrieges den Kampf mit England verlängern und erschweren werde, statt ihn zu verkürzen. In diese Zeit fällt auch das Unternehmen des »Stellvertreters des Führers«, Rudolf Heß, auf eigene Faust mit einer Me 110 nach England zu fliegen, um den völlig utopischen Versuch zu unternehmen, die Engländer von der Sinnlosigkeit des weiteren Kampfes zwischen den beiden germanischen Brudervölkern zu überzeugen, da Deutschland das gesamte Potential des europäischen Kontinents einschließlich Rußlands zur Verfügung stehe. Der von diesem Alleingang völlig überraschte Hitler befürchtete, daß die Gegner diese Aktion als ein Zeichen für die Schwäche seiner Politik ansähen, und ließ Heß offiziell für geisteskrank erklären.

Der Aufmarsch des deutschen Heeres im Osten, der als Manöver für eine Frühjahrslandung in England getarnt wurde, verzögerte sich durch den Balkanfeldzug um entscheidende fünf Wochen, die sich bei den Operationen in Rußland schwerwiegend auswirken sollten. Zu Beginn der Offensive waren schließlich 153 Divisionen, davon 19 Panzer- und 15 motorisierte Divisionen, d. h. 75 Prozent des Heeres mit über 3 Millionen Mann und 3580 Panzern an der russischen Grenze aufmarschiert. Die Luftwaffe, deren Verlegung unter schrittweiser Einstellung der Luftschlacht gegen England Mitte Mai begonnen hatte, war mit 2740 Maschinen, d. h. mit 61 Prozent ihrer Gesamtstärke, vertreten und in drei Luftflotten eingeteilt, die unter Führung von Generalfeldmarschall Kesselring (2 Mitte) und den Generalobersten Keller (1 Nord) und Löhr (4 Süd) die drei aufmarschierten Heeresgruppen unterstützen sollten. Dieser Streitmacht stand an der russischen Westfront ein Heer von schätzungsweise

4,7 Millionen Mann (138 Divisionen und 40 Brigaden) mit dem Vierfachen der deutschen Zahl an – größtenteils veralteten – Panzern und der dreifachen Zahl an Flugzeugen (davon 1800 moderne) gegenüber.

Mit der Unterstützung durch Rumänien und Finnland an den beiden Flanken der Ostfront konnte Hitler von vornherein so gut wie sicher rechnen. General Antonescu war nicht bereit, sich mit dem Verlust der an Rußland abgetretenen Gebiete abzufinden, und sagte seine Beteiligung mit 12 Divisionen und mehreren Brigaden zu. Mit den Finnen wurden anläßlich der Besuche des finnischen Generalstabschefs Heinrichs in Deutschland im Januar und Mai 1941 zunächst rein hypothetisch Möglichkeiten eines Zusammenwirkens im Falle eines deutsch-russischen Krieges besprochen. Nachdem die militärischen Vorbereitungen den Finnen nicht mehr verborgen geblieben waren, machten sie am 17. Juni getarnt mobil und beteiligten sich schließlich mit 18 Divisionen – jedoch auch weiterhin ohne jegliche politische oder militärische Vertragsbindung – am Kampf gegen den gemeinsamen Gegner. Ungarn, dessen Grenze gegenüber der Sowjetunion durch die Karpaten geschützt war, wurde in den Aufmarsch nicht einbezogen, nahm jedoch nach Kriegsausbruch mit 3 Brigaden, ebenso die Slowakei mit 2 und Italien ab August mit 3 Divisionen teil. Unter der Parole des europäischen Kampfes gegen den Bolschewismus fochten schließlich auf deutscher Seite auch Freiwillige aus Spanien in der »Blauen Division« sowie aus Frankreich in einer »Légion« von Regimentsstärke mit deutschen Uniformen, ferner Freiwillige aus den »germanischen Ländern« in Verbänden der Waffen-SS. Bulgarien beteiligte sich am Krieg gegen die Sowjetunion nicht. Mit der Türkei gelang noch am 18. Juni 1941 der Abschluß eines Freundschaftsvertrages, der das türkische Mittelmeerbündnis mit den Westmächten vom Oktober 1939 – das die Türkei jedoch bislang nicht zum Kriegseintritt hatte bewegen können – bis zu einem gewissen Grade neutralisierte.

Gegenüber dem verbündeten Japan befand sich Hitler in einem Dilemma, das die Gespräche vom März/April 1941 mit dem japanischen Außenminister Matsuoka widerspiegeln, der über Moskau zu einem Besuch nach Berlin gekommen war. Hitler, der die Japaner zu einem Angriff auf das britische Singapur bewegen wollte, um mit dem japanischen Kriegseintritt gleichzeitig die Amerikaner von einem Eingreifen in Europa abzuhalten, konnte Matsuoka seine Angriffsabsichten – von Geheimhaltungsgründen abgesehen – schon deshalb nicht mitteilen, weil er die Japaner nicht von Singapur weg auf Rußland ablenken wollte, mit dem er allein fertig zu werden glaubte. Andererseits aber sollte Japan seine Beziehungen zur Sowjetunion nicht allzusehr vertiefen, um weiterhin sowjetische Kräfte in Ostasien zu fesseln. Ribbentrop erklärte, das deutsche Verhältnis zur Sowjetunion sei zwar korrekt, aber nicht sehr freundlich. Andererseits glaube man nicht, daß die Sowjets so unklug seien, eine bewaffnete Auseinandersetzung heraufzubeschwören. Matsuoka schloß jedoch auf seiner Rückreise am 13. April 1941 in Moskau einen Neutralitätspakt ab, um Japan bei einem möglichen Konflikt mit den angelsächsischen Mächten in Ostasien von vornherein den Rücken frei zu halten. In diesem Vertrag sicherten sich die Partner gegenseitig Freundschaft und territoriale Integrität zu, ferner Neutralität für den Fall, daß ein Partner mit einer dritten Macht in den Krieg gerate.

Der Sowjetregierung war die im Laufe des Frühjahrs erfolgende deutsche Truppenkonzentration vor der russischen Grenze nicht verborgen geblieben. Bereits im März und April baten die Sowjets um Maßnahmen zur Abstellung der sich häufenden Grenzverletzungen durch deutsche Aufklärungsflugzeuge. Es fehlte auch nicht an zahlreichen, von dritter Seite kommenden Warnungen vor einem bevorstehenden deutschen Angriff. So ließ z. B. Churchill den Sowjets im April eine solche zugehen, als er durch »Ultra« erfuhr, daß am Tage nach dem jugoslawischen Beitritt zum Dreimächtepakt drei deutsche Panzerdivisionen per Bahn aus Rumänien nach Krakau verlegt werden sollten, – eine Maßnahme der deutschen Führung, die allerdings nach dem Militärputsch in Belgrad vom 27. März sofort rückgängig gemacht wurde. Es ist fraglich, ob Stalin an einen bevorstehenden deutschen Angriff ernsthaft geglaubt hat oder ob er die deutschen Truppenkonzentrationen als Auftakt zu einem Versuch Hitlers bewertete, von der Sowjetunion territoriale, wirtschaftliche oder anderweitige Konzessionen für die deutsche Kriegführung in Nahost zu erzwingen. Dann aber mußte er auch damit rechnen, daß die übereinstimmenden Terminangaben auf bewußt ausgestreuten deutschen Gerüchten basierten, die die Wirkung des Bluffs erhöhen sollten. In dieser ernsten außenpolitischen Lage übernahm Stalin, der bisher lediglich Generalsekretär der Kommunistischen Partei Rußlands gewesen war, am 6. Mai den Vorsitz im Rat der Volkskommissare und trat damit sozusagen als »Ministerpräsident« auch im staatlichen Bereich an die Spitze der Regierung. Er bemühte sich, das Verhältnis mit Deutschland zu entspannen, um Hitler keinen Anlaß oder Vorwand zu einer militärischen Aktion zu geben: Zunächst wurde die sowjetische Anerkennung der norwegischen, belgischen, jugoslawischen, später auch griechischen Exilregierungen zurückgezogen. Dann nahm Stalin mit der anti-englischen Regierung Raschid Ali im Irak diplomatische Beziehungen auf. Bei den Wirtschaftsverhandlungen zeigten sich die Russen zuvorkommend und zu weiteren Konzessionen bereit; die Züge mit russischem Öl und Getreide rollten ungeachtet des Ausbleibens der deutschen Gegenlieferungen bis zum Moment des deutschen Angriffs ungehindert über die Grenze. Unterdessen hatten die Engländer durch die Entzifferung des deutschen Luftwaffen- und des Reichsbahnschlüssels sowie aus anderen Nachrichtenquellen die Gliederung des deutschen Aufmarschs an der sowjetischen Grenze ziemlich zutreffend erkannt. Daß es sich dabei nicht lediglich um einen Aufmarch zur Erzwingung sowjetischer Zugeständnisse handelte, ging aus einer am 5. Mai entzifferten Weisung hervor, daß Eisenbahnwaggons zum Transport sowjetischer Kriegsgefangener bereitgestellt werden sollten. Auch der Angriffstermin konnte auf diesem Wege schließlich ermittelt werden, da die in Nordnorwegen zum Vormarsch auf Murmansk vorgesehenen Kräfte nur durch Funk zu erreichen waren. Unter diesen Umständen teilte das englische Außenministerium am 10. Juni dem sowjetischen Botschafter Maisky nochmals eine Reihe beobachteter Einzelheiten mit, ohne natürlich die Quelle preiszugeben, aus der sie stammten. Als Folge veröffentlichte die Sowjetregierung am 13. Juni eine TASS-Meldung, mit der sie das deutsche Schweigen zu brechen hoffte: darin bezeichnete sie die ausländischen Gerüchte über unannehmbare deutsche Forderungen an Rußland und einen bevorstehenden deutsch-russischen Krieg als »plump zusammengebraute Propaganda« und stellte fest, daß beide Partner »unentwegt die Bedingungen des deutsch-sowjetischen Nichtangriffspaktes« erfüllten.[46] Aber vergebens lauschten die Sowjets auf eine Antwort aus Berlin: dort wurde die TASS-Meldung weder veröffentlicht noch von irgendeiner Seite kommentiert.

Die militärischen Gegenmaßnahmen, die die Sowjets dennoch trafen, besaßen nach den späteren übereinstimmenden Feststellungen der deutschen Generäle lediglich defensiven Charakter. Noch am Vorabend des deutschen Angriffs bat Molotow den deutschen Botschafter von der Schulenburg zu sich und teilte ihm mit, eine Reihe von Anzeichen erweckten den Eindruck, »daß die deutsche Regierung unzufrieden mit der Sowjetregierung sei«. Da letztere sich die Ursache nicht erklären könne, wäre er für eine Mitteilung dankbar, »welche Gründe die gegenwärtige Lage des deutsch-sowjetischen Verhältnisses hervorgerufen hätten«.[47] Der deutsche Botschafter, den Hitler bewußt im unklaren gelassen und demgegenüber er in der letzten persönlichen Unterredung im April ausdrücklich betont hatte, daß er keinen Krieg gegen Rußland beabsichtige, mußte antworten, daß er diese Frage mangels Informationen nicht beantworten könne. In der Nacht wurde er telegrafisch aus Berlin angewiesen, sich zu Molotow zu begeben und ihm ohne weitere Diskussion mitzuteilen, daß die zunehmend deutschfeindliche sowjetische Politik und die sowjetischen Truppenkonzentrationen sich zu einer solchen Bedrohung des Reiches ausgewachsen hätten, daß sich die deutsche Regierung zu militärischen Gegenmaßnahmen entschlossen habe. Dasselbe wurde auch dem russischen Botschafter in Berlin durch Ribbentrop eröffnet. Als den Sowjets diese Mitteilungen am 22. Juni morgens um 4 Uhr gemacht wurden, waren die Kampfhandlungen bereits im Gange: um 3.15 Uhr hatten die deutschen Truppen die sowjetische Grenze ohne Kriegserklärung überschritten und die Luftwaffe mit ihren Angriffen auf sowjetisches Gebiet begonnen.

Nachdem die taktische Überraschung gelungen war, ging der Vormarsch der deutschen Truppen zunächst schnell voran. Mitte Juli hatten die drei deutschen Heeresgruppen Nord (Feldmarschall Ritter v. Leeb), Mitte (Feldmarschall v. Bock) und Süd (Feldmarschall v. Rundstedt) eine Linie erreicht, die von der Südspitze des Peipus-Sees über den mittleren Dnjepr zwischen Orscha und Rogatschew bis zum Pripjet-Gebiet und südlich davon entlang dem Slutsch und dem Zbrutsch zum Dnjestr verlief und mit der »Stalin-Linie« identisch war – einer teilweise durch Panzersperren und Betonbunker verstärkten Feldbefestigungslinie. Das Vordringen war bis dahin »planmäßig« verlaufen. Was jedoch das Fassen und Vernichten des weichenden Gegners angeht, hatte bisher nur die Heeresgruppe Mitte Erfolg gehabt: in zwei gewaltigen Kesselschlachten bei Bialystok und Minsk hatte sie laut Wehrmachtbericht 323 898 Gefangene gemacht sowie 3332 Panzer und 1809 Geschütze erbeutet. Im Norden und Süden war es dagegen nur gelungen, den Feind frontal zurückzudrücken. Die schlagartige Vernichtung der sowjetischen Luftwaffe war durch ihre Zurückhaltung in der Luft und ihre weiträumige Bodenorganisation nicht erreicht worden. Die Aufrufe Stalins und der Partei zum »Vaterländischen Krieg«, die Bildung des Staatlichen Verteidigungskomitees, in dessen Händen die gesamte Staatsmacht konzentriert wurde, und die Aufstellung eines zentralen Partisanenstabes zur Fortsetzung des Kampfes hinter den feindlichen Linien zeigten, daß der Gegner den Krieg mit aller Härte zu führen entschlossen war. Trotzdem blieb die Beurteilung der Lage durch die deutsche militärische Führung zunächst äußerst optimistisch. Generalstabschef Halder schrieb am 3. Juli siegessicher in sein Tagebuch, »daß der Feldzug gegen Rußland innerhalb 14 Tagen gewonnen wurde«[48]; nur werde die Zähigkeit der Russen und der ihnen zur Verfügung stehende Raum die deutschen Kräfte noch viele Wochen beanspruchen.

Im Süden rüstete sich die dortige Heeresgruppe zum Vormarsch auf den Dnjepr. Sie durchbrach die »Stalin-Linie« und schloß Anfang August bei Uman starke Sowjetkräfte ein: Der Uman-Kessel brachte 103 000 Gefangene, 317 erbeutete Panzer und 858 Geschütze ein. Bis zum 25. August war der gesamte Dnjeprbogen von Tscherkassy bis zur Mündung ins Schwarze Meer sowie zwei Brückenköpfe jenseits des Flusses bei Dnjepropetrowsk und Saporoshje in deutscher Hand. Odessa wurde von den Rumänen eingeschlossen und verteidigte sich bis zum 16. Oktober. Noch hielten jedoch die Sowjets bei Kiew einen starken Brückenkopf westlich des Dnjepr.

Der Durchbruch durch die »Stalin-Linie« mit anschließender Umfassungsschlacht gelang auch der Heeresgruppe Mitte. Bis zum 8. August wurden die in mehreren Kesseln – vor allem südlich von Smolensk – eingeschlossenen russischen Kräfte vernichtet. In diesen Schlachten von Smolensk und Roslawl brachte die Heeresgruppe Mitte 348 000 Gefangene ein und erbeutete 3 250 Panzer und etwa ebenso viele Geschütze. Durch einen anschließenden Stoß ihrer Panzerverbände von Roslawl nach Süden wurden im Raum von Gomel ebenfalls starke Feindkräfte eingeschlossen und dadurch das Zurückweichen des sowjetischen Keils veranlaßt, der noch zwischen den Heeresgruppen Mitte und Süd gestanden hatte, so daß diese beiden bis dahin beiderseits der Pripjet-Sümpfe getrennt operierenden Heeresgruppen nunmehr am Dnjepr eine zusammenhängende Front bilden konnten. Durch die Einschließung von Feindkräften bei Welikije Luki gewann die Heeresgruppe Mitte bei Cholm auch engeren Anschluß an die Heeresgruppe Nord, die unterdessen das Baltikum bis auf die Häfen von Reval und Baltischport eingenommen hatte und zwischen Peipus- und Ilmen-See am 10. August bis an den westlichen Verteidigungsring von Leningrad herangekommen war. Die nördliche Heeresgruppe wurde durch den Angriff der Finnen entlastet, die am 31. Juli ihre Offensive begonnen, nach vier Wochen Wiborg erobert hatten und anschließend bis an die alte Grenze nordwestlich von Leningrad vorrückten. An der finnischen Front sollte es nach anfänglichen Erfolgen bald überall zum Stellungskrieg kommen. Immerhin erreichten die Finnen zwischen Ladoga-See und Onega-See bis Anfang Oktober den Swir. In Mittel- und Nordfinnland waren ein deutsches Gebirgskorps und ein weiteres Armeekorps unter dem Armee-Oberkommando Norwegen (Generaloberst v. Falkenhorst) eingesetzt. Sie konnten jedoch weder Murmansk noch die Murmanbahn erreichen.

Bereits im August 1941 wurde erkennbar, daß der Rußlandfeldzug nicht so schnell verlaufen würde wie die bisherigen »Blitzfeldzüge« auf dem europäischen Kontinent. Vor allem erwies sich, daß das in den bisherigen Feldzügen so erfolgreich angewendete Vortreiben von Panzerkeilen in Rußland bei weitem keine so durchschlagende Wirkung hatte. Die Sowjets kämpften auch in aussichtslosen Situationen weiter und gewannen dadurch Zeit, aus dem Landesinneren neue Kräfte heranzuführen, so daß den schnellen deutschen Verbänden im Kampf nach zwei Seiten starke Verluste erwuchsen. Darüber hinaus verursachte der fast ununterbrochene Einsatz und die Überwindung riesiger Entfernungen durch Staub und Schlamm ungewöhnlichen Materialverschleiß und hohe Ausfälle an Fahrzeugen. In der Frage, wo die schnellen Verbände in der noch verbleibenden Zeit bis zum Winter zu einer entscheidenden Operation eingesetzt werden sollten, kam es zwischen Hitler und dem OKH zu Meinungsverschiedenheiten. Brauchitsch und Halder sahen das Hauptziel darin, die militärische Kraft der Roten Armee zu vernichten, und suchten die Entscheidung im Zentrum der Front, wo die Panzerverbände nach einer notwendigen Überholungspause zu einem konzentrischen Angriff auf Moskau angesetzt werden sollten. Hier glaubten sie die Hauptkraft des Gegners schlagen zu können, weil sich die Sowjets zur Verteidigung ihrer Hauptstadt zum Kampf stellen würden. Denn mit Moskau wäre für die Russen nicht nur ihr politisches Zentrum und ein wichtiges Industriegebiet, sondern vor allem der zentrale Verkehrsknotenpunkt im europäischen Rußland verlorengegangen und die sowjetische Verteidigung in zwei getrennte Operationsräume aufgespalten worden. Hitler dagegen, der politische und kriegswirtschaftliche Ziele verfolgte, suchte die Entscheidung auf den Flügeln der Front: Im Norden sollte Leningrad genommen werden, um die Sowjets von der Ostsee abzuschließen und die Verbindung mit den Finnen herzustellen, im Süden sollte das ukrainische Getreidegebiet, die Krim, das Kohle- und Industrierevier im Donez-Becken erobert und die russische Ölzufuhr aus dem Kaukasus unterbunden werden. Diese Konzeption mußte die Abgabe motorisierter und Panzerverbände der Heeresgruppe Mitte an die anderen beiden Heeresgruppen und den Übergang zur Defensive an der Moskaufront bedeuten, wo die Sowjets nunmehr Zeit zum Ausbau eines Verteidigungssystems gewinnen konnten. Bis zum Abschluß der Kämpfe vor Smolensk und Gomel – dem Zeitpunkt, an dem spätestens ein Entschluß gefaßt werden mußte – rang das OKH, vom OKW unterstützt, mit Hitler. Dann fiel die Entscheidung. In seiner Weisung vom 21. August befahl Hitler, starke Kräfte der Heeresgruppe Mitte nach Süden abzudrehen, um die bei Kiew stehenden Feindkräfte zu vernichten und damit der Heeresgruppe Süd das weitere Vorgehen auf Charkow und Rostow zu ermöglichen. Erst nach der Vernichtung dieser Kräfte und der Vereinigung mit den Finnen zur Einschließung von Leningrad sollte zum Angriff auf Moskau angesetzt werden. Der Oberbefehlshaber des Heeres beugte sich diesem Befehl; aber die seit Herbst 1939 bestehende, teilweise überdeckte Kluft zwischen v. Brauchitsch und Hitler wurde erneut aufgerissen.

In Ausführung von Hitlers Weisung wurden im Raum Kiew–Lochwiza–Tscherkassy starke russische Kräfte zusammengedrängt und bis zum 24. September vernichtet. Durch diese Kesselschlacht erhöhten sich die deutschen Erfolgszahlen laut Wehrmachtsbericht um weitere 665 000 Gefangene, 884 erbeutete Panzer und 3 718 Geschütze. Dieser Erfolg wurde jedoch mit dem Zeitverlust für einen Angriff auf Moskau erkauft. Wenn aber die Sowjetunion noch 1941 militärisch entscheidend geschlagen werden sollte, mußte trotz der vorgerückten Jahreszeit alles auf diese Offensive gesetzt werden. Hitler stimmte nun auch dem Einsatz aller auf den Flügeln entbehrlichen Kräfte für diesen Zweck zu, ohne jedoch auf die gleichzeitige Verfolgung der Ziele im Norden und Süden zu verzichten. Am 30. September – nachdem durch Hitlers Entscheidung fast zwei Monate verlorengegangen waren – stand die Heeresgruppe Mitte zum Angriff auf Moskau bereit. Am 3. Oktober verkündete Hitler in seiner Rede zur Eröffnung des Winterhilfswerks: »Ich spreche das erst heute aus, weil ich es heute sagen darf, daß dieser Gegner bereits gebrochen und sich nie mehr erheben wird.«[49]

Die Offensive gegen Moskau – Operation »Taifun« – wurde mit zwei neuen erfolgreichen Kesselschlachten bei Brjansk und Wjasma eingeleitet, die bis Mitte Oktober abgeschlossen waren. In ihnen verloren die Sowjets laut Wehrmachtbericht 73 Divisionen und 7 Panzerdivisionen mit 662000 Gefangenen, 1242 Panzern und 5452 Geschützen, wodurch sich die Gesamtzahl der seit Beginn des Feldzugs gefangenen Russen auf weit über 3 Millionen erhöhte. Als die Heeresgruppe Mitte nach diesen Erfolgen weiter auf Moskau vordrang, verlegte die Sowjetregierung ihren Sitz rund 800 km ostwärts nach Kuibyschew an die Wolga. Stalin, der am 7. August den Oberbefehl über die sowjetischen Streitkräfte übernommen hatte, blieb mit einem verkleinerten Regierungsapparat in Moskau zurück, das unter Aufbietung auch aller zivilen Kräfte mit einem Verteidigungsring versehen wurde.

Hitler, der bereits im Juli seinen Entschluß geäußert hatte, Moskau und Leningrad dem Erdboden gleichmachen zu lassen, um Bolschewismus und »Moskowitertum« ihrer Zentren zu berauben, verbot am 7. Oktober nochmals ausdrücklich die Annahme einer Kapitulation der sowjetischen Hauptstadt. Am gleichen Tage setzte mit Regen und Schnee die herbstliche Schlammperiode ein, die die Bewegung der Verbände ab Oktobermitte in zunehmendem Maße lähmte. Da auf den zu Morastbändern gewordenen Straßen schließlich nur noch Kettenfahrzeuge vorankamen, versagte auch der Nachschub, der Treibstoff wurde knapp. Bis Ende Oktober kam die südliche Panzerarmee nur langsam bis Tula heran, näherten sich die anderen Armeen der Heeresgruppe der sowjetischen Hauptstadt bis zur Linie Kalinin–Moshaisk–Kaluga. Während im deutsch besetzten Gebiet die Leistungen der Eisenbahn durch Zerstörungen und die zeitraubende Umnagelung der russischen Spurweite weit hinter den Erfordernissen zurückblieb, nutzten die Sowjets die Zeit, um auf ihrem in Moskau zusammenlaufenden Eisenbahnnetz für den Winterkampf gerüstete Truppen aus Sibirien heranzubringen. Darüber hinaus wurden aus den Betriebsbelegschaften Moskaus, wo am 19. Oktober der Ausnahmezustand verhängt worden war, Kampftruppen improvisiert. Auf deutscher Seite machte sich der fast ununterbrochene Einsatz der Panzerverbände seit Juni bemerkbar: die Gefechtskraft der Panzerdivisionen sank auf teilweise 35 Prozent. Aber noch waren Mut, Überlegenheitsgefühl und die Bereitschaft der deutschen Truppen nicht gebrochen, alle noch vorhandenen Energien zur Erreichung des als entscheidend angesehenen Ziels einzusetzen. Unter der Vorstellung, daß auch der Gegner am Ende seiner Kräfte sei und der stärkere Wille entscheide, trat der Oberbefehlshaber der Heeresgruppe Mitte, Generalfeldmarschall v. Bock, für eine Fortsetzung des Angriffs in der vor Wintereinbruch zu erwartenden Phase milden Frostes ein. Als diese Periode Mitte November einsetzte, konnte die Heeresgruppe erneut Gelände gewinnen: der südliche Panzerarm konnte zwar Tula nicht einnehmen, aber weiter bis Wenew vorstoßen. Die zur nördlichen Umfassung Moskaus angesetzten beiden Panzerarmeen konnten bei Dmitrow den Moskwa-Wolga-Kanal überschreiten und bis Krasnaja Poljana – rund 30 km vor die sowjetische Hauptstadt – vorrücken, während die im Zentrum angreifende 4. Armee sich von Westen her der Stadt bis auf 50 km näherte. Da brach plötzlich und verfrüht der russische Winter mit 30 Grad Kälte herein. Bei den für einen Winterkrieg ungenügend ausgerüsteten deutschen Truppen überstiegen die Ausfälle durch Erfrierungen bei weitem die Gefechtsverluste. Die Motoren und automatischen Waffen versagten. Am 1. Dezember mußte v. Bock dem OKH melden, daß die Hoffnung, den Gegner mit letztem Einsatz zum Zusammenbruch zu bringen, getrogen hatte. Seine Heeresgruppe habe bei einer Frontlänge von nahezu 1 000 km außer einer einzigen Division keine Reserven mehr, die operativ eingesetzt werden könnten: die Operation »Taifun« war gescheitert.

Durch die Konzentration der Kräfte bei der Mitte der Ostfront war es auch der nördlichen und der südlichen Heeresgruppe nicht gelungen, die ihnen gesteckten Ziele zu erreichen. Leningrad wurde zwar eingeschlossen, aber der Angriff blieb in den südlichen Vorstädten liegen. Die Heeresgruppe Süd hatte Mitte November die Krim bis auf die Festung Sewastopol in Besitz genommen. Im Raum Tschernigowka war ihr in der ersten Oktoberhälfte die Einschließung zweier russischer Armeen und deren Vernichtung in der »Schlacht am Asowschen Meer« gelungen. Durch die Schlammperiode behindert, erreichte ihre Panzerarmee erst Mitte November das Gebiet nördlich von Rostow. Während sie mit der Befreiung ihrer bei plötzlich eintretendem Frost im Schlamm festgefrorenen Fahrzeuge

Zeit verlor, führten die Sowjets aus dem Kaukasus frische Kräfte heran und unternahmen einen Gegenangriff gegen die ausgedehnte Nordflanke der Panzerarmee in Richtung auf das Asowsche Meer. Rostow, das am 21. November hatte genommen werden können, ging zum Monatsende wieder verloren. Daraufhin forderte der Oberbefehlshaber der Heeresgruppe, Generalfeldmarschall v. Rundstedt, die Genehmigung für eine Zurücknahme der Front auf den Mius. Ein Gegenbefehl Hitlers verbot jeden Rückzug. Rundstedt beantragte die Aufhebung dieses ihm unsinnig erscheinenden Befehls und bot andernfalls seinen Rücktritt vom Oberbefehl an. Daraufhin wurde er durch Generalfeldmarschall v. Reichenau ersetzt, der angesichts der Lage jedoch ebenfalls um Erlaubnis zur Zurücknahme der Truppe nachsuchen mußte. Nunmehr flog Hitler selbst in den Südabschnitt nach Mariupol, mußte sich jedoch gleichfalls von der Notwendigkeit des Rückzugs überzeugen. Mit der Rückverlegung der Front an den Mius war auch im Süden der Angriff zum Stehen gekommen. Angesichts der Lage vor Leningrad, Moskau und Rostow mußte Hitler am 8. Dezember 1941 in seiner Weisung Nr. 39 an der gesamten Ostfront die Einstellung der Offensive und den Übergang zur Verteidigung befehlen: das Ziel, die Sowjetunion in einem schnellen Feldzug niederzuwerfen, war gescheitert. Dieser für die Gesamtkriegslage bedeutungsvolle Fehlschlag kam dem deutschen Volk nur deshalb nicht zum Bewußtsein, weil es von einer anderen Front Erfolge zu melden gab – aus Ostasien, wo die Japaner am 7. Dezember gegen die angelsächsischen Mächte in den Krieg eingetreten waren.

Während der Wintermonate führten sowjetische Kräfte unter den Generälen Merezkow, Konjew und Schukow heftige Angriffe gegen die Front der Heeresgruppen Nord und Mitte. Sie erzielten mehrere tiefe Einbrüche und bedrohten, durch rege Partisanentätigkeit unterstützt, die deutschen Verbände im Rücken. Am 8. Februar 1942 schloß sich bei Demjansk der Ring um sechs deutsche Divisionen – nahezu 100000 Mann –, die durch die Luft versorgt werden mußten und trotz Temperaturen von 50 Grad Kälte standhielten, bis im April eine Entlastungsoffensive sie befreien konnte. Weitere deutsche Kräfte wurden bei Cholm eingeschlossen. Auch die Heeresgruppe Süd hatte Angriffe der Sowjets abzuwehren, die u. a. durch eine Landung bei Kertsch einen Brückenkopf auf der Krim zurückgewinnen konnten. Aber auch die Russen hatten ihre Angriffskraft überschätzt und ihre Pläne zu weit gespannt: der Versuch, die deutschen Heeresgruppen Mitte und Nord zugleich entscheidend zu schlagen, zersplitterte ihre Kräfte und ließ ihre Offensive schließlich festlaufen.

Als die deutschen Rückschläge begannen, fürchtete Hitler vor allem deren psychologische Auswirkung auf Front und Heimat. Den Gedanken, das Heer für den Winter rechtzeitig auf eine zurückliegende, kürzere Front zurückzunehmen, lehnte er vor allem aus Prestigegründen ab und weil er befürchtete, die Absetzbewegung nicht mehr auffangen zu können. Das elastischere, operative Denken des OKH blieb ihm völlig fremd, im Gegenteil ließ ihn sein Mißtrauen unter Umgehung der Heeresleitung immer öfter mit den Heeresgruppen und Armeen direkt verkehren und selbst taktische Bewegungen auf Divisions-, ja sogar Regimentsebene von seiner Entscheidung abhängig machen. »Das OKH ist kaum mehr Briefträger«, schrieb Halder am 7. Dezember resignierend in sein Tagebuch.[50] Am 16. Dezember hatte Hitler seinen berühmten »Halte-Befehl« gegeben, mit dem er jede freiwillige Rückzugsbewegung verbot und anordnete, »die Truppe zum fanatischen Widerstand in ihren Stellungen zu zwingen, ohne Rücksicht auf durchgebrochenen Feind in Flanke und Rücken«.[51] Damit war jegliches Operieren unter Ausnutzung des Raumes unterbunden. Drei Tage später legte der an einer Herzkrankheit leidende Oberbefehlshaber des Heeres, Generalfeldmarschall v. Brauchitsch, der zu Hitler jegliche Beziehung auf persönlicher und sachlicher Ebene verloren hatte, sein Amt nieder. Hitler übernahm nunmehr den Oberbefehl über das Heer selbst. Am gleichen Tage wurde auch Generalfeldmarschall v. Bock als Oberbefehlshaber der Heeresgruppe Mitte aus »gesundheitlichen Gründen« durch Generalfeldmarschall v. Kluge ersetzt. Hitler griff nunmehr rücksichtslos durch: wegen eigenmächtiger Verstöße gegen den »Halte-Befehl« wurden z. B. die verdienten Führer zweier Panzerarmeen – Guderian und Hoepner – abberufen, letzterer sogar aus der Wehrmacht ausgestoßen.

Gewiß mochte Hitlers Durchhaltebefehl im Winter 1941/42 aus psychologischen Gründen gerechtfertigt gewesen sein und vielleicht zum Halten der Front in »Igelstellungen« beigetragen haben. Verhängnisvoll wurde aber, daß Hitler aus einer einmaligen Aushilfe später ein Prinzip machte, das in kritischen Situationen an die Stelle operativer Wendigkeit zur Wiedergewinnung der Handlungsfreiheit ein starres Halten gewonnener Positionen setzte. Auch den Gedanken, in einer entscheidenden Situation das Letzte aus der Truppe herauszuholen, machte Hitler zur Dauermaxime. Neben dieser Radikalisierung und Totalisierung der Kriegführung offenbarte sich im Rußlandfeldzug vor allem eines: ihre Ideologisierung.

Bereits am 30. März 1941 hatte Hitler in einer Ansprache die Befehlshaber der Wehrmacht darauf hingewiesen, daß dieser Feldzug ein Kampf zwischen zwei Weltanschauungen sein werde, der die physische Vernichtung der Träger der kommunistischen Ideologie erfordere. Ihren Niederschlag fanden diese Gedanken Hitlers in dem berüchtigten »Kommissar-Befehl« vom 6. Juni 1941, den nur die Oberbefehlshaber schriftlich in die Hand bekamen mit der Weisung, ihn mündlich an die Truppe weiterzuleiten. Er bestimmte, daß politische Kommissare unter den Kriegsgefangenen sofort abzusondern und »zu erledigen« seien.[52] Bereits in den Richtlinien vom 13. März 1941 war außerdem bestimmt worden, daß der Reichsführer SS Himmler im Operationsgebiet des Heeres Sonderaufgaben auszuführen habe, »die sich aus dem endgültig auszutragenden Kampf zweier entgegengesetzter politischer Systeme ergeben«, und daß Himmler diese Aufgaben getrennt vom Heer »selbständig und in eigener Verantwortung« erfülle.[53] Ähnlich wie in Polen wurde damit die Grundlage für die Tätigkeit von »Einsatzgruppen« zur Massenliquidierung von rassisch und politisch »unerwünschten Elementen« auch in den neu eroberten Ostgebieten gelegt – Aktionen, in die sich die Wehrmachtbefehlshaber nicht einzumischen hatten. Das sowjetische Angebot vom 17. Juli 1941, die Regeln der Haager Landkriegsordnung von 1907 gegenseitig als verbindlich zu betrachten, wurde von Hitler unter diesen Umständen totgeschwiegen. Gewiß war der Zweite Weltkrieg von Anfang an auch eine Auseinandersetzung zwischen den beiden Ideologien der Demokratie und des Nationalsozialismus gewesen, jedoch hatte sich dieser ideologische Kampf im großen und ganzen bis dahin noch nicht auf eine Ausschaltung der völkerrechtlichen Regeln der Kriegführung ausgewirkt, die daher gerade in Rußland auf beiden Seiten durch besondere Erbitterung gekennzeichnet war. Auf deutscher Seite kam zu dem von Hitler propagierten ideologischen Vernichtungskampf gegen den Bolschewismus hinzu, daß Rußland »nicht mehr als Subjekt der europäischen Politik«[54], sondern als deutsche Lebensraum-Beute angesehen wurde, bei deren Besitzergreifung auf die Lebensinteressen der betroffenen Bevölkerungsteile nicht die geringste Rücksicht genommen werden sollte. Wenn Hitler das militärische Ziel verfolgte, die

Sowjetunion so rasch wie möglich niederzuwerfen, so handelte er diesem Ziel auf politischem Gebiet geradezu entgegen: mit einer Ausrottungs- und Unterdrückungspolitik konnten weder die Sowjets friedensbereit gemacht noch das bolschewistische System von innen heraus gestürzt werden, sie mußte vielmehr das gesamte russische Volk im Abwehrkampf gegen den deutschen Angreifer zusammenschweißen.

Als der Widerstand der Sowjetunion bis zum Jahresende 1941 nicht gebrochen werden konnte, wurde Wirklichkeit, was Hitler an der deutschen Strategie des Ersten Weltkrieges stets kritisiert und selbst zu vermeiden gesucht, aber durch seine Unterschätzung der Sowjetunion dennoch herbeigeführt hatte: der Zweifrontenkrieg mit mehreren feindlichen Großmächten, die damit trotz ihrer Gegensätze in ein gemeinsames anti-deutsches Bündnis zusammengeführt wurden. Zur Weite des russischen Raumes und dem Menschenreservoir im Osten trat nun an allen Fronten in vollem Ausmaß das Rüstungspotential einer Weltmacht, die bis dahin schon zum »Arsenal der Demokratie« geworden war und der Hitler im Dezember 1941 ebenfalls den Krieg erklärte – den Vereinigten Staaten von Amerika.

11. Kapitel
Die Vereinigten Staaten von Amerika und der europäische Hegemonialkrieg: Amerikas Weg in das »unnatürliche Bündnis«

Als im September 1939 in Europa der Krieg ausbrach, erklärten die Vereinigten Staaten ihre Neutralität. Die überwiegende Mehrheit der Amerikaner wurde zu jener Zeit von zwei Gedanken beherrscht: von dem Wunsch, die Vereinigten Staaten unter allen Umständen aus diesem Krieg herauszuhalten, und vom Wunsch, die europäischen Westmächte aus diesem Krieg als Sieger hervorgehen zu sehen. Der letzte Wunsch hatte zunächst ideologische Gründe – die innere Verbundenheit mit der politischen Ideenwelt der europäischen Demokratien und die Abneigung gegen das totalitäre Regime des Nationalsozialismus. Dieser Wunsch war aber durchaus auch realpolitisch begründet. Seit den Tagen Monroes, seitdem England und seine Flotte die Intervention der kontinentaleuropäischen Heiligen Allianz zur Wiederaufrichtung des monarchischen Prinzips in Amerika verhindert hatten, wurden die »Pax britannica«, die Kontrolle des Atlantik durch England, und ihre Grundlage, das europäische Gleichgewicht, für die Vereinigten Staaten zu Faktoren der eigenen nationalen Sicherheit. Die Beherrschung des Atlantik durch die englische Flotte, für deren wohlwollendes Verhalten die Amerikaner stets Kanada mit seinen unbefestigten Grenzen als Geisel in der Hand hielten, ermöglichte die Konzentration der amerikanischen Flotte im Pazifik. Die Überzeugung, daß die Sicherheit der Vereinigten Staaten und der westlichen Hemisphäre auf dem Fortbestand Englands und Frankreichs beruhe, war daher 1939 anerkannter Grundsatz des amerikanischen strategischen Denkens und bereits der ersten »Rainbow«-Pläne zur Verteidigung der westlichen Hemisphäre vom Sommer jenes Jahres. Bereits vor diesem Zeitpunkt machte die amerikanische Regierung den europäischen Demokratien die auf realpolitischer Überlegung beruhende Mitteilung, daß die Vereinigten Staaten bei einer drohenden Erschöpfung dieser Mächte aus Gründen der eigenen Sicherheit von ihrer Isolationspolitik abgehen würden. Sie erklärte dabei aber zugleich ausdrücklich, daß diese Feststellung auf keinen Fall eine bindende Zusage für ein etwaiges Eingreifen in einen europäischen Konflikt darstelle. Als später in den Hauptstädten verschiedener von

Deutschland besetzter Länder diplomatische Papiere dieses Inhalts gefunden wurden, hat die nationalsozialistische Propaganda aus diesen Mitteilungen eine »Kriegsschuld« Roosevelts konstruieren wollen, der die europäischen Mächte in den Krieg gegen Deutschland getrieben habe, indem er ihnen Unterstützung zusagte. Um die amerikanische Haltung in einem europäischen Kriege vorauszusehen, hätte es wahrlich dieser »Geheimdokumente« nicht bedurft: vergebens hatte die deutsche Botschaft in Washington seit 1937 in ihren Berichten nach Berlin gewarnt, daß die Vereinigten Staaten im Falle eines deutsch-englischen Konfliktes ihr Schwergewicht in die englische Waagschale werfen würden.

Die amerikanische Regierung glaubte im Jahre 1939 nicht an die Notwendigkeit, zur Erhaltung des Gleichgewichts in Europa aktiv eingreifen zu müssen. Sie hielt es für ausreichend, wenn die Westmächte die Möglichkeit erhielten, sich in Amerika mit Waffen und Rohstoffen zu versorgen, um den deutschen Rüstungsvorsprung einzuholen. Dafür mußte aber das Neutralitätsgesetz aus dem Jahre 1937 abgeändert werden, dessen Bestimmungen mit der Neutralitätserklärung der Vereinigten Staaten am 5. September 1939 in Kraft getreten waren und das unter anderem ein Ausfuhrembargo für Waffen und Kriegsmaterial an kriegführende Staaten vorsah. Noch im Juli 1939 hatte der amerikanische Kongreß eine Streichung des Waffenembargos abgelehnt. Diese Haltung bestärkte Hitler in der Auffassung, daß er bei der Verfolgung seines Hegemonialziels in Europa auf Jahre hinaus nicht mit den Vereinigten Staaten zu rechnen brauche. Erst nach Kriegsausbruch erreichte Roosevelt in einer von ihm einberufenen außerordentlichen Sitzung des Kongresses die Streichung des Embargos. Zugleich wurden aber weitere Bestimmungen in das Neutralitätsgesetz eingefügt, die die Vereinigten Staaten aus dem Kriege heraushalten sollten. Einmal sollte der Verkauf von Waffen und Kriegsmaterial nur bei »cash and carry«, d. h. bei sofortiger Barzahlung und Abtransport auf nichtamerikanischen Schiffen erfolgen. Zum anderen wurde den amerikanischen Schiffen das Befahren bestimmter gefährdeter Gewässer (combat areas) und damit zugleich das Anlaufen der Häfen kriegführender Staaten verboten. Dieses neue Neutralitätsgesetz, das am 4. November 1939 in Kraft trat, ermöglichte in der Praxis ausschließlich den seebeherrschenden Westmächten, in den Vereinigten Staaten Kriegsmaterial einzukaufen. Deutschland zog lediglich aus dem partiellen amerikanischen

Verzicht auf die Freiheit der Meere insoweit Vorteil, als seine Gegner den neutralen amerikanischen Schiffsraum für die Transporte in ihre Häfen nicht ausnutzen konnten.

Auf der Interamerikanischen Außenministerkonferenz in Panama vom Herbst 1939, die der solidarischen Aufrechterhaltung der Neutralität aller Staaten der westlichen Hemisphäre diente, wurde auf Roosevelts Anregung hin am 3. Oktober die Erklärung einer Sicherheitszone um den amerikanischen Kontinent südlich Kanadas mit einer unterschiedlichen Breite von 300 bis 1000 Meilen beschlossen, innerhalb deren die Kriegführenden keine kriegerischen Handlungen vornehmen sollten. Die Deklaration blieb aber praktisch unwirksam, da beide kriegführenden Parteien sie zurückwiesen und die Kampfhandlungen auch innerhalb dieser Zone fortsetzten.

Obwohl Roosevelt nicht an die Möglichkeit eines Friedensschlusses in Europa glaubte, solange in Deutschland das nationalsozialistische Regime mit seiner extremen außenpolitischen Zielsetzung am Ruder war, sollten doch zumindest die Möglichkeiten untersucht werden, das europäische Gleichgewicht durch die Herbeiführung eines Friedens zu bewahren, bevor der »Sitzkrieg« mit einer Offensive im Westen in eine Phase gegenseitigen Hasses und Erbitterung übergehen mußte. Die zur Einziehung entsprechender Informationen unternommene Mission des Unterstaatssekretärs im State Department, Sumner Welles, in die Hauptstädte der Kriegführenden und nach Rom im Februar/März 1940 zeigte jedoch die völlige Aussichtslosigkeit eines solchen Unterfangens.

Die deutsche Besetzung Nord- und Westeuropas, der Kriegseintritt Italiens, der Zusammenbruch Frankreichs und die drohende Invasion der englischen Insel, ferner die gleichzeitige Ausnutzung der deutschen Erfolge durch Japan in Ostasien und der Abschluß des Dreimächtepaktes ließen die Gefahr eines eurasiatisch-afrikanischen Blocks unter den totalitären Hegemonialmächten verstärkt heraufkommen und bewirkten vor allem die allmähliche Aufrüstung der Vereinigten Staaten, um eine ausreichende Verteidigung der westlichen Hemisphäre zu garantieren. Amerika begann – zunächst langsam und nicht ohne Schwierigkeiten – mit der wirtschaftlichen Mobilisierung. Die Rüstungsproduktion der Vereinigten Staaten als nichtkriegführender Staat stieg – nach den Preisen von 1944 berechnet – von 0,6 Milliarden Dollar im Jahre 1939 über 1,5 Milliarden 1940 auf immerhin 4,5 Milliarden im Jahre 1941 (Deutschland 1941:

6,0; England 6,5; Sowjetunion 8,5 Mrd.). Im Juli 1940 beschloß der Kongreß den Aufbau einer »Two-ocean Navy«, die bis 1946 fertiggestellt sein sollte. Im September wurde – zum ersten Male im Frieden – die Wehrpflicht eingeführt. Der Bestand des regulären amerikanischen Heeres einschließlich der Nationalgarde der Einzelstaaten stieg von 388000 Mann im Jahre 1939 auf 500000 im Jahre 1940 und fast 1,5 Millionen 1941. Für den Krieg in Europa aber wurde entscheidend, daß die materielle Unterstützung der Gegner der Achsenmächte »short of war« – d. h. außer durch einen Kriegseintritt der Vereinigten Staaten – nunmehr offiziell zum Ziel der amerikanischen Regierung erklärt wurde. Damit wechselten die Vereinigten Staaten von der Neutralität offen in den Status der »Nichtkriegführung« über. Zwar beteuerte Hitler, daß Deutschland die Monroe-Doktrin respektieren und nichts anderes als die gleiche Doktrin für Europa in Anspruch nehmen wolle, um damit die Vereinigten Staaten vom nationalsozialistischen Hegemonialkrieg in Europa fernzuhalten. Aber die amerikanische Regierung ging nicht das Risiko ein, die potentielle Gefahr für die Vereinigten Staaten durch Tatenlosigkeit zu einer akuten werden zu lassen. Da die amerikanische Rüstungsproduktion im Juni 1940 noch nicht angelaufen war, räumte die Regierung die Arsenale ihrer Streitkräfte von meist veraltetem überzähligem Material und verkaufte es durch Vermittlung amerikanischer Privatfirmen an die Westmächte. Für Frankreich kam diese Hilfe zu spät; aber für England, das seine Waffen in Dünkirchen verloren hatte, war sie von unschätzbarem Wert. Um dem von der Abschnürung zur See bedrohten England zu helfen, entschloß sich Roosevelt am 3. September 1940 sogar, fünfzig veraltete, aber zur U-Boot-Bekämpfung noch brauchbare Zerstörer gegen Überlassung einer Reihe von Stützpunkten auf den britischen Atlantikinseln von Neufundland bis Britisch-Guayana – die für die Verteidigung der westlichen Hemisphäre von beträchtlichem Nutzen waren – zu überlassen. Kennzeichnend für die Sorge der amerikanischen Regierung um die Sicherheit im Atlantik war, daß sie sich bei dieser Gelegenheit von Churchill das formelle Versprechen geben ließ, daß die englische Flotte im Falle einer erfolgreichen deutschen Invasion Großbritanniens nicht an den Feind übergeben oder versenkt, sondern in die britischen Besitzungen jenseits des Atlantik übergeführt werden würde.

Nachdem Roosevelt am 5. November 1940 zum dritten Male

Präsident geworden war, verstärkte er seine Politik, Amerika zum »Arsenal der Demokratie« zu machen. Zu diesem Zweck mußte vor allem eine Schwierigkeit überwunden werden: die herannahende Erschöpfung der englischen Dollarreserven, die im Herbst 1940 – von 4,5 Milliarden bei Kriegsausbruch – auf 2 Milliarden gesunken waren und deren rasches Schwinden eine weitere Barzahlung der Lieferungen in absehbarer Zeit unmöglich machen mußte. Das Ergebnis der Bemühungen Roosevelts, aus der Englandhilfe »das Dollarzeichen auszuschalten«, war die Verabschiedung des Leih- und Pachtgesetzes (Lend-Lease Act) vom 11. März 1941 durch den Kongreß, das den Präsidenten ermächtigte, jedem Staat Waffen und Kriegsmaterial zu leihen oder zu verpachten, »dessen Verteidigung der Präsident für die Verteidigung der Vereinigten Staaten für lebenswichtig erachtet«.[55] Der Kongreß bewilligte zunächst einen Betrag von 7 Milliarden Dollar, der sich im Laufe des Krieges schließlich auf insgesamt 50 Milliarden Dollar erhöhen sollte.

Die logische Folge einer Überlassung von Kriegsmaterial an England war die Sicherung seines Transports an den Bestimmungsort. Dieser Konsequenz eingedenk, hatten die Gegner des Leih- und Pachtgesetzes die Annahme eines Zusatzes durchgesetzt, daß das Gesetz die Regierung keinesfalls ermächtige, amerikanische Kriegsschiffe für den Geleitschutz englischer Konvois einzusetzen. Damit konnte jedoch nicht verhindert werden, daß die US-Navy anderweitig an der Sicherung der lebenswichtigen Atlantikroute beteiligt wurde. Diese Aufgabe wurde um so dringender, als Deutschland sein Operationsgebiet für den uneingeschränkten U-Boot-Krieg am 25. März 1941 auf die Gewässer um Island bis an die Westküste Grönlands ausgedehnt hatte. Der erste amerikanische Schritt bestand im Abschluß eines Vertrages mit dem Gesandten des von Deutschland besetzten Dänemark am 9. April 1941, der die Vereinigten Staaten zur Einrichtung militärischer Stützpunkte in Grönland ermächtigte, die die kürzeste Atlantikroute flankierten und die Überführung von Flugzeugen nach England erleichterten. Als die Regierung in Kopenhagen auf Veranlassung Deutschlands, das an der grönländischen Ostküste für die Seekriegführung wertvolle meteorologische Stationen errichtet hatte, diese Vereinbarung für nichtig erklärte und den Gesandten zurückberief, erkannte der amerikanische Außenminister Hull diesen Protest nicht an, da er unter deutschem Druck erfolgt sei. Am 10. April – nach dem Zusammenbruch der Verteidigung Italienisch-Ostafrikas – erklärte Roosevelt, daß die Mündung des Roten Meeres nicht mehr Kampfzone sei und daher von amerikanischen Schiffen befahren werden dürfe, so daß nunmehr die Versorgung der britischen Ägyptenfront durch die amerikanische Schiffahrt ermöglicht wurde. Ferner schob die amerikanische Regierung die Sicherheitszone der westlichen Hemisphäre bis zum 26. Grad Westlänge – bis über die Mitte des Nordatlantik – nach Osten vor. Die US-Navy wurde angewiesen, alle Schiffe der Achsenmächte westlich dieser Linie zu beschatten und deren Standort in regelmäßigen Abständen per Funk zu übermitteln, um dadurch englische Schiffe zu warnen und die britische U-Boot-Abwehr zu alarmieren. Als Antwort auf die Versenkung des US-Handelsschiffes »Robin Moor« durch ein deutsches U-Boot im Südatlantik – die erste Verletzung amerikanischer Neutralitätsrechte durch Deutschland – ließ Roosevelt noch im Juni die Guthaben Deutschlands und Italiens in den Vereinigten Staaten einfrieren und die Konsulate beider Länder wegen »subversiver Tätigkeit« schließen. Nach einer Vereinbarung mit Churchill und der Regierung Islands, das sich nach der englischen Besetzung schließlich im Mai 1941 zur Lösung seines Bundes mit dem deutschbesetzten Dänemark entschlossen hatte, landeten am 7. Juli 1941 amerikanische Marinetruppen auf der Insel, um deren militärischen Schutz schrittweise aus den Händen der Engländer zu übernehmen. Roosevelt begründete diesen Akt unter anderem offen mit der Notwendigkeit, den »ununterbrochenen Strom von Kriegsmaterial nach Britannien« zu schützen. In seiner Botschaft an den Kongreß erklärte er ferner, daß er alle erforderlichen Schritte befohlen habe, um die Verbindung nach Island zur Versorgung der dort stationierten US-Truppen zu sichern und zu diesem Zweck alle amerikanischen und isländischen Schiffe »gegen feindlichen Angriff oder Angriffsdrohung« zu verteidigen.[56] Selbst wenn Deutschland in seinem Island umschließenden Operationsgebiet aus außenpolitischen Überlegungen auf amerikanische Schiffe Rücksicht nahm, konnten dadurch über kurz oder lang bewaffnete Zusammenstöße mit deutschen U-Booten nicht ausbleiben. Am 4. September wurde der US-Zerstörer »Greer«, nachdem er ein U-Boot über drei Stunden lang verfolgt und dessen Position gefunkt hatte, mit zwei ihr Ziel verfehlenden Torpedos angegriffen und verteidigte sich mit Wasserbomben. Daraufhin erklärte Roosevelt am 11. September, daß die US-Navy jedes Kriegsschiff der Achsenmächte in Gewässern, deren Schutz für die amerikanische Verteidigung notwendig sei, bekämpfen werde. Dieser »Schießbefehl« (shoot-on-sight-order) Roosevelts, der nunmehr den Angriff auf Schiffe der Achsenmächte freigab, ohne deren Angriff abzuwarten, ferner die Übernahme des Geleitschutzes auch für englische Schiffe von der amerikanischen Küste bis Island – sozusagen »von einem amerikanischen Stützpunkt zum anderen« – spitzte die Lage zwischen Deutschland und den Vereinigten Staaten immer mehr zu. Als die amerikanische Seekriegsleitung Mitte September im westatlantischen Raum sogar das operative Kommando auch über die von britischen, kanadischen und sonstigen alliierten Kriegsschiffen geleiteten Konvois übernahm – die britische Admiralität gab hier aufgrund ihrer besseren Kenntnis der Feindlage für die Steuerung der Geleitzüge nur noch Empfehlungen – war die amerikanische Marine bereits zum aktiven Verbündeten der Royal Navy geworden.

Trotz wiederholter Gegenvorstellungen der deutschen Seekriegsleitung beharrte Hitler – der Roosevelt keinen Vorwand geben wollte, das amerikanische Volk in den Krieg führen zu können – auch nach Roosevelts »Schießbefehl« auf seiner Anweisung, amerikanische Schiffe nur in der ursprünglichen Operationszone um England anzugreifen. Er nahm die amerikanischen Übergriffe hin und bemühte sich, einen bewaffneten Konflikt mit den Vereinigten Staaten zu vermeiden. Zwar wurden in Presse und Rundfunk seit der Jahreswende 1940/41 Angriffe gegen Roosevelt und seine Regierung entfesselt – aber nur, um den amerikanischen Isolationisten in ihrem innenpolitischen Kampf Hilfestellung zu geben. Von der dem Dreimächtepakt zugrunde liegenden Absicht, die Vereinigten Staaten aus dem Krieg herauszuhalten, wurde schon in anderem Zusammenhang gesprochen (vgl. S. 95).

Roosevelts Maßnahmen führten schließlich zu den von ihm beabsichtigten bewaffneten Zwischenfällen zur See: am 17. Oktober wurde der US-Geleitzerstörer »Kearney« beschädigt und am 31. Oktober der Zerstörer »Reuben James« versenkt. Unter dem Eindruck dieser Ereignisse nahm der Kongreß den Antrag zur Revision des Neutralitätsgesetzes von 1939 an. Die Änderungen, die am 17. November 1941 in Kraft traten, erlaubten nunmehr der amerikanischen Handelsmarine, ihre Schiffe zu bewaffnen, Kriegsgebiete zu befahren und Transporte in die Häfen kriegführender Staaten zu übernehmen. Die Absicht, amerikanische Handelsschiffe nach ihrer Bewaffnung schrittweise auf den Routen nach England und Archangelsk einzusetzen, wurde jedoch vor der deutschen Kriegserklärung nicht mehr verwirklicht.

Das Eingreifen der Amerikaner machte sich in der dritten Phase der Atlantikschlacht (April – Dezember 1941) stark bemerkbar. Durch die Entlastung der englischen Streitkräfte im Westatlantik konnten die Geleitzüge stärker gesichert werden, so daß sie von einzelfahrenden U-Booten kaum mehr mit Erfolg angegriffen werden konnten. Ab August wurden daher Suchgruppen von ca. 15 Booten gebildet, deren Aktionen mehrmals Erfolge aufwiesen und am 9./11. September vor Grönland zur bisher größten Geleitzugschlacht führten, bei der aus einem Konvoi von 63 Schiffen 20 herausgeschossen wurden. In dieser Phase der Atlantikschlacht konnten die deutschen U-Boote trotz der englisch-amerikanischen Maßnahmen bei 21 Eigenverlusten 325 Schiffe mit insgesamt über 1,5 Millionen BRT versenken, die Hilfskreuzer ferner 125550 BRT und Fernkampfflugzeuge 79677 BRT. Den Engländern gelang es in dieser Phase erstmals, in den meistverwendeten Schlüsselbereich der deutschen Marine – ab 1942 »Hydra« genannt – einzubrechen. Dieser Erfolg beruhte auf der Erbeutung von Unterlagen, vor allem der jeweils für einen Zeitraum von mehreren Wochen vorgesehenen Tagesschlüssel, die von aufgebrachten deutschen Schiffen stammten und im Juni und Juli ein fast gleichzeitiges Mitlesen des deutschen U-Bootfunkverkehrs erlaubten. Dadurch waren die Engländer öfters in der Lage, ihre Geleitzüge um die U-Bootaufstellungen herumzuführen und Geleitschutz von nicht bedrohten Konvois herbeizuholen. Durch dieses Verfahren konnten sie die Schiffsverluste im zweiten Halbjahr 1941 nach vorsichtiger Schätzung um 1 Million BRT vermindern. Es ermöglichte ihnen ferner, die im Mittelatlantik stationierten deutschen Tank- und Versorgungsschiffe zu versenken oder aufzubringen, so daß deutsche Schiffe im Atlantik künftig nur noch durch U-Tanker (»Milchkühe«) versorgt werden konnten. Auch nach Auslaufen des erbeuteten Schlüsselmaterials im Juli 1941 gelang es Bletchley Park mit Hilfe der gewonnenen Kenntnisse und durch Kapazitätserweiterung der »Bombes«, den »Hydra«-Schlüssel in den folgenden Monaten bis Januar 1942 mit nur ein bis zwei Tagen Verzögerung weiter zu entziffern. Mit dem Verlust des Überwasser-Versorgungssystems, der Vervollkommnung des Flugzeug- und Radar-Beobachtungsnetzes und damit der allmählich zunehmenden Kontrolle der Oberfläche des Atlantik durch die Engländer und Amerikaner kam der Handelskrieg deutscher Überwasserstreitkräfte völlig zum Erliegen. Die letzte Atlantikoperation der schweren deutschen Seestreitkräfte Ende Mai 1941 endete damit, daß das neu in Dienst gestellte größte deutsche Schlachtschiff »Bismarck« (42000 Tonnen) nach Durchbruch durch die Dänemarkstraße von überlegenen englischen Seestreitkräften gestellt wurde und nach der Vernichtung des britischen Schlachtschiffes »Hood« und tapferer Gegenwehr am 27. Mai im Atlantik sank. Bei der Versenkung der »Bismarck« spielte »Ultra« keine Rolle, da die Entzifferung der deutschen Funkmeldungen zu spät kam, um die Operation zu beeinflussen.

Neben der Entlastung Englands in der Atlantikschlacht zur Sicherung der Materialtransporte hatte das Leih- und Pachtverfahren noch eine andere Konsequenz: die Proklamierung der Kriegsziele. Das amerikanische Volk wollte wissen, wofür das von seinen Steuergeldern unterstützte England in diesem Kriege kämpfte, und die amerikanische Regierung wollte diesmal nicht wie 1918/19 bei der Gestaltung des Friedens vor vollendete Tatsachen gestellt werden. Vor der Bucht von Placentia (Neufundland) trafen sich daher Roosevelt und Churchill vom 9. bis 12. August 1941 auf Kriegsschiffen zu ihrer ersten, der sogenannten Atlantikkonferenz. Neben der Erörterung der Hilfelieferungen und der Unterstützung Englands im Atlantik sowie strategischer Pläne für die Niederwerfung Deutschlands – bei denen die Amerikaner jedoch zur Enttäuschung der Engländer jede vertragliche Bindung für eine eventuelle spätere Durchführung vermieden – wurden vor allem die Kriegs- und Friedensziele besprochen. In einer gemeinsamen Erklärung, der »Atlantik-Charta« vom 14. August 1941, stellten beide Regierungen fest, daß ihre Länder »keine territoriale oder sonstige Vergrößerung« erstrebten und keine Gebietsänderungen beabsichtigten, »die nicht mit den frei geäußerten Wünschen der betroffenen Völker übereinstimmen«. Als weitere Ziele des zukünftigen Friedens waren in Anlehnung an Wilsons 14 Punkte vom Januar 1918 vorgesehen: Selbstbestimmungsrecht der Völker und dessen Wiederherstellung in Europa, internationale wirtschaftliche Zusammenarbeit, gleicher Zugang für große und kleine Nationen zu den Rohstoffen der Welt, Freiheit der Meere, allgemeine Verminderung der Rüstung und Entwaffnung der aggressiven Staaten bis zur Errichtung eines »umfassenderen und dauernden Systems der allgemeinen Sicherheit« – der späteren UN-Organisation. Mit der Zielsetzung des Artikels 6, daß »nach der endgültigen Vernichtung der nationalsozialistischen Tyrannei«[57] – die nur durch Waffengewalt erreicht werden konnte – eine gerechte Friedensordnung errichtet werden sollte, identifizierten sich die Vereinigten Staaten eindeutig mit dem Ziel der militärischen Niederwerfung Deutschlands. Ein weiterer bedeutungsvoller Besprechungspunkt auf der Atlantikkonferenz war die Frage einer Unterstützung der Sowjetunion, deren Widerstandskraft sich schon jetzt als wesentlich stärker erwies, als die amerikanischen und englischen Militärexperten angenommen hatten. Damit begann der Weg der Vereinigten Staaten in jenes »unnatürliche Bündnis«, das sich in der Zeit nach Hitlers Überfall auf die Sowjetunion zwischen England und Rußland entwickelt hatte.

Noch am Abend des Tages, an dem Deutschland die Sowjetunion angegriffen hatte, am 22. Juni 1941, nahm Churchill in einer Rundfunkansprache zu Hitlers Schlag gegen jene Macht Stellung, die den deutschen Kampf gegen die Westmächte bislang durch ihre Politik, ihre Rohstofflieferungen und ihre Propaganda-Angriffe gegen die westlichen »imperialistischen Kriegstreiber« unterstützt hatte. Churchill führte aus, der Kommunismus unterscheide sich nicht wesentlich vom Nationalsozialismus, und er nehme kein Wort von dem zurück, was er als Gegner des Kommunismus seit fünfundzwanzig Jahren gesagt habe. Aber vor dem Schauspiel, das jetzt vor den Augen der Welt abrolle, versinke »die Vergangenheit mit ihren Verbrechen, ihren Torheiten und Tragödien«.[58] Hitler irre, wenn er glaube, mit seinem Angriff auf Rußland eine Änderung in der Zielsetzung der demokratischen Mächte bewirken zu können, denn es sei lediglich Hitlers Absicht, England nach der erhofften Niederwerfung Rußlands um so leichter in die Knie zwingen zu können. Im englisch-sowjetischen Vertrag vom 12. Juli 1941 verpflichteten sich beide Partner, »einander in dem gegenwärtigen Kriege gegen Hitler-Deutschland Hilfe und Unterstützung jeder Art zu leisten«[59] und ohne gegenseitiges Einverständnis mit Deutschland keinen Waffenstillstand oder Frieden zu schließen. Trotz dem großen eigenen Bedarf begann England zur Unterstützung der Sowjetunion kriegswichtiges Material zu liefern, darunter vor allem größere Mengen Gummi und bis Anfang Oktober 450 Jagdflugzeuge.

Auch die Amerikaner erklärten in ihrer ersten offiziellen Reaktion auf den deutschen Rußlandeinfall – einer durch den

Unterstaatssekretär Sumner Welles herausgegebenen Verlautbarung –, daß zwar die kommunistische Diktatur dem amerikanischen Denken ebenso »unerträglich und fremd« sei wie die nationalsozialistische, daß sich aber alle gegen Hitler kämpfenden Kräfte zusammenscharen müßten, gleich aus welchem Lager sie kämen. Ende Juli 1941 flog der Vertraute Roosevelts, Harry Hopkins, über London nach Moskau, um sich in persönlichen Unterredungen mit Stalin über die militärische Lage und die Bedürfnisse Rußlands zu informieren. Hopkins, der auf dem Rückweg zusammen mit Churchill zur Atlantikkonferenz fuhr, überzeugte Roosevelt von der russischen Widerstandskraft und der Nützlichkeit einer materiellen Unterstützung der Sowjetunion. Noch während der Konferenz richteten daher Roosevelt und Churchill an Stalin ein Telegramm, in dem sie die Entsendung von Vertretern nach Moskau vorschlugen, um die langfristige Regelung einer Hilfeleistung zu vereinbaren. Das Ergebnis der Besprechungen der englisch-amerikanischen Mission unter Lord Beaverbrook und Averell Harriman mit Stalin auf der Moskauer Konferenz vom 28. September bis 1. Oktober war ein Protokoll, in dem Lieferungen für den Zeitraum von Oktober 1941 bis Juni 1942 festgesetzt wurden. Zunächst wurden Hilfeleistungen in Höhe von 1 Milliarde Dollar im Rahmen des Leih- und Pachtverfahrens vorgesehen, aber im Gegensatz zu derartigen Lieferungen an England Rückzahlungsmodalitäten für die Zeit nach dem Kriege vereinbart. Diese Rückzahlungsbestimmungen fielen jedoch durch eine Neuregelung vom 11. Juni 1942 weg, nachdem die gegen eine Hilfe an das bolschewistische Rußland gerichtete Stimmung in Amerika sich geändert hatte. Am 7. November 1941 – dem Jahrestag der bolschewistischen Revolution – erklärte Roosevelt die Einbeziehung der Sowjetunion in das Lend-Lease-Programm, das den Russen bis Kriegsende Lieferungen in Höhe von insgesamt 11 Milliarden Dollar einbringen sollte.

Das erste militärische Zusammenwirken der beiden kriegführenden Verbündeten England und Rußland erfolgte im Iran, wo sich unter starkem deutschem Einfluß, der mit Hitlers Plänen nach dem Rußlandfeldzug zusammenhing, die Ereignisse im Irak vom Frühjahr 1941 zu wiederholen drohten. Nach einer Zurückweisung der englischen Forderung auf Ausweisung der Deutschen durch die persische Regierung rückten am 25. August 1941 in Abadan gelandete britische Truppen von Süden und sowjetische Truppen von Norden her in Persien ein und besetzten am 17. September gemeinsam Teheran. Durch die Bildung einer englandfreundlichen Regierung und durch einen mit ihr abgeschlossenen Vertrag vom Januar 1942 wurde für die Alliierten ein Versorgungsweg vom Persischen Golf zum Kaspischen Meer gesichert, über den im Laufe von viereinhalb Jahren 5 Millionen Tonnen Material in die Sowjetunion befördert werden konnten.

Bis Anfang Dezember 1941 wurden zwischen den neuen Verbündeten England und Rußland darüber hinaus noch zwei Probleme geklärt: das Verhältnis der Sowjetunion zur polnischen Exilregierung und das Verhältnis Englands zu jenen osteuropäischen Staaten, die als deutsche Satelliten gegen Rußland kämpften. Bereits Ende Juli hatte die polnische Exilregierung Sikorski durch englische Vermittlung mit den Sowjets ein Abkommen geschlossen, in dem letztere die deutsch-sowjetischen Verträge über Polen für ungültig erklärten, ohne sich jedoch in der Frage der Grenzen eines wiederzuerrichtenden polnischen Staates festzulegen. Das Abkommen sah ferner die Entlassung der polnischen Kriegsgefangenen in der Sowjetunion und ihre Zusammenfassung in eigenen Divisionen vor und wurde am 4. Dezember 1941 durch einen Freundschafts- und Beistandspakt ergänzt. Zwei Tage später erklärte England nach einem vergeblichen Versuch, die Finnen wenigstens de facto zum Abbruch des Kampfes gegen Rußland zu bewegen, Finnland, Ungarn und Rumänien den Krieg.

Trotz allem war diese von Hitler gestiftete Kampfgemeinschaft ein »unnatürliches« Bündnis zwischen Mächten, deren Interessen nur in dem einen Punkt konform gingen, den gemeinsamen Gegner zu besiegen, das aber ansonsten von gegenseitigem Mißtrauen überschattet blieb. Zwischen den angelsächsischen Demokratien und Sowjetrußland sollte sich während des Krieges nie ein so enges Verhältnis der Zusammenarbeit entwickeln wie zwischen England und den Vereinigten Staaten. Auf dem Gebiet der Strategie kam es bis kurz vor Kriegsende überhaupt zu keiner gemeinsamen Planung. Auch auf kriegswirtschaftlichem Gebiet wurde eine echte gemeinsame Planung im Rahmen des Lend-Lease-Programms durch die Weigerung der Sowjets verhindert, genauere Angaben über ihre Kriegsproduktion, die Stärke und Verteilung ihrer Streitkräfte usw. zu machen.

Ungeachtet seiner »Unnatürlichkeit« war jedoch durch Hitlers Politik im Herbst 1941 das Bündnis zweier Großmächte

Realität geworden, die gegen Deutschland einen Zweifrontenkrieg führten und in steigendem Maße durch das Wirtschafts- und Rüstungspotential der stärksten Industriemacht der Welt unterstützt wurden. Mit dieser Weltmacht selbst aber war Deutschland durch die Politik des amerikanischen Präsidenten bereits in einen unerklärten »Schießkrieg« im Atlantik geraten, bevor der japanische Angriff auf Pearl Harbor vom 7. Dezember 1941 die Kriegserklärung der Achsenmächte an die Vereinigten Staaten auslöste.

12. Kapitel
Der Kampf um die »Neuordnung« Ostasiens und der japanische Angriff 1941: der Weg nach Pearl Harbor

Als der Krieg in Europa begann, führten die Japaner bereits seit zwei Jahren einen erbitterten Kampf gegen China. Von der Vorstellung getrieben, daß die durch ein schnelles Anwachsen seiner Bevölkerung verursachten chronischen wirtschaftlichen Schwierigkeiten – die japanische Bevölkerung stieg von 44 Millionen im Jahre 1900 auf 69 Millionen 1935 (ohne Außenbesitzungen) – nur durch gewaltsame Sicherung von Rohstoff- und Absatzgebieten sowie Siedlungsland für Auswanderer zu beheben seien, hatte Japan 1931 mit seiner Expansion auf dem asiatischen Festland im großen Maßstab begonnen. Die Mandschurei wurde von China losgerissen und im Februar 1932 ein japanischer Vasallenstaat Mandschukuo errichtet. Einen bewaffneten Zusammenstoß zwischen chinesischen Truppen und einer japanischen Abteilung an der Marco-Polo-Brücke unweit Pekings am 7. Juli 1937 nahm die japanische Armee zum Anlaß, ohne Kriegserklärung in Nordchina einzudringen. Noch vor Ausbruch des Krieges in Europa – bis Mitte 1939 – hatten die Japaner die fünf nordöstlichen Provinzen Chinas erobert, waren in Zentralchina bis Hankau vorgerückt und hatten die Haupthäfen entlang der gesamten chinesischen Küste sowie die ihr vorgelagerten Inseln in ihre Hand gebracht. Da sie auch das Hinterland des portugiesischen Hafens Macao und der britischen Kolonie von Hongkong besetzt hatten, blockierten sie praktisch die gesamte chinesische Küste, um die wirtschaftlichen Verbindungslinien der Kuomintang-Regierung nach Übersee abzuschneiden, die nunmehr nur noch über Französisch-Indochina und das britische Burma verliefen. Im Jahre 1939 erstarrten jedoch die Fronten in China zum Stellungskrieg.

Auf die Drangsalierung der internationalen Niederlassungen in China, die Tötung und Mißhandlung ihrer Staatsangehörigen, die Zerstörung ihres Eigentums, die Auferlegung diskriminierender Zölle, japanischer Handelskontrollen und Monopole konnten die anderweitig immer stärker gebundenen europäischen Westmächte nur mit papierenen Protesten antworten, zumal die isolationistische Stimmung in Amerika die Unterstützung aktiver Gegenmaßnahmen zunächst nicht zuließ. Die japanische Politik des Drucks und der Drohung suchte ein ostasiatisches »München«, die Anerkennung einer »Neuen Ordnung« in Ostasien zu erreichen, die dann auch China zum Nachgeben bewegen würde. In wiederholten Erklärungen proklamierte die japanische Regierung die Errichtung einer solchen »Neuen Ordnung«, die als Mindestziel die Bildung eines Japan, Mandschukuo und China umfassenden politischen, wirtschaftlichen und kulturellen Blocks unter Führung Tokios beinhaltete. Unter dem Eindruck der immer stärker werdenden Beeinträchtigung der traditionellen amerikanischen Politik der »Open Door« – der Offenhaltung Chinas für den Handel aller Nationen bei Wahrung der chinesischen Integrität – begann in den Vereinigten Staaten allmählich die Stimmung zugunsten eines generellen Ausfuhrverbots kriegswichtigen Materials gegen Japan umzuschlagen. Um für alle Fälle die Handlungsfreiheit für die Verhängung eines solchen Embargos zu gewinnen, kündigte die amerikanische Regierung am 26. Juli 1939 den Handelsvertrag mit Japan aus dem Jahre 1911 mit der Folge, daß er nach der vereinbarten Frist von sechs Monaten, d. h. am 26. Januar 1940 erlosch. Mit dem Ausbruch des europäischen Krieges verstärkte Japan trotzdem seinen Druck auf die ausländischen Niederlassungen in China.

Bei der Unmöglichkeit, die Regierung Tschiang Kai-schek zur Annahme eines Diktatfriedens zu bewegen, errichteten die Japaner am 30. März 1940 in Nanking eine chinesische »Nationalregierung« unter Wang Tsching-wei, einem Rivalen Tschiang Kai-scheks innerhalb der Kuomintang-Bewegung. Die amerikanische Regierung sah in diesem japanischen Schritt eine erneute Bestätigung der Hegemonialabsichten Japans auf ganz China, wie sie in den Bestimmungen des japanischen Friedensvertrages mit der Regierung Wang Tsching-wei vom November 1940 auch deutlich werden sollten. Sie erklärte sofort, daß sie nur die Kuomintang-Regierung als einzige legitime chinesische Regierung anerkennen würde. Wenn auch wirtschaftliche Sanktionen gegen Japan weiterhin außer Betracht blieben, hofften die Amerikaner doch, daß ihre Weigerung, die »Neue Ordnung« anzuerkennen, zusammen mit der faktischen Unmöglichkeit für Japan, China zu unterwerfen, die Japaner zum Verzicht auf ihre gewaltsam erstrebten politischen und wirtschaftlichen Ziele in Ostasien veranlassen würde.

Angesichts der Entwicklung des Krieges in Europa sollte sich die Politik der demokratischen Mächte, ein Ineinanderfließen dieses Krieges mit dem Ostasienkonflikt zu verhindern, als unmöglich erweisen. Bereits am Tage nach dem deutschen Einfall in den Niederlanden ließ die japanische Regierung den Westmächten und den Vereinigten Staaten Noten zugehen, daß jede Änderung des Status quo von Niederländisch-Indien die japanischen Interessen aufs stärkste berühren würde. Die Japaner dachten zu diesem Zeitpunkt noch nicht an ein militärisches Vorgehen gegen diese Gebiete. Japan »reservierte« sich vielmehr diese rohstoffreichen Inseln, bis sich nach der erhofften Niederlage Englands eine Einverleibung unter geringerem Risiko ermöglichen lassen würde. Der Versuch, Niederländisch-Indien durch diplomatischen Druck in die »Neue Ordnung« einzubeziehen und wirtschaftlich unter japanische Kontrolle zu bringen, scheiterte jedoch. Der Zusammenbruch Frankreichs eröffnete den Japanern dagegen die Möglichkeit, ihre Forderungen gegenüber dem ihrem militärischen Machtbereich näher liegenden Französisch-Indochina voll durchzusetzen. Mit der Drohung gewaltsamen Vorgehens erpreßten sie von der Vichy-Regierung die Einwilligung zu einer Besetzung Nord-Indochinas durch japanische Truppen. Am 22. September 1940 marschierten die Japaner in Nord-Indochina ein, standen damit an den Grenzen Thailands (Siams) und Burmas und hatten eine Basis zum Vorgehen gegen die südchinesische Provinz Yunnan gewonnen. Am 24. Juni 1940 hatte Japan ferner von der englischen Regierung die Sperrung der Burmastraße und Hongkongs für Kriegsmateriallieferungen an China gefordert. England gab nach und schloß die Burmastraße für drei Monate: vom 18. Juli bis zum 18. Oktober 1940.

Eine Niederlage Englands hätte das Kräfteverhältnis in Ostasien wesentlich verschoben: mit einer japanischen Besitzergreifung der englischen, französischen und niederländischen Besitzungen in Südostasien mußte die Gefahr eines chinesischen Zusammenbruchs in greifbare Nähe rücken. Die Errichtung einer japanischen Hegemonialmacht in Ostasien auf den Trümmern Chinas hätte auch hier das Gleichgewicht der Kräfte endgültig zerstört: Amerika hätte sich der von totalitären Mächten gemeinsam beherrschten Alten Welt gegenüber gesehen. Denn auch die Sowjets schienen zu dieser Zeit ihre Einflußsphäre mit den Achsenmächten und Japan auf friedlichem Wege abzugrenzen. Die Unterstützung Englands in Europa »short of war« und die Eindämmung der japanischen Expansion in Ostasien durch Wirtschaftsmaßnahmen war von Mitte 1940 an das Ziel der amerikanischen Regierung, das sie verfolgte, soweit es die isolationistische Stimmung im eigenen Lande zuließ. Vier Tage nach dem Einmarsch der Japaner in Französisch-Indochina und einen Tag vor der Unterzeichnung des andeutungsweise schon bekannt gewordenen japanischen Bündnisses mit den Achsenmächten erfolgte die erste amerikanische wirtschaftliche Boykottmaßnahme gegen Japan: am 26. September 1940 wurde ein Exportverbot für Eisen- und Stahlschrott erlassen, von dem nur Exporte nach Staaten der westlichen Hemisphäre und nach England ausgenommen waren. Noch aber unterlag das für die japanische Kriegführung lebenswichtige amerikanische Öl keinem Embargo.

Am Tage nach dieser amerikanischen Maßnahme wurde in Berlin der Dreimächtepakt unterzeichnet, der den Vereinigten Staaten verdeutlichen sollte, daß sie sich im Falle einer bewaffneten Intervention gegen den Aufbau einer »Neuen Ordnung« in Ostasien oder Europa einem Zweifrontenkrieg gegenübersehen würden. Damit hatten sich die Japaner Deutschland gegenüber jedoch keineswegs definitiv zum Kriegseintritt verpflichtet, falls die amerikanische Hilfe an England zu einer bewaffneten Auseinandersetzung zwischen Deutschland und den Vereinigten Staaten führen würde. In einem geheimen deutsch-japanischen Notenaustausch mußte sich die deutsche Regierung damit einverstanden erklären, daß das Vorliegen eines amerikanischen »Angriffes« und damit das Eintreten des Casus foederis erst durch eine gemeinsame Konsultation gültig festgestellt und anerkannt werden sollte. Immerhin schienen sowohl Ribbentrop wie auch der japanische Außenminister Matsuoka zu glauben, daß dieser Pakt Amerika aus dem Kriege halten und den Japanern somit ein Vorgehen gegen die französischen, holländischen und englischen Besitzungen in Südostasien ermöglichen werde. Der im Wortlaut des Paktes zitierte »großostasiatische Raum« sollte nach japanischen Vorstellungen – neben Japan, Mandschukuo und China als »Rückgrat« – Französisch-Indochina, Thailand, Burma, Malaya, Britisch-Borneo, Niederländisch-Indien sowie Neukaledonien umfassen und sich bei günstiger Entwicklung der Ereignisse auch auf Australien und Neuseeland ausdehnen. Mit dem Abschluß des japanisch-sowjetischen Neutralitätsvertrages vom 13. April 1941 hatte Japan den Rücken gegenüber der Sowjetunion zu einem eventuellen Vorgehen nach Süden freibekommen.

Als zum Jahresende 1940 feststand, daß der Krieg nicht mehr

durch einen raschen Sieg der Achsenmächte beendet werden konnte, erkannte Hitler die Gefahr, daß die amerikanische Unterstützungspolitik eines Tages eine kriegerische Verwicklung mit den Vereinigten Staaten herbeiführen könnte, ohne daß Japan seinerseits in den Konflikt eingriff. Japan mußte daher nach Möglichkeit bereits im Kriege mit England stehen, ehe die Vereinigten Staaten intervenierten. In seiner Weisung Nr. 24 über die Zusammenarbeit mit Japan vom 5. März 1941 legte Hitler daher als Ziel fest, »Japan so bald wie möglich zum aktiven Handeln im Fernen Osten zu bringen«, um »England rasch niederzuzwingen und USA dadurch aus dem Kriege herauszuhalten«.[60] Spätestens seit Februar 1941 suchte Ribbentrop die Japaner zu einem baldigen Überraschungsangriff auf Singapur zu bewegen, der neben der Ausschaltung der wichtigsten britischen Position in Ostasien zugleich das beste Mittel sei, die zu einem bewaffneten Eingreifen noch nicht bereiten Vereinigten Staaten endgültig von einer Intervention abzuhalten. Die japanische Führung vertrat jedoch die Ansicht, daß die Vorbereitungen für eine solche Aktion einen bewaffneten Konflikt mit den Vereinigten Staaten von vornherein in Rechnung stellen müßten: wie die japanische Armee das Nichteingreifen der Sowjetunion als Vorbedingung für einen solchen Schritt ansah, forderte die Marine zumindest die Ausschaltung der Philippinen als mögliche Basis für eine Bedrohung der japanischen Nachschublinien zur See. Hitler nahm an, daß die Japaner nicht handeln würden, bevor sie sich der Haltung der Sowjetunion ganz sicher seien. Durch seinen Angriff auf die Sowjetunion im Juni 1941 glaubte er daher, den Japanern endgültig die Voraussetzung für einen Kriegseintritt geschaffen zu haben. Obwohl Hitler gegen Rußland an sich ohne die japanische Hilfe auszukommen glaubte, suchte Ribbentrop die Japaner nunmehr zu einem Angriff auf die Sowjetunion zu bewegen. Nach zahlreichen Beratungen faßte die japanische Regierung am 30. Juni schließlich einen Entschluß, der durch eine Konferenz mit dem Tenno am 2. Juli bestätigt wurde: den Neutralitätspakt mit der Sowjetunion einzuhalten und als nächste Schritte – auch unter dem Risiko eines Krieges mit England und den Vereinigten Staaten – ganz Französisch-Indochina sowie Thailand unter die militärische Herrschaft Japans zu bringen. Da die Sowjets durch den kommunistischen Agenten Richard Sorge, der als nationalsozialistischer Journalist getarnt in Tokio lebte und Verbindungen zu Konoyes Arbeitsstab besaß, über diese Absichten der japanischen Regierung geheim unterrichtet waren, konnten sie im Spätherbst 1941 Teile ihrer Fernost-Armee abziehen und zur Rettung Moskaus einsetzen.

Als um die Jahresmitte 1941 das Verhältnis Japans zur Sowjetunion weitgehend geklärt war, hing die weitere Ausnutzung des europäischen Krieges durch Japan für die Errichtung einer »Neuen Ordnung« in Ostasien nunmehr weitgehend von der Haltung der Vereinigten Staaten und den Beziehungen Japans zu dieser Macht ab. Angesichts eines drohenden Ölembargos beschlossen die Japaner, mit Washington Gespräche aufzunehmen, um die grundlegenden Voraussetzungen für einen generellen Ausgleich der Interessen und Gegensätze beider Mächte im pazifischen und ostasiatischen Raum zu erörtern. Die Gegner des Dreimächtepaktes in Japan erhofften sich davon eine Normalisierung der wirtschaftlichen Beziehungen zu den Vereinigten Staaten und ein Abrücken von den Achsenmächten, seine Anhänger dagegen eine effektivere Verwirklichung des Paktziels, die Vereinigten Staaten von einer Intervention in Europa und Ostasien abzuhalten. Nach Kontaktaufnahme über verschiedene inoffizielle Kanäle wurden die Gespräche auf die normale diplomatische Ebene verlagert und zwischen dem amerikanischen Außenminister Hull und dem im Februar 1941 neu ernannten japanischen Botschafter Nomura geführt. In mehr als vierzig Unterredungen suchten Hull und Nomura eine Formel zu finden, die für die Beziehungen zwischen beiden Ländern eine solide und dauerhafte Grundlage abzugeben versprach. Die Frage der Aufrechterhaltung der japanischen Hegemonialabsichten über China, die in dem mit Wang Tsching-wei abgeschlossenen Friedensvertrag eindeutig zum Ausdruck kamen, sollte zum Kardinalpunkt für die Verhandlungen werden, die sich über das Jahr 1941 erstreckten. Am Ende dieses langen Weges schienen die Japaner bereit, auf ein weiteres Vorgehen nach Süden zu verzichten, wenn ihnen die Amerikaner die Unterwerfung Chinas ermöglichten: die Weigerung, Japan freie Hand in China zu lassen – d. h. den Preis zu zahlen, den die Japaner für die Erhaltung des Friedens forderten –, sollte im Dezember 1941 letzten Endes den japanischen Angriff auf Pearl Harbor auslösen.

Bei der Unbestimmtheit der japanischen Vorschläge hinsichtlich Chinas forderte Hull im April 1941 von vornherein, folgende Prinzipien als Verhandlungsgrundlage anzuerkennen: Achtung vor der territorialen Integrität und der Souveränität jeder Nation, Unterstützung des Grundsatzes der Nichteinmischung in die inneren Angelegenheiten anderer Länder, Unterstützung des Grundsatzes der Gleichberechtigung einschließlich der Gleichheit der wirtschaftlichen Möglichkeiten und Aufrechterhaltung des Status quo im Pazifik, ausgenommen seiner Änderung durch friedliche Mittel.

Das japanische Kabinett beschloß am 18. April, die vorgeschlagenen Prinzipien als Verhandlungsgrundlage anzunehmen, sie jedoch im Laufe der Verhandlungen im Sinne eines Festhaltens an einer »Neuen Ordnung« in Ostasien und am Dreimächtepakt zu modifizieren. Außenminister Matsuoka sprach sich schärfstens gegen die Weiterführung der Verhandlungen mit den Vereinigten Staaten aus, fand sich aber schließlich zur Ausarbeitung von Gegenvorschlägen bereit. Matsuoka war offensichtlich entschlossen, die Verhandlungen zu torpedieren, falls er von den Amerikanern nicht freie Hand gegen Singapur bekäme: er setzte durch, daß den Amerikanern vor der Übergabe der Gegenvorschläge der Abschluß eines Neutralitätsvertrages angeboten wurde, der die Vereinigten Staaten auch im Falle eines japanisch-englischen Krieges zum Nichteingreifen verpflichten sollte. Wie zu erwarten, lehnte Hull am 7. Mai diesen Vorschlag ab. Die am 12. Mai übermittelten japanischen Gegenvorschläge sahen vor, daß die Amerikaner die Chinesen unter Androhung einer Entziehung amerikanischer Unterstützung zur Annahme der mit Wang Tsching-wei vereinbarten Friedensbedingungen bewegen, ferner auf ein Eingreifen in Europa verzichten und sich dort zusammen mit Japan um eine Wiederherstellung des Friedens bemühen sollten. Trotz der geringen Aussichten auf eine Einigung verhandelten Hull und Nomura während der Monate Mai und Juni weiter.

Inzwischen hatte Ribbentrop Matsuoka mitgeteilt, daß Japan seine Verhandlungsbereitschaft von der Einstellung der amerikanischen Unterstützung Englands im Atlantik abhängig machen solle. Er wütete, als er vernahm, daß die japanische Regierung die amerikanischen Vorschläge bereits beantwortet hatte, ohne die deutsche Stellungnahme abzuwarten, und forderte volle Beteiligung an den weiteren amerikanisch-japanischen Verhandlungen. Dahinter steckte die Befürchtung, Japan und die Vereinigten Staaten könnten zu einer Verständigung gelangen und letztere sich dann um so stärker im europäischen Krieg engagieren. Offensichtlich um seine Treue zum Dreimächtepakt zu beweisen, drohte Matsuoka den Amerikanern in diplomatischen Gesprächen und öffentlichen Erklärungen, daß Japan seine mit diesem Vertrag eingegangenen Verpflichtungen in jedem Fall erfüllen würde. Im Juni 1941 trat infolge von Transportschwierigkeiten im Osten der Vereinigten Staaten auch auf lebenswichtigen Sektoren Mangel in der Ölversorgung ein. Deshalb verbot die amerikanische Regierung am 20. Juni den Export von Erdöl aus den Häfen der *Ostküste* einschließlich des Golfs von Mexiko außer nach Ländern des britischen Commonwealth und der westlichen Hemisphäre. Diese Maßnahme wirkte sich für die Japaner als Blockierung einer weiteren Versorgungsroute aus. Matsuoka forderte vom japanischen Kabinett den Abbruch der Gespräche mit den Vereinigten Staaten. Aber er stieß hier sogar auf den Widerstand von Armee und Marine, die sich für die Fortführung der Verhandlungen einsetzten – und sei es nur so lange, bis ganz Indochina besetzt und der Ausgang des deutsch-sowjetischen Krieges entschieden sein würden. Da sich Matsuoka darüber hinaus durch seine Forderung eines gleichzeitigen japanischen Angriffs auf die Sowjetunion im Kabinett isoliert hatte, beschloß man seine Ausbootung: Am 16. Juli trat das Kabinett Konoye zurück, um sich zwei Tage später mit Admiral Teijiro Toyoda als Außenminister neu zu konstituieren. Die für eine Verbesserung der japanisch-amerikanischen Verhandlungen vorteilhafte Wirkung dieses Schrittes wurde jedoch zunichte gemacht durch die bald darauf erfolgende Besetzung des südlichen Französisch-Indochina, an deren Durchführung auch das neue Kabinett Konoye durch jenen Beschluß vom 2. Juli gebunden war und die der Vichy-Regierung in ultimativer Form abgepreßt wurde. Mit der Besetzung Süd-Indochinas hatten die Japaner die Voraussetzung für ein weiteres Vorgehen gegen Niederländisch-Indien und Singapur geschaffen.

Im Herbst 1940 war es den Amerikanern gelungen, hinter den Funkschlüssel der japanischen Diplomatie zu kommen, und ab Anfang Juli 1941 konnten sie alle chiffrierten Meldungen an die japanische Botschaft in Washington mitlesen. Diese »Magic«-messages – das Gegenstück zu den »Ultra«-Informationen der Briten – ermöglichten es der amerikanischen Regierung, über die japanischen Absichten zumindest ebenso gut informiert zu sein wie Nomura. Sie war daher auch über die japanischen Beschlüsse vom 2. Juli unterrichtet. Als die Meldungen vom Nachgeben der Vichy-Regierung und von den militärischen Bewegungen der Japaner eingingen, entschloß sie sich zu einer drastischen Gegenmaßnahme: am 26. Juli 1941 verfügte sie die Blockierung der japanischen Guthaben in den Vereinigten Staaten, was praktisch einem völligen Exportembargo – auch von Erdöl – gleichkam. England und seine Dominions kündigten ihre Handelsverträge mit Japan und schlossen sich der amerikanischen Maßnahme an. Ihnen folgte Niederländisch-Indien. Dadurch wurden die Japaner vor eine schwerwiegende Entscheidung gestellt. Wenn das Embargo aufrechterhalten wurde, mußten ihre lebenswichtigen Reserven an Öl – von dessen Bedarf 90 Prozent importiert wurden – in spätestens zwei Jahren aufgebraucht sein. Jede Öl verzehrende Truppen- oder Schiffsbewegung mußte die Vorräte unerbittlich Tonne um Tonne vermindern. Für Japan liefen von nun an Öl- und Zeituhr parallel: der Zeitpunkt rückte näher, an dem sich die Japaner entschließen mußten, entweder ihre Hegemonialpläne aufzugeben oder gewaltsam Erdölgebiete in ihren Besitz zu bringen, solange sie dafür noch die nötigen Energievorräte besaßen. Für Japan bedeutete das zugleich die Entscheidung über Frieden oder Krieg mit den Vereinigten Staaten, denn die japanischen Strategen setzten die Gegnerschaft Amerikas von vornherein in ihre Pläne ein. Konoye, der die extreme Politik der japanischen Armee zügeln und den Frieden bewahren wollte, erreichte Anfang August 1941 die Zustimmung des Kabinetts zu dem Versuch, durch weitere Verhandlungen und eine persönliche Zusammenkunft mit Präsident Roosevelt die Aufhebung der amerikanischen Wirtschaftsmaßnahmen unter Bedingungen zu erreichen, die für Japan annehmbar sein würden. Dieser Kabinettsbeschluß war lediglich ein Kompromiß der gegensätzlichen Kräfte innerhalb der japanischen Regierung, denn die Armee erklärte sich nur unter der Voraussetzung damit einverstanden, daß Konoye bei einem Mißerfolg die japanische Nation geschlossen in den Krieg gegen die Vereinigten Staaten führen werde. Konoye mußte den Forderungen von Heer und Marine Rechnung tragen, da sie gemäß der japanischen Verfassung für die Posten der Kriegs- und Marineminister aktive Offiziere stellten und durch deren Zurückziehung jedes Kabinett stürzen konnten.

Entgegen den Ansichten der japanischen Militärs stand ein amerikanisches Eingreifen beim Vorgehen Japans gegen Britisch-Malaya oder Niederländisch-Indien keineswegs fest. Auf der in der ersten Augusthälfte stattfindenden Atlantikkonferenz lehnte Roosevelt den Vorschlag Churchills ausdrücklich ab, den Japanern eine entsprechende gemeinsame Warnung zugehen zu lassen, da er keine Ablehnung dieses Vorschlags durch den

Kongreß riskieren wollte, die den Japanern weiteren Auftrieb gegeben haben würde. Noch im Dezember 1941 war es fraglich, ob sich der Kongreß zu einer Kriegserklärung gegen Japan bereitfinden würde, falls die Japaner ihren erwarteten Angriff auf die nichtamerikanischen Gebiete Südostasiens beschränkten.

Roosevelt erklärte sich zu einem Treffen mit Konoye in Juneau (Alaska) für Mitte Oktober bereit. Voraussetzung sei jedoch, daß sich beide Regierungen vorher über die grundsätzlichen, zwischen beiden Staaten schwebenden Fragen einigen würden, um der Zusammenkunft einen erfolgreichen Ausgang zu sichern. Roosevelt und Hull ließen sich in der Folge von dieser Vorbedingung weder durch eine persönliche Botschaft Konoyes vom 28. August noch durch Warnungen des amerikanischen Botschafters Grew abbringen, daß ein Nichtzustandekommen der persönlichen Begegnung eine Umbildung oder Neubildung der japanischen Regierung zur Folge haben könne mit dem Ziel, die japanischen Hegemonialabsichten gewaltsam durchzusetzen. Die Anfang August zwischen Hull und Nomura wiederaufgenommenen Gespräche bewiesen, daß gerade in der grundsätzlichen Frage der militärischen Räumung Chinas kein Einverständnis erzielt werden konnte. Die Aufhebung des Embargos bei einer japanischen Kontrolle über China bedeutete für die Amerikaner aber lediglich einen Waffenstillstand, der ihre Aufmerksamkeit und ihr militärisches Potential weiterhin in Ostasien band. Die Räumung Chinas dagegen bedeutete für die Japaner den Verzicht auf die Ergebnisse eines vierjährigen blutigen Ringens und auf die Aussicht zukünftiger erfolgreicher Expansion.

Unterdessen wurden die japanische Armee und ihr Sprecher im Kabinett, Kriegsminister Tojo, ungeduldig. Auf einer Konferenz im Beisein des Kaisers am 6. September mußte Konoye einwilligen, daß die Kriegsvorbereitungen beschleunigt werden und bis ungefähr Ende Oktober beendet sein sollten. Die Offensivpläne sahen unter anderem einen Überraschungsangriff zur Ausschaltung der amerikanischen Flotte in Pearl Harbor vor.

Konoye, der die Chancen eines japanischen Sieges sehr kritisch einschätzte, wollte den Krieg jedoch weiterhin vermeiden, um die Flotte intakt zu halten und zunächst den Ausgang des europäischen Krieges abzuwarten. In dieser Lage schlug Tojo den Rücktritt des Kabinetts und die Bildung einer neuen Regierung vor. Obwohl der Kaiser selbst für die Erhaltung des Friedens eintrat, zögerte er, abermals ein Mitglied des kaiserlichen

Hauses mit der Regierungsbildung zu betrauen, da er befürchtete, daß sich die Armee einer auf den Frieden gerichteten Politik nicht unterordnen würde. Um die Verantwortung eindeutig auf die Schultern der Armee zu legen, wurde daher Tojo mit der Regierungsbildung betraut, der am 17. Oktober mit dem Posten des Regierungschefs zugleich das Kriegsministerium und das Innenministerium übernahm.

Wohl kann Roosevelt vorgehalten werden, daß er durch die Ablehnung eines persönlichen Zusammentreffens mit Konoye die Stellung der Anhänger einer gemäßigten Politik im japanischen Kabinett gegenüber den Radikalen erschwert hat. Ihm jedoch vorzuwerfen, er habe damit die Erhaltung des Friedens im Pazifik verhindert, geht weit an den Realitäten vorbei: einen friedenserhaltenden Erfolg hätte diese Begegnung kaum gehabt. Nach Lage der Dinge hätte man sich entweder auf Allgemeinheiten geeinigt, die beide Partner auf ihre Art interpretiert hätten, oder Konoye hätte die vorangegangenen Beschlüsse seines Kabinetts – die im Grunde Kompromißentscheidungen der gegensätzlichen Flügel darstellten – mißachtet und Zugeständnisse gemacht, mit denen sich die Armee nicht einverstanden erklärt hätte und die in Japan innere Erschütterungen ausgelöst hätten. Aus der Sicht der heutigen Erkenntnis muß man die damalige Beurteilung der Lage durch Roosevelt und Hull voll teilen, daß Konoye selbst wenig Entscheidungsspielraum hatte und nur Abmachungen sinnvoll waren, denen das japanische Kabinett als Ganzes zustimmte.

Das neue japanische Kabinett faßte am 5. November 1941 den Entschluß, den Vereinigten Staaten nacheinander zwei letzte – mit »A« und »B« bezeichnete – Vorschläge zu unterbreiten. Falls über diese bis zum 25. November kein Einverständnis erzielt würde, sollte unmittelbar darauf der endgültige Entschluß zum Krieg gegen die angelsächsischen Mächte und Holland gefaßt werden. Nomura wurde dahingehend instruiert, daß die übermittelten Vorschläge unwiderruflich die letzten Konzessionen seien, über die die japanische Regierung nicht hinausgehen werden, und daß die Beziehungen zwischen beiden Ländern »am Rande des Chaos« stehen würden, falls nach Ablauf der gestellten Frist keine Verhandlungsergebnisse vorlägen. Als er am 22. November benachrichtigt wurde, daß die Frist nochmals bis zum 29. November hinausgeschoben sei, hieß es in diesem Telegramm wörtlich, daß sich danach »die Dinge automatisch entwickeln würden«.[61] Obwohl in den Botschaften an

Nomura nie ausdrücklich gesagt wurde, was danach eigentlich geschehen werde, wußte er so gut wie die durch »Magic« über den Inhalt der Meldungen informierte amerikanische Regierung, daß dann ein militärisches Vorgehen der Japaner bevorstand, ob auch gegen amerikanisches Territorium, blieb dagegen weiterhin offen.

Der japanische Vorschlag »A«, den Nomura am 7. November übergab, hatte folgenden Inhalt: Rückzug aus Indochina nach Beendigung des Chinakrieges, Besetzung Nordchinas, der Inneren Mongolei und der Insel Hainan für mindestens 25 Jahre, Anerkennung des Grundsatzes der wirtschaftlichen Gleichheit in China und im Pazifik, Auslegung des Dreimächtepaktes durch Japan im Sinne der Selbstverteidigung. Dafür sollten die Vereinigten Staaten das Embargo aufheben und Tschiang Kai-schek unter Androhung der Entziehung ihrer Unterstützung zum Friedensschluß bewegen. Dieser Vorschlag war für die Amerikaner schon deshalb unannehmbar, weil sie ihre Verpflichtungen aus einem solchen Übereinkommen bereits vor einem japanischen Friedensschluß mit China erfüllen sollten, während offen blieb, wie die Japaner dann ihre eigenen Verpflichtungen auslegen würden. Hull forderte von den Japanern daher, den Dreimächtepakt sofort zum toten Buchstaben zu erklären und den Vorschlag der gleichen Möglichkeiten des Handels in China in einer amerikanisch-japanischen Erklärung zu präzisieren: der Grundsatz der Offenen Tür sollte wiederhergestellt und die Kontrolle über die wirtschaftlichen, finanziellen und Währungsangelegenheiten für ganz China in die Hände der chinesischen Regierung zurückgegeben werden. Die negative Antwort aus Tokio wurde in Japan durch einen kriegerischen Ton in Tojos Reden vor dem Parlament und in der Presse begleitet.

Der am 20. November überreichte Vorschlag »B« stellte eine Art »Waffenstillstand« dar, dessen Kern die Wiederherstellung der Lage war, wie sie vor der Blockierung der japanischen Guthaben bestand: Japan wollte seine Truppen aus Süd-Indochina zurückziehen und damit die unmittelbare Bedrohung Thailands, Malayas und Niederländisch-Indiens beseitigen. Dafür sollten die Amerikaner Japan beim Bezug von Rohstoffen aus den niederländischen Besitzungen helfen, den Status der wirtschaftlichen Beziehungen zu Japan wiederherstellen, wie er vor der Guthabenblockierung bestand, die Japaner mit »einer erforderlichen Menge Öl« – jährlich 4 Millionen Tonnen aus den Vereinigten Staaten und 1 Million Tonnen aus den niederländischen

Gebieten – versorgen und den Chinesen jegliche Unterstützung entziehen. Beide Staaten sollten sich darüber hinaus verpflichten, in Südostasien nicht militärisch vorzurücken, und Japan versprach, Indochina nach Beendigung des Chinakrieges ganz zu räumen. Auf einen Nenner gebracht bedeutete dieser Vorschlag, daß die Japaner auf eine Expansion in Südostasien verzichteten, wenn die Vereinigten Staaten ihnen dafür ermöglichten, China zu unterwerfen. Obwohl die amerikanische Regierung durch die »Magic«-Berichte wußte, daß dieser Vorschlag praktisch ein japanisches Ultimatum darstellte, betrachtete sie seine Bedingungen als unannehmbar: sie hätten die Versorgung Japans – das weiterhin voller Partner des Dreimächtepaktes und damit potentieller Feind Amerikas und Englands blieb – mit Material und Öl zur Unterwerfung Chinas und zu einem möglichen Angriff auf die Sowjetunion bedeutet, wenn sich die Lage für einen solchen günstig gestaltete. Da jedoch die amerikanischen Stabschefs der Armee und Flotte wegen der ungenügenden Verteidigungsvorbereitungen einen möglichen Konflikt hinausschieben wollten, erörterten Roosevelt und Hull den Gegenvorschlag eines zunächst auf drei Monate begrenzten Modus vivendi: gegen einen Rückzug Japans aus Süd-Indochina und der Begrenzung seiner Truppenzahl im Norden des Landes auf 25 000 Mann sollten die Guthabenblockierung aufgehoben werden und die Japaner für den laufenden Bedarf eine Ölmenge erhalten, die ihnen keine Vergrößerung ihrer Kriegsreserven ermöglichte. Ferner würden sich die Amerikaner um die Herbeiführung eines Waffenstillstands und die Einleitung von Friedensverhandlungen zwischen Japan und China bemühen. Die Aussichten auf eine japanische Annahme des Modus vivendi waren gering. Auch Tschiang Kai-schek lief gegen einen solchen Plan Sturm, da er eine amerikanische Appeasement-Politik gegenüber Japan auf Kosten Chinas befürchtete, die Amerika ein wirksameres Eingreifen in den europäischen Krieg ermöglichen sollte. Die chinafreundliche Presse und die Isolationisten nutzten die Einmütigkeit der amerikanischen öffentlichen Meinung für das Wirtschaftsembargo aus und klagten Roosevelt an, er lasse China fallen, um sich auf den Krieg gegen Deutschland konzentrieren zu können. Angesichts der geringen Aussicht auf Annahme durch Japan einerseits, des Widerstands Tschiang Kai-scheks, der Wirkung auf die amerikanische öffentliche Meinung und der lauwarmen Haltung der englischen, australischen und holländischen Regierungen andererseits ließ Roosevelt auf

Empfehlung Hulls den Gedanken an den Vorschlag dieses Modus vivendi schließlich wieder fallen.

Am 21. November waren neue Nachrichten über die Verstärkung der japanischen Truppen in Indochina und auf der japanischen Mandatsinsel Palau, die den niederländischen Besitzungen nahe lag, eingetroffen. Vier Tage später wurde gemeldet, daß eine japanische Transportflotte von dreißig bis fünfzig Schiffen Schanghai verlassen hatte und mit ihren Spitzen an der chinesischen Küste südlich von Formosa stand. Eine Konferenz Roosevelts am 25. November mit Hull, Kriegsminister Stimson, Marineminister Knox und den Stabschefs von Armee und Flotte, General Marshall und Admiral Stark, stand daher bereits völlig unter dem Gedanken einer möglichen Reaktion auf den zu erwartenden japanischen Angriff. Die Amerikaner standen vor dem Problem, daß sie zum Nachteil der eigenen Verteidigung den Japanern die Wahl von Ort und Zeit eines etwaigen Angriffs auch auf amerikanisches Territorium überlassen mußten, da sie keine bewaffneten Präventivmaßnahmen ergreifen konnten, ohne selbst als Angreifer hingestellt zu werden. »Die Frage war, wie wir sie in die Lage bringen konnten, daß sie den ersten Schuß abgaben, ohne uns selbst zu großer Gefahr auszusetzen«[62], diese Tagebucheintragung Stimsons über die genannte Sitzung ist seitdem – zu Unrecht auf Roosevelts Gesamtpolitik gegenüber Japan bezogen – viel zitiert und umstritten worden. Am 24. und am 27. November sandten Marshall und Stark Kriegswarnungen an die Befehlshaber der Außenposten im Pazifik – auch nach Hawaii.

Hull entschloß sich, die Ablehnung des japanischen Vorschlags »B« am 26. November 1941 nochmals in die Form einer Darlegung der grundlegenden Bedingungen zu kleiden, unter denen nach Ansicht der amerikanischen Regierung ein dauerhafter Frieden im Fernen Osten herbeigeführt werden konnte. Diese Bedingungen bedeuteten keine »Vernichtung« Japans, keine Gefährdung seiner Lebensmöglichkeiten oder seiner Unabhängigkeit, sie enthielten im Gegenteil ausgesprochen günstige Bedingungen für den japanischen Außenhandel. Aber sie bedeuteten die Aufgabe der japanischen Hegemonie auf dem ostasiatischen Festland und waren daher für die japanische Führung unannehmbar. Das wußten auch die amerikanischen Staatsmänner. Wenn sie die letzten japanischen Vorschläge trotzdem in dieser Form ablehnten, dann taten sie das nicht, um einen japanischen Angriff zu provozieren und damit die Vereinigten Staaten »durch die Hintertür« zum Kriege mit Deutschland zu bringen. Denn zu diesem Zeitpunkt stand noch keineswegs fest, daß Hitler den Japanern bei einem Angriff auf Amerika durch eine Kriegserklärung beispringen würde: der Dreimächtepakt verpflichtete ihn dazu nur bei einem amerikanischen Angriff auf Japan. Im Falle eines Krieges allein mit Japan aber würde die amerikanische öffentliche Meinung ihre Regierung gezwungen haben, alle Anstrengungen auf den asiatischen Kriegsschauplatz zu konzentrieren – eine Situation, die Roosevelt und seine militärischen Berater gerade vermeiden wollten. Aber die Amerikaner konnten einfach die Wirtschaftsmaßnahmen gegen Japan und die Unterstützung Chinas nicht einstellen, d. h. kein ostasiatisches »München« eingehen, wenn sie die Hegemonie eines mit den Achsenmächten verbündeten Japan in Ostasien verhindern wollten, die sie für eine Gefährdung ihrer Sicherheit ansahen.

In der entscheidenden gemeinsamen Sitzung des japanischen Kabinetts mit dem Oberkommando unter dem Vorsitz des Kaisers am 1. Dezember 1941 wurde nunmehr der Angriff für den 8. Dezember (östliches Datum) beschlossen. Am 6. Dezember wurde der japanischen Botschaft aus Tokio die Antwort auf die amerikanischen Vorschläge vom 26. November übermittelt. In ihr wurde die japanische Politik der letzten Jahre gerechtfertigt und die Vereinigten Staaten der Bedrohung der Existenz sowie der Vorbereitung einer militärischen Einkreisung Japans beschuldigt. Sie gipfelte in der Feststellung, daß damit die Hoffnung, den Frieden im Pazifik zu erhalten, »endgültig verlorengegangen« sei und »weitere Verhandlungen zwecklos« seien.[63] Als Roosevelt den ersten Teil der abgefangenen Antwort gelesen hatte, der zunächst entschlüsselt und übersetzt vorlag, reichte er sie Harry Hopkins mit den Worten: »Das bedeutet Krieg.«[64] Die japanischen Vertreter wurden aus Tokio angewiesen, die Antwortnote am 7. Dezember 1941 um 13 Uhr Washington-Zeit zu überreichen und die letzte Code-Maschine sowie alle Geheimakten zu vernichten. Da der Angriff auf Pearl Harbor für 13.20 Uhr (7.50 Honolulu-Zeit) angesetzt war, wäre die Note noch vor dem Angriffsbeginn überreicht worden, wenn sich ihre Fertigstellung in der japanischen Botschaft nicht verzögert hätte, so daß ihre Überreichung de facto erst um 14.20 Uhr erfolgte.

Gleichfalls am 6. Dezember wurde eine japanische Expeditionsflotte an der Südspitze Indochinas mit Richtung auf die

Landenge von Kra gemeldet. Roosevelt stand vor dem Dilemma, wie er dem in Europa hart kämpfenden England – dem dieser Angriff offensichtlich galt – zu Hilfe kommen konnte, wenn sich die Japaner auf einen Angriff gegen nichtamerikanische Gebiete beschränkten. Ehe die Ziele der japanischen Aggression nicht feststanden, konnten keine konkreten Maßnahmen ergriffen werden: die Japaner mußten mit ihrem Angriff zugleich entscheiden, in welcher Form das Problem Krieg oder Frieden an die Vereinigten Staaten herangetragen würde.

Noch am Abend des 6. Dezember sandte Roosevelt eine persönliche Botschaft an den japanischen Kaiser, in der er um die Auflösung der bedrohlichen militärischen Truppenkonzentrationen in Indochina bat und an die »heilige Pflicht« beider Staatsmänner appellierte, »die traditionelle Freundschaft wiederherzustellen und zu verhindern, daß in der Welt Tod und Vernichtung noch weiter um sich greifen«.[65] Da die japanischen Militärbehörden in Japan angeordnet hatten, jeglichen Telegrammverkehr für zehn Stunden zu sperren, kam Roosevelts Appell an den Tenno schon rein zeitlich zu spät, um den Lauf der Ereignisse aufzuhalten, den die japanische Regierung durch ihre Beschlüsse bestimmt hatte.

Unterdessen liefen die japanischen Angriffsvorbereitungen weiter. Die Befehlshaber der ausgelaufenen Flotteneinheiten waren durch kaiserliche Order instruiert worden, daß sie sofort benachrichtigt würden und in ihre Ausgangsbasen zurückkehren sollten, falls die Amerikaner in letzter Minute Konzessionen machten. Das galt auch für den zum Angriff auf Pearl Harbor bestimmten Kampfverband unter Vizeadmiral Nagumo, der mit 6 Flugzeugträgern, 2 Schlachtkreuzern, 3 Kreuzern, 9 Zerstörern und 3 Aufklärungs-U-Booten bereits am 25. November von den Kurilen ausgelaufen war und unter absoluter Funkstille an den Alëuten vorbei den nördlichen Pazifik überquerte, um nach Süden eindrehend am Morgen des 7. Dezember 250 Seemeilen nördlich der Hawaii-Insel Oahu zu stehen, bei der sich unterdessen auch 5 japanische Klein-U-Boote eingefunden hatten.

Aus der Tatsache, daß der japanische Überraschungsangriff auf Pearl Harbor vollendet gelang, haben extreme Isolationisten die These konstruiert, Roosevelt habe durch Geheimdienstmeldungen von dem bevorstehenden Angriff gewußt, aber die amerikanische Flotte dort bewußt ungewarnt der Vernichtung ausgesetzt, um das amerikanische Volk durch diesen Schlag wachzurütteln und geeint gegen Japan in den Krieg zu bringen. Eine solche Handlungsweise Roosevelts wäre an sich unlogisch und höchst überflüssig gewesen: wenn er bei einem japanischen Angriff auf der Seite Englands in den Krieg einzutreten wünschte, wollte er ihn auch gewinnen. Dazu mußte aber die Erhaltung der amerikanischen Pazifik-Schlachtflotte als wesentliche Voraussetzung angesehen werden. Unterstellt man den Japanern die Absicht, daß sie den Angriff auf ein von den amerikanischen Kriegsschiffen geräumtes Pearl Harbor in letzter Minute abgeblasen hätten, so hätten die japanischen Angriffe auf die Philippinen, Guam und Wake ausgereicht, um die öffentliche Meinung gegen Japan zu einigen und den Kongreß zu einer Kriegserklärung zu veranlassen. Denn daß die Japaner nur Pearl Harbor anzugreifen beabsichtigten, die ihnen näher liegenden amerikanischen Stützpunkte dagegen ungeschoren lassen würden, konnte auch damals schon ausgeschlossen werden. Solange jedenfalls die These der isolationistischen Extremisten, die immerhin Roosevelt des Mordes an seinen Landsleuten beschuldigt, nicht stichhaltig bewiesen werden kann, muß sie in das Reich zweckbestimmter Spekulation verwiesen werden. Aus dem bis heute vorliegenden Material läßt sich nicht nachweisen, daß die amerikanische Führung mit einem Angriff gerade auf Pearl Harbor rechnen mußte, geschweige denn, daß sie davon wußte. Für einen bevorstehenden Angriff in südlicher Richtung, etwa auf Thailand, Malaya, Borneo oder die Philippinen, lagen eine Reihe positiver Anzeichen vor. Hinsichtlich der Hawaii-Inseln gab es gewiß einige indirekte Hinweise, aus denen – in der Rückschau betrachtet – nach gewissen Kombinationen auf einen beabsichtigten Angriff hätte geschlossen werden können. Einmal wurden Weisungen an den japanischen Konsul in Honolulu abgefangen, laufend über die in Pearl Harbor liegenden Einheiten der amerikanischen Flotte zu berichten. Aber ebensolche Weisungen erhielten die japanischen Konsuln an der amerikanischen Westküste und in Panama. Zum anderen hatten die amerikanischen Funkpeilstellen, die den Funkverkehr der japanischen Flotte überwachten und die Standorte der Schiffe und Verbände zu ermitteln suchten, seit Ende November die Spur der japanischen Flugzeugträger verloren. Abgesehen davon, daß die Spur einzelner Schiffe öfters wochenlang verloren war, konnte daraus höchstens die Vorbereitung eines besonderen Unternehmens, nicht aber unbedingt ein Angriff auf Pearl Harbor abgeleitet werden. Gewiß kann den amerikanischen Stellen sowohl in Washington wie auf den Außenstationen eine gewisse Nachlässigkeit und Sorglosigkeit nicht abgesprochen werden, die besonders bei der verzögerten Übermittlung einer nochmaligen Warnung nach Hawaii nach Kenntnis von der bevorstehenden Übergabe der japanischen Antwort zutage trat. Offensichtlich hielten aber die Stabschefs die am 24. und 27. November gegebenen Warnungen für ausreichend.

Die amerikanische Flotte in Pearl Harbor und die Flugplätze auf Oahu wurden von dem Angriff der 350 japanischen Trägerflugzeuge, der in zwei Wellen erfolgte, völlig überrascht: bei einem Verlust von 29 Flugzeugen und aller in den Hafen eindringenden Klein-U-Boote versenkten die Japaner 5 und beschädigten 3 Schlachtschiffe, 3 leichte Kreuzer sowie 4 Zerstörer und vernichteten mit 188 amerikanischen Maschinen die Hälfte der auf Oahu stationierten Flugzeuge. Von den schweren Einheiten der amerikanischen Pazifik-Flotte entgingen nur die beiden Flugzeugträger, die sich nebst einer Anzahl von Kreuzern auf Übungsfahrt befanden, der Vernichtung.

Mit dem Gelingen dieses Überfalls war die Gefahr, die die amerikanische Flotte für den japanischen Vormarsch in Südostasien dargestellt hatte, beseitigt. Bei den schweren Einheiten hatte sich das Verhältnis nunmehr wesentlich zugunsten der Japaner verbessert. Trotz des gewonnenen strategischen Vorteils ist die Einbeziehung der amerikanischen Besitzungen in den japanischen Angriff politisch als Fehler anzusehen. Sicher hätte das Aussparen der amerikanischen Territorien den endgültigen Kriegseintritt der Vereinigten Staaten kaum verhindert. Roosevelt hätte hier dieselbe Taktik wie im Atlantik verfolgt, die amerikanischen See- und Luftstreitkräfte durch Unterstützung der Engländer, Australier und Holländer allmählich an der Auseinandersetzung zu beteiligen. Aber bei der starken isolationistischen Opposition hätte es um die Frage eines Kriegseintritts starke innenpolitische Kämpfe gegeben, und es wäre offengeblieben, wann sich die Vereinigten Staaten aktiv am Krieg beteiligt hätten. Aber der japanische Angriff auf die Vereinigten Staaten einigte das amerikanische Volk im Kampf gegen Japan: die Bomben auf Pearl Harbor zerschlugen neben den amerikanischen Schlachtschiffen zugleich die isolationistische Opposition. Ohne Roosevelt damit zum blutrünstigen Kriegstreiber zu stempeln, darf man annehmen, daß er aufatmete: sein Dilemma, den angegriffenen Mächten entscheidende Hilfe zu bringen und damit zugleich die Bedrohung der amerikanischen Sicherheit zu beseitigen, war gelöst. Am Tage nach Pearl Harbor wurde dem amerikanischen und dem englischen Botschafter in Tokio die formelle japanische Kriegserklärung überreicht. Der amerikanische Kongreß antwortete mit einer Kriegsresolution, die mit nur einer Gegenstimme angenommen wurde. Am gleichen Tage erklärten sich auch England und die Länder des Commonwealth als mit Japan im Kriegszustand befindlich. Die Brandherde des Krieges in Europa und Ostasien schlugen ineinander über.

Deutschland und Italien waren vom japanischen Angriff auf Pearl Harbor genauso überrascht worden wie die Angelsachsen. Hitler hatte die amerikanisch-japanischen Verhandlungen, über deren Verlauf und Ergebnisse die deutsche Regierung nicht mehr unterrichtet worden war, mit äußerstem Mißtrauen betrachtet und ihr Fehlschlagen gewünscht: was Hitler nicht wußte, war, daß das ersehnte Scheitern der Verhandlungen zugleich unmittelbar das Scheitern seines politischen Ziels bedeutete, Amerika so lange wie möglich aus dem Krieg zu halten. Als die Japaner im letzten Novemberdrittel ihre Bemühungen verstärkten, von Deutschland die Zusage einer Unterstützung im Falle eines japanisch-amerikanischen Krieges zu erhalten, mußte sich die deutsche Regierung entscheiden, entweder die Politik der Heraushaltung Amerikas aus dem Krieg aufzugeben oder den Japanern bei einer gewaltsamen Durchführung ihrer Groß-ostasien-Pläne die Unterstützung zu verweigern. Letzteres hätte den politischen Tod des Dreimächtepaktes bedeutet und hätte Deutschland der Möglichkeit beraubt, Japan doch noch zum Kriegseintritt gegen die Sowjetunion zu bewegen – ein Ziel, das auch in den folgenden Jahren nicht aufgegeben wurde. Da sich Deutschland im Atlantik schon im Zustand eines unerklärten Krieges mit Amerika befand und früher oder später ein amerikanischer Kriegseintritt doch zu erwarten war, schien es besser, daß ein verbündetes Japan als Gegengewicht in den Konflikt eintrat, als daß Japan als Verbündeter verlorenging. Am 28. November ließ daher Ribbentrop den japanischen Botschafter Oshima zu sich rufen und erklärte ihm, daß ein japanischer Entschluß zum Kampf gegen England und die Vereinigten Staaten durchaus im gemeinsamen deutsch-japanischen Interesse läge. Zwei Tage später wurden die Japaner deutlicher: Oshima teilte mit, daß die amerikanisch-japanischen Verhandlungen nunmehr endgültig an der Weigerung Japans gescheitert seien, den Dreimächtepakt aufzugeben, und daß ein Krieg zwischen

Japan und den angelsächsischen Mächten schneller ausbrechen könne, »als irgend jemand sich träumen läßt«.[66] Oshima und der japanische Botschafter in Rom wurden von ihrer Regierung angewiesen, einen militärischen Beistandspakt mit den Achsenmächten abzuschließen, der einen zukünftigen Separatfrieden ausschloß. Während Mussolini bereits am 3. Dezember den Japanern den sofortigen Kriegseintritt Italiens gegen die Vereinigten Staaten versprach, konnte Oshima erst zwei Tage vor dem japanischen Angriffstermin eine definitive Antwort und einen entsprechenden Vertragsentwurf ausgehändigt erhalten, da Hitler in diesen Tagen an der südlichen Rußlandfront weilte. Als Oshima am 8. Dezember die Meldung vom Angriff auf Pearl Harbor offiziell bestätigte und um sofortige Kriegserklärung der Achsenmächte an die Vereinigten Staaten bat, konnte ihm Ribbentrop mitteilen, daß Hitler der Kriegsmarine bereits den Angriff auf alle amerikanischen Schiffe freigegeben habe. Die deutsche Kriegserklärung erfolgte am 11. Dezember 1941 und wurde von einer Reichstagsrede Hitlers begleitet, in der er Roosevelt für »geisteskrank« und »mit seinem jüdischen Anhang« zum »Hauptschuldigen an diesem Kriege« schlechthin erklärte. Italien schloß sich dem deutschen Schritt an: wie vorher Japan, hatten nun abermals die Achsenmächte Roosevelt der Sorge enthoben, daß eine heftige innenpolitische Debatte über eine Kriegserklärung an diese Mächte die Geschlossenheit des amerikanischen Volkes für den bevorstehenden Kampf gefährden könnte.

Mit ihrem neuen Verbündeten unterzeichneten die Achsenmächte noch am 11. Dezember ein Abkommen über die gemeinsame Kriegführung. Hitlers nach außen zur Schau getragene entschlossene und positive Haltung zu dieser Entwicklung darf nicht darüber hinwegtäuschen, daß ihm der offene Kriegszustand mit den Vereinigten Staaten im Grunde ungelegen kam, solange er mit England *und* Sowjetrußland im Kampf stand. Er hatte einen Verbündeten mit begrenztem militärischem und industriellem Potential gewonnen, sich aber zugleich einen weiteren kriegführenden Gegner mit nahezu unbegrenzten Hilfsquellen aufgeladen. Den Achsenmächten und ihren Verbündeten standen nunmehr drei Viertel der Erdbevölkerung und der materiellen Weltreserven gegenüber. Die Welt hatte sich endgültig in zwei entgegengesetzte Lager gespalten, zwischen denen es keine nichtkriegführende Großmacht mehr gab: der Krieg war global geworden.

Zweiter Teil
Niederwerfung der regionalen Hegemonialbestrebungen und Ringen um eine universale Friedensordnung

1. Kapitel
Koalitionskriegführung, strategische Planung und wirtschaftliche Mobilisierung der Alliierten: »Germany First« und das Problem der zweiten Front

Bereits zwei Wochen nach Beginn des Krieges im Pazifik traf Churchill mit einem Stab von rund achtzig Mitarbeitern zur ersten Kriegskonferenz mit den Amerikanern in Washington ein, die vom 22. Dezember 1941 bis zum 14. Januar 1942 unter dem Decknamen »Arcadia« stattfand. Dort unterschrieben die Vertreter der vier Großmächte – denen auf Betreiben der Amerikaner China zugerechnet wurde – die »Deklaration der Vereinten Nationen«, zu deren Unterzeichnung alle gegen die Achsenmächte Krieg führenden Staaten eingeladen werden sollten. In ihr bekannten sich die Deklarationspartner zu den Grundsätzen der Atlantik-Charta vom August 1941 und zur gemeinsamen Verteidigung der grundlegenden menschlichen Freiheitsrechte gegen die aggressiven totalitären Mächte. Sie verpflichteten sich, ihre gesamte Kraft für den Kampf gegen jene Mitglieder und Anhänger des Dreimächtepaktes einzusetzen, mit denen sie sich jeweils im Kriege befanden, und keinen separaten Waffenstillstand oder Sonderfrieden abzuschließen. Durch den Beitritt weiterer dreiundvierzig Staaten bis Kriegsende wurde diese Erklärung zur Keimzelle der Organisation der Vereinten Nationen (UNO). Auf eine gleichfalls noch im Januar 1942 von der Interamerikanischen Konferenz in Rio de Janeiro angenommene Empfehlung hin brachen auch die übrigen lateinamerikanischen Staaten die diplomatischen Beziehungen zu den Achsenmächten ab – mit Ausnahme von Chile und Argentinien, die diesem Beispiel erst 1943 bzw. 1944 folgten.

Die wichtigste strategische Grundentscheidung für die weitere gemeinsame Kriegführung war die Bestätigung der »Germany First«-Strategie: der Entschluß, Deutschland als den gefährlichsten und von England und Rußland her im Moment auch einzigen direkt erreichbaren Gegner zuerst zu besiegen. Denn die Niederwerfung Deutschlands mußte über kurz oder lang auch den Zusammenbruch Japans herbeiführen, während die Konzentration der amerikanischen Kriegführung gegen Japan Deutschlands Chance vergrößerte, sich mittlerweile Europa und Afrika zu unterwerfen. Die »Germany First«-Entscheidung traf in den Vereinigten Staaten auf den Widerspruch breiter, meist isolationistischer Kreise, die alle Anstrengungen auf die Unterstützung Chinas und den Krieg gegen Japan gerichtet wissen wollten. Auch die amerikanische Marine folgte der getroffenen Entscheidung nur mit halbem Herzen. Um daher die Intensivierung der amerikanischen Kriegführung in Europa gleich durch einen konkreten Schritt zu demonstrieren, befahl Roosevelt noch während der Arcadia-Konferenz die Einschiffung amerikanischer Truppen nach Nordirland (Operation »Magnet«).

Ein weiteres wichtiges Ergebnis der Arcadia-Konferenz auf militärischem Gebiet war die Errichtung des »Combined Chiefs of Staff Committee«, eines gemeinsamen amerikanisch-englischen Generalstabes mit Sitz in Washington. In ihm vereinigten sich die amerikanischen »Joint Chiefs of Staff« – General Marshall (Generalstabschef des Heeres), Admiral King (Chef der Seekriegsleitung, ab März 1942 gleichzeitig Oberbefehlshaber der US-Marine), General Arnold (Chef der Heeresluftwaffe) unter dem Vorsitz von Admiral Leahy (Stabschef Roosevelts als dem Obersten Befehlshaber) – und das britische »Chiefs of Staff Committee« mit Feldmarschall Sir Alan Brooke (Chef des Empire-Generalstabes), Admiral Sir Dudley Pound, später Admiral Lord Cunningham (Erster Seelord) und Ober-Luftmarschall Sir Charles Portal (Chef des Luftstabes). Das Komitee der Vereinigten Stabschefs hielt im Laufe des Krieges rund zweihundert offizielle Sitzungen ab. Es entwarf strategische Pläne, die den Regierungschefs zur Billigung unterbreitet wurden. Ferner wurde für jeden Kriegsschauplatz ein gemeinsamer Oberbefehlshaber ernannt. Dieses System, das den Anfang zu einer Art supranationaler Streitkräfte bildete, war die Grundlage für eine wirkungsvolle und überlegene Koalitionskriegführung. Es stand in eklatantem Gegensatz zu der losen militärischen und strategischen »Zusammenarbeit« der Dreierpakt-Mächte, von denen jede mehr oder weniger ihren »Parallelkrieg« führte. Die Sowjets in das Komitee der Vereinigten Stabschefs einzubeziehen, wurde allerdings nie versucht. Dem stand einmal entgegen, daß die Sowjetunion nicht mit Japan im Kriege stand und in Europa ihre eigene, geographisch getrennte Front hatte. Vor allem aber fehlte dafür das absolute gegenseitige Vertrauen. Die militärische Kooperation zwischen den Westmächten und Moskau beschränkte sich auf allgemeine gegenseitige Mitteilungen über Umfang und Zeitpunkt beabsichtigter Unternehmungen.

Die wirtschaftliche Koordination und die Aufteilung der amerikanischen Rüstungsproduktion zwischen den westlichen Verbündeten bildete ein weiteres Problem, das auf der Washingtoner Konferenz angegangen wurde. Für diese Zwecke wurden gemeinsame Ausschüsse eingerichtet. Konkrete Offensivpläne gegen Achsen-Europa konnten noch nicht beschlossen werden. Wohl hatten die Briten einen Plan: wenn die gerade in Gang befindliche englische Offensive in Nordafrika zur Vernichtung der deutsch-italienischen Afrika-Armee geführt haben würde, sollte noch im Frühjahr 1942 eine amerikanisch-englische Landung in Französisch-Nordafrika (Operation »Super-Gymnast«) erfolgen. Die Gewinnung der gesamten nordafrikanischen Mittelmeerküste sollte den Ring um die Achsenmächte enger schließen und den Weg für mehrere nacheinander oder auch gleichzeitig erfolgende Landungen beweglicher Kräfte an der Peripherie des Achsen-Herrschaftsraumes frei machen, die unter Ausnutzung subversiver Tätigkeit eine militärische Erhebung der unterworfenen Länder Nord-, West- und Südosteuropas ermöglichen sollten. Durch diese Überraschungsangriffe im Verein mit der Aufrechterhaltung der Wirtschaftsblockade und der Intensivierung des strategischen Luftkrieges sollte Deutschland geschwächt und für einen entscheidenden Landungs-Fangstoß reif gemacht werden.

Die amerikanischen Militärs lehnten die englische Konzeption ab. Statt den Gegner durch mehrere Stiche an der Peripherie verbluten zu lassen, wollten sie von vornherein einen einzigen massiven Stoß von England aus über Westeuropa ins Herz Deutschlands vorbereiten. Dagegen wurde die Operation gegen Französisch-Nordafrika grundsätzlich angenommen und die Prüfung ihrer logistischen und anderweitigen Voraussetzungen beschlossen. Noch vor Beendigung der Konferenz wurde jedoch offenbar, daß ein britischer Sieg in Libyen keineswegs vor der Tür stand und die ursprüngliche Grundlage der Operation damit hinfällig wurde: der Verzicht auf das Zusammenwirken mit einer siegreichen britischen Armee von der libysch-tunesischen Grenze her machte ein Landungsunternehmen mit weit stärkeren Kräften erforderlich. Der bald darauf erfolgende Gegenschlag Rommels, die hohen alliierten Tonnageverluste im Atlantik und der dringende Bedarf an Schiffsraum im Pazifik sollten eine Verschiebung der Landung in Nordafrika unumgänglich machen.

Mit dem Ergebnis der Arcadia-Konferenz konnten die Engländer durchaus zufrieden sein. Ihre Befürchtung, daß das ganze Wehrwirtschaftspotential der Vereinigten Staaten im Pazifik eingesetzt und die materielle Hilfe an England dadurch erheblich vermindert werden würde, hatte sich als unbegründet erwiesen. Es bestand auch nicht mehr die Gefahr, daß die amerikanische Rüstungsproduktion völlig vom Aufbau einer eigenen Millionenarmee absorbiert würde, die bis zur Erlangung ihrer Kampffähigkeit auf dem amerikanischen Kontinent untätig festsaß. Im Gegenteil waren die Kräfte der Vereinigten Staaten für den aktiven Kampf gegen die europäischen Achsenmächte aktiviert und die grundlegenden Institutionen für eine gemeinsame Kriegführung geschaffen worden.

Im März 1942 war die Operationsabteilung des amerikanischen War Department unter General Eisenhower zu der Überzeugung gelangt, daß die erfolgversprechendste Offensive gegen Deutschland in einer von England aus erfolgenden Landung an der französischen Kanalküste (Operation »Roundup«) bestehen würde. Hier konnten die anglo-amerikanischen Streitkräfte geschlossen eingesetzt werden, während jede andere Operation Kräfte zur Sicherung der britischen Inseln abzweigen mußte. Angesichts der bestehenden Schiffsraumknappheit gab der kürzeste Weg zum Gegner – über England nach Frankreich – zugleich die Gewähr, daß der vorhandene Schiffsraum maximal ausgenutzt wurde. Daneben sollte bereits im Laufe des Jahres 1942 ein begrenztes Landungsunternehmen bei Brest oder Cherbourg für den Fall in Aussicht genommen werden, daß entweder Rußland vor dem Zusammenbruch stand oder die deutsche Position überraschend eine Schwächung erleiden würde (Operation »Sledgehammer«). Nachdem diese Offensivpläne gegen Deutschland Anfang April 1942 von General Marshall und von Roosevelt gebilligt worden waren, reisten Marshall und Hopkins nach London, um sie mit den Engländern zu besprechen. Das Ergebnis dieser Erörterungen, die vom 8. bis

17. April stattfanden, war die Übereinstimmung über das Endziel einer Frankreich-Invasion 1943 und über die dafür notwendigen Schritte, nämlich den Aufbau einer starken amerikanischen Invasionsstreitmacht in England in Höhe von 1 Million Mann (Operation »Bolero«). Dem Gedanken einer Landung im Jahre 1942 standen die Engländer jedoch ablehnend gegenüber, schon deshalb, weil ein solches Unternehmen weitgehend Sache der englischen Landstreitkräfte gewesen wäre – konnten doch die Amerikaner bis dahin nicht genügend ausgebildete Truppen über den Atlantik bringen. Churchill schwebten als 1942 zu unternehmende Operationen vielmehr Landungen in Französisch-Nordafrika oder in Nordnorwegen (Operation »Jupiter«) vor, um im Zusammenwirken mit russischen Streitkräften die Nordroute nach Rußland zu sichern. Aber während die englischen Militärs in der Ablehnung von »Sledgehammer« ziemlich deutlich wurden, war Churchill zurückhaltend. Noch bestand die Gefahr, daß sich die Amerikaner enttäuscht von Europa abwandten und zu einer Offensive gegen Japan entschlossen. Am 14. April wurden daher die amerikanischen Pläne formell angenommen. Als die erfolgreiche deutsche Sommeroffensive in Rußland losbrach, sollten die Meinungsverschiedenheiten über die Durchführung von »Sledgehammer« das amerikanisch-englische Verhältnis zusehends belasten und in der zweiten Julihälfte ihren Höhepunkt erreichen.

Am 11. April hatte der amerikanische Präsident Stalin gebeten, den sowjetischen Außenminister nach Washington zu schicken, um mit ihm Pläne zur Erleichterung der Lage an der russischen Front zu erörtern. Auf seinem Wege nach Washington traf Molotow am 20. Mai 1942 in London ein, um mit dem britischen Außenminister Eden über den Abschluß eines Bündnispaktes und mit Churchill über die Eröffnung einer zweiten Front zu sprechen.

Die Frage eines englisch-sowjetischen Bündnisvertrages, der das Abkommen vom Juli 1941 ersetzen sollte, war schon Gegenstand der Verhandlungen bei Edens Moskau-Besuch im Dezember 1941 gewesen. Dabei war insofern eine Schwierigkeit aufgetaucht, als die Sowjets die Anerkennung ihrer Westgrenze nach dem Stand vom Juni 1941 einschließlich der seit 1939 erfolgten Annexionen forderten. Churchill wollte jedoch diese Frage einer zukünftigen allgemeinen Friedenskonferenz überlassen sehen. Jetzt im Frühjahr 1942 war er jedoch angesichts der Tatsache, daß die Sowjets in diesem Jahre die Hauptlast des gemeinsamen Kampfes allein würden tragen müssen, bereit, wenigstens die Baltenstaaten als Bestandteil der Sowjetunion anzuerkennen, während er hinsichtlich Ostpolens und der annektierten rumänischen Gebiete auch weiterhin keine Konzessionen machen wollte. Als Molotow in London weilte, traf ein Telegramm des amerikanischen Außenministers Hull ein, daß sich die Vereinigten Staaten von jedem Vertrag, der derartige territoriale Abmachungen enthalte, durch eine ausdrückliche Erklärung distanzieren würden, weil er die Atlantik-Charta verletze. Molotow erklärte sich nach Rückfrage bei Stalin mit Edens Vorschlag einverstanden, alle Territorialklauseln aus dem abzuschließenden Vertrag herauszulassen. Am 26. Mai 1942 konnte der englisch-sowjetische Bündnisvertrag unterzeichnet werden. Er sollte zwanzig Jahre gelten und sah gegenseitigen militärischen Beistand auch im Falle eines zukünftigen Angriffs von seiten Deutschlands oder seiner europäischen Verbündeten vor, ferner die Anerkennung der beiden Grundsätze, »weder nach territorialen Erweiterungen für sich selbst zu streben, noch sich in die inneren Angelegenheiten anderer Staaten einzumischen«.[1]

Die Errichtung einer zweiten Front hatte Stalin von Churchill schon im Juli und September 1941 gefordert und dabei an Landungen im Norden (Arktis), in Frankreich oder auf dem Balkan gedacht. Nun, im Mai 1942, richtete Molotow an Churchill erneut die Frage, ob eine englisch-amerikanische Landung erfolgen könne, um noch in diesem Jahr ungefähr vierzig deutsche Divisionen von Rußland abzuziehen und dadurch die dortige deutsche Überlegenheit zu beseitigen. Churchill erläuterte die alliierten Pläne und Vorbereitungen für eine Invasion und hob dabei die Schwierigkeit eines amphibischen Unternehmens hervor. Er vermied jegliche Zusage für eine Landungsoperation im Jahre 1942.

Nach seiner Ankunft in Washington am 29. Mai stellte Molotow dem amerikanischen Präsidenten dieselben Fragen, wie er sie in London an Churchill gerichtet hatte. Nach Rücksprache mit General Marshall sagte Roosevelt Molotow zu, daß die Errichtung einer zweiten Front noch in diesem Jahr zu erwarten sei. Admiral King führte aus, daß der kritische Punkt die Transportlage sei: wenn die Verschiffungen nach Murmansk und Archangelsk reduziert würden, könnte mehr Schiffsraum für die Vorbereitung der Invasion eingesetzt werden. Roosevelt schlug daraufhin vor, die Lieferung von Rohstoffen – nicht dagegen von Kriegsmaterial – an die Sowjetunion zu kürzen. Molotow lehnte das entschieden ab. Im Communiqué über die Besprechungen hieß es, daß »über die dringende Aufgabe, im Jahre 1942 eine zweite Front in Europa zu errichten, volle Verständigung erzielt«[2] worden sei. Als Molotow auf seiner Heimreise Anfang Juni in London Station machte, übergab ihm Churchill jedoch ein Aide-mémoire, in dem er betonte, daß eine Landung für August oder September 1942 zwar vorbereitet würde, aber keinesfalls versprochen werden könne, da es weder im Interesse Rußlands noch der Westmächte liegen könne, sich um jeden Preis in ein Unternehmen zu stürzen, das zu einem sicheren Mißerfolg führen müsse. Der Bericht Molotows über das Ergebnis seiner Mission, den er vor dem Obersten Sowjet abgab, war daher entsprechend vorsichtig formuliert und nannte keine Termine. Dennoch glaubte die sowjetische Öffentlichkeit, daß die Eröffnung einer zweiten europäischen Front für das Jahr 1942 fest zugesagt worden sei.

Während sich General Eisenhower zur Abreise nach London rüstete, um den Oberbefehl über alle amerikanischen Streitkräfte auf dem europäischen Kriegsschauplatz (d. h. in England, Nordirland und Island) zu übernehmen und die Operation »Sledgehammer« voranzutreiben, begab sich Churchill am 18. Juni 1942 abermals nach Washington mit der Absicht, dem Präsidenten seine Bedenken gegen diese Operation zu unterbreiten. Dort schlug er als Alternative abermals eine Landungsoperation in Französisch-Nordafrika vor. Obwohl die amerikanischen Stabschefs noch keinen detaillierten Plan ausgearbeitet hatten, wollten sie »Sledgehammer« nicht aufgeben, bevor Eisenhowers Stab die Probleme an Ort und Stelle geprüft hatte. Die Hiobsbotschaften von der libyschen Front, wo Tobruk kapituliert hatte, zwangen Churchill zum Abbruch der Besprechungen und zur Abreise, ehe eine Entscheidung gefällt werden konnte.

In der ersten Julihälfte kamen General Eisenhower und sein Stab – mit den Widerständen konfrontiert, die einer Kanalüberquerung entgegenstanden – in England zur Überzeugung, daß eine große Invasion zur Niederwerfung Deutschlands frühestens im Herbst 1943 durchgeführt werden konnte. Dennoch vertrat Eisenhower für 1942 gegenüber einem Landungsunternehmen in Französisch-Nordafrika »Sledgehammer« zur Gewinnung eines Brückenkopfes in Frankreich: er befürchtete, daß die Bindung von Kräften für »Super-Gymnast« die Engländer 1943 veranlassen würde, erneut gegen eine Kanalüberquerung zu argumentieren. In diesen Wochen traten die Differenzen zwischen den militärischen Führungsgremien beider Länder in ihre kritische Phase. In den amerikanischen Stäben, vor allem in deren einflußreicher zweiter Garnitur, wuchs die Tendenz, sich auf die Kriegführung gegen Japan zu konzentrieren, wenn es in Europa zunächst nicht weiterging. Admiral King hatte General Marshall vorgeschlagen, die Offensive gegen Japan mit der Besetzung der Salomonen-Inseln zu beginnen, und Anfang Juli hatten die amerikanischen »Joint Chiefs of Staff« einen Plan zur Einnahme der südlichen dieser Inseln als ersten Schritt zur Wiedereroberung des Bismarck-Archipels und Neu-Guineas gebilligt. Am 10. Juli 1942 empfahlen sie dem Präsidenten, wenn die Vereinigten Staaten schon vor oder neben »Round-up« (große Frankreich-Invasion) an einer anderen Stelle die Offensive ergreifen müßten, sollte es im Pazifik gegen Japan geschehen. Da ein solcher Kurswechsel die Aufgabe einer wirksamen Zusammenarbeit mit England und Rußland bedeutet hätte, lehnte Roosevelt diesen Vorschlag ab. Eine großangelegte Offensive im Pazifik hätte auch nicht erfolgen können, bevor durch entsprechenden Flottenbau dort die amerikanische Überlegenheit zur See hergestellt war – und daran war im Jahre 1942 noch nicht zu denken. Roosevelt sandte am 16. Juli Hopkins, Marshall und King nach London, damit sie sich von der Durchführbarkeit der Operation »Sledgehammer« überzeugten oder im negativen Falle das weitere Vorgehen mit den Briten vereinbarten. Angesichts der glatten Weigerung der Briten, das Unternehmen durchzuführen, fiel schließlich die Entscheidung für eine Landung in Französisch-Nordafrika, die nunmehr den Decknamen »Torch« erhielt. Am 25. Juli genehmigte Roosevelt dieses Projekt. Da angenommen wurde, daß die Franzosen in Nordafrika einer Landung wenig oder keinen Widerstand entgegensetzen würden, wenn sie unter amerikanischer Flagge erfolgte, wurde für das Unternehmen ein amerikanischer Oberbefehlshaber vorgesehen und am 14. August General Eisenhower dazu ernannt.

Mit der Einigung auf »Torch« war die schwerwiegendste Meinungsverschiedenheit in der strategischen Planung zwischen den Westmächten überwunden. Es blieb die unangenehme Aufgabe, die Sowjets von dem Entschluß zu unterrichten, daß sie mit einer zweiten Front auf dem europäischen Kontinent frühestens 1943 rechnen konnten. Churchills Besprechungen mit Stalin vom 12. bis 15. August in Moskau verliefen daher zunächst in einer frostigen Atmosphäre. Stalin gab zu verstehen, daß der Verzicht auf eine zweite Front im Jahre 1942 dic öffentliche Meinung in der Sowjetunion »tödlich« treffe. Er warf den Westmächten vor, daß es ihnen an gutem Willen und an Wagemut mangele. Als Churchill die geplante Operation »Torch« erläuterte, taute Stalin zusehends auf und zeigte starkes Interesse. Churchills plastische Ausführungen, daß die Westmächte nach der Einnahme der nordafrikanischen Küste Hitlers Europa 1943 gleichzeitig »am weichen Bauch und an der harten Schnauze«[3] angreifen würden, machte auf Stalin sicherlich Eindruck. Aber die Enttäuschung und das Mißtrauen der Sowjets blieben. Sie wurden durch die Tatsache nicht verringert, daß die Transportkonvois nach Murmansk im September eingestellt werden mußten, da alle verfügbaren Sicherungsschiffe für die Vorbereitung von »Torch« benötigt wurden.

Über die militärische Planung von »Torch« konnten die Alliierten bis September 1942 eine Übereinstimmung erzielen. Auf politischem Gebiet sollte jedoch bei dieser Gelegenheit die unterschiedliche Einstellung beider Partner zur »verbündeten« freifranzösischen Bewegung de Gaulles zutage treten. Während die Engländer de Gaulle als den einzigen Vertreter Frankreichs anerkannten, hatten die Amerikaner gerade jetzt einen Grund mehr, die diplomatischen Beziehungen zu Vichy aufrechtzuerhalten: die zahlreichen diplomatischen und konsularischen Vertreter der Vereinigten Staaten in Nordafrika lieferten wertvolle Informationen, die der Vorbereitung der Landung dienten. In Algier hatten der amerikanische Vertreter Murphy und General Clark, der per U-Boot zu einem geheimen Besuch dorthin gekommen war, mit dem französischen General Mast Verbindung aufgenommen und für den X-Fall ein Stillhalteabkommen erreicht. Mast, der als Oberbefehlshaber eines Armeekorps bei Algier für eine Erhebung Frankreichs gegen Deutschland eintrat, hatte ausdrücklich erklärt, daß seine Garnisonen jeder Landung freifranzösischer Truppen energischen Widerstand entgegensetzen würden. Roosevelt entschied daher, daß de Gaulle bei »Torch« in keiner Weise in Erscheinung treten und von dem Unternehmen erst nach dessen Beginn unterrichtet werden dürfe. Im Gegensatz zur englischen Auffassung war de Gaulle für die Amerikaner keineswegs der einzige Vertreter des französischen »Widerstandes«. Er durfte damals noch kaum hoffen, seine Bewegung als französische Exilregierung anerkannt zu sehen: Roosevelt und Hull vertraten im Gegenteil die Ansicht, daß die zukünftige französische Regierung allein vom französischen Volk nach dessen Befreiung bestimmt werden dürfe.

Neben der gemeinsamen strategischen Planung sollte die Mobilisierung der Wirtschafts- und Produktionskräfte der Alliierten, besonders der Vereinigten Staaten, zu einem kriegsentscheidenden Faktor werden. An die Stelle der halben Maßnahmen, die die amerikanische Wirtschaftspolitik vor Pearl Harbor ergriffen hatte, traten nunmehr enorme Anstrengungen zur Erhöhung der Kriegsproduktion. Neben der laufenden Unterstützung der Verbündeten mußten die eigenen Streitkräfte aufgerüstet werden. Allein das amerikanische Heer, das 1941 rund 1,5 Millionen Mann zählte, wurde 1942 auf den Stand von 3 Millionen, 1943 auf 7 Millionen, 1944 auf 8 Millionen und 1945 schließlich auf 8,3 Millionen Mann gebracht. Die gesamte amerikanische Wehrmacht zählte in den letzten beiden Kriegsjahren über 11 Millionen Mann. Die Umstellung der Fabriken auf Kriegsproduktion, der Aufbau neuer Werke, die Beschaffung und Verteilung der Rohstoffe, die Festlegung von Rangordnungen in der Produktion – ohne dabei die Herstellung von Gütern für den Zivilbedarf zu sehr einzuschränken –, alle diese gleichzeitig auf die amerikanische Wirtschaft einstürmenden Anforderungen verursachten zunächst erhebliche Verwirrung. Erst gegen Ende des Jahres 1942 standen die Richtlinien der Wirtschaftspolitik und -verwaltung fest: die Kriegsproduktion lief endlich auf vollen Touren. Für die Lösung aller mit der Produktionssteigerung zusammenhängenden Probleme schuf Roosevelt im Januar 1942 das »War Production Board« unter Donald M. Nelson und stattete es mit weitgehenden Vollmachten aus. Sein Gegenstück in England war das ebenfalls im Jahre 1942 errichtete »Ministry of Production« unter Oliver Lyttelton. Im Juni 1942 wurde des amerikanisch-englische »Combined Production and Resources Board« gegründet, das in engem Kontakt mit dem Komitee der Vereinigten Stabschefs arbeitete.

Die Gesamtproduktion der Vereinigten Staaten erreichte bereits Ende 1942 die gemeinsame Produktion der drei Gegner Deutschland, Italien und Japan; im Jahre 1944 war sie doppelt so hoch. Die amerikanische Panzerproduktion betrug 1942 24000 Stück und 1943 29000 Stück gegenüber der deutschen Produktion von 9000 bzw. 20000 Stück. Der Bau von Flugzeugen, von denen in den Vereinigten Staaten im Zeitraum vom europäischen Kriegsausbruch bis Pearl Harbor 23000 Stück produziert worden waren, stieg 1942 auf 48000 (Deutschland 15000), 1943 auf 86000 (Deutschland 25000) und 1944 schließlich auf über 96000 Stück (Deutschland 40000). Im Herbst 1943 war die volle Ausrüstung der amerikanischen Streitkräfte bereits erreicht und von da an nur noch die Produktion des laufenden Ersatzes, verbesserter Waffentypen und die Befriedigung unvorhergesehenen Sonderbedarfs erforderlich. Um diese Zeit mußte sogar die Panzerproduktion gedrosselt werden (Produktion 1944 nur mehr 17500 Stück), weil der amerikanisch-englische Bedarf gedeckt war und die Sowjets die Übernahme amerikanischer Panzer ablehnten, da ihre eigene Panzerproduktion unterdessen befriedigend angelaufen war. Insgesamt erhielt England im Rahmen des Leih- und Pachtgesetzes Güter und Leistungen im Werte von 30 Milliarden, die Sowjetunion solche im Werte von 10,6 Milliarden Dollar. An die Sowjets lieferten die Amerikaner bis zum 31. Mai 1945 u. a. insgesamt 15000 Flugzeuge, 13000 Panzer, 427000 Lastwagen, 50000 Jeeps, über 2 Millionen t Stahl und 420000 t Aluminium.

Während die Wirtschaftshilfe für die Sowjetunion weiterhin unilateral blieb, entwickelte sich zwischen den Vereinigten Staaten und England sowie seinen Dominions eine Art »umgekehrtes Lend-Lease«, eine gegenseitige Hilfeleistung, die Anfang September 1942 vertraglich vereinbart wurde. Dadurch konnten amerikanische Streitkräfte, die in England, Australien, Neuseeland oder Indien standen, ohne spezielle Gegenleistung dortige militärische Einrichtungen, Material und Verpflegung in Anspruch nehmen. Eine solche Arbeitsteilung rationalisierte und vergrößerte das Potential der Alliierten beträchtlich.

Sowohl auf militärisch-strategischem wie auf wirtschaftlichem Gebiet entwickelten die Alliierten im Interesse einer wirksamen gemeinsamen Kriegführung Methoden, die von den traditionellen Formen des Koalitionskrieges wesentlich abwichen und denen auf seiten der Dreierpakt-Mächte nichts Vergleichbares gegenüberstand. Nicht zuletzt aber damit schufen sie die Grundlage für ihren Sieg.

2. Kapitel
Die maximale Expansion der Dreierpaktmächte und der Wechsel der Initiative 1942/43: Wende des Krieges

Das Jahr 1942 sollte zunächst die in Europa und Ostasien um die Hegemonialherrschaft ringenden Mächte auf dem Höhepunkt ihrer äußeren Machtentfaltung sehen. Aber es sollte sich zeigen, daß die Dreierpakt-Mächte mit ihren großartigen Erfolgen, die dennoch keine Entscheidung des Krieges herbeiführen konnten, ihre Kraftreserven überforderten. Zuerst sollte sich die Kriegswende im Pazifik abzeichnen.

Mit dem Angriff auf Pearl Harbor waren die Japaner gleichzeitig in Thailand einmarschiert und hatten Landungsaktionen begonnen, die im Laufe des Dezember 1941 zeitlich gestaffelt gegen die malaiische Halbinsel, die Philippinen, Nordborneo, die Gilbert-Inseln, Guam und Wake durchgeführt wurden. Hongkong wurde von Land her angegriffen und kapitulierte am 25. Dezember. Im Januar 1942 folgten weitere Landungen auf Borneo, Celebes, dem Bismarck-Archipel und Bougainville, im Februar auf Sumatra, Bali, Timor und Java. Der am 5. November 1941 beschlossene japanische Kriegsplan sah nach dieser ersten Phase der Operationen, für die die Japaner 11 ihrer insgesamt 51 Divisionen, das Gros ihrer Flotte und fast die Hälfte ihrer 4800 Armee- und Marineflugzeuge einsetzten, den Übergang zur Defensive innerhalb einer tief gegliederten Stützpunkt-Randzone vor, die jeden Gegenangriff zur See abfangen sollte, um die angelsächsischen Mächte zur Beendigung des Krieges durch Abschluß eines Kompromißfriedens zu bewegen.

Auf der Philippinen-Hauptinsel Luzon verteidigten sich zahlenmäßig unterlegene amerikanische und philippinische Kräfte unter General MacArthur auf der Halbinsel Bataan bis zum 9. April 1942. Bereits am 2. Januar hatten die Japaner die Hauptstadt Manila genommen. Mit der Kapitulation der Inselfestung Corregidor am Eingang zur Manila-Bucht am 6. Mai waren die Kämpfe um die Philippinen endgültig abgeschlossen.

Thailand leistete dem japanischen Einmarsch und der Landung am Isthmus von Kra nur Scheinwiderstand, schloß bereits am 21. Dezember mit Japan einen Bündnisvertrag und erklärte am 25. Januar 1942 den angelsächsischen Mächten den Krieg. Nach überraschenden und erfolgreichen Luftangriffen auf die

Flugbasen Britisch-Malayas landeten die Japaner am 8. Dezember 1941 in Kota Bharu an der Nordostküste dieser Kolonie. Die in Singapur stationierten Schlachtschiffe »Prince of Wales« und »Repulse« liefen daraufhin nach dort aus, wurden aber von japanischen U-Booten gesichtet und am 10. Dezember von herbeigerufenen Torpedoflugzeugen angegriffen und versenkt. Zusammen mit dem Erfolg von Pearl Harbor hatten sich die Japaner damit die Seeherrschaft im Südwestpazifik und auch im Indischen Ozean erkämpft. Der Verlust der beiden Schlachtschiffe war zugleich ein schwerer Schlag für die Verteidigungskraft Singapurs – jenes nur nach der Meeresseite hin befestigten Stützpunktes, dessen Einnahme von Land her für undurchführbar gehalten wurde, da sie die Überwindung von hunderten von Kilometern malaiischen Dschungels erforderte. Gerade das Unmögliche aber hatten sich die Japaner vorgenommen und schafften es dank der Bedürfnislosigkeit ihrer von Nachschub fast völlig unabhängigen Truppen: bis Ende Januar kämpften sich die leicht bewaffneten und im Dschungelkampf überlegenen Japaner gegen den Widerstand der an die wenigen Straßen gebundenen Engländer bis an die Südspitze Malayas durch. Nach täglich erfolgenden Luftangriffen kapitulierte Singapur unter General Percival am 15. Februar 1942. Rund 70000 Verteidiger, darunter frisch aus Indien und Australien herangeholte Verstärkungen, marschierten in japanische Gefangenschaft.

Sechs Tage später begannen die Japaner von Thailand aus ihren Angriff auf das nur von zwei englischen Divisionen verteidigte Burma und besetzten am 7. März Rangun. Damit war der Versorgungsweg ins Innere des Landes und vor allem nach China abgeschnitten. Von Rangun aus stießen die Japaner an der Bahn entlang nach Norden und nahmen am 2. Mai Mandalay, während eine weitere japanische Armee von Thailand aus parallel nach Norden bis Lashio vorging und die Burmastraße abschnitt. Die japanische Offensive entlang der Burmastraße in die chinesische Provinz Yunnan hinein kam jedoch wegen Nachschubschwierigkeiten bald ins Stocken.

Den Angriff auf die niederländisch-indischen Inseln, der nach der Besetzung Nordborneos mit verschiedenen Landungen im Januar begann, konnten die unter einem in Bandung stationierten gemeinsamen Oberkommando (ABDA) kämpfenden Amerikaner, Engländer, Holländer und Australier nicht abwehren. Die Japaner landeten Anfang März auf Java und nahmen wenige Tage später die Hauptstadt Batavia. Als die holländischen

Streitkräfte am 8. März 1942 kapitulierten, war die japanische Eroberung Niederländisch-Indiens praktisch abgeschlossen. Durch ihr Ausgreifen auf die Gilbert-Inseln (Dezember 1941) und den Bismarck-Archipel sowie die Salomonen-Insel Bougainville (Januar 1942) bedrohten die Japaner zugleich den Seeweg von Hawaii nach Australien und hatten die in ihrem ursprünglichen Kriegsplan vorgesehenen Ziele erreicht.

Über die weitere strategische Zielsetzung waren die japanische Heeres- und die Marineführung verschiedener Auffassung. Das Heer wollte gemäß dem ursprünglichen Plan im Pazifik zur Defensive übergehen, um die Landstreitkräfte für einen entscheidenden Schlag gegen China einsetzen und genügend Kräfte zur Sicherung gegen die Sowjetunion in der Mandschurei belassen zu können. Die Marine drängte dagegen zur Ausnutzung der günstigen Situation für ein Vorgehen gegen Australien, ferner gegen Ceylon, um im Indischen Ozean die See- und Luftherrschaft zu erringen, die feindlichen Verbindungen nach Indien zu unterbrechen und den Engländern das Land unter Ausnutzung der indischen Unabhängigkeitsbewegung zu entreißen. Da das Heer für diese Operationen nicht die erforderlichen Kräfte stellen zu können glaubte, eine übergeordnete entscheidende Instanz zwischen den beiden Wehrmachtteilen aber praktisch nicht vorhanden war, unternahm die Flotte Anfang April 1942 im Alleingang einen Vorstoß in den Golf von Bengalen, um die »British Eastern Fleet« zu vernichten und Ceylon zu bombardieren. Die weit unterlegene, aber rechtzeitig gewarnte britische Flotte unter Vizeadmiral Somerville war jedoch nach ihrem geheimen Korallenhafen in die südlichen Malediven ausgewichen. Vor ihrem Rückmarsch konnten aber die Japaner vor den Küsten Indiens bei nur 17 Flugzeugverlusten einen englischen Flugzeugträger, 2 Kreuzer, 2 Zerstörer und über 150000 BRT Handelsschiffsraum versenken. Das Unternehmen hatte immerhin zur Folge, daß sich die »British Eastern Fleet« für die nächste Zeit an die ostafrikanische Küste zurückzog. Mit der Operation »Ironclad« bemächtigten sich die Engländer Anfang Mai gegen den Widerstand Vichy-Frankreichs des Hafens Diego Suarez auf Madagaskar als Flottenstützpunkt. Aber selbst in Diego Suarez wurden die Engländer durch japanische Klein-U-Boote angegriffen, eines ihrer Schlachtschiffe wurde beschädigt. Der japanische Vorstoß in den Indischen Ozean zeigte, welche Möglichkeiten eine echte Koordination der japanischen mit der deutsch-italienischen

Kriegführung im Frühjahr 1942 eröffnet hätte: die Erringung der japanischen Seeherrschaft im westlichen Indischen Ozean hätte den Versorgungsweg der englischen Streitkräfte in Nahost, die Ölzufuhr aus Abadan und die südliche Nachschubroute in die Sowjetunion unterbinden und den Vormarsch der Achsenmächte in Nordafrika und im Kaukasus begünstigen können. Damit wäre die Gewinnung der kaukasischen Ölgebiete, ein Einschwenken der Türkei nebst Öffnung des Schwarzen Meeres für die Achsenmächte zur Niederringung der russischen Kaukasienfront und die Schaffung eines Verbindungsweges nach dem Fernen Osten in den Bereich der Verwirklichung gerückt. Statt dessen hatten die militärischen Vereinbarungen zwischen den Achsenmächten und Japan vom 18. Januar 1942 nicht viel mehr als eine Abgrenzung der gegenseitigen Operationsgebiete entlang dem 70. Grad östlicher Länge gebracht: wie anfangs Italien, so führte auch Japan seinen »Parallelkrieg«.

Der japanische Heeresgeneralstab und der Admiralstab waren übereingekommen, mit einer begrenzten Aktion wenigstens noch die östlichen Salomonen-Inseln, Neukaledonien, die Fidschi-Inseln und Samoa zu besetzen, um die Zufahrtswege nach Australien zu beherrschen, das nach Meinung der Japaner in erster Linie die Basis für eine eventuelle alliierte Gegenoffensive abgeben mußte. Voraussetzung für dieses weitere Ausgreifen nach Osten war die Einnahme des Stützpunktes Port Moresby im Südosten Neuguineas.

Unterdessen hatte am 17. März 1942 General MacArthur, der auf Befehl Roosevelts von den Philippinen nach Australien geflogen war, den Oberbefehl über die alliierten Streitkräfte im Südwestpazifik übernommen. Die Verlegung amerikanischer Flugzeugträger mit Kreuzer- und Zerstörerbegleitung in diesen Raum hatte die ersten Luftangriffe gegen japanische Stützpunkte auf den Gilbert- und Marshall-Inseln, auf Neuguinea und auf Rabaul ermöglicht. Die auf der Route von Amerika nach Australien liegenden Inseln, einschließlich der Fidschi-Inseln und Neukaledoniens, wurden durch Truppen und Flugzeuge verstärkt. Auf der Fahrt nach Port Moresby stieß die japanische Landungsflotte – durch 3 Träger, 8 Kreuzer und 9 Zerstörer geschützt – im Korallenmeer zum ersten Mal auf eine ebenfalls mit 2 Flugzeugträgern ausgestattete gegnerische Flottenstreitmacht unter Konteradmiral Fletcher: die japanischen Absichten waren von den Amerikanern rechtzeitig erkannt worden, da es ihnen Anfang 1942 gelungen war, in den Hauptfunkschlüssel der japanischen Marine – von den Amerikanern »JN 25« genannt – einzubrechen. In der Zeit vom 4. bis 8. Mai entwickelte sich aus diesem Zusammentreffen die erste nur durch Trägerflugzeuge ausgefochtene Seeschlacht in der Geschichte, die auf beiden Seiten mit der Versenkung eines Trägers sowie der Beschädigung eines weiteren endete und die Japaner zum Abbruch ihrer Operation gegen Port Moresby zwang. Die etwa gleichzeitig erfolgende japanische Landung auf den östlichen Salomonen-Inseln konnten die Amerikaner jedoch nicht verhindern.

Mitte Mai 1942 begannen die Japaner auch auf dem chinesischen Festland eine neue Offensive. Sie war durch den überraschenden Angriff amerikanischer zweimotoriger Bomber auf Tokio am 18. Februar ausgelöst worden, die unter Führung des Oberstleutnants Doolittle vom Flugzeugträger »Hornet« im Pazifik aufgestiegen und nach dem Angriff in die chinesische Provinz Tschekiang weitergeflogen waren. Die japanische Landoffensive gegen diese Provinz führte bis Ende Juni zur Einnahme der dort gelegenen chinesischen Luftbasen, die eine Wiederholung derartiger Luftoffensiven auf das japanische Mutterland verhindern sollte. Um die Annäherung feindlicher Flugzeugträger von Hawaii her zukünftig rechtzeitig erfassen zu können und die geschwächte amerikanische Flotte endlich zur ersehnten Entscheidungsschlacht herauszufordern, entschlossen sich die Japaner zu einer Landungsoperation gegen die Midway-Inseln bei einer gleichzeitigen Ablenkungsaktion gegen die westlichen Aleuten-Inseln Attu und Kiska. Für diese Operation wurde das Gros der japanischen Flotte von 4 Flugzeugträgern, 4 Hilfsträgern, 5 Seeflugzeugträgern – mit zusammen 460 Flugzeugen – sowie 11 Schlachtschiffen, 13 schweren und 9 leichten Kreuzern, 66 Zerstörern, 22 U-Booten nebst Truppentransportern und Öltankern unter persönlicher Führung des japanischen Flottenchefs, Admiral Yamamoto, eingesetzt. Sie sollte zur Entscheidungsschlacht im Pazifik führen.

Dank der durch »Magic« entzifferten Funksprüche der japanischen Marine, die wegen einer Verzögerung bei der Verteilung neuer Codebücher erst vier Tage vor der Schlacht einen neuen, für die Amerikaner zunächst unlesbaren Schlüssel einführte, war der Oberbefehlshaber Zentralpazifik, Admiral Nimitz, von dem bevorstehenden Unternehmen unterrichtet und konnte der japanischen Streitmacht gegenüber 3 Flugzeugträger mit 261 Flugzeugen, 9 schwere und 4 leichte Kreuzer, 30

Zerstörer und 25 U-Boote unter dem taktischen Oberbefehl von Admiral Fletcher zusammenziehen. Dazu kamen 288 auf den Midway- und Aleuten-Inseln stationierte Flugzeuge. Als sich die Japaner Midway näherten und am Morgen des 4. Juni 1942 ihren ersten Trägerangriff auf die Inseln starteten, stieß er auf unerwartet heftige Jagd- und Flakabwehr und brachte für eine Truppenlandung ungenügende Ergebnisse. Der Chef der japanischen Trägerflotte, Admiral Nagumo, entschloß sich daher, seine zur Bekämpfung etwa eingreifender feindlicher Schiffe auf den Decks bereitstehenden Torpedoflieger für einen zweiten Angriff gegen die Insel auf Bomben umzurüsten und vor Rückkunft der ersten Welle starten zu lassen. Während der Durchführung dieser Vorbereitungen bekam er die Meldung von der Sichtung der amerikanischen Kriegsschiffe. Aber nun war die Zeit zu knapp geworden, um eine genügende Anzahl Maschinen abermals mit Torpedos auszustatten: die Flugdecks mußten geräumt und die erste Welle an Bord genommen werden. In dieser Phase des Neuauftankens und Munitionierens der Flugzeuge traf der amerikanische Gegenangriff die japanischen Träger und verwandelte drei von ihnen innerhalb weniger Minuten in schwimmende Scheiterhaufen. Zwischen der unbeschädigt gebliebenen »Hiryu« und den drei amerikanischen Trägern entwickelte sich anschließend ein Seeluftgefecht, das mit der Versenkung der »Hiryu« und des amerikanischen Trägers »Yorktown« endete. Angesichts des Verlustes aller seiner Träger und der Unmöglichkeit, die Amerikaner zu einem Artilleriegefecht zu stellen, brach Yamamoto das Unternehmen ab.

In dieser ihrer ersten Niederlage verloren die Japaner mit ihren modernen Flugzeugträgern nebst Fliegerelite zugleich die Überlegenheit zur See, die ihre bisherigen Erfolge ermöglicht hatte. Der Ersatzbau von Flugzeugträgern kam zu spät: Midway war die Wende des Krieges im Pazifik. Darüber konnte auch die gelungene Nebenaktion einer Landung auf den Aleuten-Inseln Attu und Kiska nicht hinwegtäuschen. Die Absicht einer Eroberung Neukaledoniens, der Fidschi-Inseln und Samoas, ferner die angesichts der Erfolge Rommels in Nordafrika auflebenden Pläne einer Invasion Ceylons mußten von den Japanern endgültig begraben werden. Als die 1. US-Marine-Infanteriedivision am 7. August 1942 mit der Landung auf Guadalcanal den ersten amphibischen Gegenschlag führte, hatten die Japaner den Kulminationspunkt ihrer Erfolge überschritten: der nun beginnende Abnutzungskrieg ließ sie von einer Aushilfe in die andere fallen, während sich die Alliierten mit Hilfe des amerikanischen Potentials planmäßig zum Einbruch in das japanische Vorfeld rüsteten, der 1943 in vollem Ausmaß begann.

Für die Entwicklung auf dem afrikanischen Kriegsschauplatz, auf dem Rommels Frühjahrsoffensive 1941 die deutsch-italienischen Kräfte bis an die ägyptische Grenze geführt hatte, sollte der Inselfestung Malta eine überragende Bedeutung zufallen. Nachdem das deutsche X. Fliegerkorps für den Balkanfeldzug von Sizilien ins östliche Mittelmeer verlegt worden war und die Briten von Trägern im westlichen Mittelmeer aus Flugzeuge nach Malta hatten einfliegen und bis Herbst vier Kreuzer und vier Zerstörer nach dort hatten verlegen können, wurde die Versorgung der Achsenstreitkräfte in Nordafrika von diesem Stützpunkt aus ernsthaft bedroht: die Verlustziffer des Nachschubs stieg im November 1941 auf über 70 Prozent. Diese erfolgreiche Bekämpfung des deutsch-italienischen Nachschubs – die überwiegend auf der Entzifferung der durch die Hagelin-Maschine verschlüsselten italienischen Funksprüche durch »Ultra« beruhte – diente der Vorbereitung einer britischen Offensive (Operation »Crusader«), die überraschend am 18. November 1941 begann und zu einem vollen Erfolg führte. Unter Aufgabe der am Halfaya-Paß eingeschlossenen Teilkräfte mußte sich Rommel – dem wegen der angespannten Lage in Rußland keine Verstärkung zugeführt werden konnte – Anfang Dezember zum Rückzug entschließen. Bis zum 12. Januar 1942 räumte Rommel die Cyrenaika völlig und ging auf die Mersa-el-Brega-Stellung an der großen Syrte zurück. Die Rückzugskämpfe hatten die Achsenmächte 13000 Mann deutsche und 20000 Mann italienische Truppen, ferner 300 Panzer gekostet. Aber auch die Engländer, die 17700 Mann und 280 Panzer verloren hatten und nun wieder auf einen langen Nachschubweg angewiesen waren, benötigten eine Erholungspause, nach der sie ihre Offensive fortzusetzen beabsichtigten.

Um die See- und Luftlage im Mittelmeerraum wiederherzustellen, wurde Anfang Dezember 1941 die Luftflotte 2 unter dem zum »Oberbefehlshaber Süd« ernannten Generalfeldmarschall Kesselring aus Rußland nach Süditalien verlegt, ferner bis Dezember insgesamt 26 deutsche U-Boote im Mittelmeer stationiert, die im November den britischen Flugzeugträger »Ark Royal«, das Schlachtschiff »Barham« und einen Kreuzer versenkten. Am 19. Dezember drangen italienische Zwerg-

U-Boote mit einem kühnen Unternehmen in den Hafen von Alexandria ein und setzten zwei dort liegende englische Schlachtschiffe für Monate außer Gefecht. Durch weitere Verluste bei der Geleitzugsicherung hatte die Schlagkraft der britischen Mittelmeerflotte in der zweiten Jahreshälfte 1941 erhebliche Einbußen erlitten. Kurz darauf begann die Luftoffensive der Achsenmächte gegen Malta, das allein im Januar 1942 mit 263 Luftangriffen eingedeckt wurde. Durch diese Erfolge besserte sich die Nachschublage Rommels so, daß er nach Wiederherstellung der Gefechtskraft seiner Verbände am 21. Januar 1942 zum Gegenangriff antreten konnte: überraschend überrannte er die bei Agedabia stehenden feindlichen Kräfte, erreichte Ende Januar Benghasi und stieß bis westlich Gazala vor, wo der Angriff am 7. Februar zunächst zum Stehen kam.

Die italienischen Kräfte in Nordafrika hatten sich auf Befehl des Comando Supremo an dieser Offensive nicht beteiligt und weigerten sich, die deutschen schnellen Verbände durch Infanterieeinheiten für ein weiteres Vorgehen abzulösen: von den Erfahrungen des Vorjahres ausgehend, wollten sie vorher Malta in ihren Besitz bringen, um diese Gefahrenquelle ein für allemal auszuschalten. Hinsichtlich Maltas kam es bei der Begegnung Hitlers mit Mussolini in Berchtesgaden am 29. und 30. April 1942 zu einem Kompromiß: da die Italiener bereits Mitte März erklärt hatten, die Vorbereitungen für eine Invasion dieser Insel erst Ende Juli beenden zu können, sollte zunächst – um die Initiative nicht zu verlieren – Ende Mai eine Offensive zur Eroberung Tobruks bis an die ägyptische Grenze vorgetrieben werden, um dann vor einem Einfall in Ägypten die Eroberung Maltas unter Teilnahme deutscher Fallschirmtruppen – Unternehmen »Herkules« – durchzuführen. Aber bereits am 21. Mai sprach sich Hitler im engeren militärischen Führungskreis gegen diese Operation aus.

Churchill drängte den Befehlshaber Nahost in Kairo, General Auchinleck, zum Angriff, um Malta zu entlasten und der ständigen Forderung Stalins nach Unterstützung durch eine »zweite Front« wenigstens in dieser Form zu entsprechen. Als Rommel am 26. Mai 1942 den Engländern durch eine Offensive auf die Gazala-Stellung zuvorkam, stieß er auf die mit Panzern und Artillerie überlegen ausgestattete britische 8. Armee unter General Ritchie. Dank »Ultra« war Ritchie zwar von dem bevorstehenden Angriff unterrichtet, kannte aber seinen Schwerpunkt nicht. Nach einem Ablenkungsangriff im stark verminten

Mittelabschnitt umging Rommel in der Nacht den Südflügel der Gazala-Front – den von freifranzösischen Kräften verteidigten Stützpunkt Bir Hacheim –, stieß in den Rücken der Engländer und eroberte nach taktisch äußerst beweglich geführten, mehrwöchigen Kämpfen am 21. Juni, durch pausenlose Stukaangriffe unterstützt, die zum Symbol des englischen Widerstands gewordene Festung Tobruk. 33000 Engländer und erhebliche Vorräte fielen in deutsche Hand. Nach einem weiteren Tag stand Rommel – nun zum Generalfeldmarschall ernannt – wieder an der libysch-ägyptischen Grenze. Bei seinen Operationen im ersten Halbjahr 1942 hatte er die erfolgreiche Tätigkeit des deutschen Dechiffrierdienstes ausnutzen können, dem es im Herbst 1941 gelungen war, den Funkschlüssel des amerikanischen Militärattaches in Kairo, Oberst Fellers, zu lösen und die täglichen Berichte Fellers' nach Washington über Kräfte und Pläne der Engländer zu entziffern. Als jedoch in Bletchley Park aus einem entzifferten deutschen Funkspruch der Ursprung der Nachrichten erkannt wurde, änderten die Amerikaner im Juli 1942 den Schlüssel und Rommels Informationsquelle versiegte.

Hitler glaubte nach der Besitzergreifung von Tobruk endgültig auf eine Landung in Malta verzichten zu können, da nunmehr ein Teil des Nachschubs über Griechenland – durch Kreta gedeckt – nach Tobruk geleitet werden konnte. Angesichts der Schwierigkeiten, die sich bei der Vorbereitung der Malta-Aktion vor den Italienern auftürmten, gab das Comando Supremo am 23. Juni seinen Widerstand auf und befahl den italienischen Streitkräften gleichfalls, die Verfolgung des Feindes bis zum Suezkanal aufzunehmen. Mussolini begab sich nach Libyen, um mit seinen Truppen in Kairo einziehen zu können. Auf der Gegenseite übernahm General Auchinleck persönlich die Führung der 8. Armee.

Rommel gelang es, Marsa Matruk nach völliger Einschließung am 28. Juni zu nehmen. Doch dann trafen seine Verbände am 30. Juni vor El Alamein – 100 Kilometer vor Alexandria – überraschend auf erbitterten Widerstand. Ein sofort angesetzter Durchbruchversuch Rommels mußte wegen völliger Erschöpfung seiner Verbände nach drei Tagen aufgegeben werden. Die Luftüberlegenheit der Engländer nahm ein erdrückendes Ausmaß an, da die deutschen Flugplätze nunmehr weit zurücklagen. Ende Juli war nach mehreren vergeblichen Gegenangriffen auch die Kraft der Engländer erschöpft und die

Front erstarrte. Mussolini kehrte am 20. Juli von Derna enttäuscht nach Rom zurück.

Welche der beiden Seiten erneut die Initiative ergreifen konnte, hing vom schnelleren Heranbringen des Nachschubs und der Verstärkungen ab. Dabei waren die Alliierten mit ihrem zwar langen, aber – abgesehen von der latenten U-Boot-Gefahr – sicheren Versorgungsweg um Afrika herum gegenüber den Achsenmächten im Vorteil, deren Nachschubwege von Malta und Alexandria aus unmittelbar bedroht blieben. Nach dem Abklingen der Luftoffensive gegen Malta hatten die Engländer die Insel durch U-Boote und Flugzeuge wieder verstärkt und – wenn auch unter schwersten Verlusten – durch Geleitzüge versorgt. Diese Verstärkung Maltas bewirkte, daß die Verlustziffern der deutsch-italienischen Transporte ab Mitte Juli wieder anstiegen und im August 1942 die Höchstziffern vom November 1941 sogar noch übertrafen. »Ultra« war dabei für die Engländer von unschätzbarem Wert: die genaue Kenntnis über das Auslaufen der Geleitzüge und deren Sicherungskräfte erlaubte ihnen, ihre beschränkte Zahl von Flugzeugen und U-Booten rationell einzusetzen; die entzifferten Meldungen über unversehrt in Afrika angekommenes Material informierten sie ferner über Rommels Nachschublage. Obwohl die Engländer ihre Kenntnis vom Konvoiverkehr durch das Aussenden von Aufklärungsflugzeugen tarnten, die vom Gegner gesichtet werden und ihm eine Erklärung für die prompt erfolgenden Angriffe liefern sollten, wollten die deutschen Stimmen über »italienischen Verrat« nicht verstummen und trübten das Verhältnis zwischen den Achsenpartnern.

Da sich weiteres Abwarten auf das Stärkeverhältnis immer ungünstiger auswirken mußte, entschloß sich Rommel Ende August erneut zum Angriff, nachdem ihm die Italiener die Heranführung des Mindestbedarfs an Treibstoff zugesagt hatten. In der Vollmondnacht vom 30. zum 31. August 1942 setzte Rommel zum Durchbruch am Südteil der Front an, um den Gegner anschließend nach Norden ans Meer zu drängen. Aber der am 13. August eingetroffene neue Oberbefehlshaber der britischen 8. Armee, Generalleutnant Montgomery, war durch »Ultra« und seine eigene taktische Funkaufklärung über Rommels Absichten sowie über dessen Kräfte und Reserven genau informiert und hatte umsichtige Verteidigungsmaßnahmen getroffen: Aus dem geplanten überraschenden Stoß in den Rükken der Engländer wurde eine frontale Schlacht, in die die überlegene gegnerische Luftwaffe eingriff. Vor allem aber blieb der Nachschub an Treibstoff fast völlig aus, die versprochenen Tanker waren im Mittelmeer versenkt worden und der Versuch, wenigstens einen Teil des erforderlichen Brennstoffs auf dem Luftwege heranzubringen, scheiterte an der englischen Luftüberlegenheit. Rommel mußte sich am 3. September zum Rückzug in die Ausgangsstellung entschließen, der sich unter ständigen feindlichen Luftangriffen vollzog und durch den Treibstoffmangel zu erheblichen Fahrzeug- und Waffenverlusten führte. Der letzte Versuch Rommels, an das Niltal vorzustoßen, war damit gescheitert.

Mit dem Steckenbleiben der Afrika-Offensive und dem bald darauf folgenden Erlahmen der Offensive in Südrußland zeichneten sich verhältnismäßig plötzlich die Überspannung der Achsen-Expansivkraft und der bevorstehende Umschwung ab. Da eine Zurücknahme der weit vorgeschobenen Fronten in Ägypten und im Kaukasus unter Bildung von Reserven, die nach dem Übergang zur Defensive als nächster Schritt erforderlich gewesen wäre, bei Hitlers Mentalität ausschied, verlor die deutsche Kriegführung die Initiative und wurde in steigendem Maße von den Entschlüssen des Gegners abhängig.

In Afrika sollten sich diese Entschlüsse mit der am 9. Oktober beginnenden alliierten Luftoffensive auf Flugplätze und Nachschubhäfen der Achse von Ägypten und Malta aus bereits ankündigen. Die am nächsten Tag von den Achsenmächten eingeleitete Gegen-Luftoffensive auf Malta mußte nach neun Tagen wegen der untragbar ansteigenden Verluste eingestellt werden. Am 23. Oktober brach nach außerordentlich starker Artillerievorbereitung die erwartete Offensive des unterdessen zum General beförderten Montgomery bei El Alamein (Operation »Lightfoot«) los. Während die Engländer durch Panzer- und Fahrzeugattrappen sowie den Bau einer Schein-Wasserleitung und andere Manöver mit Erfolg einen Angriff im Südabschnitt vortäuschten, stießen sie überraschend im Norden vor. »Ultra« hatte zwar Montgomery über die schwierige Nachschublage und Treibstoffknappheit seines Gegners informiert, hatte aber im Gegensatz zur taktischen Funkaufklärung auf den Verlauf der Schlacht selbst keinen Einfluß. Rommel, der einen dringend erforderlichen Kuraufenthalt in Deutschland sofort abgebrochen hatte, dämmte den englischen Fronteinbruch durch verlustreiche Gegenangriffe vorübergehend ein. Auch die angreifenden englischen Divisionen wurden stark angeschlagen. In der Nacht zum 2. November setzte Montgomery mit seinen noch verbliebenen 800 Panzern zum entscheidenden Durchbruch (Operation »Supercharge«) an. Rommel, der zu diesem Zeitpunkt noch rund 90 deutsche und 140 italienische Panzer besaß, wurde sich im Laufe des 2. November darüber klar, daß die Armee auf die Fuka-Stellung zurückgenommen werden mußte, wenn sie nicht durchbrochen und dadurch vor allem die unbeweglichen italienischen Infanteriedivisionen der Vernichtung ausgesetzt werden sollten. Er befahl daher ein langsames Zurückweichen der motorisierten Verbände, um den Rückmarsch der Infanterie zu decken. Da traf am 3. November 13.30 Uhr ein Führerbefehl ein, in dem es hieß,

»keinen Schritt zu weichen und jede Waffe und jeden Kämpfer, die noch freigemacht werden können, in die Schlacht zu werfen ... Es wäre nicht das erste Mal in der Geschichte, daß der stärkere Wille über die stärkeren Bataillone des Feindes triumphierte. Ihrer Truppe aber können Sie keinen anderen Weg zeigen als den zum Siege oder zum Tode«.[4]

Obwohl dieser Befehl, der im Gegensatz zu anderen Kriegsschauplätzen die erste Einmischung Hitlers in die taktische Führung des Afrikafeldzuges darstellte, Rommel einen erheblichen Schock versetzte, gehorchte er. Mit diesem Entschluß aber – den Rommel später selbst als schweren Fehler bezeichnete – war der Untergang der Afrika-Armee besiegelt: durch die Verzögerung des 24 Stunden später doch unvermeidbar werdenden Rückzugs sollte die Armee ihre gesamte Infanterie sowie das Gros ihrer Fahrzeuge und Waffen verlieren, so daß sie nicht mehr in der Lage war, den englischen Vormarsch an irgendeiner Stelle Nordafrikas aufzuhalten. Diese Tatsache machte El Alamein zur Entscheidungsschlacht.

Die zurückweichenden deutschen und italienischen motorisierten Verbände konnten zunächst nirgends mehr einen zusammenhängenden Widerstand organisieren. Obwohl Montgomery der Telegrammwechsel zwischen Hitler und Rommel vom 3./4. November und damit die hoffnungslose Situation seines Gegners durch »Ultra« bekannt war, hinderte ihn das Festhalten an seiner methodischen und Risiken vermeidenden Kampfführung an dem Versuch, die Achsenstreitkräfte durch eine überholende Verfolgung einzuschließen. Diese Eigenheit des britischen Generals sowie schwere Regenfälle, die die Engländer am 7. und 8. November im aufgeweichten Wüstensand steckenbleiben ließen und ihren Benzinnachschub beeinträchtigten, bewahrten die auf der Küstentraße zurückgehende Afrika-Armee davor, abgeschnitten zu werden. Fünf Tage später rückten die Engländer in Tobruk ein.

Unterdessen bahnten sich im Rücken der Afrika-Armee – im westlichen Mittelmeer – weitreichende Entscheidungen an: Operation »Torch« hatte am 7./8. November mit der Landung starker anglo-amerikanischer Verbände an der marokkanischen und algerischen Küste begonnen. Dadurch gerieten die Achsenstreitkräfte in Nordafrika in einen Zweifrontenkrieg, der mit ihrer Vernichtung und dem Verlust der nordafrikanischen Mittelmeerküste endete und den Ausgang des Kampfes um die Südflanke der »Festung Europa« weitgehend bestimmen sollte.

In Rußland schien das Jahr 1942 für Hitler die letzte Chance zu bieten, die Masse des Heeres (im November 1942 standen von 262 vorhandenen deutschen Divisionen schließlich 195 im Osten) für eine entscheidende Offensive einzusetzen, bevor die amerikanische Aufrüstung den angelsächsischen Mächten ermöglichte, auf dem europäischen Festland militärisch aktiv zu werden. Für die Entscheidung in Rußland sollten diesmal alle schnellen Verbände zu einem Angriff am südlichen Frontabschnitt konzentriert werden, um den Sowjets ihre diesseits des Ural verbliebenen Rüstungszentren, das Kohle- und Erzrevier im Don-Becken und das kaukasische Erdöl zu entreißen. Wenn die Front auch im April 1942 – als es gelang, die deutschen Verbände im Kessel von Demjansk zu befreien – wieder als stabilisiert angesehen werden konnte, so fesselten die langwierigen, bis in den Sommer hinein währenden Kämpfe zur Bereinigung der Lage starke deutsche Kräfte. Die Heeresgruppe Mitte blieb hier auch in den Sommermonaten weiter starken sowjetischen Angriffen ausgesetzt. Um eine Flankenbedrohung der geplanten deutschen Offensive im Süden auszuschalten, mußte zunächst die Halbinsel Kertsch auf der Krim wiedererobert werden. Am 8. Mai trat daher die 11. Armee unter Generaloberst v. Manstein zum Angriff an und nahm am 15. Mai Kertsch an der Ostspitze der Halbinsel. Am 1. Juli 1942 erfolgte auch die Eroberung von Sewastopol nach heftiger Bombardierung und Artilleriebeschuß, unter anderem durch das schwerste Geschütz des Zweiten Weltkrieges, »Dora«, mit 80 cm-Kaliber. 250000 Gefangene, 1750 Geschütze und 280 Panzer blieben bei den Kämpfen auf der Krim 1942 in deutscher Hand. Der Eroberer der Krim, v. Manstein, wurde zum Feldmarschall befördert.

Am 12. Mai 1942 begann Marschall Timoschenko eine Zangenoperation zur Rückgewinnung von Charkow, um der erwarteten deutschen Offensive zuvorzukommen. Die bereits für die Sommeroffensive bereitgestellten schnellen deutschen Verbände mußten daraufhin zu einem Gegenstoß in den sowjetischen Frontvorsprung von Süden her angesetzt werden. Sie erzwangen die Einstellung der Offensive Timoschenkos, dem der Rückzug über den Donez nur noch mit Teilen seiner Streitkräfte gelang. Die Schlacht bei Charkow, die am 28. Mai mit der Vernichtung der eingeschlossenen Sowjettruppen endete, brachte den Deutschen 240000 Gefangene und 1250 zerstörte oder erbeutete Panzer ein. Diese sowjetischen Verluste sollten zum Gelingen der deutschen Sommeroffensive in deren Anfangsstadium wesentlich beitragen.

Hitlers Weisung Nr. 41 für die Sommeroffensive in Rußland vom 5. April 1942 bezeichnete als Ziel, »die den Sowjets noch verbliebene lebendige Wehrkraft endgültig zu vernichten und ihnen die wichtigsten kriegswirtschaftlichen Kraftquellen so weit als möglich zu entziehen«, d. h. »den Feind vorwärts des Don zu vernichten, um sodann die Ölgebiete im kaukasischen Raum und den Übergang über den Kaukasus selbst zu gewinnen«.[5]

Ende Juni 1942 stand die Heeresgruppe Süd auf einer Front von 800 km Länge zwischen Kursk und Taganrog zum Angriff bereit. Am 28. Juni – am gleichen Tag, an dem Rommel in Ägypten Marsa Matruk nahm und auf die El-Alamein-Stellung in Richtung Alexandria vorstürmte – begann die Sommeroffensive (Operation »Blau«).

Nachdem der Don auf breiter Front zwischen Woronesh und dem Don-Knie bei Kalitwa erreicht war, wurde am 9. Juli die deutsche Heeresgruppe Süd in eine nördliche »Heeresgruppe B«, deren Führung Generaloberst v. Weichs übernahm, und eine südliche »Heeresgruppe A« unter Feldmarschall List aufgeteilt, die gemäß der nächsten Operationsphase von Nordwesten und Südwesten her die Zangenbewegung in Richtung Stalingrad auszuführen hatten. Zwar vereinigten sich beide Stoßkeile am 14. Juli bei Millerowo, jedoch ohne die entscheidende Einkesselung der sowjetischen Streitkräfte westlich des Don erreicht zu haben. Nunmehr wurden alle Panzerkräfte der Heeresgruppe A unterstellt und nach Süden eingedreht, um eine Einschließung der im Raum nördlich von Rostow vermuteten größeren Feindkräfte zu erreichen. Die Panzerarmeen erreichten auf ihrem Marsch nach Süden am 20. Juli den Don zwischen Rostow und Zymlianskaja, ohne den in Richtung Kaukasus zurückweichenden Gegner stellen und in einer Kesselschlacht vernichten zu können. Hitler, der wie gebannt auf die Ölfelder Kaukasiens blickte, vermochte der Verlockung nicht zu widerstehen: am 23. Juli 1942 erging seine Weisung Nr. 45 für die Operation »Braunschweig« (Fortsetzung der Operation »Blau«), die statt der ursprünglich vorgesehenen gestaffelten Operationen zwei gleichzeitig erfolgende, exzentrisch auseinanderlaufende Offensiven befahl: Die Heeresgruppe B sollte Stalingrad besetzen, die Wolga sperren und im Anschluß daran entlang der Wolga bis an ihre Mündung ins Kaspische Meer nach Astrachan vorstoßen (Operation »Fischreiher«). Die Heeresgruppe A erhielt den Auftrag, die über den Don entwichenen sowjetischen Kräfte südlich von Rostow einzuschließen und zu vernichten, anschließend über den Westteil des Kaukasus vorzugehen und die gesamte Ostküste des Schwarzen Meeres zu nehmen, zugleich mit schnellen Verbänden auf das Ölgebiet von Grosny vorzustoßen, die Pässe über den Ostkaukasus zu sperren und anschließend entlang dem Kaspischen Meer vorrückend Baku zu besetzen (Operation »Edelweiß«). Das bedeutete, daß nahezu dieselben Kräfte, die zu Beginn der Offensive eine Front von 800 km Länge besetzt gehalten hatten und zum Zeitpunkt der Weisung Hitlers bereits eine solche von 1200 km deckten, nach den befohlenen Operationen die Linie Woronesh-Stalingrad-Astrachan-Baku-Batum von 4100 km Länge gegen einen Gegner zu verteidigen gehabt hätten, der bislang nicht vernichtend geschlagen worden war. Für diese Aufgabe standen den eingesetzten Kräften keinerlei nennenswerte Reserven zur Verfügung. Die allgemeine Anspannung der Kräfte wird durch die Tatsache verdeutlicht, daß der Ostfeldzug bis dahin allein das Heer über 1,3 Millionen Mann Verluste – 287000 Gefallene, 6300 Vermißte und über 1 Million Verwundete – gekostet hatte.

Das Verhältnis des Generalstabschefs Halder zu Hitler wurde unter diesen Umständen immer gespannter. Hitler schien keinem fachmännischen Rat mehr zugänglich zu sein. Am 23. Juli 1942 schrieb Halder in sein Merkbuch:

»Die immer schon vorhandene Unterschätzung der feindlichen Möglichkeiten nimmt allmählich groteske Formen an und wird gefährlich. Es wird immer unerträglicher. Von ernster Arbeit kann nicht mehr die Rede sein. Krankhaftes Reagieren auf Augenblickseindrücke und völliger Mangel in der Beurteilung des Führungsapparates und seiner Möglichkeiten geben dieser sog. ›Führung‹ das Gepräge.«[6]

Die durch Hitlers Weisung Nr. 45 hervorgerufene Überdehnung der Fronten sollte die Katastrophe bei Stalingrad verursachen, gegen das – von Streitkräften der Verbündeten flankiert – zunächst nur die deutsche 6. Armee unter General Paulus vorging. Zu ihrer Unterstützung wurde am 31. Juli eine der in Richtung Kaukasus vorgehenden Panzerarmeen nach Nordosten eingedreht und der Heeresgruppe B wieder unterstellt.

Der Vormarsch der Heeresgruppe A gegen den Kaukasus ging zunächst zügig voran. Ihre schnellen Verbände überschritten in den ersten Augusttagen den Kuban und besetzten am 9. August das von den Sowjets zerstört zurückgelassene Ölgebiet von Maikop. Am 25. August erreichten sie nach Osten zu Mosdok, konnten aber das wertvolle Ölgebiet von Grosny und die Kaukasuspässe nicht mehr besetzen. Die Hissung der Reichskriegsflagge auf dem höchsten Berg des Kaukasus, dem Elbrus, am 21. August blieb neben einer erstaunlichen alpinistischen Leistung lediglich ein Akt von vorübergehender symbolischer Bedeutung: im Westkaukasus gelang es den Gebirgsjägern nicht, über das Gebirge nach Tuapse an der Schwarzmeerküste durchzudringen. Am äußersten Westflügel nahm die Heeresgruppe – durch eine Landung von der Halbinsel Kertsch her unterstützt – die Taman-Halbinsel (die später als »Kuban-Brückenkopf« noch eine wesentliche Rolle spielen sollte) und erreichte entlang der Küstenstraße am 6. September Noworossisk, wo das ans Schwarze Meer herantretende Gebirge dem Vormarsch Einhalt gebot. Als die Front am Kaukasus wegen der Nachschubschwierigkeiten und des sich verstärkenden Widerstands der Sowjets erstarrte, setzte der unzufriedene Hitler Feldmarschall List am 10. September ab und ließ die Heeresgruppe A unmittelbar vom OKH führen. Das änderte jedoch an ihrer faktischen Lage nichts; sie sollte schließlich durch die bei Stalingrad einsetzende Katastrophe in höchste Gefahr geraten.

Die Offensive gegen Stalingrad war am 19. August so weit vorangeschritten, daß General Paulus den Befehl zum Angriff auf die Stadt selbst erteilen konnte. Von Westen her erzwang die 6. Armee am 21. August den Übergang über den Don und erreichte mit ihren schnellen Verbänden zwei Tage später die Wolga nördlich von Stalingrad. Der Angriff der 4. Panzerarmee unter Generaloberst Hoth von Süden her erreichte am 10. September ebenfalls die Wolga unmittelbar südlich der Stadt. Zwischen dem 1. und 15. September drangen die beiden deutschen Armeen unter zunehmenden Verlusten von Norden, Westen und Süden in Stalingrad ein. Da Generaloberst Halder ständig vor der ungenügenden Flankensicherung und dem Ausbrennen der Angriffstruppen durch den Frontalangriff warnte, verliefen seine Lagebesprechungen mit Hitler in einer immer eisiger werdenden Atmosphäre. Schließlich wurde er am 24. September als Chef des Generalstabs des Heeres durch General Zeitzler ersetzt. Obwohl auch Zeitzler und Paulus die Einstellung des Angriffs auf die Stadt empfahlen, blieb Hitler bei seinem Entschluß. Von Mitte September bis Mitte November entwikkelte sich daraufhin ein erbitterter Häuserkampf um die Wohnviertel, Fabriken und Bahnanlagen Stalingrads, der die Stadt in einen Trümmerhaufen verwandelte und die Kampfstärken der deutschen Verbände teilweise auf ein Viertel absinken ließ. Zwar gelang es, den größten Teil der Stadt zu erobern, doch behaupteten die Sowjets im Stadtkern einen langgestreckten Brückenkopf am westlichen Wolgaufer und hielten die Verbindung über den Fluß trotz deutschem Artilleriefeuer und Stukaangriffen durch Pontonbrücken und Fähren aufrecht.

Für Hitler war die Einnahme Stalingrads, die er in öffentlichen Reden prophezeite, längst eine Prestigefrage geworden. Die Frage, ob wirklich eine strategische Notwendigkeit vorlag, die Menschen und Material verschlingende Eroberung gleichzeitig mit dem Vormarsch auf den Kaukasus zu ertrotzen, da doch deutsche Truppen nördlich und südlich der Stadt bereits an der Wolga standen und den Strom sperrten, stellte sich für ihn nicht.

Während die deutschen Verbände weiter nach Süden strömten und die Flanken der deutschen Front immer länger wurden, zogen die Sowjets im Raum von Stalingrad starke Reserven zusammen und bildeten dort drei neue Heeresgruppen: die »Stalingradfront« unter Generaloberst Jeromenko südlich der Stadt, die »Donfront« unter Generalleutnant Rokossowski nordwestlich davon und am Don nach Westen anschließend die »Südwestfront« unter Generalleutnant Watutin. Am 19. November 1942 begannen die sowjetische »Südwestfront« und die »Donfront« ihre Gegenoffensive, durchbrachen die rumänische 3. Armee und standen am Abend dieses Tages 60 km hinter dem

Rücken der Rumänen am oberen Tschir. Am nächsten Tag schloß sich die sowjetische »Stalingradfront« südlich der Stadt mit einem Durchbruch durch die rumänische 4. Armee an und vereinigte sich am 22. November mit dem westlichen Stoßkeil bei Kalatsch am Don. Damit war die Masse der 6. Armee mit abgedrängten Teilen der 4. Panzerarmee und rumänischen Verbänden – rund 220000 Mann mit 100 Panzern, 1800 Geschützen und 10000 Kraftfahrzeugen – im Kessel von Stalingrad eingeschlossen. Am Abend des 22. November traf ein direkter Funkspruch Hitlers ein, der Stehenbleiben um jeden Preis befahl. Noch in der gleichen Nacht antwortete Paulus mit einem Lagebericht, in dem er darlegte, daß Kräfte und Material der eingeschlossenen Armee zu einer Rundumverteidigung nicht ausreichten, und um Handlungsfreiheit für einen Ausbruch bat. Auch der Oberbefehlshaber seiner Heeresgruppe, v. Weichs, und Generalstabschef Zeitzler befürworteten eine Ausbruchsoperation. Aber am 24. November fällte Hitler die endgültige Entscheidung, daß die 6. Armee stehenzubleiben habe. Den Ausschlag zu dieser Entscheidung gab die leichtfertige Zusage Görings, daß die Luftwaffe die eingeschlossenen Kräfte mit 300 Tonnen Nachschub pro Tag versorgen könnte. Trotz ihrem aufopfernden Einsatz – die Luftwaffe verlor im Laufe dieses Unternehmens 488 Maschinen und 1000 Mann fliegendes Personal – sollte die tatsächliche Nachschubmenge nur einen Durchschnitt von 105 Tonnen pro Tag erreichen. Immerhin gelang es, 42000 Verwundete und schwer ersetzbare Spezialkräfte aus der Einkesselung herauszufliegen.

Am 21. November war Feldmarschall v. Manstein, der sich an der mittleren Ostfront befand, von Hitler beauftragt worden, aus der 6. Armee und der 4. Panzerarmee sowie den Trümmern der beiden rumänischen Armeen im Raum westlich und südlich von Stalingrad eine »Heeresgruppe Don« zu bilden mit dem Auftrag, »die feindlichen Angriffe zum Stehen zu bringen und die vor dem Beginn des Angriffs innegehabten Stellungen wiederzugewinnen«.[7] Nach Orientierung über die Lage kam v. Manstein zu der Ansicht, daß die 6. Armee – auch im Falle der Wiederherstellung einer Verbindung zu ihr – auf keinen Fall in Stalingrad belassen werden könne.

Mansteins dringlichste Aufgabe war es zunächst, die westlich und südlich von Stalingrad entstandenen Frontlücken wenigstens notdürftig zu schließen, um die Verbindungslinien der Heeresgruppe A im Kaukasus auf jeden Fall zu sichern. Mit

Unterstützung herangeführter Reserven gelang ihm auch die Versammlung zweier Entsatzgruppen für Stalingrad: die Armee-Abteilung des Generals Hollidt wurde jedoch an der Tschir-Front in andauernde schwere Abwehrkämpfe verwikkelt und konnte ihren Offensivauftrag nicht erfüllen. Die zweite Entsatzgruppe, die Armeegruppe Hoth, die am 12. Dezember aus dem Raum Kotelnikowo zum Angriff nach Norden (Unternehmen »Wintergewitter«) antrat, erreichte nach sieben Tagen die Mischkowa, blieb aber mit ihren Spitzen 50 km vor der Einschließungsfront in heftigen sowjetischen Gegenangriffen liegen. Die für den Ausbruch bereitgestellten Panzerkräfte konnten noch nicht eingesetzt werden, da sie nur Treibstoff für die Überwindung einer Entfernung von höchstens 30 km besaßen. Ein weiterer Vorstoß nach Süden war nur dann möglich, wenn die 6. Armee sich unter Räumung des Kessels völlig nach Südwesten absetzen konnte. Aber Hitler lehnte dieses von Manstein geplante Unternehmen »Donnerschlag« abermals ab.

In diesem entscheidenden Stadium fanden weder Feldmarschall v. Manstein noch Generaloberst Paulus den Entschluß, gegen Hitlers Befehl zu handeln und das Wagnis eines eigenmächtigen Ausbruchs einzugehen. Als am 25. Dezember die Panzergruppe Hoth an der Mischkowa zurückgehen mußte und über die gesamte deutsche Südfront eine neue Katastrophe hereinzubrechen drohte, war das Schicksal der 6. Armee besiegelt.

Bereits am 16. Dezember hatten sowjetische Angriffe gegen die Tschir-Front und die anschließend am Don stehende italienische 8. Armee begonnen. Am 20. Dezember erfolgte bei den Italienern ein russischer Durchbruch von 100 km Breite, dessen Stoßrichtung auf Rostow und die Küste des Asowschen Meeres abzielte, um damit die beiden deutschen Heeresgruppen »Don« und »A« abzuschneiden. Auch die Armee-Abteilung Hollidt wurde durchbrochen und die beiden Flugbasen für die Versorgung der 6. Armee bedroht. Diese Lage zwang v. Manstein am 23. Dezember, von der Entsatzarmee Hoth Kräfte abzuziehen, um den linken Flügel seiner Heeresgruppe zu stützen. Die Folge war, daß sich Hoths Panzerarmee auf ihre Ausgangsstellung zurückziehen mußte.

Der Kessel von Stalingrad bildete einen ovalen Ring von 50 km Ost-West-Ausbreitung und 30 bis 40 km Nord-Süd-Durchmesser, der zwei Flugplätze einschloß. Er war von 5 sowjetischen Armeen umstellt und band zeitweilig 143 feindliche Großverbände – zuletzt noch 50 bis 60 –, die für den Einsatz zur strategischen Vernichtung der gesamten deutschen Südfront ausfielen. Wenn man angesichts des verlorenen Krieges dem Todeskampf der 6. Armee mit ihren unsagbaren Opfern überhaupt einen Sinn abgewinnen kann, dann war es der, in der gegebenen Situation möglichst viele gegnerische Kräfte für eine möglichst lange Zeit zu fesseln, um damit zur Rettung der deutschen Südfront und zur Ermöglichung des Rückzugs der Heeresgruppe A aus dem Kaukasus beizutragen. Unzureichende Versorgung, Kälte und hohe Verluste ließen die Kampfkraft der eingeschlossenen Einheiten schnell schrumpfen. Am 10. Januar traten die Sowjets unter dem Oberbefehl Marschall Woronews mit starker Artillerievorbereitung vom Westen her zum Angriff an. Nach vier Tagen fiel ihnen der Flugplatz Pitomnik, am 22. der letzte Flugplatz Gumrak in die Hand, so daß den Resten der 6. Armee nur noch durch Abwurf geringe Materialhilfe gebracht werden konnte. Vergebens bat Paulus Hitler nunmehr um die Genehmigung zur Kapitulation. Am 25. Januar wurden die verbliebenen Kräfte in der zerstörten Stadt in zwei Teilkessel zersprengt. Im südlichen Kessel ergab sich am 31. Januar der tags zuvor zum Generalfeldmarschall beförderte Paulus; der Nordkessel kapitulierte am 2. Februar. Von den eingeschlossenen 21 deutschen und 2 rumänischen Divisionen waren rund 100000 Mann gefallen, 90000 gingen in sowjetische Gefangenschaft, die nur wenige Tausende überlebten. Die Schlacht von Stalingrad symbolisierte die Wende an der Rußlandfront.

Auch der deutsche U-Boot-Krieg sollte in den Jahren 1942/43 seinen Höhepunkt und Zusammenbruch erleben. In der vierten Phase der Atlantikschlacht (Januar bis Juli 1942) nahmen die Versenkungsziffern durch lohnende Ziele an der amerikanischen Ostküste einen sehr starken Aufschwung, da dort zunächst völlig friedensmäßiger Schiffsverkehr ohne jegliche Abwehrerfahrungen herrschte. Erst als im August ein alle Routen umfassendes »Interlocking Convoy System« mit zunehmender Luftüberwachung aufgebaut wurde, gingen die monatlichen Versenkungsziffern im Atlantik, die im Juni 1942 mit 122 Schiffen und rund 600000 BRT einen Höhepunkt erreicht hatten, wieder zurück. In den sieben Monaten der vierten Phase der Atlantikschlacht versenkte die deutsche U-Boot-Waffe bei 22 eigenen Verlusten rund 3 Millionen BRT. In dieser Phase wirkte sich auf alliierter Seite nachteilig aus, daß für die im Atlantik operierenden deutschen U-Boote am 1. Februar 1942 der neue Funkschlüsselbereich »Triton« und eine neue »Enigma«-Maschine mit einer zusätzlichen Schlüsselwalze eingeführt wurden. Durch den partiellen Ausfall von »Ultra«, den diese Neuerungen verursachten und der bis zum Dezember währte, war die Geleitzugsteuerung auf Sicht- und Ortungsmeldungen sowie auf Funkpeilung angewiesen. Zwar konnte durch die weitere Entzifferung der »Hydra«-Funksprüche der deutschen Sicherungsfahrzeuge, die die U-Boote beim Ein- und Auslaufen durch die eigenen Minenfelder geleiteten, die Zahl der jeweils im Einsatz befindlichen Frontboote ziemlich genau festgestellt werden; aber ihre Aufstellung und operative Führung im Atlantik entzog sich nunmehr der Beobachtung durch die Alliierten.

Als sich die Unternehmungen an der amerikanischen Küste nicht mehr ertragreich erwiesen, wurde der Schwerpunkt des U-Bootkrieges wieder auf die Bekämpfung der Geleitzüge im Nordatlantik außerhalb der Reichweite der Luftüberwachung gelegt. In der damit anbrechenden fünften Phase der Atlantikschlacht (August 1942 bis Mai 1943) bildeten die jeweils auslaufenden Boote einen weitgezogenen Vorpostenstreifen, der den Atlantik in beiden Richtungen »abharkte«. Vom August bis zur Landung der Alliierten in Nordafrika Anfang November 1942 konnten im Nordatlantik in einer Reihe von Geleitzugschlachten bei einem Verlust von 9 Booten 72 alliierte Schiffe mit über 418000 BRT versenkt werden. Die alliierten Landungskonvois für die Invasion in Nordafrika konnten allerdings ihre Ziele unbeobachtet erreichen. Die Gesamt-U-Boot-Erfolge im Atlantik, einschließlich der Ergebnisse der Einzelunternehmungen vor den afrikanischen und brasilianischen Küsten, erreichten im November mit der Versenkung von 105 Schiffen (rund 650000 BRT) ihren absolut höchsten Monatsstand. Die über den Winter anhaltende Geleitzugbekämpfung war im März 1943 besonders erfolgreich: vom 16. bis 20. März schossen 44 beteiligte U-Boote bei nur einem Eigenverlust aus zwei feindlichen Konvois 21 Schiffe mit über 140000 BRT heraus. Zwei Vorgänge auf dem Gebiet der Funkaufklärung hatten dazu beigetragen. Nachdem es Bletchley Park Mitte Dezember 1942 gelungen war, auch in den »Triton«-Schlüssel einzubrechen, ab Januar 1943 den Funkverkehr der deutschen U-Boote wieder regelmäßiger zu entziffern und durch die so ermöglichte Konvoi-Steuerung schätzungsweise 400000 BRT Schiffsverluste vermeiden zu helfen, fiel »Ultra« durch die Einführung einer weiteren »Enigma«-Zusatzschlüsselwalze ab 1. März 1943 für einige Zeit völlig aus. Zum anderen war der deutsche Marine-Funkentzifferungsdienst (xB-Dienst), der seit Herbst 1942 immer häufiger einzelne nach dem alliierten Konvoicode handverschlüsselte Sprüche entziffern konnte, in den ersten Monaten des Jahres 1943 besonders erfolgreich. Seine – wenn auch nur puntuellen – Hinweise auf Standorte und Kursänderungen einzelner Geleitzüge ermöglichten das Auffangen alliierter Ausweichmanöver. Zu keinem Zeitpunkt schien die U-Boot-Waffe ihrem Ziel, die Atlantikverbindungen zu unterbrechen, näher zu sein. Denn erstmals hatte dank dem beschleunigten U-Boot-Bau auch die Zahl der gleichzeitig operierenden Boote – im Durchschnitt 102 – jene Höhe erreicht, die ihr Befehlshaber Dönitz bereits zu Kriegsbeginn gefordert hatte. Aber da kündigte sich in der letzten Märzdekade mit einer Periode relativ geringer Erfolge die Wende an, die Ende April/Anfang Mai durch unverhältnismäßig hohe U-Boots-Verluste mit voller Wucht eintrat: im Mai kamen von 118 operierenden Booten 38 nicht zurück. Diesen Verlusten standen im Atlantik nur 41 versenkte Feindschiffe mit insgesamt 205 000 BRT gegenüber. Dieses Verhältnis zwang Dönitz, die konzentrierte Geleitzugbekämpfung durch Gruppenoperationen abzubrechen. Ursache für die auftretenden hohen Verluste waren mehrere Maßnahmen der Alliierten, deren Auswirkungen zu diesem Zeitpunkt zusammentrafen.

Die hohen Gesamt-Tonnageverluste, die im Jahre 1942 auf allen Meeren 7699000 BRT betrugen und denen im gleichen Zeitraum auf den Werften der Vereinigten Staaten und des Commonwealth Neubauten von 7182000 BRT gegenüberstanden, hatten der alliierten Führung ernsthafte Sorgen bereitet. Auf der Konferenz von Casablanca im Januar 1943 war man sich darüber einig, daß die Beseitigung der U-Boot-Gefahr und der Tonnageknappheit die Voraussetzung für jedes amphibische Großunternehmen sein müsse. Der Neubau von Hochseeschiffen wurde unter Zurücksetzung des Programms für Landungsfahrzeuge forciert: er erreichte im Jahre 1943 12384000 BRT. Das 1942 gegründete »Anti-U-Boat Warfare Committee«, das unter Churchills Vorsitz arbeitete, konzentrierte sich auf die organisatorischen und technischen Notwendigkeiten der U-Boot-Bekämpfung. Bereits im Frühsommer wirkten sich vor allem die neuen Radar-Ortungsgeräte aus, mit denen neben den

Sicherungsfahrzeugen auch Flugzeuge ausgerüstet wurden. Sie ermöglichten den plötzlichen Überfall auf aufgetaucht an- oder abmarschierende U-Boote in der nächtlichen Dunkelheit oder tagsüber aus den Wolken. Anfang 1943 wurde durch die Verwendung von Langstreckenflugzeugen und Geleitträgern die »Luftlücke« über dem Nordatlantik größtenteils geschlossen. Neben den Geleitverbänden (Escort Groups), die an ihr Schutzobjekt gebunden waren, wurden den Konvois ab März 1943 besondere U-Boot-Jagdgruppen (Support Groups) beigegeben, die unabhängig operieren und zum Tauchen gezwungene Boote verfolgen und vernichten konnten. Außerdem war es Bletchley Park durch den konzentrierten Einsatz aller Hilfsmittel gelungen, ab 20. März den U-Boot-Funkverkehr wieder rechtzeitig zu entziffern. Bald (Juni) sollten auch die dank »Ultra« erkannten Erfolge des deutschen xB-Dienstes durch Änderung des Konvoicodes ausgeschaltet werden. Das Zusammenwirken dieser organisatorischen und technischen Mittel zur U-Boot-Bekämpfung erzwang im Mai 1943 den Abbruch der deutschen U-Boot-Gruppenoperationen und beendete damit die fünfte Phase der Atlantikschlacht, in der die U-Boot-Waffe bei 123 Verlusten über 3,8 Millionen BRT versenkte. Die deutsche Marineleitung und Technik arbeiteten daran, getaucht schnellfahrende U-Boote zu entwickeln, sie gegen die Ortung zu schützen und gegen Flugzeuge und Zerstörer mit neuen Waffen auszustatten. Aber die Entwicklung dieser neuartigen Kriegsmittel sollte zu spät kommen, um die eingetretene Wende rückgängig zu machen, mit der die Alliierten das Wettrennen um die Tonnage gewonnen und damit die Grundlage für den Sieg über die Achsenmächte geschaffen hatten.

In das Jahr 1942 fiel auch der endgültige Verzicht, die deutschen Überwasserstreitkräfte im Atlantik einzusetzen. Da die in Brest liegenden beiden Schlachtschiffe »Scharnhorst« und »Gneisenau« sowie der schwere Kreuzer »Prinz Eugen« Gefahr liefen, den sich verstärkenden Luftangriffen zum Opfer zu fallen, wurden sie am 12. Februar 1942 mittags in einem überraschenden Durchbruchunternehmen durch den Ärmelkanal in die Nordsee zurückgenommen. Die »Gneisenau« erhielt jedoch schon am 27. Februar im Dock von Kiel einen derart schweren Bombentreffer, daß ihre Außerdienststellung beschlossen wurde. »Prinz Eugen« wurde in Norwegen stationiert und dort am 23. Februar von einem englischen U-Boot schwer beschädigt. Die in den ersten Monaten des Jahres 1942 ebenfalls dorthin verlegten schweren Einheiten, darunter das Schlachtschiff »Tirpitz«, stellten eine latente Bedrohung des alliierten Nachschub-Verkehrs durch das Nordmeer nach Rußland dar und banden erhebliche britische Flottenstreitkräfte. Ihre bloße Existenz sollte im Juli 1942 zur Vernichtung des Konvois PQ 17 beitragen, der von Island nach Murmansk unterwegs war: Als die britische Admiralität Nachrichten über die gleichzeitige Konzentration der schweren deutschen Schiffe im Alta Fjord bekam, rechnete sie mit einem unmittelbar bevorstehenden Angriff und befahl am 4. Juli, daß die Geleitsicherung abdrehen und der Konvoi sich zerstreuen sollte – obwohl ihre »Ultra«-Experten ein Auslaufen der »Tirpitz« bis zu diesem Zeitpunkt verneint hatten. Die einzeln ihren Weg nach Archangelsk suchenden Transporter wurden bis zum 10. Juli eine leichte Beute für die deutschen Flugzeuge und U-Boote; von den 34 Schiffen wurden 24 mit 143 977 BRT versenkt. Der tatsächlich erst am 5. Juli auslaufende Verband mit der »Tirpitz« kehrte angesichts der Auflösung des Konvois unverrichteter Dinge um. Die Tatsache, daß die deutschen schweren Überwasserstreitkräfte auch bei mehreren anderen Vorstößen gegen die Murmansk-Route erfolglos blieben, löste Anfang Januar 1943 bei Hitler den Befehl aus, sämtliche schweren Überwasserstreitkräfte außer Dienst zu stellen und ihre Geschütze an Land zu verwenden. Hitlers Desarmierungsbefehl sollte einen Wechsel im Oberbefehl der Kriegsmarine herbeiführen; da er den Befehl mit einer Kritik am Kampfgeist der deutschen Flotte verbunden hatte, bat Großadmiral Raeder um seine Entlassung als Oberbefehlshaber. Sein Nachfolger wurde am 30. Januar der Befehlshaber der U-Boote, der nun zum Großadmiral beförderte Admiral Dönitz, dem es gelang, bei Hitler die weitere Indiensthaltung der schweren Einheiten zu erreichen.

Auch die deutsche Luftwaffe sollte im Jahre 1942 im Westen die Initiative verlieren. Nach der Beendigung der »Luftschlacht um England« verstärkten sich 1941 die britischen Angriffe gegen militärische Ziele in den besetzten Westgebieten und auf deutsche Industriestädte im Ruhrgebiet und im Rheinland. Hierbei traten erstmals viermotorige Bomber vom Typ »Stirling«, »Halifax« und »Lancaster« in den Vordergrund, deren verbesserte Muster die eigentlichen Träger des englischen Luftkrieges gegen Deutschland werden sollten. Obwohl nach englischen Angaben im Jahre 1941 35 000 t Bomben auf deutsches Gebiet geworfen wurden, war die Wirkung gering.

Die Grundlage für die kommende Luftüberlegenheit sollten sich die Alliierten im Jahre 1942 durch die Massenproduktion von Bombern und technische Verbesserungen für deren Einsatz schaffen: die englische Flugzeugproduktion lief auf vollen Touren und die Vereinigten Staaten stellten in diesem Jahr allein 2615 viermotorige Bomber her. Nachdem Luftmarschall Arthur D. Harris (»Bomber-Harris«) im Februar 1942 den Oberbefehl über das Bomberkommando der Royal Air Force übernommen hatte, gingen die Engländer von der Taktik, in Wellen anzugreifen, auf die massierte Flächenbombardierung über. Die erste deutsche Stadt, die diese neue Taktik in der Nacht zum 29. März 1942 zu spüren bekam, war Lübeck; ihr folgte im nächsten Monat Rostock. Köln erlebte in der Nacht zum 31. Mai den ersten »1000-Bomber-Angriff«: innerhalb von 90 Minuten wurden fast 1500 t Spreng- und Brandbomben auf die Stadt abgeworfen. Zwei weitere solche Angriffe erfolgten im Juni auf Essen und Bremen. Die 8. Luftflotte der amerikanischen Heeresluftwaffe (USAAF), die sich auf der englischen Insel im Aufbau befand, begann durch Tagesangriffe, am 4. Juli auf Ziele in Holland und am 18. August auf den Bahnhof von Rouen, in den europäischen Luftkrieg einzugreifen. Bei diesem Angriff wurden zum erstenmal die viermotorigen Fliegenden Festungen vom Typ Boeing B 17 E »Fortress II« eingesetzt. Während sie für diese Operationen noch den Begleitschutz englischer Jäger in Anspruch nahmen, dehnten sie ab September ihre Tagesangriffe auch auf Gebiete außerhalb der Jäger-Reichweite bis nach Südfrankreich aus, griffen jedoch das Reichsgebiet selbst noch nicht an. Auch die Royal Air Force, die in deutsches Gebiet wegen des begrenzten Aktionsradius der damaligen Jägertypen überwiegend nachts einflog, führte einige Tagesangriffe durch, so gegen die MAN-Werke (U-Boot-Motorenbau) in Augsburg am 17. April und gegen industrielle Ziele (U-Boot-Werften) in Danzig am 11. Juli. Neben der Fortress II tauchten in diesem Jahre erstmals die viermotorige Consolidated B 24 D »Liberator III« und der englische zweimotorige Bomber De Havilland »Mosquito IV« an der Luftfront auf, der wegen seiner hohen Geschwindigkeit bis zum Einsatz des Düsenjägers Me 262 für die deutsche Jagdwaffe fast unangreifbar blieb. Die Engländer arbeiteten ständig daran, die Zielgenauigkeit ihrer Nachtabwürfe zu verbessern: im August begannen sie mit der Methode, das Flächenziel von vorausfliegenden »Pfadfinder-Maschinen« durch abgeworfene Leuchtzeichen abstecken zu lassen. In der

Nacht zum 21. Dezember wandten sie bei einem Angriff auf ein holländisches Kraftwerk erstmals das Fernführungssystem »Oboe« an, bei dem die Maschinen auf einem Radar-Leitstrahl flogen. Außerdem entwickelten die Engländer ein in die Maschine eingebautes Radargerät, das das überflogene Gebiet auf einem Schirm abzeichnete und die Fernführung beim Anflug ideal ergänzte. Dieses mit »Zentimeter-Radar« arbeitende H2S-Gerät, das auch erfolgreich für die U-Boot-Jagd eingesetzt wurde, fand erstmals in der Nacht zum 31. Januar 1943 bei einem Angriff auf Hamburg Verwendung. Diese technischen Verbesserungen, zusammen mit den Ende Januar 1943 beginnenden Tagesangriffen der 8. amerikanischen Luftflotte auf das Reichsgebiet, schufen die Voraussetzungen für die auf der Casablanca-Konferenz beschlossene »Combined Bomber Offensive« der Alliierten, die Tagespräzisionsangriffe der Amerikaner mit nächtlichen Flächenbombardierungen der Briten zum »round-the-clock-bombing« kombinierte.

Im Jahre 1942 wurden 41 440 t Bomben auf Deutschland abgeworfen. Die von den Alliierten erhofften materiellen und moralischen Wirkungen stellten sich jedoch nicht ein. Ihre Erwartungen beruhten auf der Fehlansicht, daß die deutsche Kriegsproduktion 1942 bereits bis aufs äußerste angespannt sei und daher jeder angerichtete Schaden eine Produktionsverminderung herbeiführen müsse. Da aber Deutschland erst im Jahre 1943 seine Kräfte total zu mobilisieren begann, stieg die deutsche Produktion trotz zunehmender Bombardierung auch in den beiden folgenden Jahren ständig weiter an. Hatten die Alliierten geglaubt, durch rücksichtslose Vernichtung der Wohnviertel – die sie angesichts der vorangegangenen deutschen Angriffe auf die englischen Städte ohne große moralische Hemmungen einleiteten – den Widerstandswillen der Zivilbevölkerung zu untergraben, so erweckten sie statt dessen bislang nicht existente Haßgefühle, die von einer geschickt geleiteten Propaganda geschürt wurden und sich zuletzt in gelegentlichen Lynchaktionen gegen abgesprungene Bomberpiloten Luft machten. Angesichts der verschärften Maßnahmen, die das eigene Regime gegen »Defaitismus« und »Wehrkraftzersetzung« ergriff, hatten auch diejenigen Teile der Bevölkerung, deren Kampfmoral und Vertrauen zur Führung durch den Bombenkrieg erschüttert wurden, keine andere Wahl, als durchzuhalten.

Obwohl sich die deutsche Flugzeugproduktion 1941/42

durch Fehldispositionen und -konstruktionen, die den verantwortlichen Generalluftzeugmeister, Generaloberst Udet, am 17. November 1941 zum Selbstmord trieben, in einer vorübergehenden Krise befand, wiesen die deutschen Jagdverbände im Westen und im Reich in dieser Zeit eine erhebliche Stärke und Leistungsfähigkeit auf. Verbesserte Flakzielgeräte und Ortungsgeräte für den Flugmeldedienst sowie die Ausstattung der Nachtjäger mit dem Radar-Nachtsuchgerät »Lichtenstein« trugen zur Vergrößerung der Abschußerfolge bei. Trotzdem gelang es der deutschen Luftabwehr nicht, die alliierten Bombenangriffe auf das Reichsgebiet mit bleibendem Erfolg zu bekämpfen und zu unterbinden: die Angriffsziele verteilten sich in Deutschland auf einen so ausgedehnten Raum, daß der dauernde Zielwechsel in Verbindung mit geschickt ausgeführten Scheinanflügen eine Schwerpunktbildung der deutschen Luftabwehr äußerst schwierig machte. Die deutsche Luftwaffe – die 1942 gegen England nur noch einzelne schwache Vergeltungsangriffe flog – war im Westen endgültig in die Verteidigung gedrängt und mußte das Ringen um die Luftüberlegenheit über dem Heimatgebiet austragen. Wie an den Landfronten in Nordafrika und Rußland und auch zur See war im Luftkrieg die Initiative an die Gegner der Achsenmächte übergegangen: sowohl in Europa wie in Ostasien setzte die Wende des Krieges ein.

3. Kapitel
Hitlers Kriegsziele, deutsche Herrschaft und wirtschaftliche Ausbeutung in den besetzten Gebieten: die »Neue Ordnung« Europas

Im Sommer 1942 stand die deutsche Hegemonialmacht zusammen mit ihrem Verbündeten Italien auf dem Höhepunkt der äußeren Machtausdehnung: vom Nordkap bis zur nordafrikanischen Mittelmeerküste, von der Atlantikküste bis zur Linie Leningrad–Stalingrad–Kaukasus erstreckte sich ihr Herrschaftsraum. Hitlers Ziel, die Vorherrschaft über den europäischen Kontinent zu erlangen, schien weitgehend verwirklicht, wenn auch der einzig verbliebene Gegner und Rivale auf dem Festland, die Sowjetunion, noch nicht niedergeworfen war. Noch während des Krieges sollte die politische Ordnung in den besetzten Ländern nach Möglichkeit so gestaltet werden, daß sie sich in das zukünftige »Neue Europa« reibungslos einfügten, das Hitler zu errichten entschlossen war.

Hitlers Auffassung von der dominierenden Stellung des »Großdeutschen Reiches« in Europa ging weit über den klassischen Begriff der Hegemonie als eines Führungsverhältnisses zwischen einer Großmacht und schwachen oder entmachteten anderen Staaten hinaus. Die »germanischen« Völker der Flamen, Holländer und Skandinavier sollten durch ideologische Gleichschaltung und Unterstellung unter deutschen militärischen Schutz dem »Großgermanischen Reich Deutscher Nation« angeschlossen werden. Denn Hitler war der Ansicht, daß die »germanischen« Völker gegenüber den gewaltigen Bevölkerungsmassen des Ostens nur vereint bestehen könnten und den Kern bilden müßten, um den sich das zukünftige Europa gruppieren werde. Die slawischen Völker Osteuropas aber waren eindeutig der Unterwerfung verfallen: sie waren als »Untermenschen« für die Ausbeutung, Verdrängung und teilweise physische Vernichtung bestimmt und ihr Territorium den Germanen – sprich Deutschland – als Lebens- und Siedlungsraum vorbehalten.

Hitlers »Einigung Europas« schloß die Bildung einer europäischen Staatengemeinschaft auf der Basis der Gleichberechtigung und Kooperation aus. Für ihn konnte ein Zusammenschluß Europas nur auf dem Wege des gewaltsamen Hegemonialkampfes, der Durchsetzung des rassentheoretisch begründeten deutschen Führungsanspruchs erfolgen. Nur sollten die anderen Staaten vorläufig über die eigentlichen Ziele im unklaren gelassen werden. Die Neuordnung sollte unter dem formalen Deckmantel der Besatzungsgewalt nach Kriegsrecht behutsam vorbereitet und nicht durch vorschnelle Erklärungen erschwert werden, die nur den Widerstand der betroffenen Völker hervorrufen mußten. Deshalb wurden in zahlreichen Fällen auch in territorialer Hinsicht noch keine definitiven Regelungen getroffen. Im Westen hielt Hitler gegenüber Frankreich mit Rücksicht auf mögliche Reaktionen der Vichy-Regierung, insbesondere den Übergang Französisch-Nordafrikas ins Feindlager, mit seinen Ambitionen zunächst hinter dem Berg: die Annexion Elsaß-Lothringens wurde staatsrechtlich noch nicht vollzogen, obwohl diese Gebiete durch Verwaltungs- und Eindeutschungsmaßnahmen bereits de facto einverleibt wurden. Das gleiche galt für das Großherzogtum Luxemburg. Für Frankreich ließ Hitler noch weitergehende Annexionspläne ausarbeiten, nach denen die zukünftige Grenze von der Somme-Mündung am Nordrand des Pariser Beckens und der Champagne entlang bis zu den Argonnen und von dort nach Süden durch Burgund und westlich der Franche Comté bis zum Genfer See verlaufen sollte. Mögen diese Pläne auch noch keineswegs ausgereift gewesen sein, so steht fest, daß Hitler Frankreich territorial und machtmäßig so weit zu beschneiden beabsichtigte, daß es keinen ernsthaften Rivalen auf dem Kontinent mehr abgeben konnte. Auch hinsichtlich Belgiens waren neben der im Mai 1940 erfolgten Wiedereingliederung der Gebiete von Eupen, Malmedy und Moresnet weitere Annexionen geplant. Die Gewinnung der belgischen Kanalküste, die aus der Enge der deutschen Bucht – dem »nassen Dreieck« – herausführen sollte, war bereits im Ersten Weltkrieg das Ziel der deutschen Nationalisten gewesen. Das südbelgische Wallonien sah Hitler als »altes deutsches Land« an, dessen Rückgabe er »mit vollem Recht« verlangen könne. Ohne eine Einbeziehung Südbelgiens wäre die vorgesehene Annexion des französischen Gebietes nördlich der Somme-Argonnen-Linie auch unsinnig gewesen. Das nordbelgische Flandern aber gehörte zum »germanischen Raum«, dessen Gebiete an das »Großgermanische Reich« angeschlossen werden sollten. In Flandern wurde daher im Mai 1941 der VNV (Vlaamsch National Verbond) unter Staff de Clercq – nach dessen Tod unter Hendrick Elias – als alleinige Partei anerkannt und ihre Anhänger unter der deutschen Militärverwaltung mit hohen administrativen Posten betraut. Da der VNV jedoch das Ziel einer Vereinigung Flanderns mit Holland in einem selbständigen »dietschen Staat« verfolgte, wurde ab Ende 1942 ihm gegenüber die DEVLAG (Deutsch-Vlämische Arbeitsgemeinschaft) unter Van de Wiele von deutscher Seite gefördert, die für eine Annexion Flanderns durch Deutschland eintrat. Diesen flämischen Gruppen stand in Wallonien vor allem die faschistische Rex-Bewegung Léon Degrelles gegenüber. Es entbehrt nicht der Ironie und läßt die utilitaristische Seite der »Germanenpolitik« erkennen, daß 1943 schließlich auch die Wallonen als Germanen anerkannt wurden. Flandern und Wallonien sollten somit als getrennte Einheiten in ein enges Abhängigkeitsverhältnis zu Deutschland gebracht werden. Ebenso sollte Holland nach Hitlers Worten ein »Glied des Reiches« werden. Dort war die NSB (Nationaal Socialistische Beweging) unter Anton Mussert schließlich die einzige zugelassene Partei. Mussert erstrebte einen autonomen, um Flandern vergrößerten Staat innerhalb eines von Hitler als germanischem Führer geleiteten »Bundes germanischer Völker« mit gemeinsamer Weltanschauung, Wehrmacht und Wirtschaft. In Dänemark, das theoretisch den Status eines ohne Kriegszustand besetzten »souveränen Staates« besaß, wurde mit der Vorbereitung der Neuordnung aus taktischen Gründen zunächst nicht begonnen. Trotzdem meinte Hitler 1942, daß über kurz oder lang eine Lösung in der Person Fritz Clausens, des Führers der kleinen DNSAP (Dansk National Socialistiske Arbejder Parti) gesucht werden müsse. Da der Besitz Dänemarks und Norwegens unabdingbar sei, um England in Schach zu halten, müsse Dänemark eine »deutsche Provinz« werden. In Norwegen wurde die NS (Nasjonal Samling) unter Vidkun Quisling die einzig zugelassene politische Bewegung. Die Methode, mit Hilfe der Machtergreifung einheimischer nationalsozialistischer Kräfte eine Art Vasallität gegenüber Deutschland zu schaffen, wurde hier mit der Bildung der »Norwegischen Nationalregierung« am 2. Februar 1942 am weitesten vorangetrieben. Alle Versuche Quislings und Musserts, von Hitler eine Fixierung des zukünftigen Verhältnisses ihrer Länder zum Reich zu erreichen, schlugen jedoch fehl.

Die Europakonzeption der SS und Himmlers, dem am 6. Februar 1943 die »germanische Politik« in den besetzten Gebieten endgültig übertragen wurde, zielte auf eine Umwandlung der nord- und nordwesteuropäischen Staaten in »Reichsgaue« ab. Zu diesem Zweck wollte die SS eine homogene germanische Europa-Elite zusammenschweißen: die Angehörigen der Allgemeinen SS-Verbände in diesen Ländern, die 1942 die einheitliche Bezeichnung »Germanische SS« erhielten, und die Freiwilligen, die in den Verbänden der deutschen Waffen-SS dienten, legten ihren Treueid bereits durchweg auf »Adolf Hitler als germanischen Führer« ab.

Den privilegierten »germanischen« Völkern wurde kaum eine echte Eigenstaatlichkeit zugestanden, den osteuropäischen Völkern eine solche von vornherein verweigert. Polens Staatlichkeit war durch die Einverleibung der Reichsgaue »Danzig-Westpreußen« und »Wartheland«, durch die Vergrößerung Schlesiens und Ostpreußens und die Errichtung des Generalgouvernements ausgelöscht. Nach dem Überfall auf Rußland wurden auch die sowjetisch besetzten Gebiete Polens aufgeteilt: der Bezirk Bialystok kam zu Ostpreußen, Galizien zum Generalgouvernement, und das restliche Polen wurde den beiden Reichskommissariaten Ostland und Ukraine zugeschlagen. Außer den eingegliederten polnischen Gebieten sollte auch das Generalgouvernement »eingedeutscht« werden. Zu den Germanisierungsmaßnahmen gehörte neben der »Abschöpfung eindeutschungsfähiger Polen«, für die in den eingegliederten Gebieten ein mehrstufiges »Volkslisten«-System geschaffen wurde, auch die Durchführung von Massenmorden. Der vom Reichssicherheitshauptamt ausgearbeitete »Generalplan Ost« vom April 1942 sah die zukünftige Aussiedlung der »rassisch unerwünschten« polnischen Bevölkerung auch des Generalgouvernements nach Sibirien vor. Auch das tschechische Volk war bereits vor Kriegsbeginn im »Protektorat Böhmen und Mähren« trotz einer gewissen Autonomie und Selbstverwaltung seiner Eigenstaatlichkeit beraubt worden. Doch diese Autonomie und das tschechische Volkstum sollten in der Zukunft nicht unangetastet bleiben. Hitler befahl 1940 die zukünftige »Assimilierung des Tschechentums«: etwa die Hälfte des tschechischen Volkes – der blutsmäßig »wertvolle« Teil – sollte durch vermehrten Arbeitseinsatz im Reich und Zerstreuung des geschlossenen Volksteils vom Deutschtum »aufgesaugt« werden, während die andere Hälfte – die »rassisch mongoloiden« Teile und der Großteil der Intelligenz – außer Landes gebracht und »ausgemerzt« werden sollte. Zu diesem Zweck war auch die Abschaffung der derzeitigen Form des Protektorats vorgesehen.

Die Baltenstaaten Estland, Lettland und Litauen wurden als Generalkommissariate zusammen mit dem vierten Generalkommissariat Weißruthenien zum »Reichskommissariat Ostland« vereinigt. Ziel war auch hier die deutsche Kolonisierung.

Die Sowjetunion war das eigentliche Aufteilungs- und Besiedlungsobjekt für die deutsche »Herrenrasse«, die Hitler in hundert Jahren auf 250 Millionen Menschen schätzte. In Nordrußland sollte Ostkarelien an Finnland fallen, während die Halbinsel Kola wegen ihrer Nickelvorkommen deutscher Besitz werden sollte. Die Ukraine im Süden wurde ebenfalls Reichskommissariat, das in erster Linie der Sicherung der Ernährung und Rohstoffversorgung Deutschlands diente. Von der Westukraine wurde – neben Bessarabien – ein Gebietsstreifen zwischen Dnjestr und Bug (»Transnistrien«) mit der Stadt Odessa im August 1941 an Rumänien abgetreten. Hitler ernannte den Gauleiter von Ostpreußen, Erich Koch, zum Reichskommissar in der Ukraine, der mit Billigung Hitlers eine Politik einschlug, die in diesem Land lediglich ein »Ausbeutungsobjekt« sah. Während sich der »Reichsminister für die besetzten Ostgebiete«, Alfred Rosenberg, für eine Zerlegung der Sowjetunion in politisch autonome Völkerschaften einsetzte, wollte Hitler von solchen Plänen nichts wissen: er war der Auffassung, daß die Bewohner Rußlands ein »führerloses Arbeitsvolk« bleiben müßten, das den Deutschen wirtschaftlich zu dienen habe und nicht einmal in bezug auf Kultur, Schule und Hygiene gefördert werden dürfe. Für die Besiedlung des Landes waren an den Kreuzungspunkten der Hauptverkehrslinien zunächst stützpunktartig deutsche Städte mit 15–20000 Einwohnern geplant, in deren Umkreis eine deutsche Landbevölkerung angesiedelt werden sollte. Die Krim sollte von ihren Bewohnern völlig geräumt und deutsch besiedelt werden: für sie waren die Südtiroler vorgesehen. Hitler beabsichtigte, die Krim in »Gotenland« und die Städte Simferopol und Sewastopol in »Gotenburg« und »Theoderichhafen« umzubenennen. Für Kaukasien war ein drittes Reichskommissariat geplant, um das Ölgebiet von Baku, die Landverbindung dorthin und zum Nahen Osten zu beherrschen und gleichzeitig Kontinentaleuropa nach Süden abzusichern. Ein weiteres »Reichskommissariat Moskowien« sollte das restliche russische Gebiet bis zum Ural und die jenseits dieses Gebirges liegenden Industriebezirke Magnitogorsk und Tscheljabinsk umfassen. Eine etwaige staatliche Restexistenz Rußlands jenseits des Urals zwischen dem europäischen und dem ostasiatischen Großraum schien Hitler für keine Gefahr zu halten.

Der slowakische Staat, der das Werk der nationalsozialistischen Außenpolitik zur Zerschlagung der Tschechoslowakei war und zu Deutschland durch den Vertrag vom März 1939 in einem Schutzverhältnis stand, sowie die Balkanstaaten Ungarn, Rumänien und Bulgarien, die im Dreimächtepakt die Führung Deutschlands und Italiens in Europa ausdrücklich anerkannt hatten, waren politisch und wirtschaftlich völlig von Deutschland abhängige Satelliten geworden und wären es nach dem Endsieg im »Neuen Europa« erst recht geblieben. Zu ihnen gesellte sich der im April 1941 aus dem zerschlagenen Jugoslawien gebildete Staat Kroatien, ein autoritärer Führerstaat unter dem »Poglavnik« Ante Pavelić, dem Führer der faschistischen Ustascha-Bewegung. Während Kroatien außer den kroatisch-slawonischen Kernländern auch Bosnien, die Herzegowina und einen Teil Dalmatiens umfaßte, sollte Restserbien – das zunächst mit einer Marionettenregierung des serbischen Generals Nedić unter deutscher Militärverwaltung blieb – auf ein halb so großes Gebiet beschränkt werden. Die übrigen Gebiete Jugoslawiens verfielen der Aufteilung: die nordslowenischen Gebiete, Oberkrain und Untersteiermark, wurden nach dem Muster von Elsaß-Lothringen de facto dem Reich einverleibt. Südslowenien mit Laibach und einem Zipfel bis zum Golf von Fiume, ferner viele der adriatischen Küsteninseln, die dalmatinische Küste zwischen Zara und Split sowie Montenegro mit der Bucht von Kotor kamen zu Italien: die Adria wurde damit zu einem italienischen Meer. Albanien wurde im Nordosten vergrößert, Nordmazedonien mit der Stadt Skopje bis zum Ochrida-See Bulgarien zugeschlagen, während Ungarn die Gebiete zwischen Theiß, Donau und Drau (Batschka und Baranja-Dreieck) sowie die Gebiete nördlich der Drau in Besitz nahm. Griechenland, neben Jugoslawien der zweite Balkanstaat, der sich der Neuordnung gewaltsam widersetzt hatte, verlor seine östlichen Gebiete zwischen Struma und Maritza an Bulgarien, das dadurch einen Zugang zum Ägäischen Meer erhielt. Gegen die italienischen Ansprüche, Albanien im Süden bis Jánina zu erweitern, unterstützte Deutschland jedoch die neugebildete, mit Deutschland kollaborierende griechische Marionettenregierung.

Wenn der Achsenpartner Italien auch als äußerlich gleichberechtigte Führungsmacht in Europa anerkannt war und im

Mittelmeerraum sowie in Nord- und Ostafrika seinen eigenen Lebensraum zugesprochen bekommen hatte, machte sich selbst Mussolini schon 1941 über die Stellung Italiens im »Neuen Europa« keine Illusionen mehr:

»Die besiegten Staaten werden eigentliche Kolonien sein, die Verbündeten mit Deutschland alliierte Provinzen, die bedeutendste unter ihnen ist Italien. Wir müssen uns mit diesem Zustand abfinden, weil uns jeder Versuch einer Reaktion aus der Lage einer verbündeten Provinz in die wesentlich schlechtere Lage einer Kolonie bringen würde. Selbst wenn sie morgen Triest für den deutschen Lebensraum beanspruchen wollten, müßten wir nachgeben.«[8]

So sehr Hitler für Mussolini persönliche Freundschaft empfand und mit dem faschistischen Regime durch Sympathie verbunden war, hatte er für die Italiener im allgemeinen, vor allem für die italienische Wehrmacht, nach einer anfänglichen Überschätzung nur Verachtung übrig. Nach dem Umschwung in Italien, der Mussolini als Chef der norditalienischen »Faschistischen Republik« auf die Stellung eines Quisling herabdrückte, wurde der »deutsche Lebensraum« auch rücksichtslos über die Alpengrenze nach Süden ausgeweitet: die Provinzen Bozen, Trient, Belluno, Udine, Görz, Triest, Pola, Fiume und Laibach wurden unter deutsche Verwaltung gestellt und durch die Einführung von Deutsch als Amts- und Unterrichtssprache sowie die Unterdrückung der italienischen Institutionen auf den Anschluß vorbereitet. Außer der zukünftigen Einverleibung der genannten Gebiete wurde die Annexion des ebenfalls früher zum Habsburger Reich gehörenden Venetien erörtert.

Neben der skizzierten politischen und territorialen Umgestaltung gehörte zur Neuordnung Europas vor allem die Ausrottung des nicht »europafähigen« jüdischen Rassenfeindes. Der Chef der Sicherheitspolizei und des SD, Reinhard Heydrich, der am 31. Juli 1941 mit der »Gesamtlösung der Judenfrage im deutschen Einflußgebiet in Europa« betraut worden war, umriß in der berühmten »Wannseekonferenz« am 20. Januar 1942 seinen Plan für die »Endlösung« dieser Frage: Europa sollte »von Westen nach Osten durchgekämmt«, die Juden zwecks »natürlicher Verminderung« zum Arbeitseinsatz nach dem Osten verbracht und »der allfällig endlich verbleibende Restbestand« der Widerstandsfähigen dort »entsprechend behandelt« werden.[9] Während in den besetzten sowjetischen Gebieten die Einsatzgruppen – von einheimischen Milizeinheiten unterstützt – Massenerschießungen durchführten, die kaum getarnt werden konnten, rollten ab 1942 die Deportationszüge mit den europäischen Juden ihrer »lautlosen« Liquidierung entgegen: in den von der Umwelt isolierten Vernichtungslagern Auschwitz – wo die Massenvergasung im Mai 1942 begann –, Belzec, Chelmno, Maidanek, Sobibor und Treblinka erwartete sie der Tod durch Abgase von Verbrennungsmotoren oder das Giftgas Zyklon B. Die Deportationen aus den deutschbesetzten Gebieten und aus dem slowakischen und dem kroatischen Satellitenstaat erfolgten in unterschiedlichem Ausmaß. Sie hatten dort eigentlich keinen anderen Widerstand als den der ansässigen Bevölkerung zu überwinden, die ihren jüdischen Mitbürgern auf die verschiedenartigste Weise Hilfe zu leisten suchte: als sich die Deutschen z. B. in Dänemark im Oktober 1943 zur Verhaftung der Juden anschickten, konnten mehr als 6000 Juden über Nacht untertauchen und nach Schweden entkommen. Die verbündeten Staaten setzten der Vernichtung ihrer jüdischen Bürger von vornherein Widerstand entgegen: Italien verweigerte die Deportation und schützte die Juden in den italienisch besetzten Gebieten in Südfrankreich und auf dem Balkan vor diesem Schicksal. Erst nach dem Umsturz in Italien und dem Einmarsch deutscher Truppen begannen auch dort die Verschleppungen. Finnland vermochte seine jüdische Minderheit durch hinhaltenden Widerstand zu retten. Auch Bulgarien lehnte die Auslieferung seiner Juden ab, mußte jedoch im März 1943 unter deutschem Druck die Deportation aus den annektierten ehemaligen jugoslawischen und griechischen Gebieten zulassen. Ungarn, das eine verhältnismäßig große jüdische Minderheit von rund 800 000 Menschen beherbergte, war nur bereit, die Juden aus der von der Slowakei gewonnenen Karpato-Ukraine auf deutsches Gebiet abzuschieben. Erst nach der deutschen Besetzung Ungarns im März 1944 gelang es der SS in einer beschleunigten Großaktion, über 400 000 Juden aus dem Lande zu verschleppen. Nur Rumänien beteiligte sich aus eigenem Antrieb an der Judenverfolgung durch Pogrome vor allem in den zurückgewonnenen Gebieten Bessarabien und der Bukowina, aus denen die Juden nach den besetzten russischen Gebieten (Transnistrien) – teilweise auch in die deutschbesetzte Ukraine – abgeschoben wurden. Als sich bei Stalingrad die Wende abzeichnete, ließ Marschall Antonescu jedoch die Verschleppung der Juden zugunsten der Auswanderung nach Palästina einstellen und lehnte ihre Deportation in die polnischen Vernichtungslager ab. Der Vichy-Regierung gelang es, auf dem ihr verbleibenden Territorium wenigstens die Verschickung von Juden französischer Staatsangehörigkeit bis zur Besetzung Restfrankreichs im November 1942 zu verhindern. Im besetzten Polen konnte die Vernichtung dagegen ohne jegliche Hemmnisse durchgeführt werden. Im Zuge der Räumung aller polnischen Gettos (»Aktion Reinhard«) wurde im Juli 1942 auch mit der Verschleppung der Bewohner des Gettos von Warschau begonnen, in dem nahezu eine halbe Million Menschen unter den unwürdigsten Umständen hinter Mauern und Stacheldraht zusammengepfercht leben mußten. Die zunächst für den Arbeitseinsatz zurückbehaltenen 70000 Gettobewohner begannen sich mit Unterstützung der polnischen Untergrundarmee zu bewaffnen und für den Widerstand vorzubereiten. Als Mitte Februar 1943 das Getto endgültig geräumt und nach Lublin verlegt werden sollte, setzten sich die Juden in ihren Häuserblocks und in dem ausgedehnten unterirdischen Kanalsystem erbittert zur Wehr. Der Kampf mit den zur Verstärkung herangeführten SS- und Polizeiverbänden, bei dem das Warschauer Getto systematisch niedergebrannt und fast alle Bewohner getötet wurden, dauerte vom 19. April bis zum 16. Mai 1943. Von rund 3,3 Millionen Juden, die vor der Verfolgung in Polen lebten, wurden 2,3 bis 2,9 Millionen getötet. In den baltischen Staaten und den besetzten russischen Gebieten waren vier Einsatzgruppen zur Judenvernichtung am Werk. Bereits im Januar 1942 meldete die Einsatzgruppe A nach der Exekution von über 229000 Juden Estland völlig, Lettland und Litauen bis auf 38000 für den Arbeitseinsatz »gettoisierte« Fachkräfte »judenfrei«. Die Gesamtzahl der Opfer der Judenausrottung in Europa läßt sich mangels präziser Unterlagen nur schätzen: sie liegt zwischen 4,2 und 5,7 Millionen.

Zur Durchführung der »Neuen Ordnung«, für die unmittelbare militärische Beherrschung und wirtschaftliche Ausnutzung der besetzten europäischen Gebiete wurde ein umfangreicher deutscher Herrschafts- und Kontrollapparat aufgebaut. Die polizeiliche Sicherung sowie die Umsiedlungsmaßnahmen und der Volkstumskampf waren überall der SS und Polizei unter Himmler anvertraut. Sonst war der deutsche Besatzungsapparat in den einzelnen Ländern recht verschieden organisiert und beteiligte je nach Zielsetzung und zukünftiger Stellung des betreffenden Landes in der beabsichtigten »Neuordnung« in unterschiedlichem Ausmaß einheimische Kräfte an der Besatzungsverwaltung. Belgien, die besetzte Zone Frankreichs, Griechenland und das serbische Rumpfgebiet Jugoslawiens – Gebiete, die für Deutschland überwiegend militärisch-strategische Bedeutung hatten – standen unter Militärverwaltung, die die landeseigene Verwaltung durch ein System von Oberfeld-, Feld- und Ortskommandanturen überwachte und steuerte. In Belgien wurde die Militärverwaltung im Juli 1944 durch eine deutsche Zivilverwaltung unter Reichskommissar Josef Grohé, dem Gauleiter von Köln-Aachen, ersetzt.

Diejenigen besetzten Gebiete, in denen die deutsche Führung überwiegend politische Ziele verfolgte, kamen von vornherein unter deutsche Zivilverwaltung. Dazu gehörten einmal die Territorien, deren unmittelbare Einverleibung in das Reich beabsichtigt war: Elsaß-Lothringen, Luxemburg, Untersteiermark, Kärnten-Oberkrain, der Bezirk Białystok und die »Operationszonen« Alpenvorland und Adriatisches Küstenland. Im Generalgouvernement, das zwar dem Reich nicht unmittelbar einverleibt, mit ihm als »Nebenland« jedoch für immer verbunden bleiben sollte, bestand die deutsche Zivilverwaltung unter dem Hitler direkt verantwortlichen Generalgouverneur Hans Frank aus einer eigenen »Regierung« in Krakau.

In den Niederlanden, in Norwegen und den besetzten sowjetischen Gebieten wurden gleichfalls deutsche Zivilverwaltungen eingerichtet und von Reichskommissaren geführt. Obwohl die niederländische NS-Bewegung eine ganze Reihe politisch zuverlässiger Leute zur Besetzung von Verwaltungsposten stellte, wurde ihr von deutscher Seite nicht genügend Autorität zugetraut, um während des Krieges die Verwaltung des Landes durch eine eigene Mussert-Regierung zu übernehmen. Dagegen wurde in Norwegen im Februar 1942 eine »Nationalregierung« unter Ministerpräsident Quisling gegründet, die dem Reichskommissar Terboven jedoch völlig unterworfen blieb. Die Reichskommissare in Ostland und der Ukraine waren trotz ihrer formellen Unterstellung unter den Reichsminister für die besetzten Ostgebiete von letzterem verhältnismäßig unabhängig. Der Reichskommissar Ostland in Riga, Hinrich Lohse, Gauleiter von Schleswig-Holstein, stützte sich in den ihm unterstellten Generalkommissariaten Estland, Lettland und Litauen auf die einheimische Verwaltung dieser drei ehemaligen Baltenstaaten. Die Hoffnung der Balten, autonome Regierungen bilden zu können, sollte dagegen enttäuscht werden. Immerhin genossen die Balten als »rassisch verwandte« Völker noch eine bevorzugte Behandlung gegenüber den Weißruthenen, die für eine eigene Verwaltung als zu »rückständig« angesehen wurden. Im Generalkommissariat Weißruthenien wurde die Verwaltung daher fast ausschließlich von deutschen Kräften getragen. Der Reichskommissar in der Ukraine, Erich Koch, brauchte in seinem ganzen ukrainischen Machtbereich auf einheimische Wünsche gleichfalls keine Rücksicht zu nehmen und konnte das Land durch einen deutschen Verwaltungsapparat von sechs Generalkommissaren in straffe Verwaltung nehmen. Die einheimische Verwaltung blieb hier wie im Generalgouvernement auf die kommunale Ebene beschränkt.

Unter den besetzten Ländern nahm Dänemark anfänglich insofern eine Sonderstellung ein, als dort weder eine deutsche Militär- noch eine deutsche Zivilverwaltung eingerichtet wurde. Die Funktionen des Königs, der Regierung, des Parlaments und der Verwaltung wurden zunächst nicht angetastet – sogar die dänischen Streitkräfte blieben intakt, wenn auch auf bestimmte Zonen beschränkt. Die Forderungen der Besatzungsmacht wurden auf diplomatischem Wege über den deutschen Gesandten in Kopenhagen an die dänische Regierung herangetragen. Im Oktober 1942 wurde jedoch der deutsche Gesandte durch einen »Reichsbevollmächtigten«, SS-Gruppenführer Best, ersetzt, der vergebens die Hereinnahme einheimischer Nationalsozialisten in die dänische Regierung forderte. Nach der Weigerung der dänischen Regierung, die zunehmenden Sabotagehandlungen gegen Einrichtungen der Besatzungsmacht statt von dänischen nunmehr durch deutsche Stellen verfolgen zu lassen, wurde am 29. August 1943 der Ausnahmezustand erklärt und die oberste Gewalt vom deutschen Wehrmachtbefehlshaber übernommen. Der König wurde Kriegsgefangener, Regierung und Parlament aufgelöst, Heer und Flotte entwaffnet, ihre Angehörigen interniert und die dänische Verwaltung unter direkte deutsche Kontrolle gestellt.

Mit diesem ausgedehnten und je nach den regionalen politischen Gegebenheiten modifizierten Herrschaftsapparat hatte die nationalsozialistische Führung das unterworfene Europa weitgehend in den Griff bekommen, um es für die unmittelbare Kriegführung zu sichern und auszunutzen. Als die militärische Winterkrise 1941/42 offenbarte, daß die Zeit der Blitzsiege vorüber war, wurden im Herrschaftszentrum Europas, in Deutschland selbst, für die Erhöhung der Effektivität des Regimes und die Erfassung aller Arbeits- und Wirtschaftskräfte Maßnahmen ergriffen, die sich auch auf die besetzten Gebiete auswirken sollten. Am 26. April 1942 ließ sich Hitler vom Reichstag – eine reine Farce – als »oberster Gerichtsherr« der Nation die Vollmacht erteilen, jeden Deutschen, der seine Pflicht nicht erfülle, ohne Bindung an bestehende Rechtsvorschriften zu bestrafen und von seinem Posten zu entfernen. Die Sondergerichte und der Volksgerichtshof verschärften ihre Urteile, angetrieben durch Lenkungsmaßnahmen, die die Unabhängigkeit der Gerichte in politischen Strafsachen weitgehend beseitigten. Neben der Justiz und von ihr unkontrolliert verstärkte die Gestapo durch Verhaftungen und Einweisungen in die Konzentrationslager ihren Terror. Die Verfolgungsmethoden des totalitären Führerstaates wurden auch in den besetzten Gebieten angewandt. Am 7. Dezember 1941 wurde für die besetzten nord- und westeuropäischen Länder (mit Ausnahme Dänemarks) der sogenannte »Nacht- und Nebel-Erlaß« herausgegeben: bei Straftaten gegen das Reich wurden die Beschuldigten, soweit nicht mit Sicherheit ein Todesurteil durch ein Wehrmachtsgericht zu erwarten war, zur Aburteilung vor bestimmten Sondergerichten heimlich nach Deutschland gebracht und – selbst wenn sich ihre Unschuld herausstellte – in ein Konzentrationslager geschickt, um die Bevölkerung der besetzten Gebiete über das Schicksal der Betroffenen völlig im ungewissen zu lassen. Später sollte die Wehrmachtsgerichtsbarkeit in dieser Hinsicht durch den »Terror- und Sabotage-Erlaß« vom 30. Juli 1944 noch weiter ausgeschaltet werden; Widerstandskämpfer waren danach an Ort und Stelle niederzumachen oder der Sicherheitspolizei zu übergeben.

Während die Verwaltung der Wirtschaft in den besetzten nord- und westeuropäischen Ländern in einheimischen Händen blieb und von deutscher Seite lediglich überwacht und dirigiert wurde, stand die Wirtschaft im Generalgouvernement, im Protektorat, in den besetzten Ostgebieten und auf dem Balkan unter direkter deutscher Kontrolle. Zur Mobilisierung aller Kräfte für die Kriegswirtschaft berief Hitler am 8. Februar 1942 mit weitgehenden Vollmachten Albert Speer auf den Posten des »Reichsministers für Bewaffnung und Munition«, den bis dahin der tödlich verunglückte Fritz Todt innegehabt hatte. Speer wurde nach der weiteren Verschlechterung der Kriegslage am 2. September 1943 als »Reichsminister für Rüstung und Kriegsproduktion« schließlich mit der Leitung der gesamten Produktion betraut. Zur Produktionssteigerung zog Speer die Industrie der besetzten Länder, in denen er Rüstungsinspekteure einsetzte, weitgehend heran: um in Deutschland Arbeitskräfte für die sich mehr und mehr auf eigentliche Rüstungsproduktion konzentrierende einheimische Industrie freizubekommen, wurden die Industrien Westeuropas weitgehend für die Erzeugung von Konsumgütern des Wehrmacht- und Zivilbedarfs eingesetzt. Speer gelang es, durch rationalisierte Ausnutzung der vorhandenen Kapazität, Schließung nicht kriegswichtiger Betriebe, Einschränkung der Erzeugung für den Zivilbedarf, Normung, Spezialisierung und langfristige Planung die Rüstungsproduktion 1943 gegenüber dem Vorjahr um 56 Prozent zu erhöhen und gegenüber dem Jahre 1941 zu verdoppeln. Auf die Bedürfnisse der einheimischen Bevölkerung wurde dabei in allen besetzten Ländern wenig Rücksicht genommen: bei Rohstoffknappheit wurde die dortige Produktion gestoppt und grundsätzlich alle notwendigen Kürzungen in den Besatzungsgebieten vorgenommen, um sie im Reich vermeiden zu können. Das galt vor allem für die Lebensmittelrationierung. Mit Ausnahme Dänemarks lagen die Rationen überall unter denen im Reich und in vielen Gebieten – vor allem in den Städten der besetzten ost- und südosteuropäischen Länder – lange Zeit unter dem Existenzminimum. In Südgriechenland brach im Winter 1941/42 eine Hungersnot aus, die Tausende von Opfern kostete und nur durch das Internationale Rote Kreuz gebannt werden konnte, das mit deutscher Genehmigung durch neutrales Personal amerikanische und kanadische Lebensmittel verteilte.

Von zentraler Bedeutung für die deutsche Kriegswirtschaft wurde die Ausnutzung der Arbeitskraft der besetzten Gebiete: der bereits bei Kriegsausbruch in Deutschland bestehende Mangel an Arbeitskräften hatte durch die Verbringung polnischer Zivilisten ins Reich und durch den Einsatz von Kriegsgefangenen nicht ausgeglichen werden können. Nachdem vor allem der Rußlandfeldzug immer mehr Einberufungen zur Wehrmacht erforderlich machte, wurde am 21. März 1942 der thüringische Gauleiter Fritz Sauckel zum »Generalbevollmächtigten für den Arbeitseinsatz« ernannt und für die Erfassung der Arbeitskräfte in den besetzten Gebieten mit weitgehenden Vollmachten ausgestattet. Die in den Ostgebieten geübte Zwangsrekrutierung von Arbeitskräften für das Reich – die dort teilweise durch regelrechte Razzien in Straßen und Häusern erfolgte – wurde in abgemilderter Form auf die besetzten westeuropäischen Gebiete ausgedehnt. Sauckel stellte im März 1944 selbst fest, daß von den ins Reich verbrachten 5 Millionen Fremdarbeitern – ihre

Zahl stieg im Laufe des Jahres 1944 noch auf 7,5 Millionen – höchstens 200000 freiwillig gekommen seien. Ein Teil der dienstverpflichteten ausländischen Arbeitskräfte wurde für den Bau militärischer Verkehrs- und Befestigungsanlagen, wie z. B. den Atlantikwall, der »Organisation Todt« zugeteilt, die im Frühjahr 1943 fast 700000 Deutsche und Ausländer zählte. Die Rekrutierungsmethoden und die Behandlung der Fremdarbeiter trugen wesentlich zur Verbitterung der europäischen Völker und zur Stärkung der Widerstandsbewegung in den einzelnen Ländern gegen die nationalsozialistische Besatzungsherrschaft bei.

Je stärker die nationalsozialistische Führung gezwungen war, auf die Kraftreserven der besetzten Länder zurückzugreifen, desto mehr suchte sie ihren Kampf als gesamteuropäische Sache, insbesondere den Ostfeldzug als einen präventiven »Kreuzzug« zur Rettung Europas vor dem Bolschewismus hinzustellen. Aber die Beteuerungen, daß das nationalsozialistische Deutschland für eine »Neue Ordnung« zum Wohle aller europäischen Nationen kämpfe, vermochten die von Deutschland beherrschten Völker nach den ersten ernsthaften Rückschlägen erst recht nicht mehr zu überzeugen: durch das fadenscheinige Europa-Gewand schimmerte zu unverhohlen der blanke Egoismus des Reichs, das beim Kampf um die kontinentale Vorherrschaft in eine Krise geraten war. Die Parolen verfingen vor allem deshalb nicht, weil ihnen keine sichtbare Änderung der deutschen Haltung folgte. Seit dem Winter 1942/43 wurde Hitler zwar von einigen seiner engsten Gefolgsleute gedrängt, den Völkern aus taktischen Gründen in einem »Europa-Programm« eine Zukunft vor Augen zu stellen, die sie zu einer Änderung ihrer abwartend-passiven bzw. oppositionellen Haltung bewegen würde. Aber Hitler lehnte derartige Vorschläge mit der Begründung ab, daß sie angesichts der augenblicklich ungünstigen militärischen Lage von der Welt nur als Zeichen deutscher Schwäche ausgelegt würden. Wenn auch die vorgeschlagenen Maßnahmen nach allem Vorangegangenen – vor allem bei den Polen, Russen und Ukrainern – sicher zu spät gekommen wären, um glaubwürdig zu sein, wurde durch Hitlers verbissenes Festhalten an seinen eingefahrenen Vorstellungen von der Herrschaft des deutschen »Herrenvolkes« ein Kurswechsel in der »Neuen Ordnung« von vornherein verhindert: der Atlantik-Charta der Alliierten wurde keine Europa-Charta der Achsenmächte entgegengestellt, die eine alle europäischen Völker mitreißende politische Idee entwickelte. Nur eine Minderheit ließ sich von den nationalsozialistischen Europa-Parolen beeindrucken: die unter dem Vorzeichen des Kampfes gegen den Bolschewismus geführten Werbungsaktionen der SS in den »germanischen Ländern« brachte die Zahl der aus diesen Ländern in der Waffen-SS und ihren Legionen Dienenden im Januar 1944 auf rund 40 000 Mann. Hinter dieser Werbung stand jedoch deutscherseits der Gedanke, den der mit dem Rekrutierungswesen beauftragte Chef des SS-Hauptamts, SS-Obergruppenführer Berger, in die Worte kleidete: »Für jeden Fremdländischen, der fällt, weint keine deutsche Mutter.«[10] Daß bei der Waffen-SS der Bedarf an Kanonenfutter den Gedanken der germanisch-europäischen Elitenbildung in den Hintergrund treten ließ, geht aus dem Verzicht auf die Forderung nach nordisch-rassischer Hochwertigkeit ihrer Soldaten hervor: ab 1943 wurden auch Rekruten aus nichtgermanischen Ländern wie Franzosen, Esten, Letten, Weißruthenen, Ukrainer, Osttürken, Kaukasier, Albaner, kroatische und bosnische Muselmanen u. a. in besondere Einheiten der Waffen-SS aufgenommen. Die Zahl dieser nichtgermanischen Fremdländischen betrug 1944 rund 150 000 Mann. In Rußland war das Heer schon längst dazu übergegangen, meist aus nichtslawischen Freiwilligen wie Kosaken, Turkestanen, Georgiern, Armeniern usw. einzelne Kompanien und Bataillone – sogenannte »Osttruppen« – aufzustellen. Sie wurden zu Bewachungsaufgaben, aber auch zur Partisanenbekämpfung im rückwärtigen Gebiet herangezogen, bis sie im Herbst 1943 statt zur »Befreiung« ihrer Heimat zur Unterdrückung der Widerstandsbewegung in den besetzten Westgebieten und auf dem Balkan eingesetzt wurden. Die Heranziehung von Angehörigen der »Ostvölker« zum Waffendienst bei der Waffen-SS und dem Heer geschah aus Kräftemangel und war kein Symptom für die Hinwendung zu einer politischen Kriegführung im Osten, die den Wunsch der dortigen Völker nach nationaler Befreiung oder nach Beendigung der bolschewistischen Herrschaft in größerem Maße ausgenutzt hätte. In dieser Richtung wurde erst viel zu spät ein bescheidener Ansatz unternommen, der sich mit dem Namen des russischen Generals Andrej Wlassow verband. Wlassow war nach seiner Gefangennahme im Juli 1942 vom Stab für Wehrmachtpropaganda zur Abfassung von Flugblättern herangezogen worden, die sowjetische Soldaten zum Überlaufen aufforderten. Um dieser Propaganda mehr Hintergrund zu geben, durfte er am 27. Dezember 1942 das »Smolensker Komitee« – kennzeichnenderweise als reine Fiktion in Berlin – gründen, das die Parole einer Teilnahme Rußlands an der europäischen Neuordnung »ohne Bolschewisten und Kapitalisten« ausgab. Wlassow wurde in die besetzten Ostgebiete geschickt, um dort zu den »Osttruppen« zu sprechen, die nunmehr die Sammelbezeichnung einer fiktiven »Russischen Befreiungsarmee« (ROA) erhielten. Als jedoch Hitler im Juni 1943 entschied, daß Wlassow keinesfalls eine echte politische Bewegung ins Leben rufen dürfe, war Wlassow über ein Jahr lang kaltgestellt, bis sich Himmler in der ausweglosen militärischen Lage vom Herbst 1944 dieser »Wunderwaffe« erinnerte und ihren Einsatz bei Hitler erwirkte: am 14. November 1944 wurde auf dem Hradschin zu Prag die feierliche Gründung des »Komitees zur Befreiung der Völker Rußlands« (KONR) vollzogen und bis Januar 1945 aus sowjetischen Kriegsgefangenen, Ostarbeitern und Osttruppen eine Befreiungsarmee von zwei Divisionen aufgestellt, über die Wlassow den Oberbefehl erhielt. Zu diesem Zeitpunkt hatte die Aktion allerdings schon keinerlei politischen oder militärischen Wert mehr.

Angesichts der Realität der deutschen Besatzungsherrschaft, die die ganze Skala von ideologischer Gleichschaltung, Polizeiterror, wirtschaftlicher Ausbeutung, Zwangsrekrutierung von Arbeitskräften, Territorialraub, Beseitigung der Unabhängigkeit und Eigenstaatlichkeit bis hin zur physischen Verdrängung und Ausrottung umfaßte, lehnten sich die unterdrückten Völker gegen die »Neue Ordnung« auf. Außer einer Minderheit von Opportunisten und Kollaborateuren sah die überwiegende Mehrheit der Bevölkerung in den besetzten Gebieten die Zukunft ihrer Länder nur durch den Sieg der Alliierten gesichert, der ihnen Befreiung von der verhaßten Fremdherrschaft der Achsenmächte zu geben versprach. Sie begünstigte daher die wachsende Tätigkeit der Widerstandsgruppen, die nur ein Ziel kannten: die aktive Unterstützung der Alliierten, die die Kerkermauern der »Festung Europa« von außen berannten.

4. Kapitel
Die alliierte Offensive im Mittelmeer und der Zusammenbruch des italienischen Achsenpartners: Stoß in den »weichen Unterleib« der Achse 1942–44

Als erstes militärisches Großunternehmen der Anglo-Amerikaner gegen die »Festung Europa« lief am 8. November 1942 die Operation »Torch« zum Gewinn des nordafrikanischen Vorfeldes an. Sie sollte jenen Stoß in den »weichen Unterleib« der Achse vorbereiten, den Churchill bei seinem Moskaubesuch im August Stalin angekündigt hatte. In den frühen Morgenstunden des 8. November begannen unter dem Oberbefehl General Eisenhowers die Landungen bei Casablanca, Oran und Algier, für die 35000 Amerikaner von der Ostküste der Vereinigten Staaten und 49000 Amerikaner und 23000 Engländer von den britischen Inseln aus eingeschifft worden waren. Während die Alliierten dank »Ultra«-Informationen sicher sein konnten, daß sie von der ahnungslosen deutschen Führung im Landungsraum keine unmittelbaren militärischen Gegenmaßnahmen zu befürchten hatten, war die Haltung der 20000 Mann starken französischen Streitkräfte in Nordafrika und der dort stationierten französischen Flotteneinheiten für den schnellen Ablauf des Unternehmens von ausschlaggebender Bedeutung. Die Amerikaner hatten mit dem französischen General Giraud – der sich nach einer abenteuerlichen Flucht aus deutscher Kriegsgefangenschaft im unbesetzten Gebiet Frankreichs aufhielt – verabredet, ihn kurz vor der Landung per U-Boot nach Algier zu bringen: sie hofften, daß es seinem Prestige gelingen werde, die führenden französischen Offiziere und Zivilbeamten in Nordafrika zum Übertritt auf die alliierte Seite zu bewegen. Aber Giraud stellte die ziemlich unrealistischen Bedingungen, daß gleichzeitig eine Erhebung in der unbesetzten Zone des französischen Mutterlandes durch amerikanische Truppen unterstützt werden und daß er selbst zum Oberbefehlshaber aller auf französischem Territorium kämpfenden alliierten Streitkräfte ernannt werden solle. Mit dem Fehlschlagen dieser politischen Vorbereitung des Unternehmens stießen die alliierten Landungstruppen daher zunächst überall auf den Widerstand der französischen Truppen unter ihren Vichy-treuen Befehlshabern. In Algier gelang es dem mit den Angelsachen konspirierenden General Mast lediglich, die Stadt vor der Landung für einige Stunden unter seine Kontrolle zu bekommen. Dabei wirkte die Anwesenheit Admiral Darlans – seit der Wiedereinsetzung Lavals als Regierungschef am 18. April 1942 Oberbefehlshaber der französischen Wehrmacht –, der in diesen entscheidenden Novembertagen zufällig seinen schwer erkrankten Sohn in Algier besuchte, als unvorhergesehener Faktor: nicht der von den Alliierten eingeweihte französische Oberbefehlshaber General Juin, sondern Darlan war nun die höchste militärische und politische Instanz in Algier. Angesichts der allierten Übermacht autorisierte dieser zwar General Juin am 8. November, die Stadt Algier kapitulieren zu lassen, aber das Hinterland, Oran und Casablanca wurden weiter verteidigt. Darlan wartete auf Instruktionen Pétains. Der Marschall, der am Tage der Landung eine Aufforderung Roosevelts zur Zusammenarbeit abgelehnt hatte, befahl offiziell die Verteidigung Nordafrikas. Durch ein Telegramm mit Geheimcode erhielt Darlan jedoch am 10. November von Pétain die Vollmacht, nach eigenem Gutdünken zu handeln. Er übernahm am gleichen Tage im Namen des Marschalls die oberste Regierungsgewalt in Französisch-Nordafrika. Die Amerikaner ergriffen sofort die Gelegenheit, mit Darlan als dem Vertreter der legalen französischen Regierung zu einem Übereinkommen zu gelangen. Darlan befahl daraufhin die Einstellung der Feindseligkeiten in ganz Nordafrika. Aus Furcht vor Repressalien gegen das besetzte Mutterland und die in deutscher Hand befindlichen französischen Kriegsgefangenen mußte Pétain jedoch sein Doppelspiel fortsetzen: er distanzierte sich öffentlich von Darlans Handlungen und ernannte den Generalresidenten von Marokko, General Noguès, an Stelle Darlans zum obersten Befehlshaber in Nordafrika. Noguès setzte zunächst den Kampf gegen die Angreifer in Casablanca fort. Die erfolgreichen alliierten Landungen nördlich und südlich der Stadt veranlaßten ihn jedoch am 11. November, auch in Marokko den Widerstand einzustellen. Nachdem die Vichy-Regierung durch die deutsche Besetzung Südfrankreichs endgültig ausgeschaltet war, kamen am 13. November 1942 Noguès und Giraud – der sich unterdessen Eisenhower gegenüber mit dem zukünftigen Oberbefehl der französischen Streitkräfte in Nordafrika abgefunden hatte – mit Darlan überein, die Regierungsgewalt des letzteren als »Hoher Kommissar Frankreichs« über Französisch-Nordafrika anzuerkennen. Eisenhower, der zufrieden war, die politischen Verhältnisse in Nordafrika einigermaßen stabilisiert zu sehen, stimmte dieser Regelung zu, ebenso Pétain über die bekannte Geheimverbindung, die am nächsten Tage jedoch für immer abbrach. Innenpolitisch betrachtete sich Darlan, der die Offiziere und Beamten am 15. November von ihrem Eid auf Pétain entband, als Statthalter des Marschalls als des rechtmäßigen Staatsoberhaupts, bis letzterer nach der Befreiung von der deutschen Herrschaft seine Funktionen wieder ausüben könne. Diese Einstellung Darlans äußerte sich in der Ablehnung der De-Gaulle-Bewegung. Außenpolitisch schloß er mit Eisenhowers Stellvertreter, General Mark Clark, am 22. November 1942 ein Abkommen mit dem gemeinsamen Ziel, die Achsenmächte aus Nordafrika zu vertreiben, Frankreich zu befreien und das französische Kolonialreich im Vorkriegsumfang wiederherzustellen. Als am nächsten Tage auch der Generalgouverneur von Französisch-Westafrika, General Boisson, sein Territorium samt dem wichtigen Kriegshafen Dakar Darlan unterstellte, waren außer den gaullistisch beherrschten Gebieten auch Französisch-Nord- und Westafrika wieder auf alliierter Seite in den Krieg eingetreten: bereits am 19. November war es in Tunis zu den ersten Kämpfen zwischen den gelandeten deutschen Truppen und den Franzosen gekommen.

Die alliierte Invasion in Nordafrika hatte die deutsche Führung völlig überrascht. Hitler deutete die gemeldeten Anzeichen als ein bevorstehendes feindliches Unternehmen gegen Tripolis und Benghasi oder gegen Sardinien und Korsika. Als Reaktion auf die Landung befahl er am 10. November, durch die Überführung deutscher Truppen in Tunesien sofort einen Brückenkopf zu bilden. Noch am gleichen Tage trafen die ersten Verbände auf dem Luftwege, zwei Tage später der erste Seetransport in Tunesien ein, wo die französischen Behörden auf Anweisung Vichys die Häfen Tunis und Bizerta kampflos übergaben, während sich ihre Landstreitkräfte in Richtung Algerien zurückzogen.

In dieser Lage besann sich Hitler plötzlich auf die Politik der Kollaboration: am 8. November 1942 ließ er in Vichy anfragen, ob Frankreich gewillt sei, aktiv gegen England und die Vereinigten Staaten in den Krieg einzutreten. Laval und Ciano wurden zu Besprechungen nach München gerufen. Doch angesichts der Zurückhaltung Vichys, das sich mit dem Abbruch der diplomatischen Beziehungen zu den Vereinigten Staaten begnügte, war die am 10. November erfolgende Unterredung zwischen

Hitler und Laval politisch bedeutungslos. Hitler entschloß sich, allein auf die militärische Karte zu setzen, das Waffenstillstandsabkommen von 1940 beiseitezuschieben und in Südfrankreich einzumarschieren. Am nächsten Tag besetzten deutsche Truppen das Gebiet westlich, die Italiener die Departements östlich der Rhône und die Insel Korsika. Hitler, von der gleichen Befürchtung wie 1940 befallen, daß die französische Flotte in Toulon zu den Gegnern übergehen könnte, versicherte sofort, daß dieser Kriegshafen nicht besetzt werde, wenn sich die Flotte den deutschen Wünschen entsprechend verhalte. Pétain, der sich schon vor dem deutschen Einmarsch in Südfrankreich dem Rat verschiedener Männer in seiner Umgebung widersetzt hatte, sofort nach Nordafrika zu gehen und den Kampf an der Seite der Alliierten wieder aufzunehmen, lehnte jetzt auch den Vorschlag ab, die Flotte nach Nordafrika zu schicken. Hitlers Mißtrauen sah schließlich auch hier in einer militärischen Gewaltmaßnahme die einzige Lösung: Am 27. November 1942 wurde die Frankreich nach den Waffenstillstandsbestimmungen belassene Armee in ihren Kasernen überrumpelt, entwaffnet und ins Zivilleben entlassen. Ein Verband der Waffen-SS drang überraschend in den Hafen von Toulon ein, um die Flotte in deutsche Hände zu bringen. Aber während die motorisierten deutschen Verbände die Kais besetzten, versenkte sich die französische Flotte selbst: in einer an Scapa Flow erinnernden Szene legten sich 61 Kriegsschiffe, darunter drei Schlachtschiffe und ein Flugzeugträger, auf Grund. Nach diesen Aktionen war eine politische Lösung des deutsch-französischen Verhältnisses endgültig gescheitert und die Vichy-Regierung des letzten Scheins ihrer Souveränität beraubt.

Noch während sich die politische Lage in Französisch-Nordafrika entwirrte, suchten die Alliierten schnellstens die 700 km entfernt liegenden Häfen Bizerta und Tunis zu gewinnen. Am 28. November stießen ihre Spitzen jedoch 20 km vor Tunis bereits auf so starke deutsche Kräfte, daß sie zur Umkehr gezwungen wurden. Die Achsenstreitkräfte (5. Panzerarmee unter Generaloberst v. Arnim) besetzten Tunesien bis Gabès im Süden und schirmten es auf der Linie Tabarca–Fonduk–Faid–Gafsa nach Westen ab.

Unterdessen war die englische 8. Armee unter General Montgomery in Libyen bei der Verfolgung der deutsch-italienischen Afrika-Armee Rommels unaufhörlich vorgerückt. Nach der Einnahme von Tobruk am 13. November war sie sieben Tage später bereits in Benghasi einmarschiert. Nach einer mehrwöchigen Pause, in der er seine Streitkräfte aufrücken ließ, setzte der sehr methodisch vorgehende Montgomery seine Offensive fort und zog schließlich am 23. Januar in der libyschen Hauptstadt Tripolis ein: der letzte Zipfel des italienischen Kolonialreiches war damit verlorengegangen. Als Montgomery am 4. Februar die libysch-tunesische Grenze überschritt, wurde die operative Zusammenarbeit der Engländer mit den Kräften Eisenhowers in Tunis möglich: der Oberbefehl über die gesamten alliierten Landstreitkräfte in Nordafrika wurde General Alexander übertragen, der als Stellvertreter des alliierten Oberbefehlshabers General Eisenhower in Algier fungierte.

Die notdürftig ergänzte und durch italienische Infanteriedivisionen verstärkte Armee Rommels fand erst an der Mareth-Linie wieder einen Halt, die vor dem Kriege von den Franzosen zur Verteidigung Tunesiens gegen die Italiener angelegt worden war. Von hier aus trat Rommel zunächst gegen die Amerikaner nach Nordwesten an, um einen Angriff der deutschen Tunis-Armee v. Arnims zu unterstützen, die am 14. Februar 1943 erfolgreich bei Faid vorgestoßen war, während die Alliierten durch die Fehlinterpretation von »Ultra«-Meldungen eine deutsche Offensive weiter nördlich bei Fonduk erwartet hatten. Rommel, dem nunmehr auch die Panzerkräfte der Tunis-Armee unterstellt wurden, gelangen bei den kampfungewohnten amerikanischen Truppen tiefe Durchbrüche bei Gafsa und Faid und die Einnahme des Kasserine-Passes. Aber sein Ziel, nunmehr nach Norden einzudrehen und die alliierte Tunisfront von Süden her aufzurollen, erreichte er gegen heraneilende feindliche Verstärkungen nicht: am 22. Februar mußte er den Rückzug einleiten und bis zum Monatsende auf die Ausgangsstellung zurückgehen. Dieser Vorstoß Rommels kostete die Amerikaner immerhin beträchtliche Verluste an Panzern und Mannschaften, darunter fast 2500 Gefangene.

Am 23. Februar 1943 wurden die Achsenstreitkräfte in Tunesien zur »Heeresgruppe Tunis« unter Rommels Oberbefehl zusammengefaßt. Sein am 6. März mit drei Panzerdivisionen unternommener Gegenangriff gegen die vor der Mareth-Linie bei Médenine aufmarschierenden Engländer brach im massierten Feuer der feindlichen Panzerabwehr zusammen: die deutschen Absichten und der Angriffstermin waren Montgomery dank »Ultra« rechtzeitig bekannt gewesen. Für Rommel stand nunmehr fest, daß der tunesische Brückenkopf geräumt werden mußte. Bei seinem Besuch im Führerhauptquartier am 10. März konnte Rommel jedoch nicht einmal die Verkleinerung des Brückenkopfes durchsetzen: Hitler befahl Rommel, in Deutschland zu bleiben und seine angegriffene Gesundheit wiederherzustellen, damit er »bei den späteren Operationen gegen Casablanca« die Führung wieder übernehmen könne. Rommels Nachfolger in Tunis wurde Generaloberst v. Arnim.

In der Nacht zum 20. März brach die Offensive Montgomerys, der auch diesmal durch »Ultra« über Stärke und Aufstellung der deutschen und italienischen Divisionen genauestens unterrichtet war, gegen die Mareth-Linie (Operation »Pugilist«) los. Nach mehrtägigen, erbitterten Durchbruchskämpfen trafen sich am 7. April die Spitzen der Engländer von Süden her mit der Vorhut der Amerikaner von Westen: die beiden Armeen Montgomerys und Eisenhowers, deren Ausgangspunkte auf afrikanischem Boden fast dreitausend Kilometer voneinander entfernt gelegen hatten, hatten sich vereinigt. Die Achsenstreitkräfte waren seit dem 13. April auf einen Brückenkopf von 130 km nordsüdlicher und 60 km west-östlicher Ausdehnung zusammengedrängt. Ihre stark geschwächten zwölf Divisionen wurden durch eine intensive See- und Luftblockade, bei der die Nutzung von »Ultra« wiederum eine wesentliche Rolle spielte, vom Nachschub über das Mittelmeer und von Luftunterstützung so gut wie abgeschnitten und standen mehr als 20 feindlichen Divisionen mit überwältigender Luftüberlegenheit gegenüber. Am 6. Mai stieß General Alexander mit starker Luft- und Artillerieunterstützung bis zur Stadt Tunis durch und spaltete damit den Brückenkopf in zwei Teile. Als am 8. Mai im Norden auch Bizerta verlorenging, streckte der nördliche Kessel am folgenden Tage die Waffen. Die Verteidiger des südlichen Kessels zogen sich auf die Kap-Bon-Halbinsel zurück. Da die italienische Flotte wegen fehlenden Jagdschutzes und aus Brennstoffmangel nicht eingesetzt werden konnte, gelang es nur, 700 Mann durch Schnellboote und Flugzeuge aus dem Kessel herauszuholen. Am 13. Mai 1943 war der letzte Widerstand einzelner Gruppen erloschen. Generaloberst v. Arnim und 252000 Mann, davon die Hälfte Deutsche, gingen in alliierte Gefangenschaft.

Bereits vom 14. bis zum 25. Januar 1943 hatten sich Roosevelt und Churchill mit ihren Stäben in Casablanca getroffen, um strategische Entschlüsse für die Zeit nach der erfolgreichen Beendigung der Operation »Torch« zu fassen. Daneben war ein unmittelbares politisches Problem zu lösen, das das Verhältnis der De-Gaulle-Bewegung zum befreiten Französisch-Nordafrika betraf, wo Giraud dem am 24. Dezember 1942 ermordeten Darlan als Hochkommissar nachgefolgt war. Roosevelt und Churchill suchten in Casablanca zwischen Giraud, der sich in Nordafrika auf den Vichy-treuen Verwaltungsapparat stützte, und de Gaulle eine Einigung herbeizuführen. Doch de Gaulles Unterredung mit Giraud verlief ergebnislos, da dieser eine radikale Säuberung der Beamtenschaft von Vichy-Anhängern ablehnte. Das Problem sollte erst einige Monate später durch die wachsende Unzufriedenheit in den angelsächsischen Ländern über die alliierte Unterstützung des autoritären Regimes Giraud gelöst werden: mit nachlassender Rückendeckung durch die amerikanische Regierung mußte Giraud nachgeben und sich am 3. Juni 1943 mit de Gaulle zur Gründung eines französischen »Komitees für die nationale Befreiung« (C.F.L.N.) unter gemeinsamem Vorsitz bereitfinden, aus dem er schließlich im November des gleichen Jahres durch den geschickteren politischen Taktiker de Gaulle vollends verdrängt wurde. Damit waren sowohl die Widerstandskräfte im französischen Mutterland wie auch alle überseeischen Territorien Frankreichs mit Ausnahme einiger karibischer Besitzungen unter der Führerschaft de Gaulles vereinigt.

In der Beurteilung der militärisch-strategischen Lage waren die Amerikaner zur Zeit der Casablanca-Konferenz zu der Auffassung gelangt, daß die Bindung von Kräften und Schiffsraum für »Torch« die geplante große Frankreich-Invasion »Round-up« im Jahre 1943 unmöglich machen werde. Sie wollten daher jedes weitere offensive Engagement im Mittelmeerraum vermeiden, um alle Kräfte auf die Vorbereitung von »Round-up« für das Frühjahr 1944 konzentrieren zu können. Demgegenüber vertraten die britischen Stäbe und Churchill – der sich 1942 bei seinem Moskau-Besuch Stalin gegenüber für die Eröffnung der »zweiten Front« im Jahre 1943 stark gemacht hatte und die englisch-amerikanischen Streitkräfte nicht monatelang Gewehr bei Fuß stehen lassen wollte – eine Ausnutzung des nordafrikanischen Erfolges zu weiterem militärischem Vorgehen im Mittelmeer. Aber Roosevelt fand sich nur zu einem Landungsunternehmen gegen Sizilien (Operation »Husky«) für Juni oder Juli 1943 bereit, um die alliierten Schiffahrtslinien durch das Mittelmeer zu sichern und den Druck auf Italien zu steigern. Daneben sollte die U-Boot-Gefahr bekämpft und die Luftoffensive gegen Deutschland intensiviert werden. Ansonsten sollte der Aufbau der Expeditionsstreitmacht auf den englischen Inseln (»Bolero«) Priorität genießen und so vorangetrieben werden, daß noch im September 1943 wenigstens ein begrenztes Landungsunternehmen in Frankreich durchgeführt werden konnte, falls Deutschland durch die Ereignisse im Mittelmeer, an der Rußlandfront und den strategischen Luftkrieg genügend geschwächt sein würde. Die Operationen auf dem fernöstlichen Kriegsschauplatz sollten demgegenüber zurückstehen. Auf die ebenfalls in Casablanca beschlossene Forderung einer »bedingungslosen Kapitulation« der Dreierpakt-Mächte wird in anderem Zusammenhang eingegangen werden.

Als sich die Eroberung Tunesiens verzögerte, wurde eine erneute Begegnung zwischen Roosevelt und Churchill notwendig, die vom 12. bis 25. Mai 1943 in Washington unter dem Decknamen »Trident« stattfand. Da es nunmehr offenbar geworden war, daß eine Landung in Frankreich wegen Zeit- und Schiffsraummangels für das Jahr 1943 nicht mehr in Frage kam, wurde dieses Unternehmen – das kurz darauf den Namen »Overlord« erhielt – endgültig auf das kommende Frühjahr mit dem Stichtag 1. Mai 1944 angesetzt. Um die Zwischenzeit zu nutzen und die Sowjets, die die Hauptlast bis dahin allein zu tragen hatten, nicht zu verbittern, drängte Churchill nach Durchführung der bereits beschlossenen Sizilien-Operation auf eine Landung in Süditalien, um Italien mit militärischen und diplomatischen Mitteln zum Ausscheiden aus dem Kriege zu bringen. Durch eine Festsetzung in Süditalien werde der Zugang zur Adria geöffnet, die Versorgung der Partisanen in Jugoslawien, Albanien und Griechenland ermöglicht und vielleicht sogar die Türkei dazu gebracht, ein alliiertes Ablenkungsmanöver auf dem Balkan zu unterstützen. Die Amerikaner hegten jedoch den Verdacht, daß sie damit für britische imperiale Interessen im Mittelmeerraum eingespannt werden sollten: sie waren nicht gewillt, einer weiteren Offensive im Mittelmeer zuzustimmen, die die Kanalüberquerung möglicherweise abermals verschieben konnte. General Eisenhower in Algier wurde daher lediglich angewiesen, vorläufige Pläne zur weiteren Ausnutzung einer erfolgreichen Sizilien-Operation auszuarbeiten.

Den Auftakt zu diesem Unternehmen (»Husky«) gaben die Besetzung der Felseninsel Pantelleria in der Straße von Sizilien, deren italienische Besatzung sich am 11. Juni 1943 nach pausenlosen Luftangriffen einem alliierten Expeditionskorps ergab, ferner die schon im Mai einsetzende Luftoffensive gegen Achsen-

Flugplätze in Süditalien, auf Korsika und Sardinien, vor allem aber auf Sizilien, wo die deutschen Bomberverbände daraufhin aufs Festland verlegt werden mußten. Die alliierte Luftüberlegenheit wurde erdrückend. Am 10. Juli landete die britische 8. Armee unter General Montgomery an der Südostecke Siziliens und die amerikanische 7. Armee unter General Patton westlich davon. Da Hitler – durch gelungene alliierte Täuschungsmanöver darin bestärkt – vor allem Sardinien und den Peloponnes für gefährdet angesehen hatte, standen für die Verteidigung Siziliens zunächst nur unzureichende italienische und deutsche Streitkräfte zur Verfügung, deren Stärke und Verteilung den Alliierten darüber hinaus durch »Ultra« genau bekannt waren. Die Amerikaner nahmen am 22. Juli Palermo und standen am Monatsende vom Westen her kommend auf der Linie St-Stefano–Nicosia. Unterdessen war Montgomery gegen den Ätna vorgerückt. Während bei den Italienern eine Massenflucht eingesetzt hatte, bauten deutsche Verbände unter General Hube eine zusammenhängende Front auf. Erst mit Hilfe weiterer von Tunis herübergeholter Kräfte konnte Montgomery am 5. August Catania an der Ostküste nehmen. Als die Amerikaner acht Tage später Randazzo am Nordrand des Ätna erreichten, mußten die zwischen dem Ätna und der Ostküste gegen die Engländer kämpfenden deutschen Truppen zurückgenommen werden, um ihre Einschließung zu vermeiden. Unter dem Schutz eines starken Flakschirms wurde nunmehr der Rückzug der deutschen Verbände über die Straße von Messina eingeleitet, der einschließlich der Rückführung allen Materials gelang. Am 17. August zogen die Amerikaner in Messina ein: nach 38tägigem Kampf hatten somit die Alliierten Sizilien bei einem Verlust von über 31000 Gefallenen, Verwundeten und Vermißten erobert. Die Achse verlor in diesen Kämpfen 167000 Mann, darunter 37000 Deutsche. Immerhin hatten die alliierten Armeen lange genug aufgehalten werden können, um der deutschen Führung die Verlegung weiterer Kräfte zur Abwehr einer Invasion nach Italien zu ermöglichen.

Dort war unterdessen ein entscheidender innenpolitischer Umsturz erfolgt, der den Abfall Italiens vom deutschen Achsenpartner vorbereitete. Nach den militärischen Rückschlägen im Mittelmeerraum 1942/43 hatte sich die Stimmung des kriegsmüden italienischen Volkes, dessen Städte nunmehr ebenfalls alliierten Luftangriffen ausgesetzt waren, in zunehmendem Maße gegen Mussolini gewendet. Die Unzufriedenheit hatte selbst vor den Reihen der faschistischen Partei nicht Halt gemacht. Am 5. Februar 1943 hatte Mussolini sogar seinen opponierenden Schwiegersohn Ciano vom Posten des Außenministers abberufen müssen. Dieser und eine Reihe faschistischer »Alter Kämpfer« wie de Bono, de Vecchi, Grandi, Bottai u. a. beabsichtigten, Mussolini bei passender Gelegenheit durch ein Triumvirat prominenter Faschisten abzulösen, das Italien aus dem Krieg herausführen sollte. Unabhängig von ihnen verschworen sich politische Gegner des faschistischen Regimes, vor allem die Führer der ehemaligen politischen Parteien, zum Sturz Mussolinis und zur Bildung einer Regierung, mit der die Alliierten verhandeln würden. Beide Gruppen nahmen Verbindung zum König und zur Armee auf. Der Chef des Comando Supremo, Generaloberst Ambrosio, fand sich zur Mitwirkung der Armee bereit, falls Mussolini nicht von sich aus den Absprung von der Achse finden würde. Im Juli 1943 drängte die Zeit zum Handeln, wenn Italien nicht Kriegsschauplatz werden sollte. Eine gemeinsame Proklamation Roosevelts und Churchills rief die Italiener am 17. Juli auf, sich durch eine Absage an die faschistische Führung einen Weg zu öffnen, auf dem ein »neugestaltetes Italien ... einen ehrenvollen Platz in der europäischen Völkerfamilie«[11] einnehmen könnte. Als sich Mussolini auf seiner nächsten Zusammenkunft mit Hitler in Feltre am 19. Juli dem deutschen Bundesgenossen gegenüber – trotz Ambrosios Drängen – nicht zu der Erklärung entschließen konnte, daß Italien am Ende seiner Kräfte angelangt sei, gerieten die Ereignisse ins Rollen. Die oppositionellen Faschistenführer erreichten von Mussolini die Einberufung des Großen Faschistischen Rates zu einer Sitzung am 24. Juli, auf der Dino Grandi nach erregter Debatte und gegen den Widerstand Mussolinis einen Mehrheitsbeschluß herbeiführte, daß der König gebeten werden solle, den Oberbefehl über die italienische Wehrmacht – den er am 10. Juni 1940 Mussolini delegiert hatte – wieder zu übernehmen, und alle staatlichen Organe (Krone, Großrat, Regierung, Parlament und Korporationen) ihre verfassungsmäßigen Funktionen wieder wahrnehmen sollten. Damit löste die faschistische Opposition ungewollt den Umsturz von der anderen Seite aus. Als Mussolini nach diesem Mißtrauensvotum seiner eigenen Partei am nächsten Tage beim König zur Audienz erschien, wurde er von diesem zum Rücktritt veranlaßt, beim Verlassen der Residenz durch königstreue Karabinieri »zum Schutz seiner eigenen Person« festgenommen und mit einem Krankenauto in eine Kaserne transportiert, bis er nach einigen Zwischenstationen schließlich in ein Berghotel auf dem Gran Sasso in den Abruzzen gebracht wurde. Der König berief den ehemaligen Chef des Comando Supremo, Marschall Badoglio, zum Regierungschef und ließ ihn ein Ministerium aus unbelasteten Fachleuten – jedoch ohne Vertreter der antifaschistischen politischen Richtungen – bilden. Damit waren die Pläne der faschistischen Opposition durchkreuzt, zunächst aber auch die Erwartungen der demokratischen Politiker enttäuscht: Badoglio erklärte den Ausnahmezustand, löste die Faschistische Partei auf, verbot aber zugleich auch die Bildung anderer Parteien und deren Aktivität bis zum Kriegsende. Obwohl die neue Regierung das Ziel anstrebte, Italien schnellstens aus dem Kriege herauszuführen, mußten der König und Badoglio öffentlich erklären, daß Italien den Kampf an der Seite Deutschlands fortsetzen werde, da jede andere Handlungsweise die sofortige deutsche Besetzung und die Einsetzung einer faschistischen Quisling-Regierung nach sich gezogen hätte. Denn an einen plötzlichen Frontwechsel unter Aufnahme des bewaffneten Kampfes gegen Deutschland war nicht zu denken: In Italien selbst standen nur 18 kaum bewegliche italienische Infanteriedivisionen und eine Anzahl schwach bewaffneter Küstenschutzdivisionen, während sich 38 italienische Divisionen als Besatzungstruppen in Südfrankreich, auf Korsika und dem Balkan befanden. Ein solcher Frontwechsel wäre nur mit sofortiger alliierter Unterstützung möglich gewesen und dadurch Italien unweigerlich zum Schlachtfeld geworden. Hitler, der sich über die wahre Haltung der neuen italienischen Regierung keine Illusionen machte, begann sofort, Kräfte nach Oberitalien zu verlegen unter dem Vorwand, daß die Alpenpässe gegen alliierte Luftlandungen und Norditalien gegen eine Invasion geschützt werden müßten. Die wahre Aufgabe dieser später zur Heeresgruppe B unter Rommel zusammengefaßten Kräfte war jedoch, im Falle eines Abfalls Italiens alle Schlüsselpositionen des Landes zu besetzen und einen Handstreich gegen die italienische Flotte in La Spezia zu unternehmen. Auch zur Entwaffnung der in Südfrankreich und auf dem Balkan stehenden italienischen Garnisonen wurden Vorbereitungen getroffen. Von der sofortigen Auslösung dieser Maßnahmen (Fall »Achse«) wurde jedoch abgesehen, um der Badoglio-Regierung keinen Vorwand zum Übertritt auf die Feindseite zu geben.

Bereits am 4. August war die Badoglio-Regierung über ihre

diplomatische Vertretung in Lissabon mit der Bitte um die Aufnahme geheimer Verhandlungen an die Alliierten herangetreten. Am 19. August kam es daraufhin zu einem Zusammentreffen des italienischen Unterhändlers, General Castellano, mit dem Stabschef Eisenhowers, General Bedell Smith, und dem englischen General Strong in der britischen Botschaft in Lissabon. Während jedoch Castellano darüber verhandeln wollte, wie Italien am besten auf der Seite der Westmächte in den Kampf gegen Deutschland eintreten könne, konnten ihm die alliierten Vertreter nur die von Churchill und Roosevelt auf der gerade laufenden Konferenz von Quebec vereinbarten Bestimmungen der militärischen bedingungslosen Kapitulation vorlegen, die Italien als besiegten Feind und nicht als zukünftigen Verbündeten behandelten. Sie konnten nur erklären, daß eine Modifizierung dieser Bedingungen von der aktiven Unterstützung abhänge, die Italien den Alliierten gegen Deutschland leisten werde. Castellano kehrte mit den Waffenstillstandsbedingungen zunächst unverrichteter Dinge nach Rom zurück. Die Bedingungen sahen folgendes vor: sofortige Einstellung aller Kampfhandlungen und Übergabe des italienischen Festlandes und der Inseln an die alliierten Streitkräfte, Verlegung der Flotte und Fliegerstreitkräfte zur Demobilisierung an noch zu bestimmende Punkte, Auslieferung der Kriegsgefangenen und Rückzug der italienischen Truppen von allen anderen Kriegsschauplätzen. Politische und wirtschaftliche Bedingungen sollten zu einem späteren Zeitpunkt übermittelt werden. Als Castellano am 31. August auf Sizilien abermals mit Bedell Smith zusammentraf, erklärte er, daß die Proklamierung des Waffenstillstands durch die italienische Regierung wegen der befürchteten deutschen Gegenmaßnahmen erst dann möglich sein werde, wenn mindestens 15 alliierte Divisionen in Italien – die meisten davon nördlich von Rom – gelandet sein würden. Da die erste Landung zunächst nur mit fünf alliierten Divisionen, und zwar in Süditalien, vorgesehen war, mußte Bedell Smith diesen italienischen Vorschlag ablehnen und aus Gründen der militärischen Sicherheit überhaupt Informationen über Zeit und Umfang der geplanten Operationen verweigern. Eisenhower machte jedoch das Zugeständnis, daß eine Luftlandedivision in der Nähe Roms landen werde, um den Italienern bei der Verteidigung ihrer Hauptstadt gegen die deutschen Truppen zu helfen – falls die Italiener die notwendigen Flugplätze in ihre Hand bringen und behaupten könnten. Annahme oder Ablehnung der alliierten Bedingungen müßten allerdings bis Mitternacht vom 1. auf den 2. September erfolgen.

Castellano fuhr abermals nach Rom und kehrte mit dem Einverständnis seiner Regierung nach Sizilien zurück: Am 3. September – am selben Tag, an dem die ersten Truppen an der italienischen Stiefelspitze landeten – wurden die Waffenstillstandsbedingungen in Syrakus unterzeichnet. Am Nachmittag des 8. September, kurz vor den vorgesehenen Hauptlandungen, hielt Eisenhower den Zeitpunkt der Bekanntgabe des Waffenstillstands über den Rundfunk für gekommen. Obwohl die alliierte Luftlandung bei Rom hatte unterbleiben müssen, da die Flughäfen bereits von den Deutschen besetzt worden waren, mußte Badoglio nunmehr die Bedingungen im Rundfunk verlesen. Als die deutschen Truppen ihre Gegenmaßnahmen auslösten und Rom einzukreisen begannen, gelang es dem König, Badoglio und seiner Regierung, nach Brindisi hinter die alliierten Linien zu entkommen. Die italienische Flotte, die am 8. September den Waffenstillstandsbedingungen gemäß aus Genua und La Spezia nach Malta ausgelaufen war, wurde westlich von Sardinien von deutschen Bombern angegriffen und das Flaggschiff »Roma« durch neue ferngelenkte Gleitbomben versenkt. Die übrige Flotte und ein weiterer aus Tarent ausgelaufener Verband erreichten Malta wohlbehalten. Damit war der Achsenpartner Italien praktisch aus dem Kriege ausgeschieden: der am 12. September von einer deutschen Fallschirmjägergruppe unter SS-Hauptsturmführer Skorzeny auf dem Gran Sasso befreite Mussolini gründete sechs Tage später in Salò am Gardasee eine »Faschistische Republik«, deren Regierung mit allen »Verrätern« eine blutige Abrechnung hielt, sonst jedoch unter deutscher Herrschaft ein Schattendasein führte. Gegen ihre Milizverbände und die deutsche Besatzung kämpften die Partisanen der italienischen Widerstandsbewegung, die mit der Badoglio-Regierung Verbindung aufgenommen hatten. Letztere wiederum saß als Rumpfregierung unter Aufsicht einer alliierten Kommission in Brindisi und wurde von den Führern der demokratischen Opposition bedrängt, die den Sturz der kompromittierten Monarchie forderten. Die von den Westmächten besetzten Gebiete Italiens wurden zunächst von einer Alliierten Militärregierung verwaltet. Um die eigene Stellung zu stärken, erklärte die Badoglio-Regierung schließlich am 13. Oktober 1944 Deutschland den Krieg, beteiligte sich durch Streitkräfte am Italienfeldzug und machte Italien damit zur »mitkriegführenden« Macht auf der Seite der Alliierten. Der Frontwechsel Italiens hatte dem Lande das tragische Schicksal, Schlachtfeld für fremde Mächte zu werden, nicht ersparen können – ja, es war sogar Schauplatz eines Bruderkrieges geworden.

Auf der Konferenz von Quebec, die vom 14. bis 24. August 1943 unter dem Decknamen »Quadrant« stattfand, hatten Churchill und Roosevelt der Operation »Overlord« vor allen anderen Unternehmungen abermals Priorität zuerkannt und ihre Zustimmung zu den ersten Plänen gegeben, die der englisch-amerikanische Stab »COSSAC« (Chief of Staff to the Supreme Allied Commander) unter dem britischen Generalleutnant Morgan in London ausgearbeitet hatte. Daneben hatten sie Eisenhowers Pläne für die weitere Kriegführung im Mittelmeerraum gebilligt, die neben der Vorbereitung von »Overlord« mit den verbleibenden Kräften ausgeführt werden sollten: den Übergang über die Straße von Messina (Operation »Baytown«) und eine Landung in der Bucht von Salerno (Operation »Avalanche«), um sich in den Besitz des Hafens von Neapel zu setzen und möglichst weit nördlich quer über die italienische Halbinsel eine Front aufzubauen, die nach Churchills Worten neben der in England vorbereiteten »zweiten Front« die Rolle einer »dritten Front« übernehmen sollte.

Am 3. September setzte die englische 8. Armee unter Montgomery über die Messina-Straße nach Kalabrien über, wo deutsche Kräfte dem Feind lediglich hinhaltenden Widerstand leisteten, um Zeit für den Bau einer Verteidigungsstellung in Mittelitalien zu gewinnen. Die Engländer kamen auf der italienischen Stiefelspitze daher rasch voran. Da nach dem Abschluß des Waffenstillstands mit der Gegnerschaft der italienischen Flotte nicht mehr gerechnet zu werden brauchte, konnte am 9. September bei Tarent durch die englische Flotte eine Division an Land gebracht werden, die auch den italienischen Stiefelabsatz bald besetzte. Die Unternehmungen der Engländer in Süditalien sollten jedoch lediglich deutsche Kräfte von der Hauptlandung bei Salerno ablenken, die mit starker Flotten- und Luftunterstützung gleichfalls am 9. September durch die amerikanische 5. Armee unter General Clark erfolgte. Den Angreifern waren die Kräfte der deutschen 10. Armee (General v. Vietinghoff), mit denen sie bei dieser Operation als Gegner zu rechnen hatten, durch »Ultra« genau bekannt; es handelte sich um eine Division bei Salerno und zwei weitere nördlich davon im Raum Neapel, die beide sofort herangezogen wurden. Die von Vietinghoff gleichfalls herbeigerufenen Kräfte aus Kalabrien verspäteten sich wegen Betriebsstoffmangels: erst am 13. September und nochmals drei Tage später konnten deutsche Gegenangriffe gegen den Landekopf von Salerno geführt werden, die nach Anfangserfolgen am gegnerischen Schiffsartillerie- und Luftbombardement scheiterten. Die von Süden heraneilenden Engländer konnten am 19. September mit den Truppen des Landekopfs Verbindung aufnehmen. Als drei Tage später starke alliierte Kräfte auch bei Bari an der Adriaseite landeten, nahm die 10. Armee ihre Kräfte auf eine Linie zurück, die nördlich von Salerno quer über das italienische Festland verlief. Ihr standen am westlichen, schmalen Abschnitt die Amerikaner gegenüber, während an einem wesentlich breiteren, östlichen Abschnitt die Engländer aufmarschierten, die am 25. September den Flugplatz von Foggia nahmen, der als Einsatzbasis für Langstreckenbomber gegen die bisher von England aus nicht erreichbare ostdeutsche Industrie und gegen die Ölfelder von Ploesti eines der alliierten strategischen Hauptziele in Süditalien gewesen war. An der Westküste fiel auch das zweite Hauptziel, der Hafen von Neapel, am 1. Oktober in die Hand der Alliierten. Bis Anfang November zog sich die deutsche 10. Armee in die sogenannte »Gustav-Stellung« zurück, die der Oberbefehlshaber der in Süditalien stehenden Streitkräfte (Heeresgruppe C), Feldmarschall Kesselring, hatte vorbereiten lassen und die von der Garigliano-Mündung am Tyrrhenischen Meer unter Ausnutzung der Gebirgsmassive und des Sangro bis an dessen Mündung am Adriatischen Meer verlief.

An der Flanke der deutschen Kräfte auf dem italienischen Festland waren unterdessen Sardinien und Korsika verlorengegangen. Dagegen hatte sich die militärische Lage auf dem italienischen Festland günstiger entwickelt, als die deutsche Führung vorausgesehen hatte: die Entwaffnung der italienischen Streitkräfte war hier nahezu reibungslos verlaufen und der Vormarsch der Alliierten viel zeitiger und weiter südlich als erwartet aufgehalten worden. Deshalb änderte die deutsche Führung ihre Pläne. Statt in hinhaltendem Kampf auf die im Ausbau befindliche Apennin-Stellung zurückzuweichen, wo unter Führung Rommels das feindliche Vorgehen spätestens zum Stehen gebracht werden sollte, sollte die 10. Armee nunmehr möglichst weit im Süden liegende Stellungen verteidigen, vor allem um die Bedrohung des Reichsgebiets aus der Luft so lange wie möglich hinauszuschieben. Kesselring, der entgegen der Ansicht Rommels schon immer eine Verteidigung Italiens südlich von Rom für möglich gehalten hatte, wurde am 21. November zum »Oberbefehlshaber Südwest« ernannt und die 14. Armee, die bisher die Apennin-Stellung und die norditalienischen Küsten zur Verteidigung ausgebaut hatte, seiner Heeresgruppe C unterstellt. Rommel und sein Stab der Heeresgruppe B wurden nach dem Westen geschickt, um dort die Verteidigung gegen die erwartete Invasion vorzubereiten.

Um eine Erstarrung der italienischen Front zu vermeiden, führten die Alliierten im November und Dezember 1943 gegen die deutsche »Gustav-Stellung« heftige, mit schwersten Luftangriffen und Artilleriefeuer begleitete Angriffe, die jedoch nur zu örtlichen Erfolgen führten. Die Versteifung der Front wurde durch den Beginn der Schlechtwetterperiode verursacht, die den Einsatz der alliierten Luftwaffe behinderte, vor allem aber durch den Abzug von Kräften und der für Überflügelungsmanöver erforderlichen Landungsfahrzeuge vom italienischen Kriegsschauplatz, da die Amerikaner unbeirrbar am Beschluß von Quebec festhielten, daß die Vorbereitungen für »Overlord« den Vorrang genossen. Durch einen Appell an Roosevelt erreichte Churchill schließlich, daß wenigstens ein Teil der Landungsfahrzeuge statt vor Eintritt der Winterstürme im Herbst 1943 erst im Frühjahr 1944 nach England gebracht werden sollten – eine Maßnahme, die zur Verschiebung von »Overlord« auf Anfang Juni 1944 beitrug. Sie ermöglichte jedoch, im Rücken der deutschen Italienfront abermals eine Landung (Operation »Shingle«) durchzuführen, um die Front wieder in Bewegung zu bringen. Eisenhower, der zum Jahreswechsel seinen Posten als alliierter Oberbefehlshaber im Mittelmeer an den britischen General Wilson abtrat, um am 14. Februar 1944 offiziell den Oberbefehl über die Frankreich-Invasion zu übernehmen, hatte dieses Unternehmen vor seinem Abgang noch befürwortet. Im Zusammenwirken mit einem Angriff der Amerikaner am Unterlauf des Garigliano landeten in der Nacht zum 22. Januar völlig überraschend zwei alliierte Divisionen unter dem amerikanischen General Lucas an der Westküste bei Anzio und Nettuno, rund 100 km hinter der deutschen Front. Doch statt gegen anfänglich kaum vorhandenen Widerstand sofort in den Rücken der 10. Armee zu stoßen, begnügte sich Lucas mit dem Ausbau des Landekopfs. Der Oberbefehlshaber der amerikanischen 5. Armee und Vorgesetzte Lucas', General Clark, rechtfertigte diese Maßnahme mit dem Eintreffen von »Ultra«-Meldungen über die befohlene Heranführung mehrerer deutscher Divisionen aus Oberitalien, Südfrankreich, Deutschland und dem Balkan zur Beseitigung des Brückenkopfes – Nachrichten, aus denen aber ebenso die Notwendigkeit raschen Vorgehens hätte gefolgert werden können. Jedenfalls trat Lucas erst am 30. Januar zum Angriff an, der gegen die herangeführten Kräfte nunmehr kaum Boden gewann: die Alliierten hatten, wie es Churchill ausdrückte, statt einer »Wildkatze« einen »gestrandeten Wal« an Land gesetzt. Hitler war entschlossen, den Alliierten bei Nettuno eine Niederlage zu bereiten, die sie von weiteren Landungsunternehmen auf dem europäischen Festland zurückhalten sollte. Die mit der Abwehr beauftragte 14. Armee (Generaloberst v. Mackensen) wurde bis Mitte Februar verstärkt und reichlich mit Panzern, Sturmgeschützen und Artillerie ausgestattet. Sie führte bis Monatsende zwei Offensiven gegen den Landekopf, die jedoch beide nach Anfangserfolgen wegen schwerer Verluste abgebrochen werden mußten: Es wurde deutlich, daß die deutschen Kräfte zur Beseitigung des Landekopfs nicht ausreichten, daß aber auch die Feindkräfte in einem isolierten Kessel staken und zu ihrer Front im Süden keine Verbindung herstellen konnten.

Unterdessen hatten am Westflügel der Hauptfront die Kämpfe um die Öffnung des Liri-Tales, durch das die Via Casilina nach Rom führt, mit unverminderter Heftigkeit angehalten. An den Höhen von Cassino, die den Taleingang beherrschten, erlitten die Amerikaner so große Verluste, daß sie in den ersten Februartagen durch neuseeländische Kräfte abgelöst werden mußten, die von der englischen 8. Armee abgetreten wurden. Während das Kloster auf dem Monte Cassino – dessen Kunstschätze mit deutscher Hilfe in den Vatikan gebracht worden waren – von deutscher Seite nicht in das Verteidigungssystem einbezogen worden war, vermuteten die Alliierten dort deutsche Beobachtungsposten, die das mörderische Abwehrfeuer gegen ihre angreifenden Truppen leiteten. Sie begannen daher ihren nächsten Großangriff am 15. Februar 1944 nach vorheriger Warnung der Mönche mit einem Luftangriff auf das Kloster, bei dem 450 Tonnen Bomben abgeworfen wurden. Die Ruine wurde nunmehr durch die deutsche 1. Fallschirmjägerdivision besetzt und gab mit ihren bombensicheren Kellergewölben einen idealen Verteidigungsstützpunkt ab. Nach mehreren, teilweise durch gewaltigen Materialeinsatz an Bomben und Granaten geführten Angriffen mußte die alliierte Offensive am 23. März abermals eingestellt werden: der frontale Durchbruchsversuch gegen die deutsche Hauptfront war gescheitert. Es trat eine längere Ruhepause ein, während der General Alexander unter Schwächung der Adriafront einen massierten Stoß am linken Flügel vorbereitete. Als am 11. Mai 1944 nach heftiger Artillerie- und Luftvorbereitung der Angriff überraschend begann, brach die deutsche Front südlich des Liri nach drei Tagen zusammen. Am 18. Mai gingen im Liri-Tal die im Süden durch Umfassung bedrohte Stadt Cassino und das Kloster verloren. Amerikanische und französische Verbände setzten ihren Stoß in den Lepiner Bergen nach Nordwesten fort. Sie vereinigten sich am 25. Mai mit den Truppen aus dem Landekopf, wodurch die deutsche Italienfront im Süden auf der ganzen Länge vom Liri bis zu den Albaner Bergen von feindlichen Kräften flankiert und unhaltbar geworden war. Am 4. Juni 1944 – zwei Tage vor dem Beginn der Invasion in der Normandie – zogen die Alliierten in das zur »offenen Stadt« erklärte Rom ein. Der Rückzug der zerschlagenen Verbände am Westflügel der deutschen Front machte auch die Rücknahme des vorgestaffelten Flügels an der Adria notwendig, um den Zusammenhang zu wahren. Im Laufe der beiden nächsten Monate gingen die Deutschen auf die seit langer Zeit im Bau befindliche Apennin-Stellung zwischen La Spezia und Rimini – die »Grüne Linie« – zurück.

Während die alliierten Armeen von Rom aus an den Apennin vorrückten, kam es zwischen der englischen und der amerikanischen militärischen Führung in der Frage der Mittelmeer-Strategie abermals zu Meinungsverschiedenheiten. Der alliierte Oberbefehlshaber im Mittelmeer, der britische General Wilson, schlug eine intensive Weiterführung des italienischen Feldzugs durch einen Vorstoß in die Po-Ebene mit anschließender Landung in Istrien vor, um durch die Laibacher Senke in die ungarische Tiefebene und nach Österreich vorzurücken. Diese Operation würde – so argumentierten die Engländer – ebenso gut den Zweck erfüllen, deutsche Kräfte von der Normandie abzuziehen, wie die im November 1943 auf der Konferenz von Teheran beschlossene Landung in Südfrankreich (Operation »Anvil«). Demgegenüber bestanden General Eisenhower und die amerikanischen Stabschefs auf »Anvil«. Auch eine Intervention Churchills bei Roosevelt verlief ergebnislos: letzterer sprach sich gegen einen »Feldzug auf dem Balkan« aus und wies darauf hin, daß man sich in Teheran Stalin gegenüber bereits auf das Südfrankreich-Unternehmen festgelegt habe. Da die Amerikaner von ihrem Standpunkt nicht abzubringen waren, wurde General Wilson am 2. Juli schließlich der Befehl erteilt, die Operation »Anvil« für den 15. August 1944 vorzubereiten. Das bedeutete, daß aus der italienischen Front starke, kampferprobte Kräfte herausgezogen und durch unerfahrene Verbände ersetzt werden mußten.

Während es am Westflügel der »Grün-Stellung«, der im Hochgebirgsteil des Apennin verlief und von der amerikanischen 5. Armee Anfang September 1944 erreicht wurde, zum Stellungskrieg kam, setzte die britische 8. Armee an der von den Ausläufern des Apennin durchzogenen Adriaseite am 25. August zum Durchbruch in die Po-Ebene an. Die Amerikaner begannen an der geschwächten deutschen Frontmitte, wo der Apennin von zahlreichen Gebirgsstraßen überquert wird, am 13. September ihren Angriff in Richtung Bologna, durchstießen die »Grün-Stellung« und konnten am 27. Oktober erst kurz vor Bologna zum Halten gebracht werden. Unterdessen hatten die Engländer am 20. September Rimini genommen. Aber das einsetzende Regenwetter, bei dem die zahlreichen hier quer zur Vormarschrichtung verlaufenden Flüsse über die Ufer traten und das Land in einen Sumpf verwandelten, ließ die englische Armee nur bis Cesena kommen. Eine vorübergehende Wetterbesserung ermöglichte am 9. November noch die Einnahme von Forli, dann erlaubten Wetter und Bodenbeschaffenheit an der italienischen Front bis Jahresende keine Offensive mehr: die alliierten Operationen an der Südfront der »Festung Europa« waren für das Jahr 1944 zum Stillstand gekommen, ohne den Durchbruch in die oberitalienische Tiefebene zu erreichen.

5. Kapitel
Das Ringen der beiden europäischen Kontinentalmächte im Osten 1943/44: Sowjetischer Vormarsch an die Weichsel-Karpaten-Linie und Abfall Finnlands von Deutschland

Während die Westmächte an der Mittelmeerfront der »Festung Europa« offensiv wurden und die Invasion in der Normandie vorbereiteten, entwickelten sich zwischen den beiden Landmächten Deutschland und Sowjetrußland erbitterte Schlachten. Der sowjetische Durchbruch am Don und der sowjetische Angriff auf die Tschir-Front im Dezember 1942 hatten die ganze Ostfront südlich des Don-Knies von Nowaja-Kalitwa in Bewegung gebracht. Die sowjetischen Offensiven zielten auf Rostow und das Asowsche Meer, um alle südlich des Don und im Kaukasus stehenden deutschen Kräfte abzuschneiden.

Angesichts der sich bedrohlich zuspitzenden Lage hatte Heeres-Generalstabschef Zeitzler in der Nacht zum 28. Dezember 1942 Hitler endlich den Befehl zum schrittweisen Rückzug der Heeresgruppe A aus dem Kaukasus abringen können, deren Oberbefehl am 22. November Generaloberst v. Kleist übernommen hatte. Während ein Teil der Heeresgruppe durch den mühsam gehaltenen Flaschenhals bei Rostow nach Norden über den Don zurückging, zog sich das Gros nach Westen auf den Kuban-Brückenkopf zurück, der über die Halbinsel von Kertsch Verbindung zur Krim behielt. Rund 400000 Mann wurden in diesem Brückenkopf durch Hitlers Befehl monatelang festgehalten und fielen für die Abwehrkämpfe in Südrußland aus. Hitler hoffte durch sie starke Feindkräfte zu binden und eines Tages von hier aus abermals zur Eroberung der kaukasischen Ölfelder ansetzen zu können. Während diese Rückzugsbewegungen im Gange waren, zwang ein am 14. Januar 1943 beginnender Angriff der sowjetischen »Woroneshfront« und »Südwestfront« auch den noch am Don stehenden Nordflügel der Heeresgruppe B nach Westen bis über den oberen Donez zurück. Zwischen Woronesh am Don und Woroschilowgrad am Donez entstand eine 350 km breite Frontlücke, in der nur noch einzelne Kampfgruppen örtlichen Widerstand leisteten.

In dieser Krisenlage wurde Mitte Februar der ganze Südabschnitt der deutschen Ostfront von Rostow bis Bjelgorod –

das am 9. Februar verlorenging – von der Heeresgruppe Don unter Feldmarschall v. Manstein übernommen, die nunmehr die Bezeichnung »Heeresgruppe Süd« erhielt. Die nördlich anschließenden Kräfte, die Kursk aufgeben mußten und erst vor Sumy wieder eine Front aufbauen konnten, wurden der Heeresgruppe Mitte unter Feldmarschall v. Kluge zugeteilt. Im äußersten Süden übernahm die Heeresgruppe A unter dem zum Feldmarschall beförderten v. Kleist die Krim und den Kuban-Brückenkopf.

Zwischen den beiden Heeresgruppen Mitte und Süd hatten die Sowjets unterdessen Charkow genommen, waren auf 200 km breiter Front beiderseits Isjum über den Donez gegangen und nach Südwesten vorgedrungen. Sie beabsichtigten, die Dnjepr-Übergänge von Dnjepropetrowsk und Saporoshje, über die die Nachschubbahnen für die Heeresgruppe Süd liefen, zu erreichen.

Um die kritische Lage an seinem linken Flügel zu meistern, wollte v. Manstein die Front an seinem rechten Flügel durch Zurücknahme vom Don und Donez auf den Mius verkürzen und die dadurch frei werdenden Kräfte zu einem Gegenangriff gegen den bedrohlichen Stoß der Sowjets in seine Flanke ansetzen. Hitler verweigerte jedoch zunächst eine freiwillige Aufgabe auch nur eines Teils des Donez-Gebietes mit dem Hinweis auf die Bedeutung der dortigen Kohlevorkommen für die deutsche Kriegswirtschaft. Erst in einer vierstündigen Unterredung mit Hitler in dessen Hauptquartier erreichte v. Manstein am 6. Februar schließlich die Genehmigung seiner Pläne. Am 14. Februar wurde Rostow geräumt. Unterdessen sperrten die Sowjets am 19. Februar die von Dnjepropetrowsk kommende Hauptversorgungsbahn der Heeresgruppe. Hitler, der zu einer Besprechung in Mansteins Hauptquartier nach Saporoshje gekommen war, mußte nach Winniza zurückfliegen, da seine Sicherheit durch den Feind gefährdet war, der sich dem Ort bereits auf 60 km genähert hatte. Endlich, am 21. Februar, konnten v. Mansteins Kräfte zum Gegenstoß antreten. Innerhalb weniger Tage waren die Frontlücke geschlossen und die dort eingedrungenen zwei sowjetischen Armeen der »Südwestfront« schwer angeschlagen über den Donez zurückgeworfen. Am 14. März konnte auch Charkow, sieben Tage später Bjelgorod wiedergewonnen werden. Dann machte das Einsetzen der Frühjahrsschlammperiode den Operationen ein Ende: der Winterfeldzug 1942/43 war damit noch einmal mit einem deutschen

Erfolg abgeschlossen worden und der Südabschnitt der deutschen Ostfront hatte abermals stabilisiert werden können.

Die deutschen Truppen standen ungefähr in der gleichen Stellung, aus der sie 1942 zur Sommeroffensive angetreten waren. Aber welche Opfer hatte das deutsche Heer unterdessen bringen müssen: eine deutsche und drei verbündete Armeen mit insgesamt 50 Divisionen und Unmengen von Material waren verlorengegangen. Die übrigen Verluste machten den Kampfwert von rund 25 Divisionen aus. Das Kräfteverhältnis beider Gegner hatte sich seitdem grundlegend verschoben. Die Produktion der sowjetischen Rüstungsindustrie, die durch den Verlust wertvoller Hilfsquellen sowie die Verlagerung und den Neuaufbau ihrer Betriebe hinter dem Ural zunächst zurückgegangen war, stieg seit Herbst 1942 wieder an: ihre monatliche Panzerproduktion z. B. erreichte 1943 die Zahl von ungefähr 2000 Stück. In diesem Jahre wurden insgesamt 16000 mittlere und schwere Panzer, 4000 Geschütze mit Selbstfahrlafetten und 3500 leichte Panzer – d. h. das Vierfache des Jahres 1941 – produziert. Außer der Herstellung des besten mittelschweren Tanks dieses Krieges vom Typ T 34 sollten die Sowjets im Herbst 1943 auch in der Lage sein, dem neuen deutschen »Tiger«-Panzer den schweren »Stalin«-Panzer entgegenzustellen. Zur erhöhten Waffenproduktion kam das unerschöpflich scheinende sowjetische Menschenreservoir: im März 1943 standen den 159 deutschen Divisionen an der Ostfront 600 ähnliche sowjetische Verbände gegenüber. Am entscheidenden Südabschnitt verfügte die dortige deutsche Heeresgruppe bei einer Frontlänge von 700 km nur über 32 Divisionen, die Sowjets dagegen über 341 Verbände. Unter Berücksichtigung der zahlenmäßig geringeren Stärke der einzelnen Sowjetverbände machte das im Südabschnitt ein Verhältnis von 1 zu 7 aus, bei den Heeresgruppen Nord und Mitte ein solches von 1 zu 4.

Auch an den Fronten der beiden letzteren Heeresgruppen hatten die Sowjets während des Winters 1942/43 heftige Angriffe geführt, die aber im allgemeinen nur örtliche Erfolge erzielen konnten. Lediglich an der Nordflanke des weit vorspringenden Bogens von Rshew, bei der Heeresgruppe Mitte, hatten sie einen Durchbruch erzielen und der eingeschlossenen, 7000 Mann starken deutschen Besatzung von Welikije Luki Mitte Januar ein »Stalingrad« in kleinerem Maßstab bereiten können, da Hitler den eingeschlossenen Kräften einen rechtzeitigen Ausbruch verboten hatte. Ferner war den Sowjets der Entsatz des seit siebzehn Monaten zu Lande eingeschlossenen Leningrad gelungen.

Die sowjetische Großoffensive im Südabschnitt und die anhaltenden Angriffe gegen den Nord- und Mittelabschnitt der Ostfront hatten die deutschen Kräfte im Winter 1942/43 aufs äußerste angespannt. Als auch noch Divisionen nach Tunesien gesandt werden mußten, wurde ersichtlich, daß das Heer im Osten jede auftretende Krise ohne wesentliche Reserven werde meistern müssen. In dieser Situation gelang es Zeitzler, Hitlers Einwilligung für zwei Frontbegradigungen – die Räumung des Kessels von Demjansk und des Frontbogens bei Rshew – zu erreichen. Durch diese Begradigungen hatten auch die Heeresgruppen Nord und Mitte wieder festgefügte Fronten und rund 20 Divisionen als Reserven gewinnen können. Damit war zu Beginn des Frühjahrs 1943 an der ganzen deutschen Ostfront die Krise äußerlich überwunden, die Hitlers überspannte Zielsetzung vom Sommer und Herbst 1942 verursacht hatte – denn auch die Kräfte der Roten Armee benötigten nun zunächst eine Erholungs- und Ergänzungspause. Dennoch hatte sich die Gesamtlage für die deutsche Führung unterdessen wesentlich verschlechtert: die Frist, die ihr für eine Niederwerfung der Sowjetunion gegeben war, ehe mit einer Landung der Amerikaner und Engländer in Westeuropa gerechnet werden mußte, war ohne entscheidendes Ergebnis verstrichen. Nachdem zwei Sommerfeldzüge nicht zur Ausschaltung des sowjetischen Gegners geführt hatten, bestand nur noch eine Aussicht: ihn im Rahmen strategischer Defensive durch kräftige offensive Teilschläge, die ihm hohe Verluste an Menschen und Material beifügten, zu einem Remis zu bringen, um damit im Osten eine politische Lösung vorzubereiten. Dafür mußten aber jene Faktoren ausgenutzt werden, die das deutsche Heer – wie die Schlachten am Donez und bei Charkow wiederum bewiesen hatten – gegenüber der Roten Armee immer noch überlegen machten: die wendigere Führung und die unter einigermaßen normalen Witterungsbedingungen vorhandene größere Beweglichkeit. Für den Einsatz dieser Faktoren war im Osten genügend Raum vorhanden, um sowjetischen Durchbruchsversuchen elastisch auszuweichen und mit anschließenden, geschickt angesetzten Gegenschlägen die Angriffskraft des sowjetischen Gegners zu zerschlagen und mit der Zeit zu verbrauchen. Aber von der Problematik einer politischen Lösung ganz abgesehen, stand schon auf der militärischen Seite einer Ausnutzung der überlegenen

Faktoren des deutschen Heeres ein wesentliches Hindernis entgegen: der eigene Oberbefehlshaber Adolf Hitler. Dessen operative Starrheit, sein »Halten um jeden Preis«, das dem Gegner die Vernichtung ganzer deutscher Armeen ermöglichte, mußte jede bewegliche Verteidigung verhindern und das Heer in einem solchen Ausmaß verbrauchen, daß es seiner Aufgabe bald nicht mehr gewachsen sein konnte. In dieser berechtigten Sorge suchten hohe Offiziere – nicht nur des Ostheeres – nach einer Lösung, die Hitlers Prestige nicht verletzen und dennoch die Garantie für eine fachgerechte militärische Führung bieten würde. Da ein Verzicht Hitlers auf den Oberbefehl über das Heer, den er mit der Entlassung Generalfeldmarschalls v. Brauchitsch in der Winterkrise 1941 übernommen hatte, nicht zu erreichen sein würde, sollte er zur Einsetzung eines einheitlichen Wehrmacht-Generalstabschefs oder wenigstens eines »Oberbefehlshabers Ost« bewogen werden, der sein Vertrauen genießen und, mit der notwendigen Befehlsgewalt ausgestattet, aus eigener Verantwortung handeln sollte. Feldmarschall v. Manstein hatte Hitler in der erwähnten Unterredung vom 6. Februar 1943 diesen Gedanken vergeblich nahezulegen versucht, ebenso bei anderen Gelegenheiten hohe Militärs wie Feldmarschall Milch, Generaloberst Guderian und General Zeitzler. Während aber diese »Opposition« der Feldmarschälle nur der Ausdruck einer Führungskrise war und lediglich Mängel auf militärischem Gebiet abstellen wollte, ließen in den Monaten nach Stalingrad Groll und Verzweiflung gegen Hitlers Führungsmethoden eine Gruppe jüngerer Offiziere um den ersten Generalstabsoffizier der Heeresgruppe Mitte, Oberst v. Tresckow, in ganz anderer Richtung aktiv werden. Sie hatte bereits seit einiger Zeit zum Kreis der Verschwörer um Generaloberst a. D. Beck und Goerdeler Verbindung aufgenommen, – zu jenem Widerstandskreis, der sich gegen das nationalsozialistische Regime wandte und einen politischen Staatsstreich anstrebte. Tresckow versuchte vergebens, seinen zögernden Chef, Feldmarschall v. Kluge, von der Notwendigkeit einer Beseitigung Hitlers zu überzeugen, und nahm über Generalmajor Oster von der Abwehr mit dem Chef des Allgemeinen Heeresamtes beim Befehlshaber des Ersatzheeres, General Olbricht, Verbindung auf, der den militärischen Staatsstreich in Berlin technisch vorbereitete. Schließlich entschloß er sich, ohne Wissen v. Kluges zu handeln: Bei einem Besuch Hitlers im Hauptquartier der Heeresgruppe in Smolensk wurde am 13. März 1943 ein Paket mit einer Zeitbombe in Hitlers Flugzeug geschmuggelt – aber die Zündvorrichtung versagte. Weder die Feldmarschälle noch die Verschwörer hatten ihr Ziel erreicht: die Geschicke der Nation und die Operationen des Heeres blieben durch Hitler bestimmt, dessen Eingriffe in die militärische Führung sich auch weiterhin verhängnisvoll auswirken sollten.

Die deutsche Führung mußte sich nunmehr über ihre Operationspläne im Osten für die Zeit nach der Frühjahrsschlammperiode 1943 schlüssig werden. Hitler entschied sich für ein Zangenunternehmen gegen den nördlich von Bjelgorod, an der Grenze zwischen den Heeresgruppen Mitte und Süd, weit nach Westen vorspringenden sowjetischen Frontbogen bei Kursk, in dem starke feindliche Kräfte konzentriert waren. Dieses Unternehmen (»Zitadelle«) sollte laut Hitlers Operationsbefehl vom 15. April 1943 dem deutschen Heer »die Initiative für dieses Frühjahr und Sommer in die Hand geben«.[12] Die Oberbefehlshaber der beiden beteiligten Heeresgruppen, v. Kluge und v. Manstein, drangen darauf, die Offensive so zeitig wie möglich zu unternehmen: nur dann sei die Chance gegeben, dem Gegner bei geringen eigenen Opfern größere Verluste beizubringen. Andernfalls solle das ganze Unternehmen besser unterbleiben. Hitler verschob jedoch am 11. Mai die Offensive auf Mitte Juni. Er wollte Zeit gewinnen, um die Zahl der verfügbaren Panzer verdoppeln und damit eine örtliche Überlegenheit schaffen zu können. Vom Einsatz der aus der Produktion kommenden schweren Panzer VI (»Tiger«) und der neuen mittleren Panzer V (»Panther«) versprach sich Hitler einen besonderen Erfolg. Ferner sollten die Panzer III und IV sowie die Sturmgeschütze noch vor dem Angriff gegen die neu entwickelte sowjetische Panzerbüchse mit anhängbaren Schutzplatten, sogenannten »Panzerschürzen«, versehen werden. Erst Anfang Juli standen die für »Zitadelle« vorgesehenen Kräfte, insgesamt 3032 Panzer und Sturmgeschütze bereit. Die Luftwaffe unterstützte das Unternehmen mit 1800 Maschinen, unter anderem mit dem VII. Fliegerkorps, das durch seine »Panzerknacker« bekannt war. Am 5. Juli brach der Angriff gleichzeitig von Orel und Bjelgorod her los. Aber der sowjetischen Führung waren die langfristigen Vorbereitungen nicht entgangen; auch hatte sie schon am 30. April von den Engländern einen Hinweis auf die beabsichtigte deutsche Zangenoperation erhalten, der auf der Entzifferung einer Lagebeurteilung der Heeresgruppe Süd durch »Ultra« beruhte: der Angriff stieß auf ein tief gegliedertes Stellungssystem mit Minenfeldern, Panzergräben und -abwehrgeschützen und lief sich unter starken Verlusten bereits nach einigen Tagen fest. Da traten die Sowjets am 11. Juli ihrerseits von Norden und Osten her zur Offensive gegen den deutschen Orelbogen an, der die Basis des nördlichen deutschen Angriffskeils bildete. Sie durchbrachen die dort eingesetzte Panzerarmee mit dem Ziel, alle um Orel stehenden deutschen Streitkräfte abzuschneiden. Da neben dieser Bedrohung unterdessen am 10. Juli auch noch die Anglo-Amerikaner auf Sizilien gelandet waren und Kräfte in den Mittelmeerraum überführt werden mußten, wurde das Unternehmen »Zitadelle« am 13. Juli 1943 abgebrochen. Mit dem Scheitern dieser Operation, aus der die aufgefrischte deutsche Panzertruppe abermals schwer angeschlagen hervorging, war die Initiative an der Ostfront endgültig an die Sowjets übergegangen.

Obwohl die an der abgebrochenen Offensive beteiligten schnellen Verbände sofort in den Orelbogen geworfen wurden, konnte dieser gegen die Übermacht der anrennenden drei sowjetischen »Fronten« nicht gehalten werden. Am 31. Juli begannen sich die deutschen Truppen auf die östlich von Brjansk verlaufende »Hagenstellung« zurückzuziehen; am 5. August rückten die Sowjets in Orel ein. Die Heeresgruppe Mitte blieb während des Sommers an allen ihren Abschnitten weiter starken sowjetischen Angriffen ausgesetzt, konnte sich aber im großen und ganzen behaupten, bis die Ereignisse an ihrem Südflügel auch sie zu einer größeren Absetzbewegung zwangen.

Die eigentliche Sommeroffensive der Sowjets, die im Südabschnitt der Ostfront erwartet wurde, hatte am 17. Juli 1943 begonnen. Der Zangenangriff gegen den vorgestaffelten deutschen Mius-Donez-Bogen hatte zunächst nicht den beabsichtigten Erfolg, führte jedoch zur Gewinnung eines Brückenkopfs über den Donez bei Isjum als Ausgangspunkt für weitere Operationen. Dagegen sollte die sowjetische Offensive gegen den deutschen Frontbogen von Bjelgorod südlich von Kursk, die am 3. August begonnen wurde, ein voller Erfolg werden. Die Partisanen unterstützten die Offensive durch einen »Schienenkrieg«: nach genauen Orts- und Zeitplänen zerstörten sie im Laufe des August die Schienenwege im rückwärtigen deutschen Gebiet an mehr als 12000 Stellen. Der sowjetische Angriff, der nordwestlich von Charkow über Poltawa den Dnjepr zu erreichen suchte, konnte erst an der Bahnlinie Sumy–Charkow aufgefangen werden. Als er einige Tage später durch eine Offensive südöstlich von Charkow unterstützt wurde, mußte am 22. August das in diesem Kriege mehrmals so heiß umkämpfte Charkow für immer aufgegeben werden. Unterdessen hatten die Sowjets am 16. August ihre Offensive aus dem Brückenkopf von Isjum erneuert und am 18. August einen Vorstoß über den Mius ostwärts Stalino unternommen, der die deutsche Front durchbrach.

Feldmarschall v. Manstein mußte Hitler nun vor die eindeutige Alternative stellen, ihm entweder von anderen Abschnitten der Ostfront neue Kräfte zuzuführen, oder aber die Räumung des Donez-Gebietes zu gestatten. Nur so könnte der Gefahr eines sowjetischen Durchbruchs an seiner Nordflanke und damit der Einschließung seiner Südflanke begegnet werden. Hitler blieb nichts anderes übrig, als Ende August endlich die Räumung des Donez-Gebietes unter Zerstörung aller kriegswichtigen Anlagen und ein schrittweises Zurückweichen an den unteren Dnjepr zu genehmigen.

Ein am 26. August gelungener Durchbruch der Sowjets bei der Heeresgruppe Mitte, der auf den Dnjepr bei Kiew zielte, drohte den Nordflügel der Heeresgruppe Süd zu umfassen und ihre Verbindung nach Kiew abzuschneiden. In dieser Lage erreichte v. Manstein am 15. September von Hitler die Zurücknahme aller seiner Armeen hinter die Linie Melitopol-Dnjepr-Desna. Das Nachdrängen der Sowjets wurde durch das von Hitler befohlene Mittel der »verbrannten Erde« erschwert, d. h. durch die Mitnahme bzw. Zerstörung aller Transportmittel sowie aller Unterkunfts- und Deckungsmöglichkeiten in einer breiten Zone vor dem Dnjepr. Auch die arbeits- und wehrfähige Bevölkerung wurde zwangsweise zurückgeführt. Am 30. September standen alle Armeen hinter der Strombarriere des Dnjepr, die allerdings durch zwei Brückenköpfe entwertet wurde, die die Sowjets im Nachstoßen hatten errichten können. Am Zusammenfluß von Dnjepr und Pripjet war ferner durch den sowjetischen Durchbruch in Richtung auf Kiew die Verbindung zur Heeresgruppe Mitte verlorengegangen, die sich im Laufe des September unter Aufgabe von Brjansk, Smolensk und Roslawl – den Schauplätzen der großen deutschen Siege im Jahre 1941 – weit hinter die Desna hatte zurückziehen müssen. Angesichts der angespannten Lage hatte sich Hitler am 4. September endlich entschlossen, den operativ wertlos gewordenen Kuban-Brückenkopf zu räumen. Bis zum 9. Oktober hatten sich die Deutschen über die Straße von Kertsch auf die Krim zurückgezogen.

Nach Beendigung der sowjetischen Sommeroffensive 1943 waren die deutschen Verbände an der Ostfront in hohem Maße ausgezehrt. Die Infanteriedivisionen besaßen nur noch die Hälfte bis ein Drittel ihrer Kampfstärke. Besonders die Panzerverbände, die ohne Auffrischungspause als »Feuerwehr« unaufhörlich hin und her geworfen worden waren, hatten stark gelitten: in der Zeit von Juli bis September hatten sie 1560 Panzer verloren und besaßen gegenüber 8400 Sowjetpanzern nur noch 2300, davon am 1. Oktober 1943 nur 700 einsatzbereite. Viele ihrer Divisionen zählten 10 bis 40 Panzerwagen, und von den 18 Panzerdivisionen wurden 13 auf den Lagekarten nur noch als Panzerdivisionsgruppen bezeichnet. Wenn sie auch allmählich wieder aufgefüllt werden konnten, waren doch die Gesamtausfälle an Menschen und Material nicht mehr zu decken, obwohl die deutsche Rüstungsindustrie 1943 ihre bisherige Höchstleistung erreichte. Auch die spärlichen Reserven, die der Ostfront im Laufe des Herbstes zuflossen, sollten in Kürze restlos verbraucht werden, so daß dort kaum mehr operative Reserven zur Verfügung standen. Die drei im Osten eingesetzten Luftflotten zählten Anfang Oktober 1943 nur mehr 840 einsatzbereite Maschinen. Diesem sinkenden militärischen Kräftepotential und den 177 ausgelaugten deutschen Divisionen standen im Herbst 1943 860 mit deutschen Divisionen vergleichbare sowjetische Verbände gegenüber, die zwar auch angeschlagen waren, aber durch frei verfügbare Reserven wenigstens in regelmäßigen Zeitabständen an der Front ausgewechselt werden konnten.

Angesichts dieses Kräfteverhältnisses, das die Aussicht auf einen militärischen Sieg immer mehr schwinden ließ, wäre es um so wichtiger gewesen, jede sich bietende Chance für einen politischen Ausgleich mit der Sowjetunion wahrzunehmen. Aber gerade Mitte September 1943 zerschlug Hitler von vornherein die Möglichkeit, vorsichtige Friedensfühler weiter zu verfolgen, die die Sowjets über Stockholm ausgestreckt hatten. Die dortige Sowjetbotschaft, die von der hohen Funktionärin Kollontai geleitet wurde, hatte im Dezember 1942 die sowjetische Bereitschaft zu Verhandlungen über einen Sonderfrieden zu erkennen gegeben. Der Deutschrusse Edgar Clauß war im Auftrage der Sowjets mit Kleist, einem Angehörigen des persönlichen Stabes Ribbentrops, in Verbindung getreten. Im Juni

1943 ließen die Sowjets wissen, daß sich der Leiter der Europa-Abteilung des sowjetischen Außenministeriums, Alexandrow, zu Gesprächen in Stockholm bereit halte: die Verhältnisse in Osteuropa von Finnland bis zu den Dardanellen könnten nur mit Deutschland – nicht dagegen mit den Westmächten – dauerhaft geregelt werden. Zwar könnte Deutschland zweifellos besiegt werden, »aber über der Leiche des vernichteten Deutschlands«, so formulierte der Mittelsmann Clauß, werde »die erschöpfte, aus vielen Wunden blutende Sowjetunion den blanken, von keinem Hieb abgestumpften Waffen der Westmachte entgegentreten müssen«.[13] Solche sowjetischen Überlegungen waren auf dem Hintergrund der Beziehungen Moskaus zu den Westmächten, die im Sommer 1943 einen Tiefpunkt erreichten, nicht auszuschließen. Die Weigerung der Westmächte, territoriale Abmachungen für Osteuropa zu treffen, und die abermalige Verschiebung der »zweiten Front« auf das Jahr 1944 hatten erneut das sowjetische Mißtrauen wachgerufen, daß die Anglo-Amerikaner auf eine Erschöpfung Deutschlands und der Sowjetunion hinarbeiteten, um dann mit bewaffneter Macht auf der europäischen Bühne auftreten und den Frieden diktieren zu können. Hingegen stellten die ausgedehnten von Deutschland besetzten russischen Gebiete, die von der Roten Armee nur unter schweren Verlusten zurückerobert werden konnten, durchaus ein lohnendes Verhandlungsobjekt dar. Kleist wurde jedoch von der deutschen Führung die Kontaktaufnahme mit Alexandrow verboten, er sollte nur aus »Informationsgründen« mit Clauß weiter Fühlung halten. Im September 1943 gingen die Sowjets einen Schritt weiter und konkretisierten ihre Forderungen: Wiederherstellung der deutsch-russischen Grenzen aus dem Jahre 1914, freie Hand in der Meerengenfrage und in Asien sowie ausgedehnte Wirtschaftsbeziehungen zu Deutschland. Der stellvertretende sowjetische Außenminister und ehemalige Botschafter in Berlin, Dekanosow, werde zwischen dem 12. und 16. September »auf der Durchreise« in Stockholm zu einer Unterredung zur Verfügung stehen. Aber Hitler entschied, daß Verhandlungen nicht in Frage kämen, da sie nur als Zeichen deutscher Schwäche ausgelegt werden und das Vertrauensverhältnis zu den Verbündeten untergraben würden. Die Sowjets würden solche Scheinverhandlungen nur dazu benutzen, um von den Westmächten territoriale Zugeständnisse und die sofortige Errichtung der »zweiten Front« zu erpressen. Tatsächlich nutzten die Sowjets nach der Absage Kleists die Vorgänge taktisch geschickt gegen die Westmächte aus: drei Wochen vor der Moskauer Konferenz vom Oktober 1943 begannen sie, London und Washington von der Existenz angeblicher deutscher Friedensbemühungen zu informieren, und nochmals zwei Wochen vor der Konferenz von Teheran im November betonten sie unter Verdrehung der Tatsachen, die deutschen Gesprächspartner seien mit der Wiederherstellung der russischen Grenzen von 1914 einverstanden. Wie weit die Sowjets *vor* der deutschen Absage ernsthafte Absichten verfolgten, wird vor Öffnung der Moskauer Archive nicht zu ergründen sein. Aber es ist immerhin bemerkenswert, daß die Sowjets dem »Nationalkomitee Freies Deutschland«, das im Juli 1943 von deutschen Exilkommunisten, Schriftstellern und Offizieren gegründet worden war, bis zur deutschen Absage jede Propaganda gegen die deutsche Regierung untersagten. Sie ließen ferner für das Presseorgan des Nationalkomitees in der ersten Septemberhälfte einen Artikel mit der Überschrift »Waffenstillstand – das Gebot der Stunde« vorbereiten, der sich indirekt an die Regierung Hitler wandte und das sowjetische Angebot offensichtlich nochmals unterstreichen sollte. Seine Veröffentlichung unterblieb jedoch nach dem Abbruch des Gesprächs.

Hitler unterließ trotz der militärisch aussichtslos erscheinenden Lage auch nur den Versuch zu einem politischen Ausgleich mit der Sowjetunion. Er glaubte vielmehr, den Gang der Ereignisse doch noch nach seinem Willen wenden zu können: unter größter Energieanspannung sollte zunächst die ab zeitigem Frühjahr 1944 erwartete alliierte Invasion an der Atlantikküste abgewehrt werden, um anschließend mit dem Einsatz aller verfügbaren Kräfte im Osten eine Entscheidung zu erzwingen. Von der Vorstellung beherrscht, daß das Bündnis zwischen den westlichen »Plutokratien« und dem bolschewistischen Rußland früher oder später unweigerlich an unversöhnlichen Gegensätzen zerbrechen müsse, rechnete er nach einem gescheiterten anglo-amerikanischen Landungsversuch mit der Friedensbereitschaft der Westmächte, die dann die wachsende Übermacht der Sowjetunion auf dem europäischen Kontinent und die Bedeutung Deutschlands als Gegengewicht hierzu erkennen müßten. Gerade die sowjetischen Friedensfühler mochten ihn in seiner Annahme vom baldigen Zerfall der gegnerischen Koalition bestärkt haben – jener Chance, die er sich selbst zu zerstören glaubte, wenn er jetzt auf die falsche, die sowjetische Waagschale träte. Angesichts der Lage an der Ostfront mochten solche Spekulationen auf die Zukunft allerdings wie das Handeln eines Glücksspielers anmuten. Aber Hitler, der nun einmal von der überragenden Bedeutung einer Invasionsabwehr im Westen für das Schicksal Deutschlands überzeugt war, räumte mit seiner Weisung Nr. 51 vom 3. November 1943 dem westlichen Kriegsschauplatz hinsichtlich personeller und materieller Rüstung ausdrücklich die Priorität vor dem Kriegsschauplatz im Osten ein.

Diese Weisung bedeutete für die militärischen Führer an der Ostfront, daß sie künftig mit keinen wesentlichen Verstärkungen mehr rechnen konnten. Hitler lehnte jedoch ab, durch eine Zurücknahme und Verkürzung der Front, ferner durch eine Räumung der Krim operative Reserven zu schaffen: im Norden sah er die Sicherheit der Ostsee bedroht und befürchtete Rückwirkungen auf das verbündete Finnland, im Süden wären die Manganerzgruben des Dnjepr-Bogens verlorengegangen und das rumänische Erdölgebiet in Reichweite sowjetischer Fliegerangriffe gerückt. Später sollte der Rückzug unter militärisch weit ungünstigeren Umständen allerdings doch erzwungen werden.

Die sowjetische Herbstoffensive begann bei der Heeresgruppe A am Asowschen Meer. Nach einem Durchbruch bei Melitopol am 23. Oktober drangen die Sowjets durch die Nogaische Steppe gegen den Unterlauf des Dnjepr vor und schnitten damit eine deutsche Armee auf der Krim ab. Mitte Oktober wurde der Dnjepr-Bogen durch einen sowjetischen Angriff unter General Konjew vom Brückenkopf an der Worskla-Mündung aus bis kurz vor Kriwoi Rog eingedrückt. Umfassender war jedoch die Zielsetzung, die die Sowjets mit dem am 3. November beginnenden Angriff des Generals Watutin aus den nördlich von Kiew gewonnenen Dnjepr-Brückenköpfen verfolgten: mit ihm wollten sie den ganzen Südflügel der deutschen Front von seinen Nachschubverbindungen östlich der Karpaten abschneiden und nach Südwesten auf die rumänische Grenze abdrängen. Watutin nahm Kiew und stieß in wenigen Tagen 130 km bis Shitomir nach Westen vor. Durch das gleichzeitige Zurückdrücken des Südflügels der Heeresgruppe Mitte drohte sich die Lücke zwischen den beiden deutschen Heeresgruppen zu einem breiten Durchbruch zu entwickeln, mit dem die Sowjets südlich der Pripjet-Sümpfe auf der Straße von Shitomir nach Lublin ins Generalgouvernement eindringen konnten.

Nach heftigen Auseinandersetzungen mit Hitler, der der Sicherung des Erzgebiets am unteren Dnjepr und der Wiederherstellung der Verbindung zur Krim den Vorrang geben wollte, warf v. Manstein Kräfte von seinem Südflügel nach Norden und konnte durch einen am 15. November beginnenden Gegenangriff Shitomir zurückgewinnen und das bedrohliche Vordringen der Sowjets nach Westen aufhalten.

Die Heeresgruppe Mitte hatte sich der sowjetischen Offensiven gegen ihre Front, die während der letzten Monate des Jahres 1943 ununterbrochen anhielten, ausschließlich mit eigenen Kräften erwehren müssen, da die wenigen verfügbaren Reserven alle an den Südabschnitt der Ostfront geworfen worden waren. Schließlich hatte sie sich hinter den Dnjepr zurückziehen müssen. Allein beiderseits der Rollbahn Smolensk-Orscha hatte sie vier erfolgreiche Abwehrschlachten gegen die »3. Ukrainische Front« General Sokolowskis geschlagen, die die Angreifer außerordentlich hohe Verluste kosteten. An der Nahtstelle zur Heeresgruppe Nord bei Newel hatten die Truppen General Jeromenkos im Oktober einen Einbruch erzielt, der jedoch von den Sowjets in den nächsten Monaten nicht operativ ausgenutzt wurde. Auch an der Front der Heeresgruppe Nord begnügten sich die Sowjets zunächst mit Fesselungsangriffen.

Die sowjetische Winteroffensive begann am 24. Dezember 1943 mit einem erneuten Durchbruch des Generals Watutin auf Shitomir im Raum von Kiew. Sein Stoß nach Westen war mit den vorhandenen deutschen Kräften zunächst nicht aufzuhalten: er überquerte die russisch-polnische Vorkriegsgrenze und gelangte am 5. Februar nach Westen bis Rowno und Luzk. Hier stellten die Sowjets nach einem Vormarsch von fast 300 km ihre Offensive nach Westen ein, um sie nach Süden voranzutreiben, wo sie bei Winniza über den oberen Bug drangen und mit Teilen auf Uman vorstießen. Manstein forderte die sofortige Räumung des bis Saporoshje vorgestaffelten Dnjepr-Frontbogens, um mit den gewonnenen Kräften den sowjetischen Durchbruchkeil angreifen zu können. Doch Hitler wollte die Erzgruben von Nikopol und Kriwoi Rog auf keinen Fall aufgeben und begnügte sich mit der Zusage von drei Divisionen. Er begründete seine Entscheidung mit außermilitärischen, politischen Argumenten: ein Rückzug aus dem Dnjepr-Bogen werde die Aufgabe der Krim unvermeidlich machen und letztere wiederum den »Umfall« der neutralen Türkei und anschließend Bulgariens und Rumäniens nach sich ziehen. Im Osten käme es aber jetzt darauf an, Zeit zu gewinnen, bis sich die Lage im Westen geklärt habe; deshalb könne er auch der Heeresgruppe außer den bereits zugebilligten Verstärkungen keine weiteren geben. Tatsächlich brachte es v. Manstein in der zweiten Januarhälfte zuwege, mit den ihm zur Verfügung stehenden Kräften die sowjetischen Stoßkeile gegen Winniza und Uman zu zerschlagen und die Lücke notdürftig zu schließen. Allerdings sollte sich dafür östlich von Uman vorübergehend eine schwere Krise entwickeln: am 25. Januar umfaßten sowjetische Kräfte den hier noch bis zum mittleren Dnjepr vorgewölbten deutschen Frontvorsprung bei Tscherkassy und schlossen dort 50000 Mann deutscher Truppen ein, die durch die Luft versorgt werden mußten. Als Entsatzangriffe von Westen und Süden her scheiterten, gab v. Manstein der Besatzung des Kessels ohne vorherige Verständigung Hitlers – der möglicherweise Einspruch erhoben hätte – den Befehl zum Ausbruch nach Südwesten: in der Nacht zum 17. Februar konnten sich noch rund zwei Drittel der Eingeschlossenen unter Zurücklassung ihrer Verwundeten und schweren Waffen völlig erschöpft zu den eigenen Panzerspitzen durchschlagen.

Ende Januar hatte auch der sowjetische Zangenangriff gegen den Dnjepr-Frontbogen begonnen, wo im Laufe des Februar sowohl Nikopol wie auch Kriwoi Rog aufgegeben werden mußten. Zwischen den Heeresgruppen Süd und Mitte dehnte sich am Pripjet ein offener, von deutschen Kräften fast vollständig entblößter Raum; nur bei Dubno und Luzk stand ein abgetrenntes deutsches Armeekorps; bei Kowel sicherten lediglich Polizeieinheiten die von Kiew nach Polen führende Bahn. Eine drastische Frontverkürzung, die den beinahe ost-westlichen Verlauf der Front wieder in einen nord-südlichen verändert hätte, war bei Hitler nicht zu erreichen. Als Folge dieser Strategie sollten im Frühjahr 1944 die Heeresgruppen Süd und A die schwerste Niederlage seit ihrem Rückzug von der Wolga und vom Kaukasus einstecken müssen.

Auch der Nordflügel der Ostfront hatte sich Ende Januar nicht länger vor Leningrad festnageln lassen. Die Heeresgruppe Nord, der in der zweiten Hälfte des Vorjahres bis Mitte Januar 1944 insgesamt 17 Divisionen zugunsten der bedrängten anderen Heeresgruppen entzogen worden waren und die keine einzige Panzerdivision mehr besaß, war bis zum 1. März durch drei sowjetische Armeegruppen auf eine Stellung beiderseits des Peipus-Sees zurückgedrängt worden. Damit hatten die Sowjets die Gefährdung Leningrads endgültig beseitigt und die deutschen Truppen bis vor die Tore der baltischen Staaten zurückgedrängt. Finnland streckte Mitte Februar 1944 über Stockholm die ersten Friedensfühler nach Moskau aus, die jedoch wegen der Härte der sowjetischen Bedingungen kein Ergebnis brachten. Immerhin waren die finnischen Sondierungen für Hitler ein ausreichender Grund, um die deutschen Waffen- und Kriegsmateriallieferungen an Finnland zu sperren.

Aus dem offenen Raum zwischen den deutschen Heeresgruppen Süd und Mitte südlich des Pripjet trat die »1. Ukrainische Front«, die nach der tödlichen Verwundung General Watutins durch ukrainische Nationalisten von Marschall Schukow geführt wurde, am 4. März erneut zum Angriff nach Süden an, um in den Rücken der deutschen Südfront zu stoßen. Der sowjetische Stoß konnte nach einer Woche östlich von Tarnopol durch Gegenangriffe vorläufig aufgehalten werden. Unterdessen war weiter östlich die »2. Ukrainische Front« unter General Konjew bis zum 10. März auf Uman durchgestoßen und überquerte innerhalb weiterer zehn Tage den Bug und den Dnjestr. Damit hatten die Sowjets altrumänisches Territorium betreten und die letzte östlich der Karpaten verlaufende Haupteisenbahnlinie Lemberg–Odessa unterbrochen: Der Südflügel der Ostfront mußte nunmehr über das rumänische Bahnnetz versorgt werden, das der plötzlichen Überforderung zunächst nicht gewachsen war. Unterdessen hatte auch die »3. Ukrainische Front« unter General Malinowski die am Schwarzen Meer vorgestaffelten deutschen Kräfte aus dem Raum Kriwoi Rog angegriffen und an der Küste beinahe eingeschlossen. Am 19. März auf den Obersalzberg gerufen, drangen v. Manstein und v. Kleist darauf, den äußersten Südflügel schnellstens hinter den Dnjestr zurückzunehmen, um den Sowjets Kräfte nach Norden entgegenwerfen zu können. Aber Hitler entschied, daß die Südfront am Bug stehenbleiben müsse, um den Hafen Odessa zu sichern, von dem aus die Truppen auf der Krim versorgt wurden. Am gleichen Tage versicherte sich Hitler der Loyalität seiner ungarischen Bundesgenossen durch eine Besetzung ihres Landes.

Im Bündnissystem zwischen Deutschland und den südosteuropäischen Staaten hatten sich in den vorausgegangenen Monaten Erschütterungen bemerkbar gemacht: die Ungarn und Rumänen, die nach Stalingrad am deutschen Sieg zu zweifeln begannen, hatten vorsichtige Schritte zur Kontaktaufnahme mit den Alliierten unternommen, die Hitler teilweise zur Kenntnis gelangt waren. Bereits im April 1943 hatte Hitler dem ungarischen Reichsverweser, Admiral Horthy, und dem rumänischen Staatsführer, Marschall Antonescu, deswegen schwere Vorhaltungen gemacht, wobei letzterer Hitler gegenüber offen seine politische Konzeption vertrat, den Krieg mit den Westmächten zu beenden, um gegen die Sowjetunion eine Entscheidung erzwingen zu können. Gerade diese Konzeption hatte sich aber, wie die Kontaktaufnahmen zeigten, wegen der loyalen Haltung der Westmächte gegenüber den Sowjets nicht verwirklichen lassen. Nach den Erfahrungen mit Italien ließ Hitler jedoch für alle Fälle Pläne zur Besetzung Ungarns (»Margarethe I«) und Rumäniens (»Margarethe II«) ausarbeiten. Als Horthy in einem Schreiben an Hitler vom 12. Februar 1944 die Rückkehr der ungarischen Verbände in die Heimat forderte, weil die ungarische Karpaten-Grenze nach seinem Wunsch ausschließlich von eigenen Truppen verteidigt werden sollte, wurde Hitlers Mißtrauen gegen die Ungarn erneut wach. Hitler ließ das Schreiben Horthys unbeantwortet, bis mit der Gefahr eines sowjetischen Durchbruchs zu den Karpaten das Problem eines allein von den unzuverlässigen Ungarn besetzten Frontabschnitts aktuell wurde. Als sich Hitler in seinen Besprechungen mit Antonescu vom 26.–28. Februar 1944 auf Schloß Kleßheim bei Salzburg von der rumänischen Bündnistreue im Kampf gegen die Sowjets überzeugt hatte, suchte er eine rumänische Beteiligung an der militärischen Besetzung Ungarns zu erreichen. Das scheiterte aber an der Forderung Antonescus, daß damit eine sofortige Rückgabe derjenigen Gebiete an Rumänien verbunden sein sollte, die durch den Wiener Schiedsspruch vom August 1940 an Ungarn abgetreten worden waren. Das konnte Hitler jedoch nicht gewähren, da er mit der Besetzung Ungarns eine Stützung der Autorität Horthys für die Mobilisierung aller militärischen und wirtschaftlichen Kräfte Ungarns bezweckte. Am 18. März lud Hitler den ungarischen Reichsverweser unter dem Vorwand nach Schloß Kleßheim ein, mit ihm die seit Februar offengebliebenen Fragen zu erörtern. Dort setzte er ihn unter Druck, der deutschen Besetzung Ungarns und der Bildung einer neuen »nationalen« ungarischen Regierung zuzustimmen, da er Beweise habe, daß die gegenwärtige Regierung Kállay mit den Alliierten erneut Verbindung aufgenommen habe. Durch fingierte Fliegeralarme und Telefonunterbrechungen wurde der protestierende Horthy von der Außenwelt isoliert und so lange bearbeitet, bis er den deutschen Forderungen nachgab. Als er am 19. März die Heimreise antrat, rückten die deutschen Truppen bereits seit dem Morgengrauen in Ungarn ein. Am 23. März bildete der bisherige ungarische Gesandte in Berlin, Sztójay, eine neue Regierung, die sich außer auf den Reichsverweser auf keine politischen Kräfte im Lande stützen konnte. Am selben Tage wurden die ungarischen Streitkräfte in den Karpaten mit einem neuen Oberbefehlshaber, General Lakatos, der deutschen Heeresgruppe Süd unterstellt und in der Folge Ungarns Kriegspotential nach deutschen Plänen mobilisiert.

Unterdessen hatte die »1. Ukrainische Front« Schukows am 21. März ihre Offensive mit Erfolg wiederaufgenommen. Tarnopol und Kowel wurden von Hitler zu sogenannten »festen Plätzen« erklärt und mußten sich einschließen lassen. Diese Maßnahme war auf den Führerbefehl Nr. 11 vom 8. März 1944 zurückzuführen, mit dem Hitler ein neues Mittel gefunden zu haben glaubte, um den sowjetischen Vormarsch aufzuhalten: Wichtige Verkehrs- oder Stützpunkte waren zur Verteidigung rechtzeitig mit Vorrat und Besatzung zu versehen und unter den Befehl eines Kommandanten zu stellen, der »mit seiner Soldatenehre für die Erfüllung seiner Aufgaben bis zum letzten«[14] haftete. Diese Methode sollte im Laufe des Jahres 1944 starke Verluste verursachen, ohne durch ausreichende Bindung gegnerischer Kräfte wirksame Resultate zu erzielen.

Nach Süden zu erreichten Schukows Truppen vom Raum Tarnopol aus nun gleichfalls den Dnjestr und schlossen am 23. März im Raum Kamenez Podolsk eine deutsche Panzerarmee mit 10 Divisionen ein. Manstein ließ sie nach Westen ausbrechen und beantragte Verstärkungen, um ihr dabei von außen helfen zu können: er wollte ihre Kräfte auf jeden Fall retten, um in Galizien zwischen Karpaten und Pripjet-Sümpfen eine neue Front aufbauen zu können. Er schlug vor, die entstehende Frontlücke zur Heeresgruppe A dadurch zu schließen, daß die in Ungarn befindlichen Truppen die Karpatenpässe sperrten. Am 25. März setzte v. Manstein auf dem Berghof seine Vorschläge in einer scharfen Auseinandersetzung durch, bei der Hitler seinen Generälen vorwarf, sie wollten »immer nur operieren« und unter dieser Devise stets weiter zurückweichen. Hitler sollte v. Manstein das abgerungene Einverständnis nicht vergessen. Am nächsten Tag beantragte auch Feldmarschall v. Kleist, die Heeresgruppe A an der Schwarzmeerküste vom Bug auf den Dnjestr zurückzunehmen, um der Bedrohung an ihrer Nordflanke entgegentreten zu können, wo Konjews Truppen über den Dnjestr bereits bis Balti vorgedrungen waren. Hitler genehmigte jedoch nur den Rückzug bis zum Tiligul, um Odessa in der Hand zu behalten. Am 27. März mahnte Marschall Antonescu Hitler, die letzte Chance für eine geordnete Räumung der Krim wahrzunehmen, auf der noch fünf deutsche und sieben rumänische Divisionen standen.

Während sich durch die Maßnahmen, die v. Manstein und v. Kleist vorgeschlagen hatten, wieder eine zusammenhängende Front bildete, trennte sich Hitler von beiden Oberbefehlshabern, deren ständiger Mahnungen er überdrüssig geworden war: Am 30. März wurden die beiden Feldmarschälle auf den Obersalzberg befohlen, wo ihnen Hitler die Enthebung von ihren Posten eröffnete. Hitler erklärte gegenüber v. Manstein, daß im Osten »die Zeit der Operationen größeren Stiles« vorbei sei, dort komme es jetzt nur mehr »auf starres Festhalten an«.[15] Den Rücktritt des Generalstabschefs des Heeres, Zeitzler, den dieser daraufhin anbot, nahm Hitler dagegen nicht an. Zum neuen Oberbefehlshaber der Heeresgruppe Süd, die nunmehr in Heeresgruppe »Nordukraine« umbenannt wurde, wurde der zum Generalfeldmarschall beförderte Generaloberst Model ernannt. Die Heeresgruppe A – jetzt Heeresgruppe »Südukraine« – übernahm General Schörner, der sich schon bei der Verteidigung von Nikopol durch besonderes »Stehvermögen« ausgezeichnet hatte und mit seiner bedenkenlosen Rücksichtslosigkeit Hitlers Idealtyp von einem General sehr nahe kam.

Die Anfang April einsetzende Schlammperiode und die langen Nachschublinien verlangsamten das sowjetische Vorgehen. Am 10. April ging Odessa verloren, fünf Tage später fiel das eingeschlossene Tarnopol, während die Heeresgruppe Nordukraine bei Kowel, dessen Besatzung im Gegenstoß hatte befreit werden können, endlich wieder Anschluß an die Heeresgruppe Mitte fand – 400 km westlich von jenem Punkt, wo er im September 1943 vor den Pripjet-Sümpfen verlorengegangen war.

Im April 1944 war auch die Krim nicht mehr zu halten, nachdem sich die »4. Ukrainische Front« unter Tolbuchin am 10. April von Norden her den Zugang erzwungen und gleichzeitig ein sowjetischer Angriff aus dem Brückenkopf von Kertsch begonnen hatte. Hitlers militärisches Hauptargument für das Halten der Krim, der Schutz der rumänischen Ölquellen vor Luftangriffen, war überdies durch den ersten Angriff der in Süditalien stationierten 15. USAAF auf das Ölgebiet von Ploesti am 5. April hinfällig geworden. Die zersplitterten deutschen und rumänischen Verbände auf der Krim mußten in die Festung Sewastopol zurückgeführt werden, die Hitler zu halten befahl, da er andernfalls das Umschwenken der Türkei ins feindliche Lager befürchtete. Nach Beginn des sowjetischen Sturms auf Sewastopol mußte Hitler der Besatzung in der Nacht zum 9. Mai doch den Befehl zur Einschiffung nach Konstanza geben. Sie vollzog sich unter pausenlosen Luftangriffen und Artilleriebeschuß am offenen Strand der Halbinsel Chersones, wo sich am 12. Mai die Reste der Verteidiger ergaben: die Kämpfe um die Krim hatte Deutsche und Rumänen rund 60000 Mann, fast das ganze Kriegsgerät und 57 Schiffe gekostet, 150000 Mann hatten ab Mitte April noch über See und durch die Luft gerettet werden können.

Mit der Frühjahrsschlammperiode trat im Mai 1944 an der Ostfront zunächst Ruhe ein. Noch einmal war es gelungen, eine zusammenhängende Abwehrfront zu bilden. Aber sie war mit unzureichenden Kräften versehen und zeigte vor allem bei der Heeresgruppe Mitte, wo sich ein 300 km vorspringender, im Norden und Süden vom Gegner umfaßter Frontbogen gebildet hatte, einen für die Verteidigung strategisch ungünstigen Verlauf. Bevor die Sowjets jedoch hier ihre Sommeroffensive ansetzten, wurden sie am 9. Juni überraschend gegen die finnischen Stellungen auf der Karelischen Landenge offensiv und warfen die Finnen auf eine Linie nördlich Wiborg zurück. Um für diese entscheidende Front Reserven freizubekommen, gab Mannerheim zwischen Ladoga- und Onega-See die Swir-Stellung auf und wich hinter Petrosawodsk zurück. Auf finnische Bitten hin genehmigte Hitler unter Aufhebung des Waffenembargos den Transport panzerbrechender Waffen und die Verlegung einer Jagdfliegergruppe nach Finnland, konnte jedoch statt der erbetenen sechs deutschen Divisionen nur eine Sturmgeschützbrigade und eine Infanteriedivision schicken. Die militärische Krise ging für die Finnen noch einmal vorüber, als die Sowjets am 18. Juli ihre Angriffe einstellten, um alle Kräfte in die Offensive gegen die deutsche Ostfront zu werfen.

Die deutsche Führung erwartete diese Offensive an der Front der Heeresgruppe Nordukraine und konzentrierte deshalb alle Reserven und die Masse der Panzerverbände im Südabschnitt. Demgegenüber mußte die Heeresgruppe Mitte ihre 1100 km lange Front mit nur 38 Divisionen verteidigen. Dem Antrag ihres Oberbefehlshabers, Feldmarschall Busch, den Frontvorsprung teilweise zurückzunehmen, um einige hundert Kilometer Frontlänge einzusparen, entgegnete Hitler mit der Frage, ob Busch nun auch »zu den Generälen gehöre, die stets nach hinten blicken«[16]. Verhängnisvollerweise nahm Busch von nun an die Befehle Hitlers, an dessen geschichtliche Mission er glaubte, widerspruchslos hin, um seine Treue zu beweisen. Die sowjetische Offensive begann in der Nacht zum 20. Juni 1944 mit der bisher größten Partisanenaktion, die das Eisenbahnnetz im Gebiet der mittleren Heeresgruppe durch 10000 Sprengungen vorübergehend lahmlegte. Mit außerordentlich starker Luftunterstützung begannen am 22. Juni und den folgenden Tagen vier sowjetische »Fronten« unter Oberleitung der Marschälle Schukow und Wassilewski, den ausgedehnten Frontvorsprung der Heeresgruppe anzugreifen, und erzielten tiefe Einbrüche. Die von Hitler befohlene starre Verteidigung der vordersten Linie kam den sowjetischen Operationsabsichten geradezu entgegen: In verschiedenen zu »festen Plätzen« bestimmten Ortschaften blieb eine Anzahl deutscher Divisionen gebunden, mit deren Hilfe die Heeresgruppe hätte versuchen können, die Front durch Ausweichen wieder zu schließen. Die Folge war eine völlige Zertrümmerung der Heeresgruppe. Am 24. Juni wurden Teile der 3. Panzerarmee in Witebsk abgeschnitten und anschließend die Verbindung zur Heeresgruppe Nord zerrissen, zwei Tage später die 9. Armee bei Bobruisk eingekesselt, und am 3. Juli wurde die 4. Armee im Raum Minsk eingeschlossen, nachdem sie sich auf eigene Verantwortung ihres Oberbefehlshabers, des Generals v. Tippelskirch, über Dnjepr und Beresina zurückgezogen hatte, um zu versuchen, diesem Schicksal zu entrinnen. Feldmarschall Model, der am 28. Juni zusätzlich mit der Führung der zusammengebrochenen Heeresgruppe betraut worden war, zog Kräfte von seiner Heeresgruppe Nordukraine heran, mußte sich aber in der Folge völlig darauf konzentrieren, den Sowjets bei Molodetschno und Baranowitschi den Weg durch den sumpfigen Nalibocka-Wald nach Westen zu verlegen. Während von der 9. Armee noch 15000 Mann hatten gerettet werden können, wurden die eingeschlossenen Verbände der 4. Armee bis 8. Juli aufgerieben. Die Heeresgruppe Mitte hatte 28 Divisionen mit 350000 Mann verloren und das deutsche Heer damit eine weitaus schwerere Katastrophe erlebt als bei Stalingrad. Model konnte die Sowjets im Juli erst auf der Linie Brest-

Litowsk–Kowno zum Stehen bringen, während die Frontlücke zur Heeresgruppe Nord bis Dünaburg nicht geschlossen werden konnte. Durch diese Lücke drang die »1. Baltische Front« unter General Bagramjan nach Nordwesten vor, erreichte am 27. Juli bei Tukkum den Rigaer Meerbusen und schnitt damit die Heeresgruppe Nord (seit 26. Juli unter Schörner) im Baltikum ab. Den Vorschlag, die Nordfront unter Räumung Estlands und halb Lettlands hinter die Düna zurückzunehmen, um mit den gewonnenen Kräften den sowjetischen Durchbruch aufzuhalten, hatte Hitler wiederholt abgelehnt. Generalstabschef Zeitzler, der sich in dauernden Auseinandersetzungen mit Hitler aufgerieben hatte und sich schon seit Mitte Juni vom Chef seiner Operationsabteilung, General Heusinger, vertreten ließ, wurde nach dem 20. Juli durch Generaloberst Guderian ersetzt.

Am 13. Juli 1944 war auch die langerwartete Offensive gegen die Heeresgruppe Nordukraine (Generaloberst Harpe) losgebrochen, die durch die vorangegangene Abgabe von Kräften an die mittlere Heeresgruppe stark geschwächt worden war. Konjews »Front« überschritt von Brody aus den San, bildete am 29. Juli bei Baranow einen Brückenkopf über die Weichsel und drängte auch den Südflügel der deutschen Heeresgruppe unter Einnahme von Lemberg auf die nördlichen Karpaten (Beskiden) zurück. Die »1. Weißrussische Front« Rokossowskis nahm von Kowel aus am 24. Juli Lublin, drehte nach Nordwesten ein, um den Bug nordöstlich von Warschau zu erreichen. Am 3. August wurde sie jedoch bei Radzymin – 25 km vor den Toren Warschaus – durch einen Gegenstoß Models aufgehalten, bei dem ein sowjetisches Panzerkorps abgeschnitten und vernichtet wurde. Zwar gelang es den Sowjets noch, bei Pulawy und Magnuszew (100 bzw. 50 km südlich von Warschau) kleinere Brückenköpfe am Westufer der Weichsel zu errichten, dann schien die Kraft der sowjetischen Sommeroffensive, deren Tempo sich bereits Ende Juli merklich verlangsamt hatte, endgültig zu erlahmen. In diese Phase fiel jenes Unternehmen der nationalpolnischen Untergrundarmee, das mit einem Drama enden sollte: der Warschauer Aufstand unter General Bór-Komorowski.

Als die sowjetischen Panzerspitzen am 30. Juli an der Vorstadt Praga, die am Ostufer der Weichsel liegt, nach Norden vorbeigestoßen waren, hatte sich die Führung des polnischen Untergrundes in Warschau entschlossen, am 1. August loszuschlagen. Unter Fehleinschätzung der militärischen Lage rechnete sie an diesem Tage mit dem Eindringen der Sowjets in die Stadt und wollte diesen aus politischen Gründen als Befreier ihrer eigenen Hauptstadt entgegentreten. Der Entschluß zur Erhebung wurde ohne jegliche Abstimmung mit der sowjetischen militärischen Führung gefaßt, mit der keinerlei Verbindung bestand. Ein Aufstand in Warschau zu diesem Zeitpunkt lag kaum in der Konzeption der sowjetischen Operationsführung – geschweige denn, daß sie ihn ernsthaft »provoziert« hätte –, wenn auch die Propagandasendungen des Moskauer Rundfunks die Warschauer Bevölkerung routinemäßig zur Erhebung gegen die Deutschen aufriefen, wie sie bislang die Bevölkerung aller Städte zum Kampf aufgerufen hatten, die ins Vorfeld der Roten Armee gerückt waren. Der polnischen »Heimatarmee«, die 25 000 Männer und Frauen zählte, gelang es zunächst, die nur rund 13 000 Mann starken Sicherungseinheiten von SS und Polizei sowie die rückwärtigen Einheiten von Heer und Luftwaffe in ihren Kasernen, Dienststellen und Ämtern von der Umwelt abzuschneiden. Sie konnten die wichtigsten Versorgungswerke, Bahnhöfe und Verkehrswege, nicht dagegen die Flugplätze und die Brücken über die Weichsel in die Hand bekommen. Am 4. August begann unter Einsatz von Sturmgeschützen, Flammenwerfern und Sturzkampffliegern der Gegenangriff der herangezogenen SS- und Polizeieinheiten, darunter der aus Strafgefangenen rekrutierten Brigade Dirlewanger und der nicht weniger berüchtigten, aus russischen Kriegsgefangenen zusammengestellten Brigade Kaminski. Massenexekutionen der unbeteiligten Bevölkerung ließen das Zusammengehörigkeitsgefühl der Einwohner Warschaus mit den Aufständischen wachsen und versteiften den Widerstand. Unter dem Oberbefehl des Himmler direkt unterstellten SS-Obergruppenführers von dem Bach-Zelewski gelang es nach erbitterten Häuserkämpfen, die Aufständischen in getrennten Stadtvierteln abzukapseln und vor allem vom Westufer der Weichsel in die Innenstadt abzudrängen.

Um die Unterstützung des nationalpolnischen Aufstandes entwickelte sich unterdessen zwischen den Westmächten und Moskau eine Auseinandersetzung, die die Gegensätze beider Lager in Europa bereits deutlich werden ließ. Auf die Bitte der polnischen Exilregierung in London hin kündigte Churchill am 4. August Stalin den Abwurf von Kriegsmaterial für die Aufständischen durch alliierte Flugzeuge über Warschau an und appellierte mehrmals an die Sowjets, die Aufständischen ihrerseits von den nahegelegenen sowjetischen Flugplätzen aus zu unterstützen. Stalin antwortete bereits am 5. August, daß die Berichte über die Stärkezahlen der polnischen »Heimatarmee« übertrieben seien und nach den von den Sowjets vor Warschau gemachten Erfahrungen eine Eroberung der Stadt durch diese unzureichend bewaffneten Abteilungen völlig aussichtslos sei. In den Nächten zwischen dem 5. und 15. August erfolgten von Italien aus Versorgungsflüge mit Waffen und Munition mit Hilfe Fliegender Festungen, die die Amerikaner der Royal Air Force zur Verfügung stellten. Ein großer Teil der ohne Jagdschutz eingesetzten Maschinen ging bei dem langen Anflug über deutsch kontrolliertes Gebiet verloren. Demgegenüber distanzierte sich die Sowjetregierung durch eine TASS-Erklärung vom 13. August ostentativ vom Warschauer Aufstand, für den sie jede Verantwortung ablehnte: Stalin sprach in einem Schreiben an Churchill vom 22. August sogar von einer »Verbrecherbande«, die die Warschauer Bevölkerung gewissenlos geopfert und »das Warschauer Abenteuer angezettelt hat, um die Macht an sich zu reißen«.[17] Als einzelne der amerikanischen Maschinen nach Erfüllung ihres Auftrags hinter den sowjetischen Linien hatten landen müssen, verwahrte sich die Sowjetregierung gegen die Benutzung sowjetischen Territoriums für diese Zwecke. Trotz aller Gegenvorstellungen Churchills und Roosevelts weigerten sich die Sowjets, den Maschinen der in England stationierten 8.USAAF die Landung auf sowjetischen Flugplätzen zu gestatten. Nur durch dieses Verfahren, das den Einsatz von Langstrecken-Begleitjägern ermöglichte und bereits im Juni 1944 bei der Bombardierung Deutschlands vorübergehend angewandt worden war, hätte den Aufständischen wirksame Hilfe gebracht werden können. Erst nachdem die sowjetische Haltung publik geworden war und die englische Regierung Moskau am 4. September auf die negativen Rückwirkungen hingewiesen hatte, die die sowjetische Einstellung bei der öffentlichen Meinung der Welt hinterlassen hatte, änderten die Sowjets ihre Taktik. Sie entschlossen sich am 10. September – als die »Heimatarmee« bereits das Weichselviertel verloren hatte und Bór-Komorowski wegen der Aussichtslosigkeit seiner Sache mit den Deutschen über eine Kapitulation verhandelte –, die Landeerlaubnis für amerikanische Maschinen in Poltawa zu geben und weithin sichtbare Unterstützungsmaßnahmen einzuleiten.

Am 10. September begann zunächst der Angriff der »1. Weißrussischen Front« gegen den deutschen Weichsel-Brückenkopf. An ihm nahmen auch Einheiten der sowjetisch-kontrollierten polnischen 1. Armee unter General Berling teil, die ab Frühjahr 1943 in Rußland aus Exilpolen aufgestellt worden war. Bor-Komorowski brach daraufhin seine Verhandlungen mit den deutschen Belagerern ab. Bis zum 14. September wurden die deutschen Kräfte aus der Vorstadt Praga geworfen und mußten sich unter Sprengung der Weichselbrücken auf das Westufer des Flusses zurückziehen. In der Nacht zum 14. September begannen auch die Abwürfe von Waffen, Munition und Lebensmitteln durch tieffliegende sowjetische Maschinen. Nach einer Verzögerung, die zunächst durch die Sowjets, später durch ungünstiges Wetter verursacht wurde, erfolgte am 18. September endlich der Einsatz von 110 amerikanischen Fliegenden Festungen von England aus, die 1284 Versorgungsbehälter mit Waffen und Material aus großer Höhe über Warschau abwarfen. Aber der von den Aufständischen zu diesem Zeitpunkt noch gehaltene Stadtraum war bereits so klein geworden, daß nur 388 Behälter ihr Ziel erreichten. Die Witterungsbedingungen verhinderten überdies den nächsten Einsatz, bis es zu spät war. In der Zeit vom 16. bis 20. September setzten die Sowjets Teile von drei Divisionen der polnischen Berling-Armee ein, die mit sowjetischer Luft-, Artillerie- und Vernebelungsunterstützung mehrere vergebliche Versuche unternahmen, im Warschauer Stadtgebiet über die Weichsel zu gehen und die Aufständischen zu entsetzen. Aber die Brückenköpfe der sowjetpolnischen 1. Armee, die bei diesen Kämpfen 2000 Mann verlor, wurden von den deutschen Verteidigern überall wieder zerschlagen: Die Sowjets hatten ihr Gesicht gewahrt, ohne viel eigenes Blut für eine Sache zu opfern, die sie politisch für inopportun ansahen. Nach dem Scheitern der Entsatzversuche mußte General Bór am 2. Oktober gegenüber Bach-Zelewski kapitulieren. Den Angehörigen der »Heimatarmee« wurde eine Behandlung als reguläre Kriegsgefangene zugesagt, da die Alliierten andernfalls Repressalien gegenüber deutschen Kriegsgefangenen angedroht hatten. Auf deutscher Seite hatte der Aufstand 2000 Tote und 9000 Verwundete gekostet, auf polnischer Seite betrugen die Verluste 16000 Gefallene und 6000 Verwundete der »Heimatarmee« sowie 150000 Tote unter der Zivilbevölkerung. Sicher wäre den Sowjets die rechtzeitige Ingangsetzung eines großen Offensivunternehmens zur Einnahme Warschaus möglich gewesen – allerdings hätte das eine Änderung der Pläne der obersten sowjetischen Führung bedeutet, die im August und September strategisch weit bedeutendere Offensiven an den beiden Flügeln der deutschen Ostfront unternahm.

Die Rückschläge am Nordflügel der deutschen Ostfront und die nachlassende deutsche Waffenhilfe an Finnland – die im Juni zur Verfügung gestellte Infanteriedivision und die Fliegerkräfte waren Ende Juli wieder zurückgerufen worden – ließen in diesem Lande die Stimmung für eine Beendigung des Krieges immer mehr anwachsen. Diejenigen Gruppen im finnischen Reichstag, die die bisherige Politik unterstützt hatten, schrumpften zu einer Minderheit zusammen. Am 1. August trat Staatspräsident Ryti zurück. Zu seinem Nachfolger wurde am 4. August durch ein vom Reichstag einstimmig angenommenes Gesetz der 77jährige Marschall Mannerheim ernannt. Seiner Autorität, seinen Fähigkeiten und seinem trotz aller Schicksalsschläge ungebrochenen Willen allein trauten die Finnen zu, das Land aus der gegenwärtigen Notlage herauszuführen. Hitler beobachtete die innenpolitische Entwicklung in Finnland mit Unruhe. Er schickte am 3. August Generaloberst Schörner mit der Versicherung zu Mannerheim, daß das Baltikum unbedingt gehalten werden würde. Aber weder der optimistische Lagebericht des Generalobersten noch die durch Keitel Mitte August in Mikkeli persönlich vorgenommene Verleihung des Eichenlaubs zum Ritterkreuz an den Marschall vermochten diesen von seiner realistischen Einschätzung der Lage und der Einsicht in die notwendigen Konsequenzen abzubringen. Zwei Tage nachdem sich Rumänien zum Abschluß eines Waffenstillstandes mit den Alliierten bereiterklärt hatte, am 25. August, ließ er über Stockholm erneut Verbindung mit der sowjetischen Regierung aufnehmen. Am 2. September, vor der Beratung der am Vortage eingetroffenen sowjetischen Waffenstillstandsbedingungen durch den finnischen Reichstag, bat Mannerheim Hitler in einem Schreiben um Verständnis, daß Finnland den Kampf nicht mehr fortsetzen könne, ohne die Existenz der kleinen finnischen Nation durch weitere Opfer ernsthaft zu gefährden. Angesichts der jahrelangen, guten Waffenbrüderschaft hoffe er auf die Bereitschaft Hitlers, »die Abwicklung der bisherigen Verhältnisse ohne jede nur irgendwie zu vermeidende Zuspitzung durchzuführen«.[18] Diese Hoffnung wurde nicht ohne Grund geäußert: nach den sowjetischen Vorbedingungen für den Waffenstillstand, die der finnische Reichstag am Abend desselben Tages annahm, mußten die Finnen sofort die Beziehungen zu Deutschland abbrechen und die deutschen Truppen bis zum 15. September das Land verlassen. Die Finnen wurden verpflichtet, die nach diesem Termin noch auf finnischem Territorium stehenden deutschen Verbände zu entwaffnen und den Sowjets als Gefangene auszuliefern. Nachdem am 4. September an der finnisch-sowjetischen Front Waffenruhe eingetreten war, reiste die finnische Delegation unter Führung des neuen Ministerpräsidenten Hackzell zwei Tage später nach Moskau, wo der Waffenstillstandsvertrag am 19. September 1944 unterzeichnet wurde. Er enthielt vor allem folgende weitere Bestimmungen: Abbruch der Beziehungen auch zu Deutschlands Satelliten; Rückzug der finnischen Truppen hinter die Grenzen von 1940 und gegenseitiger Kriegsgefangenenaustausch; Wiederherstellung des Friedensvertrages vom 12. März 1940 unter zusätzlicher Abtretung des Nickelgebiets von Petsamo; Verpachtung des Gebiets von Porkkala Udd anstelle der im Vertrag von 1940 vorgesehenen Halbinsel Hangö für einen sowjetischen Marinestützpunkt und Zahlung von 300 Millionen Dollar Reparationen innerhalb von sechs Jahren.

Der Abtransport der deutschen Dienststellen und der noch verbliebenen Sturmgeschützbrigade aus Südfinnland erfolgte bis zum 13. September reibungslos. Dagegen war der Rückzug der deutschen 20. Gebirgs-Armee aus Nordfinnland bis zum 15. September von vornherein unmöglich. Obwohl sich die Finnen in jeder Hinsicht zur Unterstützung der Transporte bereitfanden, hätte die Räumung Nordfinnlands durch die rund 200000 Mann aller Wehrmachtteile nur unter Zurücklassung der für den Bedarf von Monaten angehäuften, wertvollen Materialvorräte bewerkstelligt werden können. Darüber hinaus war Hitler, der für die Lage der »abtrünnigen« Finnen kein Verständnis aufbrachte, von vornherein entschlossen, Nordfinnland mit den Nickellagern von Petsamo nicht zu räumen, obwohl Rüstungsminister Speer deren Verlust nicht für kriegsentscheidend hielt. Er befahl, eine Abwehrflanke nach Süden zu bilden. Außerdem ließ er in der Nacht zum 15. September ein Landungsunternehmen gegen die Insel Suursaari im Finnischen Meerbusen (Operation »Tanne-Ost«) durchführen, um einen Flottenstützpunkt zur Sperrung des Busens gegen die Sowjets zu gewinnen. Die Finnen, die auf Grund der Waffenstillstandsbestimmungen zum Widerstand verpflichtet waren, warfen jedoch die deutschen Verbände mit sowjetischer Luftunterstützung wieder von der Insel. Durch dieses Unternehmen und die von Hitler befohlenen Sprengungen und Zerstörungen beim Rückzug der 20. Gebirgs-Armee fühlten sich die Finnen, die die deutschen Räumungsaktionen bislang loyal unterstützt hatten, empfindlich getroffen. Von nun an kam es auch im Norden zu Reibereien, die schließlich zwischen den von Süden nachdrängenden Finnen und dem deutschen Flankenschutz zu schweren bewaffneten Zusammenstößen führten. Als die Sowjets am 7. Oktober gegen die nördliche Front der 20. Gebirgs-Armee an der Liza eine Offensive begannen, mußte Hitler Mitte Oktober doch die Räumung Nordfinnlands und des nördlichsten Zipfels von Norwegen (Finnmark) bis zum Lyngen-Fjord befehlen. Die Sowjets machten nach der Einnahme von Petsamo am 15. Oktober an der finnisch-norwegischen Grenze Halt.

Die Beendigung der Feindseligkeiten mit Finnland ermöglichte es den Sowjets, ihre Kräfte im Baltikum zu verstärken. Am 20. August war es den Deutschen unter Einsatz von teilweise aus Rumänien herangeholten Kräften gelungen, an der Küste des Rigaer Meerbusens wieder einen schmalen Verbindungskorridor zu Schörners Heeresgruppe Nord zu öffnen. Die damit nochmals gegebene Gelegenheit, diese Heeresgruppe nach Litauen zurückzunehmen, wurde von Hitler nicht wahrgenommen. Als Mitte September vier sowjetische »Fronten« ihren konzentrischen Angriff von Osten und Süden begannen, mußte Estland schnellstens über See geräumt werden: bis zum 24. September gingen die Häfen Reval, Baltischport und Pernau verloren. Schörners Truppen wurden auf einen Verteidigungsring um Riga zusammengedrängt und zogen sich durch den Verbindungskorridor nach Kurland zurück. Bagramjans »1. Baltische Front« erreichte am 10. Oktober nördlich von Memel die Ostseeküste. Damit war die Landverbindung zu Schörners Heeresgruppe endgültig abgeschnitten; Guderians Vorschlag, sie nach Ostpreußen durchbrechen zu lassen, lehnte Hitler ab: in Kurland blieben 26 deutsche Divisionen gebunden, nur 10 von ihnen wurden in den ersten Monaten des Jahres 1945 noch ins Reich abtransportiert. In sechs großen Schlachten vermochte sich die Heeresgruppe in Kurland bis Kriegsende zu behaupten; die Inseln Dagö und Ösel gingen im Herbst 1944 verloren.

Die Heeresgruppe Mitte (Generaloberst Reinhardt) war Mitte August erst dicht vor der ostpreußischen Grenze zum Stehen gekommen. Am 16. Oktober setzte die »3. Weißrussische Front« unter General Tscherniakowski zum Stoß nach Königsberg an, brach beiderseits der Rominter Heide in Ostpreußen ein und erreichte Nemmersdorf (Kreis Gumbinnen) und Goldap. Beide sowjetische Stoßkeile konnten bis Anfang November durch Flankenangriffe abgeschnitten und vernichtet werden. In den befreiten Gebieten stießen die deutschen Truppen auf die Spuren zahlreicher sowjetischer Grausamkeiten: der lang angestaute Haß der Sowjets gegen die deutsche Besatzungsherrschaft in ihrem Lande hatte sich in unmenschlichen Racheakten gegen die deutsche Zivilbevölkerung Luft gemacht, deren Evakuierung Gauleiter Koch verboten hatte.

Anfang November war die Kraft der seit 22. Juni in der Offensive stehenden sowjetischen Truppen zwischen den Karpaten und der Ostsee erlahmt. Der für den OKH-Kriegsschauplatz im Osten verantwortliche Generalstabschef Guderian wollte die zur Verfügung stehende Atempause nutzen, um die Ostfront mit allen Mitteln für den kommenden Ansturm zu wappnen. Sein Vorschlag, durch die Räumung Kurlands, Norwegens und des Balkans sowie die Verkürzung der Front in Italien bewegliche Reserven für den Osten zu schaffen, wurde von Hitler abgelehnt. Hitler beabsichtigte, den Anglo-Amerikanern im Westen vor Erreichung des Rheins einen Gegenschlag – die spätere »Ardennenoffensive« – zu versetzen, und hoffte, die dann frei werdenden Kräfte bis Mitte Dezember an die Ostfront werfen zu können. Doch die ungünstige Entwicklung an der Westfront verhinderte eine Überführung von Kräften nach dem Osten und machte im Gegenteil den Abzug weiterer Verbände von dort erforderlich. Guderian gelang es lediglich, den Stellungsbau an der Ostfront und – nach einigem Zögern Hitlers – auch den Ausbau der alten rückwärtigen Befestigungen auf ostdeutschem Boden voranzutreiben und durch die Herausnahme der beweglichen Divisionen aus der Front einige Reservegruppen zu bilden. Es war vorauszusehen, daß die deutsche Front der erwarteten sowjetischen Winteroffensive abermals mit unzureichenden Kräften gegenübertreten mußte – jenem Stoß, der die Streitkräfte der Sowjetunion ins Herz Deutschlands und damit nach Mitteleuropa führen sollte.

6. Kapitel
Der Kampf um Südosteuropa 1941–1944: Partisanenkrieg auf dem Balkan, Zusammenbruch und sowjetische Besetzung der deutschen Satelliten und Räumung Griechenlands und Jugoslawiens

In den unwegsamen Gebirgen des Balkans brachen schon bald nach der deutschen Besetzung Partisanenkämpfe aus. In Jugoslawien scharten sich versprengte Teile der Armee um den nationalserbischen Generalstabsoffizier Draža Mihailović, der sich nach der Kapitulation zur Fortsetzung des Widerstandes in Westserbien entschlossen hatte. In Anlehnung an die nationalserbische Freischärler-Tradition seit dem Kampf gegen die Türken im 19. Jahrhundert nannten sich seine Anhänger »Tschetniks« (ćeta = Bande, Schar). Im Herbst 1941 nahm Mihailović Verbindung mit den Engländern auf. Nachdem die deutschen Besatzungstruppen mit Beginn des Rußlandfeldzugs stark vermindert worden waren, konnten die Tschetnik-Verbände in Restserbien die deutschen Verbindungslinien in zunehmendem Ausmaß bedrohen und in Montenegro die schwachen italienischen Besatzungskräfte sogar auf wenige feste Plätze zurückdrängen. Mit dem Überfall auf die Sowjetunion machte sich seit Sommer 1941 überdies eine neue, verstärkte Widerstandsbewegung bemerkbar: die kommunistische Partisanenorganisation unter dem kroatischen Generalsekretär der illegalen Kommunistischen Partei Jugoslawiens, Josip Broz, genannt Tito.

Der wachsenden Aktivität des Widerstandes versuchte die deutsche Besatzungsmacht zunächst mit durchgreifenden Repressalien wie Massenerschießungen von Geiseln Herr zu werden. Diese Abschreckungsmaßnahmen, die die Schuldigen meist nicht trafen, bewirkten die Flucht eines Teils der männlichen Bevölkerung ins Gebirge und verstärkten damit lediglich die Partisanenbewegung. Die Säuberungsaktionen der schwachen und schlecht ausgerüsteten deutschen Besatzungstruppen in Serbien verliefen erfolglos.

Während Tito ohne Rücksicht auf die blutigen deutschen Repressalien, die gegen die Bevölkerung angewendet wurden, eine ständige offensive Aktivität seiner beweglichen »Proletarischen Brigaden« vertrat, wollte Mihailović seine meist aus ortsansässigen Bauern bestehenden Verbände für die entscheidende Stunde einer militärischen Niederlage der Achse intakt halten und bis dahin unnötige Opfer unter der Bevölkerung vermeiden. Im November kam es zwischen den Tschetniks und den Tito-Partisanen zu den ersten offenen Kämpfen, deren Nutznießer mittelbar die Besatzungsmächte wurden. In ihren Annexions- und Besatzungsgebieten, in Montenegro, der Herzegowina, Bosnien, Dalmatien und Kroatien schlossen die Italiener mit den örtlichen Tschetnik-Führern teilweise regelrechte Abkommen, in denen sie sich gegen Lieferung von Waffen und Lebensmitteln und Überlassung der Gebirgsgegenden an die Tschetniks eine vorläufige Anerkennung der italienischen Suprematie, Sicherheit für die eigenen Garnisonen und Unterstützung bei der Bekämpfung der Tito-Partisanen erkauften.

Deutsche Säuberungsaktionen, an der sich Gendarmerieverbände der serbischen Marionettenregierung unter Nedić beteiligten, führten Ende November 1941 zu einem Teilerfolg: Restserbien wurde weitgehend von Aufständischen gesäubert, den Partisanen schwere Verluste beigebracht und Titos Hauptquartier bei Užice eingeschlossen. Doch Tito konnte entkommen, seine versprengten Gruppen im italienisch besetzten Teil Bosniens erneut sammeln und sein Hauptquartier Ende Januar 1942 in der Gebirgsstadt Foča (ca. 50 km südöstlich von Sarajewo) aufschlagen. Bis Mitte Februar 1942 wurden den Aufständischen fast 8000 Mann Verluste beigebracht und über 20000 Sühneexekutionen durchgeführt. Gegen die verbliebene Partisanenbastion im südöstlichen Bosnien (Foča) wurde im April 1942 eine konzentrische Operation deutscher, kroatischer und italienischer Truppen nebst kollaborierender Tschetniks eingeleitet. Tito entschloß sich, nicht weiter nach Süden auszuweichen, sondern überraschend nach Nordwesten durchzubrechen. Ein 300 km langer Marsch führte die Partisanen parallel zur Küste durch das schwach gesicherte italienische Besatzungsgebiet: Am 12. Juli nahmen sie die Stadt Prozor, am 6. August Livno und Mitte August Glamoč. In den folgenden beiden Monaten weitete Tito sein Herrschaftsgebiet nach Norden aus. Überall wurden örtliche Nationale Befreiungskomitees eingesetzt, die die Verwaltung, das Schulwesen und die Versorgung der Partisanenarmee übernahmen. Tito richtete sein Hauptquartier schließlich in Bihać ein, wo am 26. November 1942 aus Vertretern der verschiedensten jugoslawischen Gebiete der »Antifaschistische Rat für die Nationale Befreiung Jugoslawiens« (A.V.N.O.J.) als eine Art provisorischer Volksvertretung tagte. Das hier angenommene Programm einer echten jugoslawischen Konföderation unter Wahrung der Rechte für alle jugoslawischen Nationalitäten verschaffte Titos Bewegung eine starke Anziehungskraft für die Angehörigen aller Landesteile. Einschließlich der in Slowenien, den verschiedenen Landesteilen des neuen Staates Kroatien und Serbien getrennt kämpfenden Brigaden zählte Titos Partisanenarmee Ende 1942 schätzungsweise 130000 bis 150000 Mann. Dennoch setzten die Engländer zunächst weiter auf Mihailović, den König Peter II. Anfang 1942 zum Kriegsminister und Oberbefehlshaber der jugoslawischen Aufständischenarmee ernannt hatte.

Angesichts der zunehmenden Gefahr einer alliierten Landung auf dem Balkan wurde die Befriedung des Hinterlandes vordringlich. Der Verwirklichung dieses Zieles, vor allem in der italienischen Besatzungszone, diente das von General Lüters geführte Unternehmen »Weiß«, für das Hitler bei den Italienern neben dem Einsatz deutscher Truppen die deutsche Oberleitung und die Bekämpfung auch der Tschetniks Mihailovićs durchgesetzt hatte. Die von deutscher Seite geforderte Entwaffnung der Tschetniks in Dalmatien und der Herzegowina wurde jedoch von den italienischen Militärbehörden mit der Begründung abgelehnt, daß sie diese Kräfte zur Durchführung des Unternehmens »Weiß« brauchten. Tito, der unter verlustreichen Kämpfen den Rückzug nach Süden antreten und die Städte Bihać, Glamoč und Livno wieder aufgeben mußte, erkannte sofort die günstigste Stelle für einen Durchbruch: Nach Gewaltmärschen erzwangen sich seine Brigaden Anfang März 1943 gegen die italienischen und Tschetnik-Verbände den Übergang über die Neretva, bahnten sich ihren Weg durch die Herzegowina und setzten sich im nördlichen Montenegro fest. In den unfruchtbaren Gebirgsgegenden waren die eingeschlossenen Partisanenverbände durch Hunger und Seuchen weiterer Dezimierung ausgesetzt. In dieser Lage gab Tito den Deutschen zu erkennen, daß er zu einem Stillhalteabkommen bereit sei, wenn sich die Besatzungsmächte auf die Vernichtung der Tschetniks konzentrieren würden. Doch Hitler untersagte jegliche Kontaktaufnahme mit Tito. Vielmehr begann unter General Lüters am 15. Mai 1943 in Montenegro das Unternehmen »Schwarz«, das neben der Vernichtung der Partisanen auch die Entwaffnung der im Operationsgebiet angetroffenen Tschetniks zum Ziele hatte. Während die Italiener das Gros der montenegrinischen Tschetniks nach Süden entweichen ließen, wurden die 18000

Mann zählenden Tito-Partisanen bis zum 27. Mai 1943 eingeschlossen und in den ersten Junitagen so sehr eingeengt, daß Titos Gefangennahme so gut wie sicher schien. Abermals gelang es jedoch dem Partisanenführer, mit seiner verbliebenen Streitmacht nach Norden auszubrechen.

Schon Titos glänzendes Durchbruchsunternehmen an der Neretva im März 1943 hatte das britische Nahost-Kommando in Kairo dazu bewogen, mit den Partisanen ebenfalls Verbindung aufzunehmen. Die Engländer kamen allmählich zu der Erkenntnis, daß eine Unterstützung der Partisanen für die alliierte Sache doch nützlicher sein könnte als die ausschließliche Belieferung der Mihailović-Tschetniks, bei denen die Waffen lediglich gehortet und vor allem in der italienischen Zone sogar auf der Seite der Achsenmächte eingesetzt wurden. Während der Sommermonate konnten die Abwurfmengen für beide Aufständischengruppen vorübergehend auf 500 Tonnen monatlich gesteigert werden. Mit der Kapitulation Italiens fiel den Partisanen darüber hinaus ein großer Teil der italienischen Waffen in die Hände, auch gingen italienische Soldaten zu den Partisanen über, während die Deutschen in der bisherigen italienischen Besatzungszone lediglich die wichtigsten Städte und die Küstenabschnitte besetzen konnten. Nachdem die Engländer vergeblich versucht hatten, zwischen den beiden Aufständischengruppen eine Abgrenzung der Operations- und Einflußgebiete zu erreichen, bekundeten die Westmächte im November auf der Konferenz von Teheran ihren Entschluß, nur noch die Streitkräfte Titos zu unterstützen. Gleichzeitig erhielt das Prestige des Partisanenführers im eigenen Lande verstärkten Aufschwung, als sich am 29. November 1943 in seinem Hauptquartier in Jajce abermals der »Antifaschistische Rat« versammelte, Tito den Titel eines Marschalls verlieh und ein »Nationales Befreiungskomitee« mit Tito an der Spitze als provisorische Gegenregierung gegen die Exilregierung ins Leben rief. Im Februar 1944 richteten auch die Sowjets eine Militärmission bei Tito ein. Doch die weitere Bewaffnung der Partisanenstreitkräfte blieb den Westmächten überlassen: Insgesamt wurden 16000 Tonnen Waffen und Material nach Jugoslawien ein- und 19000 Verwundete aus dem Lande herausgeflogen.

Die verschiedenen, im Winterhalbjahr 1943/44 und im Sommer 1944 durchgeführten deutschen Säuberungsunternehmen vermochten die Kontrolle über die betroffenen Landesteile immer nur für einige Zeit herzustellen. Am 25. Mai 1944 – Titos

Geburtstag – führten deutsche Fallschirmjäger im Zusammenwirken mit Bodentruppen einen Überfall auf Titos Hauptquartier bei Drvar in Bosnien (Unternehmen »Rösselsprung«) durch, dem Tito mit knapper Not entrann. Durch alliierte Flugzeuge mußte er mit seinem Stab nach Italien ausgeflogen werden und vorerst sein Hauptquartier unter englischem Schutz auf der Insel Vis (Lissa) aufschlagen. Die auf englischen Druck eingeleitete Verständigung der jugoslawischen Exilregierung mit Tito führte schließlich zur Entlassung Mihailovićs und zur Anerkennung der Streitkräfte Titos als der alleinigen Heimatarmee Jugoslawiens. Als im Zuge der sowjetischen Sommeroffensive 1944 Rumänien und Bulgarien ins Lager der Alliierten übergingen, wurden Titos Partisanenarmee regelrechte strategische Aufgaben übertragen.

Ähnlich wie in Jugoslawien hatten sich im September 1942 auch in Albanien eine kommunistische »Nationale Befreiungs-Bewegung« (L. N. C.) unter dem stark moskauhörigen Enver Hodscha und eine mehr konservative, republikanische »Nationale Union« (Balli-Kombetar) als hauptsächlichste Partisanengruppen gebildet. Im Mai 1944 lieferte die schätzungsweise 15 000 Mann starke L. N. C. den deutschen Besatzungstruppen und dem »Balli-Kombetar« heftige Kämpfe und bildete unter Hodscha eine provisorische Regierung nach jugoslawischem Muster, die mit dem Abzug der deutschen Truppen aus Tirana am 20. November 1944 in die albanische Hauptstadt einzog.

In Griechenland machte sich, von einzelnen Ausnahmen abgesehen, eine Partisanentätigkeit erst im Jahre 1942 bemerkbar. Die am 27. September 1941 durch Anhänger verschiedener politischer Richtungen gebildete geheime »Nationale Befreiungsfront« (EAM), in der die Kommunisten die Schlüsselpositionen innehatten, stellte als bewaffnete Gruppe im April 1942 die »Nationale Befreiungsarmee« (ELAS) unter kommunistischer Führung auf. Sie besaß nur einen einzigen ernsthaften Rivalen: den sehr aktiven »National-Republikanischen Bund« (EDES) unter dem ehemaligen Obersten Zervas, der allerdings nie mehr als einige tausend Mann zählte und seine Tätigkeit im wesentlichen auf das Epirus-Gebiet im Nordwesten Griechenlands beschränkte. Unter der Initiative einer mit Fallschirmen abgesetzten englischen Offiziersgruppe stellte Zervas erstmals einen gemeinsamen Stoßtrupp von EDES- und ELAS-Leuten zusammen, der in der Nacht zum 26. November die von den Italienern bewachte wichtige Gorgopotamos-Eisenbahnbrücke auf der Strecke zwischen Saloniki und Athen angriff und zerstörte, über die ein Teil des Nachschubs für Rommels Afrika-Armee rollte. Die englische Offiziersgruppe wurde in der Folgezeit zu einer regelrechten Militärmission ausgebaut, die 1944 rund 400 Mann zählte und zu beiden Partisanenverbänden Verbindung hielt. Bald begann die ELAS, die anderen Widerstandsgruppen in den Bergen anzugreifen und zu vernichten. Der EDES, der von den Engländern bevorzugt bewaffnet und unterstützt wurde, konnte ihr jedoch mit Erfolg Widerstand leisten. Als die ELAS den Wert der materiellen englischen Unterstützung erkannte, konnte die bewaffnete Auseinandersetzung zwischen den Partisanenorganisationen im Juli 1943 durch ein Abkommen beigelegt werden, das alle bestehenden Organisationen als unabhängige, unter dem gemeinsamen britischen Nahost-Kommando in Kairo kämpfende und von dort materiell unterstützte Verbände anerkannte. Die englischen Lieferungen an die griechischen Partisanen sollten sich auf insgesamt 4090 Tonnen über See und 1706 Tonnen durch die Luft herangebrachtes Material belaufen. Um die deutsche Führung von der alliierten Landungsabsicht in Sizilien und Süditalien abzulenken, veranlaßten die Anglo-Amerikaner im Sommer 1943 EDES und ELAS zu einem Großunternehmen gegen die deutsch-italienischen Hauptverbindungslinien in Griechenland, das zur ausgedehnten Zerstörung von Brücken, Eisenbahnen und Paßstraßen in Mittel- und Nordgriechenland und zur Beherrschung weiter Gebirgsgegenden im Pindus, in Thessalien, auf Euböa und dem Peloponnes führte. In den von ihnen kontrollierten Gebieten, die ungefähr zwei Drittel des Landes ausmachten, richteten die Partisanen eine regelrechte improvisierte Verwaltung einschließlich Post- und Telefonbetrieb ein. Der Bau einer Landebahn für Flugzeuge in Thessalien sorgte für die Verbindung mit der Außenwelt. Die deutschen Truppen mußten in Griechenland zu ähnlichen Vergeltungsmaßnahmen greifen wie in Jugoslawien: In Kalitva auf dem Peloponnes wurde im Herbst 1943 erstmals eine Massenerschießung von 700 männlichen Geiseln durchgeführt und in der Umgebung vierundzwanzig Dörfer und mehrere Klöster dem Erdboden gleichgemacht. Beim Zusammenbruch Italiens im September 1943 gelang es der ELAS, die 12000 Mann starke italienische Division »Pinerolo« in Thessalien zu entwaffnen und sich mit Hilfe der Beutewaffen einschließlich Artillerie und durch ihre in der Folge auf schätzungsweise 40000 anwachsende Zahl von Guerillakämpfern zur schlagkräftigsten Partisanenorganisation aufzuschwingen.

Zum Zeitpunkt der Kapitulation Italiens begann das britische Nahost-Kommando auf Drängen Churchills ein Unternehmen gegen die Inselgruppe des Dodekanes (Operation »Accolade«), um diese strategisch wichtigen Inseln in der Ägäis aus den Händen der italienischen Garnisonen zu übernehmen. Da Schiffsraum und Kräfte der Alliierten im Mittelmeer von der Landung in Italien in Anspruch genommen waren, standen dafür nur außerordentlich schwache Kräfte zur Verfügung. Der Versuch, sich in den Besitz von Rhodos zu setzen, von dessen Flugplätzen aus allein die Luftherrschaft über die Inselgruppe hätte ausgeübt werden können, scheiterte. Mit diesem Fehlschlag gestaltete sich auch die Lage der auf Kos, Leros und Samos gelandeten Briten kritisch, da die Amerikaner nicht gewillt waren, Verstärkungen und Luftstreitkräfte – vor allem Langstreckenjäger – vom italienischen Kriegsschauplatz abzuzweigen. Die deutsche Luftherrschaft in der Ägäis brachte den englischen Transportflotten erhebliche Verluste bei und beeinträchtigte den Einsatz der englischen Kriegsschiffe. Nach verstärkten Bombenangriffen nahmen deutsche Fallschirmjäger am 3. Oktober den einzigen für Jagdflieger geeigneten Flugplatz auf Kos zurück, während Landungskräfte die Reste der britischen Besatzung zur Aufgabe des Kampfes zwangen. Nach der Räumung von Samos mußten die Engländer am 16. November auch auf Leros den Kampf aufgeben. Abermals hatte sich gezeigt, daß derartige Unternehmen ohne vorherige Sicherung der Luftherrschaft nicht möglich waren.

Die englischen Landungsunternehmen in der Ägäis vom September 1943 bestärkten die ELAS-Partisanen in der Annahme, daß eine alliierte Landung in Griechenland unmittelbar bevorstehe. Um vorher vollendete Tatsachen zu schaffen, schlug die ELAS im Oktober 1943 abermals gegen den EDES los. Sofort wurden die Lieferungen an die ELAS seitens der Engländer gesperrt. Der Alliierten Militärmission, der seit September 1943 auch Amerikaner angehörten, gelang es unter Führung von Colonel Woodhouse und dem amerikanischen Major Wines erst am 29. Februar 1944, den Bürgerkrieg zu beenden. Im Juli 1944 wurde auch eine sowjetische Militärmission ins Hauptquartier der ELAS entsandt, die auf die Kommunisten einen mäßigenden Einfluß auszuüben schien: Nachdem sich Kommunisten und Exilkräfte Griechenlands durch englische

Vermittlung auf die Bildung einer »Regierung der Nationalen Einheit« geeinigt hatten, unterzeichneten Ende September 1944 die Generäle Zervas für EDES und Saraphis für ELAS im alliierten Mittelmeer-Hauptquartier in Caserta einen Vertrag, durch den sie ihre Verbände der nationalen Einheitsregierung unterstellten. Die Regierung wiederum betraute den Oberbefehlshaber der für Griechenland vorgesehenen britischen Expeditionsstreitkräfte, General Scobie, mit dem Kommando über die Partisanen. Damit schien gesichert, daß die nach Abzug der Deutschen geplante englische Landung in Griechenland, die mangels amerikanischer Beteiligung nur mit einer 4000 Mann starken Truppe unternommen werden konnte, von der ELAS nicht behindert wurde. Im Gegensatz zu Titos Truppen erlangte die Tätigkeit der griechischen Partisanen für die militärischen Operationen der Alliierten nie irgendwelche Bedeutung. Ihre Hauptwirkung bestand lediglich in der Bindung einer zahlenmäßig rund sechs Divisionen betragenden deutschen Streitmacht bis in den Herbst 1944 hinein. Die Befreiung der Balkanhalbinsel erfolgte nicht durch den verbissenen Kampf einheimischer Partisanen: Sie wurde durch die sowjetische Offensive in Rumänien vom August 1944 ausgelöst, die den Abfall Rumäniens und Bulgariens herbeiführte und damit die Räumung Griechenlands, Albaniens und Serbiens durch die von einer Abschnürung bedrohten deutschen Besatzungstruppen erzwang.

Die sowjetische Sommeroffensive in Rumänien richtete sich gegen die zwischen dem unteren Dnjestr und dem Ostrand der Karpaten verlaufende Front der deutschen Heeresgruppe Südukraine (Generaloberst Frießner). Nach mehrstündiger Artillerievorbereitung brach am Morgen des 20. August 1944 der Angriff zweier sowjetischer »Fronten« unter den Generälen Tolbuchin und Malinowski mit einer erdrückenden Überlegenheit an Panzerkräften los. Die Sowjets erzielten sofort tiefe Einbrüche, die bei den rumänischen Verbänden teilweise kampfloses Zurückweichen bewirkten. Die deutsche 6. Armee wurde bei Kischinew eingeschlossen und geriet mit 150000 Mann in sowjetische Gefangenschaft. Da den Sowjets die Brücken über Pruth und Donau unzerstört in die Hände fielen, lag ihnen der Weg nach Bukarest und in die Dobrudscha offen. In dieser militärisch hoffnungslosen Lage wurde am 23. August die Regierung Antonescu gestürzt.

Die rumänische Regierung war im Herbst 1943 über Ankara

und Madrid erneut an die Westmächte herangetreten, um mit westlicher Hilfe – etwa durch eine alliierte Landung auf dem Balkan – Rumänien aus dem Kriege zu führen und dem Land damit eine sowjetische Besetzung zu ersparen. Diese Versuche waren an der Forderung der Westmächte gescheitert, daß Rumänien gegenüber allen drei Alliierten bedingungslos kapitulieren müsse. Daraufhin hatte sich Antonescu Ende Dezember 1943 mit den Führern der rumänischen Opposition Maniu (Nationale Bauernpartei) und Bratianu (Liberale Partei) darüber verständigt, daß sie ihrerseits versuchen sollten, von den Alliierten annehmbare Waffenstillstandsbedingungen zu erreichen: Antonescu war bereit, zum Wohle seines Landes zurückzutreten, falls die demokratische Opposition bei diesen Bemühungen Erfolg haben würde. Am 17. März 1944 kam es in Kairo zu Verhandlungen zwischen dem rumänischen Ex-Premier Prinz Barbu Stirbey und Vertretern der drei Alliierten, bei denen Stirbey neben Garantien für die zukünftige Unabhängigkeit Rumäniens die Anerkennung der rumänischen Ansprüche auf Siebenbürgen zu erlangen suchte, das im zweiten Wiener Schiedsspruch an Ungarn abgetreten worden war. Am 12. April wurden Stirbey in Kairo die alliierten »Minimalbedingungen« für einen Waffenstillstand zur Weiterleitung sowohl an Antonescu wie an die Opposition übergeben: Bruch mit Deutschland und Fortsetzung des Kampfes an der Seite der Roten Armee auch auf rumänischem Territorium, Anerkennung der sowjetischen Annexion der Nordbukowina und Bessarabiens vom Juni 1940 und Zahlung von Reparationen. Dafür waren die Alliierten bereit, die Ungültigkeit des Wiener Schiedsspruches anzuerkennen. Als Maniu diese Bedingungen als »Verhandlungsgrundlage« annahm, Antonescu sie dagegen am 15. Mai ablehnte, war die gemeinsame Aktion des Marschalls und der Opposition beendet. Antonescu setzte von nun an seine Hoffnung auf separate Verhandlungen mit den Sowjets in Stockholm, bei denen letztere den Rumänen Anfang Juni 1944 zusätzlich zugestanden, daß sie sich nicht in die innenpolitischen Verhältnisse des Landes einmischen würden und den deutschen Truppen eine Frist von 15 Tagen zum Abzug aus Rumänien gewährt werden solle. Erst nach Ablauf dieser Frist sollten die Rumänen zur Hilfeleistung gegen Deutschland verpflichtet sein und im Falle eines fristgerechten Abzugs der Deutschen sogar neutral bleiben können. Doch Antonescu zögerte auch weiterhin, da er immer noch eine reale Garantie für diese Zugeständnisse durch eine aktivere Beteiligung der Westmächte zu erreichen hoffte. Demgegenüber stimmte Maniu den Kairoer Bedingungen am 10. Juni 1944 endgültig zu, nachdem die Sowjets zu verstehen gegeben hatten, daß sie keine weitere Diskussion dieser Bedingungen mehr zulassen würden. Zehn Tage später informierte Maniu die Alliierten über die Absicht der Opposition, Antonescu mit Hilfe des Königs zu stürzen und eine Koalitionsregierung zu bilden, die den sofortigen Waffenstillstand proklamieren würde.

Nach der sowjetischen Durchbruchoffensive suchte Marschall Antonescu am 23. August König Michael auf und erklärte, daß der Abschluß eines Waffenstillstandes auf der Grundlage der Stockholmer Sowjetbedingungen nunmehr unvermeidlich geworden sei. Den deutschen Truppen müsse jedoch freier Abzug gewährt werden, und er habe bereits den deutschen Gesandten über die notwendigen Schritte informiert, da er nicht ohne die Unterrichtung Hitlers handeln wolle. Bereits am Vormittag war ein Kurier nach Stockholm abgereist, um die Verhandlungen mit den Sowjets einzuleiten; er sollte zu spät eintreffen: Der König erklärte die Regierung Antonescu sofort für abgesetzt und ließ den Marschall und einige Mitglieder seiner Regierung verhaften. Die unter der Ministerpräsidentschaft des Generals Sanatescu gebildete Regierung, der die Führer der Oppositionsparteien angehörten, beauftragte ihre Vertreter in Kairo, den Waffenstillstand mit den Stockholmer Ergänzungsbestimmungen sofort abzuschließen. Am Abend wurde über den Bukarester Rundfunk eine Proklamation des Königs gesendet, in der er die Annahme der alliierten Waffenstillstandsbedingungen bekanntgab und die rumänischen Truppen zur Einstellung des Kampfes aufrief. Die Regierung Sanatescu brach die diplomatischen Beziehungen zu Deutschland ab, bot den deutschen Truppen jedoch freien Abzug an und instruierte die rumänischen Verbände, von sich aus keine Feindseligkeiten gegen den bisherigen Verbündeten zu unternehmen.

Hitler erhielt vom Umsturz in Rumänien erst durch die Rundfunkproklamation König Michaels Kenntnis. Er befahl, die bei Ploesti stationierte deutsche Flakdivision zur Niederschlagung des Staatsstreichs in Marsch zu setzen und den König zu verhaften, ferner einen Luftangriff auf Bukarest durchzuführen. Diese Maßnahmen führten zu keinem Erfolg und gaben den Rumänen lediglich eine plausible Begründung, Deutschland am 25. August den Krieg zu erklären – eine Maßnahme, um die sie angesichts der Waffenstillstandsbedingungen sowieso kaum herumgekommen wären. Die Sowjets verschleppten die Waffenstillstandsverhandlungen, um vorher möglichst viele Faustpfänder in die Hand zu bekommen, und verlegten die Unterzeichnung nach Moskau, wo sie schließlich am 12. September stattfand. Zu den bereits vereinbarten Vorbedingungen wurden Rumänien zusätzliche Bedingungen, u. a. die Aufstellung von zwölf Divisionen sowie die Überwachung durch eine Alliierte Kontrollkommission, auferlegt und die Reparationen an die Sowjetunion auf 300 Millionen Dollar festgesetzt. Auf der anderen Seite fristete in Wien die auf deutsche Veranlassung gebildete rumänische »Nationalregierung« unter dem Führer der »Eisernen Garde«, Horia Sima, ein bloßes Schattendasein.

Durch den Frontwechsel der rumänischen Truppen am 25. August 1944 verwandelte sich der deutsche Rückzug zunächst in ein Chaos. Zwischen den rumänischen Verbänden zerstreut, schlugen sich die deutschen Truppen in Kampfgruppen nach Westen über die Karpatenpässe in den Szekler Zipfel nördlich von Kronstadt durch. Die Sowjets drängten hier gegen den Ostrand der Karpaten nach, richteten ihren Hauptvormarsch jedoch weiterhin nach Süden: Am 30. August ging das Ölgebiet von Ploesti verloren – ein Schlag, von dem sich die deutsche Kriegswirtschaft bei der zunehmenden Bombardierung der Werke für synthetischen Treibstoff im Reich nicht mehr erholen sollte. Am nächsten Tag zogen die Sowjets in Bukarest ein und stießen durch die Walachei nach Westen zum Eisernen Tor, wo sie am 6. September den Partisanen Titos die Hand reichten. Am 30. August landeten die Sowjets in dem von der deutschen Kriegsmarine geräumten Hafen Konstanza. Als sich die Rote Armee auf die Grenzen Bulgariens vorschob, vollzog sich auch hier der Umschwung.

Die Bulgaren, die sich nur mit den Westmächten, nicht dagegen mit der Sowjetunion im Kriege befanden, hatten bereits seit Juli 1944 versucht, mit den Anglo-Amerikanern zu einem Waffenstillstand zu gelangen, während sie den Sowjets gegenüber auch weiterhin ihre unbedingte Neutralität betonten. Am 2. September bildeten sie eine neue, westlich eingestellte Regierung unter dem Agrar-Parteiler Murawieff, die zwei Tage später den Antikominternpakt aufkündigte. Aber die Sowjets, die nicht gewillt waren, an der bulgarischen Grenze Halt zu machen, kamen dem endgültigen Bruch Bulgariens mit Deutschland zuvor: Am 5. September erklärten sie Bulgarien den Krieg und rückten in das Land ein. Die Bulgaren antworteten mit der sofortigen Bitte um Waffenstillstand, internierten die Angehörigen deutscher Dienststellen, soweit sie nach Aufforderung der Bulgaren nicht bereits zurückgezogen worden waren, und erklärten am 8. September Deutschland den Krieg. In der darauffolgenden Nacht ergriff die »Vaterländische Front« – ein Zusammenschluß verschiedener Parteien, in dem die starke kommunistische Partei eine führende Rolle spielte – durch einen Staatsstreich die Macht und bildete eine sowjetfreundliche Regierung unter Ministerpräsident Georgieff. Der schließlich am 28. Oktober 1944 in Moskau unterzeichnete Waffenstillstand verpflichtete die Bulgaren u. a., die annektierten jugoslawischen und griechischen Gebiete wieder zu räumen und sich der Aufsicht einer Alliierten Kontrollkommission zu unterstellen.

Der Umschwung in Bulgarien ermöglichte es den Sowjets, die Verbände der »3. Ukrainischen Front« vom Schwarzmeerhafen Warna aus per Bahn quer durch das Land nach Sofia, das am 16. September besetzt wurde, und an die jugoslawische Grenze zu transportieren. Die Tatsache, daß sich die Sowjets zunächst nach Westen zum Eisernen Tor und nach Süden in den bulgarischen Raum wandten, statt mit ihrem Gros durch die zertrümmerte deutsche Front sofort über die Südkarpaten nach Nordwesten in die ungarische Tiefebene vorzudringen, erweckte bei Hitler die Hoffnung, daß sich die Sowjets mit Hilfe der kommunistischen Partisanen zunächst der Balkanhalbinsel bemächtigen und ihr traditionelles politisches Ziel, die Gewinnung der türkischen Meerengen, verfolgen würden. Am 13. September erklärte er seinen Generälen im Führerhauptquartier, daß damit Deutschland in den kommenden Wochen vor der entscheidenden Wende dieses Krieges stehe: Über der Dardanellenfrage werde die Koalition der Feindmächte zerbrechen. Als es im Dezember in Griechenland tatsächlich zu Kämpfen zwischen den ELAS-Partisanen und den britischen Truppen kam, sollte sich jedoch erweisen, daß die Sowjets die gemeinsame Niederringung Deutschlands einer Verfolgung ihrer Ziele im Balkanraum voranstellten.

Die Heeresgruppe Südukraine mußte nun zwischen dem Szekler Zipfel, in den sich ihre Trümmer zurückgezogen hatten, und dem Eisernen Tor, an dem die in Jugoslawien stehende Heeresgruppe F (Feldmarschall Weichs) anschloß, mit Hilfe ungarischer Ersatzverbände eine neue Front aufbauen. Die Südkarpaten (Transsylvanischen Alpen) konnten dafür als natürliches Hindernis schon nicht mehr benutzt werden, da Anfang September nördlich davon am Maros eine rumänische Armee aufgefangen werden mußte, die von der neuen Regierung in Bukarest zur »Rückgewinnung Siebenbürgens« eingesetzt worden war. Hinter ihr drangen die Sowjets bereits über die Gebirgspässe. Mitte September mußte auch der Szekler Zipfel geräumt werden. Da jedoch Malinowskis Streitkräfte nach Norden zu bei Klausenburg nicht durchzubrechen vermochten, gingen sie entlang dem Maros-Tal nach Westen vor und drängten die ungarischen Verbände, die Generaloberst Frießner unterstellt worden waren, bis Anfang Oktober hinter die Theiß zurück.

Der Zusammenbruch und die rasche sowjetische Besetzung Rumäniens und Bulgariens machten im September 1944 auch den Rückzug der Heeresgruppe E (Generaloberst Löhr) aus Griechenland unvermeidlich. Am 2. September begann die Räumung der Ägäischen Inseln auf dem Luftwege. Da die Lufttransporte in zunehmendem Maße von den Alliierten behindert wurden, blieben zahlreiche deutsche Kräfte auf den »Festungen« Kreta, Rhodos, Milos, Leros und anderen Inseln zurück, wo sie sich teilweise bis Kriegsende hielten. Auf dem Peloponnes landeten am 4. Oktober bei Patras schwache englische Kräfte unter General Scobie und rückten den abziehenden deutschen Truppen langsam auf die Landenge von Korinth nach. Am 12. Oktober begann die Räumung Athens. Zwei Tage später besetzten englische Luftlandetruppen die griechische Hauptstadt, in die nun die Exilregierung ihren Einzug hielt. In Mazedonien, wo die bulgarischen Besatzungstruppen hatten entwaffnet werden können, suchte Löhrs Heeresgruppe mit den aus Griechenland eingetroffenen Verbänden von der Ägäischen Küste bis herauf nach Niš eine Abwehrfront nach Osten aufzubauen, um den Rückzug zu decken. Der vorgesehene Rückmarschweg über Belgrad wurde ihr allerdings durch einen nördlich und südlich der Donau nach Westen geführten Stoß der Sowjets abgeschnitten: Belgrad wurde am 15. Oktober mit Hilfe von Titos Partisanenarmee eingeschlossen und fiel nach fünf Tagen. Tito und der Chef der jugoslawischen Exilregierung, Šubašić, zogen in die jugoslawische Hauptstadt ein. Die Heeresgruppe E mußte sich nun weiter westlich einen Weg über Novipazar und Sarajewo durch Partisanengebiet freikämpfen und gleichzeitig ihre Ostflanke gegen Sowjets, Tito-Partisanen und Bulgaren verteidigen. Am 2. November war das letzte griechische Territorium geräumt, und nachdem das Gros den Engpaß im mazedonischen Raum überwunden hatte, konnte der Flankenschutz nach Osten schrittweise abgebaut werden. Im Anschluß daran verteidigte die Heeresgruppe E, die zahlreiche Kräfte an die ungarische Front abführen mußte, zusammen mit der Heeresgruppe F bis Frühjahr 1945 den kroatischen Satellitenstaat auf der Linie Esseg–Višegrad–Sarajewo–Mostar.

Am 6. Oktober 1944 griffen die Sowjets die Front der »Heeresgruppe Süd«, wie Frießners Heeresgruppe ab 20. September treffender bezeichnet wurde, zwischen Szegedin und Großwardein an, um in die ungarische Tiefebene einzubrechen. Nach Westen zu drängten sie die Ungarn von der Theiß an die Donau zurück, nach Nordwesten zu erreichten sie bei Szolnok die Theiß, wo ihnen jedoch der Übergang über den Fluß und damit der Weg nach Budapest verwehrt wurde. Nach Norden zu stießen die Sowjettruppen bei Debrecen auf die zu einer Gegenoffensive bereitgestellten deutschen Panzerkräfte, die ihnen vom 10. bis 14. Oktober in der flachen Pußta eine Panzerschlacht lieferten, in deren Verlauf der sowjetische Stoßkeil südlich der Stadt abgeschnitten und vernichtet wurde. Damit war die sowjetische Absicht vereitelt worden, die Theiß aufwärts nach Norden vorzustoßen und im Verein mit sowjetischen Kräften, die am Dukla-Paß in den Beskiden von Norden her angriffen, das Gros der Heeresgruppe Frießners abzuschneiden.

Wenn die sowjetische Offensive auch zunächst aufgefangen wurde, gab der sowjetische Einbruch in die ungarische Tiefebene Reichsverweser v. Horthy doch den letzten Anstoß, Ungarn aus dem Kriege herauszuführen. Schon nach dem Umschwung in Rumänien hatte sich Horthy der ihm von deutscher Seite aufgezwungenen Regierung Sztójay entledigt und ein Militärkabinett seines Vertrauens unter General Lakatos gebildet, das mit den Westmächten geheim Fühlung aufnahm. Wie vorher die Rumänen und Bulgaren baten jetzt auch die Ungarn als Vorbedingung für einen Waffenstillstand die Westmächte vergebens, sich durch Luftlandetruppen an der Besetzung Ungarns zu beteiligen. Horthy blieb kein anderer Weg übrig, als mit den Sowjets direkten Kontakt zu suchen und eine Delegation durch die ungarischen Linien zu schleusen, die nach mancherlei Hindernissen am 1. Oktober in Moskau eintraf. Ihr wurden in der Nacht zum 9. Oktober durch Molotow im Namen der Alliierten – Churchill und Eden weilten gerade zur Konferenz in Moskau – die Präliminarbedingungen für einen Waffenstillstand unterbreitet: Rückzug der ungarischen Truppen auf die Grenzen Ungarns von 1937 innerhalb von zehn Tagen, Abbruch der Beziehungen zur deutschen Regierung und Kriegserklärung an Deutschland. Diese Vorbedingungen wurden von Horthy am 11. Oktober angenommen und von der ungarischen Delegation in Moskau unterzeichnet. Den Zeitpunkt des Inkrafttretens hoffte Horthy nach den notwendigen Vorbereitungen selbst bestimmen zu können. In Budapest wurde ein Handstreich gegen die deutschen Truppen und Dienststellen vorbereitet und die loyalen Oberbefehlshaber der ungarischen Armeen wurden entsprechend instruiert. Unterdessen erhielten die deutschen Stellen durch den Führer der ungarischen radikalen »Pfeilkreuzlerpartei«, Ferencz Szálasi, von den beunruhigenden Vorgängen – wenn auch nicht von den Waffenstillstandsverhandlungen selbst – Kenntnis und bereiteten mit Hilfe der Pfeilkreuzler einen Gegenputsch vor: Mit der Führung des überfallartigen Unternehmens (»Panzerfaust«) wurde SS-Obergruppenführer von dem Bach-Zelewski betraut, der sich bereits bei der Niederschlagung des Warschauer Aufstandes bewährt hatte. Durch ein sowjetisches Ultimatum gedrängt, entschloß sich Horthy am 15. Oktober zum Handeln: Er informierte den deutschen Gesandten Veesenmayer vom Schritt der ungarischen Regierung und ließ den Waffenstillstand mittags durch eine Rundfunkproklamation verkünden. Sofort liefen die deutschen Gegenmaßnahmen an: Bereits am Vormittag, als noch Ungewißheit über die ungarischen Absichten herrschte, hatte sich ein SS-Sonderkommando unter dem Mussolini-Befreier Skorzeny des Sohnes Horthys bemächtigt, um den Reichsverweser zum Handeln zu provozieren. Die Pfeilkreuzler besetzten das Rundfunkgebäude und die anderen wichtigsten Punkte der Hauptstadt und verbreiteten sofort eine Gegenproklamation, in der die Ungarn zum weiteren Kampf auf deutscher Seite aufgefordert wurden. In der folgenden Nacht gelang es Skorzenys Kommando, die Budapester Burg zu besetzen, wo sich Horthy bereit erklären mußte, seine Proklamation zu widerrufen, abzudanken und Szálasi die Regierungsgeschäfte zu übertragen, der nunmehr als »Führer der Nation« eine neue Regierung bildete. Horthy wurde in Deutschland interniert: Sein Versuch, Ungarn vom deutschen Bündnis zu lösen, war gescheitert.

Der ungarische Schritt zeitigte auch an der Front bei weitem nicht die katastrophale Wirkung, die der Umschwung Rumäniens im August verursacht hatte. Der Oberbefehlshaber der ungarischen 1. Armee, General Miklós-Dalnóki, ging jedoch zu den Sowjets über. Er bildete schließlich im Dezember in Debrecen eine Gegenregierung, die mit den Alliierten am 20. Januar 1945 einen Waffenstillstandsvertrag abschloß, durch den Ungarn die Annullierung der beiden Wiener Schiedssprüche von 1938 und 1940 anerkannte und sich zur Beteiligung am Kriege gegen Deutschland mit acht Divisionen sowie zur Zahlung von 300 Millionen Dollar Reparationen – davon 200 Millionen an die Sowjetunion und 100 Millionen an die Tschechoslowakei und Jugoslawien – verpflichtete.

Trotz eines erneuten Abwehrerfolgs bei Tokaj mußte die deutsche Front im Oktober endgültig hinter die Theiß zurückgenommen werden. Am 30. Oktober erzielten die Streitkräfte Malinowskis bei Kecskemèt einen Durchbruch, der durch einen Gegenangriff erst am südöstlichen Verteidigungsring von Budapest aufgehalten werden konnte. In erbitterten Abwehrschlachten konnte hier zwischen Donau und Theiß während des November ein sowjetischer Durchbruch verhindert werden. Da die Sowjets östlich der Donau nicht vorankamen, setzten die aus Bulgarien herangeholten Streitkräfte Tolbuchins in den letzten Novembertagen bei Mohacs über die Donau, drängten die deutschen Truppen nach Westen zu auf eine Linie zwischen Plattensee und Drau zurück und konnten nach Norden zu erst an der schwach ausgebauten »Margarethenstellung« aufgehalten werden, die vom Plattensee über den Velenczesee bis zur Donau führte. Gleichzeitig hatte jedoch auch Malinowski östlich der Donau seine Offensive wieder aufgenommen, brach bis an die Eipel nördlich der ungarischen Hauptstadt durch, schloß damit den Budapester Brückenkopf am Ostufer der Donau ein und drohte Mitte Dezember zum Stoß durch die Oberungarische Tiefebene nach Westen auf Preßburg und Wien anzusetzen. Während Teile der für eine deutsche Gegenoffensive bei Stuhlweißenburg (»Spätlese«) vorgesehenen Panzerkräfte über die Donau nach Norden geworfen wurden, um dieser Gefahr zu begegnen, durchbrach Tolbuchin am 20. Dezember die »Margarethenstellung«, stieß nach Norden an die Donau vor und schloß damit Budapest am 24. Dezember ein. Noch am gleichen Tage befahl Hitler gegen den Widerstand des Generalstabschefs Guderian den Antransport eines SS-Panzerkorps aus Polen – wo sich die Heeresgruppe Mitte selbst auf die entscheidende Abwehrschlacht vorbereitete –, das Anfang Januar 1945 einen vergeblichen Entsatzangriff auf Budapest führte. Den Ausbruch der in Budapest eingeschlossenen deutschen und ungarischen Kräfte lehnte Hitler ab. Er verrannte sich in der Folgezeit geradezu in das Ziel, Budapest wieder zu befreien und Westungarn zu halten. Neben dem kriegswirtschaftlichen Motiv, die letzten ungarischen und die österreichischen Erdölquellen von Zistersdorf zu verteidigen, mochte hier der Beweggrund mitspielen, den einzigen noch kämpfenden Bundesgenossen nicht zu verlieren. Am 18. Januar 1945 – als bereits die sowjetische Winteroffensive gegen Ostpreußen und an der Weichsel begonnen hatte – ließ Hitler einen zweiten Entsatzangriff für Budapest führen, der die Donau südlich der Stadt erreichte, jedoch abermals vor seinem Ziel liegenblieb. Die eingeschlossenen Verteidiger Budapests mußten am 11. Februar den Kampf aufgeben, einige hundert von ihnen konnten sich bis zu den deutschen Linien durchschlagen. Damit war die letzte Hauptstadt der ehemals besetzten oder verbündeten Staaten in Südosteuropa verloren. Noch im Februar 1945 wurde die 6. SS-Panzerarmee, die nach der Ardennenoffensive zur Auffrischung im Reich lag, auf Befehl Hitlers nach Ungarn geschickt, um die Sowjets südlich Budapest wieder über die Donau zu werfen – ein recht unverständlich anmutender Befehl zu einer Zeit, in der die Sowjets bereits Brückenköpfe am Westufer der Oder gebildet hatten und 70 km vor Berlin standen.

7. Kapitel
Der Angriff der Westmächte auf die »Festung Europa« 1944: Alliierte Luftoffensive, Landung in Frankreich und Befreiung Westeuropas

Während des Aufbaus ihrer Invasionsstreitmacht in England konnten die Anglo-Amerikaner im Westen zunächst nur zur Luft offensiv werden. Die in Casablanca beschlossene »Combined Bomber Offensive«, bei der die Royal Air Force (R. A. F.) die nächtlichen Angriffe auf Flächenziele und die 8. amerikanische Luftflotte (USAAF) die Angriffe auf Einzelziele bei Tag übernahm, setzte am 10. Juni 1943 mit voller Wucht ein. Das erste Objekt einer wahrhaften »Round-the-clock«-Bombardierung wurde Hamburg: Sie wurde durch einen Großangriff der R. A. F. mit 740 Bombern in der Nacht zum 25. Juli eingeleitet, am 25. und 26. Juli durch je einen Tagesangriff der Amerikaner mit 68 bzw. 54 Bombern fortgesetzt, an die sich in den Nächten zum 28. und zum 30. Juli erneute Großangriffe der Engländer mit 739 bzw. 726 Maschinen anschlossen. Der abwechselnde Abwurf von Spreng- und Brandbomben verhinderte die Löscharbeiten und verursachte riesige Flächenbrände mit orkanartigen Feuerstürmen, die ganze Stadtteile völlig zerstörten.

Bei dem einleitenden Angriff auf Hamburg wandten die Engländer erstmals das sogenannte »Düppel-Verfahren« an: Sie warfen Massen kleiner Aluminiumstreifen ab, die die Ortungs- und Feuerleitgeräte der deutschen Flak störten. Ein weiterer Schlag gegen die deutsche Luftabwehr war die Einführung des verbesserten Radar-Zielgeräts »H2X«, das die Amerikaner zum ersten Mal bei ihrem Angriff auf Emden am 27. September 1943 einsetzten. Es ermöglichte präzise Bombenangriffe auch bei völlig geschlossener Wolkendecke und in Wetterlagen, bei denen die deutschen Jäger nicht eingesetzt werden konnten.

Obwohl die Alliierten im Laufe des Jahres 1943 das Schwergewicht der Bombardierung auf die deutschen Flugzeugwerke nebst ihrer Zubehörindustrie verlagerten, stieg die deutsche Flugzeugproduktion nach ihrer Krise vom Vorjahr an; allein an Jägern wurde 1943 fast die doppelte Anzahl erzeugt wie 1942. Die verstärkten deutschen Jagdfliegerverbände bereiteten vor allem den Amerikanern empfindliche Verluste, die ihre Tagesangriffe mit den an Abwehrfeuerkraft und Beschußfestigkeit verbesserten viermotorigen Bombern vom Typ B 17 »Fortress III« und B 24 »Liberator V und VI« ohne Jagdschutz durchführen mußten, da die Reichweite ihrer Jagdflugzeuge nur ein Geleit bis zur Rhein-Linie ermöglichte. Bei ihrem Angriff auf die Kugellagerfabriken von Schweinfurt und auf die Messerschmitt-Zweigwerke in Regensburg am 17. August 1943 z. B. verloren sie 60 von 376 »Fliegenden Festungen«, d. h. 16 Prozent der eingesetzten Bombenflugzeuge, bei einem weiteren Angriff auf Schweinfurt am 14. Oktober 1943 sogar 20,6 Prozent. Diese hohen Verlustquoten zwangen die 8. USAAF im Herbst 1943, ihre Angriffe auf das Reichsgebiet einzustellen und sich mit weniger bedeutenden Zielen in den besetzten Westgebieten zu begnügen. Die Situation änderte sich erst wieder, als die Amerikaner zum Jahreswechsel 1943/44 Langstreckenjäger vom Typ P 47 »Thunderbolt« und P 51 »Mustang« einsetzen konnten. Die Kämpfe, die die deutsche Jagdwaffe von nun an zusätzlich mit den Langstreckenjägern auszufechten hatte, erhöhten ihre Verluste und ließ ihre Kampfkraft seit Ende 1943 trotz weiter steigender Produktion von Maschinen absinken. Außerdem mußte die Jagdabwehr ihre Kräfte zersplittern, nachdem die in Süditalien aufgebaute 15. amerikanische Luftflotte ab Oktober 1943 das rumänische Erdölgebiet und Ziele in Österreich und dem Protektorat angriff. Unter den Nachtangriffen, die die R.A.F. in diesem Jahre durchführte, waren zwei speziell vorbereitete Unternehmungen: der Angriff auf die Eder-Möhne-Talsperre in der Nacht zum 17. Mai, der beträchtlichen Überschwemmungsschaden und Ausfall in der Energieversorgung verursachte, und der Angriff auf die deutsche Versuchsstation von Peenemünde in der Nacht zum 18. August 1943, der die Produktion der V-Waffen verzögerte. Während die R.A.F. in der Nacht zum 19. November die Serienangriffe gegen Berlin (»Battle of Berlin«) begann, die bis zum März 1944 anhielten, flog die 8. USAAF im Dezember 1943 gegen Ziele im Reich Rekordeinsätze mit 3546 viermotorigen Bombern, darunter drei Angriffe auf Bremen. Insgesamt wurden im Jahre 1943 206000 Tonnen Bombenlast auf deutsches Gebiet abgeworfen; das Gewicht der schwersten Bombe stieg in diesem Jahr auf 5440 kg.

Mit der am 20. Februar 1944 beginnenden »Big Week« setzte die entscheidende Phase des strategischen Luftkrieges gegen Deutschland ein. Durch das Zusammenspiel der 8. und der 15. amerikanischen Luftflotten, das durch nächtliche Angriffe der R.A.F. ergänzt wurde, wurde die deutsche Jagdwaffe planmäßig abgenutzt. Hauptangriffsziele blieben weiterhin die deutschen Flugzeugwerke, hinzu kamen seit April Eisenbahnknotenpunkte im Westen und Südwesten Deutschlands und seit Mai die Ölraffinerien und Hydrierwerke. Da die deutschen Hydrierwerke meist sofort erneut bombardiert wurden, sobald sie wieder zu produzieren anfingen, darüber hinaus im August auch das Erdölgebiet von Ploesti verlorenging, sank die deutsche Treibstoffproduktion im Laufe des Sommers rapide: die monatliche Erzeugung von Vergaser-Treibstoff fiel von 125 000 Tonnen im April auf 56 000 Tonnen im August, die Erzeugung von Diesel-Kraftstoff von 88 900 Tonnen auf 62 000 Tonnen. Am stärksten wirkten sich die Angriffe auf die Produktion von Flugbenzin aus: von 175 000 Tonnen im April sank sie auf 12 000 Tonnen im August und wurde zwischen dem 11. und 19. September vorübergehend völlig lahmgelegt. Von Juni 1944 bis zum Ende des Krieges wurden insgesamt nur 197 000 Tonnen Flugbenzin erzeugt, d. h. etwas mehr, als eine Monatsproduktion vor Beginn der Angriffe betrug. Der Treibstoffmangel sollte sich ab Ende 1944 sowohl bei den motorisierten Verbänden des Heeres – z. B. bei der Ardennenoffensive – wie im Ausbildungsprogramm und Einsatz der Luftwaffe voll auswirken. Ab Oktober 1944 kamen die systematischen Luftangriffe auf das deutsche Verkehrsnetz hinzu, die auch bei bombensicheren, unterirdischen Werken und ausgelagerten Betrieben durch Unterbrechung der Lieferungen in zunehmendem Maße Produktionsstörungen auftreten ließen. Neben der Luftaufklärung erwies sich auch »Ultra« als wertvolle Informationsquelle über den Grad der Zerstörung und Wiederherstellung bombardierter Treibstoffproduktionsstätten und Verkehrsanlagen, ferner über die Wetterlage auf dem Kontinent und die Stärke und Dislozierung der deutschen Jägerwaffe. Die strategischen Angriffe aus Treibstoff- und Verkehrsziele stellten sich als das wirkungsvollste Mittel heraus, die deutsche Kriegswirtschaft ab Mitte 1944 allmählich zu schwächen, während die daneben fortgesetzten Terrorangriffe auf »Flächenziele«, die die Wohngebiete und die Bevölkerung trafen, zu keiner wesentlichen Produktionsminderung in den Industriestädten oder gar zum erwarteten Zusammenbruch der Kampfmoral führten. Deutschland und die besetzten Gebiete mußten im Jahre 1944 einen Bombenregen von 1 202 000 Tonnen Gesamtgewicht über sich ergehen lassen. Mit Recht hatte Roosevelt schon in seinem

Bericht über die Kriegslage an den Kongreß vom 17. September 1943 festgestellt, daß Hitlers Europa eine »Festung ohne Dach« sei.

Die deutsche Bomberwaffe, die 1943 gegen England nur Störangriffe geflogen hatte, wurde zu Beginn des Jahres 1944 auf Befehl Hitlers überraschenderweise erneut offensiv: In der Nacht zum 22. Januar begann sie, ihre Angriffe auf London und Südengland wiederaufzunehmen. Bei den insgesamt 31 Angriffen, die bis zum 29. Mai geflogen wurden, kamen jedoch nie mehr als 100 Maschinen gleichzeitig zum Einsatz. Es erwies sich, daß die deutschen Bomberstreitkräfte zu wirksamen strategischen Angriffen gegen die Invasionsvorbereitungen nicht mehr in der Lage waren. Im Juni sollten sie jedoch den kaum begonnenen »Pendelflügen« (shuttle-bombing) der USAAF zu den sowjetischen Flugplätzen Poltawa, Mirgorod und Pirjatin einen kräftigen Schlag versetzen. Am 2. Juni 1944 waren Verbände der 15. USAAF von Italien aus erstmals zu diesen von den Sowjets nach langem Zögern zur Verfügung gestellten Stützpunkten geflogen und hatten auf dem Hin- und Rückflug Ziele in Südosteuropa angegriffen. Ein in der Nacht zum 22. Juni geführter deutscher Bombenangriff auf diese Flugplätze, gegen den die nicht mit Radar ausgerüstete sowjetische Flak und Jagdabwehr versagten, hatte vollen Erfolg: 47 »Fliegende Festungen« und 15 Langstreckenjäger wurden am Boden zerstört, weitere 26 »Fliegende Festungen« beschädigt, sowie die gesamten Bombenvorräte und das Treibstofflager mit 1,6 Millionen Liter Kraftstoff vernichtet. Daraufhin zeigten die Sowjets keine Lust mehr, ihren Verbündeten weitere Pendelflüge zu ermöglichen. Trotz solcher gelegentlicher Angriffserfolge wäre es für die deutsche Luftwaffe das Gebot der Stunde gewesen, sich gegenüber der alliierten Luftoffensive auf die Defensive umzustellen. Aber Hitler, Göring und der Generalstabschef der Luftwaffe, Generaloberst Jeschonnek, hielten an dem Grundsatz fest, daß die deutsche Luftwaffe der Offensive und nicht der Defensive zu dienen habe und folglich das Schwergewicht auf Kampf- und Bombenflieger, nicht auf Jäger legen müsse. Als Jeschonnek mit dem Versagen der deutschen Abwehr bei den schweren Vernichtungsangriffen auf Hamburg seine Fehleinschätzung erkannte, verübte er am 18. August 1943 Selbstmord. Selbst als Göring nunmehr bereit schien, der Luftverteidigung Priorität zuzubilligen, um der »Festung Europa« wieder ein schützendes Dach zu geben und das Rüstungspotential zu erhalten, das in jedem Fall die Voraussetzung für eine spätere Offensive auch zur Luft war, lehnte Hitler ab und forderte die bereits erwähnte Wideraufnahme der Angriffe gegen England. Im März 1944 wurde die Flugzeugproduktion, die bisher dem Luftwaffenstab unterstanden hatte, einem mit Speers Rüstungsministerium gekoppelten »Jägerstab« anvertraut, der durch rationale Planung, Dezentralisierung und weitgehende Verlegung der Werke unter die Erde die Flugzeugproduktion unter Erhöhung des Jägeranteils auf Rekordzahlen brachte: Im Jahre 1944 wurden 40593 Flugzeuge hergestellt, davon 25285 Jäger.

Als die Messerschmitt-Werke 1943 das erprobungsreife Modell eines leistungsfähigen, überschnellen Jägers mit Strahltriebwerk – die Me 262 – entwickelt hatten, schien sich nochmals die Gelegenheit zu bieten, durch eine schnelle Serienproduktion dieses technisch überlegenen Typs dem Luftkrieg eine Wendung zu geben. Da jedoch Hitler erfuhr, daß die Me 262 in entsprechender Ausführung auch Bomben tragen konnte, befahl er, diesen Typ als »Blitzbomber« zur Unterstützung des Heeres zu entwickeln: Mit dieser Waffe, die die gegnerische Abwehr durchbrechen konnte, wollte er die erwartete Invasion schon in ihrer Anfangsphase zerschlagen. Hitlers Umrüstungsbefehl verschob die Serienproduktion um Monate. Als sie schließlich anlief, wurde sie durch die alliierten Luftangriffe auf die Messerschmitt-Werke im Frühjahr 1944 erneut verzögert. Zu Beginn der Invasion war schließlich kein einziger der »Blitzbomber« einsatzbereit. Trotz Mangel an Betriebsstoff und umgeschulten Piloten errang die kleine Zahl der schließlich doch als Jäger eingesetzten und mit Raketengeschossen ausgerüsteten Me 262-Maschinen, gegen die der feindliche Jagdschutz nahezu machtlos war, in den letzten Kriegsmonaten ausgesprochen gute Erfolge. Es wurde offenbar, daß ihre rechtzeitige Serienproduktion als Jäger und ihre Verwendung ab Frühjahr 1944 ein äußerst wirksames Mittel gegen die alliierte Luftoffensive abgegeben hätte: Schon nach ihrem ersten Auftreten befürchtete das alliierte strategische Bomberkommando im Falle ihres Masseneinsatzes untragbare Verlustziffern an »Fliegenden Festungen«.

Ebensowenig wie die deutschen Luftstreitkräfte waren 1944 auch die neuen Vergeltungswaffen (»V-Waffen«), die in den Versuchsanstalten des Heeres und der Luftwaffe in Peenemünde entwickelt wurden, in der Lage, die alliierten Invasionsvorbereitungen auf englischem Boden zu stören. Der Einsatz der V 1, einer rückstoßgetriebenen Flügelbombe der Luftwaffe mit einer Sprenglast von 800 kg, wurde durch die alliierten Luftangriffe auf die Fertigungswerke und die ab Dezember 1943 beginnende Bombardierung der vorbereiteten Abschußrampen an der Kanalküste verzögert. Ein rechtzeitiger Massenbeschuß der feindlichen Schiffsansammlungen und Absprunghäfen in Südengland war damit von vornherein vereitelt. Als eine genügende Zahl der neuen Waffen vorrätig war, um in der Nacht zum 13. Juni 1944 – sechs Tage nach der Invasion – mit dem überraschenden Großeinsatz zu beginnen, wurde aus kriegspsychologischen Gründen London als Ziel gewählt. Bis zum Verlust der Abschußbasen Anfang September wurden 9300 dieser Geschosse auf die britische Hauptstadt abgefeuert, von denen 29 Prozent ihr Ziel erreichten. Es zeigte sich bald, daß die mit 500 bis 600 Stundenkilometern ohne Kursänderung fliegende Bombe vor allem durch die Verwendung von Jagdflugzeugen – darunter erstmals der in England entwickelte Düsenjäger Gloster E 28/39 und Gloster »Meteor« – mit Erfolg bekämpft werden konnte. Vom militärischen Gesichtspunkt aus übte diese Waffe mit der Bindung erheblicher gegnerischer Abwehrkräfte eine größere Wirkung aus als durch die unmittelbar verursachten Schäden. Auch auf die Moral der englischen Bevölkerung, die durch sie 6184 Tote verlor, hatte sie angesichts der für die Alliierten günstigen Gesamtkriegslage nicht den von Hitler erhofften Effekt. Nach Verlust der Abschußrampen wurde der V 1-Beschuß Londons in beschränktem Umfang von Flugzeugen aus fortgeführt; von neuen Rampen in Holland aus wurden ferner der alliierte Nachschubhafen Antwerpen sowie Lüttich unter Feuer genommen. Weit gefährlicher als die V 1 wäre für die Alliierten eine rechtzeitige Massenfertigung der V 2 gewesen, die unter der Leitung von General Dornberger und Wernher von Braun in der Heeresversuchsstation Peenemünde entwickelt wurde. Gegen diese 14 Meter lange Rakete, die 1 Tonne Sprengstoff trug, mit Überschallgeschwindigkeit durch die Stratosphäre flog und sich dann senkrecht und geräuschlos auf ihr Ziel stürzte, gab es damals keine Abwehrmöglichkeit. Die Fertigstellung dieser neuen Waffe verzögerte sich durch den englischen Präzisionsangriff auf Peenemünde vom August 1943 und die Bombardierung von Fabriken, die Einzelteile herstellten. Am 8. September 1944 begann von beweglichen Abschußtischen in Holland aus der Einsatz der V 2 – wiederum gegen London, da sie wegen ihrer erheblichen Streuung nur auf große Flächenziele gerichtet werden konnte.

Von dieser wirkungsvollen, aber auch komplizierten Rakete wurden monatlich durchschnittlich 600 Stück hergestellt und bis Ende März 1945 insgesamt 1115 Stück gegen England gestartet, dazu weitere 2050 gegen Antwerpen und Brüssel. Sie verursachten in England den Verlust von 2724 Menschen, ohne jedoch militärisch von wesentlicher Wirkung zu sein. Auch hier war die technische Entwicklung der angekündigten »Wunderwaffen«, die das deutsche Volk zum Aushalten bewegen sollten, zu spät gekommen.

Auch die deutsche Kriegsmarine war nicht mehr in der Lage, den Strom der Transporte nach England zu unterbinden, der dem Aufbau der Invasionsstreitmacht diente. Obwohl die U-Boot-Offensive seit dem Erfolg der alliierten Abwehrmaßnahmen im Mai 1943 als fehlgeschlagen angesehen werden mußte, entschieden sich Hitler und die Marineleitung zur Fortsetzung des Tonnagekrieges, da er zahlreiche gegnerische Luft- und Seestreitkräfte band. Außerdem hoffte die Marineleitung, durch technische Neuerungen die tödliche Gefährdung der Boote aus der Luft ausschalten und dem U-Boot-Krieg damit wieder eine Wende geben zu können. Hitler billigte daher im Juli 1943 den Plan, ein Elektro-U-Boot mit taktisch ausreichender Unterwassergeschwindigkeit zu bauen. Es sollte durch einen Luftmast mit der Oberfläche verbunden sein, um – ohne aufzutauchen – mit Hilfe der Dieselmaschinen seine Batterien aufladen zu können. Speer, dessen Ministerium im März 1943 auch die Marineausrüstung übernommen hatte, dezentralisierte den U-Boot-Bau wegen der Luftgefährdung und beschleunigte ihn gleichzeitig, indem er die Fertigung der einzelnen »Sektionen« der Boote auf Fabriken des Binnenlandes verteilte und erst ihre Zusammensetzung auf den Werften erfolgen ließ. Bis die neuen Elektro-U-Boote einsatzbereit waren, mußten die zur Verfügung stehenden Boote – die ihre Operationsgebiete nur schnell genug erreichen konnten, wenn sie aufgetaucht fuhren – mit technischen Verbesserungen versehen werden. Dazu gehörte einmal ihre Ausrüstung mit verstärkter Flak und dem neuen Funkmeß-Beobachtungsgerät »Hagenuk«, das vor der gegnerischen Ortung durch »Zentimeter-Radar« und damit vor überraschenden Angriffen aus der Luft warnte. Eine weitere technische Neuerung war der »Zaunkönig«-Torpedo, der auf Schraubengeräusche reagierte und sich sein Ziel selbst suchte. Da jedoch »Hagenuk« und »Zaunkönig« erst Anfang September 1943 in genügender Anzahl zur Verfügung standen, war die sechste Phase der Atlantikschlacht (Juni bis August 1943) eine ausgesprochene Übergangsphase, in der die Boote ihre Tätigkeit in die weniger gefährlichen Randgebiete des Atlantik verlegten. In dieser Phase, in der durchnittlich jeweils 68 Boote in See waren, gingen 70 Boote verloren, 328564 BRT feindlicher Schiffsraum wurden versenkt. Im Juli war die für die alliierte Abwehr wertvolle Entzifferung des deutschen U-Boot-Funkverkehrs abermals für drei Wochen ausgefallen, als auf deutscher Seite eine weitere »Enigma«-Zusatzwalze in Betrieb genommen worden war. Nachdem dieser »black out« behoben war, hat Bletchley Park bis Kriegsende die Funksprüche mit immer geringeren Unterbrechungen und Verzögerungen entziffern können. Dazu trug Ende 1943 der Einsatz des elektronischen Computers »Colossus« bei, der die elektromechanisch funktionierenden »Bombes« ergänzte und die Arbeit wesentlich beschleunigte.

Die nächste (siebente) Phase der Schlacht im Atlantik vom September 1943 bis Mai 1944 begann mit einem deutschen Erfolg. Eine Gruppe von 22 mit »Hagenuk« und »Zaunkönig« ausgerüsteten U-Booten gelangte ohne Verluste durch die Biskaya und konnte in einer mehrtägigen Geleitzugschlacht vom 20. bis 23. September bei nur zwei Eigenverlusten 6 Schiffe mit 36422 BRT und 3 Sicherungsschiffe versenken, ein weiteres schwer beschädigen. Ein solcher Erfolg sollte sich in der Folgezeit nicht wiederholen: es zeigte sich, daß die Boote gegen eine Bekämpfung aus der Luft nicht ausreichend gewappnet waren. Im Oktober und November 1943 sanken die monatlichen Versenkungsziffern auf 80000 BRT, während die monatlichen Verluste bei über 20 Booten lagen. Als Anfang November die letzte Gruppenaufstellung der U-Boote nach völligem Mißerfolg aufgelöst werden mußte, war der Versuch, die Konvoibekämpfung im Nordatlantik wiederaufzunehmen, gescheitert. In dieser siebenten Phase der Atlantikschlacht waren durchschnittlich jeweils 61 Boote in See, 411216 BRT wurden versenkt, 199 Boote gingen verloren.

Im Frühjahr 1944 wurden die ersten U-Boote des alten Typs mit dem »Schnorchel« ausgerüstet, einem Luftmast, der sich automatisch gegen eindringendes Wasser schloß und sowohl die Frischlufterneuerung wie auch die Fahrt mit Dieselmotoren und das Aufladen der Batterien dicht unter der Wasseroberfläche ermöglichte. Da die Boote im Einsatz nicht aufzutauchen brauchten und der Kopf des »Schnorchels« nicht geortet werden konnte, war ihre Bedrohung aus der Luft damit nahezu beseitigt. Trotzdem waren die derart ausgerüsteten herkömmlichen U-Boot-Typen nur ein Ersatz für das erwartete »reine Unterseeboot«, da ihre unter Wasser entwickelte Geschwindigkeit gering war. Der Einsatz 30 solcher Boote gegen das stark gesicherte Invasionsunternehmen in der Seine-Bucht vom 6. Juni bis Ende August 1944 führte zu keinem entscheidenden Resultat: bei 20 eigenen Verlusten versenkten sie 16 Schiffe und Landungsfahrzeuge sowie 5 Sicherungsfahrzeuge und beschädigten 7 Schiffe. Durch U-Boot-Minen wurden ein weiteres Schiff versenkt und zwei beschädigt. Auch der Einsatz von Kleinkampfmitteln – »Ein-Mann-Torpedos« und ferngelenkten Sprengbooten –, ferner Unternehmungen von Torpedo- und Schnellbooten, die in den ersten Invasionstagen von Cherbourg und Le Havre aus erfolgten, hatten bei hohen Eigenverlusten keine gravierenden Erfolge. Vier von Brest herbeieilende Zerstörer wurden am 9. Juni schon an der Nordküste der Bretagne abgefangen und unter Verlust von zwei Zerstörern zum Abdrehen gezwungen: Weder die U-Boot-Waffe noch die deutschen Überwasserstreitkräfte hatten dem Unternehmen »Overlord« ernsthaften Schaden zufügen können.

Die letzte – achte – Phase des deutschen Tonnagekrieges vom Juni 1944 bis Mai 1945 sei in diesem Zusammenhang ebenfalls geschildert. Mit dem Verlust der bombensicheren U-Boot-Bunker an der Biskaya wurden die Boote nach Norwegen verlegt, wo Bergen mit seinen neu errichteten Liegebunkern Hauptstützpunkt wurde. Die wachsende Zahl der mit »Schnorchel« ausgerüsteten U-Boote wurde in dieser Phase zu Einzelunternehmungen an der englischen und der amerikanischen Küste angesetzt, wo sie sich an den Zufahrtstraßen »auf die Lauer« legen konnten. Immerhin ging die Verlustziffer der um England operierenden U-Boote in den letzten Monaten des Jahres 1944 stark zurück, da die Ortung der im flachen Küstenwasser zwischen Wracks und Felsen getaucht liegenden Boote dem Gegner zunächst erhebliche Schwierigkeiten bereitete. In dieser letzten Phase der Atlantikschlacht gingen 151 U-Boote verloren, 544526 BRT wurden versenkt. Durchschnittlich befanden sich 48 Boote in See. Im Februar 1945 kamen endlich die ersten acht Elektro-Boote vom Typ XXIII an der englischen Ostküste zum Einsatz und erzielten bei keinem einzigen Eigenverlust ausgezeichnete Erfolge. Das erste Boot des größeren, atlantiktauglichen Typs XXI lief am 30. April von Bergen aus, konnte aber bis zum Erlaß von Doenitz' Angriffsverbot am 4. Mai keine Fronterfahrung mehr sammeln. Bis Kriegsende waren immerhin noch 63 Boote des Typs XXIII und 119 Boote des Typs XXI gebaut worden, von denen sich der überwiegende Teil im April 1945 jedoch erst in der Erprobung und Ausbildung, d. h. kurz vor der Frontverwendung befand: die »Revolutionierung des U-Boot-Krieges« durch schnelle Dauer-Unterwasserboote war zu spät gekommen.

Die deutsche Hochseeflotte aber lag längst in der Agonie: Das Schlachtschiff »Scharnhorst« war am 26. Dezember 1943 bei einem Geleitzugunternehmen im Eismeer von einem überlegenen englischen Sicherungsverband mit Hilfe von »Ultra« gestellt und versenkt worden. Am 3. April 1944 wurde das Schlachtschiff »Tirpitz« – das Schwesterschiff der »Bismarck« -, nachdem es schon im September 1943 durch ein britisches Kleinst-U-Boot im Alta Fjord erfolgreich angegriffen worden war, beim Auslaufen zu einer Probefahrt durch einen dank »Ultra« zeitlich präzise angesetzten Angriff britischer Trägerflugzeuge beschädigt. Nach einem weiteren Bombentreffer im September fuhr das Schiff zur Reparatur nach Tromsö, wo es am 12. November 1944 durch Bomben schwersten Kalibers vernichtet wurde. Auch die meisten anderen schweren Einheiten fielen in den letzten Kriegsmonaten Bombenangriffen zum Opfer: Bei der Kapitulation waren nur noch der schwere Kreuzer »Prinz Eugen« und der leichte Kreuzer »Nürnberg« einsatzfähig.

Die Erfolge in der Luft und zur See hatten den Alliierten die Voraussetzung für ein Landungsunternehmen in Frankreich verschafft. Der Gedanke, zu gegebener Zeit durch eine Offensive über den Kanal aufs Festland zurückzukehren, hatte die Engländer seit 1940 bewegt. Bis 1944 konnte die französische Atlantikküste jedoch zwangsläufig nur Schauplatz einzelner englischer Kommandounternehmen bleiben. Das größte derartige Unternehmen bei Dieppe am 19. August 1942, das der Entlastung der Sowjets durch Fesselung deutscher Kräfte während des deutschen Vormarschs in den Kaukasus diente, hatte schon mehr den Charakter eines Invasions-Versuchsunternehmens: 5000 Mann sollten mit Unterstützung durch Panzer die Stadt besetzen und den Hafen nebst den darinliegenden Schiffen zerstören. Zwar gelang es den Angreifern, an Land zu gehen, aber ihr Versuch, in die Stadt selbst einzudringen, scheiterte. Obwohl das mißlungene Unternehmen die Engländer 3350 Tote und Gefangene kostete, brachte es ihnen wertvolle taktische Erfahrungen für zukünftige amphibische Operationen ein: es überzeugte sie davon, daß Landungen am offenen Strand zweckmäßiger seien als das Eindringen in Häfen. Hitler, der Dieppe für eine mißlungene Invasion hielt, befahl im September den Bau des »Atlantikwalles« und gab dabei gerade der Befestigung der Häfen den Vorrang.

Bereits der englische Stab der »Combined Commanders«, der 1942 zur strategischen Planung einer Kanalüberquerung gebildet worden war, kam zu dem Entschluß, daß die Küste der Normandie sowohl taktisch wie strategisch zur Bildung eines Invasionsbrückenkopfs am besten geeignet sei. Auch sein Nachfolger, der amerikanisch-englische »Chief of Staff to the Supreme Allied Commander« (COSSAC) unter Generalleutnant Morgan, hielt an einer Landung an der normannischen Küste fest: Einmal lag hier innerhalb des von England aus zu gewährenden Jäger-Luftschirms ein Strand von genügender Ausdehnung, der sich auch für Luftlandungen und die Anlage taktischer Flugfelder eignete und dessen Hinterland zugleich den im Brückenkopf versammelten Kräften genügend Raum zum Operieren bot. Zum anderen war die Küste nur schwach befestigt – da hier eine Großlandung deutscherseits kaum erwartet wurde – und lag vom Gros der deutschen Kräfte und den Startplätzen der deutschen Luftstreitkräfte weit genug entfernt. Ferner war der leistungsfähige Hafen Cherbourg in Reichweite, der im Verlauf der ersten Operationen auf der Halbinsel Cotentin abgeriegelt und nach seiner Einnahme für den Nachschub dienstbar gemacht werden konnte. Durch die Cotentin-Halbinsel wurde der für die unmittelbare Landungsoperation (»Neptune«) ausgewählte Strandabschnitt – zwischen der Ostküste dieser Halbinsel und der Orne-Mündung – außerdem vor den westlichen und südwestlichen Stürmen geschützt, die bei dem unbeständigen Wetter im Kanal am häufigsten auftreten. Die unerwartete Großlandung an einem Strand, in dessen Umkreis von achtzig Kilometern sich kein Hafen befand, wurde durch die Vorbereitung zweier künstlicher Häfen (»Mulberries«) ermöglicht, von denen je einer im amerikanischen und im britischen Abschnitt vorgesehen war. Ihre Molen bestanden aus nebeneinander versenkten Schiffen und Betoncaissons, in deren Windschutz die Schiffe an schwimmenden Piers ihre Ladung löschen konnten. Kürzere solcher Wellenbrecher (»Gooseberries«) wurden für jede der fünf Landungsstellen vorgesehen, um kleineren Schiffen und Landungsbooten Schutz zu gewähren. Eine weitere technische Neuerung war die vorgesehene Verlegung unterseeischer Rohrleitungen für den Treibstoffnachschub von der Isle of Wight zur Invasionsküste und später von Dungeness nach Calais.

Für die Wahl des Zeitpunkts der Invasion waren mehrere Bedingungen maßgebend, die gleichzeitig erfüllt sein mußten: Erstens sollte in der zweiten Hälfte der Nacht, in deren Schutz die Überfahrt erfolgen sollte, Mondschein für die Luftlandungen herrschen, die vor der Ausbootung von Truppen vorgesehen waren. Zweitens mußte die Landung selbst zu Beginn der Flut vor sich gehen, um einerseits die deutschen Vorstrandhindernisse erkennen und beseitigen zu können, andererseits aber die Landungsfahrzeuge für den Transport der nächsten Welle baldigst wieder flott machen zu können. Diese Flutverhältnisse mußten wiederum etwa eine halbe Stunde nach Sonnenaufgang vorliegen, um der Schiffsartillerie und den Luftstreitkräften ein gezieltes Vorbereitungsfeuer zu erlauben. Alle diese Voraussetzungen lagen innerhalb des für »Overlord« bestimmten Zeitraums an den Tagen vom 5. bis 7. Juni vor. Am 8. Mai setzte daher das »Oberste Hauptquartier der Alliierten Expeditionsstreitkräfte« (Supreme Headquarter of Allied Expeditionary Force = SHAEF) unter General Eisenhower den D-Tag zunächst auf den 5. Juni 1944 fest.

Die deutschen Abwehrvorbereitungen waren zu diesem Zeitpunkt noch lange nicht abgeschlossen. Trotz aller Anstrengungen der Organisation Todt hatte Hitlers Termin für den Ausbau des Atlantikwalls – 1. Mai 1943 – nicht eingehalten werden können. Zunächst waren die Kanalküste zwischen der Seine-Mündung und Holland, die U-Boot-Häfen an der Atlantikküste sowie die Kanalinseln Guernsey und Jersey befestigt worden. Als Rommel im November 1943 mit der Inspektion der Verteidigungsanlagen von Dänemark bis zu den Pyrenäen beauftragt wurde, trieb er die Befestigung der bisher vernachlässigten Küstenabschnitte voran. Er ließ vor allem unmittelbar an der Wasserlinie Vorstrandhindernisse und Minenfelder anlegen und für Luftlandungen geeignetes Terrain im Rücken der Küstenverteidigung mit Rammpfählen versehen. Anfang Dezember 1943 wurde er zum Oberbefehlshaber der Heeresgruppe B ernannt, die den gefährdetsten Abschnitt von Holland bis zur Loire-Mündung zu verteidigen hatte, während den am 8. Mai 1944 zur Armeegruppe G unter Generaloberst Blaskowitz zusammengefaßten Kräften die Verteidigung der Biskaya- und der französischen Mittelmeerküste zufiel. Rommel wollte den Schwerpunkt der Verteidigung möglichst nahe an die Küstenlinie verlagert sehen: hier sollte der Angreifer durch starke Befestigungen möglichst lange aufgehalten und mit schnell greifbaren Reserven innerhalb der ersten Tage – während seiner taktisch schwächsten Phase – ins Meer zurückgeworfen werden. Rommel, der in Nordafrika die Behinderung der eigenen Bewegungen durch die alliierte Luftüberlegenheit zur Genüge erfahren hatte, war der Ansicht, daß entfernt stationierte Reserven unweigerlich zu spät eintreffen würden. Er forderte daher die Bereitstellung der verfügbaren Panzerdivisionen in Küstennähe. Damit trat er in Gegensatz zur Auffassung des Oberbefehlshabers West, Feldmarschall v. Rundstedt, der in einer solchen Aufstellung der Panzerdivisionen eine im Ernstfall nicht rückgängig zu machende Zersplitterung der beweglichen Kräfte sah. Rundstedt hielt es bei dem unzureichenden Ausbauzustand des »Atlantikwalles« einfach für unmöglich, dem Feind die Bildung eines Brückenkopfs zu verwehren, und er sah die einzige erfolgreiche Abwehr in einer beweglichen »Operation aus der Nachhand« mit zentral bereitgestellten, schnellen Reserven. Während Rommel die Normandie als Ort für eine alliierte Hauptlandung nicht ausschloß, waren Hitler und v. Rundstedt der Ansicht, daß eine solche am Pas de Calais erfolgen werde, weil hier auf dem kürzesten Seeweg der Schiffsraum am besten ausgenutzt und eine wirksame Luftunterstützung am leichtesten gewährt werden könnten und außerdem das Ruhrgebiet als wertvolles strategisches Ziel am nähesten gelegen sei. Da jedoch auch sie immerhin mit der Möglichkeit einer Nebenaktion in der Normandie rechneten, wurde bei der Verteilung der beweglichen Reserven ein Kompromiß getroffen.

Zu der Beurteilung, daß der Hauptschlag am Pas de Calais geführt werde, trug ein geschicktes alliiertes Täuschungsmanöver mit dem Decknamen »Fortitude South« bei, das durch simulierten Funkverkehr und falsche Agentenmeldungen fiktive Stäbe und Divisionen einer in Wirklichkeit nicht existierenden amerikanischen Heeresgruppe im Südosten Englands vorspiegelte. Die überzeugende Vortäuschung einer solchen Phantom-Heeresgruppe gelang nicht zuletzt dadurch, daß die Alliierten dank »Ultra«-entzifferter Funksprüche die deutschen Reaktionen auf die einzelnen Täuschungsschritte verfolgen konnten: so erhielten sie schließlich die Gewißheit, daß die deutsche

Führung – sogar noch längere Zeit nach der erfolgten Landung in der Normandie – an die Existenz dieser Streitmacht und ihrer Absichten glaubte. Dieses Unternehmen war Teil des umfassenden strategischen Täuschungsplans »Bodyguard«, zu dem zwei ähnliche Operationen gehörten: »Fortitude North« zur Vortäuschung eines beabsichtigten Angriffs auf Norwegen durch eine imaginäre Armee in Schottland, sowie »Zeppelin« zur Vorspiegelung einer Landung auf dem Balkan durch zwei fiktive britische Armeen im östlichen Mittelmeer. Obwohl diese beiden Täuschungsoperationen deutscherseits auf skeptischere Beurteilung stießen, wurden aus Skandinavien immerhin erst zehn Tage nach der Landung in der Normandie zwei Divisionen – bezeichnenderweise an den Pas de Calais – abgezogen, und auch in den Küstenländern des Balkans und auf den griechischen Inseln standen am Invasionstag noch zwei Dutzend deutscher Divisionen.

Um Informationen über die deutschen Abwehrmaßnahmen im vorgesehenen Invasionsraum zu bekommen, wurden die westeuropäischen Widerstandsorganisationen außer zu Spionagetätigkeit dazu angehalten, die deutschen Nachrichtenleitungen zu unterbrechen, über die der Verkehr zwischen dem Führerhauptquartier und den Hauptquartieren des Oberbefehlshabers West und den Armeen liefen. Durch Störung der Fernschreiblinien sollten die Deutschen zur Benutzung des Richtfunkverkehrs gezwungen werden, den die Alliierten seit der Einführung des elektronischen Computers »Colossus« in Bletchley Park – der erste wurde Ende 1943, ein verbesserter kurz vor der Invasion in Betrieb genommen – entziffern konnten; bis dahin waren die elktromechanisch arbeitenden »Bombes« gegen diesen mit Hilfe des Siemens-»Geheimschreibers« verschlüsselten Funkverkehr machtlos gewesen. Trotzdem beruhten die alliierten Erkenntnisse über die deutsche Kriegsgliederung in der Normandie und am Ärmelkanal überwiegend nicht auf »Ultra«, sondern auf den üblichen Quellen des Nachrichtendienstes: erst mit Beginn der beweglichen Kampfhandlungen in der Normandie fielen die »Ultra«-Meldungen aus dem deutschen Funkverkehr wieder reichlicher an.

Zwei Wochen vor dem D-Tag steigerten sich die alliierten Luftangriffe. Bis zur Invasion wurden die Brücken über die Loire unterhalb von Orléans und über die Seine unterhalb von Paris zum überwiegenden Teil zerstört sowie das radial von Paris ausgehende Eisenbahnnetz lahmgelegt: der vorgesehene

Invasionsraum war damit verkehrsmäßig nahezu isoliert. Die Alliierten dehnten ihre Luftoffensive zur Täuschung auf die anschließenden Räume bis nach Holland hinein aus und griffen auch die Befestigungen anderer Küstenabschnitte intensiv an.

Als der festgesetzte D-Tag, der 5. Juni 1944, heranrückte, mußte er wegen ausgesprochen ungünstiger Wetterlage um 24 Stunden verschoben werden. Auch für den 6. Juni lautete die Voraussage der Meteorologen nur auf eine vorübergehende Wetterberuhigung. Trotzdem entschloß sich General Eisenhower am Morgen des 5. Juni endgültig, »Overlord« am nächsten Tag durchzuführen.

In der Nacht zum 6. Juni setzte sich aus den Häfen Südenglands von Bristol bis Ipswich die Invasionsstreitmacht mit 5134 Schiffen und Fahrzeugen, darunter acht Schlachtschiffe, zweiundzwanzig Kreuzer und dreiundneunzig Zerstörer, in Bewegung. Sie versammelten sich südlich der Insel Wight und steuerten dann die normannische Küste an. Der Angriff auf die »Festung Europa« war angelaufen. Siebenunddreißig Divisionen standen dafür in England bereit, vierzig weitere sollten aus den Vereinigten Staaten nachgeführt werden, sobald genügend Häfen in Besitz genommen waren. Nach 1 Uhr morgens begannen an den Flanken des geplanten Invasionsraums die Luftlandungen. Mit Anbruch der Morgendämmerung wurden die deutschen Küstenstellungen auf der ganzen Breite von der Orne-Mündung bis zur Ostküste der Cotentin-Halbinsel mit einem Hagel von Bomben und Schiffsgranaten überschüttet. Unter diesem Feuerschutz begannen 6.30 Uhr die Landungen an fünf vorgesehenen Stellen. Es gelang den Amerikanern unter General Bradley an der Cotentin-Halbinsel nördlich von Carentan (»Utah-Beach«) Fuß zu fassen, ohne nennenswerten Widerstand anzutreffen. An ihrer zweiten Landestelle bei Vierville (»Omaha-Beach«) stießen sie auf eine deutsche Division, die zufällig für eine Gefechtsübung alarmiert war, und wurden sofort in heftige Kämpfe verwickelt. Östlich davon konnten die Engländer unter Generalleutnant Dempsey gegen örtlichen deutschen Widerstand ihre vorgesehenen drei Landungsköpfe bei Arromanches (»Gold-Beach«), Courcelles (»Juno-Beach«) und Lion s. Mer (»Sword-Beach«) bilden. Eine von Rommel bei Caen aufgestellte Panzerdivision wurde zum Gegenangriff gegen den englischen Landungskopf angesetzt. Der Angriff mußte jedoch wegen weiterer Luftlandungen im Rücken abgebrochen werden. Am Ende des Tages hielten die Amerikaner zwei kleine, voneinander isolierte Landungsköpfe, während die Briten und Kanadier einen zusammenhängenden Landungskopf von 30 km Länge und 10 km Tiefe hatten bilden können. Vor allem aber waren die Alliierten im Invasionsraum noch immer zahlenmäßig in der Übermacht. Die von der Heeresgruppe B bereits am Morgen beim OKW beantragte Freigabe zweier im Raum von Paris stehender Panzerdivisionen wurde am Nachmittag des Invasionstages genehmigt. Ihr Anmarsch über 120 bzw. 180 km Entfernung verzögerte sich, so daß ihre ersten Einheiten mit Verlusten im Laufe des 7. Juni eintrafen; bei allen Operationen machte sich die erdrückende Luftüberlegenheit der Alliierten geltend. Immerhin vereitelte der Einsatz der herangeführten Panzerverbände die Absicht der Briten, über Caen nach Südosten in den offenen Raum durchzubrechen. In Erwartung einer weiteren Großlandung am Pas de Calais wurde Rommels Heeresgruppe B untersagt, Verbände aus dem Raum nördlich der Seine zur Verstärkung der Front heranzuholen. Dieses Verbot wurde noch Wochen aufrechterhalten, obwohl der Ring um den alliierten Landekopf jederzeit zu zerspringen drohte: ein handfester Erfolg des Täuschungsunternehmens »Fortitude South«.

Am 14. Juni setzten die Amerikaner auf der Halbinsel Cotentin zum Angriff nach Westen an, erreichten vier Tage später bei Barneville das Meer und hatten damit die Halbinsel an ihrer Basis abgeriegelt. Nach Süden eine Abwehrfront aufbauend, schwenkten sie nach Norden ein und griffen das eingeschlossene Cherbourg von der unbefestigten Landseite her an. Die Besatzung ergab sich am 26. Juni. Die Deutschen hatten den Hafen derart gründlich zerstört und vermint, daß er erst Ende August für die Löschung schwerer Ladungen wieder benutzbar wurde.

Am 17. Juni hatte in Margival bei Soissons endlich die von Rundstedt und Rommel geforderte Aussprache mit Hitler über die weiteren operativen Entschlüsse stattgefunden. Hitler schob das Gelingen der Landung den örtlichen Kommandeuren in die Schuhe. Rommel führte demgegenüber aus, daß einzig und allein die zahlen- und materialmäßige Überlegenheit der Alliierten die Ursache für den gegnerischen Erfolg gewesen sei und daß bei dem Anhalten des gegenwärtigen Stärkeverhältnisses mit einem Ausbrechen des Gegners nach Süden gerechnet werden müsse. Er beantragte, die deutschen Kräfte aus der Cotentin-Halbinsel noch rechtzeitig zurückzunehmen und Reserven vom Pas de Calais heranzuführen, wo keine zweite

Großlandung mehr zu erwarten sei. Alle Anträge wurden von Hitler, der die Zuführung ausreichender Reserven aus anderen Räumen sowie den Masseneinsatz von Turbojägern gegen die alliierten Luftstreitkräfte versprach, abgelehnt. Hitler erging sich statt dessen über die »kriegsentscheidende« Wirkung der V-Waffen gegen England. Als die Feldmarschälle daraufhin forderten, die V 1 gegen die alliierten Landungsköpfe einzusetzen, mußte der herbeigerufene General der V-Waffen, General Heinemann, einen solchen gezielten Einsatz wegen der allzu großen Streuung der Geschosse für unmöglich erklären. Der Zusage, sich am 19. Juni in Rommels Hauptquartier den Vortrag von Frontkommandeuren anzuhören, ging Hitler durch seine überraschende Abreise nach Berchtesgaden aus dem Wege.

Die Entwicklung an der Invasionsfront hing letzten Endes davon ab, welche Seite beim Heranschaffen von Kräften Sieger blieb, und die deutsche Seite geriet dabei zwangsläufig ins Hintertreffen: aus Treibstoffmangel mußten auch die motorisierten Verbände mit ihren Panzern und Fahrzeugen per Bahn herangebracht werden. Das konnte nur noch nachts, wegen der zerstörten Verkehrslinien auf beträchtlichen Umwegen und lediglich bis zu einer Entfernung von 100 bis 200 km vor dem Kampfgebiet geschehen; von da aus mußten die Verbände in Marsch gesetzt werden. Aber auch der alliierte Nachschub geriet in eine ernste Krise, als am 19. Juni der stärkste Nordoststurm seit Jahrzehnten einsetzte, alle Seetransporte vier Tage lang völlig unterband und einen der »Mulberry«-Häfen unbrauchbar machte. Das Ausbleiben der täglich nahezu zweihundert Schiffe und Fahrzeuge mit Nachschub beeinträchtigte die alliierten Operationen in dieser Zeit erheblich und hätte einem deutschen Gegenangriff eine Chance gegeben – wenn dafür ausreichende Kräfte zur Verfügung gestanden hätten.

Bis Anfang Juli hatten die Alliierten eine Million Mann, 171532 Fahrzeuge und 566648 Tonnen Material gelandet. Am 3. Juli traten die Amerikaner zur Offensive nach Süden an, um sich zunächst eine günstige Ausgangsstellung zu erkämpfen. Obgleich die Deutschen alle greifbaren Kräfte zur Verteidigung von St. Lô aufboten, war die Stadt am 19. Juli in amerikanischer Hand. Auch die Engländer suchten in ihrem Abschnitt den Invasionsraum nach Osten zu erweitern: am Abend des 7. Juli ließ Montgomery einen Bombenteppich von 2500 Tonnen auf die Front bei Caen legen und setzte am nächsten Morgen seine Truppen zum Sturm an, die diesen hartnäckig verteidigten Ort am

9. Juli endlich in ihre Hände bringen konnten. Die weitere englische Offensive von Caen aus (Operation »Goodwood«) wurde am 18. Juli durch einen noch mächtigeren Bombenteppich eingeleitet. Durch den Einsatz von 8,8 cm-Flakbatterien zur Panzerabwehr und die Heranziehung von weiteren Panzerkräften endlich auch vom Pas de Calais wurde der englische Angriff am 20. Juli auf der Hochebene von Bourguébus durch Gegenangriffe abermals zum Stehen gebracht.

Als im Juni die Ersatzlage immer kritischer wurde und die am 22. Juni begonnene sowjetische Sommeroffensive gegen die mittlere deutsche Heeresgruppe im Osten eine Zuführung von Kräften zur Invasionsfront noch unwahrscheinlicher machte, hatten v. Rundstedt und Rommel erneut um eine Aussprache mit Hitler gebeten, die am 29. Juni in dem üblichen großen Kreis auf dem Obersalzberg stattfand. Hitler wich jedoch einer sachlichen Erörterung der Gesamtkriegslage mit den beiden Feldmarschällen aus, indem er eine baldige Wende durch die Wirkung der neuen Waffen prophezeite und den Wunsch der beiden Militärs ignorierte, ihn allein sprechen zu dürfen. Seine einzige Reaktion war, daß er wenige Tage später v. Rundstedt aus »gesundheitlichen Gründen« seines Postens als Oberbefehlshaber West enthob und ihn durch Feldmarschall v. Kluge ersetzte. Kluge, der vor seiner Ernennung zwei Wochen lang Gast auf dem Berghof gewesen war und dort an den täglichen Lagebesprechungen teilgenommen hatte, war unter Hitlers Einfluß zu der Ansicht gelangt, daß die Oberbefehlshaber im Westen – allen voran Rommel – die Lage zu pessimistisch sähen. Als er nach seiner Ankunft im Westen Rommel vorhielt, daß dieser sich von der Materialüberlegenheit der Anglo-Amerikaner allzusehr beeindrucken lasse und Hitlers Befehle durch seine eigenwillige Beurteilung durchkreuze, kam es zwischen den beiden Marschällen zu einer heftigen Auseinandersetzung. Rommel war über den »Berchtesgadner Stil«, in dem v. Kluge mit ihm redete, verärgert und schlug vor, daß sich v. Kluge mit eigenen Augen von den Verhältnissen an der Front überzeugen solle. Der neue Oberbefehlshaber West kehrte nach einem zweitägigen Frontbesuch von den Realitäten ernüchtert zurück und sah sich gezwungen, Rommels Auffassung zu bestätigen. Rommel sandte am 15. Juli über den Oberbefehlshaber West ein Fernschreiben an Hitler, in dem er ausführte, daß die Lage in der Normandie nunmehr unhaltbar werde: während der gegnerische Nachschub Tag für Tag ungestört andauere, hätten auf der eigenen Seite bisher von 97000 Mann Verlusten nur 6000 Mann – ohne dabei allerdings die der Heeresgruppe zugeführten »neuen« Divisionen mitzuzählen – ersetzt werden können, von 225 verlorenen Panzern ganze 17. Unter diesen Umständen werde der Gegner in spätestens drei Wochen in die Weite des französischen Raumes durchstoßen. »Die Truppe kämpft allerorts heldenmütig, jedoch der ungleiche Kampf neigt dem Ende entgegen. Ich muß Sie bitten, die Folgerungen aus dieser Lage unverzüglich zu ziehen.«[19]

Rommel hatte den Führern des deutschen Widerstandes erklärt, daß er bereit sei, am Umsturz mitzuwirken, wenn Hitler eine vorherige ultimative Aufforderung zur Beendigung des Krieges abschlägig beantworten würde. Ob ihn Hitlers negative Reaktion auf das Fernschreiben vom 15. Juli fünf Tage später veranlaßt hätte, zu handeln, wird nie mehr zu ergründen sein: am 17. Juli wurde Rommels Kraftwagen auf der Rückfahrt von der Front von Tieffliegern angegriffen, der Fahrer getroffen, Rommel aus dem schleudernden Wagen geworfen und durch einen Schädelbasisbruch schwer verletzt.

Die alliierte Offensive mit dem Ziel, die deutsche Front zu durchbrechen und zur freien Bewegungsschlacht zu kommen (Operation »Cobra«), begann am 25. Juli. Nach Vorbereitung durch einen Bombenteppich von 47000 Tonnen führte Bradleys Armee auf engstem Raum einen konzentrierten Stoß gegen die deutschen Linien westlich St. Lô, erreichte nach zwei Tagen mit ihren Panzerspitzen Coutances und drohte damit den Westflügel der deutschen Front abzuschneiden. Vergebens suchten die Deutschen den vordringenden amerikanischen Stoßkeil durch einen Gegenangriff aufzuhalten: der zertrümmerte deutsche Westflügel befand sich unaufhaltsam auf dem Rückzug, um der drohenden Einschließung am Meer zu entgehen. Am 30. Juli hatten die Amerikaner Avranches erreicht: die deutsche Front am Meer war in einzelne Widerstandsgruppen aufgespalten, der entscheidende Durchbruch in den freien Raum gelungen. Von Avranches aus stieß eine neu gebildete amerikanische Armee unter Generalleutnant Patton fächerförmig nach Südwesten in die Bretagne, nach Süden bis Fougères und nach Südosten bis Landivy vor. Die amerikanischen Streitkräfte waren nunmehr zur 12. Heeresgruppe zusammengefaßt, deren Oberbefehl General Bradley übernommen hatte. Im britischen Abschnitt blieben die englischen und kanadischen Streitkräfte in der 21. Heeresgruppe unter Montgomery vereint, der weiterhin die operative Führung der gesamten alliierten Landstreitkräfte behielt. Auch hier war nun die Front in Bewegung geraten: Von Caumont aus erreichten die Engländer gegen hartnäckigen deutschen Widerstand den Raum von Vire, konnten jedoch keinen Durchbruch durch die deutsche Front erzielen.

Anfang August hing die Front der deutschen Heeresgruppe B, die im Norden an der Dives-Mündung ans Meer angelehnt war und von dort nach Südwesten über Bourguébus und Vire bis östlich Mortain verlief, mit ihrem ungedeckten Südflügel völlig in der Luft. Es bestand die Gefahr, daß die Amerikaner ihre Kräfte um diesen Flügel herumwarfen und nach Norden in den Rücken der deutschen Front eindrehten. Um die von der Umfassung bedrohten Armeen zu retten, schlug Feldmarschall v. Kluge die Räumung Frankreichs bis zur Seine vor, um von deren Mündung bis zur Schweizer Grenze eine neue Verteidigungslinie aufzubauen. Statt dessen befahl Hitler, die Häfen der Bretagne als »Festungen« zu verteidigen und den linken Flügel der deutschen Front durch einen Gegenstoß auf Avranches wieder ans Meer vorzureißen, um damit gleichzeitig die dort nach Süden durchgebrochene Armee Pattons abzuschneiden. Für diesen entscheidenden Stoß sollten aus den Fronten der beiden bedrohten Armeen sämtliche Panzerdivisionen ohne Ersatz herausgelöst und östlich von Mortain versammelt werden. Der in der Nacht zum 7. August mit vier Panzerdivisionen begonnene Angriff stieß zunächst über Mortain 10 km in den Gegner hinein: die durch »Ultra« von dem deutschen Vorhaben rechtzeitig informierten Amerikaner ließen den Gegner in eine Falle laufen; bei Tagesanbruch setzten sie gut vorbereitete Angriffe der alliierten Jagdbomber an, in deren Feuer der Vorstoß liegen blieb. Am Abend des 8. August mußten die Panzerkräfte nach einem nochmaligen Offensivversuch auf ihre Ausgangsstellungen zurückgenommen werden.

Teile der Armee Pattons waren unterdessen in die Bretagne vorgestürmt, hatten am 6. August bei Vannes das Meer erreicht und damit die Halbinsel abgeschnitten. Die deutschen Kräfte zogen sich befehlsgemäß auf die Häfen St. Malo, St. Nazaire, Lorient und Brest zurück und wurden dort eingeschlossen. Im Süden die Loire-Linie sichernd, erreichte Pattons Armee nach Osten zu am 9. August Le Mans. Als die deutschen Angriffe bei Mortain fortdauerten, ließ Patton seine Verbände nach Norden eindrehen und stieß über Alençon in den Rücken der deutschen Truppen. Falls Montgomery von Norden her die von Panzerverbänden weitgehend entblößte deutsche Front in Richtung auf Falaise durchstieß, mußten die deutschen Kräfte unweigerlich eingeschlossen werden. Die in der Nacht zum 8. August beginnende Offensive der Kanadier beiderseits Bretteville in Richtung auf Falaise (Operation »Totalize«) blieb jedoch in den ausgebauten Auffangstellungen der Hochebene stecken. Aber von Westen und Süden her verengte sich der Kessel um die beiden deutschen Armeen zusehends. Als Hitler am 15. August den Antrag ablehnte, sie aus dem fast geschlossenen Ring nach Osten herauszuführen, und v. Kluge den Befehl dazu selbständig erteilte, wurde er am 17. August kurzerhand durch Feldmarschall Model ersetzt. Feldmarschall v. Kluge, der befürchtete, daß unterdessen seine Mitwisserschaft beim Attentat vom 20. Juli von der Gestapo ans Tageslicht gebracht worden sei, nahm sich auf der Fahrt zur Berichterstattung ins Führerhauptquartier durch Gift das Leben. In einem Abschiedsbrief beschwor er Hitler, dem deutschen Volk weitere Leiden zu ersparen und die Größe aufzubringen, den »hoffnungslosen Kampf« zu beenden.

Models Befehl, den Kessel von Falaise zu halten, konnte den Gang der Ereignisse nicht mehr beeinflussen. Am 17. August waren die Kanadier unter schwersten Verlusten bis Falaise durchgebrochen und hatten dadurch den Zugang weiter verengt. Der allseitige Druck auf den Kessel machte ein Ausweichen durch den noch offenen Korridor nach Osten unvermeidlich. Im Kessel kamen die deutschen Verbände noch einigermaßen geordnet über die Orne zurück, dann trat in dem übriggebliebenen, beengten Raum eine heillose Verwirrung ein: die pausenlosen Angriffe der feindlichen Luftwaffe auf die gestauten Kolonnen ließen die Rückzugsbewegung in eine chaotische Flucht durch den verbliebenen Schlauch ausarten. Als sich die Kanadier am 19. August bei Chambois mit den Amerikanern vereinigten, war die Einschließung aller zurückgebliebenen Kräfte vollendet. 45000 Mann – die Trümmer von acht Infanterie- und mehreren Panzerdivisionen – gerieten in Gefangenschaft, fast 500 zerstörte Panzerfahrzeuge und wertvolles Material blieben im Kessel.

Noch während sich der Ring um die deutschen Kräfte schloß, setzte Pattons Armee ihren Vormarsch nach Osten fort und erreichte am 16. August Chartres, einen Tag später Orléans. Dann drehte Patton seine Verbände nach Norden ein, um den beiden entweichenden deutschen Armeen den Rückzug über die Seine zu verlegen, erreichte am 19. August den Fluß bei Mantes und stieß an seinem Südufer nach Nordwesten bis Elbeuf vor: damit drohte den Verbänden, die eben dem Kessel von Falaise entronnen waren, die Gefahr, zwischen dem Meer und dem Unterlauf der Seine eingeschlossen zu werden. Unterdessen drückte Montgomery die Deutschen frontal nach Osten auf die untere Seine zurück. Da die Seine-Brücken aus der Luft zerstört waren und die beiden Armeen nur nachts durch Fähren und Kähne übergesetzt werden konnten, drängten sich die Kolonnen am Ufer zwischen der Mündung und Rouen zusammen und wurden durch feindliche Kampfflieger stark mitgenommen. Bis zum 28. August wurde das Südufer der Seine unter dem Schutz von Nachhuten geräumt. Model mußte seinen Plan, das Nordufer der Seine zu halten, aufgeben: Die über den Fluß gebrachten, auf Regimentsstärke reduzierten Divisionen hatten ihre schweren Waffen und Fahrzeuge größtenteils verloren. Außerdem hatte Patton von Chartres aus die Seine am 20. August unterhalb von Paris bei Mantes und am 23. August oberhalb der Stadt bei Melun überschritten. Die Amerikaner wollten Paris umgehen und einschließen, um der Stadt Kämpfe und Zerstörungen zu ersparen. Hitler befahl, Paris »bis zum letzten Mann zu verteidigen«, alle Brükken und militärischen Objekte zu sprengen und die Stadt »in ein Trümmerfeld zu verwandeln«.[20] Der Kommandant von Groß-Paris, General v. Choltitz, dem zur Verteidigung nur einige tausend Mann Behördenpersonal und rückwärtige Dienste zur Verfügung standen, führte diesen sinnlosen Befehl nicht durch. Vielmehr suchte er mit den französischen Widerstandskämpfern, die sich am 19. August erhoben hatten, eine Art Waffenstillstand zur Vermeidung unnötigen Blutvergießens zu erreichen. Angesichts der Ereignisse in Paris änderte Eisenhower seinen Plan und ließ am 24. August eine zur Armee Pattons gehörende französische Panzerdivision unter General Leclerc in Paris einrücken und die Kapitulation der Deutschen entgegennehmen. Am nächsten Tag traf General de Gaulle in Paris ein und hielt am 26. August unter dem frenetischen Jubel der Bevölkerung über die Champs-Elysées seinen Einzug in die befreite Hauptstadt. Unterdessen hatten auch die Kanadier und Engländer an der unteren Seine vier Brückenköpfe errichtet. Feldmarschall Model mußte seine Heeresgruppe B an die Somme-Marne-Linie zurücknehmen.

Am 15. August 1944 war auch die alliierte Landung in Südfrankreich (Operation »Dragoon«) erfolgt. Sie wurde von amerikanischen und französischen Kräften unter Generalleutnant

Patch durchgeführt, der wiederum dem alliierten Oberbefehlshaber Mittelmeer, General Wilson, unterstand. In der Nacht zum 15. August wurde eine gemischte amerikanisch-britische Luftlandedivision hinter dem vorgesehenen Küstenabschnitt abgesetzt. In den frühen Morgenstunden gingen an der Küste zwischen Hyères und Fréjus die ersten Truppen an Land. Der hier eingesetzten deutschen Armee unter General Wiese standen nach den Abgaben an die Normandiefront nur unzureichende Kräfte zur Verfügung, auch hatte ihre Küstenverteidigung unter dem vorangegangenen Bombardement schwer gelitten. Die Absicht der Alliierten war, nach Westen zum Rhônetal vorzugehen, zugleich aber mit schnellen Panzerkräften östlich dieses Tals nach Norden in Richtung Grenoble vorzustoßen, um von dem gewonnenen Korridor aus die Nachschubwege zur deutschen Armee an der Küste zu unterbrechen. Überall erhoben sich nun die verhältnismäßig starken Kräfte der französischen Résistance gegen die zurückweichenden deutschen Truppen.

Hitler befahl am 18. August, daß die gesamte Armeegruppe G aus Süd- und Südwestfrankreich nach Norden zurückgehen sollte, um im Anschluß an die Heeresgruppe B entlang der oberen Marne und der Saône bis zur Schweizer Grenze eine zusammenhängende Front aufzubauen. Nur in den »Festungen« an der Gironde-Mündung (vor Bordeaux) und La Rochelle am Atlantik sowie Toulon und Marseille an der Mittelmeerküste sollten Besatzungen zurückgelassen werden. Die beiden letzteren Häfen wurden von den gelandeten französischen Kräften bis zum 22. August eingeschlossen und sechs Tage später genommen. Die Amerikaner, die durch »Ultra« informiert waren, daß Hitler den Rückzug befohlen hatte, und ferner ihre Flanke von der italienischen Riviera her nicht bedroht war, änderten daraufhin ihren Operationsplan: sie ließen ihre schnellen Kräfte schon südlich Grenoble nach Westen abdrehen, um der deutschen Armee beiderseits Montélimar den Rückzug abzuschneiden. Teilkräfte gingen weiter nach Norden vor und besetzten am 24. August Grenoble; im Süden wurde am nächsten Tag Avignon eingenommen. Nachdem bei Montélimar der Widerstand der deutschen Truppen, die die Rückzugslinie deckten, gebrochen war, stießen die Alliierten rhôneaufwärts über Valence nach Lyon vor. Am 11. September erreichte eine neu gebildete französische Armee unter General de Lattre de Tassigny Dijon und nahm westlich der Stadt bei Sombernon

Verbindung mit Panzerkräften der amerikanischen Armee Pattons auf: mit der Vereinigung der Streitkräfte von »Overlord« und »Dragoon« waren alle deutschen Kräfte, die Südwestfrankreich nicht rechtzeitig hatten verlassen können – noch 20000 Mann – abgeschnitten. Sie wurden von Kräften der Résistance hart bedrängt und ergaben sich. Am 15. September trat Wilson an Eisenhower den Oberbefehl über die an »Dragoon« beteiligten Streitkräfte ab, die nunmehr zur 6. Heeresgruppe zusammengefaßt die alliierte Front zwischen Pattons Armee und der Schweizer Grenze übernahmen. Ihnen stand auf deutscher Seite die Heeresgruppe G gegenüber, die sie auf ihrem Vormarsch von Südfrankreich vor sich hergetrieben hatten: entgegen dem ursprünglichen strategischen Ziel hatte die Operation »Dragoon« somit keine deutschen Kräfte nach Süden abgezogen, sondern im Gegenteil die Kräfte, die Eisenhower gegenüberstanden, verstärkt. Immerhin aber wurden durch diese Operation Süd- und Mittelfrankreich von den Deutschen gesäubert und rund 50000 Gefangene eingebracht.

Am 1. September übernahm General Eisenhower von Montgomery den Oberbefehl über die alliierten Landstreitkräfte. Montgomery, der am gleichen Tag zum Feldmarschall ernannt worden war, hatte zwar angeregt, ihm auch weiterhin die koordinierende Oberleitung aller Landtruppen zu überlassen, sich aber dem Argument gebeugt, daß er diese Aufgabe nicht gleichzeitig mit der unmittelbaren Führung seiner Heeresgruppe in ausreichendem Maße erfüllen könne. Er wollte wohl hauptsächlich auf seinem Posten bleiben, um seine eigenen Operationspläne besser durchsetzen zu können, die von denen Eisenhowers abwichen. In der zweiten Augusthälfte hatte er nämlich vorgeschlagen, die 21. und die 12. Heeresgruppe mit der geschlossenen Masse von fast vierzig Divisionen zu einem konzentrierten Stoß nach Norden durch Belgien und Holland auf das Ruhrgebiet anzusetzen, dafür die bis an die Loire zurückhängende Südflanke lediglich abzusichern und die in Südfrankreich gelandeten Streitkräfte selbständig gegen Nancy und das Saargebiet vorgehen zu lassen. Da das Nachschubvolumen noch nicht ausreichte, um auf breiter Front vorzugehen, wollte er mit dem rechten Flügel verhalten und mit dem linken schlagen: mit diesem »umgekehrten Schlieffen-Plan« hoffte er, noch vor dem Winter das Ruhrgebiet in Besitz zu nehmen. Als dieser Plan auf Eisenhowers Ablehnung stieß, unterbreitete Montgomery Anfang September den neuen Vorschlag, alle Kräfte und allen verfügbaren Nachschub entweder auf einen Stoß gegen die Ruhr (Fernziel: norddeutsche Tiefebene) oder auf einen solchen gegen die Saar (Fernziel: Mitteldeutschland) – je nachdem unter seiner oder Bradleys Führung – zu konzentrieren, ehe der in Bewegung geratene Feind eine neue Front aufzubauen imstande sei. Doch Eisenhower hielt an der Strategie der »breiten Front« fest, da er der Ansicht war, daß die Deutschen in der Heimat noch über genügend große Reserven verfügten, um einem vorzeitigen Vorstoß von Teilkräften auf schmaler Front über den Rhein erfolgreich zu begegnen. Für eine Großoffensive nach Deutschland hinein reichte die Kapazität der Nachschubeinrichtungen seiner Meinung nach noch lange nicht aus: vorher mußten das französische Eisenbahnnetz wiederhergestellt und weitere Häfen, vor allem Antwerpen, genommen werden. Hitlers Rezept, die Häfen der Atlantikküste durch eingeschlossene Kräfte zu behaupten, hatte bislang durchaus seinen Zweck erreicht: noch immer waren Brest, Lorient, St. Nazaire und Bordeaux den Alliierten verschlossen. Die bislang einzig brauchbaren Häfen Cherbourg und der »Mulberry« bei Arromanches wurden außerdem noch ständig von der deutschen Luftwaffe mit schwer entfernbaren Druckminen verseucht und der Nachschub dort durch Kleinkampfmittel der Kriegsmarine von Brest und Le Havre aus behindert. Eisenhower war daher nicht bereit, einen Rückschlag zu riskieren, und befahl, den Feind durch aufeinanderfolgende Stöße auf breiter Front zunächst bis zum Rhein zu verfolgen und lediglich günstige Gelegenheiten zur Bildung von Brückenköpfen auszunutzen. Erst wenn die Ausdehnung der Front und die Nachschubmöglichkeiten den Einsatz der noch in Amerika wartenden 30 Divisionen erlaubte, sollte zum Endstoß angesetzt werden.

In Erfüllung von Eisenhowers Auftrag, den Gegner zunächst bis zur Reichsgrenze zu verfolgen, überschritt Pattons Armee die Marne bei Châlons und nahm am 15. September Nancy. Durch den raschen Vormarsch geriet Pattons Armee – vor allem auf dem Treibstoffsektor – in erhebliche Nachschubschwierigkeiten und wurde schließlich durch den sich versteifenden Widerstand vor Metz aufgehalten.

Nördlich von Patton war eine amerikanische Armee unter Generalleutnant Hodges in den letzten Augusttagen aus dem Raum von Paris beiderseits der Oise nach Nordosten vorgegangen, hatte in einer langgestreckten Tasche zwischen Compiègne und Mons die Trümmer mehrerer deutscher Panzerdivisionen zerrieben und dabei 25000 Gefangene eingebracht. Nach Beendigung dieser Kämpfe stieß sie bis zum 11. September an die deutsche Grenze bei Trier vor und wurde hier an der Mosel und am Westwall entlang der Sauer aufgehalten. Weiter nördlich erreichte sie am 6. September Lüttich. Die Absicht, im Zuge dieses Vorstoßes als erste deutsche Stadt Aachen zu nehmen, mißlang. Ein Umfassungsversuch führte Mitte September vorübergehend zur Einnahme der Städte Eschweiler und Stolberg, die den Amerikanern durch Gegenangriffe jedoch wieder entrissen wurden.

Auch Montgomerys Heeresgruppe war in den letzten Augusttagen an der unteren Seine zum Angriff angetreten, um vor allem den Hafen von Antwerpen zu erobern. Nach Überwindung eines anfänglich starken Widerstands kam sie schnell voran und erreichte am 3. September das von den Deutschen geräumte Brüssel. Am nächsten Tag fiel ihr dank der Unterstützung durch die belgische Résistance der Hafen von Antwerpen fast unversehrt in die Hände. Angesichts dieses ungestümen Vordringens beurteilte Montgomery die Lage so optimistisch, daß er Eisenhower bat, ihm allen verfügbaren Nachschub zuzuführen: er werde dann in der Lage sein, den Vormarsch bis Berlin fortzusetzen. Nach dem Kriege haben Feldmarschall v. Rundstedt, sein Stabschef, General Westphal, und andere deutsche Generäle gemeint, daß ein solcher, gleich anschließend unternommener, konzentrierter Stoß die Alliierten tatsächlich bis ins Ruhrgebiet geführt hätte. Doch Eisenhower, der Montgomerys Lagebeurteilung bei weitem nicht teilte, lag mehr daran, daß der Hafen von Antwerpen – der durch starke deutsche Befestigungen beiderseits der Schelde-Mündung noch weiter blockiert blieb – für die alliierten Schiffe geöffnet wurde, als daß eine Heeresgruppe verfrüht nach Deutschland vorstieß und durch die Beanspruchung des gesamten Nachschubs alle Bewegungen an der übrigen Front lahmlegte.

Durch den raschen Vormarsch der Engländer auf Antwerpen war an der Kanalküste eine deutsche Armee unter General v. Zangen abgeschnitten worden. Sie erhielt nun den Befehl, nicht nach Osten durchzubrechen, sondern an der stark befestigten südlichen Schelde-Mündung einen Brückenkopf zu bilden, die Insel Walcheren und die Halbinsel Süd-Beveland zu besetzen und von dort Kräfte zur Verstärkung der Front nördlich von Antwerpen und am Albert-Kanal aufs Festland überzuführen. Auf ihrem Weg nach Norden sollte diese Armee gleichzeitig Besatzungen in den Häfen Boulogne, Calais und Dünkirchen zurücklassen. Die Kanadier konnten zwar bis Brügge vorstoßen, jedoch nicht verhindern, daß v. Zangens Armee sich am Südufer der Schelde hinter dem Leopold-Kanal festsetzte und – trotz alliierter Lufteinwirkung – unter dem Schutz der Batterien von Breskens starke Kräfte in Schleppkähnen und Fähren über die Schelde-Mündung brachte, die dadurch fest in deutscher Hand blieb.

Auf einer Besprechung in Brüssel am 10. September erlangte Montgomery Eisenhowers Zustimmung, die Säuberung der Zufahrtswege nach Antwerpen zunächst zurückzustellen und den offensichtlichen Zusammenbruch der deutschen Front in seinem Abschnitt auszunutzen, um eine Linie zu erreichen, hinter der Antwerpen gesichert war; ferner über den Niederrhein im Raum von Arnheim durch den Einsatz von Luftlandetruppen einen Brückenkopf zu schaffen (Operation »Market Garden«), der den Westwall flankieren und daher für die spätere Offensive gegen das Ruhrgebiet eine günstige Ausgangsstellung abgeben konnte. Montgomery drang auf diese Operation noch aus einem besonderen Grund: zwei Tage zuvor waren die ersten V 2-Raketen auf London niedergegangen und ihre Abschußbasen wurden im Raum Rotterdam-Amsterdam vermutet. Daher sollte »Market Garden« zugleich diesen Raum isolieren und den V 2-Nachschub unterbinden. Montgomerys Operationsplan sah vor, daß sich Fallschirm- und Luftlandetruppen an fünf hintereinanderliegenden Stellen überraschend der Brücken über den Wilhelmina-Kanal, den Zuid-Willemsvaart, die Maas, die Waal und den Niederrhein bemächtigen sollten. Diese Brücken sollten untereinander zu einem rund 80 km langen Korridor verbunden werden, durch den englische Panzerkräfte von dem bereits gewonnenen Brückenkopf über den Maas-Schelde-Kanal bei Neerpelt aus schnellstens hindurchstoßen sollten. Montgomerys Absicht ging von vornherein über die bloße Bildung eines Brückenkopfes am Niederrhein hinaus: seine Kräfte sollten nördlich von Arnheim die Zuidersee erreichen, mit Front nach Osten die Ijssel überqueren und bis in den Raum von Münster vorrücken mit dem Ziel, das Ruhrgebiet von Norden zu umfassen. Mit diesem durchschlagenden Erfolg hoffte er, Eisenhower doch noch für seinen Plan eines raschen konzentrierten Vorstoßes ins Ruhrgebiet gewinnen zu können.

Operation »Market Garden« wurde um die Mittagszeit des 17. September mit dem Absetzen der Luftlandetruppen über den vorgesehenen Räumen eingeleitet. Die Lage wurde jedoch für die Angreifer mißlich, als sich das Wetter am 19. September derart verschlechterte, daß den gelandeten Verbänden keine Unterstützung seitens der Luftwaffe und keine Verstärkungen gebracht werden konnten. Es gelang den englischen Panzerkräften, bis nach Nimwegen an die Waal durchzustoßen. Aber die abgeschnittene und in mehrere Gruppen isolierte englische Luftlandedivision bei Arnheim geriet in ärgste Bedrängnis. Sie war auf eine der zwei SS-Panzerdivisionen gestoßen, die in diesem Raum nach den Kämpfen in der Normandie zur Auffrischung lagen; eine rasche deutsche Reaktion wurde ferner dadurch begünstigt, daß zwei Tage vor der Luftlandung das Hauptquartier der Heeresgruppe B unter Model nach hier verlegt worden war: obwohl über beide Tatsachen rechtzeitig »Ultra«-Hinweise eingegangen waren, hatten sie keine Beachtung gefunden. Die gegen zähen deutschen Widerstand auf Arnheim vorgehenden englischen Panzerverbände konnten am 24. September lediglich an einer schmalen Uferstelle des Niederrheins westlich von Arnheim mit den Luftlandetruppen Verbindung aufnehmen. Doch die Hoffnung, am Nordufer doch noch einen für weitere Operationen ausreichenden Brückenkopf halten zu können, mußte aufgegeben werden. Die Trümmer der Luftlandedivision wurden in der Nacht zum 26. September auf Pionierbooten über den Fluß zurückgeführt. Von den 10000 nördlich des Niederrheins gelandeten Soldaten konnten etwas über 2000 Mann auf das Südufer gerettet werden, über 1000 Mann waren gefallen, 6500 gerieten in deutsche Gefangenschaft. Damit war Montgomerys Absicht, schon jetzt östlich des Rheins einen Stoß nach Deutschland hinein zu führen, gescheitert.

Bis in die ersten Oktobertage hinein versuchten die Deutschen vergebens, den allierten Brückenkopf zwischen Maas und Rhein von Norden und Osten her einzudrücken und vor allem die Waalbrücken von Nimwegen wiederzugewinnen. Auch mehrere Luftangriffe auf diese wichtigen Brücken schlugen fehl; in der Nacht zum 29. September konnten schließlich Kampfschwimmer die Eisenbahnbrücke durch Sprengladungen schwer beschädigen und auch die Straßenbrücke für 24 Stunden unbenutzbar machen. Gerade dem Nimweger Brückenkopf maß Montgomery besondere Bedeutung bei, da er aus ihm zwischen Maas und Rhein nach Südosten ins Rheinland vorzustoßen beabsichtigte. Als sich Montgomery Anfang Dezember mit der Vorbereitung der Offensive befassen konnte, sollte Hitlers Gegenangriff in den Ardennen alle seine Berechnungen über den Haufen werfen.

Die Armee v. Zangens hatte unterdessen die Zeit weidlich ausgenutzt, um ihren Brückenkopf an der südlichen Schelde-Mündung (»Festung Schelde-Süd«) mit seinen starken Batterien bei Knocke und Breskens sowie die stark befestigte Insel Walcheren – beides Teile des Atlantikwalls – auf die Verteidigung vorzubereiten. Nachdem die Kanadier durch die Einnahme von Le Havre, Boulogne und Calais (Dünkirchen dagegen hielt sich bis Kriegsende) Kräfte frei bekommen hatten, traten sie am 1. Oktober am Leopold-Kanal gegen die »Festung Schelde-Süd«, fünf Tage später nördlich von Antwerpen gegen die Halbinsel Süd-Beveland zum Angriff an und eroberten in verbissenen Kämpfen beide deutsche Stellungen bis Monatsende. Noch beherrschte aber die durch Unterwasserhindernisse und Minenfelder stark befestigte und mit fünfundzwanzig einbetonierten Batterien bestückte Insel Walcheren die Einfahrten nach Antwerpen. Die vorbereitenden Luftangriffe der R. A. F. hatten sich im Oktober vor allem auf die Dämme zwischen den Inseldünen gerichtet, die an mehreren Stellen zerstört wurden, so daß die tiefliegende Mitte der Insel überflutet war. Am 1. November begann der konzentrische Angriff auf die schmalen, befestigten Küstenstreifen durch Landungen im Westen und Süden. Nach sechs Tagen hatten die Alliierten die Insel genommen und dabei 8000 Gefangene gemacht. Die Kämpfe um die Schelde-Mündung waren für die Engländer und Kanadier die schwersten, die sie seit der Landung in der Normandie zu bestehen hatten. Sie kosteten über 27000 Mann Verluste. Aber noch weitere drei Wochen vergingen, bis die 120 km lange Zufahrt nach Antwerpen von Minen geräumt war: am 28. November – zweieinhalb Monate nach der Einnahme Antwerpens – konnte der erste alliierte Geleitzug in den Hafen einfahren. Der Einsatz von V 1- und V 2-Waffen verursachte in der Folge zwar in Stadt und Hafen Schäden und Verluste, konnte jedoch den Nachschub der Alliierten ebenso wenig ernsthaft beeinträchtigen wie der Einsatz von U-Booten und Schnellbooten gegen die Schelde-Mündung.

Auf der gesamten Front von Nimwegen bis Belfort zielten die alliierten Operationen im November darauf ab, die deutsche Front zu zermürben und für die entscheidende Offensive eine günstige Ausgangsstellung – nördlich der Ardennen vor allem den Rhein – zu erreichen. Eisenhower und Montgomery hatten am 18. Oktober auf einer Besprechung in Brüssel beschlossen, daß Montgomerys geplantem Angriff aus dem Nimweger Brükkenkopf zwischen Maas und Rhein nach Süden amerikanische Kräfte über Aachen und die Rur (Roer) nach Norden entgegenstoßen sollten, um gemeinsam die Rheinlinie zu gewinnen.

Beiderseits Aachen hatten die erbitterten Kämpfe im Laufe des Oktober angehalten. Goebbels machte die Verteidigung der Stadt zu einem Fanal deutschen Widerstandswillens, der durch den Erfolg bei Arnheim und die in dieser Zeit erfolgende Veröffentlichung des alliierten »Morgenthauplanes« über die Behandlung Deutschlands nach dem Kriege nicht unbeträchtlich stimuliert wurde. Am 13. Oktober wurde die Stadt von den Amerikanern eingeschlossen und nach heftigem Beschuß und Bombardement am 21. Oktober genommen. Im November beabsichtigten die Amerikaner, durch eine Offensive die Rur (Roer) als Ausgangslinie für den geplanten Vorstoß zum Rhein zu erreichen. Am 16. November begannen sie nach starker Luftvorbereitung beiderseits von Aachen ihren Angriff, konnten aber trotz des Einsatzes von schließlich siebzehn Divisionen auf engem Raum keinen Durchbruch erzielen. Erst bis Anfang Dezember wurde die deutsche Front auf die Rur zurückgedrückt, wobei es vor allem im Hürtgen-Wald zu blutigen Kämpfen kam. Da es den Amerikanern im Süden des Offensivabschnitts nicht gelungen war, die Talsperren am Oberlauf der Rur und der Urft in Besitz zu nehmen, die den Wasserstand der Rur regulierten, wagten sie zunächst nicht, den Fluß nach Osten zu überschreiten: wenn die Deutschen die Dämme sprengten, mußte die Flutwelle sämtliche Brücken wegreißen und die Nachschublinie der Angreifer unterbrechen. Ehe sie aber zur Eroberung der Talsperren ansetzen konnten, sollten sie von der deutschen Ardennenoffensive überrascht werden.

Während die Amerikaner im Eifel-Abschnitt zwischen Rur und Mosel – gerade dort, wo der deutsche Gegenstoß erfolgen sollte – mit auseinandergezogenen Verteidigungskräften defensiv blieben, hatte südlich davon Pattons Armee am 8. November beiderseits Metz eine Offensive in Richtung auf die Saar begonnen. Die deutsche Heeresgruppe G unter General Balck, die fast alle Panzerverbände an Models Heeresgruppe abgegeben hatte, war nicht in der Lage, dem Angriff Pattons und der wenig später weiter südlich beginnenden Offensive der alliierten 6. Heeresgruppe standzuhalten. Patton konnte Metz am 22. November einnehmen und bis Anfang Dezember die Deutschen westlich Saarbrücken hinter die Saar zurückwerfen, wo der Westwall rasch einigermaßen in Verteidigungszustand gebracht worden war. Weiter südlich war eine zu Patchs Armee gehörende französische Panzerdivision am 23. November bis Straßburg durchgestoßen, während die französische 1. Armee in die Festung Belfort einrückte und nördlich von Basel den Rhein erreichte. Im Schutz der südlichen Vogesen konnten die Deutschen westlich des Rheins bei Kolmar einen ausgedehnten Brükkenkopf behaupten und damit verhindern, daß die Alliierten am Oberrhein eine feste Verteidigungsfront aufrichteten und freigewordene Kräfte an entscheidenden Stellen offensiv einsetzten.

Während der Herbstkämpfe entlang der ganzen Front von der Nordsee bis zur Schweizer Grenze war die alliierte Luftüberlegenheit wegen der ausnehmend schlechten Wetterverhältnisse nicht in vollem Ausmaß zum Tragen gekommen. Das aufgeweichte Gelände hatte die Panzerkräfte an die Straßen gebunden, so daß die alliierte Infanterie die Hauptlast des Kampfes zu tragen hatte und erhebliche Verluste sowie Ausfälle durch Erkrankungen erlitt. Als Notbehelf für den Infanterie-Ersatz wurden die alliierten Etappen- und Nachschuborganisationen ausgekämmt und auf Bodenpersonal der Luftwaffe zurückgegriffen. Frische, aus den Vereinigten Staaten herangebrachte Infanterieeinheiten wurden unmittelbar in die Front eingestreut, um die mitgenommenen, kampferprobten Einheiten auffrischen zu können. Aber diese vorübergehend angespannte Lage bei den Alliierten war in keiner Weise mit der Krise zu vergleichen, in der sich das deutsche Ersatzwesen befand. Statt die ausgebrannten Divisionen mit ausreichendem Ersatz zu versehen, ließ Hitler von Himmler, der nach dem 20. Juli 1944 Befehlshaber des Ersatzheeres geworden war, aus den in der Heimat ausgehobenen Männern immer neue »Volksgrenadierdivisionen« unter Verwendung fronterprobter Kader aufstellen, denen der größere Teil der Produktion an neuen Waffen zufloß. Die Artillerie der neu aufgestellten Verbände war jedoch meist mit Pferden bespannt. Diese neuen Divisionen sollten zugleich den Kern für das nationalsozialistische »Volksheer« der Nachkriegszeit bilden. Da Hitler gleichzeitig befohlen hatte, keine der alten Divisionen aufzulösen, wiegte er sich in der Illusion einer ständig wachsenden Streitmacht, während einzelne Divisionen nur noch den Kampfwert eines Bataillons besaßen. Mit diesem letzten, von Himmler aus dem Boden gestampften Kräfteaufgebot beabsichtigte Hitler, vor allem die Lage im Westen zu wenden.

Hitler trug sich schon seit August mit dem Gedanken einer großen Gegenoffensive und befahl Mitte September, eigens für diesen Zweck eine neue Panzerarmee – die 6. SS-Panzerarmee unter Sepp Dietrich – aufzustellen. Ende September wurde der zwischen zwei alliierten Offensivschwerpunkten liegende und daher vom Gegner schwach besetzte Raum zwischen Monschau und Echternach als Ansatz für die Offensive ausersehen: es war fast der gleiche Raum, aus dem heraus Rundstedts Heeresgruppe im Jahre 1940 zum entscheidenden »Sichelschnitt« angesetzt hatte. Hitler wollte dabei die herbstliche Schlechtwetterperiode vor Anbruch klaren Winterwetters ausnutzen, um die alliierte Luftüberlegenheit weitgehend auszuschalten. Der Plan für die beabsichtigte Offensive wurde von Hitler und dem OKW ohne Beteiligung der Oberbefehlshaber im Westen ausgearbeitet, der Angriffstermin auf den 25. November festgesetzt. Die Grundkonzeption der Offensive wurde den Feldmarschällen v. Rundstedt (ab 4. September wieder Oberbefehlshaber West) und Model, dessen Heeresgruppe B die Durchführung zufiel, erst Ende Oktober mitgeteilt.

Der Plan sah vor, daß die 6. SS-Panzerarmee und die 5. Panzerarmee innerhalb von zwei Tagen an die Maas zwischen Lüttich und Namur vorstoßen und dort den Fluß überschreiten sollten. Anschließend sollte die 6. SS-Panzerarmee nach Antwerpen durchbrechen, während die 5. Panzerarmee parallel zu ihr auf Brüssel vorrücken sollte, um die Flanke der 6. SS-Panzerarmee zu decken. Durch den massierten Stoß auf Antwerpen sollten alle nördlich des Durchbruchs stehenden amerikanischen und englischen Streitkräfte abgeschnitten und vernichtet werden. Die Bereitstellung genügender Treibstoffmengen für die ersten Tage der Offensive wurde zugesagt, außerdem erwartete man, in der Etappe des Gegners größere Benzinlager in die Hände zu bekommen. Im Gefechtsabschnitt der 6. SS-Panzerarmee sollte unter Führung von SS-Obersturmbannführer Skorzeny eine aus englischsprechenden Wehrmachtangehörigen zusammengestellte, mit amerikanischen Beuteuniformen und -fahrzeugen ausgerüstete Sonderformation, die »Panzerbrigade 150«, in die zusammenbrechende feindliche Front eingeschleust werden, um den eigenen Truppen vorauseilend Brücken über die Maas zu sichern und im Hinterland des Gegners durch Sabotageakte Verwirrung zu stiften (Unternehmen »Greif«).

Die Luftwaffe sollte die Offensive mit rund 2000 Jagd- und Schlachtflugzeugen unterstützen.

Der weitgesteckte Plan stieß bei den Oberbefehlshabern im Westen sofort auf Widerspruch, da sie die Leistungsfähigkeit der Truppe überfordert sahen. Statt Hitlers »großer Lösung« schlugen sie eine auf die tatsächlich vorhandene Kampfkraft der Truppe zugeschnittene »kleine Lösung« vor: den Angriff bis an die Maas zu führen und den Fluß als Flankendeckung benutzend nach Norden einzudrehen, um im Zusammenwirken mit einem von Norden – aus dem Raum zwischen Sittard und Geilenkirchen – geführten Stoß alle ostwärts der Maas stehenden Feindkräfte einzuschließen. Doch diese »kleine Lösung« konnte ebenfalls nur dann erfolgreich sein, wenn die deutsche Luftwaffe nach Beendigung der Schlechtwetterperiode vorübergehend eine örtliche Luftüberlegenheit behaupten konnte. Hitler lehnte jedoch den Vorschlag der Oberbefehlshaber als »halbe Lösung« ab.

Es zeigte sich, daß es frühestens bis zum 10. Dezember möglich war, eine schlagkräftige Offensivgruppe zu formieren und ihren Nachschub zu organisieren. Mitten in die Vorbereitungen platzte Mitte November die amerikanische Offensive im benachbarten Rur-Abschnitt, zu deren Abwehr Teile der angesammelten Reserven eingesetzt werden mußten, da dort ein Geländeverlust die eigene Offensive beeinträchtigt hätte. Durch die Abnutzung mehrerer für die Offensive bereitgestellter Verbände in dieser Abwehrschlacht und die Schwierigkeiten, die sich bei ihrer abermaligen Herauslösung ergaben, verzögerten sich die Vorbereitungen. Aus diesen und aus Wettergründen wurde der Angriffsbeginn mehrmals verschoben, bis er am 12. Dezember endgültig auf den 16. festgelegt werden konnte.

Am 11. und 12. Dezember berief Hitler die an dem Unternehmen beteiligten Oberbefehlshaber und kommandierenden Generäle bis herunter zu den Divisionskommandeuren und ihren Stäben zur Einweisung in ihre Aufgaben in sein Hauptquartier »Adlerhorst« in Ziegenberg bei Bad Nauheim, das er für die Dauer der Offensive bezogen hatte. Dort legte er ihnen in einer längeren Ansprache die militärische und politische Bedeutung der bevorstehenden Offensive dar. Aus dieser Ansprache ging unmißverständlich hervor, warum Hitler sich geweigert hatte, von der operativen Zielsetzung des Unternehmens Abstriche zu machen: er wollte militärisch alles auf eine Karte setzen, um den Westmächten einen Schlag zu erteilen, der ihren Glauben an einen totalen Sieg erschüttern und sie einem Friedensschluß mit ihm geneigt machen sollte. Bei der Erörterung der politischen Auswirkungen der Offensive verstieg er sich sogar in den Gedanken, daß die gegnerische Koalition, deren divergierende Interessen »schon jetzt Tag für Tag aneinandergeraten«, zerbrechen werde. »Wenn hier noch ein paar ganz schwere Schläge erfolgen«, führte er vor seinen Generälen aus, »so kann es jeden Augenblick passieren, daß diese künstlich aufrechterhaltene gemeinsame Front plötzlich mit einem riesigen Donnerschlag zusammenfällt.«[21] Ob Hitler, der noch im August den Gedanken der Juli-Verschwörer, die Gegner gegeneinander ausspielen zu können, als »geradezu naiv« bezeichnet hatte, selbst an eine solche Entwicklung glaubte, mag dahingestellt bleiben. Es war an sich die einzige Hoffnung, die der Fortführung seines Kampfes überhaupt einen Sinn geben konnte.

Operation »Herbstnebel«, wie der Deckname für die Ardennenoffensive lautete, begann im Morgengrauen des 16. Dezember. Sie traf auf einen völlig überraschten Gegner: die vorbereitenden Truppenbewegungen waren nur nachts erfolgt, Schlechtwetter hatte die alliierte Luftaufklärung verhindert, und die von Hitler vor der Offensive befohlene absolute Funkstille hatte die an »Ultra«-Beobachtungen gewöhnten alliierten Befehlshaber – die die Hinweise aus anderen, weniger zuverlässigen Nachrichtenquellen in zunehmendem Maße ignorierten – blind gemacht. Nach einer starken Artillerievorbereitung trat die 6. SS-Panzerarmee Sepp Dietrichs zwischen Monschau und der Schneifel (Schnee-Eifel) zum Angriff an, traf jedoch mit ihrem Nordflügel im Raum Monschau auf die amerikanischen Kräfte, die gegen die Rur-Talsperre vorgingen, und kam daher nur wenig voran. Ihr Südflügel konnte bis zum 18. Dezember Stavelot und Trois Ponts erreichen. Hier kam der Angriff 15 km vor Spa – wo sich das Hauptquartier der amerikanischen 1. Armee und ein riesiges Treibstofflager befand – und weit vor dem ersten Etappenziel Lüttich endgültig zum Stehen. Eine amerikanische Panzerdivision, die aus dem Raum Aachen nach Süden geworfen wurde, um den wichtigen Straßenknotenpunkt St. Vith zu verteidigen, konnte ihr Ziel gerade noch vor den nach Westen vorgehenden deutschen Verbänden erreichen. Als dabei eine amerikanische Abteilung südlich von Malmedy von Kräften der 1. SS-Panzerdivision »Leibstandarte Adolf Hitler« abgeschnitten wurde und sich ergab, kam es zu jenem Zwischenfall, der nach dem Kriege ein viel umstrittenes Prozeßverfahren nach sich ziehen sollte: die Gefangenen wurden von den SS-Truppen durch Maschinengewehrfeuer niedergemäht und 86 Amerikaner getötet. Da im Abschnitt Sepp Dietrichs von einer Zerschlagung der feindlichen Front und einem Vordringen an die Maas keine Rede mehr sein konnte, mußte auch Skorzenys »Unternehmen Greif« bis auf die Tätigkeit einzelner Gruppen abgeblasen werden.

Unterdessen hatte die 5. Panzerarmee v. Manteuffels südlich der Schneifel die amerikanische Front an mehreren Stellen durchbrochen und drang nach Westen vor. Den wichtigen Knotenpunkt St. Vith, der von den Amerikanern zäh verteidigt wurde, konnte sie erst am 21. Dezember nehmen. Die Panzerkräfte v. Manteuffels wurden durch gesprengte Brücken, Schlamm und Kolonnenstauungen aufgehalten und kamen weit langsamer voran, als es der Offensivplan vorgesehen hatte. Das Herbstwetter, das einerseits Schutz vor der feindlichen Luftwaffe gewährte, verzögerte andererseits das Vorgehen durch schwierige Bodenverhältnisse. Schon jetzt konnte nicht mehr erwartet werden, daß sich die Panzertruppen überraschend in den Besitz nur schwach verteidigter Brücken über die Maas setzen konnten. Bei Bastogne trafen sie auf starken feindlichen Widerstand. Die Amerikaner hatten ihre letzten ungebundenen Reserven in diesen Ort geworfen, der – ähnlich wie St. Vith im Nordabschnitt – im gebirgigen Ardennengelände als Straßenknotenpunkt von besonderer Bedeutung war.

Am 21. Dezember wurde das hartnäckig verteidigte Bastogne eingeschlossen und band schließlich drei deutsche Divisionen. Am nächsten Tag liefen sich zunächst auch die nach Westen vorgehenden Panzerdivisionen, die in zunehmendem Maße unter Treibstoffmangel litten, gegen sich versteifenden Widerstand auf der Linie Hotton–Marche–St. Hubert fest. Am 23. Dezember begann allmählich das Wetter umzuschlagen und feindlicher Jagdbombereinsatz sich bemerkbar zu machen; das eingeschlossene Bastogne wurde erstmals aus der Luft versorgt. Am selben Tage wurden die Panzerkräfte, die von Marche aus ihren Angriff gegen Dinant wieder aufgenommen hatten, nur 6 km vor der Maas in der Flanke gepackt, ihre Spitze abgeschnitten und nahezu aufgerieben. Südlich davon erreichten die Panzerkräfte Rochefort. Als Pattons Armee am 23. Dezember begann, von Süden her anzugreifen, um Bastogne zu entsetzen, wurde es offensichtlich, daß die der 5. Panzerarmee gestellte Aufgabe deren Kräfte überstieg. Zu alledem setzte mit der Wetterbesserung am 24. Dezember der Eingriff der alliierten Luftwaffe in den Erdkampf in vollem Ausmaß ein, so daß alle Bewegungen nur mehr nachts erfolgen konnten. Gleichzeitig wurden die deutschen Nachschublinien bis zum Rhein und die Flugplätze der deutschen Luftwaffe angegriffen. Der Nachschub aus den weit zurückliegenden Vorratslagern, der schon seit Beginn der Offensive nicht recht geklappt hatte, wurde nun vollends desorganisiert. Bei dem Versuch, die Bodentruppen zu unterstützen, wurden die deutschen Jäger während der Weihnachtstage in schwere Luftkämpfe verwickelt und erlitten erhebliche Verluste. Am 26. Dezember durchbrach der Gegenstoß Pattons die deutsche Front und schlug eine schmale Verbindungsschneise nach Bastogne. In dieser Lage waren am 27. Dezember auch die Panzerkräfte v. Manteuffels gezwungen, ihr weiteres Vordringen einzustellen. Damit war das Unternehmen »Herbstnebel« gescheitert: v. Rundstedt, Model und v. Manteuffel beschworen Hitler vergebens, Truppen und Material durch Zurücknahme in die Ausgangsstellung zu retten, ehe die erwartete Gegenoffensive der Alliierten begann. Hitler befahl statt dessen, die erreichte Frontausbuchtung zu halten und Bastogne zu nehmen. Um diese Stadt wurde daher in den folgenden Tagen noch hart gerungen.

Am 1. Januar 1945 sollte die nochmals mühsam aufgefrischte deutsche Jagdwaffe den Todesstoß erhalten. An diesem Morgen starteten sämtliche im Westen eingesetzten deutschen Jäger und Schnellbomber – ungefähr 800 Maschinen – zu einem Tiefflugangriff gegen alliierte Flugplätze in Nordfrankreich, Belgien und Holland (Unternehmen »Bodenplatte«). Durch diesen überraschenden Schlag wurden innerhalb kürzester Zeit fast 800 alliierte Flugzeuge außer Gefecht gesetzt und die taktische Luftwaffe der Alliierten über eine Woche lang gelähmt. Bei diesem Unternehmen gingen rund 100 eigene Maschinen durch Feindeinwirkung verloren. Aber auf dem Rückflug gerieten die deutschen Verbände in das eigene Flak-Sperrgebiet, das der Sicherung der V 2-Abschußstellen diente, und verloren dabei 200 Flugzeuge. Von diesem schweren Schlag, der durch Hitlers übertriebene Geheimhaltungsmaßnahmen verursacht worden war, sollte sich die Luftwaffe nie mehr erholen.

Nach der anfänglichen Überraschung, die die deutsche Ardennenoffensive bei den Alliierten ausgelöst hatte, hatten sie an der gesamten Front ihre Angriffsoperationen eingestellt und Kräfte von den benachbarten Armeen sowie letzte ungebundene

Reserven an den bedrohten Frontabschnitt und hinter die völlig ungedeckte Maas geworfen. Der nördliche Teil der durch den deutschen Stoß gespaltenen Heeresgruppe Bradleys wurde Montgomery unterstellt, der seine Vorbereitungen für die Rheinlandoffensive unterbrach und auch von seiner eigenen Heeresgruppe Verstärkungen heranzog. Am 3. Januar 1945 begann von Norden und Süden der alliierte Zangenangriff gegen die entstandene Frontausbuchtung (»The Bulge«). Hauptsächlich dem Umstand, daß der inzwischen eingetretene Schneefall die alliierten Bewegungen an die Straßen band, war es zu verdanken, daß die deutschen Truppen geordnet aus der Zange herausgezogen werden konnten, ehe sie sich am 16. Januar bei Houffalize schloß. Doch mußte wegen Treibstoffmangels eine Menge wertvollen Materials – darunter mehr Panzer und Sturmgeschütze, als die Offensive gekostet hatte – zurückgelassen und zerstört werden. Nachdem die Alliierten Houffalize erreicht hatten, ließ ihr Druck nach, da Montgomery seine Kräfte wieder aus der Front nahm. Bis Ende Januar zogen sich die Deutschen allmählich auf ihre Ausgangsstellung zurück, ohne die Verluste an Waffen und Munition vorläufig ersetzen zu können.

Als die Ardennenoffensive in den letzten Dezembertagen ins Stocken geraten war, befahl Hitler, der den Verlust der deutschen Initiative im Westen einfach nicht wahrhaben wollte, im nördlichen Elsaß eine Ablenkungsoffensive (Unternehmen »Nordwind«). Damit hoffte er die Drohung gegen die Südflanke der Ardennenoffensive zu beseitigen, die er dann glaubte mit Aussicht auf Erfolg wieder aufnehmen zu können. Der am 1. Januar 1945 beginnende Angriff unter General v. Obstfelder von der pfälzischen Grenze nach Süden zielte vor allem darauf ab, die Amerikaner in der Nordostecke des Elsaß abzuschneiden und zu vernichten. Östlich der Vogesen kam der Angriff zunächst gut voran, da sich Patch hier gemäß der Weisung Eisenhowers auf den Straßburger Raum zurückzog: durch »Ultra« schon vor Beginn der Offensive davon unterrichtet, daß der deutsche Hauptstoß westlich des Gebirges erfolgte, hatten die Amerikaner ihre Panzerdivisionen dort konzentriert. Um ein Entweichen des Gegners zu verhindern und wohl auch vom ersten »Erfolg« stimuliert, befahl Hitler gegen den Einspruch v. Rundstedts, nördlich von Straßburg über den Rhein zu gehen und aus dem weiter südlich stehengebliebenen Brückenkopf bei Kolmar gleichzeitig einen Angriff nach Norden zu führen, um das Elsaß wieder zu besetzen. In diesem Plan wurde er vom

Reichsführer SS Himmler bestärkt, der Anfang Dezember den Oberbefehl über die Heeresgruppe »Oberrhein« erhalten hatte. Hitler hatte ihm diesen Posten übertragen, da er – wie sich herausstellen sollte, mit Recht – darauf spekulierte, daß Himmler dann »irgendwelche Reserven an Polizei- oder SS-Verbänden, von denen niemand etwas weiß und die er nicht herausgibt«[22] einsetzen werde. Es gelang Himmler, den zurückweichenden Amerikanern am 6. Januar nördlich Straßburg einen kleineren Brückenkopf am linken Rheinufer abzuringen. Als auch der Angriff aus dem Kolmarer Brückenkopf begann, erwog Eisenhower, der hinter seiner Front zwischen den Ardennen und der Schweizer Grenze keinerlei Reserven besaß, lieber auch im vorspringenden Straßburger Raum vorübergehend vom Rhein auf die Vogesen zurückzugehen, als seine Gegenoffensive in den Ardennen durch Kräfteabzug zu hemmen. Wegen dieser Entscheidung geriet er in eine Auseinandersetzung mit de Gaulle, der erklärte, eine kampflose Räumung Straßburgs – das seit 1870/71 für die Franzosen symbolische Bedeutung besäße – werde in Frankreich allgemeine Entmutigung und vielleicht sogar offenen Aufruhr hervorrufen. Aber die deutschen Offensivkräfte waren hier viel zu schwach, um an zwei Stellen mit Erfolg anzugreifen. Ihre Offensive konnte aufgehalten werden, ohne daß amerikanische Kräfte aus den Ardennen abgezogen werden mußten. Damit hatte Hitler im Elsaß abermals sinnlos Kräfte vergeudet. Die deutschen Winteroffensiven 1944/45 in den Ardennen und im Elsaß hatten sich als Fehlschläge erwiesen. Ihr einziges Ergebnis war, daß die Alliierten ihre weiteren Offensivpläne um einige Wochen aufschieben mußten – ein Gewinn, der bei weitem zu teuer erkauft war: Hitlers nochmals zusammengeraffte Streitmacht – seine aufgefrischten und neu aufgestellten Divisionen – war zu einem guten Teil dahingeschmolzen, ohne den erwarteten entscheidenden Erfolg zu erzielen. Da Hitler die Ardennenoffensive in den letzten Dezembertagen, als ihr Scheitern bereits deutlich erkennbar war, nicht abbrach, um alle entbehrlichen Kräfte an die Ostfront zu werfen, war auch dort die letzte Aussicht geschwunden, den dann Mitte Januar 1945 beginnenden sowjetischen Großangriff an der Weichsel aufzuhalten. Mit seinem – an den eigenen Kräften gemessen – überspannten Versuch, im Westen einen entscheidenden Offensiverfolg zu erzwingen, trug er nur dazu bei, daß die feindliche Flut von allen Seiten um so schneller über Deutschland hereinbrach.

8. Kapitel
Résistance in den besetzten europäischen Ländern: Das »Trojanische Pferd« auf dem Kontinent

Gegen die deutsche Besatzungsherrschaft und ihre politischen und wirtschaftlichen Auswirkungen erhob sich in den besetzten Ländern Widerstand, der von den verschiedensten Gruppen und Organisationen getragen wurde. Die aktive Form des Widerstandes verstärkte sich vor allem nach Beginn des Rußlandkrieges, als es den unterworfenen Völkern klar wurde, daß Deutschland bis dahin zwar die Schlachten auf dem europäischen Kontinent, aber noch lange nicht den Krieg um den Kontinent gewonnen hatte. Während eine Wiederaufnahme des offenen bewaffneten Kampfes im Osten in der Form des Partisanenkrieges hinter der deutschen Rußlandfront und in den schwer zugänglichen Balkangebieten schon bald möglich war, konnte sie im Westen erst erfolgen, als die Gegner den Boden des Kontinents wieder betraten. Neben dem Nahziel der Befreiung ihrer Länder von der Herrschaft der Achsenmächte verfolgten die verschiedenen Widerstandsgruppen je nach ideologischer Einstellung Fernziele, die sich auf die zukünftige Gestaltung ihrer Länder bezogen: die Wiederherstellung souveräner, mehr oder weniger demokratischer Staaten oder die Verwirklichung kommunistischer Vorstellungen bzw. die Schaffung sozialistischer Volksrepubliken.

Bereits Ende Juli 1940 wurde in England die »Special Operations Executive« (S. O. E.) mit einzelnen Länder-Abteilungen gegründet, die dem »Minister for Economic Warfare«, Hugh Dalton, unterstand. Dalton hatte von Churchill den Auftrag bekommen, »Europa in Brand zu setzen«: die S. O. E. sollte in den besetzten Ländern Nachrichtendienste einrichten sowie geheime Streitkräfte aufstellen und bewaffnen helfen, die im Falle einer Landung den Kampf an der Seite der Invasoren wiederaufnehmen sollten. Die S. O. E. wurde bei ihrer Aufgabe ab 1943 durch die Europa-Abteilung des amerikanischen »Office of Strategic Services« (O. S. S.) unter Allen Welsh Dulles unterstützt.

In Frankreich begann sich der aktive Widerstand im Frühsommer 1941 durch einzelne Attentate und Sabotageakte bemerkbar zu machen. Hier wurden zunächst besonders die französischen Kommunisten aktiv, die als verbotene Partei bereits eine Untergrundorganisation aufgebaut hatten, aus der die erste aktive Partisanengruppe, die »Franc-Tireurs et Partisans« (F.T.P.) hervorging. Überfälle auf deutsche Wehrmachtangehörige lösten Massenexekutionen unschuldiger Geiseln, Auferlegung kollektiver Geldbußen und andere Repressalien von deutscher Seite aus, die wiederum die Bevölkerung in zunehmendem Maße gegen die Besatzungsmacht aufbrachten. Gegen kommunistische und linksradikale Gruppen ließ die rechtsgerichtete Vichy-Regierung durch ihren Innenminister Pucheu aus eigenem Interesse Maßnahmen ergreifen. Dennoch hatten sich bis Jahresende in der unbesetzten Zone drei hauptsächliche Widerstandsgruppen gebildet: neben den »Franc-Tireurs« der Linken die Gruppe »Combat« aus ehemaligen Militärs und christlich-demokratischen Politikern unter Henri Fresnay und Georges Bidault, sowie »Libération«, die mit den Gewerkschaften in Verbindung stand. In der besetzten Zone blieb der Widerstand zunächst auf kleine aktive Gruppen beschränkt, die erst im Jahre 1942 größeren Umfang annahmen. Die am weitesten verbreiteten Bewegungen waren hier die sozialistische »Libération-Nord« und die aus der Armee hervorgegangene »Organisation Civile et Militaire« (O.C.M.). Alle diese Gruppen nahmen zu de Gaulles »Nationalkomitee der Freien Franzosen« in London Verbindung auf, das im Januar 1942 den ehemaligen Präfekten Jean Moulin mit dem Fallschirm in Frankreich absetzen ließ, um die Tätigkeit der verschiedenen Widerstandsgruppen zu koordinieren. Es gelang Moulin im Mai 1943, einen zusammenfassenden »Conseil National de la Résistance« unter seiner Führung in Paris zu bilden, dessen Leitung nach Moulins Verhaftung Bidault übernahm. Mit zunehmender Aktivität der Résistance wurde dem »Militärbefehlshaber Frankreich« im Mai 1942 die Polizeigewalt im besetzten Gebiet entzogen und auch hier einem Höheren SS- und Polizeiführer, dem SS-Gruppenführer Oberg, übertragen, der die französische Polizei unter Mithilfe von Kollaborateuren umzuorganisieren und zur Bekämpfung des Widerstandes heranzuziehen bestrebt war. Der Einsatz französischer Miliz seit Frühjahr 1943 beschwor allerdings nur eine gefährliche Bürgerkriegssituation herauf, ohne der wachsenden Tätigkeit der Résistance Einhalt bieten zu können, die sich in Sabotageakten an Verkehrsmitteln, Übermittlung militärischer Informationen nach London, Herausgabe illegaler Druckschriften, Fluchthilfe für abgeschossene alliierte

Piloten sowie Herstellung falscher Ausweise und Lebensmittelkarten für diejenigen Franzosen äußerte, die vor der deutschen Arbeiterzwangsrekrutierung untertauchten. Letztere füllten mehr und mehr die Reihen des »Maquis«, wie die bewaffneten Gruppen nach dem Unterschlupf gewährenden Dickicht genannt wurden. Seine militärischen Gruppen wurden von England aus durch die S.O.E. mit Waffen versorgt und im Februar 1944 zu den »Forces Françaises de l'Intérieur« (F.F.I.) zusammengefaßt. In den unwegsamen Alpengebieten erforderte die Bekämpfung des »Maquis« bereits im Frühjahr 1944 starken deutschen Truppeneinsatz. Nach der alliierten Invasion in der Normandie kam es in verschiedenen Gebieten Mittel- und Südfrankreichs zu regelrechten bewaffneten Aufständen, bei deren Bekämpfung sich die SS zu jenem Racheakt hinreißen ließ, der über 600 unbeteiligte Menschen das Leben kostete und zu einem der augenfälligsten Symbole für die Unmenschlichkeit nationalsozialistischer Unterdrückungsmaßnahmen in West- und Mitteleuropa wurde: das Dorf Oradour-sur-Glane wurde am 10. Juni 1944 von der SS-Panzerdivision »Das Reich« dem Erdboden gleichgemacht, seine männlichen Einwohner exekutiert, Frauen und Kinder in die Kirche zusammengetrieben und dort teils durch Schüsse getötet, teils bei lebendigem Leibe verbrannt.

In Belgien ging ein starker passiver Widerstand von den Führungsgremien der aufgelösten Parteien aus, die durch illegale Presseorgane die moralische Immunität der Bevölkerung gegen nationalsozialistische Durchdringungsversuche zu stärken und die politischen Traditionen bis zur Befreiung zu bewahren suchten. Zentren dieses Widerstandes wurden die belgische katholische Kirche unter Kardinal Van Roey, die Universitäten und die Justiz. Die Zwangsrekrutierung von Arbeitern nach Deutschland verursachte im Frühjahr 1943 umfangreiche Streiks in den Industriezentren. Von den Gesinnungsgemeinschaften der alten Parteien getrennt, bildeten sich halbmilitärische, aktive Widerstandsgruppen (»L'Armée Secrète«), deren Einzelaktionen gegen die Besatzungsmacht und die belgischen Kollaborateure die deutschen Repressalien auch hier bis zu Geiselerschießungen steigerten. Eine Vereinigung von parteipolitisch gebundenem und aktivem Widerstand gelang in Belgien nur der gut organisierten kommunistischen Untergrundbewegung: sie beherrschte die größte aktive Widerstandsgruppe »Front de l'Indépendance« (F.I.). Die bedeutendste unter den nichtmarxistischen aktiven Gruppen war die »Légion Belge« aus ehemaligen Offizieren, deren Ziel sowohl die militärische Zusammenarbeit mit den Alliierten im Falle einer Invasion wie auch die Verhinderung eines Staatsstreichs von links in der Spanne zwischen Zusammenbruch der deutschen Herrschaft und der Rückkehr der legalen Exilregierung Pierlot war. Die aktiven Widerstandsgruppen erzielten im Herbst 1944 mit der Besetzung des Hafens von Antwerpen und seiner Verteidigung bis zum Eintreffen der Alliierten einen militärischen Erfolg.

Im Gegensatz zur Entwicklung in Frankreich und Belgien spielten die Kommunisten in der niederländischen und norwegischen Résistance keine bedeutende Rolle. Die Widerstandsbewegung in den Niederlanden war weitgehend »gouvernemental«: Alle ihre Gruppen hielten in unverbrüchlicher Treue am Königshaus fest und richteten sich nach den Direktiven der Exilregierung in London. Die Universität Leyden und die technische Hochschule Delft wurden als Zentren des Widerstandes schon 1940 geschlossen und eine Anzahl von Professoren und Studenten in deutsche Konzentrationslager geschickt. Eine provozierende Demonstration der holländischen Nationalsozialisten löste im Februar 1941 in Amsterdam und Umgebung Streiks und Unruhen aus. Eine zweite Streikwelle, die diesmal das ganze Land erfaßte, folgte im April/Mai 1943, als der deutsche Wehrmachtbefehlshaber alle ehemaligen holländischen Kriegsgefangenen aufforderte, sich zwecks erneuter Internierung zu stellen. Reichskommissar Seyß-Inquart beantwortete den Streik mit der Verhängung des »Polizeistandrechts«, der Einsetzung von Standgerichten, Massenverhaftungen und Erschießungen. Bis zu diesem Zeitpunkt hatten sich außer der »L. O.«, einer Organisation zur Unterstützung Verfolgter, im wesentlichen drei aktive Widerstandsgruppen gebildet, die von der S. O. E. aus England durch Luftabwurf mit Waffen und Material versorgt wurden: »Orde Dienst«, »Knokploegen« und »Rad van Verzet«. Ab März 1942 kam es zu dem bekannten »Englandspiel« der deutschen Abwehr und des SD, denen der Geheimcode des niederländischen Widerstandes in die Hände gefallen war: Eineinhalb Jahre lang konnten sich die deutschen Stellen unbemerkt in den Funkverkehr zwischen S. O. E. und holländischen Widerstandsgruppen mit Erfolg einschalten und dadurch einen erheblichen Teil der abgeworfenen Waffen erbeuten, abgesprungene Agenten festnehmen und in die Organisation der Résistance eindringen. Nach der Invasion, im

September und Oktober 1944, wurden die drei genannten holländischen Widerstandsgruppen zur »Binnenlandse Strijdkrachten« (B. S.) zusammengefaßt und dem Prinzen Bernhard der Niederlande unterstellt, der sein Hauptquartier hinter den alliierten Linien in der Nähe von Brüssel aufgeschlagen hatte. Der im September 1944 von der Exilregierung angeordnete Eisenbahnerstreik, der den Aufbau einer deutschen Abwehrfront gegen die alliierten Luftlandungen bei Arnheim und Nimwegen erschweren sollte, wurde in den Niederlanden befolgt und bis zur Befreiung des Landes durchgehalten. Als sich der Vormarsch der Alliierten durch den Rückschlag bei Arnheim verzögerte, traf das von der Besatzungsmacht als Anti-Streik-Repressalie gegen die großen Städte Westhollands verhängte Lebensmittelembargo die Bevölkerung schwer: Über die von den östlichen Agrargebieten und dem Limburger Kohlenrevier abgeschnittenen Städte brach der »Hungerwinter« 1944/45 herein, der über 10000 Opfer forderte.

Auch in Norwegen arbeitete der Widerstand eng mit der Exilregierung zusammen. Der Präsident des norwegischen Obersten Gerichtshofs, Paal Berg, gründete zusammen mit dem Oberhaupt der norwegischen Staatskirche, Bischof Berggrav, die erste Widerstandsgruppe und wurde später Führer der norwegischen »Heimatfront«. Diese Organisation, die schließlich auch von den Sozialisten und den Gewerkschaften unterstützt wurde, gehörte zu den bestorganisierten Widerstandsgruppen im besetzten Europa. Sie umfaßte neben einer zivilen eine militärische Abteilung, »Militaer Organisasjonen« (Milorg), die geheime Waffenlager anlegte und für die Unterstützung einer alliierten Landung eine Geheimarmee aufbaute. Eines der wirksamsten Sabotageunternehmen, der im März 1943 durchgeführte Sprengstoffanschlag gegen das Norsk Hydro-Werk bei Rjukan, das schweres Wasser zur Gewinnung von Atomkraft erzeugte, war die gemeinsame Arbeit norwegischer Widerstandskämpfer und englischer Agenten. Proteststreiks gegen den Abtransport von Lebensmitteln nach Deutschland riefen im September 1941 auch hier die Erklärung des zivilen Ausnahmezustands, Massenverhaftungen und Deportationen nach Deutschland hervor. Die Erfassung der norwegischen Arbeitskräfte im Frühjahr 1943 veranlaßte die »Heimatfront«, eine Verschiffungs- und Fluchtbewegung ins Ausland – überwiegend nach Schweden – zu organisieren. Eine willkommene Verstärkung erhielt die »Heimatfront«, als die Jugend vor der Einberufung dreier Jahrgänge im Mai 1944 in den Bergen und Wäldern Norwegens untertauchte, da die Gefahr bestand, daß sie von Quisling der deutschen Wehrmacht zur Verfügung gestellt wurden. Nach dem Ausscheiden Finnlands und dem Einmarsch der Sowjets in Nordnorwegen im Oktober 1944 bekam die »Heimatfront« nunmehr auch eine strategische Aufgabe: Sie wurde von der S. O. E. verstärkt mit Waffen versorgt und konnte den Transport der aus Finnland abgezogenen deutschen Divisionen ins Reich durch systematische Zerstörung der nordsüdlich verlaufenden Eisenbahn- und Verkehrslinien sowie von Brennstoffvorräten und Schiffen wesentlich verzögern.

In Dänemark sah sich die Résistance vor die besondere Situation gestellt, daß das Land völkerrechtlich neutral geblieben war und Widerstandshandlungen hier nicht die Fortsetzung des Krieges mit anderen Mitteln, sondern zugleich Straftaten gegen die legale dänische Regierung darstellten. Der im September 1940 in London aus Exildänen gebildete »Dänische Rat« hatte daher auf die innere Entwicklung des Landes zunächst kaum Einfluß. Lange Zeit verschlossen sich die Widerstandskreise in Dänemark, die den Aufbau eines geheimen Nachrichtendienstes und einer illegalen Streitmacht im Lande für den Tag X betrieben, den englischen Forderungen nach Sabotagehandlungen gegen Wehrmachteigentum, Eisenbahnen und kriegswichtige Werke. Erst als um die Jahreswende 1942/43 die militärischen Niederlagen der Achsenmächte einsetzten, mehrten sich die durch S. O. E.-Agenten planmäßig geförderten Sabotagehandlungen. Trotz verschiedener Appelle der dänischen Regierung, die Lage Dänemarks durch provokative Handlungen nicht zu erschweren, erreichte die Sabotagewelle im August 1943 ihren Höhepunkt. Deutsche Gegenmaßnahmen lösten Streiks aus, und der Ablehnung des deutschen Ultimatums an die Regierung in Kopenhagen, den Belagerungszustand zu erklären, außerverfassungsmäßige Maßnahmen zu ergreifen und die Verfolgung und Bestrafung von Saboteuren deutschen Stellen zu übergeben, folgte am 29. August 1943 die Übernahme der Regierungsgewalt durch die Besatzungsmacht. Mit der Beseitigung des »offiziellen Dänemark« aber wurde die dänische Nation in dem Bestreben geeint, die Sache der Alliierten aktiv zu unterstützen. Noch am 29. August wurde in Kopenhagen ein geheimer »Freiheitsrat« gebildet, der die Tätigkeit der bisher nur in losem Kontakt zueinander stehenden Widerstandsgruppen zusammenfaßte. Als im Juni 1944 in Kopenhagen eine Ausgangssperre verhängt wurde, befolgten die Dänen die Aufforderung des »Freiheitsrats« zum Generalstreik und erreichten – trotz der Abschnürung der Stadt von der Energie- und Wasserversorgung durch die Besatzungsbehörden – neben der Erfüllung anderer Bedingungen die Wiederaufhebung dieser Maßnahme. Einen zweiten 48-Stunden-Streik im September 1944 nahm der Höhere SS- und Polizeiführer Pancke zum Anlaß, die gesamte dänische Polizei zu internieren und ihre Offiziere nach Deutschland zu deportieren. Nach der Befreiung Frankreichs und Belgiens konzentrierte sich die S. O. E. im Herbst 1944 stärker auf die Bewaffnung der dänischen Widerstandsgruppen, die wie die norwegische »Heimatfront« im Winter 1944/45 mit Erfolg in Aktion traten, um den Rücktransport der deutschen Divisionen aus dem Norden ins Reich zu verzögern. Der »Freiheitsrat« konnte jedoch die Anerkennung Dänemarks als verbündete Nation zunächst nur bei den Westmächten erreichen. Die Sowjets, die den Dänen den 1941 vollzogenen Beitritt zum Antikominternpakt nicht vergessen konnten, waren offensichtlich bestrebt, nur eine aus Widerstandskämpfern bestehende dänische Nachkriegsregierung anzuerkennen, die die kommunistische Gruppe einschloß. Als sich der »Freiheitsrat« und die Führer der ehemaligen dänischen Regierungsparteien im Dezember 1944 über die Bildung einer gemeinsamen Nachkriegsregierung einigten, lenkten die Sowjets jedoch stillschweigend ein: Dänemark wurde im April 1945 zur Teilnahme an der Gründungskonferenz der UN nach San Franzisko eingeladen und erhielt damit indirekt die allgemeine Anerkennung als Verbündeter.

In Polen, wo sich im Laufe von Generationen eine Tradition des Untergrundkampfs herausgebildet hatte und die geringe Verkehrsdichte sowie ein weites Hinterland mit Wäldern und Sümpfen eine subversive Tätigkeit begünstigten, entstand eine ausgedehnte Widerstandsorganisation. Bereits am Tage der Kapitulation von Warschau bildete sich eine Gruppe, die sofort mit der polnischen Exilregierung Sikorski Kontakt aufnahm. Die militärische Widerstandsorganisation wurde weiter ausgebaut und im Dezember 1939 in »Verband für den bewaffneten Kampf« (Związek Walki Zbrojnej – ZWZ) umbenannt. An ihre Seite trat im Februar 1940 eine Zivilorganisation, das »Politische Koordinations-Komitee« (Polityczny Komitet Porozumiewawczy – PKP), mit einem ausgedehnten regionalen Unterbau. Damit entstand ein regelrechter »Untergrund-Staat«, dessen Kopf in London saß: in Polen vertrat ein »Hauptdelegierter« die Exilregierung und ein »Rat der Nationalen Einheit« das Exilparlament. Auf dem militärischen Sektor unterstand der Kommandeur des ZWZ – das am 14. Februar 1942 die Bezeichnung »Heimatarmee« (Armia Krajowa – AK) erhielt –, General »Grot« (Rowecki), dem polnischen Oberbefehlshaber in London. Das Ziel des geheimen Staates, die Einheit Vorkriegspolens bis zum Tage der Befreiung zu bewahren, richtete sich zunächst sowohl gegen die deutsche wie gegen die sowjetische Fremdherrschaft. Mit dem deutschen Angriff auf die Sowjetunion und dem Rückzug der Roten Armee aus Polen hatte der polnische Widerstand jedoch nur noch einen Gegner. Vor allem nach dem Abschluß des polnisch-sowjetischen Beistandspaktes vom Dezember 1941 versorgten die Polen auch Moskau mit militärischen Nachrichten und begannen, die deutschen Verbindungslinien durch Sabotageakte zu stören und sich im Rücken der deutschen Front für die bewaffnete Unterstützung eines erneuten sowjetischen Vormarsches zu rüsten. Die Zwangsverschleppung polnischer Arbeitskräfte ins Reich und die »Flurbereinigungsmaßnahmen« der SS verstärkten den Zulauf zu den bewaffneten Guerillagruppen in den Wäldern. Unter den letzteren befanden sich jetzt auch von der AK unabhängige kommunistische Partisanengruppen: Nachdem die 1938 aufgelöste Kommunistische Partei im Jahre 1942 unter dem Namen Polnische Arbeiterpartei (PPR) neu gegründet worden war und der moskauhörige Osóbka-Morawski darüber hinaus noch eine Polnische Arbeitersozialistische Partei (RPPS) gebildet hatte, stellten beide gleichfalls eine geheime »Volksarmee« (Armia Ludowa – AL) auf. Auch sie setzten im Dezember 1943 ein Untergrund-Parlament, den »Nationalrat des Heimatlandes« (KRN) unter dem Vorsitz Bieruts ein. Jedoch selbst nachdem die Sowjets am 26. April 1943 die Beziehungen zur polnischen Exilregierung abgebrochen hatten und nur noch die in Moskau gegründete kommunistische »Union polnischer Patrioten« als Vertretung Polens anerkannten, hegten die Nationalpolen die unrealistische Hoffnung, Moskau durch einen wirksamen militärischen Beitrag zur Anerkennung ihrer Autorität über ein befreites Polen bewegen zu können. Daß die Westmächte die Forderung nach Waffenlieferung nur unzureichend erfüllten, lag daran, daß Polen außerhalb der unmittelbaren strategischen Pläne der Westmächte für Europa lag, die Bewaffnung der west- und südosteuropäischen Widerstandsorganisationen durch die S. O. E. daher den Vorrang genoß und die Luftversorgung allein wegen der großen räumlichen Entfernung zwischen England und Polen erhebliche Schwierigkeiten bereitete. Immerhin führte die S.O.E. von 1941 bis zum Warschauer Aufstand 1944 485 Versorgungsflüge nach Polen durch, von denen über die Hälfte Erfolg hatten. Die Bewaffnung der »Heimatarmee« wurde jedenfalls im Herbst 1943 von General »Bór« (Komorowski), der dem im Juni verhafteten Rowecki als Befehlshaber der AK nachgefolgt war, als ausreichend angesehen, um im November den Befehl zur Aktion »Burza« (Orkan) zu geben, die die herannahende Rote Armee durch verstärkte subversive Tätigkeit unterstützen sollte. Diese Operation breitete sich mit dem sowjetischen Vormarsch im Laufe des Frühjahrs und Sommers 1944 über Ost- und Mittelpolen aus und führte verschiedentlich zu Kämpfen mit den deutschen Truppen. Die Sowjets machten aber nach ihrem Vormarsch einer Zusammenarbeit mit der »Heimatarmee« überall ein rasches Ende: Die nationalpolnischen Einheiten wurden entwaffnet und verschwanden – soweit sie sich nicht der sowjet-polnischen Berling-Armee anschließen wollten – in sowjetischen Lagern. Als die Sowjets im Juli vor den Toren Warschaus an der Weichsel standen, erhob sich für die Polen die Frage, ob sie ihre Hauptstadt vor dem Einmarsch der Roten Armee befreien sollten, um die Sowjets als Herren im eigenen Haus zu begrüßen. Der Oberbefehlshaber, General Sosnkowski in London, war gegen einen allgemeinen Aufstand, weil ihm die Engländer klipp und klar erklärt hatten, daß eine wirksame alliierte Luftunterstützung erst möglich sein würde, wenn die Westmächte am Rhein stünden. Die Exilregierung, die sich von einer militärischen Aktion größeren Ausmaßes günstige politische Rückwirkungen erhoffte, legte die Entscheidung in die Hand Bór-Komorowskis. Nach Beratung mit dem »Hauptdelegierten« und dem »Rat der Nationalen Einheit« beschloß dieser loszuschlagen: Am 1. August 1944 begann der Warschauer Aufstand, der nach über sechzigtägigem Kampf mit der Kapitulation der Aufständischen endete (vgl. S. 254ff.). Wegen der sowjetischen Haltung zum nationalpolnischen Widerstand wurden die Operation »Burza« abgeblasen und am 8. Februar 1945, als das gesamte polnische Territorium von deutschen Truppen geräumt war, die »Heimatarmee« offiziell für aufgelöst erklärt. Der Regierungsdelegierte Jankowski und der Nachfolger Bór-Komorowskis, General Okulicki, wurden schließlich von den Sowjets verhaftet und nach einem Prozeß in Moskau zu langjährigen Freiheitsstrafen verurteilt.

Die Widerstandsbewegung in der geteilten Tschechoslowakei stand der Tatsache gegenüber, daß der slowakische Volksteil eine – wenn auch von Deutschland völlig abhängige – Eigenstaatlichkeit erhalten hatte und sich in den ersten Jahren eines gewissen wirtschaftlichen Aufschwungs erfreute. In der Slowakei machte sich daher die Résistance erst mit erhöhten deutschen Forderungen und dem Näherrücken der Front bemerkbar. Dagegen zeigten sich im Protektorat schon bald nach Kriegsausbruch Anzeichen eines vorhandenen Widerstandswillens. Am Nationalfeiertag der tschechoslowakischen Republik, am 28. Oktober 1939, kam es in Prag zu Zusammenstößen mit der deutschen Polizei. Als bei der Beerdigung des dabei tödlich verletzten tschechischen Studenten Opletal am 15. November regelrechte Unruhen ausbrachen, wurde die gesamte Studentenschaft der sofort geschlossenen tschechischen Universität verhaftet, vermutliche Anführer erschossen und ein Teil der Studenten in deutsche Lager gebracht. Die tschechische Intelligenz, die Beamtenschaft und das ehemalige Offizierskorps waren zunächst die eigentlichen Träger des Widerstandes; die ersten Widerstandsgruppen hatten sich schon bald nach der Errichtung des Protektorats organisiert: Beneš-treue Politiker bildeten die »Politische Zentralorganisation« (Politicke Ustredi – PU), ehemalige Angehörige der Armee die »Nationale Abwehr« (Obrana Národa – ON) unter General Ingr als Militärorganisation. Zusammen mit weiteren Gruppen vereinigten sie sich unter einer »Zentralen Führung des Widerstandes in der Heimat« (UVOD) und unterhielten später mit der Exilregierung in London ständige Verbindung. Diese Widerstandsorganisationen beschränkten sich bis Ende 1943 auf Propaganda- und militärische Nachrichtentätigkeit, passiven Widerstand und Fluchthilfe: in einem so dicht besiedelten und verkehrstechnisch erschlossenen Land, das zudem weit von der Front entfernt lag, mußte der militärische Wert von organisierter Sabotage- und Partisanentätigkeit in keinem Verhältnis zu den verursachten Opfern stehen. Im Einvernehmen mit der Exilregierung trachteten sie vielmehr, für die Schlußphase des Krieges die Aufstellung einer bewaffneten Aufstandsarmee vorzubereiten, um sich bei Näherrücken der Front am Kampf gegen Deutschland zu beteiligen. Dieser Entschluß aber sollte sie in Gegensatz zu den kommunistischen Widerstandsführern bringen.

Bald nach dem Münchner Abkommen hatte die tschechische Kommunistische Partei (CPC), deren Sekretär Klement Gottwald nach Moskau ging, im tschechischen und slowakischen Landesteil getrennte illegale Zentralkomitees und gut organisierte geheime Gruppen gebildet. Nach dem Ausbruch des deutsch-sowjetischen Krieges begannen sie, Partisaneneinheiten aufzustellen. Außer in den Kohlenbergwerken von Kladno scheint es jedoch kaum zu organisierter Sabotage gekommen zu sein: die Industriearbeiterschaft im Protektorat, die wegen der Wichtigkeit der tschechischen Werke für die deutsche Rüstungsindustrie zumindest materiell nicht zu leiden hatte, verhielt sich im großen und ganzen passiv; ähnlich lagen die Dinge bei den Bauern.

Am 27. September 1941 übernahm SS-Obergruppenführer Heydrich die Geschäfte des Reichsprotektors. In Ausführung von Hitlers »Flurbereinigungspolitik« gegenüber dem tschechischen Volkstum ging in der Folgezeit eine neue Verhaftungswelle über das Land. Als Heydrich am Vormittag des 27. Mai 1942 – wie üblich demonstrativ im offenen Wagen – zum Flugplatz fuhr, warfen zwei von den tschechischen Exilstreitkräften in England ausgebildete Fallschirmspringer eine Handgranate, die Heydrich tödlich verletzte. Die Deutschen ließen 1288 Tschechen exekutieren und das Dorf Lidice bei Kladno am 10. Juni niederbrennen, wo sich einer der Attentäter vorübergehend aufgehalten hatte: die männlichen Bewohner des Dorfes wurden erschossen, die Frauen in deutsche Konzentrationslager gebracht, die Kinder verschleppt und – soweit sie als »rassisch geeignet« angesehen wurden – unter anderen Namen »eingedeutscht«.

Seit Frühjahr 1942 forcierten die kommunistischen Widerstandsführer in der Tschechoslowakei die Bildung örtlicher Nationalkomitees aus Vertretern aller politischen Richtungen und die Aufstellung eigener Partisanengruppen. Aus der Ablehnung verfrühter Aktivität seitens der demokratischen Widerstandsführer, die in dieser Frage die Mehrheit der Bevölkerung hinter sich hatten, entwickelte sich eine heftige Auseinandersetzung zwischen beiden Richtungen. Erst als die Rote Armee an die Karpaten vorrückte, rief die Exilregierung zur Bildung von Kampfgruppen und von Nationalkomitees in Ruthenien und der Slowakei auf, die die Verwaltung der befreiten Gebiete übernehmen sollten. Am 27. Juli 1944 entschloß sich der gemeinsam aus demokratischen und kommunistischen Untergrundführern gebildete »Slowakische Nationalrat« zum offenen Aufstand: Gleichzeitig mit der Erhebung in Warschau begannen in der Slowakei die ersten Kämpfe. Als am 29. August deutsche Truppen eingriffen, gingen Teile der slowakischen Armee zu den Aufständischen über, die schließlich unter dem Kommando des von der Exilregierung entsandten Generals Viest kämpften. Die kommunistischen Partisanengruppen unterstellten sich dem Oberbefehl Viests allerdings nicht. Die Aufständischen beherrschten bald ein beträchtliches Gebiet: Im Raum Neusohl (Banská Bystrica), wo sie ihre politische Zentrale eingerichtet hatten, und Sillein (Žilina) kam es im Laufe des September zu ausgedehnten Kämpfen. Aber ihre Hoffnung auf das baldige Eintreffen der Sowjets, die von einem allgemeinen Aufstand abgeraten hatten, sollte sich nicht erfüllen: Die Rote Armee wurde bei dem Versuch, die Ostkarpaten über den Dukla-Paß zu überschreiten, unter starken Verlusten abgewiesen. Am 27. Oktober gelang es den verstärkten deutschen Truppen, die zentralen Positionen des Aufstands, Neusohl und Altsohl (Zvolen), zu nehmen. Die Partisanen mußten sich ins Gebirge zurückziehen, wo sich ein Teil von ihnen den Winter über bis zum Eintreffen der Sowjets halten konnte. Erst am 3. April konnten die Exilregierung und Beneš von London in die befreiten Gebiete der Slowakei nach Kaschau (Kosice) übersiedeln.

Im Gegensatz zur Slowakei sollte es im Protektorat, wo der deutsche Verwaltungs- und Kontrollapparat bis zum Schluß funktionierte, erst in den letzten Tagen zur offenen Erhebung kommen. Im April 1945 war zur Vorbereitung eines Aufstands auch in Prag ein gemeinsamer »Tschechischer Nationalrat« gegründet worden. Aber erst am 5. Mai 1945 – als Hitler längst tot und bereits die Regierung Dönitz im Amt war – kam es in Prag zur Rebellion.

Auf den Widerstand in den Balkanstaaten und den besetzten Gebieten der Sowjetunion, der die Form bewaffneten Partisanenkampfes annahm und in Rußland teilweise mit den militärischen Operationen an der Front in direktem Zusammenhang stand, ist bereits an anderer Stelle eingegangen worden. In der Ukraine machte sich neben den sowjetischen Partisanen auch die Tätigkeit von nationalukrainischen Partisanen bemerkbar, deren Träger die »Organisation Ukrainischer Nationalisten« (OUN) war, die sowohl gegen die deutschen »Kolonialisten« wie gegen die sowjetischen »Moskowiter« kämpfte. Sie zählten Ende 1943 schätzungsweise 40000 Mann. Nach der Wiedereinnahme ihres restlichen Operationsgebietes in den ländlichen Bezirken Wolhyniens und Südwest-Polesiens durch die Rote Armee im Sommer 1944 setzten sie ihre Untergrundtätigkeit gegen die Sowjets bis 1945 fort.

Im bisher verbündeten Italien sollte die Aktivität der Résistance erst nach dem Abschluß des Waffenstillstands mit den Alliierten offen zum Durchbruch kommen. Schon 1942 hatten sich liberale und vor allem linksgerichtete Kräfte gegen das faschistische Regime zu einer Untergrund-Partei zusammengeschlossen, die sich in Erinnerung an die Bewegung Mazzinis zur Zeit des Risorgimento »Partito d'Azione« (Aktionspartei) nannte und seit Januar 1943 eine eigene Untergrund-Zeitung, ›L'Italia Libera‹, herausbrachte. Die bedeutendste Demonstration des Widerstandes während der Herrschaft Mussolinis waren die Streiks der Industriearbeiter in verschiedenen Werken von Turin und Mailand vom März 1943, deren konkreter Anlaß die Forderung auf versprochene Entschädigung für Bombengeschädigte war, die jedoch schließlich unter der Devise »Brot, Frieden und Freiheit« geführt wurden und nur durch materielle Zugeständnisse seitens der Regierung beigelegt werden konnten.

Der Waffenstillstand vom September 1943 verwandelte die bisherige geheime Tätigkeit kleinerer Gruppen weitgehend in eine nationale Bewegung, die sich auf die wiedererstandenen politischen Parteien stützte. Im deutschbesetzten Rom bildete sich aus Vertretern aller Parteien ein »Nationales Befreiungskomitee« (Comitato di Liberazione Nazionale – C.L.N.), dem bald die Gründung ähnlicher Komitees in anderen Städten folgte. Besondere Bedeutung sollte das in Mailand gebildete zentrale »Nationale Befreiungskomitee für Oberitalien« (C.L.N.A.I.) erlangen, das nach der Befreiung Roms im Juni 1944 und der Erstarrung der Front die Widerstandstätigkeit in der deutsch besetzten »Faschistischen Republik« Mussolinis koordinierte.

Die ersten Partisanengruppen bildeten sich im deutschbesetzten Gebiet als Reaktion auf die Zwangsverschickung entwaffneter italienischer Wehrmachtangehöriger als Arbeitskräfte nach Deutschland im Herbst 1943. Die erste größere bewaffnete Aktion der Résistance war die kurz vor dem alliierten Einmarsch erfolgende Erhebung in Neapel vom 27. bis 30. September. In Norditalien wurden vor allem Gebiete im Ligurischen Apennin und die Gebirgsgegenden entlang der Schweizer Grenze von den Partisanen beherrscht. Neben der Tätigkeit von Sabotagegruppen waren wiederholte Streiks in Mailand und Turin Ausdruck des Widerstandes, so im Juni 1944 gegen die Verbringung der Fiat-Werke nach Deutschland. Deutsche und

Faschisten griffen auch in Italien zu rigorosen Maßnahmen wie Exekutionen, Deportationen und der Zerstörung ganzer Ortschaften.

Von ihren Erfahrungen in Jugoslawien und Griechenland ausgehend, daß sich Partisanenbewegungen leicht der Kontrolle ihrer alliierten Förderer entzogen, hatten die Alliierten bis Sommer 1944 mit den italienischen Widerstandsgruppen kaum Verbindung aufgenommen. Sie setzten lediglich den italienischen General Cadorna auf Bitte des C.L.N.A.I. mit dem Fallschirm bei Mailand ab. Cadorna gelang es im Herbst 1944, die verschiedenen Partisanengruppen im »Corpo Volontari della Libertá« zu koordinieren, ohne daß jedoch die kommunistischen Guerillas sein Oberkommando jemals völlig anerkannten. Als die Alliierten am Beispiel der französischen Résistance den militärischen Wert des bewaffneten Widerstandes für ihre eigenen Operationen erkannt hatten, begannen sie im Sommer 1944 auch die italienischen Partisanen mit Waffen und Verbindungsoffizieren zu versehen. Nachdem es einigen Mitgliedern des Mailänder Komitees gelungen war, zu Besprechungen nach Rom zu gelangen, wurde das C.L.N.A.I. vom Alliierten Oberkommando im Mittelmeer und der italienischen Regierung als autorisierter Träger des Befreiungskampfes und als provisorische Regierung in Norditalien anerkannt. In ihren im Sommer gewonnenen Gebieten wurden die Partisanen während des Winters 1944/45 von den Deutschen hart bedrängt und erlitten erhebliche Verluste. Erst als die Alliierten im Frühjahr 1945 ihren Vormarsch fortsetzten, lebte der Widerstand erneut auf und sollte zur Befreiung aller bedeutenderen norditalienischen Städte durch die Partisanen vor Ankunft der alliierten Armeen führen. Nach vorangegangenen Streiks begann am 24. April auch der Aufstand in Mailand, wo das C.L.N.A.I. am 27. April – am selben Tage, an dem Mussolini am Comer See von Partisanen gefangengenommen wurde – die Herrschaft übernahm. Die Italiener trugen vor allem durch die Kämpfe in dieser letzten Phase einen erheblichen Blutzoll zur Befreiung ihres Landes bei: Außer den regulären italienischen Soldaten, die im Kampf auf der Seite der Alliierten fielen, verzeichnete allein die Résistance insgesamt 20000 Tote.

Obwohl die Résistance und ihr Kampf in allen besetzten Ländern als eine europäische Gegenbewegung gegen das totalitäre Regime und die Ideologie des Nationalsozialismus aufgefaßt worden ist, gab es keine »europäische Résistance« als einheitliches Ganzes: Es wirkten getrennte Gruppen mit unterschiedlichen politischen und sozialen Zielen, die es für ihre nationale Pflicht hielten, an der Befreiung ihres eigenen Volkes von der Fremdherrschaft aktiv mitzuwirken. Auch soweit sie sich im Partisanenkrieg völkerrechtswidriger Mittel und Methoden bedienten, die den Krieg auf beiden Seiten durch Grausamkeit und Opferung schuldloser Menschen verschärften, werden nur wenige ihrer Anhänger im Kampf gegen das nationalsozialistische Besatzungsregime einen Widerspruch zwischen sittlicher und nationaler Pflicht empfunden haben. Wohl nur eine unter den Widerstandsgruppen in Europa ist mit diesem Problem in vollem Ausmaß konfrontiert worden: die Widerstandsbewegung in Deutschland.

9. Kapitel
Die deutsche Widerstandsbewegung und der Umsturzversuch vom 20. Juli 1944: Das »andere Deutschland«

Die Widerstandsbewegung in Deutschland verdankte ihre Entstehung und ihre Tätigkeit gegen das totalitäre nationalsozialistische Regime nicht erst der Erkenntnis vom aussichtslos verlorenen Krieg. Neben dem zweifellos vorhandenen nationalen Motiv, daß Deutschland weitere sinnlose Opfer erspart werden müßten, traten ihre ethischen Motive allein schon darin zutage, daß sie der Abscheu vor den Zielen und Maßnahmen dieses Regimes bereits vor Kriegsausbruch und in der Zeit der militärischen Erfolge und des machtpolitischen Aufschwungs Deutschlands zur Aktivität bewog, – in dieser Phase allerdings mit noch geringerer Aussicht auf eine Unterstützung durch weite Teile des deutschen Volkes. Denn im Gegensatz zur Résistance in den besetzten europäischen Ländern konnte sie nicht einfach das Nationalgefühl der breiten Masse des eigenen Volkes ansprechen: Die innere Überzeugung zu gewinnen, daß ein Handeln gegen Hitler und seine Regierung keinen Verrat am eigenen Volk darstelle, konnte nur Menschen mit fester religiös-sittlicher Verwurzelung und politischem Weitblick gelingen. Während das Ziel der Résistance die Befreiung von Fremdherrschaft war und ihr Kampf daher zu einem wesentlichen Teil in Überfällen und Sabotageakten gegen die feindliche Besatzungsmacht bestand, konnte die deutsche Widerstandsbewegung ihr ganz anders geartetes Ziel – unter möglichster Schonung der Substanz des eigenen Volkes die eigene Regierung zu beseitigen und durch eine neue zu ersetzen – nicht durch eine Reihe fortgesetzter Obstruktionshandlungen, sondern nur durch eine einzige, schlagartige Aktion erreichen: durch einen im geheimen vorbereiteten Umsturz. Ihre Aktivität war daher auch nicht wie die der Résistance vor den Augen der Welt ständig sichtbar. Anders als die Résistance konnte der deutsche Widerstand außerdem keine Unterstützung von außen erwarten und am Ende seines Kampfes winkte kein Befreiungssieg, sondern die unvermeidlich scheinende Niederlage des eigenen Volkes. Unter den Lebensbedingungen des Polizeistaates konnte er darüber hinaus auch nicht die Gestalt einer Massenbewegung annehmen.

Es war das Verdienst der kirchlichen Opposition beider Konfessionen und ihres religiösen Protestes gegen den Totalitätsanspruch des nationalsozialistischen Regimes, gegen die Mißachtung des Lebens und der Menschenrechte – der sich in zahlreichen Predigten, Hirtenbriefen und Verkündigungen manifestierte – das Gewissen wachgehalten und der politischen Opposition eine breitere und gefestigtere Grundlage gegeben zu haben. Was den zivilen Bereich des Widerstandes anbelangt, waren die Führer und aktiven Anhänger der ehemaligen politischen Parteien bis Kriegsbeginn längst unschädlich gemacht oder hatten ins Exil gehen müssen. Der sozialistisch-gewerkschaftlichen Opposition verblieben lediglich verstreute und isolierte Widerstandszellen innerhalb der Arbeiterschaft, die sich bis 1940 wieder zu festeren Kreisen zusammenschlossen und ein Untergrund-Netz bildeten, das zur Unterstützung eines Umsturzes bereitstand, ohne allerdings selbst einen solchen auslösen zu können. Die kommunistische Untergrundbewegung begann ihre Widerstandstätigkeit erst nach dem deutschen Überfall auf die Sowjetunion. Neben eingehender ideologischer Schulung hielt sie ihre Zellen auch zur Sabotage an und unterschied sich in diesem Punkt von der übrigen deutschen Widerstandsbewegung, die derartige Einzelaktionen für sinnlos hielt. Die kommunistische Gruppe um den Oberregierungsrat im Wirtschaftsministerium Arvid Harnack und den Oberleutnant im Luftfahrtministerium Schulze-Boysen, die Beziehungen zum OKW und zum Auswärtigen Amt besaß, stand über einen Sender in regelmäßiger Verbindung mit den Sowjets und versorgte Moskau mit militärischen Informationen. Dieser deutsche Zweig des über ganz Europa gespannten sowjetischen Nachrichtennetzes »Rote Kapelle« wurde im August 1942 aufgedeckt und zahlreiche seiner Mitglieder zum Tode verurteilt. Zur »Roten Kapelle« gehörte auch der in die Schweiz emigrierte Rudolf Roessler, der bis Herbst 1943 von einer bis heute nicht bekannten Quelle im Führerhauptquartier geheimste Nachrichten – selbst die tägliche Lageorientierung – bezog und in die Sowjetunion funkte.

Der Mittelpunkt der bürgerlichen Opposition war Carl Goerdeler, ehemaliger Reichspreiskommissar und Oberbürgermeister von Leipzig. Goerdeler, ein Mann mit starken sittlichen Grundsätzen, der als erfahrener Kommunalpolitiker einen ausgesprochenen Sinn für das Praktische mitbrachte, sollte schließlich die Verbindung zwischen allen nichtkommunistischen Oppositionsgruppen herstellen und der zentrale Motor des Widerstandes werden. Zu seinem Kreis gehörten aktive und im Ruhestand lebende Beamte aus Verwaltung und Diplomatie, Juristen, Wissenschaftler, Wirtschaftler und leitende Persönlichkeiten der früheren bürgerlichen Parteien. Durch enge Zusammenarbeit mit gleichgesinnten Offizieren des Heeres, vor allem mit dem Kopf der Militäropposition, Generaloberst a. D. Beck, schlug Goerdeler die Brücke zum militärischen Sektor des Widerstandes. Die Goerdeler-Beck-Gruppe umfaßte Personen, die zivile und militärische Schlüsselstellungen im Staat einnahmen und mit denen daher ein Umsturz am ehesten bewerkstelligt werden konnte. Im November 1939 traten auch der gewerkschaftliche und sozialistische Flügel des Widerstandes, der katholische Führer der christlichen Gewerkschaften, Jakob Kaiser, und der frühere stellvertretende Vorsitzende des Allgemeinen Deutschen Gewerkschaftsbundes, Wilhelm Leuschner, später der ehemalige sozialdemokratische Reichstagsabgeordnete Leber, mit Goerdeler in engeren Kontakt. Ein echtes Zusammengehen der bürgerlichen Opposition mit dem illegalen Apparat der Arbeiterbewegung zum Zwecke eines Umsturzes sollte jedoch erst gesichert sein, als sich Vertreter beider Richtungen im sogenannten »Kreisauer Kreis« zusammenfanden. Auf dem Gut Kreisau bei Schweidnitz in Schlesien, das Helmuth James Graf v. Moltke, dem Sachverständigen für Völkerrecht im OKW, gehörte, trafen sich seit dem Sommer 1940 oppositionelle Männer aller politischen Richtungen, die durch gemeinsame christlich-religiöse Grundhaltung verbunden waren, um sich Gedanken über die Staats- und Gesellschaftsform Deutschlands nach dem Zusammenbruch des nationalsozialistischen Regimes zu machen. Die Kreisauer planten und betrieben keinen Staatsstreich, der in der gegebenen Lage allein Sache der aktiven Militärs sein konnte, aber im Einklang mit der Goerdeler-Beck-Gruppe hielten sie einen solchen schließlich wohl für unumgänglich. Ihr Programm wies in wirtschaftlicher und sozialer Hinsicht stark sozialistische Züge auf und trat damit in verschiedenen Punkten mit den liberalen Vorstellungen Goerdelers in Widerspruch. Immerhin halfen aber die Diskussionen im Moltke-Kreis manche ideologischen Gegensätze innerhalb des Widerstandes überwinden. Nach Beratungen im Laufe der Jahre 1943 und 1944 hatten sich die verschiedenen Kräfte über die Zusammensetzung einer Regierung unter der vorgesehenen Kanzlerschaft Goerdelers geeinigt, die die Geschicke Deutschlands nach dem Umsturz in die Hand nehmen sollte. Diese Regierung mit ihren verfassungsrechtlichen, politischen und sozialen Reformprogrammen sollte den nur als Übergang gedachten militärischen Ausnahmezustand ablösen, durch den das Heer vorübergehend die vollziehende Gewalt in die Hand nehmen sollte.

Seit 1943 drängte Goerdeler die Generäle verstärkt zum Staatsstreich. Wie er in einer Denkschrift vom 26. März 1943 ausführte, müsse gehandelt werden, solange Deutschland und seine Wehrmacht noch ein anerkanntes Potential darstellten und damit einer neuen Regierung noch eine gewisse Bewegungsfreiheit gegeben sei. Goerdelers Hoffnung, für Deutschland einen günstigen Frieden zu erlangen, stützte sich auf das Bestehen eines englisch-sowjetischen Interessengegensatzes sowie auf das englische Interesse am europäischen Gleichgewicht: Da nicht damit zu rechnen sei, daß sich Amerika für eine ständige Sicherung Europas gegen Sowjetrußland engagieren werde, werde sich eine deutsch-englische Interessengemeinschaft einspielen. Goerdeler glaubte somit nichts weniger, als ungeachtet alles unterdessen Geschehenen zur internationalen Situation zurückkehren zu können, wie sie vor dem Bruch des Münchner Abkommens durch Hitler bestand. Sobald eine neue deutsche Regierung, schrieb er in der erwähnten Denkschrift, »wieder zu denjenigen unerläßlichen Grundelementen menschlichen Zusammenlebens zurückkehrt, die bisher auch von einem starken Deutschland anerkannt wurden (Menschlichkeit, Ritterlichkeit, Recht, Anstand), werden wir sehen, wie schnell sich einem solchen Deutschland nicht die allgemeinen Sympathien, wohl aber die Wucht gemeinsamer Lebensinteressen zuwenden«.[23] Neben der innenpolitischen Neuordnung auf sittlicher Grundlage und der Bestrafung der Rechtsbrecher in Deutschland durch Deutsche selbst müßten den Gegnern die Räumung der besetzten Gebiete und die Wiederherstellung deren Souveränität angeboten werden, ferner eine stufenweise Einigung Europas, bei der weder Deutschland noch eine andere Macht die Vorherrschaft beanspruchen würde. Dazu müsse das Angebot der Herabsetzung und internationalen Kontrolle der Rüstung und ihrer Industrien in allen Ländern treten.

Goerdeler ging hierbei von Voraussetzungen aus, die sich im Bereich logischer Deduktion ganz vernünftig anhören mochten und deren Richtigkeit durch die Entwicklung nach dem Kriege sogar bis zu einem gewissen Grade bestätigt wurde. Was aber Goerdeler in der konkreten Situation völlig ignorierte, waren die politischen und psychologischen Auswirkungen, die die Kriegspolitik Hitlers auf der Seite der Gegner ausgelöst hatte. Indem er die Rolle der Vernunft in der Politik überschätzte, glaubte er noch 1944 für Deutschland Friedensbedingungen erreichen zu können, die von realistischer urteilenden Männern des Widerstandes wie dem 1937 entlassenen ehemaligen Botschafter in Rom, Ulrich v. Hassell, und Julius Leber mit Recht schon längst als illusorisch angesehen wurden. Goerdeler hoffte nämlich allen Ernstes, die vor dem Kriege erfolgten Angliederungen Österreichs, des Sudetenlandes und des Memellandes bestätigt zu erhalten, darüber hinaus gegenüber Belgien und Polen die deutschen Grenzen von 1914 wiederherstellen zu können: Polen könne für die abzutretenden Gebiete durch eine Union mit Litauen entschädigt werden und dadurch zugleich einen Zugang zum Meer erhalten. Zur Ausräumung zukünftiger Konflikte sollten darüber hinaus eine Teilung Elsaß-Lothringens zwischen Frankreich und Deutschland entlang der Sprachgrenze erfolgen sowie der rein deutsche Teil Südtirols an Deutschland abgetreten werden. Auf Kriegsentschädigungen sollte zugunsten eines gemeinsamen Wiederaufbaus in Europa verzichtet werden. Angesichts der Tatsache, daß sich die »Großen Drei« auf der Konferenz von Teheran im November 1943 bereits konkret über eine Aufteilung Deutschlands in mehrere Teilstaaten unterhielten und sich grundsätzlich über eine Westverschiebung Polens geeinigt hatten, entbehrten die Hoffnungen Goerdelers jeglicher realen Grundlage.

Die deutsche Widerstandsbewegung versuchte während des Krieges mehrmals, mit den Feindmächten Verbindung aufzunehmen, um möglichst schon vor einem Umsturz annehmbare Friedensbedingungen zugesichert zu erhalten. Die Kontakte, die die Goerdeler-Beck-Gruppe im Zusammenhang mit den Staatsstreichplänen vor der Westoffensive zwischen Oktober 1939 und Februar 1940 mit England über den Vatikan aufgenommen hatten, erwiesen, daß die englische Regierung damals noch bereit war, einer nichtnationalsozialistischen Regierung die deutschen Grenzen von 1937, wahrscheinlich sogar von 1938 zuzugestehen. Als es damals jedoch zu keinem Umsturz kam, der Hitlers Offensive und seinen Sieg im Westen verhinderte, verlor die deutsche Opposition in England naturgemäß an Glaubwürdigkeit und wurde in der Folge als politischer Faktor nicht mehr in Rechnung gestellt. 1941/42 machte die Goerdeler-Beck-Gruppe einen erneuten Versuch, über den nach Amerika zurückkehrenden Vertreter der Associated Press in Berlin, Louis P. Lochner, diesmal mit Präsident Roosevelt ins Gespräch zu kommen. Aber eine Kontaktaufnahme mit deutschen Widerstandskreisen lag einfach nicht in der Linie der Politik Roosevelts: Jedes ernsthafte Zusammenwirken mit ihr hätte gewisse Zusagen seitens der Alliierten bedingt, während sich Roosevelt hinsichtlich seiner Deutschlandpolitik vor dem Siege in keiner Weise binden wollte. Gehörten doch zum Widerstand gerade Vertreter jenes »deutschen Militarismus«, den man zusammen mit dem Nationalsozialismus in Deutschland für immer auszurotten beabsichtigte. Darüber hinaus hätte eine Entscheidung über die Aufnahme solcher Kontakte zu diesem Zeitpunkt bereits von allen drei Alliierten gemeinsam gefällt werden müssen und – bei einer wirklich ernsthaften Diskussion mit der deutschen Opposition – eine vorherige Klärung der konkreten Kriegsziele zwischen den Alliierten selbst vorausgesetzt – ein »heißes Eisen«, das von den Beteiligten wegen einer möglichen Gefährdung der Kriegskoalition nur sehr zögernd angefaßt wurde. Andererseits hätte eine Verbindungsaufnahme ohne Beteiligung Moskaus das Mißtrauen der Sowjets wecken, die Koalition gleichfalls sprengen und damit Hitlers Wunschtraum erfüllen können. Unter diesen Umständen ist es nicht verwunderlich, daß auch der im Mai 1942 unternommene Versuch scheiterte, die Alliierten durch Gespräche, die die Pastoren Schönfeld und Bonhoeffer in Stockholm mit dem Bischof Bell von Chichester führten, zu einer öffentlichen Erklärung zu bewegen, daß sie mit einer nicht-nationalsozialistischen deutschen Regierung über die gleichfalls in Stockholm unterbreiteten Friedensvorschläge verhandeln würden. Die Forderung nach »bedingungsloser Kapitulation« Deutschlands, die schließlich im Januar 1943 in Casablanca von den Westalliierten verkündet wurde, mußte im Grunde jede Hoffnung der deutschen Opposition auf erträgliche Friedensbedingungen zerstören. Trotzdem hat Goerdeler durch seine Kontakte, die er bis 1944 über die schwedischen Bankiers Jakob und Markus Wallenberg mit London aufrechterhielt, versucht, die Westmächte durch Vernunftgründe umzustimmen. Durch die Verbindung, die über den bei der Abwehr tätigen Regierungsrat Gisevius und den Deutschamerikaner v. Schulze-Gaevernitz seit November 1942 zum Leiter des amerikanischen »Office of Strategic Services« für

Europa, Allen Welsh Dulles, in der Schweiz bestand, waren auch die Amerikaner ziemlich genau über die Vorgänge in Deutschland unterrichtet, ohne allerdings daraus irgendwelche Konsequenzen zu ziehen. Diese Verbindungen wurden von den Führern des deutschen Widerstandes nun in zunehmendem Maße zu dem Versuch benützt, Deutschland nach einem Staatsstreich wenigstens vor einer sowjetischen Besetzung und Mitteleuropa damit vor einer kommunistischen Überflutung zu bewahren. So ließen sie Dulles im Frühjahr 1944 den Vorschlag übermitteln, daß die deutschen Oberbefehlshaber im Westen nach dem Staatsstreich die Landung anglo-amerikanischer Truppen ermöglichen und alliierte Luftlandungen in Deutschland vereinbart werden könnten.

Angesichts der Haltung der Alliierten mußten sich die Führer des deutschen Widerstandes entschließen, auch ohne außenpolitische Absicherung – sogar mit einer recht ungewissen Chance für ein Gelingen des Staatsstreichs – ihrem Gewissen zu folgen und zu handeln, um das Verbrechen einer sinnlosen Zerstörung Deutschlands zu verhindern, dem eigenen Volk sowie der Welt weitere Opfer zu ersparen und den Vorwurf der Kollektivschuld vom deutschen Volk abzuwenden. Unter den Bedingungen des totalitären Regimes mußte die aktive Durchführung des Staatsstreichs und die Ausschaltung Hitlers der militärischen Gruppe des Widerstandes zufallen, zu der außer Feldmarschall v. Witzleben und Generaloberst Hoepner, die wie Beck bereits aus dem aktiven Dienst ausgeschieden waren, eine Reihe von Offizieren im OKH und OKW, die beiden Militärbefehlshaber General Karl-Heinrich v. Stülpnagel (Frankreich) und General v. Falkenhausen (Belgien-Nordfrankreich) sowie die Frontbefehlshaber im Westen, die Feldmarschälle v. Kluge und Rommel gehörten. In Berlin hatten sich der Stadtkommandant, Generalleutnant v. Hase, der Polizeipräsident Graf v. Helldorf und der Leiter des Reichskriminalamtes, SS-Gruppenführer Nebe – die beiden letzteren waren bekehrte Nationalsozialisten – zur Mitwirkung bereit erklärt. Dem Chef des Wehrmacht-Nachrichtenwesens im OKW, General Fellgiebel, fiel die wichtige Aufgabe zu, Hitlers Hauptquartier durch Blockierung der dortigen Nachrichtenzentrale vorübergehend von der Verbindung mit der Außenwelt abzuschneiden. Die zentrale Rolle für die Machtergreifung im Innern spielte zunächst zweifellos der Chef des Allgemeinen Heeresamtes im OKH, General Olbricht, dem die personelle Ersatzbeschaffung für die gesamte Wehrmacht und die materielle Ergänzung des Heeres unterstand. Sein Stabschef wurde im Oktober 1943, nach Genesung von einer in Tunis erhaltenen schweren Verwundung, Oberst Claus Schenk Graf v. Stauffenberg, der mit Unterstützung des Majors v. Oertzen die endgültigen Pläne und Befehle für die beabsichtigten Maßnahmen im Innern ausarbeitete, die auf das Stichwort »Walküre« hin anlaufen sollten: die Erklärung des Ausnahmezustandes, die Übernahme der vollziehenden Gewalt durch die Befehlshaber des Heeres in der Heimat und den besetzten Gebieten, die Besetzung von Schlüsselpunkten wie z. B. des Regierungsviertels und des Rundfunks in Berlin durch Einheiten des Heimatheeres, die Verhaftung der höheren Partei-, SS- und Gestapoführer usw. Ein Teil dieser Befehle war als Maßnahmen zur »Unterdrückung innerer Unruhen« getarnt und insoweit vom Befehlshaber des Ersatzheeres, Generaloberst Fromm, unterzeichnet, der jedoch wegen seiner ungewissen Haltung in die Verschwörung nicht eingeweiht wurde. Diese Befehle mit Fromms Unterschrift konnten zwar von Olbricht als Initialzündung für den Putsch ausgegeben werden, aber die Hauptschwierigkeit bestand für die Verschwörer darin, daß allein Fromm die Befehlsgewalt über die Wehrkreiskommandos (stellv. kommandierenden Generäle) und damit die Truppen und Ausbildungsverbände des Heeres im Heimatgebiet besaß. Mit einer gewissen Berechtigung konnte man jedoch von letzterem annehmen, daß er sich – zumal beim Tode Hitlers – einem angelaufenen Staatsstreich nicht versagen werde. Als Stauffenberg Mitte Juni 1944 Fromms Stabschef wurde und damit die Möglichkeit bekam, die Aktion durch »im Auftrag« Fromms unterzeichnete Befehle im Ernstfall zunächst selbständig in Gang zu halten, nahm er von nun an die zentrale Stellung in der Verschwörung ein. Stauffenberg und seine Männer bereiteten den Umsturz vor, ohne dabei ihre dienstlichen Aufgaben zu vernachlässigen: Im Bereich des Ersatzheeres wurden später keinerlei Sabotagehandlungen festgestellt.

Die Initialzündung für die Auslösung des Staatsstreichs mußte jedoch in jedem Falle die Ausschaltung Hitlers sein. Goerdeler beabsichtigte, Hitler gefangenzusetzen und vor Gericht zu stellen, um dem deutschen Volk und der Welt durch einen Prozeß zugleich den Verbrechenscharakter des ganzen nationalsozialistischen Systems zu offenbaren. Er mußte sich jedoch den Argumenten der Militärs beugen, daß eine Verhaftung Hitlers angesichts der getroffenen Sicherheitsmaßnahmen so gut wie unmöglich sei, daß vor allem aber durch die Tötung Hitlers die Soldaten von ihrem Eid entbunden werden müßten und zugleich der Bann gebrochen werden müsse, der für viele Deutsche von diesem Manne immer noch ausging. Nach Lage der Dinge war die Ausführung eines Attentats die Aufgabe von Angehörigen der Verschwörung im Frontheer, die am ehesten in Hitlers unmittelbare Umgebung gelangen konnten. Aber von den eingeweihten Frontoffizieren, unter denen sich viele Männer befanden, die ihre Tapferkeit an der Front mehrfach bewiesen hatten, fühlten sich nur wenige dieser Aufgabe gewachsen. Auch stattete Hitler den Heeresgruppen kaum mehr Besuche ab.

Unterdessen drängten mehrere Faktoren zur Tat. Im April 1943 war die Widerstandsgruppe im Amt Ausland/Abwehr, Dohnanyi und Joseph Müller, verhaftet worden, und der Leiter der Zentralabteilung, Generalmajor Oster, bei dem die Fäden der Verschwörung bislang zusammengelaufen waren, hatte von Admiral Canaris auf höheren Befehl entlassen werden müssen. Im Januar 1944 wurde Graf v. Moltke verhaftet und damit der Kreisauer Kreis gesprengt. Anfang Juli 1944 ereilte die Sozialisten Leber und Reichwein zusammen mit einer Anzahl von Kommunisten das gleiche Schicksal. Am 17. Juli wurde gegen Goerdeler Haftbefehl erlassen, der – durch Nebe gewarnt – sofort untertauchen mußte. Auch die sich rapid verschlechternde militärische Lage trieb zum Handeln: Im Osten war bis Anfang Juli die Front der Heeresgruppe Mitte zusammengebrochen, während im Westen die Abwehrfront gegen die Invasion in Kürze zu zerreißen drohte und damit auch dort der Bewegungskrieg einsetzen mußte.

Da es offenbar wurde, daß sich keine andere Möglichkeit einer Beseitigung Hitlers realisieren ließ, mußte die Zentrale des militärischen Widerstandes in Berlin diese Aufgabe – und zwar in Hitlers Hauptquartier – selbst übernehmen. Von den Männern dieses Kreises hatte seit seiner Ernennung zum Stabschef beim Befehlshaber des Ersatzheeres nur Stauffenberg zu den Lagebesprechungen bei Hitler Zutritt: Er mußte also sowohl das Attentat im Hauptquartier wie die Leitung des Staatsstreiches von Berlin aus übernehmen – ein Faktum, das zum Mißlingen des Attentats nicht unwesentlich beitrug. Da Stauffenberg bei seiner Verwundung ein Auge, die rechte Hand und zwei Finger der linken Hand verloren hatte, daher eine Schußwaffe kaum bedienen konnte und sich darüber hinaus als Attentäter unerkannt vom Tatort entfernen mußte, um in Berlin den Putsch zu leiten, kam nur ein Sprengstoffanschlag in Frage. Zweimal, am 11. Juli auf dem Obersalzberg und am 15. Juli in der »Wolfsschanze« bei Rastenburg (Ostpreußen) brachte Stauffenberg den Sprengstoff in seiner Aktentasche zur Lagebesprechung mit, unterließ aber das Attentat, da beim ersten Mal Himmler, beim zweiten Mal Himmler und Göring nicht anwesend waren: Beide sollten zusammen mit Hitler beseitigt werden, um die SS- und Luftwaffeneinheiten im entscheidenden Augenblick ihrer Oberbefehlshaber zu berauben. Bei der nächsten Gelegenheit, am 20. Juli in der »Wolfsschanze«, konnte darauf keine Rücksicht mehr genommen werden. Doch die mittägliche Besprechung fand nicht in Hitlers Betonbunker, sondern in einer hölzernen Baracke statt, wodurch die Druckwirkung der Explosion erheblich vermindert wurde: Während vier Teilnehmer der Lagebesprechung tödlich und eine Anzahl weiterer in unterschiedlichem Grad verwundet wurden, kam Hitler mit ganz leichten Verletzungen davon. Stauffenberg, der die Wirkung der Detonation aus der Ferne beobachtet und sofort den Rückflug angetreten hatte, ließ nach seiner Ankunft in Berlin durch seinen Adjutanten, Oberleutnant v. Haeften, telefonisch das Stichwort an Olbricht – zum Sitz des Befehlshabers des Ersatzheeres in der Bendlerstraße – durchgeben, der daraufhin »Walküre« ohne Benachrichtigung Fromms auslöste. Als Stauffenberg in der Bendlerstraße eintraf, wo sich die Köpfe der Militäropposition und einige Männer des zivilen Widerstandes versammelt hatten, erfuhr er, daß Hitler noch am Leben sei: Damit war der Staatsstreich praktisch bereits mißlungen. In der »Wolfsschanze« hatte sich Fellgiebel, als sich herausstellte, daß Hitler lebte, mit der von Hitler selbst angeordneten Nachrichtensperre nach außen zufriedengegeben, sah sich unter diesen Umständen jedoch außerstande, deren Aufhebung zu verhindern. Generaloberst Fromm konnte daher von der Bendlerstraße aus in der »Wolfsschanze« telefonisch rückfragen und von Keitel den Ausgang des Attentats erfahren. Als ihn daraufhin der eben eingetroffene Stauffenberg zusammen mit Olbricht vom Attentat und der bereits erfolgten Auslösung der Maßnahmen unterrichtete, verweigerte Fromm den Verschwörern seine Unterstützung und mußte von diesen festgenommen werden. Von Hitlers Hauptquartier aus wurde den angelaufenen Maßnahmen entgegengewirkt. Als der in den Putsch nicht eingeweihte Kommandeur des Wachbataillons »Großdeutschland« (Major Remer), das das Regierungsviertel zernieren und den Rundfunk besetzen sollte, im Reichspropagandaministerium erschien, um Goebbels zu verhaften, konnte ihn dieser telefonisch mit Hitler verbinden, der Remer sofort Gegenmaßnahmen befahl. Eine von Hitler veranlaßte Sondermeldung des Rundfunks verbreitete die Nachricht vom mißglückten Attentat und machte viele Offiziere schwankend – es nutzte den Verschwörern nichts, daß sie auf Rückfragen der unsicher gewordenen Wehrkreiskommandos hin die Rundfunknachricht dementierten. Letztere bekamen schließlich vom OKW die Anweisung, nur noch den Befehlen Himmlers zu folgen, den Hitler zum neuen Befehlshaber des Ersatzheeres ernannte. Hitler-treue Offiziere und Teile des Wachbataillons besetzten am späten Abend die Bendlerstraße, verhafteten die Verschwörer und befreiten Fromm, der sofort ein Standgericht einsetzte und v. Stauffenberg, Olbricht, dessen Stabschef Mertz v. Quirnheim und v. Haeften im Hof erschießen ließ. Stauffenberg starb mit dem Ruf: »Es lebe das heilige Deutschland!« Generaloberst Beck wurde Gelegenheit zum Selbstmord mit der Pistole gegeben.

In Belgien war der Militärbefehlshaber v. Falkenhausen zwei Tage vor dem Attentat durch einen zivilen Reichskommissar ersetzt worden. Doch in Paris war die Aktion unter General v. Stülpnagel auf das Stichwort hin planmäßig abgelaufen, die Unterkünfte von SS, Gestapo und SD waren besetzt und deren Angehörige verhaftet worden. Zum Hauptquartier des Oberbefehlshabers West, v. Kluge, befohlen, drängte v. Stülpnagel den Feldmarschall zu handeln und mit den Alliierten wegen einer Einstellung des Kampfes im Westen Verbindung aufzunehmen. Da v. Kluge angesichts der Tatsache, daß Hitler noch am Leben war, seine Mitwirkung verweigerte und v. Stülpnagel seines Postens enthob, mußte dieser um Mitternacht unverrichteter Dinge nach Paris zurückkehren, alle Maßnahmen rückgängig machen und die Verhafteten wieder auf freien Fuß setzen. Damit war der Putsch auch im Westen beendet.

Bereits nach Mitternacht wurde eine Rundfunkansprache Hitlers gesendet, in der er erklärte, »eine ganze kleine Clique ehrgeiziger, gewissenloser und zugleich verbrecherischer, dummer Offiziere«[24] habe auf ihn und die Wehrmachtführung einen Anschlag verübt, um der kämpfenden Front in den Rücken zu fallen. Die umfangreichen Verhaftungen, die die Geheime Staatspolizei unter Leitung einer 400köpfigen Sonderkommission in der Folgezeit vornahm, und die Zusammenhänge, die ihre Verhöre an den Tag brachten, erwiesen jedoch bald, daß der Kreis der Verschwörer wesentlich umfangreicher war als vorher angenommen. Alle beteiligten Offiziere wurden aus der Wehrmacht ausgestoßen und mit den Führern des zivilen Widerstandes von Freislers Volksgerichtshof in einer Reihe von Prozessen überwiegend zum Tode verurteilt, auch der am 12. August 1944 gefaßte Goerdeler. Eine Reihe der Verschwörer, darunter der trotz seiner am 20. Juli eingenommenen Haltung gefährdete Feldmarschall v. Kluge, folgte dem Beispiel Becks und zog den Selbstmord der Verfolgung vor. Als auch die Verbindung Rommels zu den Verschwörern aufgedeckt war, wurde der Feldmarschall, der nach der schweren Verwundung einen Genesungsurlaub in seinem Heim in Herrlingen verbrachte, am 14. Oktober vor die Wahl gestellt, sich entweder zu vergiften oder vor den Volksgerichtshof gestellt zu werden. Rommel wählte das überreichte Gift. Hitler schreckte nicht davor zurück, das verlogene Schauspiel eines Staatsbegräbnisses zu inszenieren, um die Verbindung des populären »Siegers von Afrika« mit der Verschwörung vor der Öffentlichkeit zu vertuschen.

Die deutsche Widerstandsbewegung hatte den entscheidenden Wurf gewagt, ohne die weitere Zerstörung Deutschlands verhindern zu können: den größeren Teil des materiellen Kriegsschadens sollte Deutschland in der Zeit nach jenem schicksalsträchtigen Sommermonat des Jahres 1944 erst noch zugefügt bekommen. Aber den Männern des Widerstandes blieb dadurch erspart, Opfer einer neuen Dolchstoßlegende zu werden, daß Hitler den deutschen Sieg erzwungen haben würde, wenn sie ihm nicht vorzeitig die Führung aus den Händen gerungen hätten.

10. Kapitel
Die alliierten Kriegskonferenzen und das Verhältnis zwischen den Westmächten und der Sowjetunion 1943/44: Probleme der Strategie und der Nachkriegsordnung

Nachdem die Alliierten um die Jahreswende 1942/43 die militärische Initiative an sich gerissen hatten, schien es nur einen Umstand zu geben, der einen alliierten Sieg ernstlich hätte gefährden können: der Bruch des »unnatürlichen« Bündnisses zwischen den Westmächten und der Sowjetunion. Eine weitere Zusammenarbeit der drei Mächte in den unmittelbaren militärischen Fragen zu erhalten und vor allem für die Fragen der Nachkriegsordnung zu erreichen, wurde daher zur vordringlichen Aufgabe.

Da Stalin erklärt hatte, wegen der entscheidenden militärischen Ereignisse an der Ostfront im Winter 1942/43 nicht abkömmlich zu sein, trafen sich zunächst Roosevelt und Churchill vom 14. bis 25. Januar 1943 in Casablanca. Auf militärischem Gebiet beschlossen sie, alle Anstrengungen vordringlich auf die Ausschaltung der deutschen U-Boot-Gefahr zu konzentrieren, da die Lösung der Schiffsraumfrage die Voraussetzung für alle militärischen Operationen in Europa und Ostasien darstellte. Die Vorbereitungen für eine Invasion in Nordfrankreich sollten so weit vorangetrieben werden, daß spätestens im August/September 1943 entweder ein begrenztes Landungsunternehmen oder – bei ins Gewicht fallendem deutschem Kräfteverlust – eine amphibische Großoffensive unternommen werden könnte. Auf politischem Gebiet erreichte Churchill nach anfänglichem amerikanischem Widerstand Roosevelts Zustimmung zu dem Versuch, die Türkei auf diplomatischem Wege zum Kriegseintritt zu bewegen, um dadurch Stützpunkte zur Bombardierung der rumänischen Erdölfelder zu erhalten und die Öffnung der Meerengen für eine später benutzbare kürzere Rußlandroute zu erreichen.

Die schwerwiegendste politische Entscheidung, die in Casablanca getroffen wurde, war die Forderung nach »bedingungsloser Kapitulation« der Dreierpakt-Mächte, die auf der abschließenden Pressekonferenz am 24. Januar 1943 von Roosevelt als Kriegsziel der Alliierten verkündet wurde. Mag Churchill von den Ausführungen Roosevelts vor der Presse im Moment auch überrascht worden sein, da die Formel in das gemeinsam entworfene offizielle Kommuniqué nicht aufgenommen worden war, so beruhte sie doch auf einer Einigung in den vorangegangenen Gesprächen. Churchill hatte am 20. Januar von Casablanca aus ausdrücklich die Einwilligung des Kriegskabinetts in London zu diesem Vorschlag Roosevelts eingeholt.

Roosevelt war bereits vor dem Kriegseintritt der Vereinigten Staaten davon überzeugt gewesen, daß mit Hitler und den Nationalsozialisten auf der Grundlage von Verhandlungen kein Dauerfrieden zu erreichen sein werde. Er meinte, daß das deutsche Volk aus dem Ausgang des Ersten Weltkrieges keine Lehre gezogen, sondern sich im Gegenteil nur allzugern Hitlers These angeschlossen habe, daß Deutschland nicht im Felde besiegt, sondern durch die trügerischen Versprechungen der 14 Punkte Wilsons zur Waffenniederlegung veranlaßt worden sei. Eine derartige Handhabe wollte Roosevelt zukünftigen nationalistischen Trommlern in Deutschland nicht noch einmal geben. Vor allem sollte »unconditional surrender« den mißtrauischen Sowjets beweisen, daß die Westmächte entschlossen seien, diesen Krieg an der Seite des sowjetischen Verbündeten bis zum Ende durchzufechten, ohne einen Sonderfrieden mit einer deutschen Regierung auch nur in Erwägung zu ziehen. Gerade angesichts der Tatsache, daß die Westmächte noch über Monate hinaus nicht in der Lage sein würden, ihr Versprechen hinsichtlich der Eröffnung einer »zweiten Front« einzulösen, hielt Roosevelt eine solche Versicherung zur Erhaltung der Koalition für notwendig. Darüber hinaus zerstreute er damit zugleich Bedenken, die die amerikanische Innenpolitik seit den Verhandlungen mit Darlan in Nordafrika beunruhigten: daß die Alliierten mit »Steigbügelhaltern« des Nationalsozialismus, Faschismus oder japanischem Imperialismus Kompromisse schließen könnten. Nach den in der amerikanischen Öffentlichkeit herrschenden Vorstellungen konnte nur eine völlige Entmachtung und Umerziehung des »Aggressors« eine Wiederholung des Krieges vermeiden. Unter den Voraussetzungen einer überhitzten Kriegspropaganda hätten die alliierten Staatsmänner beim Versuch einer Konkretisierung der Bedingungen wohl auch nur zu Ergebnissen gelangen können, die zu Friedensschritten aus den Reihen der Dreierpakt-Mächte noch weniger ermutigt haben würden als die vage Formel der »bedingungslosen Kapitulation«. Für die besiegten Mächte bedeutete »unconditional surrender«, wie Roosevelt bereits auf der Pressekonferenz in Casablanca ausführte, nicht die Vernichtung ihrer Völker, sondern ihrer Weltanschauungen, die Gewalt und Unterwerfung anderer Völker propagierten. Die Formel bedeutete aber, daß die Besiegten kein Recht auf eine bestimmte Behandlung, etwa nach den Bestimmungen der Atlantik-Charta, geltend machen konnten – daß die Sieger vielmehr Tabula rasa haben würden, um die Zukunft der besiegten Völker durch die Errichtung demokratischer Ordnungen zu bestimmen.

Für die Haltung Hitlers, der in seinen Kriegsreden nicht müde wurde, zu betonen, daß Deutschland »niemals kapitulieren« und sich ein November 1918 niemals wiederholen werde, war die alliierte Forderung völlig bedeutungslos. Hitler hatte ihr längst seine eigene Forderung auf »bedingungslosen Sieg« entgegengestellt. Entgegen einer weitverbreiteten Ansicht wurde die »Unconditional-Surrender-Formel« auch von der Goebbels-Propaganda nicht besonders ausgeschlachtet, um das deutsche Volk zu totalem Krieg und verzweifeltem Widerstand anzuhalten. Nicht darin lag daher die potentiell kriegsverlängernde Wirkung der Casablanca-Erklärung, sondern in zweierlei: Da sie der psychologischen Kriegführung der Westmächte eine Unterscheidung von Nationalsozialisten und deutschem Volk unmöglich machte, zerstörte sie zugleich auch jegliche Hoffnung für die deutsche Widerstandsbewegung, einen annehmbaren Frieden von den Alliierten erreichen zu können. Dadurch wurde diese Bewegung jeglicher Ausstrahlungskraft auf schwankende Teile der Bevölkerung und vor allem auf jene Generäle beraubt, die einen aussichtslosen Kampf einer ebenso aussichtslosen Kapitulation vorzogen. Zum anderen »fror« die Formel von Casablanca die alliierte Politik gegenüber den Dreierpakt-Mächten bis zu deren militärischer Bezwingung völlig ein und hinderte sie an der beweglichen Ausnutzung von Situationen, in denen eine Kapitulation eher zu erreichen gewesen wäre – wie im Falle Italiens und später Japans. Der Krieg war nicht mehr bloße Fortsetzung der Politik mit anderen Mitteln, sondern wurde zum Selbstzweck, bis zu dessen Erfüllung die Politik gegenüber den Dreierpakt-Mächten abzudanken hatte.

Gleich nach Beendigung der Konferenz von Casablanca reiste Churchill nach Adana weiter, um den Konferenzbeschluß hinsichtlich eines Kriegseintritts der Türkei durch Gespräche mit dem türkischen Staatspräsidenten Inönü am 30. und 31. Januar 1943 in die Tat umzusetzen. Aber trotz des Angebots, moderne alliierte Waffen und Spezialeinheiten wie Panzer, Flieger, Flak usw. zu erhalten, zeigten sich die Türken zu einer Teilnahme am Kriege auf alliierter Seite nicht bereit. Churchills Plan der Errichtung einer Front auf dem Balkan noch vor der Frankreichinvasion, der schon auf den Widerstand der Amerikaner gestoßen war, hatte damit einen weiteren Rückschlag erlitten.

Stalins Wünsche waren durch die Beschlüsse der Casablanca-Konferenz kaum befriedigt worden. Die Forderung nach bedingungsloser Kapitulation betrachtete er wegen der Rückwirkung auf die deutsche Kampfmoral mit gemischten Gefühlen. Immerhin schloß er sich ihr in seinem Tagesbefehl an die Rote Armee vom 1. Mai 1943 an. Dagegen steigerten sich Stalins Beschwerden über die Verschiebung der zweiten Front auf den Herbst 1943. Er forderte kategorisch, daß der Schlag aus dem Westen spätestens im Frühsommer erfolgen solle. Die geplante Operation gegen Sizilien stelle dafür keinen Ersatz dar. Bereits durch das Nachlassen der alliierten Anstrengungen in Tunesien sei es Hitler möglich geworden, eine beträchtliche Anzahl seiner Divisionen an die sowjetische Front zu verlegen und im Raum von Charkow erneut die Initiative zu ergreifen. Stalin ließ sich durch den Hinweis auf die Schwierigkeiten, die den Tunisfeldzug verzögerten, sowie auf den Schiffsraummangel an der ostasiatischen und an der europäischen Front nicht beruhigen. Bei den Sowjets wurde erneut das alte Mißtrauen wach, daß Engländer und Amerikaner den Tunisfeldzug und die Frankreichinvasion bewußt verschleppten, damit Deutschland und Rußland sich in gegenseitigem Kampf verbluteten. Auf der anderen Seite beklagte sich der amerikanische Botschafter in Moskau, Standley, am 8. März 1943, daß die Sowjetregierung dem eigenen Volk die beträchtliche Hilfe verschweige, die die Vereinigten Staaten der Sowjetunion in Form der Lend-Lease-Lieferungen zukommen ließen. Die Sowjets trugen dieser Beschwerde insofern Rechnung, als der sowjetische Botschafter Litwinow am 11. März den Wert der amerikanischen Hilfe für Rußland in einer Rede in Washington hervorhob, die in der sowjetischen Presse volle Verbreitung fand.

Das selbstbewußtere Auftreten der Sowjets war zu einem wesentlichen Teil darauf zurückzuführen, daß die Sowjetunion mit dem Sieg von Stalingrad ihre schwerste militärische Krise überwunden hatte und sich die Rote Armee von nun an – wie sich zeigen sollte, auch außerhalb der Wintermonate – auf dem Vormarsch befand. Waren daher die Fragen der politischen und territorialen Nachkriegsordnung bisher zurückgestellt worden, so galt es nunmehr, darin zu einer Einigung zu gelangen, bevor die Sowjets ihre Ziele ohne Rücksichtnahme auf die Westmächte verwirklichten. Mit der veränderten militärischen Situation schwächte sich aber zugleich die Verhandlungsposition der Westmächte. Denn im Gegensatz zur Sowjetunion führten letztere außer in Europa auch noch Krieg in Ostasien gegen einen Feind, bei dessen Niederringung auf dem asiatischen Festland sie auf sowjetische Unterstützung nicht glaubten verzichten zu können.

Bereits bei Edens Besuch in Moskau Mitte Dezember 1941 hatte Stalin Probleme der europäischen Nachkriegsordnung angeschnitten. Er forderte die Anerkennung der sowjetischen Grenzen vom Juni 1941, d. h. der Annexion des Baltikums, Ostpolens bis zur Curzon-Linie sowie finnischen und rumänischen Gebietes. Polen sollte durch Ostpreußen, Rumänien durch ungarisches Territorium entschädigt werden. Das Sudetenland sollte an die restaurierte Tschechoslowakei abgetreten, Österreich als Staat wiederhergestellt, das Rheinland und eventuell auch Bayern sollten als autonome Gebiete von Deutschland abgetrennt werden. Deutschland sollte Reparationen in Form von Sachleistungen zahlen. Als Gegenleistung für die Anerkennung der sowjetischen Gebietsforderungen erklärte sich Stalin bereit, England bei der Gewinnung militärischer Stützpunkte in west- und nordeuropäischen Ländern zu unterstützen. Hier begannen sich bereits die Resultate von Jalta in Umrissen abzuzeichnen: die Teilung in die Vorherrschaft über Ost- und Westeuropa bei gleichzeitiger Schwächung der europäischen Mitte. Durch den Widerstand der Amerikaner, die derartige Ziele als mit der Atlantik-Charta in Widerspruch stehend ansahen, waren jedoch auch im Jahre 1942 jegliche Abmachungen unterblieben. Nachdem aber durch die Casablanca-Erklärung der universale Anwendungsbereich der Atlantik-Charta sowieso durchbrochen worden war, stand auch von amerikanischer Seite einer Erörterung der konkreten Kriegsziele vom Prinzip her nichts mehr im Wege. Mit den kommenden Konferenzen wurde daher begonnen, den leeren Rahmen des »unconditional surrender« durch konkrete Vereinbarungen auszufüllen. Realisten, zu denen der Unterstaatssekretär im amerikanischen Außenministerium, Sumner Welles, gehörte, vertraten dabei von vornherein die Ansicht, daß das Kräftepotential der Sowjetunion bei Kriegsende territoriale Zugeständnisse unvermeidlich machen werde und die Westmächte nicht hoffen durften, die Grundsätze der

Atlantik-Charta in Gebieten durchzusetzen, die nicht unmittelbar zu ihrer Interessensphäre gehörten. Außenminister Hull dagegen suchte konkrete Abmachungen hinauszuschieben, einmal weil er glaubte, daß politische Einzelprobleme zukünftig eine untergeordnete Rolle spielen und die traditionelle Machtpolitik durch Rechtsnormen und Mehrheitsbeschlüsse ersetzt würden, wenn die Sowjets zur Zusammenarbeit im Rahmen einer universalen internationalen Organisation gewonnen werden könnten, zum anderen, weil solche detaillierten Abmachungen die Opposition der Isolationisten auf den Plan rufen und damit die amerikanische Beteiligung an einer Weltfriedensorganisation in erhöhtem Maße gefährden mußten. Bei Roosevelt hatte sich die fixe Idee festgesetzt, daß Stalin – vor allem im persönlichen Gespräch mit ihm – für einen Verzicht auf die kommunistische Expansionspolitik und für eine universale demokratische Friedensordnung gewonnen werden könnte, wenn man ihm durch rechtzeitige Zugeständnisse das Mißtrauen nehmen und ihn vom ehrlichen Willen der Westmächte überzeugen würde.

Dem vorbereitenden Gedankenaustausch zwischen den beiden Westmächten über die Nachkriegsordnung dienten die Gespräche, die der britische Außenminister Eden bei seinem Besuch in Washington vom 12. bis 29. März 1943 führte. In der Deutschlandfrage stimmten beide Partner überein, daß Österreich wiederhergestellt und Deutschland unter Ausnutzung eventuell vorhandener separatistischer Tendenzen in mehrere Staaten aufgeteilt werden sollte. Da vorauszusehen war, daß die Sowjets Osteuropa bei Kriegsende sowieso besetzt haben und militärisch beherrschen würden, kam man überein, der sowjetischen Forderung auf Anerkennung der Grenzen von 1941 zuzustimmen. Auch die von den Sowjets unterstützte polnische Forderung auf Ostpreußen wurde bejaht. Dieses Zugeständnis sollte vor den Polen als zukünftiges Äquivalent noch geheimgehalten werden, da sich die polnische Exilregierung Sikorski bisher hartnäckig weigerte, ostpolnisches Gebiet an die Sowjetunion abzutreten. Eden äußerte die Ansicht, daß Moskau wohl ein Polen von ausreichendem territorialem Umfang wünsche, vorausgesetzt, daß es »von den richtigen Leuten« regiert werde. Damit wurden nun Fragen angeschnitten, die schon im April 1943 durch den Bruch zwischen Moskau und der polnischen Exilregierung in London akut zu werden begannen.

Seit dem polnisch-sowjetischen Abkommen vom 30. Juli 1941, mit dem die diplomatischen Beziehungen zwischen beiden

Regierungen wiederaufgenommen worden waren und die Sowjets den Vertrag mit Hitler über die Teilung Polens für ungültik erklärt hatten, war die Frage der polnischen Ostgrenze in der Schwebe geblieben. Doch hatten die Sowjets ihre Zusage erfüllt, die polnischen Kriegsgefangenen für die Aufstellung einer polnischen Exilarmee unter dem polnischen General Anders zu entlassen. Vergeblich jedoch forderte die polnische Exilregierung von den Sowjets Auskunft über den Verbleib mehrerer tausend gefangener polnischer Offiziere, von denen seit dem Frühjahr 1940 jede Spur fehlte. Mitten in die sich im Frühjahr 1943 zuspitzende polnisch-sowjetische Kontroverse über die Grenzziehung platzte am 13. April die deutsche Rundfunkmeldung über die Entdeckung der Massengräber von Tausenden getöteter polnischer Offiziere bei Katyn in der Nähe von Smolensk. Die deutsche Regierung beschuldigte die Sowjets der Ermordung dieser Polen und ersuchte das Internationale Rote Kreuz in Genf um Mitwirkung bei der Untersuchung und Identifizierung der Leichen. Als sich die polnische Exilregierung am 17. April mit dem gleichen Anliegen an Genf wandte, brach die Sowjetregierung voller Entrüstung über diese Verdächtigung am 26. April 1943 die Beziehungen zu den Exilpolen ab. Die Sowjets nahmen die Haltung der Exilpolen zum willkommenen Anlaß, für Polen eine neue Regierung zu fordern, die sich nicht zum »Werkzeug feindlicher Regierungen« machen lasse: Moskau begann, nur noch die Anfang März 1943 in der Sowjetunion gegründete »Union polnischer Patrioten« als Vertretung des polnischen Volkes anzusehen. Mit ihrer Hilfe wurde im Mai 1943 in der Sowjetunion die erste sowjet-polnische Division aufgestellt, die später zu einer eigenen Armee unter General Berling erweitert wurde.

Während damit die sowjetische Politik auf die innere Nachkriegsordnung anderer Länder mit Hilfe ausländischer Kommunisten Einfluß zu nehmen begann, verstand sie es zur gleichen Zeit, ihre revolutionären Absichten zu tarnen: Am 15. Mai 1943 wurde die Kommunistische Internationale (Komintern) auf Grund eines Beschlusses ihres Exekutivausschusses aufgelöst. Das »Vaterland der Werktätigen« gab sich zusehends den Anstrich eines »nationalen« Staates, der sich am Befreiungskampf für die Unabhängigkeit anderer Nationen beteiligt. Zu dieser Mimikry gehörte der Griff in die Requisitenkammer der Zarentradition – z. B. die Wiedereinführung von Schulterstücken und Orden bei der Roten Armee – ebenso wie die Wiederherstellung des Moskauer Patriarchats der orthodoxen Kirche im September und schließlich die Ersetzung der »Internationale« durch eine »Nationalhymne« im Dezember 1943. Die Auflösung der Komintern erfolgte zu einem Zeitpunkt, als sich Joseph E. Davies als persönlicher Vertreter Roosevelts in Moskau aufhielt, um Roosevelts Idee einer Zusammenkunft mit Stalin unter vier Augen in die Tat umzusetzen. Stalin stimmte einem Treffen mit dem Präsidenten für Mitte Juli 1943 in Alaska oder Sibirien zu. Die Beschlüsse, die unterdessen auf der Washington-Konferenz von Roosevelt und Churchill gefaßt wurden, sollten jedoch dieser Absicht einen Strich durch die Rechnung machen.

Diese Konferenz, die vom 11. bis 25. Mai 1943 unter dem Decknamen »Trident« stattfand, war notwendig geworden, weil sich der Feldzug in Tunesien verzögert hatte und auch die Burmaoffensive steckengeblieben war, weshalb neue Entschlüsse gefaßt werden mußten. Ihr entscheidendes Ergebnis war die Feststellung, daß die Frankreichinvasion, die bald darauf den Decknamen »Overlord« erhielt, vor Eintritt der Schlechtwetterperiode 1943 nicht mehr unternommen werden konnte und auf den Stichtag 1. Mai 1944 verlegt werden mußte. Einer Wiederaufnahme der Landoffensive in Burma im nächsten Jahr zog Churchill mehrere amphibische Unternehmen zur Gewinnung von Stützpunkten an den Küsten Malayas, Sumatras und Javas vor, von denen aus die japanischen Verbindungslinien durch See- und Luftstreitkräfte wirksam hätten bekämpft werden können. Aber der Mangel an Speziallandungsschiffen ließ derartige Unternehmen nicht zu: er stellte den zentralen Engpaß dar, der nach Churchills Worten die alliierte »Strategie in einen Schraubstock preßte«.

Churchill benutzte seine Anwesenheit in Washington, um führenden amerikanischen Politikern seine Vorstellungen einer zukünftigen Weltfriedensorganisation zu entwickeln. Dabei paßte er seine Vorschläge den amerikanischen Gedankengängen einer einzigen universalen Organisation, in der die vier Großmächte Großbritannien, Vereinigte Staaten, Sowjetunion und China die maßgeblichen Entscheidungen fällen und eine Art Polizeiaufsicht über die Welt ausüben müßten, weitgehend an. Er führte aus, die »Großen Drei« und – wenn die Amerikaner darauf beständen – China sollten einen Obersten Weltrat bilden, dem aber als untergeordnete Organe drei Regionalräte für Europa, die westliche Hemisphäre und den pazifischen Raum zur Seite stehen sollten. Jeder Mitgliedstaat würde ein nationales

Kontingent seiner Streitkräfte und ein weiteres Kontingent als Beitrag zu einer internationalen Polizeimacht unterhalten, die unter der Weisung des Obersten Weltrates den Regionalräten zur Bekämpfung von Aggressoren innerhalb ihres Verantwortungsbereiches zur Verfügung stehen sollten.

Die in Washington beschlossene Verschiebung der zweiten Front auf das Frühjahr 1944 führte zu einem Tiefpunkt der Beziehungen zwischen den Westmächten und der Sowjetunion. In seiner Botschaft vom 11. Juni 1943 an Roosevelt und Churchill erklärte Stalin, die Sowjetregierung betrachte es »als unmöglich, sich dieser Entscheidung anzuschließen, die außerdem noch ohne ihre Teilnahme« herbeigeführt worden sei und »schwerwiegende Folgen für den weiteren Verlauf des Krieges haben« könne.[25] Zwischen Stalin und Churchill entwickelte sich ein scharfer Telegrammwechsel, in dem Stalin alle Versprechen einer zweiten Front aufzählte, die er im Laufe der vorangegangenen dreizehn Monate erhalten hatte, und die Westmächte der bewußten Verschleppung und Unehrlichkeit zieh, da sich die Bedingungen für eine Invasion in Frankreich während dieser Zeit ständig verbessert hätten. Churchill entgegnete, er könne nicht einsehen, inwiefern der Sowjetunion geholfen sei, wenn Hunderttausende von Soldaten in einem aussichtslosen Unternehmen geopfert würden, das einige Monate später zum Erfolg führen würde. Stalin sagte daraufhin die anberaumte Zusammenkunft mit Roosevelt ab und berief die sowjetischen Botschafter Litwinow und Maisky demonstrativ aus Washington und London zurück. In diese Zeit fielen die bereits erwähnten sowjetischen Fühlungnahmen über Stockholm wegen eines Separatfriedens mit Deutschland. Auch die Bildung des »Nationalkomitees Freies Deutschland« durch deutsche Emigranten und Kriegsgefangene in Krasnogorsk bei Moskau am 12./13. Juli 1943 trug nicht zur Verbesserung der Beziehungen zwischen den Alliierten bei: Schien es doch, als ob sich die Sowjets von der Formel der »bedingungslosen Kapitulation« lossagen und eine Marionettenregierung für das besiegte Deutschland vorbereiten würden.

Der Umsturz in Italien machte eine erneute Zusammenkunft zwischen Roosevelt und Churchill notwendig, die vom 14. bis 24. August 1943 unter dem Decknamen »Quadrant« in Quebec stattfand. Es wurde beschlossen, gegenüber der Badoglio-Regierung auf bedingungsloser Kapitulation zu bestehen. Außerdem wurden die Pläne Eisenhowers gebilligt, mit den Kräften, die neben der Vorbereitung von »Overlord« verblieben, die Lage in Italien durch eine Landung auf dem italienischen Festland auszunutzen. Auch der von COSSAC ausgearbeitete erste Rahmenplan für »Overlord« wurde angenommen und nach amerikanischen Vorschlägen durch eine Landung in Südfrankreich (Operation »Anvil«) erweitert, um die Hauptinvasion in der Normandie durch Ablenkung deutscher Kräfte zu unterstützen.

Von Quebec aus richteten Roosevelt und Churchill eine Botschaft an Stalin, in der sie die Wichtigkeit eines baldigen Treffens der drei führenden Staatsmänner betonten und als Konferenzort Fairbanks in Alaska vorschlugen. Stalin antwortete am 24. August, daß die gegenwärtigen sowjetischen Anstrengungen an der Front seine Abwesenheit von Moskau nicht zuließen, erklärte sich aber mit einer vorbereitenden Konferenz zwischen Vertretern der Außenministerien der drei Mächte einverstanden, für die er Moskau als Konferenzort vorschlug.

Auf der Moskauer Konferenz der drei Außenminister vom 18. bis 30. Oktober 1943 wurden zunächst Pläne zu einer schnellen Beendigung des Krieges besprochen. Auf Wunsch der Sowjets gaben amerikanische und englische Militärexperten einen detaillierten Bericht über die Vorbereitungen zur Frankreichinvasion. Der Bitte der Amerikaner, ihren Langstreckenflugzeugen auf sowjetischem Boden Flugplätze zur Verfügung zu stellen, um Deutschland im »Pendelflug«-Verfahren angreifen zu können, stimmten die Sowjets »im Prinzip« zu. Der Verwirklichung des Vorhabens sollten sie allerdings später erhebliche Hindernisse in den Weg legen. Molotow schlug vor, die Türkei zum Kriegseintritt und Schweden zur Überlassung von Luftstützpunkten zu bewegen. Nach Rückfrage beim Combined Chiefs of Staff Committee mußten Hull und Eden diesen Vorschlag ablehnen, da er nach Ansicht der Stabschefs den Abzug von Kräften für »Overlord« und für den Feldzug in Italien bedeutet hätte, wo überdies die Eroberung von Flugplätzen die Verfügung über türkische Luftstützpunkte weniger dringlich gemacht hatte. Die sowjetischen Vorschläge hinsichtlich der Türkei sollten jedoch Churchills Balkanpläne erneut beleben.

Auf politischem Gebiet unterbreitete Hull der Konferenz ein amerikanisches Memorandum über die Behandlung Deutschlands nach der Kapitulation, das die völlige Entwaffnung und die Zahlung von Reparationen in Sachleistungen unter Aufsicht einer gemeinsamen Kontrollkommission vorsah. In der Frage der Zerstückelung Deutschlands zeigte sich Hull zurückhaltender als Eden: Er schlug lediglich eine weitgehende politische Dezentralisation vor. Es wurde vereinbart, diesen ganzen Fragenkomplex einer gemeinsam zu bildenden »Europäischen Beratenden Kommission« (EAC) mit Sitz in London zu überlassen, die in allen europäischen Nachkriegsfragen Empfehlungen ausarbeiten sollte. Man kam jedoch in Moskau schon grundsätzlich überein, daß Deutschland alle seit 1938 erworbenen Gebiete und Ostpreußen abtreten solle; eine besondere gemeinsame Erklärung sah die Wiederherstellung Österreichs als unabhängigen Staat vor. In einer weiteren Erklärung wurde festgelegt, daß die für Massenmorde und Greueltaten verantwortlichen Deutschen in jenen Ländern abgeurteilt werden sollten, in denen sie ihre Taten begangen hatten. Die Hauptkriegsschuldigen sollten demgegenüber von den Alliierten gemeinsam bestraft werden, ohne daß schon Einzelheiten der anzuwendenden Prozedur niedergelegt wurden. Die Erfüllung der sowjetischen Bitte um Überlassung eines Teils der italienischen Kriegs- und Handelsflotte wurde nach Prüfung durch die Regierungen in Washington und London zunächst verschoben, weil die italienischen Schiffe unter englisch-amerikanischem Kommando im Kampf – vor allem gegen Japan – eingesetzt werden sollten. Der englische Vorschlag, die kleineren europäischen Staaten nach dem Kriege in Konföderationen zusammenzuschließen, wurde von Molotow entschieden abgelehnt, ebenfalls das Angebot, eine Wiederaufnahme der Beziehungen Moskaus zur polnischen Exilregierung zu vermitteln. Es wurde unausgesprochen deutlich, daß die Sowjetunion in den Angelegenheiten Ost- und Südosteuropas künftig den Ausschlag zu geben beanspruchte.

In den Augen Hulls traten alle erörterten politischen Fragen gegenüber dem einen Ziel zurück, die Sowjets über das Kriegsende hinaus zur weiteren Zusammenarbeit für die Aufrechterhaltung des Weltfriedens zu gewinnen. Für ihn war daher der bedeutsamste Erfolg der Moskauer Konferenz, daß sich die Sowjets der Erklärung über die Errichtung einer internationalen Friedensorganisation anschlossen, auf die sich Amerikaner und Engländer in Quebec geeinigt hatten. Nach anfänglichem Widerstand Molotows gegen die Beteiligung Chinas an der Unterzeichnung wurde eine entsprechende »Viermächte-Deklaration über allgemeine Sicherheit« unter Teilnahme des chinesischen Botschafters in Moskau am 30. Oktober 1943 unterschrieben.

Der sowjetische Vorschlag, die Türkei in den Krieg zu ziehen, ließ Churchill keine Ruhe. Er wies Eden von London aus an, diesen Fragenkomplex gegenüber den Sowjets nochmals anzuschneiden. Sie befürworteten am 2. November den Versuch, bei der Türkei auf die Errichtung von Flugstützpunkten hinzuwirken und das Land durch gemeinsame Schritte bis Jahresende doch noch zum Kriegseintritt zu bewegen. Roosevelt beugte sich zwei Tage später dem Drängen seiner beiden Verbündeten. Churchills Hintergedanke dabei war, vor »Overlord« eine Balkanfront zu eröffnen und die Amerikaner dann zur militärischen Ausnutzung dieser neuen Möglichkeit zu veranlassen. Er hoffte, auf dem nunmehr vereinbarten Dreiertreffen auch Stalins Einverständnis für eine militärische Aktivität auf dem Balkan zu gewinnen, für die die sowjetische Haltung ein gewisses Interesse zu verraten schien.

Für das vorgesehene Treffen wurde die von Stalin vorgeschlagene persische Hauptstadt Teheran zum Konferenzort bestimmt. Da Churchill vorher eine nochmalige Abstimmung über die militärischen Operationspläne mit Roosevelt für notwendig hielt, einigten sich die beiden Staatsmänner auf ein vorbereitendes Treffen in Kairo. An ihm nahm auch der chinesische Staatschef Tschiang Kai-schek teil, dessen Einladung nach Teheran Stalin wegen der Rückwirkungen auf die sowjetisch-japanischen Beziehungen abgelehnt hatte. Auf der ersten Konferenz von Kairo, die vom 22. bis 26. November 1943 unter dem Decknamen »Sextant« stattfand, wurden zunächst die zukünftigen militärischen Operationen in Südostasien besprochen. Der Alliierte Oberbefehlshaber Südostasien, Vizeadmiral Lord Mountbatten, legte einen Plan zur Öffnung des Landweges nach China vor, der in Nordburma einen Doppelangriff von Assam und der chinesischen Provinz Yunnan her vorsah. Diesen Plan wünschte Tschiang Kai-schek durch ein gleichzeitiges amphibisches Unternehmen gegen die Andamanen-Inseln im Golf von Bengalen zu ergänzen, um von hier aus den japanischen Nachschub nach Burma behindern zu können. Diese Operation »Buccaneer« wurde von den Amerikanern gutgeheißen, von Churchill aber abgelehnt. Letzterer trat nunmehr für den Einsatz aller verfügbaren Landungsfahrzeuge in Italien und im östlichen Mittelmeer statt im Golf von Bengalen ein und weigerte sich nachzugeben, da er sich von der Konferenz in Teheran die Unterstützung seiner militärischen Balkanpläne durch Stalin versprach. Der Gegensatz zwischen den amerikanischen und den englischen Stabschefs wurde jedoch vor Tschiang Kai-schek verheimlicht, dem Roosevelt für die nächsten Monate amphibische Operationen im Süden Burmas zusagte, um das gute Einvernehmen zwischen den drei Mächten zu bewahren. Auf politischem Gebiet einigten sich die drei Staatsmänner in der »Deklaration von Kairo«, die am 1. Dezember 1943 veröffentlicht wurde, über die Behandlung Japans nach der bedingungslosen Kapitulation. Japan sollte die Mandschurei, Formosa und die Pescadoren an China zurückgeben und alle pazifischen Inseln abtreten, die es seit 1914 erworben hatte; Korea sollte »zu gegebener Zeit« unabhängig werden.

Am 27. November begaben sich die amerikanischen und englischen Delegationen von Kairo aus zum ersten Treffen der »Großen Drei« nach Teheran, das unter dem Decknamen »Eureka« vom 28. November bis 1. Dezember 1943 stattfand. Die vordringlichsten Tagesordnungspunkte betrafen die gemeinsame Kriegführung. Churchill vertrat seine Operationspläne im östlichen Mittelmeer, um die neben der Vorbereitung von »Overlord« im Mittelmeerraum verbleibenden zwanzig alliierten Divisionen nicht monatelang müßig stehen zu lassen. Nur durch aktive Operationen im Mittelmeer könnten feindliche Kräfte gebunden und damit die Voraussetzungen für die Ingangsetzung von »Overlord« erfüllt werden. Eine Verschiebung der Invasion um zwei bis drei Monate, die sich aus dem Einsatz von Landungsfahrzeugen im Mittelmeer ergebe, müsse man riskieren. Über die Adria könnten durch verstärkte Lieferungen und Kommandounternehmen die jugoslawischen Partisanen, die zusammen mit den griechischen Patrioten zahlreiche deutsche und bulgarische Divisionen bänden, wirksamer unterstützt und die Befreiung des Balkans beschleunigt werden. Bei einem Kriegseintritt der Türkei könnten die Inseln in der Ägäis genommen, damit der Weg durch die Dardanellen geöffnet und Rußland »die rechte Hand gereicht« werden. Obwohl Churchill nur militärische Argumente ins Feld führte, war seine politische Absicht, den sowjetischen Nachkriegseinfluß auf dem Balkan einzudämmen, unverkennbar. Um aber die Sowjets zu beruhigen, schlug Churchill vor, in Jugoslawien nicht mehr die nationalen Tschetniks unter Mihailović, sondern nur noch die kommunistischen Partisanen unter Tito zu unterstützen. Aber im Gegensatz zu seinen Oktobergesprächen mit Eden zeigte sich Stalin jeglichen alliierten Operationen im östlichen Mittelmeer abgeneigt. Er meinte, daß die Türkei als Verbündeter sicher nützlich sein könnte, doch hätte er die Überzeugung gewonnen, daß die Türken nicht in den Krieg eintreten würden. Ohne die Türkei würden aber alliierte Operationen im östlichen Mittelmeer nur die vorhandenen Kräfte zersplittern und »Overlord« weiter verzögern. Die im Mittelmeer verbleibenden Divisionen sollten besser zu einer »Overlord« unterstützenden Landung in Südfrankreich eingesetzt werden. Damit waren Churchills Hoffnungen auf eine sowjetische Unterstützung seiner Pläne in der Ägäis zerstört. Roosevelt, der Churchills Plänen persönlich nicht ablehnend gegenüberstand, soweit sie »Overlord« nicht verhinderten, fiel es angesichts der sowjetischen Haltung nunmehr leicht, die Ansichten seiner eigenen Stabschefs zu vertreten. Er tat das um so lieber, als er durch jede Einigung mit den Sowjets in akuten Fragen seinem großen Ziel einen Schritt näher zu kommen glaubte: die sowjetische Zusammenarbeit auch für die Nachkriegszeit zu erhalten. Stalins Zusage in Teheran, daß sich die Sowjetunion nach dem Sieg in Europa am Krieg gegen Japan beteiligen werde, bestärkte den Präsidenten in dieser Annahme.

Churchills strategische Vorschläge hatten Stalins Mißtrauen neue Nahrung gegeben. Er stellte daher dem englischen Premier die herausfordernde Frage, ob die Engländer wirklich hinter »Overlord« ständen oder ihr Einverständnis nur vortäuschten, um die Russen zu betrügen. Churchill erwiderte ärgerlich, daß England seine ganze Kraft darauf verwenden werde, wenn die Voraussetzungen für »Overlord« erfüllt seien. Stalin schlug daraufhin vor, daß die Regierungschefs möglichst noch während der Konferenz drei konkrete Dinge erledigen sollten: das Datum für »Overlord« festsetzen, eine Landung in Südfrankreich zur Unterstützung von »Overlord« beschließen und einen Oberbefehlshaber für das Invasionsunternehmen bestimmen. Erst dann würden die Sowjets das sichere Gefühl haben, daß die Frankreichinvasion wirklich realisiert werden würde.

Churchill ärgerte sich über die ausbleibende Unterstützung seiner Pläne durch Roosevelt mehr als über den sowjetischen Widerstand, den er immer noch überwinden zu können glaubte. Vergebens suchte er Roosevelt zu einem Gespräch unter vier Augen zu bewegen. Aber Roosevelt lehnte ab, da er jeglichen Anschein getrennter Beratung hinter Stalins Rücken vermeiden wollte – wohl auch, um einer abermaligen Aussprache mit Churchill über dessen Pläne, die er nun nicht mehr unterstützen wollte, einfach aus dem Wege zu gehen. Churchill und seine Stabschefs kamen daher zu dem Entschluß, daß es angesichts des gemeinsamen amerikanischen und sowjetischen Drucks zwecklos sei, sich länger zu widersetzen. Roosevelt konnte Stalin daher am 30. November mitteilen, daß »Overlord« im Laufe des Mai 1944 durchgeführt werde und durch eine Landung in Südfrankreich ergänzt werden würde. Für die Ernennung des Oberbefehlshabers benötige er dagegen noch einige Tage Bedenkzeit. Nachdem somit über die unmittelbaren militärischen Probleme Entscheidungen gefällt waren, nahmen die drei Regierungschefs in einer gelockerteren Atmosphäre Gespräche über politische Fragen auf.

Hinsichtlich der Behandlung Nachkriegsdeutschlands zeigte sich Stalin von den bisher vorgeschlagenen Straf- und Vorbeugungsmaßnahmen unbefriedigt. Deutschland werde geheim aufrüsten und sich innerhalb von zwanzig Jahren wieder erheben, wenn die Alliierten nicht schärfste Maßnahmen ergreifen würden. Roosevelt entwickelte den – von den Ansichten des amerikanischen Außenministeriums abweichenden – Plan, Deutschland in fünf Einzelstaaten zu zerlegen und den Nord-Ostsee-Kanal nebst Hamburg sowie Ruhr- und Saargebiet unter internationale Verwaltung zu stellen. Churchill erwiderte, das eigentliche Problem liege darin, den voneinander getrennten Teilen eine ausreichend große und lebensfähige Gestalt zu geben, um sie einer Wiedervereinigung abgeneigt zu machen. Er schlug daher lediglich die Trennung der süddeutschen Staaten von Preußen und ihren Anschluß an eine Donau-Konföderation vor. Stalin wandte sich gegen eine solche Konföderation und neigte Roosevelts Vorschlägen zu. Zur Kontrolle Deutschlands befürwortete er ständige militärische Stützpunkte der Vereinten Nationen auf deutschem Territorium oder entlang der deutschen Grenzen. Man beschloß, die Frage der Behandlung Deutschlands der Europäischen Beratenden Kommission zu überweisen.

Stalins Furcht vor dem Machtpotential Deutschlands, die in diesen Gesprächen deutlich hervortrat, dürfte auch einer der Hauptgründe für seinen Entschluß zur Zusammenarbeit mit den Westmächten bei der Errichtung einer Weltfriedensorganisation gewesen sein. In einem seiner privaten Gespräche mit Stalin, die Roosevelt im Gegensatz zu solchen Unterredungen mit Churchill in Teheran mehrmals pflog, entwickelte der Präsident seine Vorstellung vom Aufbau der zukünftigen Weltfriedensorganisation, deren wichtigstes Organ die vier Hauptmächte – die »Vier Weltpolizisten« – bilden sollten, um gemeinsam zukünftige Aggressionen zu verhüten. Stalin erwiderte, die kleineren europäischen Staaten würden die Bevormundung durch die Großen Vier ablehnen, und er bezweifelte das Recht Chinas, vor allem gegenüber europäischen Nationen als einer der »Weltpolizisten« aufzutreten. Sein Vorschlag, anstelle einer einzigen weltweiten Organisation je eine Körperschaft für Europa und Ostasien zu bilden, wurde aber von Roosevelt mit denselben Argumenten abgelehnt wie seinerzeit Churchills Plan der Errichtung dreier Regionalausschüsse.

Unter den politischen Problemen, die von den drei Regierungschefs in Teheran erörtert wurden, war das Problem Polen zweifellos das vordringlichste. Stalin lehnte eine Wiederaufnahme der Beziehungen zur polnischen Exilregierung entschieden ab. Hinsichtlich der zukünftigen Grenzen Polens stimmte er Churchill zu, Polen deutsches Gebiet bis zur Oder einschließlich Ostpreußens und des oberschlesischen Industriereviers zu übereignen. Polens Ostgrenze sollte durch die Curzon-Linie gebildet werden. Roosevelt schwieg sich auf den Sitzungen zur beabsichtigten »Westverschiebung« Polens mit Rücksicht auf die sechs bis sieben Millionen amerikanischer Wähler polnischer Herkunft aus, stimmte ihr aber in einem privaten Gespräch mit Stalin zu. Auch Stalins Anspruch auf den nördlichen Teil Ostpreußens mit Königsberg zur Gewinnung eines eisfreien Hafens an der Ostsee blieb unwidersprochen. Churchill versuchte jedoch vergeblich, über die Frage der polnischen Grenzen eine schriftlich fixierte Vereinbarung zu erreichen.

Stalin hatte es in Teheran verstanden, sich hinsichtlich territorialer und politischer Fragen in Mittel- und Osteuropa nicht festzulegen, während ihm die vereinbarten strategischen Beschlüsse erlaubten, in Osteuropa zukünftig seine eigenen politischen Zielsetzungen zu verwirklichen. Churchill, der sich mit den Ergebnissen der Konferenz nicht zufriedengab, sah die Chance, wenigstens einen Teil seiner Mittelmeerpläne zu verwirklichen, in der Verfolgung zweier Ziele: Die Türkei in den Krieg zu ziehen und die Amerikaner zur Aufgabe der geplanten amphibischen Operationen im Golf von Bengalen zu bewegen, um bei einem türkischen Kriegseintritt genügend Landungsfahrzeuge für Aktionen im östlichen Mittelmeer zur Verfügung zu haben, die noch vor der Landung in Südfrankreich unternommen werden sollten. Beides hoffte er in Kairo zu erreichen, wohin auf Beschluß der drei Regierungschefs der türkische Staatspräsident Inönü eingeladen worden war.

Auf der zweiten Konferenz von Kairo vom 2. bis 6. Dezember 1943 weigerten sich Roosevelt und seine Stabschefs zunächst hartnäckig, die Landungsoperation gegen die Andamanen-Inseln aufzugeben: Sie sei Tschiang Kai-schek versprochen und eine Absage könne die chinesische Widerstandsmoral zusammenbrechen lassen, China zum Friedensschluß bewegen und damit den Kampf der Amerikaner gegen Japan im Pazifik erschweren. Churchill vertrat demgegenüber seinen Plan, die Landungsfahrzeuge lieber für ein Unternehmen gegen die Insel Rhodos in der Ägäis und später zur Verstärkung von »Anvil« einzusetzen. Mit dem Versprechen der Sowjets, nach der Niederwerfung Deutschlands in den Krieg gegen Japan einzutreten, seien die Alliierten überdies nicht mehr ausschließlich auf chinesische Unterstützung angewiesen. Nach mehrtägigen ergebnislosen Debatten gab Roosevelt am 5. Dezember nach. Tschiang Kai-schek teilte er telegrafisch mit, daß die Konferenz mit Stalin zum Entschluß geführt habe, Deutschland bis Herbst 1944 gemeinsam zu bezwingen. Daher sollten die amphibischen Unternehmen im Golf von Bengalen bis November 1944 verschoben werden. Er stellte dem Generalissimus frei, mit der chinesischen Offensive in Nordburma ebenfalls bis Herbst 1944 zu warten. Churchill hatte gesiegt: Die Landungsfahrzeuge wurden in der Folge aus Südostasien ins Mittelmeer und nach England beordert und der Premier erhielt rund zwanzig Landungsfahrzeuge für die Eroberung von Rhodos zugesagt. Noch hing aber das Rhodos-Unternehmen vom Kriegseintritt der Türkei ab.

Am 4. Dezember war der türkische Staatspräsident in Kairo eingetroffen. Doch alle Überredungskünste Churchills, daß die Türkei die einmalige Gelegenheit habe, zusammen mit den alliierten Großmächten und den Vereinten Nationen am Tisch der Sieger zu sitzen und damit ihre stets prekären Beziehungen zu Rußland zu verbessern, blieben vergebens. Ähnlich wie Franco gegenüber Hitler im Jahre 1940 stellte Inönü für einen Kriegseintritt die Vorbedingung größerer Kriegsmateriallieferungen und einer längeren Vorbereitungszeit. Mit dieser Verzögerungspolitik der Türken zerschlugen sich Churchills Ägäis-Pläne. Die Amerikaner, die eine Ausweitung des Krieges im östlichen Mittelmeer befürchtet hatten, waren darüber eher erleichtert als enttäuscht. Sie konzentrierten sich ganz auf »Overlord«: Am 5. Dezember beschloß Roosevelt in Kairo, daß General Dwight

D. Eisenhower die Frankreichinvasion als Oberbefehlshaber leiten solle.

Die Konferenz von Teheran, in der die endgültige Strategie gegen Deutschland zwischen den drei Verbündeten vereinbart worden war, bildete einen kurzen Höhepunkt des Einvernehmens und zugleich den Wendepunkt in den Beziehungen zwischen den drei verbündeten Mächten: Während die vorangegangenen Konferenzen überwiegend militärischen Fragen gewidmet waren, ließ die Aussicht auf den Sieg nunmehr die Probleme des kommenden Friedens in den Vordergrund rücken. Damit gewannen aber auch die unterschiedlichen nationalen Interessen der Partner des »unnatürlichen Bündnisses« wieder an Bedeutung: Die Hoffnung auf eine dauernde Harmonie zwischen den Großen Drei begann sich zusehends zu trüben.

In Osteuropa schien die Wiederherstellung der Tschechoslowakei die wenigsten Schwierigkeiten zu bereiten. Am 5. August 1942 hatten die Engländer und am 29. September desselben Jahres de Gaulle für Frankreich erklärt, daß sie sich an das Münchner Abkommen nicht mehr gebunden betrachteten. Am 12. Dezember 1943 schloß die Exilregierung Beneš (Ministerpräsident: Šrámek) mit Moskau einen Freundschafts- und Beistandspakt, in dem sich beide Partner unter anderem gegenseitige Nichteinmischung in ihre inneren Angelegenheiten zusicherten. Dieser Pakt wurde am 8. Mai 1944 durch ein Abkommen ergänzt, daß die von der Roten Armee zukünftig besetzten tschechoslowakischen Gebiete sofort der Autorität der Exilregierung unterstellt werden sollten. Es war Churchills große Hoffnung, auch in anderen ost- und südosteuropäischen Ländern nichtkommunistische Regierungen bilden zu können, die dennoch für die Sowjets annehmbar sein würden. Bei dem raschen sowjetischen Vormarsch schien es ihm besonders vordringlich, mit den Sowjets eine Abgrenzung der beiderseitigen Einflußsphären auf dem Balkan zu erreichen, ferner die griechischen und jugoslawischen Exilregierungen so weit umzubilden, daß die Gefahr eines kommunistischen Staatsstreiches nach der Befreiung dieser Länder gebannt blieb. Nach Verhandlungen Edens mit dem sowjetischen Botschafter in London kamen die beiden Mächte am 18. Mai 1944 überein, daß – vorbehaltlich der amerikanischen Zustimmung – Rumänien und Bulgarien in die sowjetische, Griechenland und Jugoslawien dagegen in die britische »Operationszone« fallen sollten. Erst nach heftigen englisch-amerikanischen Diskussionen und dem Eingreifen

Roosevelts erklärte sich das State Department, das sich unter dem Einfluß Hulls der Bildung traditioneller Interessensphären widersetzte, Mitte Juli 1944 bereit, die englisch-sowjetische Absprache für eine vorläufige Dauer von drei Monaten anzuerkennen. Engländer und Sowjets hielten die Abmachung während der Sommermonate strikt ein: Der Vorschlag der Waffenstillstandsemissäre aus Rumänien und Bulgarien, anglo-amerikanische Truppen als Gegengewicht gegen die Rote Armee in ihre Länder zu verlegen, wurde von den Engländern abgelehnt. Andererseits unterstützten die Sowjets eine Einigung der kommunistischen Kräfte in Griechenland und Jugoslawien mit den jeweiligen Exilregierungen.

In Griechenland wurden die politischen Gegensätze akut, als die kommunistische »Nationale Befreiungsfront« (EAM) im März 1944 eine provisorische Untergrund-Regierung – das »Politische Komitee der Nationalen Befreiung« (PEEA) – bildete, die der Exilregierung die Legitimität streitig machte. Die Briten bewogen König Georg II. im April zur Umbildung der Exilregierung, die nunmehr der aus Griechenland herausgeholte Führer der sozialdemokratischen Partei, Papandreou, übernahm. Auf den Rat der Sowjets hin traten im August 1944 auch die griechischen Kommunisten der Regierung Papandreou bei. Auch in Jugoslawien wurde der englische Wunsch nach einem Kompromiß zwischen einer umgebildeten Exilregierung und Titos im November 1943 gebildeten »Nationalen Befreiungskomitee« von den Sowjets unterstützt. Auf britischen Druck hin ernannte König Peter II. am 1. Juni 1944 Šubašić zum Ministerpräsidenten, der nach einer Reihe von Konferenzen am 16. Juni 1944 einen ähnlichen Kompromiß wie in Griechenland erreichte. Während die Amerikaner der britischen Balkanpolitik – wenn auch zögernd und mißtrauisch – folgten, geriet Churchill in seinem Bestreben, in Frankreich und Italien nach Möglichkeit starke, stabile und nichtkommunistische Nachkriegsregierungen zu fördern, mit Roosevelt in heftige Auseinandersetzungen. Der amerikanische Präsident glaubte, daß die Mehrheit der Franzosen die Autorität des im Juni 1943 von de Gaulle gegründeten »Komitees für die Nationale Befreiung« nicht anerkennen und dessen gewaltsame Oktroyierung in Frankreich zum Bürgerkrieg führen werde. Auch die offizielle Umbenennung des Komitees in »Provisorische Regierung der französischen Republik« am 15. Mai 1944 half de Gaulle trotz der Unterstützung seitens der Engländer und sogar der französischen Kommunisten nicht weiter. Erst nachdem erwiesen war, daß er in Frankreich selbst keinen ernsthaften Konkurrenten besaß, entschieden sich die Amerikaner am 26. August 1944 – einen Tag nach der Befreiung von Paris –, de Gaulles Komitee als De-facto-Vertretung des französischen Volkes anzuerkennen. Während Churchill so in der Frage der französischen Regierung schließlich Sieger blieb, sollte er in Italien trotz überraschender sowjetischer Schützenhilfe eine Niederlage einstekken. Churchill beabsichtigte, dem Lande eine konstitutionelle Monarchie mit starken konservativen Elementen als Gegengewicht gegen den Kommunismus zu erhalten. Als jedoch die italienischen Oppositionsgruppen auf einem Kongreß in Bari Ende Januar 1944 die Abdankung des Königs forderten, waren die Amerikaner bereit, die Errichtung eines demokratischen Regimes auf breiter Grundlage zu unterstützen. Da unter den Oppositionskräften die Kommunisten eine erhebliche Rolle spielten, widersetzte sich Churchill diesem Gedanken mit aller Macht. Im Februar unterbreitete die aus sechs italienischen Oppositionsparteien gebildete »Junta« den Alliierten ihr Programm für die politische Umgestaltung Italiens. Obwohl Churchill in einer Unterhausrede öffentlich für den König und Badoglio eintrat, billigte die amerikanische Regierung dieses Programm. Es folgte ein wochenlanger, heftiger Telegrammwechsel zwischen Roosevelt und Churchill, bis Churchill unerwartet von sowjetischer Seite Hilfe bekam: Am 13. März 1944 erkannte Moskau die Regierung Badoglio überraschend an und nahm mit ihr unter Umgehung der alliierten Beratenden Kommission für Italien direkte diplomatische Beziehungen auf. Togliatti, der aus dem Moskauer Exil zurückkehrende Führer der italienischen Kommunisten, trennte sich von den anderen Oppositionsparteien, unterstützte die Badoglio-Regierung und schlug vor, die Frage der Monarchie der Entscheidung einer zukünftigen verfassunggebenden Versammlung zu überlassen. In Italien ließ jedoch die von den Amerikanern ermunterte Opposition keine Ruhe: Nach Verhandlungen ihrer Führer mit Badoglio erklärte sich König Viktor Emanuel zu einer Übertragung der königlichen Gewalt auf den Kronprinzen Umberto als »Generalstatthalter des Königreichs« einverstanden, sobald Rom genommen sein würde. Dafür konnte Badoglio am 21. April 1944 ein neues Kabinett unter Einbeziehung aller Oppositionsparteien bilden. Nach der Einnahme von Rom entzog jedoch die Opposition Badoglio ihre Unterstützung und am 9.

Juni 1944 wurde der Sozialist Bonomi zum Ministerpräsidenten ernannt. Churchill, der die Ausschaltung der konservativen Elemente in Italien befürchtete, mußte sich schließlich fügen, als die Amerikaner von einer Anerkennung der neuen Regierung nicht abzuhalten waren.

Eines der schwierigsten Probleme der europäischen Nachkriegsordnung blieb Polen. Churchill war entschlossen, die in Teheran besprochene Grenzregelung bei den Exilpolen durchzusetzen. Er riet daher im Januar 1944 dem Ministerpräsidenten der polnischen Exilregierung, Mikolajczyk (Nachfolger des bei einem Flugzeugunglück im Juni 1943 ums Leben gekommenen Sikorski), die vorgeschlagene Regelung wenigstens als Verhandlungsgrundlage anzuerkennen. In einer Unterhausrede am 22. Februar 1944 trat Churchill öffentlich für die Curzon-Linie als sowjetische Westgrenze ein – eine Handlung, die ihm im nächsten Monat wahrscheinlich die sowjetische Unterstützung in der Italienfrage einbrachte. Die Exilpolen verweigerten jedoch weiterhin die Anerkennung der Curzon-Linie als polnische Ostgrenze. Da das Jahr der Präsidentenwahlen angebrochen war und sich Roosevelt die Stimmen der Amerika-Polen nicht verscherzen wollte, tat er zum Leidwesen Churchills nicht mehr, als die Exilpolen mit der Hoffnung auf eine »freundschaftliche« Beilegung des sowjetisch-polnischen Konflikts zu vertrösten. Nachdem die Sowjets im Januar durch die Vermittlung Beneš' vergeblich versucht hatten, von den Exilpolen die Anerkennung einer im Norden zugunsten Polens korrigierten Curzon-Linie zu erreichen, schlugen sie ihren westlichen Verbündeten vor, durch Aufnahme »demokratischer Elemente« in die polnische Exilregierung eine personelle Zusammensetzung dieses Gremiums zu erwirken, die die Annahme der neuen Grenzen garantieren würde. An einer solchen Umbildung der polnischen Regierung zeigten sich die Westmächte allerdings nicht interessiert. Roosevelt riet dem polnischen Ministerpräsidenten bei seinem Amerika-Besuch am 5. Juni, Stalin Konzessionen zu machen und die Streitfrage persönlich mit ihm zu erörtern. Der Anregung Roosevelts, Mikolajczyk in Moskau zu empfangen, wich Stalin zunächst aus. Am 21. Juli 1944 wurde unterdessen das von Kommunisten beherrschte »Polnische Komitee für die Nationale Befreiung« (»Lubliner Komitee«) unter Osóbka-Morawski gegründet, mit dem die Sowjets ein Übereinkommen über die Verwaltung der besetzten polnischen Gebiete trafen. Als Mikolajczyk am 3. August – zwei Tage nach dem Beginn des nationalpolnischen Aufstandes in Warschau – mit Stalin zusammentraf, hatte dieser seine Forderungen erhöht: Außer auf der Anerkennung der Curzon-Linie und der Ausbootung verschiedener Angehöriger der Exilregierung bestand Stalin nunmehr auch darauf, Mitglieder des Lubliner Komitees in die Regierung aufzunehmen. In einer abschließenden Unterredung gewann Mikolajczyk Stalin lediglich die unbestimmte Zusage ab, den Aufstand der Polen in Warschau zu unterstützen. Mikolajczyks Besuch hatte zu keiner Annäherung geführt, die Kluft zwischen den Exilpolen und Moskau war eher tiefer geworden.

Als in der zweiten Augusthälfte 1944 die deutschen Fronten überall eingedrückt wurden, rückte die Frage der zukünftigen Behandlung Deutschlands, deren Lösung in der seit Mitte Januar 1944 arbeitenden »Europäischen Beratenden Kommission« nur langsam vorankam, erneut in den Vordergrund. Vom 11. bis 19. September 1944 trafen sich daher Roosevelt und Churchill zur zweiten Konferenz von Quebec (»Octagon«). Paris und Brüssel waren befreit, die deutsche Westgrenze erreicht, im Osten standen die Sowjets an der Weichsel, Bukarest war genommen und die Deutschen bereiteten die Räumung des Balkans vor. Schon richteten sich die Gedanken der Alliierten auf Ostasien, wo frühestens achtzehn Monate nach dem Sieg über Deutschland mit einem Kriegsende gerechnet wurde. Churchills Vorschlag, Streitkräfte und die im Mittelmeer befindlichen Landungsfahrzeuge vor ihrem Abzug nach Ostasien für Unternehmen im Adria-Raum einzusetzen, stieß aber erneut auf amerikanische Ablehnung.

Hinsichtlich Deutschlands einigten sich die beiden Mächte in Quebec über ihre zukünftigen Besatzungszonen. Bereits im Januar 1944 hatten die Engländer in der »Europäischen Beratenden Kommission« neben einer gemeinsamen Besetzung Berlins drei fast gleich große Zonen vorgeschlagen: die sowjetische im Osten, die britische im Nordwesten und die amerikanische im Südwesten Deutschlands. Der vorgeschlagenen Linie zwischen den beiden westlichen und der östlichen Zone hatten die Sowjets mit einigen geringen Abweichungen im Februar generell zugestimmt. Die Briten waren bei der Zuteilung der Zonen an die beiden Westmächte von dem Gedanken ausgegangen, daß die Abrüstung der deutschen Flotte und Kriegshäfen an den Küstengebieten in ihren Händen am besten aufgehoben sei, während bei der beabsichtigten baldigen Zurückziehung der amerikanischen Truppen aus Europa die Südwestzone eventuell von den Franzosen übernommen werden könnte. Noch auf der zweiten Konferenz von Kairo hatten sich jedoch die Amerikaner gegen die Übernahme der Südwestzone gesträubt, da sie dann von Verbindungslinien durch das ihrer Meinung nach vom Bürgerkrieg bedrohte Frankreich abhängig sein würden. Sie befürchteten ferner, dann für die politische Entwicklung in Frankreich, Italien und auf dem Balkan Verantwortung übernehmen zu müssen. Jetzt, nachdem sich de Gaulles Autorität in Frankreich gefestigt hatte und die Verantwortung für Südosteuropa sowieso den Sowjets zuzukommen schien, fielen diese politischen Bedenken fort. Die Amerikaner erklärten sich in Quebec mit der Übernahme der Zone östlich des Rheins und südlich der Linie Koblenz–Nordgrenze Hessen-Nassau einverstanden, als ihnen von den Engländern die Häfen Bremen und Bremerhaven mit freiem Zugang zugestanden wurden.

Neben einer Einigung über die zukünftige Behandlung Deutschlands lag Churchill vor allem das Problem am Herzen, für die Umstellung der durch den Krieg zerrütteten englischen Wirtschaft auf den Frieden noch über das Kriegsende hinaus amerikanische Hilfe zu erhalten. Roosevelt ließ daher seinen Finanzminister Henry Morgenthau jr. nach Quebec kommen. Morgenthau war neben Außenminister Hull, Kriegsminister Stimson und Harry Hopkins Mitglied des Regierungsausschusses, der die Vorschläge der einzelnen amerikanischen Ministerien zur Deutschlandplanung zu koordinieren und geeignete Empfehlungen an den Präsidenten auszuarbeiten hatte. Während die Vorschläge Hulls und Stimsons bei aller Befürwortung von Entmilitarisierungs- und Sicherungsmaßnahmen doch in eine gemäßigte Politik gegenüber Deutschland mündeten, die eine wirtschaftliche Erholung des besiegten Landes ermöglichen konnte und eine zwangsweise Teilung des Reiches – soweit sie nicht von Separatistengruppen in Deutschland selbst betrieben würde – ablehnte, sah Morgenthau nur in der staatlichen Teilung und völligen Vernichtung der industriellen Kapazität Deutschlands die Garantie gegen eine erneute Aggression: Das Ruhrgebiet sollte internationalisiert, alle Industriewerke sollten demontiert und als Reparationen unter die Vereinten Nationen verteilt, die Gruben abgebaut und stillgelegt, Deutschland somit in ein Agrarland verwandelt und für zwanzig Jahre unter wirtschaftliche Kontrolle gestellt werden. Nach der Abtretung Ostpreußens, Südschlesiens, des Saarlandes, des Gebietes zwischen Mosel und Rhein und der Bildung einer internationalen

Zone, die das Rheinland, Westfalen, die Nordseeküste und den Nord-Ostsee-Kanal umfaßte, sollte Restdeutschland in zwei dezentralisierte Staaten aufgeteilt und Österreich unabhängig gemacht werden. Dieser sogenannte »Morgenthau-Plan« stieß auf die heftige Ablehnung Stimsons, der argumentierte, daß die Zerstörung der deutschen Industrie für die Ernährung der deutschen Bevölkerung und für die gesamte europäische Wirtschaft katastrophale Folgen haben würde. Für Roosevelt dagegen schien dieser Vorschlag gleichzeitig mehrere anstehende Probleme zu lösen: das Reparationsproblem gegenüber der Sowjetunion, die baldige Zurückziehung der amerikanischen Truppen aus Europa nach einer völligen Unschädlichmachung Deutschlands und die Unterstützung der angeschlagenen englischen Wirtschaft, die dann die bisherigen industriellen Ausfuhrgebiete Deutschlands übernehmen konnte.

Als Finanzminister Morgenthau nach Ankunft in Quebec seinen Deutschlandplan vortrug, wurde dieser von Churchill sofort abgelehnt. Aber Morgenthau argumentierte, die notwendige Vergrößerung der englischen Ausfuhren nach dem Kriege, die allein den Verlust des englischen Auslandsvermögens ausgleichen und England wirtschaftlich wieder lebensfähig machen könnte, werde durch die Übernahme der bisher vom Ruhr- und Saargebiet belieferten Eisen- und Stahlmärkte wesentlich erleichtert werden. Churchill durfte diese Argumente Morgenthaus (»von dem wir«, wie er selbst schreibt, »so viel verlangen mußten«) nicht unbeachtet lassen. Darüber hinaus bot Morgenthau den Engländern für die Zeit nach Kriegsende in Europa Lend-Lease-Lieferungen in Höhe von 3,5 Milliarden Dollar und einen Kredit von weiteren 3 Milliarden Dollar für die Erholung der englischen Wirtschaft an, ohne größere Bedingungen daran zu knüpfen, während der von der Idee des freien Welthandels erfüllte Außenminister Hull eine Kreditgewährung bisher stets vom allmählichen Abbau der Empire-Präferenzzölle abhängig gemacht hatte. Unter diesen Umständen fand sich Churchill bereit, zusammen mit Roosevelt am 15. September 1944 ein Memorandum zu paraphieren, das jedoch eine Reihe der Morgenthauschen Vorschläge überhaupt nicht enthielt und im ganzen wesentlich vorsichtiger formuliert war. Darin wurde ausgeführt, daß lediglich »die metallurgischen, chemischen und elektrischen Industrien« im Ruhr- und Saargebiet demontiert und stillgelegt werden sollten. Allerdings hieß es dann eindeutig weiter, dieses Programm fasse »die Verwandlung Deutschlands in ein Land ins Auge, das in erster Linie einen landwirtschaftlichen und ländlichen Charakter hat«.[26] Als Eden das Memorandum am nächsten Tag zu Gesicht bekam, lehnte er es entschieden ab. Auch Hull und Stimson protestierten nach der Rückkehr Roosevelts von Quebec sofort gegen dessen Entscheidung. Stimson nannte die Verwirklichung des Morgenthau-Programms »ein Verbrechen gegen die Zivilisation« und das Eingeständnis des Bankrotts einer vernünftigen Politik zur Vermeidung zukünftiger Kriege. Als am 21. September durch eine Indiskretion aus dem Finanzministerium der erste Bericht über den Morgenthau-Plan an die Öffentlichkeit gelangte, war die Reaktion der Presse überwiegend negativ. Eine solche Reaktion – sechs Wochen vor der Präsidentenwahl – blieb auf Roosevelt nicht ohne Wirkung. Bereits am 27. September rückte der Präsident Stimson gegenüber vom Morgenthau-Plan ab. Er ließ Churchill und Stalin wissen, daß die beiden Staatsmänner bei ihrem beabsichtigten Treffen in Moskau über Deutschland keine Beschlüsse fassen sollten, bis sie alle drei wieder zusammenkämen. In einer Wahlrede vom 21. Oktober suchte er den Eindruck zu beseitigen, daß Deutschland »versklavt werden« solle. Das Quebec-Memorandum wurde in der Folge weder dem englischen Kabinett noch dem amerikanischen Senat zur Beratung unterbreitet und verschwand so formlos in der Versenkung, wie es entstanden war.

Das Bekanntwerden des radikalen Morgenthau-Plans war Wasser auf Goebbels' Mühle: Von nun an bedeutete Kapitulation in der nationalsozialistischen Propaganda die Verwirklichung des »jüdischen Mordplanes« Morgenthaus. Auch in anderer Hinsicht wirkten sich die Vorgänge um den Morgenthau-Plan negativ aus: Roosevelt scheute sich von nun an, überhaupt detaillierte Pläne für Deutschland zu machen, ehe das Land besetzt und die vorgefundenen konkreten Bedingungen bekannt sein würden. Das hatte die verhängnisvolle Folge, daß sich die drei Mächte vor Kriegsende über keine gemeinsame Besatzungspolitik einigen konnten, durch die sich vielleicht eine gewisse sowjetische Kooperation hätte sichern lassen. Auf der Potsdamer Konferenz sollte es dafür bereits zu spät sein.

Churchill ließ die Abgrenzung des zukünftigen sowjetischen Einflusses in Osteuropa keine Ruhe. Die auf drei Monate begrenzte Vereinbarung über die gegenseitigen Operationszonen auf dem Balkan war abgelaufen. Unterdessen hatten die Sowjets Rumänien und Bulgarien besetzt und waren in Ungarn eingedrungen. Tito hatte sich Ende September heimlich aus seinem von den Engländern geschützten Hauptquartier auf der Insel Vis (Lissa) entfernt und in Moskau einen Vertrag über den Einmarsch der Roten Armee nach Nord-Jugoslawien abgeschlossen. In Griechenland bestand die Gefahr, daß die nach dem Abzug der Deutschen vorherrschenden kommunistischen Partisanenkräfte der am 4. Oktober mit nur schwachen Truppenkontingenten begonnenen Landung der Engländer und der Rückkehr der Exilregierung Papandreou Widerstand leisteten. Churchill entschloß sich daher, mit Eden in die sowjetische Hauptstadt zu fliegen, um die dringlich werdenden Probleme zu besprechen. Auf der ersten Zusammenkunft am 8. Oktober einigten sich Churchill und Stalin, daß die Sowjets in Rumänien 90 und in Bulgarien 75 Prozent, die Engländer dagegen in Griechenland 90 Prozent Einfluß ausüben sollten, während der beiderseitige Einfluß in Jugoslawien und Ungarn je 50 Prozent betragen sollte. Diese ungewöhnliche Abmachung war »als zeitweiliger Leitfaden für die nächste Kriegszeit«[27] von nicht zu unterschätzendem Wert. Churchill erreichte auch eine Aufnahme der Bestimmung in den Waffenstillstand mit Bulgarien, daß die bulgarischen Besatzungstruppen die im Kriege annektierten griechischen Gebiete in Thrazien und Mazedonien wieder räumen mußten. Roosevelt, der durch den amerikanischen Botschafter in Moskau, Averell Harriman, über die englisch-sowjetische Absprache informiert wurde, war bereit, sie zu tolerieren, wenngleich er selbst sich außer in Deutschland betreffende Fragen in europäischen Angelegenheiten nicht zu binden beabsichtigte. Churchill konnte hinsichtlich des Balkans mit dem Ergebnis dieser zweiten Moskauer Konferenz (9. bis 20. Oktober 1944) durchaus zufrieden sein: Die Küsten des Adriatischen und des Ägäischen Meeres schienen vor sowjetischem Einfluß gesichert und damit die traditionelle Lebenslinie des Britischen Empires durchs Mittelmeer in einem zukünftigen Gleichgewicht der Mächte geschützt. Dagegen kam sein Versuch, Polen als einen von der Sowjetunion unabhängigen Staat zu restaurieren oder durch eine Fusion der Exilregierung mit dem Lubliner Komitee auch hier wenigstens den Einfluß mit den Sowjets zu teilen, in Moskau keinen Schritt voran. Auf gemeinsamen Beschluß der Konferenzpartner lud Churchill den polnischen Ministerpräsidenten nach Moskau ein. Die Gespräche der englischen und sowjetischen Staatsmänner mit Mikolajczyk am 13. Oktober endeten ergebnislos: Mikolajczyk lehnte auch eine De-facto-Anerkennung der Curzon-Linie – selbst unter dem Vorbehalt, daß sie auf einer zukünftigen Friedenskonferenz nochmals überprüft werden würde – ab und wollte den Kommunisten im Höchstfalle ein Fünftel der Kabinettssitze einräumen. Gespräche Churchills und Edens mit Vertretern des Lubliner Komitees blieben ebenfalls ergebnislos, da diese den Exilpolen wiederum nur ein Viertel der Regierungssitze zubilligen wollten. Schließlich machte Mikolajczyk ein nicht unerhebliches Zugeständnis: Wenn Lemberg und die Ölfelder von Drogobyć bei Polen blieben, wollte er versuchen, das Einverständnis der anderen Mitglieder seiner Regierung in London zur Curzon-Linie zu erwirken. Diesen Kompromiß lehnte Stalin rundweg ab.

Hinsichtlich Deutschlands schlug Stalin vor, Ruhr- und Saargebiet von Deutschland abzutrennen und ebenso wie den Kieler Kanal unter internationale Kontrolle zu stellen. Das Rheinland sollte von Preußen getrennt und ein selbständiger Staat werden, die süddeutschen Länder zusammen mit Österreich einen eigenen Staat bilden. Die Hauptkriegsverbrecher sollten nicht summarisch, sondern durch ein ordentliches Gerichtsverfahren verurteilt werden. Er befürwortete einen Gürtel selbständiger, prorussisch eingestellter Staaten, der aus Polen, der Tschechoslowakei und Ungarn bestehen sollte, und schlug ferner eine Änderung des Meerengenstatuts von Montreux vor. Über alle diese Probleme konnte jedoch in Abwesenheit Roosevelts keine Entscheidung getroffen werden.

In Moskau wurde auch die zukünftige sowjetische Beteiligung am Krieg gegen Japan erörtert. Die Sowjets erklärten sich bereit, in Ostsibirien Flugplätze für die amerikanische und eine aufzubauende sowjetische strategische Luftwaffe einzurichten. Da die transsibirische Eisenbahn jedoch eine zu geringe Leistungsfähigkeit aufwies, bestanden sie darauf, daß alles dafür Notwendige auf dem Seewege über den Pazifik herangeschafft werden müsse. Sobald in Ostsibirien durch zusätzliche amerikanische Lieferungen ein Vorrat an Treibstoff- und Materialreserven für mehrere Monate angelegt und die »politischen Vorbedingungen« des sowjetischen Kriegseintritts – d. h. die sowjetischen Territorialansprüche – geklärt sein würden, könnten rund drei Monate nach Ende des europäischen Krieges sechzig Sowjetdivisionen mit dem Angriff auf die japanischen Festlandspositionen beginnen. Der Aufbau einer amerikanischen Luftwaffe in Sibirien sollte sich jedoch in der Folge durch das

Winterwetter und die übliche sowjetische Verschleppungstaktik weitgehend verzögern.

Hatte Churchill in Moskau mit den Sowjets eine Abgrenzung der Interessensphären auf dem Balkan erreicht, so ergaben sich schon einige Wochen später neue politische Reibungsflächen zwischen Engländern und Amerikanern. In Rom protestierte Churchill gegen die Aufnahme des führenden Sprechers der Linksparteien, Graf Sforza, in die am 26. November neu gebildete italienische Regierung, da Sforza dem britischen Premier gegenüber sein Versprechen gebrochen hatte, das Haus Savoyen zu unterstützen. In Brüssel verhinderten die englischen Besatzungstruppen am 29. November eine geplante Massendemonstration der Widerstandsgruppen gegen die Regierung Pierlot, bei deren Organisierung die Kommunisten eine führende Rolle gespielt hatten. In Griechenland schließlich kam es am 6. Dezember in Athen zu Kämpfen zwischen englischen Truppen und den kommunistischen ELAS-Partisanen. Die Tatsache, daß die Briten ihre Streitkräfte gegen liberale und radikale Kräfte einsetzten, die sich im Kampf gegen die Deutschen tapfer geschlagen hatten, und sich dadurch in die inneren Angelegenheiten anderer Länder zugunsten konservativer Elemente einmischten, erregte in der Presse der westlichen Welt heftigen Widerspruch, während sich Stalin strikt an die Moskauer Vereinbarung hielt und die sowjetischen Zeitungen keine Zeile der Kritik verlauten ließen. Roosevelt sah in diesen britischen Handlungen den Ausdruck imperialistischer Politik sowie eine Behinderung der freien Bekundung des Volkswillens in den betroffenen Ländern und distanzierte sich von diesen Aktionen. Churchill fühlte sich verletzt und erwiderte, daß das britische Militär in Belgien und Griechenland im Gegenteil die Demokratie gegen den beabsichtigten Staatsstreich bewaffneter kommunistischer Kräfte verteidige. Allerdings hatte Churchill zumindest in der Griechenlandfrage nicht die geschlossene Unterstützung der englischen Nation hinter sich. Trotz allem dürfte angesichts der späteren Ereignisse in Polen, Ungarn und der Tschechoslowakei feststehen, daß sein entschlossenes Vorgehen im Jahre 1944 Griechenland vor einem ähnlichen Schicksal bewahrt hat.

Während in Italien Bonomi am 10. Dezember 1944 ein neues Kabinett ohne Graf Sforza bildete und sich auch in Belgien die Wogen bald wieder glätteten, mußten die Engländer in Griechenland vom italienischen Kriegsschauplatz Verstärkungen heranziehen, ehe ihnen die Säuberung Athens und des Piräus von den ELAS-Partisanen gelang. Am Weihnachtstag 1944 flog Churchill mit Eden in die griechische Hauptstadt, um am 26. Dezember eine Konferenz griechischer Politiker einschließlich Vertretern der kommunistischen Partisanen zustande zu bringen. In der Streitfrage um die Monarchie wurde ein Kompromiß herbeigeführt: Erzbischof Damaskinos sollte einstweilen zum Regenten bestellt werden. Unter englischem Druck stimmte der griechische König in London dieser Regelung und einer späteren Volksabstimmung über seine Rückkehr in einer Proklamation zu. Am 3. Januar 1945 übernahm General Plastiras, ein entschiedener Republikaner, den Posten des Ministerpräsidenten. Aber erst nachdem die von Moskau in ihrem Kampf nicht unterstützten Partisanen durch die verstärkten britischen Truppen aus Athen vertrieben worden waren, willigten sie am 11. Januar in einen Waffenstillstand ein. Am 12. Februar konnte im griechischen Bürgerkrieg endlich ein Frieden erreicht werden, in dem die ELAS gegen Gewährung einer Amnestie für ihre Angehörigen der Auflösung und Entwaffnung ihrer Verbände zustimmte.

Stalins Verhalten während der englischen Intervention in Griechenland bewog Churchill, nunmehr seinerseits stärkeren Druck auf die Exilpolen auszuüben, um sie zum Nachgeben gegenüber den Sowjets zu bewegen. Aber außer Mikolajczyks Bauernpartei verweigerten alle anderen in der Exilregierung vertretenen polnischen Parteien auch weiterhin die Anerkennung der Curzon-Linie als Ostgrenze Polens. Da sich Mikolajczyk durch seinen Willen, in der Grenzfrage nachzugeben, innerhalb der Exilregierung immer stärker isolierte, entschloß er sich am 24. November 1944 zum Rücktritt. Sein Nachfolger, der Sozialdemokrat Arciszewski, bildete ein neues Exilkabinett ohne Beteiligung der Bauernpartei. Nunmehr glaubte Stalin auf die Exilpolen keinerlei Rücksicht mehr nehmen zu brauchen: Am 31. Dezember 1944 erklärte sich das Lubliner Komitee zur provisorischen Regierung Polens und wurde am 5. Januar von den Sowjets offiziell anerkannt. Während die provisorische Regierung nach der Vertreibung der Deutschen aus Warschau am 17. Januar in die polnische Hauptstadt einzog, wurde ihr die Anerkennung seitens der Engländer und Amerikaner weiterhin verweigert: Auch die polnische Frage harrte auf dem Dreiertreffen von Jalta einer Lösung.

Ein weiteres Problem, das auf der kommenden Konferenz

der Großen Drei gelöst werden mußte, war die Beteiligung Frankreichs an der Regelung der Deutschlandfrage. Am 23. Oktober 1944 war die provisorische französische Regierung unter de Gaulle von den drei Mächten formell anerkannt worden. In Dumbarton Oaks war Frankreich als fünfter Macht ein ständiger Sitz im zukünftigen Sicherheitsrat der UN zugesagt worden, und seit November 1944 saß ein französischer Vertreter in der »Europäischen Beratenden Kommission«. De Gaulle war bestrebt, aus dem Zustand alliierter Vormundschaft endgültig zu einem vollwertigen Verbündeten aufzusteigen, der in allen Fragen gleiches Mitspracherecht besaß. Er war entschlossen, zur Erreichung dieses Zieles die russische Karte auszuspielen: Im Dezember 1944 reiste er zu einem offiziellen Besuch nach Moskau, wo er von Stalin mit allen einem Staatsoberhaupt zukommenden Ehren empfangen wurde – eine Tatsache, die zugleich de Gaulles innenpolitische Position gegenüber den französischen Kommunisten stärkte. In Moskau brachte er unter anderem die französischen Nachkriegswünsche zur Sprache: die Zuteilung einer eigenen französischen Besatzungszone in Deutschland und die Verschiebung der Grenzen Frankreichs bis zum Rhein. Da letzteres mit Stalins Absicht einer eigenen Rheinlandprovinz unter internationaler Kontrolle kollidierte, wich Stalin jeglichen konkreten Zusagen aus. Ebenso zögernd verhielt sich de Gaulle gegenüber dem sowjetischen Wunsch einer Anerkennung der provisorischen polnischen Regierung durch Frankreich. Das entscheidende Ergebnis des Besuchs blieb der Abschluß des sowjetisch-französischen Bündnis- und Beistandspaktes vom 10. Dezember 1944, durch den sich beide Partner verpflichteten, sich auch in einem zukünftigen Kriege eines Partners mit Deutschland gegenseitig mit allen Mitteln zu unterstützen. Nach dem gescheiterten Anlauf in der Mitte der dreißiger Jahre schienen damit beide Mächte in Europa erneut ihre traditionellen Positionen zu beziehen, die sie bis zur bolschewistischen Revolution in Rußland einige Jahrzehnte lang eingenommen hatten. Churchill hätte an Stelle dieses zweiseitigen Vertrages lieber einen englisch-französisch-sowjetischen Dreierpakt gesehen – jene »große Allianz«, für die er bereits vor dem Kriege eingetreten war, um den Kriegsausbruch zu verhindern. Aber de Gaulle zog aus innenpolitischen Gründen einen bilateralen Vertrag vor. Auch Roosevelt begrüßte das zweiseitige Abkommen, da er einen Dreierpakt als mögliche Konkurrenz für die zu errichtende Weltsicherheitsorganisation ansah.

Zweifellos hatte de Gaulle durch seinen Moskau-Besuch an Prestige gewonnen. Um so stärker fühlte er sich zurückgesetzt und die Ehre Frankreichs verletzt, als er zur Konferenz von Jalta nicht eingeladen wurde. Aber Roosevelt befürchtete, daß eine Teilnahme de Gaulles die Verhandlungen zusätzlich erschweren werde. In Jalta sollten daher die Probleme der europäischen Nachkriegsordnung sowie der Besetzung und Kontrolle Deutschlands noch ohne Vertreter Frankreichs behandelt werden.

11. Kapitel
Der Einbruch in die japanische Hegemonialsphäre 1942–1945: Amerikanisches »Inselspringen« im Pazifik und Burmafeldzug

Durch seine militärische Expansion hatte Japan eine Reihe von Völkern mit unterschiedlicher Rasse und Religion sowie politischen und ökonomischen Entwicklungsstadien unter seine Herrschaft gebracht, für die es eine »Neue Ordnung« aufzurichten beabsichtigte. Als Endziel propagierten die Japaner die »Großostasiatische Wohlstandssphäre«, die den Völkern Ostasiens Frieden, Stabilität und Schutz vor »englisch-amerikanischer Ausbeutung« bringen sollte und bei deren Schaffung Japan die Anerkennung seiner politischen, moralischen, kulturellen und wirtschaftlichen Führung durch diese Völker verlangte. Nach den japanischen Verlautbarungen sollte die Politik in diesem Raum von den Grundsätzen der Gerechtigkeit und gegenseitigen Achtung getragen sein und im Gegensatz zum westlichen Kolonialismus jeder Rasse ihre Eigenentwicklung und den ihr zukommenden Platz garantieren.

Aber hinter den propagierten Idealen sah die Wirklichkeit in den besetzten Gebieten ganz anders aus. Die japanische Armee, die an die Mission Japans glaubte, Asien zu seinem eigenen Nutzen zu beherrschen und andere Asiaten daher keineswegs als gleichberechtigt anerkennen wollte, behandelte die Bevölkerung der eroberten Gebiete aus dem eigenen Überlegenheitsgefühl heraus oft außerordentlich brutal und zerstörte damit die von der Regierung in Tokio verkündete These von der panasiatischen Solidarität. Zum Mißfallen der Einheimischen sicherten sich die Japaner mit der Übernahme des alliierten Eigentums durch japanische Firmen von vornherein die beherrschende Stellung in der Finanzwelt, beim Überseehandel, Bergbau und in der Fabrikation. Als reine Rohstofferzeuger waren die besetzten Länder auf die Einfuhr von Industrie- und Konsumgütern (Textilien), teilweise auch von Nahrungsmitteln, angewiesen. Die japanische Industrie, die bereits voll für die eigene Kriegsproduktion eingespannt war, konnte ihnen diese Güter nur in äußerst beschränktem Umfang liefern. Der allgemeine Warenmangel beschwor daher eine Inflation herauf, die noch dadurch gesteigert wurde, daß die japanische Besatzungsarmee für ihren Bedarf Papiergeld drucken ließ. Durch die zunehmenden japanischen Schiffsverluste und die Behinderung des Seeverkehrs bereitete auch die Ausfuhr der von den Japanern dringend benötigten Rohstoffe aus diesen Ländern ab 1943 immer stärkere Schwierigkeiten. Da sich die Besatzungsarmeen aus dem Lande ernährten, kam es in dichtbevölkerten Gebieten wie Java und Singapur und sogar in einem normalerweise Reis exportierenden Land wie Thailand zu Mangelerscheinungen und in den Städten zu Hungersnöten (z. B. Bangkok).

Ein weiterer Grund zur Unzufriedenheit war die Zwangsrekrutierung einheimischer Arbeitskräfte für den Bau militärisch notwendiger Anlagen. Allein beim Bau der 415 km langen Eisenbahnlinie durch den Dschungel Burmas und Thailands von November 1942 bis Oktober 1943 – sie sollte Südburma mit der Linie Bangkok–Singapur verbinden und damit den ständig bedrohten Nachschub zur See nach Rangun entlasten – starben neben 12000 alliierten Kriegsgefangenen schätzungsweise 250000 asiatische Arbeiter an Seuchen und Erschöpfung. Mochten die wirtschaftlichen Schwierigkeiten und Härten in den besetzten Gebieten auch zum überwiegenden Teil durch die Erfordernisse der Kriegführung bedingt sein, so erzeugten sie nichtsdestoweniger Feindseligkeit und Haß gegen die Japaner und ließen die Widerstandstätigkeit anwachsen, die von der gefürchteten »Kempeitai« – der japanischen Militärpolizei – als »Verrat an Asien« mit brutalsten Mitteln bekämpft wurde.

Der japanische Plan für die politische Struktur der »Großostasiatischen Wohlstandssphäre« sah eine graduell verschiedene Abhängigkeit der ihr zugehörenden Gebiete von der japanischen Führungsmacht vor. Gebiete von überragender strategischer Bedeutung – Hongkong, Singapur, Borneo, Neuguinea und der holländische Teil von Timor – sollten annektiert werden. Eine zweite Ländergruppe, zu der die wichtigsten Rohstofflieferanten, die malaiischen Staaten, Sumatra, Java, Madura und möglicherweise Celebes gehörten, sollte mit der Zeit eine beschränkte Autonomie unter japanischem Protektorat erhalten. Die Spitze dieser Länderhierarchie bildeten die »unabhängigen« Satellitenstaaten Mandschukuo, Nanking-China, die Philippinen, Thailand, Burma und – zunächst unter nomineller französischer Souveränität – Indochina; sie sollten mit Japan durch Allianzverträge politisch und militärisch verbunden bleiben und den Japanern Stützpunkte und wirtschaftliche Vorrechte einräumen. Mit zunehmender Verschlechterung der Kriegslage sahen sich die Japaner gezwungen, den Völkern Ostasiens politische Konzessionen zu machen, um sie bei der Stange zu halten. Am 1. August 1943 erhielt Burma unter dem Staatsoberhaupt Ba Maw seine Unabhängigkeit, die Militärverwaltung wurde formell aufgehoben. Zugleich trat das Land gegen die angelsächsischen Mächte in den Krieg ein und schloß ein Bündnis mit Japan, in dem es sich auch zur Zusammenarbeit beim Aufbau der »Großostasiatischen Wohlstandssphäre« verpflichtete. Um das Prestige der neuen Regierung zu heben, bekam Burma am 25. September den überwiegenden Teil der Schanstaaten und den Karenstaat zugesprochen. Dieses Geschenk vermochte jedoch die wachsende Feindschaft der Bevölkerung gegen die Japaner nicht zu beschwichtigen und die Widerstandstätigkeit nicht zu verhindern. Am 14. Oktober 1943 folgte die Unabhängigkeitserklärung der Philippinischen Republik unter Präsident José Laurel. Auch hier sah ein Bündnis mit Japan die Zusammenarbeit für die Kriegs- und Nachkriegszeit vor. Laurel konnte jedoch den Kriegseintritt gegen die angelsächsischen Mächte zunächst vermeiden, bis der Beginn der amerikanischen Luftangriffe auf die Insel die Erfüllung der japanischen Forderung nach einer Kriegserklärung am 23. September 1944 unausweichlich machte. Für die gebildeten Schichten der Filipinos, deren Kultur und Zivilisation eher europäisch und amerikanisch als asiatisch war, hatte jedoch das Schlagwort »Asien den Asiaten« und der Feldzug gegen den weißen Kolonialismus von vornherein wenig Zugkraft: die Philippinen waren bereits seit Jahren auf dem Weg zur Unabhängigkeit, die ihnen Roosevelt bis 1946 zugesagt hatte. Die Regierung Laurel unterstützte daher insgeheim die Guerillagruppen, die weite Gebiete im Landesinnern beherrschten und seit Frühjahr 1943 Nachrichtenverbindung mit MacArthurs Streitkräften unterhielten. Thailand (Siam), das unter dem Diktator Marschall Luang Pibul Songgram bereits seit Januar 1942 auf japanischer Seite Krieg führte und daher unter den Verbündeten Japans eine bevorzugte Stellung einnahm, bekam am 20. August 1943 gleichfalls ein territoriales Prestigegeschenk in Form zweier Schanstaaten und der vier nördlichen malaiischen Staaten Perlis, Kedah, Kelantan und Trengganu. Dadurch wurde jedoch die Position Luang Pibuls nur vorübergehend gestärkt. Unmittelbar nach dem Sturz der japanischen Regierung Tojo im Juli 1944 mußte auch Pibul in Thailand aus innenpolitischen Gründen einer Regierung unter Major Kuang Aphaiwongse Platz machen, die nur nach außen hin den bisherigen Kurs beibehielt: die neue Regierung sicherte den Alliierten insgeheim die Rückgabe der annektierten Gebiete zu und bereitete für den Fall einer alliierten Landung einen Frontwechsel vor.

Auch gegenüber der französischen Kolonialherrschaft in Indochina mußten die Japaner zunächst kurz treten, da sie an der Aufrechterhaltung der inneren Ordnung des im Rücken ihrer Burmafront liegenden Landes interessiert waren, aber weder genügend geschultes Personal erübrigen konnten, um die Verwaltung des Landes selbst in die Hand zu nehmen, noch den einheimischen Vertretern von Annam und Kambodscha den Aufbau einer wirksamen Selbstverwaltung zutrauten. Wohl hatten die Japaner bei der Vichy-Regierung die Stationierung ihrer Truppen im Lande durchgesetzt, hatten dafür aber – obwohl sie sich als Vorkämpfer gegen den »westlichen Imperialismus und Kolonialismus« bezeichneten – die französische Souveränität und die Verantwortlichkeit der französischen Verwaltung anerkannt. Am 9. Dezember 1941 mußte sich der französische Generalgouverneur Admiral Decoux verpflichten, mit den Japanern auch bei einer »gemeinsamen Verteidigung Indochinas« zusammenzuarbeiten. Um alles zu vermeiden, was den Sturz der französischen Herrschaft und die Einsetzung von einheimischen Marionettenregierungen durch die Japaner auslösen konnte, mußte Decoux sowohl die Aktivität der freifranzösischen Bewegung de Gaulles innerhalb seiner Streitkräfte zu verhindern suchen wie auch die einheimischen nationalen Widerstandsgruppen – vor allem die kommunistische Vietminh-Bewegung unter Ho Tschi-minh – bekämpfen, die die Selbständigkeit Indochinas erstrebten. Decoux gelang es, den Status Indochinas unverändert aufrechtzuerhalten, bis die Japaner nach dem Verlust der Philippinen eine amerikanische Landung befürchteten. Als Decoux am 9. März 1945 die ultimative japanische Forderung auf Unterstellung der französischen Verwaltung und Streitkräfte unter die japanischen Militärbehörden ablehnte, wurde er gefangengesetzt, seine Truppen entwaffnet und in der Folge das Kaiserreich Annam unter Bao Dai und die Königreiche Kambodscha und Laos für »unabhängig« erklärt, während die Guerillagruppen unter Ho Tschi-minh in kurzer Zeit das flache Land beherrschten.

Auch dem China Wang Tsching-weis gegenüber mußte sich die japanische Regierung zu politischen Zugeständnissen entschließen, wenn ihre These, daß Japan auch für die Befreiung Chinas kämpfe, glaubhaft sein sollte. Denn die Bestimmungen des Vertrags vom 30. November 1940, die den Japanern die militärische Besetzung Nordchinas sowie die politische und wirtschaftliche Hegemonie in ganz China auch in Friedenszeiten einräumten, straften diese Behauptung Lügen. Das Bestreben, China zumindest äußerlich den Status eines verbündeten und gleichberechtigten Partners zu geben, war der Inhalt der »neuen Chinapolitik«, die Mamoru Shigemitsu verfocht, der am 20. April 1943 Außenminister wurde. Die Ernennung des Vorkriegs-Botschafters in London war der erste Erfolg des »Jushin« – des Rates des japanischen Ex-Ministerpräsidenten –, der im Gegensatz zur Auffassung der militärischen Vertreter den Krieg bereits für verloren ansah und im Einvernehmen mit dem Kaiser einen baldigen Friedensschluß befürwortete. Zugeständnisse an China waren um so vordringlicher geworden, als die Vereinigten Staaten und England am 11. Januar 1943 Tschiang Kai-schek gegenüber vertraglich auf alle exterritorialen Rechte in China verzichtet hatten. Als Gegenleistung für den offiziellen Kriegseintritt Nanking-Chinas an der Seite Japans am 9. Januar 1943 wurden daher der Regierung Wang Tsching-wei am 30. März die japanischen Konzessionen in Hankau, Tientsin, Shasi, Sutschou, Hangtschou und Amoy ohne Entschädigung abgetreten und ihr die Polizei- und Verwaltungsrechte in diesen Küsten- und Binnenhäfen übertragen. Drei Tage vorher war ihr bereits die internationale Niederlassung von Kulangsu übergeben worden, am 1. August folgte die Niederlassung von Schanghai. Schließlich wurde am 30. Oktober 1943 mit Wang Tsching-wei ein Bündnisvertrag abgeschlossen, der die Bestimmungen des Vertrages vom November 1940 ausdrücklich aufhob und in dem sich die Partner dauernde freundschaftliche Beziehungen, gegenseitige Achtung ihrer Souveränität und territorialen Integrität, Zusammenarbeit bei der Errichtung der »Großostasiatischen Wohlstandssphäre« sowie enge wirtschaftliche Beziehungen auf der Basis der Gegenseitigkeit versprachen. In einem besonderen Protokoll verpflichteten sich die Japaner ausdrücklich, ihre Truppen nach einem allgemeinen Friedensschluß vom chinesischen Territorium zurückzuziehen und auf das Recht der Truppenstationierung aus dem Boxer-Protokoll zu verzichten. Während Ministerpräsident General Tojo mit der »neuen Chinapolitik« lediglich der panasiatischen Propaganda Wirkung verleihen und die Bereitschaft zur Zusammenarbeit für den Sieg stärken wollte, beabsichtigte Shigemitsu mit ihr ein indirektes Angebot an Tschiang Kai-schek, sich vom Westen zu lösen und als gleichberechtigter Partner in die ostasiatische Gemeinschaft einzutreten. Ebenso wie ein Ausgleich zwischen Deutschland und der Sowjetunion, um den sich Shigemitsu vergebens bemühte, sollte auch ein Frieden mit Tschiang Kai-schek nur die Vorstufe zu einer Verständigung mit den Westmächten sein: in der Tat war ja mit dem japanischen Versprechen, China nach dem Kriege zu räumen, das Haupthindernis beseitigt, das im Jahre 1941 eine Verständigung zwischen der amerikanischen und der japanischen Regierung verhindert hatte. Aber Tschiang Kai-schek übersah diesen Wink geflissentlich, da er bei einer bedingungslosen Kapitulation Japans mit der Wiedergewinnung der Mandschurei und Formosas rechnen konnte und China nach der Niederlage Japans aller Voraussicht nach zur führenden Macht in Ostasien aufsteigen mußte. Immerhin hätte die »neue Chinapolitik« bei den Schwierigkeiten, die Tschiang Kai-schek 1944 mit den Amerikanern wegen der militärischen Befehlsführung und der Unterstützung der chinesischen Kommunisten hatte, sowie bei der allgemeinen Kriegsmüdigkeit, die in diesem Jahre in China herrschte, mit der Zermürbung des Widerstandswillens innerhalb der Kuomintang Erfolg haben können, wenn Japan nicht gleichzeitig erhebliche Rückschläge an den anderen Fronten hätte hinnehmen müssen. Aber als Wang Tsching-wei am 10. November 1944 starb, war Japans »neue Chinapolitik« endgültig gescheitert: sein Nachfolger Tschen Kiung-po hatte bei weitem nicht das Prestige, das Wang Tsching-wei einst in der Kuomintang besaß. Mit der Verminderung der japanischen Besatzungstruppen in Nordchina und ihrem Einsatz bei den Operationen im südlichen Landesteil dehnte sich zudem im Norden die Herrschaft der in einer fragwürdigen Einheitsfront mit Tschiang Kai-schek kämpfenden chinesischen kommunistischen Partisanen immer stärker aus.

Auch solche augenfälligen Demonstrationen wie die »Konferenz der Großostasiatischen Nationen« im November 1943, auf der sich die führenden Vertreter der »verbündeten« Staaten Mandschukuo, Nanking-China, Philippinen, Thailand und Burma öffentlich zu den gemeinsamen Zielen und Grundsätzen der »Wohlstandssphäre« bekannten, konnten nicht darüber hinwegtäuschen, daß es Japan trotz verschiedener Konzessionen nicht gelang, sein Hegemonialreich für den Kampf gegen den äußeren Feind politisch zu stabilisieren. Schon gar keine Wirkung konnte von solchen späten Zugeständnissen wie der öffentlichen Erklärung über eine spätere Unabhängigkeit auch Niederländisch-

Indiens erwartet werden, die die japanische Regierung Koiso am 7. September 1944 abgab. Eine ähnliche Erklärung für Malaya hatten die japanischen Militärs bis zuletzt verhindert. Beim Fehlschlagen einer politischen Lösung blieb der einzige Garant für den Zusammenhalt des Hegemonialreiches des japanische Heer, das alle seine Teile besetzt hielt und sie gegen den wachsenden Ansturm von außen verteidigen mußte.

Wegen des Vorranges, den der europäische Kriegsschauplatz in ihren Plänen einnahm, konnten die Alliierten in Ostasien zunächst nur in beschränktem Ausmaß offensiv werden, um wenigstens die weitere Gefährdung ihrer Lebensader nach Australien zu beseitigen. Der Pazifik, der nach einem Übereinkommen der Vereinigten Stabschefs in die strategische Verantwortlichkeit der Amerikaner fiel, war am 2. April 1942 in zwei große Befehlsbereiche aufgeteilt worden: in den Bereich Südwestpazifik unter General MacArthur und in den Bereich Pazifischer Ozean unter Admiral Nimitz mit den drei Unterbereichen Nord-, Mittel- und Südpazifik. Die Direktive der amerikanischen Stabschefs für die erste Offensive im Pazifik (Operation »Watchtower«) vom 2. Juli 1942 sah vor, zunächst Santa Cruz und die Salomonen zu erobern, dann das östliche Neuguinea (Papua) zu besetzen und anschließend als vorläufiges Endziel Neubritannien mit Rabaul sowie Neuirland einzunehmen. Als zwei Tage später die Luftaufklärung ergab, daß die Japaner auf der südlichen Salomonen-Insel Guadalcanal mit dem Bau eines Flugplatzes begonnen hatten, von dem die amerikanischen Stützpunkte auf den Neuen Hebriden und Neukaledonien angegriffen werden konnten, wählte man neben Tulagi diese Insel als erstes Angriffsziel. Zunächst wurden allerdings die Japaner offensiv: Am 21. Juli landeten sie an der Nordküste von Papua mit dem Ziel, auf dem Landwege Port Moresby zu erreichen, dessen Einnahme ihnen im Mai durch den Ausgang der Seeschlacht im Korallenmeer versagt geblieben war. Während MacArthur diesen japanischen Angriff abwehrte, landeten am 7. August 1942 unter dem Schutz eines Flottenverbandes mit drei Flugzeugträgern 11000 amerikanische Marineinfanteristen auf Guadalcanal, nahmen am nächsten Tag den noch nicht fertiggestellten Flugplatz, konnten jedoch die japanische Besatzung aus dem Westteil der Insel nicht verdrängen: um Guadalcanal sollte sechs Monate lang erbittert gerungen werden. Aus dem gegenseitigen Bestreben, auf der Insel Verstärkungen zu landen und den Nachschub des Gegners zu unterbinden, entwickelte sich von August bis Dezember 1942 eine Reihe harter Seegefechte. Aber seit die Amerikaner den Inselflugplatz (Henderson Field) in Dienst gestellt hatten, konnten die Japaner nur noch nachts Schnelltransporte durch das Fahrwasser zwischen den beiden Reihen der Salomonen-Inseln (»The Slot«) nach Guadalcanal schicken – den »Tokio-Expreß«, wie die Amerikaner diese regelmäßigen nächtlichen Transporte nannten. Wiederholte japanische Angriffe auf Henderson Field schlugen unter blutigen Verlusten fehl; die amerikanischen Marinesoldaten erwiesen sich den Japanern im Dschungelkampf durchaus ebenbürtig. Als die Lage der Japaner in Papua kritisch wurde und Verstärkungen aus Rabaul nötig wurden, gaben sie den Kampf auf: in der Zeit vom 1. bis 8. Februar 1943 wurde die restliche japanische Besatzung von der Insel evakuiert. Der halbjährige Kampf hatte die Japaner 24000 Mann gekostet, rund das Zehnfache der amerikanischen Verluste. Auch an Flugzeugen hatten sie mehr als die Amerikaner eingebüßt; die Verluste an Kriegsschiffen hielten sich dagegen die Waage. Besonders schwer wog jedoch für die Japaner der verlorene Handelsschiffsraum, der sich in diesem halben Jahr auf 640000 BRT, d. h. auf ein Zehntel der Handelsflotte belief; 300000 BRT waren allein im Kampf um Guadalcanal verlorengegangen.

Der japanische Versuch, Port Moresby in Papua zu nehmen, sollte gleichfalls mit einem Mißerfolg enden. Nachdem sich die Japaner bis Ende September 1942 über das Owen-Stanley-Dschungelgebirge bis kurz vor Port Moresby vorangekämpft hatten, wurden ihre erschöpften Kräfte von den Australiern, die laufend aus der Luft versorgt werden konnten, allmählich wieder in Richtung auf ihre Stützpunkte an der Nordküste zurückgedrängt. Da in diesem Zeitraum alle entbehrlichen Marinefahrzeuge und Landungsboote für das alliierte Unternehmen in Nordafrika gebraucht wurden, fehlten MacArthur die Mittel für amphibische Operationen. Er benutzte jedoch seine Überlegenheit an Luftstreitkräften, um amerikanische Kräfte an der Nordküste Papuas zu landen, die den Japanern in den Rücken fielen und sie zu beschleunigtem Rückzug zwangen. Bei der alliierten Luftüberlegenheit gelang es den Japanern auch nicht, ihre Küstenstützpunkte Gona, Buna und Sananandа zu halten. Damit waren die Japaner Anfang Februar 1943 vom Ostteil Neuguineas bis zur Huonbucht und von Guadalcanal vertrieben.

Die Pläne der Vereinigten Stabschefs für den Pazifik, die von Roosevelt und Churchill im Januar 1943 in Casablanca gebilligt worden waren, sahen die Fortsetzung der Operation »Watchtower« zur Einnahme Rabauls und zur Beseitigung des Sperrriegels am Bismarck-Archipel vor, ferner ein Vorgehen in Richtung auf Truk (Karolinen) und Guam (Marianen) sowie über Neuguinea bis Timor. Im Norden sollten die Alëuten gesichert werden. Vom 12. bis 28. März 1943 hielten die amerikanischen Stabschefs in Washington eine »Pazifische Militärkonferenz« ab, auf der die Oberbefehlshaber General MacArthur und Admiral Nimitz durch hohe Stabsoffiziere vertreten waren. Das Ergebnis der Konferenz war die Basis für den späteren »Strategischen Plan zur Niederwerfung Japans«, der im Mai 1943 auf der »Trident«-Konferenz in Washington von Roosevelt und Churchill gebilligt, aber in dieser Form nie verwirklicht wurde: nach dem Aufbrechen des Bismarck-Riegels sollte MacArthur – durch das Vorgehen der Flotte des Admirals Nimitz über die Gilbert-, Marshall- und Karolinen-Inseln an seiner Nordflanke gedeckt – mit starken Kräften entlang der Nordküste Neuguineas, über Celebes und den Sulu-Archipel ins Südchinesische Meer eindringen, während nach der Wiedereroberung Burmas englische Flottenstreitkräfte die Malakka-Straße öffnen und Singapur zurückerobern sollten. Von China aus plante man eine Bomberoffensive gegen Japan zu eröffnen, und Hongkong sollte genommen und als Ausgangsbasis für den letzten Sturm auf Japan ausgebaut werden. Doch bereits auf der »Quadrant«-Konferenz in Quebec im August 1943 teilten die Engländer mit, daß sie einen Burmafeldzug – wenn überhaupt – erst im Jahre 1944 führen könnten. Darüber hinaus begannen die Japaner im Frühsommer 1944, in Südchina eine Reihe von Flugplätzen zu erobern, die den Amerikanern als Basen dienten. In der Folge erzwangen daher die Schwäche und Unzuverlässigkeit des chinesischen Bundesgenossen, das Engagement der Engländer im Mittelmeer und die Schwierigkeit, Seestreitkräfte im Südchinesischen Meer operieren zu lassen, solange die Japaner noch auf den Philippinen saßen, eine Änderung der Strategie gegen Japan. Nach der Beseitigung der japanischen Barriere am Bismarck-Archipel sollten die zunehmenden Erfolge schneller amerikanischer Trägergruppen und die vervollkommnete Technik amphibischer Unternehmungen es ermöglichen, zwei neue Wege nach Japan einzuschlagen: einen im mittleren Pazifik über die Marshall-Inseln, Marianen und Iwojima, und einen weiteren vom Südwestpazifik aus über Neuguinea, Leyte, Luzon und Okinawa. Da keiner dieser Wege das ostasiatische Festland berührte, sollte dieser Kriegsschauplatz eine zweitrangige Bedeutung einnehmen und Burma fast bis zum Kriegsende in japanischer Hand bleiben.

Gemäß den Direktiven der amerikanischen Stabschefs vom März 1943 bereitete MacArthur den Vormarsch entlang der Nordküste Neuguineas nach Westen und der Oberbefehlshaber im Südpazifik, Vizeadmiral Halsey, das Vordringen auf der Salomonenkette vor, um Rabaul von zwei Seiten anzugehen. Als die Japaner in Erwartung der Offensive MacArthurs von Rabaul aus Verstärkungen zum Stützpunkt Lae am Huongolf bringen wollten, wurde ihre Transportflotte vom 2. bis 5. März von der alliierten Luftwaffe in der Bismarck-See völlig zerschlagen: Den Japanern gelang es nur, knapp die Hälfte ihrer Soldaten aufzufischen. Da die übrigen (rund 3000) im Wasser treibenden Schiffbrüchigen sich weigerten, als Gefangene von amerikanischen Schnellbooten an Bord genommen zu werden, wurden sie Opfer jener Härte und Grausamkeit, die dem Krieg in Ostasien ein besonderes Gepräge gaben: tagelang schossen amerikanische Jäger und Schnellboote in der See schwimmende Japaner ab, damit sie sich nicht an die Küste retten und die Besatzung von Lae verstärken konnten. Da der Tod im Dienste ihres Gott-Kaisers für die Japaner aus religiösen Motiven etwas Erstrebenswertes und die Gefangenschaft etwas Schimpfliches darstellten, hielten sie sich kaum an die Genfer Konvention: Verwundete Gegner, die nicht als Arbeitskräfte dienen konnten, wurden von ihnen meist auf der Stelle getötet. Die japanische Mentalität ermöglichte auch die Anwendung von Selbstmord-Waffen wie »Kamikaze«-Fliegern und Menschentorpedos (»Kaiten« = Hinwendung zum Himmel).

Am 30. Juni 1943 landete Halseys 3. Flotte amphibische Streitkräfte auf der Salomonen-Insel Neu-Georgien, um die sich mehrere Monate dauernde Kämpfe und im Juli zwei nächtliche Seegefechte entwickelten. Die Einnahme der weiter nordwestlich liegenden Insel Vella Lavella am 15. August durch die Amerikaner ermöglichte die Isolierung Neu-Georgiens und trug wesentlich zur Aufgabe der Insel durch die Japaner im Oktober bei. Das Verfahren, die meist stärker besetzten nächstliegenden japanischen Stützpunkte zu überspringen, sich hinter ihrem Rücken festzusetzen und ihnen von dort angelegten Luftstützpunkten aus den Nachschub abzuschneiden (»leapfrogging strategy«), wurde vom Sommer 1943 an von den Amerikanern ständig angewandt. Nur mußten die Sprünge zunächst innerhalb der Reichweite der eigenen landgebundenen Jagdflieger bleiben, da noch keine genügende Anzahl von Trägern zur Verfügung stand. Anfang September eröffnete auch MacArthur auf Neuguinea die Offensive mit einer Landungsoperation gegen Salamaua am Huongolf. Nachdem die Japaner vom weiter westlich gelegenen Stützpunkt Lae Verstärkungen nach Salamaua geworfen hatten, landete MacArthur überraschend australische Kräfte bei Lae. Damit war die japanische Versorgungslinie nach Salamaua abgeschnitten; der Stützpunkt fiel am 11. September, fünf Tage später auch Lae. Am 22. September ließ MacArthur eine Amphibiengruppe nördlich von Finschhafen auf der Huon-Halbinsel an Land gehen, die den Stützpunkt am 2. Oktober nahm. Die Huonbucht war nun in amerikanischer Hand. Das weitere Vorgehen in Neuguinea wurde zunächst eingestellt, bis die erforderlichen neuen Flugplätze fertig waren.

Am 1. November 1943 gelang Halsey die Landung in der Kaiserin-Augusta-Bucht an der Westküste der größten, nördlichen Salomonen-Insel Bougainville. Japanische Kreuzer und Zerstörer, die in Rabaul stationiert waren, versuchten in der darauffolgenden Nacht vergebens, die amerikanischen Landungsstreitkräfte in der Augusta-Bucht zu zerstreuen. Um eine Wiederholung des japanischen Angriffs zu verhindern, ließ Halsey von einer Gruppe von Trägern, die ihm von der 5. Flotte im Zentralpazifik zur Verfügung gestellt worden war, Luftangriffe auf Rabaul führen. Acht feindliche Kreuzer und zwei Zerstörer wurden so schwer beschädigt, daß sie zur Reparatur nach Truk und teilweise nach Japan zurückgenommen werden mußten. Bei der Abwehr dieser Angriffe und bei erfolglosen Gegenangriffen erlitten die Japaner starke Flugzeugverluste, die den Einsatz der japanischen Flotte wegen fehlender Luftunterstützung für eine geraume Zeit verhinderten und den Amerikanern die Ausübung der Seeherrschaft in diesem Raum ermöglichten.

Mit der Festsetzung der Amerikaner auf Bougainville war der Kampf um die Salomonen entschieden und Rabaul in die Reichweite der alliierten Landflugzeuge gerückt, die mit der Bombardierung des Stützpunkts begannen. Doch nicht von hier aus sollte die Ausschaltung Rabauls erfolgen, sondern von Neuguinea aus, wo MacArthur zur Umfassung dieses Stützpunkts ausholte. Um den Zugang zur Bismarck-See durch die Meerenge zwischen Neuguinea und Neubritannien zu sichern, landete er

Mitte Dezember auf Kap Gloucester am Westzipfel Neubritanniens und Anfang Januar 1944 in Saidor am Neuguinea-Ufer. Wegen des unwegsamen Dschungelgebirges konnte er jedoch nicht daran denken, auf Neubritannien zu Lande gegen Rabaul vorzudringen. Sein Ziel war vielmehr, Rabaul zu isolieren. Der nächste Schritt dazu erfolgte am 29. Februar, als Kräfte MacArthurs auf Los Negros, einer der im Rücken Rabauls liegenden Admiralitäts-Inseln landeten. Der in Kürze dort eingenommene Flugplatz Momote wurde von den »Construction Battalions« der Marine wiederhergestellt, einer Front- und zugleich Bautruppe mit moderner technischer Ausrüstung, die nach der Abkürzung C.B.s von den Amerikanern »Seabees« (Seebienen) genannt wurde und im Pazifikkrieg eine äußerst wichtige Rolle spielte. Am 15. März setzten die Truppen von Los Negros auf die Hauptinsel der Admiralitätsgruppe Manus über, wo der Seeadler-Hafen einen vorzüglichen Flottenstützpunkt abgab, und nahmen Manus nach zehn Tagen. Nachdem Halseys Streitkräfte von den Salomonen aus am 20. März 1944 auf der kleinen, von den Japanern unbesetzten Insel Emirau (St.-Matthias-Gruppe) gelandet waren, die nördlich von Neu-Irland liegt und sich zur Anlage eines Flugplatzes eignete, war der Ring um Rabaul geschlossen. Außer der strategischen Isolierung dieses japanischen Stützpunkts hatten die Amerikaner damit noch zweierlei erreicht: der feindliche Flottenstützpunkt Truk auf den Karolinen war in den Bereich ihrer Bomberstreitkräfte gerückt und eine Bedrohung ihres weiteren Vormarsches in Neuguinea von der Flanke her war beseitigt.

MacArthur beabsichtigte, die Japaner durch eine Reihe aufeinanderfolgender, entlang der Nordküste verlaufender amphibischer Umfassungsoperationen aus Neuguinea zu vertreiben. Am 22. April 1944 führte er seinen ersten Schlag. Während die Japaner das Gros ihrer Streitkräfte bei den Stützpunkten Madang und Wewak konzentriert hatten, taten MacArthurs Truppen von der Huonbucht aus einen 900 km weiten »Froschsprung« in den Rücken des Feindes nach Hollandia (Kota Baru). Das Unternehmen war möglich, weil die Amerikaner die Luftüberlegenheit in diesem Raum hatten, die durch vorausgegangene Tagesangriffe der 5. USAAF auf die japanischen Flugfelder errungen worden war. Die Landung selbst wurde wiederum durch die Trägergruppe der 5. Flotte (Task Force 58) gedeckt. Rund 50000 weiter ostwärts stehende Japaner waren von ihrer Nachschublinie abgeschnitten und wurden – nachdem sie einen vergeblichen Angriff von Osten her geführt hatten – im Dschungel ihrem Schicksal überlassen, wo sie sich teilweise bis Kriegsende hielten. Japanische Verstärkungen waren von Westen her zu Lande unterwegs, als MacArthur am 17. Mai von Hollandia aus die nächste Landung in ihrem Rücken bei Sarmi und auf der Insel Wakde unternahm. Die nächste Operation führte MacArthurs Streitkräfte am 27. Mai weiter nach Westen auf die Insel Biak, die die Zufahrt zur Geelvink-Bucht beherrscht und von den Japanern erbittert verteidigt wurde. Ein von Vizeadmiral Ugaki geführtes japanisches Flottenunternehmen unter Teilnahme der zwei größten je gebauten Schlachtschiffe, »Yamato« und »Musashi« (65 000 t), das der Besatzung von Biak Verstärkungen bringen sollte, mußte wegen des gleichzeitig erfolgenden Angriffs der Pazifik-Flotte des Admirals Nimitz gegen die Marianen abgeblasen werden. Am 22. Juni war der Kampf um Biak entschieden. Schon zehn Tage später nahmen die Amerikaner die nächste, 100 km weiter westlich gelegene Insel Noemfoor ohne größere Schwierigkeiten, da die japanischen Luftstreitkräfte Mitte Juni zur Abwehr der amerikanischen Landung auf der Marianen-Insel Saipan nach Norden verlegt worden waren. Zur Eroberung des Westzipfels Neuguineas – der Halbinsel Vogelkop – übersprangen MacArthurs Streitkräfte Manokwari, wo sich das Hauptquartier einer japanischen Armee mit 15 000 Mann befand, und landeten am 30. Juli 1944 völlig überraschend an der Westspitze bei Kap Sansapor. Als hier Ende August amerikanische Flugplätze gebaut und gesichert waren, war Neuguinea bis auf die im Dschungel versprengten Japaner in MacArthurs Hand. Innerhalb eines Jahres waren die Alliierten von Papua aus über 2000 km vorgerückt, hatten 135 000 Japaner von ihren rückwärtigen Verbindungen abgeschnitten und waren mit der Einnahme der Halbinsel Vogelkop bereits in den inneren japanischen Verteidigungsring eingebrochen. Dort stand MacArthur noch 1000 km von den Philippinen entfernt, deren Befreiung seit seiner Niederlage von 1941/42 ein Hauptanliegen des Generals geworden war. Er bereitete deshalb den Sprung nach Morotai, der nördlichsten Insel der Molukken vor, der ihn bis auf eine Entfernung von 500 km an die Philippinen heranbringen sollte.

Admiral Nimitz war 1943 außer bei den Salomonen im Süden zunächst im hohen Norden aktiv geworden, um die Japaner wieder von den Aléuten-Inseln Attu und Kiska zu vertreiben. Während die 11. USAAF die beiden Inseln von Amchitka aus bombardierte, so oft es die Wetterverhältnisse zuließen, unterbanden amerikanische Seestreitkräfte den feindlichen Nachschub. Am 26. März 1943 kam es dabei in der Nähe der Komandorski-Inseln zu dem einzigen größeren Tages-Artilleriegefecht des Pazifischen Krieges: Keiner der japanischen Transporter konnte sein Ziel erreichen. Am 11. Mai landeten die Amerikaner unter Umgehung von Kiska auf der weiter westlich gelegenen Insel Attu, die von ihrer Besatzung bis zum Monatsende verbissen verteidigt wurde: die Angreifer konnten nur 28 Gefangene einbringen und zählten 2300 tote Japaner. Durch den Verlust von Attu wurde das abgeschnittene Kiska für die Japaner unhaltbar; am 15. August 1943 räumten sie schließlich die Insel. Damit waren die Aleuten wieder in amerikanischer Hand; sie wurden nach dem Bau von Flugplätzen Ausgangsbasis für die Bombardierung der Kurilen.

Während die Offensiven im Süd- und Nordpazifik durch Luftstreitkräfte unterstützt werden konnten, die von Landflugplätzen aus operierten, mußte für den Vormarsch im mittleren Pazifik ein Instrument geschaffen werden, das aus beweglichen schwimmenden Basen bestand: die 5. Flotte unter Vizeadmiral Spruance. Sie mußte imstande sein, gleichzeitig die Luftherrschaft zu sichern, die gegnerische Flotte zu bekämpfen und Landungsunternehmen durchzuführen, d. h. Aufgaben von Luftwaffe, Flotte und Heer zu übernehmen. Ihr Herzstück waren die schnellen Trägergruppen, die von neuen schnellen Schlachtschiffen und Kreuzern begleitet wurden, während die älteren Schlachtschiffe – mit Steilfeuermunition ausgerüstet – zur Unterstützung amphibischer Operationen herangezogen wurden. Im November 1943 standen der 5. Flotte zunächst sechs schwere Träger mit je neunzig Flugzeugen und fünf leichte Träger mit je fünfundvierzig Maschinen zur Verfügung. Auf den Schiffen war die Bekämpfung von Feuer- und Leckschäden technisch so weit entwickelt worden, daß seit Ende 1943 nur ein Träger sank, obgleich bis Kriegsende nur zwei Träger unbeschädigt blieben. Da die 5. Flotte außer ihren Versorgungs- und Nachschubverbänden für jeden Schiffstyp eigene Reparaturschiffe und schwimmende Gießereien mit sich führte, war sie bis auf größte Reparaturen von ihrer Heimatbasis unabhängig. Auf allen eingenommenen Pazifikinseln errichteten die »Seabees« sofort Werften, Vorratslager, Unterkünfte und Lazarette. Dieser großartig organisierte Apparat gab der 5. Flotte praktisch einen unbegrenzten Aktionsradius und warf damit die auf der

Unüberwindlichkeit des Raumes für den Angreifer aufgebaute japanische Defensivstrategie völlig über den Haufen.

Für die Vorbereitung der Offensive auch im Mittelpazifik wurden Ende August 1943 die Ellice-Inseln, die bis dahin eine Art Niemandsland zwischen den Gilbert- und den Samoa-Inseln waren, von den Amerikanern besetzt und mit Flugplätzen versehen. Damit rückten die Gilbert- und die Marshall-Inseln in Reichweite amerikanischer Landflugzeuge. Gegen die Gilbert-Inseln setzte die 5. Flotte mit ihrem Amphibischen Korps unter Generalmajor Holland M. Smith, einem der Schöpfer dieses neuen Kriegsinstruments, am 20. November 1943 zum Angriff an. Das Makin-Atoll wurde in drei Tagen eingenommen. Blutige Kämpfe entwickelten sich dagegen um die befestigte Insel Betio der Tarawa-Inselgruppe und deren Flugplatz. Bei der Landung erwies sich, daß die vorbereitende Bombardierung durch Trägerflugzeuge und Flottenstreitkräfte die japanischen Bunker- und Geschützstellungen nicht hatten ausschalten können. Da die Gezeiten nicht genau vorausberechnet werden konnten, blieben die Landungsboote am Korallenriff stecken und die Marinesoldaten mußten unter starken Verlusten eine längere Strecke durch mörderisches Abwehrfeuer und verminte Vorstrandhindernisse an Land waten. Auch von den 125 schwimmenden Kettenfahrzeugen (Amphtracks), die das Riff ohne große Schwierigkeiten überwanden, gingen neunzig verloren. Nach viertägigen Kämpfen war die Insel schließlich in den Händen der Amerikaner. Die 4500 Verteidiger hatten auch hier bis zur Selbstaufopferung Widerstand geleistet: nur siebzehn Japaner und 129 Koreaner gaben sich gefangen. Die Tarawa-Landung war das erste amphibische Unternehmen, bei dem die Amerikaner unmittelbar an der Küste auf Abwehr stießen; sie sammelten hier wertvolle Erfahrungen für ihre späteren Landungsoperationen.

Erst nach umfangreichen Vorbereitungen schritt Admiral Nimitz Ende Januar 1944 zur Eroberung der Marshall-Inseln. Generalmajor Smiths Amphibisches Korps wurde auf 58000 Mann gebracht und nach den Erfahrungen von Tarawa mit zahlreichen Amphtracks und Schwimmpanzern ausgerüstet. Diesmal wurde auch für ein ausreichendes Luft- und Schiffsbombardement vor der Landung gesorgt. Die Zahl der schnellen Flugzeugträger war unterdessen auf zwölf gestiegen, die unter Konteradmiral Mitscher (Task Force 58) operierten. Der amerikanische Plan sah vor, die stark befestigten und mit Flugplätzen versehenen Inseln Wotje, Maloelap, Mili und Jaluit zu umgehen, auf der fast 500 km weiter westlich gelegenen Kwajalein-Inselgruppe zu landen und anschließend die nochmals 500 km entfernt liegende, westlichste Marshall-Insel Eniwetok zu nehmen. Das japanische Kaiserliche Hauptquartier hatte entschieden, daß die Marshall-Inseln mit eigenen Mitteln einen hinhaltenden Widerstand leisten sollten, während alle Kräfte auf den Ausbau der inneren Verteidigungslinie Timor–Vogelkop–Truk–Marianen konzentriert werden sollten. Außerhalb dieser Linie wagten die Japaner ihre Flottenstreitkräfte gegen die amerikanische 5. Flotte nicht einzusetzen, da ihre Träger für die Verteidigung Rabauls von Flugzeugen völlig entblößt worden waren. Durch eine zweitägige Luftoffensive der amerikanischen Trägergruppe wurde die japanische Luftwaffe auf den Marshall-Inseln völlig ausgeschaltet. Die Angreifer erzwangen sich am 31. Januar die Zufahrt ins Innere der Lagune des Kwajalein-Atolls, das dadurch von innen und außen unter Beschuß genommen werden konnte, bis am 1. Februar die Landungen an der weniger befestigten Innenseite der Hauptinseln begannen. Die 4000 Mann starke Besatzung der Hauptinsel Kwajalein leistete bis zum 5. Februar Widerstand; am nächsten Tag hatten die Amerikaner alle Inseln der Kwajalein-Gruppe vom Feind gesäubert.

Die Lage von Eniwetok zu den starken japanischen Basen Truk (1200 km) und Saipan (1900 km), die der Inselgruppe ihren hohen strategischen Wert gab, machte andererseits aber auch ein Eingreifen der Japaner von dort her möglich. Deswegen wurde am 17. und 18. Februar das »Gibraltar des Pazifik« – wie die Gebirgsinseln von Truk genannt wurden, die ringsum durch ein Korallenatoll mit wenigen, befestigten Zufahrten gesichert waren – noch vor dem Unternehmen gegen Eniwetok durch den bisher schwersten Trägerangriff der 5. Flotte neutralisiert. Diese Operation »Hailstone« kostete die Japaner außer 300 zerstörten Flugzeugen zwei Kreuzer, vier Zerstörer, eine Anzahl kleinerer Kriegsschiffe und vierundzwanzig Handelsschiffe mit über 137000 BRT. Der Trägerangriff erzielte bei den Japanern eine weit stärkere psychologische Wirkung als die vorangegangenen Unternehmen gegen die Gilbert- und Marshall-Inseln: er bedeutete den ersten Schlag gegen den inneren japanischen Verteidigungsring. Der Mythos von der Unbezwinglichkeit der Seefestung Truk war zerstört, sie konnte von nun an nicht mehr als vorgeschobener Flottenstützpunkt verwendet werden.

Ein Ergebnis des erfolgreichen Unternehmens »Hailstone«

war, daß die Landung der 5700 Marineinfanteristen und 4500 Mann Heerestruppen auf der Eniwetok-Gruppe am 17. Februar nicht von einem einzigen feindlichen Schiff oder Flugzeug gestört wurde. Die Abwehr lag allein auf den Schultern der 3500 Mann starken Inselbesatzung. Da sie sich auf den stark bewaldeten und mit Unterholz bewachsenen Inseln – vor allem durch nächtliche Gegenangriffe – zäh verteidigte, war das Atoll erst nach viertägigen Kämpfen in den Händen der Amerikaner. Damit hatte Admiral Nimitz die strategisch wichtigsten Gruppen der Marshall-Inseln gewonnen. Von den sofort eingerichteten Flugplätzen aus wurden die abgeschnittenen östlichen Marshall-Inseln laufend bombardiert und der Versuch der Japaner, sie durch U-Boote zu versorgen, mit Erfolg unterbunden: ihre durch den Mangel an Nahrungsmitteln und durch Seuchen reduzierten Besatzungen hielten sich ohne die geringste militärische Bedeutung bis zur japanischen Kapitulation.

Mit der Einnahme des Eniwetok-Atolls, dessen Name in der Eingeborenensprache – geradezu symbolisch – »Land zwischen West und Ost« bedeutet, hatten sich die Streitkräfte des Admirals Nimitz von den Ellice-Inseln aus 2500 km vorangekämpft und damit fast den halben Weg nach Tokio zurückgelegt. Unterdessen war auch die Entscheidung über die nächsten Offensivschritte der pazifischen Streitkräfte gefallen. Der »Strategische Plan zur Niederwerfung Japans«, der im Mai 1943 auf der »Trident«-Konferenz in Washington von Roosevelt und Churchill gebilligt worden war, hatte vorgesehen, daß sich die beiden Offensivstöße von Nimitz und MacArthur in der Sulu-See vereinigen sollten. Die untergeordnete Rolle, die dabei der pazifischen Flotte mit der bloßen Sicherung der rechten Flanke MacArthurs durch die Besetzung der Gilbert-, Marshall- und Karolinen-Inseln zugewiesen worden war, war bei der amerikanischen Marineführung von vornherein auf Ablehnung gestoßen. Die Verwirklichung ihres Gegenvorschlags, gleichzeitig einen »nördlichen Weg nach Tokio« einzuschlagen, sollte bis zum Frühjahr 1944 durch verschiedene Faktoren begünstigt werden: Einmal war der ursprüngliche strategische Offensivplan gegen Japan ohnehin nicht zu verwirklichen, da die Engländer vor Beendigung des europäischen Krieges in Burma und der Malakka-Straße nicht offensiv werden konnten. Zum anderen hatten die Unternehmungen der 5. Flotte gegen die Gilbert- und Marshall-Inseln gezeigt, daß sie zwei überlegene Instrumente für die maritime Offensive – die schnellen Träger- und die Amphibiengruppen – besaß, deren Einsatz in den von landgestützten Luftstreitkräften der Japaner leichter zu beherrschenden engen Gewässern des Südwestpazifik widersinnig gewesen wäre. Vor allem aber brachte der Marineführung eine technische Neuerung überraschend die Unterstützung ihrer Pläne durch die amerikanische Heeresluftwaffe ein: die Konstruktion des neuen überschweren Langstreckenbombers vom Typ B-29 »Superfortress« mit einer Reichweite von 6400 km und einer Bombenlast von 8000 kg, der ab Frühsommer 1944 einsatzbereit war und von den Marianen aus das japanische Mutterland erreichen konnte. Die Einnahme der Marianen war bislang als eine untergeordnete Operation geplant gewesen, die erst nach der Festsetzung auf Celebes und der Beherrschung der Sulu-See vorgesehen war. Der Chef der Seekriegsleitung, Admiral King, hatte dagegen seine Vereinigten-Stabschef-Kollegen bereits im Januar 1943 in Casablanca darauf hingewiesen, daß von den Marianen aus die japanischen Verbindungslinien im westlichen Pazifik kontrolliert und Japan von seinen wichtigsten Rohstoffquellen abgeschnitten werden könnten. Nachdem sich Admiral King und der Chef des Heeresluftwaffe, General Arnold, auf der »Quadrant«-Konferenz in Quebec im August 1943 für das Marianenprojekt eingesetzt hatten, wurde dort eine Landung auf den Marianen – allerdings erst nach der Einnahme von Truk und als Alternative für Palau – gebilligt. Zwei Monate später schlug jedoch der Planungsstab der Vereinigten Stabschefs vor, daß die zentralpazifischen Streitkräfte von den Marshall-Inseln aus direkt auf den Marianen landen sollten. Trotz des Widerstands MacArthurs wurde das Projekt, die Marianen als Stützpunkte für die strategische Luftwaffe zu erobern, in die »Konkreten Operationen zur Niederwerfung Japans 1944« aufgenommen, die auf der »Sextant«-Konferenz in Kairo im Dezember 1943 gebilligt wurden. Schließlich gaben die amerikanischen Stabschefs am 12. März 1944 ihre Direktiven für die Operationen des Jahres 1944 an MacArthur und Nimitz. Danach sollte MacArthur seinen Feldzug zur Eroberung Neuguineas fortführen und Nimitz nach der Unterstützung MacArthurs bei der Hollandia-Operation (1) Truk und die Karolinen-Inseln neutralisieren, jedoch nicht besetzen, (2) die Marianen-Inseln Saipan, Tinian und Guam Mitte Juni 1944 sowie die Palau-Inseln Mitte September 1944 erobern, um die östlichen Zufahrtswege zu den Philippinen und Formosa zu kontrollieren und (3) MacArthurs Landung auf der südlichen Philippinen-Insel Mindanao Mitte November 1944 unterstützen, um von dort aus sowohl einen späteren Vormarsch nach Formosa – eventuell über Luzon – vorzubereiten wie auch die japanischen Stützpunkte in Niederländisch-Indien bombardieren zu können.

Auf der Gegenseite hatte das japanische Kaiserliche Hauptquartier Ende September 1943 die vom Oberbefehlshaber der japanischen Flotte, Admiral Koga, vorgeschlagene »Neue Operations-Politik« angenommen. Sie sah vor, einen inneren Verteidigungsgürtel auszubauen, der – nachdem die amerikanischen Offensiven immer weitergehende Abstriche erzwungen hatten – schließlich von Timor im Süden über Vogelkop, Palau, die Marianen und die Bonin-Inseln zum japanischen Mutterland im Norden verlief. Aus der Mandschurei wurden Truppen abgezogen und eine neue Armee gebildet, die Ende Februar auf die Marianen verlegt wurde. Der Verteidigungsring, auf dem die japanische Luftwaffe beliebig von einem Schwerpunkt zum anderen verlegt werden konnte, sollte mit weiteren Flugplätzen versehen und alle Anstrengungen zur Erhöhung der Flugzeugproduktion gemacht werden, um dort um jeden Preis die Luftherrschaft zu behaupten. Wenn die Trägerluftwaffe, die – nach der Midway-Schlacht – in den Kämpfen um Rabaul zum zweiten Mal verlorengegangen war, wiederaufgebaut sein würde, sah die »Neue Operations-Politik« vor, eine günstige Gelegenheit abzupassen, um die amerikanische Pazifik-Flotte mit konzentrierten Seestreitkräften anzugreifen und zu vernichten – möglichst dann, wenn die gegnerische Flotte mit dem Schutz eines Landungsunternehmens betraut sein würde. Danach sollte im mittleren und südlichen Pazifik zu Gegenoffensiven übergegangen werden. Für den Vernichtungsschlag gegen die amerikanische Flotte hatte Admiral Koga am 8. März 1944 den »Operationsplan Z« ausgearbeitet. Der Schlag sollte erfolgen, sobald die Amerikaner entweder über die Marianen, die Palau-Inseln oder von Neuguinea aus in die Gewässer der Philippinen einzubrechen beabsichtigten.

Die alliierten Landungsoperationen und Trägerangriffe der ersten Monate des Jahres 1944, die wiederum eine große Anzahl japanischer Flugzeuge vernichteten, verzögerten die japanischen Terminpläne erheblich: Im Juni hatten die Japaner für den ganzen Verteidigungsabschnitt von den Bonin-Inseln bis Vogelkop nur 500 Flugzeuge zur Verfügung. An Flugzeugträgern waren bis dahin ein Neubau von 31 000 Tonnen und mehrere Umbauten in Dienst gestellt worden, so daß die japanische Trägerflotte aus drei »Divisionen« mit je drei Trägern und insgesamt 450 Flugzeugen bestand. Auch die Verstärkung der Inselbesatzungen stieß durch den Verlust an Schiffsraum, der seit September 1943 im Durchschnitt monatlich bei über 200 000 BRT lag, auf Schwierigkeiten. Der Nachfolger des Ende März mit einem Flugboot verschollenen Admirals Koga, Admiral Soemu Toyoda, ließ den »Operationsplan Z« überarbeiten und am 3. Mai 1944 als neuen »A-Go«- Operationsplan herausgeben: Die Entscheidungsschlacht sollte in Gewässern gesucht werden, wo die japanischen Luftstreitkräfte von ihren Inselstützpunkten aus in den Kampf eingreifen konnten. Die Verwirklichung des »A-Go«-Planes führte im Juni 1944 zu der großen See-Luftschlacht in der Philippinen-See, die mit einem entscheidenden Sieg der Amerikaner endete.

Den ersten Angriff gegen die Marianen führte Mitschers Task Force 58 am 23. Februar, nur fünf Tage nach ihrem erfolgreichen Schlag gegen Truk. Ihre Trägerflugzeuge vernichteten bei einem Verlust von nur sechs Maschinen 168 japanische Flugzeuge und versenkten zusammen mit U-Booten 45 000 BRT Schiffsraum. Im März und April mußte sich die 5. Flotte zunächst der Dekkung und Unterstützung des bereits beschriebenen Feldzuges MacArthurs auf Neuguinea widmen. Ihre Trägergruppe griff mit gutem Erfolg die japanischen Stützpunkte Palau, Yap und Woleai an. Am 29. April richtete die Task Force 58 ihre Angriffe erneut gegen Truk, vernichtete 93 gegnerische Flugzeuge am Boden und in Luftkämpfen, so daß den Japanern auf Truk ganze zwölf einsatzbereite Maschinen verblieben. Von nun an war Truk, das durch regelmäßige Angriffe der Heeresluftwaffe von Neuguinea, Bougainville und den Marshall-Inseln aus niedergehalten wurde, ebenso wertlos geworden wie Rabaul. Nach einem Ablenkungsangriff auf die Inseln Wake und Marcus vom 19. bis 24. Mai 1944, der die Task Force 58 bis auf eine Entfernung von 2000 km an das japanische Mutterland heranführte, bereitete sie sich auf ihre nächste Aufgabe vor: die Unterstützung der Landung auf den Marianen, die den Einbruch in die innere japanische Verteidigungslinie bringen sollte.

Die Landungsflotte für dieses Unternehmen (Operation »Forager«) bestand aus insgesamt 551 Kriegsschiffen, Transportern und Landungsfahrzeugen, die zwei Amphibische Korps mit fast 130000 Mann transportierten. Zu dieser Streitmacht kam Vizeadmiral Mitschers Task Force 58 mit fünfzehn Trägern – insgesamt 93 Schiffe mit rund 1000 Flugzeugen. Es war die gewaltigste Armada, die im Pazifik bis dahin in See gestochen war. Um den riesigen Apparat der Pazifik-Flotte führen zu können, wurde der Oberbefehlshaber des zur Etappe gewordenen Südpazifik-Bereichs (3. Flotte), Admiral Halsey, mit seinem Stab der 5. Flotte zugeteilt. Er löste sich nunmehr ab Sommer 1944 mit Spruance in der Führung der Pazifik-Flotte ab, so daß jeweils ein Stab die laufenden Unternehmen leitete, während der andere schon die nächsten Operationen vorbereitete. Wenn Halsey führte, hieß die Pazifik-Flotte stets »3. Flotte« und ihre Trägergruppe »Task Force 38«. Die gleichzeitige Durchführung der Operation »Forager« im Pazifik und »Overlord« in Europa im Juni 1944 muß als die größte militärische Leistung angesehen werden, die je eine Nation hervorgebracht hat.

Bei den Marianen handelte es sich um hohe, zerklüftete Vulkaninseln, die eine gewisse Verteidigungstiefe besaßen. Das erste Angriffsziel Saipan wurde von einer 32000 Mann starken Besatzung unter Generalleutnant Saito verteidigt. Die Insel war erst unvollständig befestigt, da die amerikanischen U-Boote einen großen Teil der Baumaterialtransporte versenkt hatten. Der Angriff Mitschers am Nachmittag des 11. Juni traf die Besatzung der Marianen völlig überraschend und vernichtete schon mit dem ersten Schlag ein Drittel der dort stationierten japanischen Luftstreitkräfte. Nach einigen schwachen und ergebnislosen Gegenangriffen auf die amerikanischen Schiffe wurde die japanische Luftwaffe auf den Marianen innerhalb der nächsten drei Tage praktisch ausgeschaltet. Auch die gegnerischen Luftstützpunkte auf den Bonin-Inseln Chichijima und Iwojima, die Zwischenstationen für den Marianen-Nachschub waren und als Ausgangsbasen für einen etwaigen japanischen Gegenschlag aus der Luft dienen konnten, wurden mit Erfolg angegriffen.

Während Schlachtschiffe und Kreuzer vom 13. Juni an die Küste von Saipan beschossen, erkundeten Kampfschwimmer (UDTs = Underwater Demolition Teams) das Riff und die Lagune, sprengten verschiedene Pfade für die Landungsboote frei, stießen aber nirgends auf Unterwasserhindernisse, wie sie etwa von den Deutschen in der Normandie errichtet worden waren. Am Morgen den 15. Juni begann die Landung der Amphtracks unter starkem feindlichem Artilleriefeuer. Obwohl die Japaner in den folgenden Nächten durch Panzer unterstützte Gegenangriffe führten, konnte der Landungskopf am 17. Juni als gesichert gelten. Doch Saito war entschlossen, die Amerikaner in dem vulkanzerklüfteten Gelände der Insel mit seinen beträchtlichen Streitkräften so lange aufzuhalten, bis die heraneilende japanische Hochseeflotte die amerikanische Landungsflotte zerschlagen würde. Denn als die Meldungen aus Saipan ergaben, daß ein feindliches Landungsunternehmen im Gange war, befahl Admiral Toyoda, die »A-Go«-Operation auszulösen: am 13. Juni 1944 lief die japanische Hochseeflotte aus Tawitawi aus, um bei den Marianen die Entscheidungsschlacht zu suchen.

Die von Vizeadmiral Ozawa geführte japanische Flotte bestand aus neun Trägern, fünf Schlachtschiffen, dreizehn Kreuzern und achtundzwanzig Zerstörern nebst 473 Flugzeugen. Den zahlenmäßigen Unterschied zu den 956 Maschinen Mitschers hoffte Ozawa durch die auf Guam, Rota und Yap stationierten japanischen Flugzeuge wettzumachen, in deren Reichweite er den Kampf aufzunehmen beabsichtigte. Von den schweren Flugzeugverlusten auf den Marianen ungenügend unterrichtet, wußte Ozawa nicht, daß dieser Teil des Plans bereits hinfällig geworden war.

Für das bevorstehende Treffen wurde Mitschers Task Force 58 durch Einheiten der Landungsflotte auf fünfzehn Träger, sieben Schlachtschiffe, einundzwanzig Kreuzer und neunundsechzig Zerstörer verstärkt. Die sofort abgebrochenen Trägerangriffe gegen die japanischen Verbindungsstützpunkte auf den Bonin-Inseln nutzten die Japaner zu einer Verstärkung ihrer Luftstreitkräfte auf den Marianen aus.

Ozawa begann am Morgen des 19. Juni aus 300 Seemeilen Entfernung den Angriff auf Mitschers Flotte. Gleichzeitig ließ er von Guam her Maschinen aufsteigen. Die amerikanischen Jäger brachten jedoch den in vier Wellen angreifenden Gegnern schwere Verluste bei. Das »große Truthahnschießen bei den Marianen« (Great Marianas Turkey Shoot) – wie diese größte See-Luftschlacht des Krieges vom 19. Juni 1944 von den Amerikanern genannt wurde – wurde für die Japaner zu einer vernichtenden Niederlage: von den 373 eingesetzten Trägerflugzeugen gingen 243 verloren, dazu kamen 50 der auf Guam stationierten Maschinen, die in der Luft oder am Boden zerstört wurden. Aber das war noch nicht das vollständige japanische Verlustkonto für diesen Tag. Ozawas Flaggschiff – der neueste und größte japanische Träger »Taiho« – wurde vom Torpedo eines amerikanischen U-Boots getroffen. Nach mehreren Stunden explodierte das Treiböl und vernichtete das Schiff völlig; Ozawa und sein Stab konnten gerettet werden. Einem anderen amerikanischen U-Boot gelang es, einen zweiten schweren Träger zu versenken. Am Nachmittag machte ein Aufklärer Mitschers die Westkurs laufende japanische Flotte an der äußersten Reichweite der amerikanischen Trägerflugzeuge aus. Trotz der fortgeschrittenen Tageszeit, die ein Wiederaufnehmen der in der Nachtlandung nicht ausgebildeten Trägerpiloten erst nach Einbruch der Dunkelheit zuließ, entschloß sich Mitscher zum Angriff. In der Dämmerung versenkten seine Flugzeuge bei 20 Eigenverlusten einen schweren japanischen Träger sowie zwei Öltanker und beschädigten ein Schlachtschiff, einen Kreuzer und vier Träger. Der Rückflug und die nächtliche Landung der heimkehrenden Maschinen wurden zu einem erregenden Drama. Die Hälfte der Maschinen landete auf verkehrten Trägern, es kam zu Zusammenstößen auf den Flugdecks, zu Stürzen ins Meer und zu Wasserbruchlandungen wegen Benzinmangels. Am Ende dieses nächtlichen Manövers waren weitere 80 Flugzeuge verlorengegangen, doch eine ausgedehnte Suchaktion reduzierte den Gesamtverlust an Piloten auf 49 Mann. Damit hatten die Amerikaner in der zweitägigen Schlacht 130 Maschinen und 76 Piloten verloren. Demgegenüber betrugen die japanischen Verluste einschließlich der auf Guam stationierten Maschinen im gleichen Zeitraum 476 Maschinen und 445 Piloten. Ozawa, dessen Flotte am Abend des 20. Juni noch 47 Flugzeuge besaß, erhielt von Admiral Toyoda den Befehl, den Kampf abzubrechen und nach Okinawa zurückzukehren.

Wenn die japanische Flotte in der Philippinen-See auch nicht völlig vernichtet worden war, so war sie doch abermals ihrer Trägerflugzeuge beraubt worden. Die eindeutige Beherrschung des See- und Luftraums um die Marianen durch die Amerikaner entschied nunmehr auch die Kämpfe auf Saipan. Am 18. Juni hatten die Amerikaner den Inselflugplatz nehmen und dank der Aktivität der »Seabees« nach vier Tagen für die eigene Luftwaffe benutzbar machen können. Die Japaner führten eine Reihe von »Banzai-Angriffen«, bei denen sie sich den Amerikanern ohne Rücksicht auf Verluste entgegenwarfen, – mit Hurra-(»Banzai«-)Rufen, wehenden Fahnen und oft durch einen Offizier angeführt, der mit gezogenem Schwert im offenen Turm eines Panzers stand. Diese Angriffe zeitigten jedoch nur vorübergehende Erfolge und waren sehr verlustreich: allein bei dem letzten dieser Angriffe am 7. Juli – dem größten des Krieges – fielen über 3000 Japaner dem amerikanischen Abwehrfeuer zum Opfer. Generalleutnant Saito beging Harakiri, Vizeadmiral Nagumo, der Sieger von Pearl Harbor, erschoß sich mit der Pistole. Der Rest der Verteidiger und die japanische Bevölkerung zogen sich am 9. Juli auf die Nordspitze der Insel zurück und nahmen sich das Leben: selbst die Kinder wurden von den Klippen geworfen. In Höhlen und Schluchten der Insel hielten kleinere Kampfgruppen noch bis zum 10. August 1944 aus. Die hartnäckige Verteidigung Saipans kostete die Amerikaner fast 3500 Tote und über 13000 Verwundete, und sie ließ erwarten, daß der Weg nach Tokio schwer und verlustreich sein würde.

Am 24. Juli setzten die Amerikaner von Saipan über die drei Meilen breite Wasserstraße auf die Insel Tinian über, die einen für Langstreckenbomber geeigneten Flugplatz besaß. Die mit Panzern geführten Gegenangriffe der Japaner rannten sich unter starken Verlusten fest. Der Hauptflugplatz wurde am 26. Juli genommen und war drei Tage später benutzbar: von ihm sollte ein Jahr später die B-29 »Enola Gay« mit der für Hiroshima bestimmten Atombombe aufsteigen. Am 1. August hatte auf der Insel jeglicher organisierte Widerstand aufgehört.

Auf Guam hatte die 19000 Mann starke Besatzung die Zwischenzeit genutzt, um ausgedehnte Unterwasserhindernisse – mit Korallenblöcken gefüllte, untereinander durch Drahtkabel verbundene Senkkästen – zu errichten, die jedoch an den vorgesehenen Landungsstellen von den UDTs weggesprengt werden konnten. Die Landungen begannen am 21. Juli 1944 und stießen trotz der vorangegangenen dreizehntägigen Beschießung auf heftiges Abwehrfeuer. Auch hier führten die Japaner in den nächsten Tagen heftige Gegenstöße, darunter mehrere Banzai-Angriffe. Am 29. Juli nahmen die Amerikaner den Flugplatz Orote und hißten in Gegenwart von Admiral Spruance und den Oberbefehlshabern der beiden Amphibischen Korps über dem ersten befreiten amerikanischen Territorium die »Stars und Stripes«. Am 12. August wurde der letzte japanische Stützpunkt auf Guam gestürmt, wobei alle Verteidiger fielen oder durch Selbstmord endeten. Eine kleine Gruppe konnte auf der Insel bis zur allgemeinen Kapitulation Guerillakrieg führen.

Der Ausgang der See-Luftschlacht in der Philippinen-See und die Festsetzung der Amerikaner auf Saipan lösten in Japan politische Erschütterungen aus. Ministerpräsident General Tojo hatte geglaubt, einen »Siegfrieden« erreichen zu können, sobald den Alliierten bei ihrer Offensive gegen Großostasien eine entscheidende Niederlage beigebracht worden sei. Diese

Politik war mit dem Verlust der Seeherrschaft und dem Einbruch der Amerikaner in den inneren japanischen Verteidigungsring gescheitert. Die Gruppe der Ex-Premiers, die im »Jushin« eine Art Verschwörung für den Frieden bildete und auch Kontakte zu Regierungskreisen besaß, trat dagegen schon seit Anfang 1943 für einen Verhandlungsfrieden ein. Sie war der Ansicht, daß Japan immer noch als Gewinner aus diesem Kriege hervorgehe, wenn es seine Vorkriegsbesitzungen behalten und beide kriegführenden Parteien die Unabhängigkeit der bisher von Japan besetzten Länder anerkennen würden. Die Ex-Premiers trugen sich mit dem Gedanken, dem Kaiser zu gegebener Zeit die Bildung eines »Friedenskabinetts« mit einem kaiserlichen Prinzen als Premier nahezulegen, da nur ein solcher genügend Prestige besitze, die Zustimmung der Armee zu Verhandlungen über einen solchen »Verzichtfrieden« zu erlangen. Nach dem Bankrott der Politik Tojos beschloß der »Jushin« in einer Geheimsitzung, daß der Ministerpräsident zum Rücktritt bewogen werden müsse; der Kaiser wurde informiert. Da sich auch zwei seiner eigenen Kabinettsmitglieder gegen Tojo stellten, mußte dieser am 18. Juli 1944 – am Tage, an dem der Verlust Saipans bekanntgegeben wurde – zurücktreten. Zwar hatte die Friedenspartei damit einen Sieg errungen, jedoch fand sie die Zeit für ein »Friedenskabinett« noch nicht reif, da sie in diesem Fall eine Armeerevolte des jüngeren Offizierskorps und die Errichtung einer Art nationalkommunistischen Regimes befürchtete. Es wurde daher beschlossen, zunächst wiederum einen General mit dem Posten des Regierungschefs zu betrauen, ihm jedoch Ex-Ministerpräsident Admiral Yonai als Vizepremier an die Seite zu stellen. Die Wahl fiel auf den bisherigen Generalgouverneur von Korea, General Koiso, in dessen Kabinett Shigemitsu, der Vertraute der Friedenspartei, weiterhin Außenminister blieb, während Yonai gleichzeitig Marineminister wurde. Nach außen hin sah es so aus, als solle nun der Krieg mit noch größerer Kraftanstrengung zu Ende geführt werden; der wirkliche Auftrag der Regierung Koiso lautete aber, den Kampf zwar nicht abzubrechen, aber dennoch nach jeder Möglichkeit eines Kompromißfriedens Ausschau zu halten. Waren sich die Anhänger der Friedenspartei nach den erlittenen und noch immer erfolgenden Niederlagen auch längst über die Notwendigkeit im klaren, einen Frieden unter Annahme der alliierten Bedingungen schließen zu müssen, so wagten sie diese Ansicht vor der Armee doch nicht offen zu bekennen. Vor allem waren sie sich nicht sicher, ob die alliierte Forderung nach »bedingungsloser Kapitulation« nicht die Forderung nach der Beseitigung der Monarchie einschloß. Solange sie in dieser Hinsicht keine Gewähr hatten, konnten die Ex-Premiers dem Kaiser die Beendigung des Kampfes nicht nahelegen. So war die neue Regierung eine ausgesprochene Interimslösung. Immerhin gelang es Koiso, einen »Obersten Rat für die Kriegführung« zu bilden, der aus dem Premier, den Kriegs-, Marine- und Außenministern sowie den beiden Chefs der Generalstäbe bestand und auch unter dem Vorsitz des Kaisers tagen konnte. Im Gegensatz zum Verfahren bei den bisherigen Verbindungskonferenzen, deren Beschlüsse lediglich nachträglich dem Kaiser zur Billigung unterbreitet worden waren, erhielt der Kaiser nunmehr die Möglichkeit, bei unüberbrückbaren Meinungsverschiedenheiten in die Diskussion einzugreifen und – darin lag die Chance für die Friedenspartei – eine bindende Entscheidung zu fällen.

Mit der Einnahme der Marianen hatten die Amerikaner die Luftverbindung des japanischen Verteidigungsgürtels in der Mitte zertrennt und sowohl die Philippinen wie auch das japanische Mutterland in die Reichweite ihrer Langstreckenbomber gebracht. Aber außer den beabsichtigten Landungen Nimitz' auf den Palau-Inseln am 15. September und MacArthurs auf der südlichen Philippinen-Insel Mindanao am 15. November lagen im August 1944 noch keine strategischen Pläne darüber vor, von welchen Basen aus die endgültige Niederringung Japans erfolgen sollte. Während MacArthur noch immer die Befreiung der Philippinen von Süden nach Norden (Plan »Reno V«) als Voraussetzung für die Endoffensive gegen Japan ansah, wollten die Admiräle King und Nimitz geradewegs Formosa und – mit chinesischer Unterstützung vom Festland her – einen Stützpunkt an der chinesischen Küste einnehmen (Operation »Granite II«), um die japanischen Verbindungslinien nach Süden abzuschneiden und das japanische Mutterland zu blockieren. Gleichzeitig sollte von den Marianen aus eine Luftoffensive gegen Japan unternommen werden. Im April 1944 hatten jedoch die Japaner in China eine Großoffensive begonnen und in den folgenden Monaten eine Reihe von Flugplätzen eingenommen, von denen aus kurz vorher im Juni noch die ersten Angriffe der B-29 gegen Japan geflogen worden waren. Damit war bei einer Durchführung der Operation »Granite II« nicht mehr mit der Eroberung eines Stützpunktes an befreundeter chinesischer Küste zu rechnen. Mitte Juni 1944 schlugen die amerikanischen Stabschefs vor, sowohl die Philippinen wie auch Formosa zu umgehen und direkt auf Kyushu, der südlichsten Insel des japanischen Mutterlandes, zu landen. Dieser Vorschlag wurde von MacArthur als logistisch undurchführbar und darüber hinaus als glatter Verrat an den Filipinos abgelehnt, der gefährliche Rückwirkungen auf die Haltung aller ostasiatischen Völker gegenüber den Vereinigten Staaten haben würde. Auch eine Beratung MacArthurs und Nimitz' am 26./27. Juli mit Roosevelt, der zu diesem Zweck nach Honolulu gekommen war, beseitigte die Meinungsverschiedenheit in der Frage »Luzon oder Formosa?« nicht. Obwohl die Zeit drängte, konnten sich die amerikanischen Stabschefs am 1. September lediglich darüber einigen, daß MacArthur am 20. Dezember – sechs Wochen nach dem Termin für das vorgesehene Mindanao-Unternehmen – auf der Philippinen-Insel Leyte landen sollte. Der Plan, der Roosevelt und Churchill im September auf der »Octagon«-Konferenz in Quebec von den Vereinigten Stabschefs unterbreitet wurde, sah den Angriff auf Morotai im September, auf die Palau-Inseln Peleliu, Yap und Ulithi, ferner auf die Talaud-Insel Salebabu im Oktober, auf Mindanao im November und Leyte im Dezember vor, ließ jedoch als Ziel für eine gemeinsame Offensive der Südwestpazifischen und Zentralpazifischen Streitkräfte die Wahl zwischen Luzon im Februar oder Formosa und der Küstenstadt Amoy im März 1945. Dieser strategische Plan und seine Termine sollten jedoch durch eine überraschende Wendung umgeworfen und der Pazifikkrieg dadurch um Monate verkürzt werden.

Zur Abschirmung der nächsten amphibischen Unternehmen gegen Morotai und Peleliu unternahm Admiral Halsey, der nach der Marianen-Operation Admiral Spruance in der Führung der Pazifik-Flotte abgelöst hatte, mit Mitschers Task Force 38 vom 6. bis 10. September Trägerangriffe gegen die japanischen Flugplätze auf den Palau-Inseln und auf Mindanao. Als seine Angriffe kaum auf Jagdabwehr stießen und sich wenige lohnende Ziele fanden, brach Halsey das Unternehmen ab und griff am 12. und 13. September Leyte und die benachbarten Inseln der mittleren Philippinen an. Da die japanische Luftwaffe offensichtlich auch hier am Ende ihrer Kräfte zu stehen schien, richtete Halsey eine Botschaft an Nimitz mit dem überraschenden Vorschlag, die geplanten Landungsoperationen gegen die Palau-Inseln und Mindanao aufzugeben und die dafür vorgesehenen Kräfte unter MacArthur gleich auf Leyte landen zu lassen.

Nimitz gab den Vorschlag sofort an MacArthur und an King weiter, der eine Entscheidung der Stabschefs herbeiführen sollte. MacArthurs Stab antwortete positiv, auch Nimitz war unter der Bedingung einverstanden, daß vorher wenigstens das Palau-Unternehmen durchgeführt werden solle, um einen vorgeschobenen Ankerplatz und Luftstützpunkt zu gewinnen. Die noch in Quebec tagenden Stabschefs stimmten gleichfalls sofort zu: anderthalb Stunden nach dem Eingang des Vorschlags in Quebec hielten MacArthur und Nimitz die Weisung in den Händen, die vorgesehenen Unternehmen gegen Yap, Salebabu und Mindanao fallenzulassen und am 20. Oktober 1944 auf Leyte zu landen.

Als vorbereitenden Schritt für das Philippinen-Unternehmen führten am 15. September MacArthur auf der nördlichen Molukken-Insel Morotai – auf halbem Wege von Neuguinea nach den Philippinen – und die Streitkräfte Nimitz' auf der südlichen Palau-Insel Peleliu Landungen durch. Das Morotai-Unternehmen stieß auf keinen japanischen Widerstand. Eine Gruppe der Task Force 38 und die 5. USAAF von Biak und Noemfoor aus sorgten dafür, daß die japanischen Luftstreitkräfte auf der benachbarten Molukken-Hauptinsel Halmahera niedergehalten wurden. Innerhalb eines gesicherten Verteidigungsbezirks errichteten die »Seabees« auf Morotai einen Flugplatz, der ab 4. Oktober benutzbar war. Damit lagen die südlichen Philippinen, Celebes sowie die Ostküste Borneos im Bereich der amerikanischen Bomber, und 37000 Japaner wurden auf Halmahera vom Nachschub abgeschnitten.

Auf Peleliu wandten die japanischen Verteidiger erstmals eine neue Defensivtaktik an, die später auf Iwojima in noch ausgeprägterer Form praktiziert werden sollte: sie leisteten am Strand nur hinhaltenden Widerstand, hatten jedoch in ausreichender Entfernung von der feindlichen Schiffsartillerie eine tiefgestaffelte Stellung mit gut getarnten Anlagen ausgebaut und hielten Reserven bereit, um in günstigen Augenblicken Gegenangriffe zu führen. Der Südteil der Insel mit dem Flugplatz war zwar nach einer Woche genommen, er wurde jedoch durch eine Höhe beherrscht, auf die sich die Japaner in ein bombensicheres Höhlenlabyrinth zurückgezogen hatten. Nur mit weitreichenden Flammenwerfern konnten sie dort nach und nach ausgeräuchert werden. Erst am 25. November war der letzte organisierte Widerstand gebrochen. Auch die kleine, am südlichsten gelegene Palau-Insel Angaur, die sich zur Anlage einer Startbahn für Bomber eignete, wurde vom 17. September bis zum 23. Oktober in Besitz genommen. Mit diesen amerikanischen Eroberungen wurden 25 000 Japaner auf der Palau-Hauptinsel Babelthuap bis zur Kapitulation 1945 isoliert. Am 23. September besetzten die Amerikaner ferner das 750 km weiter nordöstlich liegende Ulithi-Atoll, das einen geschützten Ankerplatz für 700 Schiffe abgab und von nun an der wichtigste alliierte Marinestützpunkt im westlichen Pazifik wurde.

Die Amerikaner hatten mit dem Morotai- und dem Palau-Unternehmen ihre Ausgangsstellung für die Offensive gegen die Philippinen bezogen. Um eine Verstärkung der japanischen Luftstreitkräfte auf den Philippinen zu verhindern, führte Mitschers Task Force 38 eine Reihe von Trägerangriffen gegen Flugplätze auf Okinawa und die benachbarten Ryukyu-Inseln (10. Oktober), gegen Aparri auf Nordluzon (11. Oktober) und ab 12. Oktober einen mehrtägigen Angriff gegen Formosa. Von Formosa aus unternahmen die Japaner mehrere Gegenangriffe auf Mitschers Trägerflotte, durch die zwei Kreuzer schwer beschädigt wurden. Durch Fehlmeldungen davon überzeugt, daß sich die Task Force 38 stark angeschlagen zurückziehe, befahl Admiral Toyoda, deren »Überreste« zu vernichten und einen aus Kreuzern und Zerstörern bestehenden Flottenverband unter Vizeadmiral Shima aus den japanischen Heimatgewässern auslaufen zu lassen. Aber Shimas Verband drehte wieder ab, als er am 16. Oktober von amerikanischen Trägerflugzeugen angegriffen wurde. Damit war die »Luftschlacht von Formosa« beendet und Mitscher konzentrierte sich bis zur Landung auf Leyte auf Ziele in den Philippinen. Mit seiner Aktion vom 10. bis 17. Oktober hatte er bei einem Verlust von 80 eigenen Maschinen 650 japanische Flugzeuge vernichtet. Ein offizielles japanisches Kommuniqué des Kaiserlichen Hauptquartiers vom 16. Oktober 1944 meldete die Versenkung von elf feindlichen Trägern, zwei Schlachtschiffen sowie einem Zerstörer und löste damit eine Welle von falschem Optimismus im Lande aus.

Für das Landungsunternehmen gegen Leyte (Operation »King II«), das die japanischen Streitkräfte auf den Philippinen in zwei Gruppen – auf Luzon im Norden und auf Mindanao im Süden – spalten und letztere isolieren sollte, setzten die Amerikaner praktisch ihre gesamte pazifische Streitmacht ein. Nach Abgabe von Kräften durch Nimitz standen unter MacArthur die Streitkräfte der 6. Armee (Generalleutnant Krueger) mit sechs Divisionen und die 7. Flotte (Vizeadmiral Kinkaid) mit sechs Schlachtschiffen, zwölf Kreuzern, einer Gruppe von achtzehn kleineren Geleitträgern mit 500 Flugzeugen und einer großen Anzahl von Zerstörern, Transportern und Landungsschiffen bereit. Zur Deckung des Unternehmens setzte Nimitz die 3. Flotte (Admiral Halsey) mit Mitschers Task Force 38 – neun schwere und acht leichte Träger, sechs Schlachtschiffe, siebzehn Kreuzer und eine große Menge Zerstörer – ein. Falls sich jedoch Gelegenheit bot, sollte es Halsey als seine Hauptaufgabe ansehen, die japanische Flotte zu vernichten. Nach vorangegangener Minenräumung und Beschießung fuhr die Transportflotte am 20. Oktober in den Leyte-Golf ein und setzte an der Ostküste der Insel gegen geringen Widerstand vier Divisionen an Land. Noch am selben Tag betrat MacArthur getreu seinem Versprechen, das er im Februar 1942 beim Verlassen der Philippinen gegeben hatte, zusammen mit Präsident Osmeñia, dem Nachfolger Quezons, wieder philippinischen Boden.

Nach dem Verlust der Marianen und der Niederlage in der Philippinen-See hatte das Kaiserliche Hauptquartier ein neues Verteidigungskonzept – den »Sho«-Plan (»Siegesplan«) – ausgearbeitet, der je nach dem Raum, in dem der Gegner angriff, variierte: für die Philippinen galt der Plan »Sho 1«. Da es sinnlos sein mußte, die Flotte zu schonen, während die Philippinen unterdessen verlorengingen und der Gegner damit die lebenswichtige Ader zum Öl in Niederländisch-Indien abschnitt, sollte sie bei der Verteidigung der Philippinen voll eingesetzt werden. Dabei sollte die Schlachtflotte die feindliche Transportflotte angreifen und ein Lockverband – die eigene Trägerflotte, die immer noch Mangel an ausgebildeten Piloten litt – die feindliche Trägerflotte von der Landungsstelle weglocken. Als sich Leyte als amerikanisches Landungsobjekt herausstellte, gab Admiral Toyoda am 18. Oktober den Befehl, »Sho 1« anlaufen zu lassen. Der Oberbefehlshaber der japanischen Marine-Luftstreitkräfte auf den Philippinen, Vizeadmiral Onishi, hatte sich entschlossen, erstmals einige Staffeln von Todesfliegern aufzustellen, die in Erinnerung an den »Göttlichen Wind«, der im Mittelalter eine mongolische Flotte kurz vor der Invasion Japans vernichtet hatte, »Kamikaze«-Flieger genannt wurden und die Flugdecks der feindlichen Träger wenigstens vorübergehend unbrauchbar machen sollten. Als das amerikanische Philippinen-Unternehmen begann, standen dreizehn Kamikazeflieger bereit.

Die »Schlacht um den Leyte-Golf« vom 24. bis 26. Oktober 1944, in die auch die japanische Marineluftwaffe von den Philippinen aus eingriff, wurde die größte Seeschlacht der Geschichte: an ihr nahmen – einschließlich der Schnellboote – 216 amerikanische, zwei australische und 64 japanische Schiffe teil (Skagerrak-Schlacht: 151 englische und 99 deutsche Schiffe). In vier Gefechten – in der Sibuyan-See, der Surigao-Straße, östlich von Samar und am Kap Engaño – wurde die japanische Flotte vernichtend geschlagen und damit der Kampf um die Philippinen entschieden. Die Japaner verloren vier Träger, drei Schlachtschiffe, darunter das Superschlachtschiff »Musashi«, zehn Kreuzer und eine Anzahl von Zerstörern. Auf amerikanischer Seite sanken der Träger »Princeton« – der letzte amerikanische Träger, den die Japaner vernichteten –, zwei kleinere Geleitträger und drei Zerstörer. Der Erfolg der ersten Kamikazeflieger, die einen dieser Geleitträger versenkten und sieben weitere beschädigten, bewog die Japaner, die Waffe weiter auszubauen: der Kamikazeangriff sollte bald eine reguläre Kampfform der japanischen Luftwaffe werden.

Die amphibische Phase der amerikanischen Offensive gegen Leyte, das zunächst nur von einer japanischen Division verteidigt wurde, war am 25. Oktober abgeschlossen. Unaufhörliche Regengüsse verwandelten jedoch die Landschaft in einen Morast, verzögerten alle weiteren Bewegungen und machten die beiden eroberten Flugplätze nahezu unbrauchbar. Da unter diesen Umständen weder die Heeresluftwaffe noch die arg mitgenommenen Geleitträger der 7. Flotte die Kämpfe auf Leyte ausreichend unterstützen konnten, mußte Mitschers Trägerflotte diese Aufgabe übernehmen. Nachdem drei ihrer Träger durch Kamikazeflieger getroffen worden waren, zog sie sich Ende Oktober – zusammen mit dem Gros der übrigen Flottenstreitkräfte – zur notwendigen Auffrischung nach Ulithi zurück. Sofort verstärkten die Japaner ihre Luftstreitkräfte von Formosa her und gewannen vorübergehend die Luftherrschaft über Leyte zurück, unter deren Schutz sie Verstärkungen auf der Insel landeten. Die Task Force 38 – diesmal unter Vizeadmiral McCain – mußte daher einen geplanten Angriff gegen das japanische Mutterland verschieben und abermals gegen Ziele in den Philippinen eingesetzt werden. Im Laufe des November zerstörte sie auf den Flugplätzen von Luzon über 700 Flugzeuge und vernichtete in den philippinischen Gewässern zahlreiche japanische Schiffe, darunter einen Konvoi mit 10000 Mann Verstärkung fast völlig. Doch auch die Task Force 38 und die im Leyte-Golf zurückgebliebenen Deckungsstreitkräfte sowie zahlreiche Transporter mit Nachschub mußten im Laufe des November Kamikazeangriffe über sich ergehen lassen und bekamen Treffer ab, einige kleinere Fahrzeuge sanken. Immerhin waren durch den Einsatz der Task Force 38 die japanische Luftwaffe Ende November abermals niedergeworfen und die Verstärkung der japanischen Truppen auf Leyte behindert worden.

Trotz dem anhaltenden Regenwetter konnten die Amerikaner aus ihrem Landekopf bis zur Westküste durchbrechen. Am 7. Dezember erfolgte dort eine überraschende amerikanische Landung bei Ormoc im Rücken der japanischen Kräfte. Die Entscheidung war praktisch gefallen. Am 21. Dezember teilte der japanische Oberbefehlshaber auf den Philippinen, General Yamashita – der »Tiger von Malaya« und Sieger von Singapur –, dem Kommandeur auf Leyte mit, daß sich das japanische Oberkommando nunmehr auf die Verteidigung von Luzon konzentriere und die im Nordwestteil von Leyte zusammengedrängten japanischen Verbände auf sich selbst gestellt weiterkämpfen müßten. Einige Tausend hielten sich in der vergeblichen Hoffnung, evakuiert zu werden; der letzte Widerstand kleinerer japanischer Gruppen erlosch erst am 5. Mai 1945. Vergebens hatte Yamashita schon am 10. November 1944 vorgeschlagen, sich auf die Verteidigung des strategisch wichtigen Luzon zu beschränken und keine Verstärkungen mehr in den aussichtslosen Kampf um Leyte zu werfen; dennoch waren bis Mitte Dezember noch fünf japanische Divisionen auf die Insel gebracht worden: wie die japanische Flotte in der Schlacht um den Leyte-Golf als Offensivinstrument ausgeschaltet wurde, so hatten die Landkämpfe auf Leyte das japanische Heer und die Luftwaffe im Westpazifik so stark dezimiert, daß Luzon nicht mehr mit Aussicht auf Erfolg verteidigt werden konnte.

Unterdessen war die Frage »Luzon oder Formosa?« innerhalb der amerikanischen militärischen Führungsgremien endgültig entschieden worden. Auf einer Konferenz unter Vorsitz des Admirals King, die vom 29. September bis 1. Oktober 1944 in San Franzisko stattfand, war Nimitz davon überzeugt worden, daß der Formosa-Plan überholt sei, da die für eine Eroberung dieser Insel erforderlichen Streitkräfte frühestens im Juni 1945 zur Verfügung stehen könnten. Demgegenüber könnte Luzon von MacArthur noch im Dezember 1944 mit denselben Truppen genommen werden, die für das Leyte-Unternehmen vorgesehen waren. Dabei würden Nimitz – ohne Rückgriff auf Kräfte MacArthurs oder Eisenhowers – genügend Truppen bleiben, um im

Januar 1945 die Bonin- und Ryukyu-Inseln zu erobern, die auch nach Ansicht seines Stabschefs Spruance ein besseres Sprungbrett nach Japan abgeben würden als Formosa und Amoy. Nach dieser Entscheidung gaben die amerikanischen Stabschefs am 3. Oktober 1944 ihre letzte bedeutende strategische Weisung für den Pazifikkrieg heraus. Sie sah vor, daß MacArthur – von den Seestreitkräften Nimitz' unterstützt – am 20. Dezember 1944 auf Luzon landen sollte, während Nimitz am 20. Januar 1945 eine oder mehrere Inseln der Bonin- und Vulkan-Gruppe (Iwojima) und am 1. März 1945 Inseln der Ryukyu-Gruppe (Okinawa) einnehmen sollte.

Die Leyte unmittelbar benachbarte Insel Samar wurde mit Unterstützung philippinischer Guerillas noch im Dezember 1944 erobert. Am 12. Dezember setzte sich vom Leyte-Golf aus eine Landungsflotte nach Mindoro in Marsch, das sich auch in der Regenzeit zur Anlage von Flugplätzen eignete und nach Berichten der Guerillas vom Feind nur schwach besetzt war. Obwohl schon weite Teile der zwischen Leyte und Mindoro liegenden Inseln Bohol, Cebu und Panay von den aufständischen Filipinos beherrscht wurden, war das Angriffsobjekt doch rings von japanischen Luftstützpunkten umgeben. Deshalb übernahm McCains Task Force 38 die Überwachung der Flugplätze auf Luzon, während eine Gruppe von kleineren Geleitträgern mit Schlachtschiff- und Kreuzergeleit in der Sulu-See operierte, um die japanischen Fliegerstreitkräfte auf den mittleren Philippinen in Schach zu halten. Als der Landungsverband am 13. Dezember um die Südspitze von Negros bog, traf ihn ein Kamikazeangriff, bei dem sich ein Todesflieger auf die Kommandobrücke des Flaggschiffes – des Kreuzers »Nashville« – stürzte und 130 Stabsangehörige tötete. Dennoch glückte am Morgen des 15. Dezember die völlig überraschende Landung an der Südküste Mindoros. Am Mittag war der knapp zehn Kilometer landeinwärts liegende Flugplatz von San José besetzt, mit dessen Instandsetzung und Erweiterung sofort begonnen wurde: sieben Tage später stand er der Heeresluftwaffe zur Verfügung. In der Nacht zum 27. Dezember wurde der amerikanische Landungskopf und der Flugplatz von einem japanischen Kreuzerverband ohne größeren Erfolg unter Feuer genommen. Die Amerikaner wehrten auch alle Infanterieangriffe auf den Flugplatz ab, die die Japaner mit Hilfe schwacher, von Luzon herübergeworfener Kräfte führten. Mit Mindoro hatten die Amerikaner nun einen Luftstützpunkt für das Luzon-Unternehmen und zugleich eine Basis für die Besetzung der mittleren Philippinen gewonnen.

McCains Task Force 38 hatte während der Landungsaktion auf Mindoro erstmals Tag und Nacht einen kontinuierlichen Luftschirm – »Big Blue Blanket« – über den japanischen Flughäfen von Luzon aufrechterhalten und dabei 270 feindliche Maschinen vernichtet. Beim Bunkern von Öl östlich von Luzon geriet sie am 18. Dezember in einen Taifun, der sie schwer mitnahm: drei Zerstörer wurden aufs Wasser gedrückt und sanken. Bei einigen leichten Trägern wurden die Maschinen im Hallendeck losgerissen und gegeneinandergeschlagen, die Benzinbehälter explodierten und verursachten Brände. Sieben Schiffe wurden schwer beschädigt, 146 Flugzeuge gingen verloren und insgesamt 800 Mann ertranken. Daraufhin mußte die Trägerflotte zunächst zur Reparatur und Auffrischung nach Ulithi zurückkehren. Am 30. Dezember lief sie erneut aus, um die Landung auf Luzon zu decken – nunmehr mit einer besonderen Trägergruppe für nächtliche Operationen versehen.

Das Landungsunternehmen auf Luzon war wegen der eingetretenen Verzögerung bei der Gewinnung und Anlage von Flugplätzen für die Heeresluftwaffe auf den 9. Januar 1945 verschoben worden. Als Angriffsort hatte MacArthur den Lingayen-Golf im Nordwestteil der Insel gewählt, wo 1941 auch die Japaner gelandet waren. Um den Gegner zu täuschen, wurden im Süden Luzons die Aktivität der Guerillas gesteigert und andere Ablenkungsmaßnahmen ergriffen. Mit der Durchführung des Landungsunternehmens waren abermals Kinkaids 7. Flotte und Kruegers 6. Armee (sechs Divisionen) betraut. Am 5. Januar passierte der Transportkonvoi, der eine Länge von 40 Meilen aufwies, vom Leyte-Golf her die Surigao-Straße, um durch die Sulu-See Kurs nach Norden zu nehmen. Der vorausgeeilte Angriffsverband der Schlachtschiffe, Kreuzer, Geleitträger, Minenräumer und der Schiffe, die die UDTs beförderten, wurde auf dem Anmarsch ab 3. Januar das Ziel japanischer Kamikazeangriffe, die sich verstärkten, sobald er sich an Mindoro vorbei nach Norden bewegte. Bis zum 5. Januar wurde ein amerikanischer Geleitträger versenkt und elf Schiffe beschädigt. McCains Task Force 38, die vom 5. bis 7. Januar aus ihrer Position östlich der Philippinen die japanischen Flugplätze auf Luzon bombardierte und dabei über 200 Maschinen vernichtete, konnte am 6. Januar aus Witterungsgründen keinen lückenlosen Luftschirm über den Flughäfen der Insel aufrechterhalten: als der amerikanische Angriffsverband an diesem Tage im Lingayen-Golf mit der Minenräumung und der vorbereitenden Beschießung begann, trafen ihn die schwersten Kamikazeangriffe, die die Japaner bisher geführt hatten. Bis zum Abend wurden vierzehn Schiffe beschädigt. Ein Kamikazeflieger stürzte sich auf die Kommandobrücke des Schlachtschiffs »New Mexico« und tötete 30 Mann, darunter Churchills Verbindungsoffizier bei MacArthur, Generalleutnant Lumsden. Wenn bei den Angriffen dieses Tages auch nur ein Minensucher versenkt wurde, mußte die amerikanische Marine mit dem Verlust von 167 Toten, 502 Verwundeten und den erlittenen Beschädigungen dennoch einen Schlag einstecken, der nach dem Ausgang der Schlacht um den Leyte-Golf nicht mehr erwartet worden war. Die Japaner hatten, gemessen am Einsatz von 28 Todesfliegern und 15 Kampfflugzeugen, den erfolgreichsten Kamikazeangriff des Krieges geführt. Wenn die Transportflotte einem ähnlich massierten Angriff ausgesetzt gewesen wäre, wäre das Landungsunternehmen ernsthaft gefährdet worden. Doch nach dem 7. Januar hatte McCains Trägerflotte die japanische Luftwaffe auf Luzon so weit dezimiert, daß sie nur noch vereinzelte Angriffe führen konnte. Am 9. Januar – dem Landungstag auf Luzon – griff die Task Force 38 bereits wieder Formosa an.

Auf Luzon verlegten die Japaner ebenfalls ihre Verteidigungsstellungen vom Strand weg ins Innere der Insel. Die amerikanische Landung im Lingayen-Golf erfolgte daher ohne Schwierigkeiten und unter geringen Verlusten. In der folgenden Nacht setzten die Japaner erstmals »Selbstmordboote« – kleine schnelle Sprengboote aus Holz – ein, die zwei Landungsboote versenkten und mehrere Schiffe beschädigen konnten. Nachdem auch die Kamikazeflieger bis zum 13. Januar noch zwölf Schiffe beschädigt hatten, war die japanische Luftwaffe auf Luzon buchstäblich am Ende und wurde nach Formosa zurückgenommen.

General Yamashita, der die Lage weitaus realistischer ansah als seine Vorgesetzten, war sich von vornherein darüber im klaren, daß mit den Truppen, die ihm nach den vorangegangenen Abgaben für Leyte noch zur Verfügung standen, auf Luzon nur eine strategische Verzögerungsdefensive geführt werden konnte. Der »Tiger von Malaya« wollte daher auf eine Verteidigung der Hauptstadt Manila verzichten und zog seine Truppen auf Gebirgsstellungen im Innern der Insel zurück. MacArthur drängte nach Süden, um Manila schnellstens zu befreien. Als seine Verbände am 29. Januar San Fernando erreicht hatten, ließ er am selben Tage westlich auf gleicher Höhe ein Korps beim Küstenort San Antonio an Land gehen (Operation »Mike VII«). Dieses Korps sollte nach Osten vordringen und den Japanern den Rückweg auf die Halbinsel Bataan verlegen, wo sich drei Jahre vorher die Amerikaner zum Endkampf verschanzt hatten. Am 31. Januar ließ MacArthur durch ein zweites amphibisches Manöver (»Mike VI«) Kräfte bei Nasugbu südlich der Manila-Bucht an die Küste setzen, um die philippinische Hauptstadt gleichzeitig von Norden und Südwesten anzugehen. Am 3. Februar rückten die ersten amerikanischen Truppen in Manila ein.

Obwohl General Yamashita die Stadt nicht zu verteidigen beabsichtigte, hatte der Oberbefehlshaber der japanischen Marinestreitkräfte Südwest, Vizeadmiral Okochi, dort eine Marinetruppe aufgestellt, die entschlossen war, um den Ort bis zum letzten Blutstropfen zu kämpfen. Als Yamashita den Abzug aller Truppen aus Manila befahl, war es bereits zu spät, da alle Rückzugswege von den Amerikanern verlegt waren. Die Folge war ein mehrwöchiger Häuserkampf, bei dem die Stadt in einen Trümmerhaufen verwandelt wurde. Am 27. Februar übergab General MacArthur der Regierung des Präsidenten Osmeñia die Zivilgewalt und proklamierte vor der provisorischen philippinischen Volksvertretung die Wiederherstellung des Philippinischen Commonwealth.

Um die Zufahrt zur Manila-Bucht zu sichern, begann am 16. Februar 1945 der Angriff von Fallschirm- und Landetruppen auf die von fast 6000 Japanern verteidigte Felseninsel Corregidor, auf der auch die Amerikaner 1942 den letzten Widerstand geleistet hatten. In den Befestigungsanlagen kämpften die Japaner noch zehn Tage lang, bis sich der Rest der Verteidiger selbst in die Luft sprengte. Am 2. März wohnte MacArthur der feierlichen Flaggenhissung auf Corregidor bei, das er fast genau drei Jahre vorher – am 12. März 1942 – als Besiegter auf Befehl Roosevelts verlassen hatte. Am 27. April konnte auch Baguio, das Hauptquartier Yamashitas nordöstlich der Lingayen-Bucht, genommen werden, aber zum Zeitpunkt der allgemeinen Kapitulation im August 1945 zählte seine Streitmacht in den Bergen immer noch 50500 Mann.

Die übrigen Philippinen-Inseln und Borneo wurden durch eine Reihe von Operationen befreit, die durch die amerikanische 8. Armee unter Generalleutnant Eichelberger und Kinkaids 7. Flotte vom Leyte-Golf oder von Mindoro aus unternommen wurden. Im Februar landeten die Amerikaner auf Palawan, im März auf Zamboanga, Panay, dem westlichen Negros und Cebu sowie im April auf Bohol, dem südöstlichen Negros und Mindanao. Auf Borneo führten australische Truppen im Mai, Juni und Juli Landungen bei Tarakan, an der Brunei-Bucht und bei Balikpapan durch. Bei allen diesen Unternehmungen wurden die alliierten Truppentransporte durch die japanische Luftwaffe, die in den philippinischen Gewässern völlig ausgeschaltet war, nicht mehr belästigt. Die Landungstruppen stießen auf keinen oder nur schwachen Widerstand der japanischen Verteidiger, die sich in Bergstellungen zurückzogen, wo sie sich meist bis zum Kriegsende hielten. Die Alliierten aber hatten mit den Philippinen eine Position gewonnen, von der aus Japans Verbindungslinien zu den Rohstoffgebieten seines Reiches unterbrochen und der Angriff auf das japanische Mutterland vorangetragen werden konnten.

Während die japanische Expansion im Pazifik seit 1942 beständig hatte zurückgedrängt werden können, war es auf dem kontinentalasiatischen Kriegsschauplatz Burma zu einem fast zwei Jahre währenden Stillstand gekommen. Bei der Zuteilung von Kriegsmaterial genossen die Kriegsschauplätze Europa und Mittelmeer die Priorität, dann folgte der Pazifik. Im abgelegenen Burma wurden die Gegner sowohl an der Grenze nach Indien wie an der Grenze nach China durch Gebirge und Dschungel getrennt, in denen während der Regenzeit vom Mai bis Oktober größere Bewegungen fast unmöglich waren. Erst die Verlagerung der Truppen- und Nachschubtransporte von den Bodenverbindungen auf den Luftweg, für die die Alliierten hier 1944 schließlich genügend Flugzeuge zur Verfügung hatten, sollte eine Gegenoffensive ermöglichen. Nicht zuletzt aber waren politische Differenzen zwischen Amerikanern, Briten und Chinesen, die sich in ungenügender Zusammenarbeit und Abgrenzung der Befehlsbereiche niederschlugen, an dem Mangel militärischer Aktivität schuld. Wenn nach einem Beschluß auf der »Quadrant«-Konferenz im August 1943 in Quebec auf dem Burma-Kriegsschauplatz auch ein eigener »Alliierter Oberbefehlshaber Südostasien« (SEAC), der britische Vizeadmiral Lord Mountbatten, eingesetzt wurde, bestand ein wirklich gemeinsamer alliierter Oberbefehl nur auf den beiden europäischen Kriegsschauplätzen: im Mittelmeer und an der Invasionsfront.

China, das rund ein Drittel der Landstreitkräfte sowie erhebliches Kriegsmaterial und Schiffsraum der Japaner band, konnte durch die Luftbrücke über den »Hump« (Buckel), wie die Amerikaner die über 7000 m hohen südlichen Ausläufer des Himalaya nannten, nur unzureichend versorgt werden. Bereits im Juli 1942 hatte Tschiang Kai-schek angedeutet, daß er »andere Arrangements« – d. h. einen Kompromiß mit den Japanern – werde finden müssen, wenn sich die Versorgungslage nicht bessere. Daher drängten die Amerikaner immer wieder auf eine Offensive in Nordburma, um eine Landverbindung nach China zu öffnen. Mit dem Einsatz von Transportmaschinen für die Versorgung der kämpfenden Truppe in Burma mußten jedoch wiederum die Lieferungen nach China reduziert werden. Als in Südchina die Vorbereitungen zum Einsatz der »Superfestungen« B-29 fast vollendet waren, eröffneten die Japaner im April 1944 entlang der Bahnlinien von Hankau nach Kanton und Hanoi die Offensive, eroberten bis September 1944 die Flugplätze bei Tschangscha, Hengyang und Kweilin und erreichten schließlich die indochinesische Grenze. Zur Enttäuschung der Amerikaner hatte sich die Leistungsfähigkeit des chinesischen Heeres in keiner Weise gebessert; darüber hinaus hielt Tschiang Kai-schek starke Streitkräfte als Schutz gegen die in Nordchina operierenden rotchinesischen Kräfte massiert. Der amerikanische General Stilwell, der Tschiang Kai-schek Anfang März 1942 als Stabschef zugeteilt worden war, schrieb den Mißerfolg dem »reaktionären und korrupten« Kuomintang-Regime sowie der Unfähigkeit seiner militärischen Führer zu und forderte nunmehr volle Befehlsgewalt über das chinesische Heer. Er bestand darauf, entweder eine politische Koalition zwischen den chinesischen Kommunisten und einer reformierten Kuomintag herzustellen oder auch die militärisch aktiven und dynamischen rotchinesischen Partisanenkräfte mit Material aus Lend-Lease-Mitteln zu beliefern. Tschiang Kai-scheks Forderung, über die Verteilung der amerikanischen Lend-Lease-Mittel allein entscheiden zu können, führte zum Bruch zwischen ihm und Stilwell, der daraufhin am 19. Oktober 1944 abberufen werden mußte.

Der Burmafeldzug, der wegen des Einsatzes aller verfügbaren Landungsschiffe auf dem europäischen Kriegsschauplatz von Norden her und im wesentlichen zu Lande geführt werden mußte, kam nach langwierigen Auseinandersetzungen zwischen den Alliierten bei seiner Planung schließlich im Herbst 1944 in Gang. Er führte zur Öffnung der Landroute nach China im Januar 1945 und zur Befreiung Burmas, nachdem am 2. Mai die von japanischen Truppen entblößte Hauptstadt Rangun wenigstens durch ein begrenztes Landungsunternehmen hatte eingenommen werden können. Während die militärische Aktivität in Burma ab Mai 1945 durch die Regenzeit auf die Beseitigung der noch im Lande stehenden Japaner beschränkt wurde, plante Mountbatten für den Herbst ein Landungsunternehmen gegen Malaya, zu dem es angesichts der Entwicklung des Krieges in Ostasien nicht mehr kommen sollte: nachdem unterdessen Deutschland niedergeworfen worden war, sollte der Zusammenbruch Japans eher erfolgen, als die Alliierten angenommen hatten.

12. Kapitel
Die Niederwerfung Deutschlands 1945: Ende des Krieges in Europa

Im Laufe des Jahres 1944 war die »Festung Europa« zur »Festung Deutschland« zusammengeschrumpft, die nur noch im Norden und im Süden größeres Vorfeld besaß. Diese Festung bereitete sich durch Mobilisierung aller aufzubietenden Kräfte auf den letzten gegnerischen Ansturm vor.

Schon nach Sauckels Verordnung vom 27. Januar 1943 waren alle Männer vom 16. bis zum 65. Lebensjahr und alle Frauen vom 17. bis zum 45. Lebensjahr von den Arbeitsämtern für »Aufgaben der Reichsverteidigung« erfaßt worden. Um die Radikalisierung der inneren Kriegführung psychologisch vorzubereiten, hatte Goebbels am 18. Februar 1943 seine berühmte Rede im Berliner Sportpalast vor einem Publikum gehalten, das »die Nation repräsentieren« sollte. Auf seine Frage: »Wollt ihr den totalen Krieg? Wollt ihr ihn, wenn nötig, totaler und radikaler, als wir ihn uns heute überhaupt noch vorstellen können?«[28] war die Masse in Ja-Rufe und ekstatische Begeisterung ausgebrochen. Aber die 15,5 Millionen Männer und 14,8 Millionen Frauen sowie die 6,3 Millionen Ausländer und Kriegsgefangenen, die 1943 schließlich als zivile Arbeitskräfte eingesetzt werden konnten, genügten nicht, um die erforderliche Zahl kriegsverwendungsfähiger Männer zu ersetzen, die aus der Rüstungsindustrie an die Front geschickt werden mußten. Als Goebbels am 25. Juli 1944 zum »Reichsbevollmächtigten für den totalen Kriegseinsatz« ernannt wurde, ergriff er daher drastische Maßnahmen, um Menschen für Rüstung und Front freizubekommen. Die Gauleiter der feindbedrohten Gaue in ihrer Eigenschaft als Reichsverteidigungskommissare erhielten die Befugnis, zivile Arbeitskräfte für den Stellungsbau zu rekrutieren. Der Gedanke Guderians, in den gefährdeten Ostprovinzen unter Mitwirkung der SA eine Art Landsturm zu bilden, wurde von Hitler aufgegriffen und wesentlich erweitert. Am 25. September 1944 befahl er, im gesamten Reichsgebiet aus allen waffenfähigen Männern zwischen 16 und 60 Jahren unter bewährten Führern der Partei und ihrer Gliederungen den »Deutschen Volkssturm« aufzustellen, dessen Angehörige durch Armbinden als Kombattanten gekennzeichnet wurden. In seinem Erlaß führte Hitler aus, Deutschland stehe durch das »Versagen aller unserer europäischen Verbündeten« wie im Herbst 1939 dem Feind allein gegenüber und wie damals solle nun ein »zweiter Großeinsatz« der deutschen Volkskraft erfolgen, um die Feinde »so lange vom Reich abzuhalten, bis ein die Zukunft Deutschlands ... und damit Europa sichernder Friede gewährleistet«[29] sei. Nachdem die seit Beginn des Jahres 1944 zur weltanschaulichen Erziehung und Fanatisierung der Truppe eingesetzten NS-Führungsoffiziere offensichtlich nicht genügten, um den Frontsoldaten zur äußersten Kampfbereitschaft anzuhalten, schreckte Hitler im Sommer auch vor der Einführung der Sippenhaftung nicht zurück: wenn Soldaten zum Gegner überliefen oder sich ergaben, ohne bis zum Letzten gekämpft zu haben, wurden ihre Familien in der Heimat dafür zur Verantwortung gezogen. Um künftigen Kapitulationen vorzubeugen, erwog Hitler auf Goebbels' Vorschlag im Februar 1945 sogar, aus der Genfer Konvention auszutreten, konnte aber durch die Gegenvorstellungen Guderians, Jodls und Dönitz' davon abgebracht werden. Mitte desselben Monats wurden in den feindbedrohten Gebieten Standgerichte eingerichtet, deren Zusammensetzung die Gauleiter bestimmten und die für Handlungen, welche die Kampfentschlossenheit gefährdeten, als einzige Strafe die Todesstrafe aussprechen konnten. Himmler ergänzte diese Maßnahmen Anfang April durch einen Befehl, wonach alle männlichen Bewohner eines Hauses, aus dem die weiße Flagge gezeigt werde, erschossen werden sollten.

Die »Festung Deutschland«, die sich so zum Endkampf rüstete, besaß seit Anfang 1945 kein »Dach« mehr. Der Mangel an Betriebsstoff und die zunehmenden Verluste von Maschinen, die durch feindliche Tieffliegerangriffe auf deutsche Flugplätze verursacht wurden, ließen die Kampfkraft der deutschen Jagdabwehr in den letzten Kriegsmonaten ständig absinken. Demgegenüber steigerten sich die alliierten Tages- und Nachtangriffe an Zahl und Heftigkeit: der Doppelangriff der R.A.F. in der Nacht zum 14. Februar 1945 und die darauf folgenden Tagesangriffe der 8. USAAF am 14. und 15. Februar auf den Eisenbahnknotenpunkt Dresden, durch den der Flüchtlingsstrom aus Schlesien und der Nachschub für die südliche Oderfront geleitet wurde, wurden zum Symbol für die Unmenschlichkeit des Bombenkrieges: in der mit Flüchtlingen angefüllten Stadt, in der Feuerstürme wie 1943 in Hamburg tobten, kamen nach vorsichtigen Schätzungen 135 000 Menschen um, weltbekannte kulturhistorische Bauwerke sanken in Schutt und Asche. In den ersten vier Monaten des Jahres 1945 wurden insgesamt noch 471 000 Tonnen Bomben auf Deutschland abgeworfen. Das Reichsgebiet wurde darüber hinaus in zunehmendem Maße Tätigkeitsfeld der alliierten taktischen Luftwaffe, deren Jagdbomber schließlich das gesamte unbesetzt gebliebene Territorium mit Tiefangriffen auf den Eisenbahn- und Straßenverkehr heimsuchten. Mitte April brachte die absolute alliierte Luftherrschaft über Deutschland den Verkehr fast völlig zum Erliegen und die deutsche Rüstungsproduktion zum Stillstand.

Zu Lande stand Hitler beim Jahreswechsel 1944/45 ein Heer von 7,5 Millionen Mann zur Verfügung. Von den 260 Divisionen waren 76 im Westen und 24 in Italien eingesetzt, 17 schützten die U-Boot-Basen und die Zufuhr des Schwedenerzes in Norwegen und Dänemark, 10 standen in Jugoslawien, 28 verteidigten die Erdölquellen und Bauxitgruben Ungarns, 30 waren in Kurland und Memel abgeschnitten, während die 900 km lange Front zwischen den Karpaten und der Ostsee, an der nach Ansicht des Generalstabschefs Guderian die Entscheidungsschlacht bevorstand, von 75 Divisionen gedeckt wurde. Hier betrug die Überlegenheit der Sowjets nach Berechnung des OKH bei der Infanterie 11:1, bei den Panzern 7:1 und bei der Artillerie 20:1. Nur unter größten Schwierigkeiten hatte der für diese Front verantwortliche Generalstabschef des Heeres einige bewegliche Reserven schaffen können. Als die Ardennenoffensive im Westen für gescheitert angesehen werden mußte, begab sich Guderian am Weihnachtstag ins Führerhauptquartier nach Ziegenberg, um Hitler zum Abbruch dieser nutzlosen Kräftevergeudung und zur Verlegung aller entbehrlichen Streitkräfte nach Osten zu bewegen: dort häuften sich untrügliche Anzeichen für einen nahe bevorstehenden sowjetischen Stoß in Richtung auf Berlin. Hitler wollte dagegen gerade im Westen die Initiative durch eine neue Offensive in der Hand behalten, weil er annahm, daß die Westmächte aus politischen Erwägungen einlenken würden, wenn er ihren Vormarsch aufhalte, während die Sowjets im Osten immer weiter vordrangen. Er lehnte daher den Antrag Guderians ab und erklärte die Angaben von General Gehlens Abteilung »Fremde Heere Ost« über die Stärke des sowjetischen Aufmarsches an der Weichsel für »den größten Bluff seit Dschingis Khan«.[30] Den mühsam aufgebauten Reserven Guderians wurde sogar noch ein SS-Korps entzogen, um Budapest zu entsetzen. Der Generalstabschef prophezeite Hitler daraufhin am 9. Januar, daß die Ostfront »wie ein Kartenhaus« zusammenstürzen werde, wenn sie auch nur an einer einzigen Stelle durchstoßen würde. Seine Prophezeiung wurde schon wenige Tage später Wirklichkeit.

Der Schwerpunkt der Sowjetoffensive traf die Heeresgruppe A unter Generaloberst Harpe, die die Front von den slowakischen Karpaten bis nördlich Warschau verteidigte. Am 12. Januar 1945 traten die »1. Ukrainische Front« unter Marschall Konjew nach einem fünfstündigen Artilleriefeuer aus ihrem großen Weichselbrückenkopf von Baranow, einen Tag später die »1. Weißrussische Front« Marschall Schukows aus den Brükkenköpfen bei Magnuszew und Pulawy zum Angriff an, durchbrachen die deutsche Front und drangen nach Westen vor. Ein Teil der sowjetischen Kräfte drehte nach Norden in den Rücken Warschaus ein. Durch eine Fehlinformation über die Lage veranlaßt, gab das OKH die Genehmigung zur Räumung Warschaus. Als sich die Lage klärte und in der Nacht zum 18. Januar Hitlers Gegenbefehl eintraf, die Stadt als »Festung« zu halten, konnte der Kommandant den Befehl nicht mehr ausführen, weil die Räumung bereits in vollem Gange war. Dieser Zwischenfall verursachte die Verhaftung mehrerer Generalstabsoffiziere im OKH sowie stundenlange Verhöre Guderians durch den Chef des Reichssicherheitshauptamts, Kaltenbrunner, und dessen Gestapochef Müller.

Guderian beschwor Hitler, der am 16. Januar von Ziegenberg in sein neues Hauptquartier in der bombenbeschädigten Berliner Reichskanzlei übergesiedelt war, vergebens, die in Kurland abgeschnittene Heeresgruppe Nord auf dem Seewege zurückzunehmen, um Kräfte zu gewinnen. Ebenso wenig war Hitler zu bewegen, die nach der Ardennenoffensive freigewordene 6. SS-Panzerarmee Sepp Dietrichs statt in Ungarn an der Front vor der Oder einzusetzen. Hitler ersetzte Generaloberst Harpe, dem er die Schuld am Zusammenbruch der Weichselfront gab, am 17. Januar durch seinen Favoriten, Generaloberst Schörner. Außerdem erließ er einen Befehl, der alle Generäle bis herunter zum Divisionskommandeur verpflichtete, jede Bewegung vom Divisionsverband an aufwärts und jede Aufgabe eines Ortsstützpunktes – soweit nicht von übergeordneter Stelle befohlen – so frühzeitig zu melden, daß »ein Eingreifen in diese Entschlußfassung möglich ist und ein etwaiger Gegenbefehl die vorderste Truppe noch rechtzeitig erreicht«.[31] Hitler glaubte tatsächlich, von seinem Hauptquartier aus den Krieg bis herab zur Divisionsebene selbst führen zu können.

Mit dem Angriff an der Weichsel hatten die Sowjets zugleich ihre Offensive gegen die Heeresgruppe Mitte (Generaloberst Reinhardt) begonnen, die Ostpreußen verteidigte. Mitte Januar durchbrach General Tscherniakowskis »3. Weißrussische Front« nach mehrtätigen harten Kämpfen die deutsche Front zwischen Insterburg und Tilsit, während die 2. Weißrussische Front unter Marschall Rokossowski aus ihrem Brückenkopf über den Narew bei Pultusk zur Offensive in Richtung auf Thorn und auf Elbing antrat, um Ostpreußen vom Reich zu trennen. Während Hitler eine starre Verteidigung Ostpreußens nach allen Seiten befahl, verfolgte Reinhardt den Plan, die Verbindung der Heeresgruppe mit dem Reich auf jeden Fall sicherzustellen, um das Abfließen der Verbände und der Flüchtlingsmassen nach Westen zu ermöglichen. Am 26. Januar erreichten Rokossowskis Truppen jedoch bei Tolkemit das Frische Haff und vollendeten damit die Abschnürung. Als die Sowjets am gleichen Tage Reinhardts Ostfront nördlich der Masurischen Seen durchbrachen und Reinhardt die Räumung der Seenstellung befahl, wurde seine von Hitler abweichende Absicht offenbar. Reinhardt wurde durch Generaloberst Rendulic ersetzt. Das Bemühen der verantwortlichen Generäle, aus der verzweifelten Lage einen Ausweg zu finden und das sinnlose Opfer von Soldaten und Zivilisten zu vermeiden, sah Hitler als glatten »Verrat« an. Der von ihm nur unter gleichzeitiger Verteidigung Ostpreußens gebilligte Durchbruchsangriff von Wormditt aus nach Elbing blieb, wie vorherzusehen, nach Anfangserfolgen liegen. Auf sich selbst gestellt, mußte die Heeresgruppe von jetzt an einen erbitterten Kampf um Königsberg und ihren Verbindungshafen Pillau führen, um dem nunmehr nach Norden abgedrängten Flüchtlingsstrom den Weg über die Frische Nehrung und über See ins Reich zu sichern.

Unterdessen waren die »Fronten« Konjews und Schukows weiter in Richtung auf die Oder vorgedrungen. Aus Trümmern der zurückgehenden Truppen und Einheiten der Garnisonen, der Polizei und des Volkssturms wurde eine neue Front an der Oder aufgebaut, die die Sowjets am 23. Januar zwischen Oppeln und Ohlau erreichten und fünf Tage später unterhalb der »Festung Breslau« bei Steinau überschritten. Nach Süden zu suchte Konjew in das oberschlesische Industriegebiet einzubrechen. Um das Industrierevier, das nach der weitgehenden Zerstörung des Ruhrgebiets aus der Luft als einzige deutsche Rüstungsschmiede völlig intakt geblieben war, entbrannten erbitterte Kämpfe, während unter Tage noch gearbeitet und die Ausbeute der Kohlengruben nach Westen abtransportiert wurde. Die deutschen Truppen wichen hier nur schrittweise zurück, mußten das Industriegebiet aber schließlich bis Monatsende räumen. Am 30. Januar richtete Rüstungsminister Speer eine Denkschrift an Hitler, in der er ausführte, daß nunmehr die deutsche Wirtschaft in wenigen Wochen endgültig zusammenbrechen werde und damit »der Krieg auch militärisch nicht fortgesetzt werden«[32] könne. Die Denkschrift verschwand im Panzerschrank Hitlers, ohne auf ihn die geringste Wirkung auszuüben.

Um die breite Frontlücke zu schließen, die durch das Vordringen Konjews und Schukows zwischen der schlesischen Grenze und der unteren Weichsel aufgerissen worden war, waren in Pommern Ausbildungs- und Ersatzverbände sowie Einheiten der Polizei und des Volkssturms alarmiert worden. Hitler übertrug den Oberbefehl über die hier neu gebildete »Heeresgruppe Weichsel« am 25. Januar Himmler. Himmler konnte nicht verhindern, daß die Sowjets auch nördlich von Glogau die Oder erreichten und in den ersten Februartagen beiderseits Küstrin den Fluß überschritten. Neben der Festung Küstrin konnte hier auf dem Ostufer der Oder nur noch ein zweiter deutscher Brückenkopf bei Frankfurt gehalten werden. Gleichzeitig gingen Schukows Kräfte über die Netze und drohten auf Stettin durchzubrechen.

Angesichts der Tatsache, daß die Sowjets über das letzte Flußhindernis vor Berlin, die Oder, Brückenköpfe hatten bilden können, beschwor Guderian Hitler in diesen Tagen abermals, die Außenposten in Kurland, Norwegen, Holland und Italien zu räumen, um mit freigesetzten Kräften von Niederschlesien und Südpommern her gegen den im Raum Frankfurt auf die Oder vorgestoßenen sowjetischen Keil einen Doppelangriff zu führen. Wenn jedoch der Kampf im Osten überhaupt noch einen Sinn haben sollte, dann konnte es nach Guderians Ansicht nur der sein, die Flucht der Bevölkerung zu decken und die sowjetische Flut zu bremsen, um Zeit für Verhandlungen mit den Westmächten zu gewinnen. Am 25. Januar hatte Guderian daher Reichsaußenminister Ribbentrop aufgesucht, ihm die Augen über die bedrohliche militärische Lage geöffnet und ihn aufgefordert, gemeinsam bei Hitler wenigstens auf den Versuch zu dringen, mit den Westmächten ins Gespräch zu kommen. Alles, wozu sich Ribbentrop – mit Billigung Hitlers – in dieser Richtung bisher verstiegen hatte, war die Abfassung einer »Sprachregelung« an die deutschen Auslandsvertretungen gewesen, die die Bedeutung Deutschlands als Gegengewicht gegen die sowjetischen Eroberungspläne in Europa hervorhob und deren Inhalt den Westmächten über neutrale Vermittler zur Kenntnis gebracht werden sollte, um sie von der Notwendigkeit einer Verständigung mit dem nationalsozialistischen Deutschland zu überzeugen. Auch der Schock, den Guderian nunmehr dem Reichsaußenminister durch seinen Bericht versetzte, reichte bei Ribbentrop nicht aus, sich bei Hitler in einer Sache unbeliebt zu machen, von der er wußte, daß Hitler sie von vornherein ablehnte. Wohl aber unterrichtete er Hitler sofort von Guderians Schritt: als der Generalstabschef am selben Tage zur Abendlage in der Reichskanzlei erschien, machte ihm Hitler erregt Vorhaltungen, daß er durch Mitteilungen militärischen Inhalts an Personen außerhalb seines Geschäftsbereichs »Landesverrat« begehe.

Der von Guderian unmittelbar erwartete sowjetische Stoß auf Berlin, der angesichts des dortigen fast kräfteleeren Raumes eine Katastrophe bedeutet hätte, blieb zunächst aus, da die Sowjets vorher eine Gefährdung ihres Angriffskeils von seinen zurückhängenden Flanken her ausschalten wollten. Anfang Februar brachte Konjew durch Angriffe aus seinen Brückenköpfen beiderseits Breslau die Oderfront der »Heeresgruppe Mitte« – wie die Heeresgruppe A nunmehr hieß – zum Einsturz. Im Laufe des Februar wurde die deutsche Front nach Westen hinter die Lausitzer Neiße, nach Südwesten an das Sudetengebiet zurückgedrückt. Die eingeschlossene »Festung Breslau« verteidigte sich bis zum 6. Mai – vom Fanatismus des Gauleiters Hanke und der Hoffnung auf Entsatz angefeuert, die durch den Stillstand der Front südlich der Stadt ständig genährt wurde.

Guderians Offensivpläne zur Abwendung der unmittelbaren Bedrohung Berlins mußten angesichts der starren Haltung Hitlers, der dafür nur einzelne Verbände aus Kurland und Norwegen zur Verfügung stellen wollte, auf einen von vornherein begrenzten Flankenstoß von Arnswalde aus nach Süden reduziert werden. Am 16. Februar trat die schließlich auf sechs schwache Divisionen gebrachte Angriffsgruppe zur Offensive an, blieb jedoch nach Anfangserfolgen stecken und mußte in den Raum nördlich von Arnswalde zurückgenommen werden.

Nunmehr begannen die Sowjets mit der Eroberung Pommerns, um ihre nördliche Flanke zu säubern, stießen durch die deutsche Front und durchquerten das von Flüchtlingskolonnen angefüllte Hinterland mit dem Ziel, die Küste zu erreichen. Am 7. März war die Küstenstadt Kolberg eingeschlossen und wurde von Hitler zur Festung erklärt. Goebbels beschwor den Geist von Nettelbeck und Gneisenau, um die Eingeschlossenen zum Aushalten zu bewegen. Doch der Kommandant verteidigte die Festung nur so lange, bis die Massen von Verwundeten und Flüchtlingen, die in den Mauern der Stadt Schutz gesucht hatten, durch die Kriegsmarine abtransportiert waren: am 18. März verließ er mit der restlichen Besatzung die Stadt gleichfalls über See. Schon vorher waren die Kämpfe im Stettiner Raum abgeklungen, wo Schukows Truppen unterdessen das Stettiner Haff erreicht hatten: die Sowjets, die nunmehr die Oder-Neiße-Linie gesichert hatten, bereiteten sich hier auf den Vormarsch nach Berlin vor.

Mit dem sowjetischen Durchbruch zur pommerschen Küste wurde an der Danziger Bucht eine deutsche Armee eingeschlossen, deren Front schließlich vom Zugang zur Halbinsel Hela im Halbkreis bis zum Frischen Haff verlief. Der einzige Sinn einer weiteren Verteidigung der Häfen von Danzig und Gdingen lag in der Rettung der Flüchtlingsmassen und der großen Zahl von Verwundeten, die sich hier von der Kurlandfront und der gesamten nördlichen Ostfront angesammelt hatten. Gdingen konnte mit Unterstützung des schweren Kreuzers »Prinz Eugen« noch bis zum 28. März verteidigt werden, bis die Masse der Flüchtlinge und Verwundeten evakuiert war, nur die Halbinsel Hela blieb in deutscher Hand. Nach schwerem Artilleriebeschuß und Luftangriffen wurde am gleichen Tag auch Danzig von den Verteidigern aufgegeben, die sich in einen schmalen, durch Überschwemmungen geschützten Brückenkopf zwischen Weichsel und Nogat zurückzogen, der über die Frische Nehrung mit den deutschen Truppen im Samland in Verbindung stand.

In Ostpreußen war die »Heeresgruppe Nord« (vormals »Mitte«) immer enger um Königsberg zusammengedrängt worden. Ende Januar war die Stadt ringsum eingeschlossen und bis Mitte Februar wurden die deutschen Kräfte im Samland trotz heftiger Gegenwehr auf die kleine Halbinsel von Pillau zurückgedrückt. Nach mehrtägigen blutigen Kämpfen um das brennende Königsberg und einem vergeblichen Ausbruchsversuch nach Westen entschloß sich der Kommandant, General Lasch, in der Nacht zum 9. April, zu kapitulieren. Er wurde auf Geheiß Hitlers in Abwesenheit zum Tode verurteilt und seine Angehörigen in Sippenhaft genommen. Am 25. April fiel auch Pillau, nachdem die restlichen Verteidiger und die meisten Flüchtlinge auf die Frische Nehrung übergesetzt waren. Die Trümmer der Ostpreußen-Armee und die Flüchtlingsmassen, die sich sowohl von Danzig wie auch von Königsberg her auf die Nehrung gerettet hatten, wurden das Opfer zahlreicher sowjetischer Luftangriffe. Sie hielten sich hier bis zur allgemeinen deutschen Kapitulation.

Das Schicksal, das die Flüchtlingstrecks auf allen Straßen Ost- und Westpreußens, Pommerns und Schlesiens, von eisiger Kälte und Hunger geplagt, vom Feind verfolgt, beschossen, teilweise eingeholt und zahlreiche Opfer auf ihrem Weg zurücklassend, in jenem letzten Kriegswinter erlitten, gehört zu den furchtbarsten Tragödien, die Hitlers Krieg dem deutschen Volk auferlegten. Nur dem aufopfernden Einsatz der Kriegsmarine war es zu verdanken, daß von den Ostseeküsten Kurlands, Ostpreußens, der Danziger Bucht und Pommerns bis zum Mai 1945 rund 1,5 Millionen Flüchtlinge und eine halbe Million Soldaten und Verwundete evakuiert werden konnten. An diesen Zahlen gemessen müssen die Verluste von rund 14000 Evakuierten (= 1 Prozent), die hauptsächlich durch die Versenkung der Schiffe »Wilhelm Gustloff«, »Goya« und des Lazarettschiffes »General Steuben« durch sowjetische U-Boote verursacht wurden, als außerordentlich gering angesehen werden.

Während im Raum von Danzig und Königsberg heftig gekämpft wurde, hatte der sowjetische Druck auf die Front der beiden Heeresgruppen Weichsel und Mitte im März nachgelassen. Im Januar hatten Kräfte der Heeresgruppe Mitte einen Durchbruch der »4. Ukrainischen Front« in Richtung auf die Mährische Pforte verhindert und hielten in den Westkarpaten Anschluß an die Heeresgruppe Süd. Die Offensive der ersten drei Monate des Jahres 1945 hatte die Rote Armee von der ostpreußischen Grenze und der Weichsel bis an die Oder-Neiße-Linie und den Ostrand des Sudetengebirges gebracht. Sie organisierte nunmehr ihren Nachschub durch das zerstörte Polen und sammelte zwischen dem Sudetengebirge und der Ostsee starke Kräfte, um den letzten, tödlichen Stoß ins Herz Deutschlands zu führen.

Im Westen war es nach der erfolgreichen Abwehr der deutschen Ardennenoffensive zwischen den Westalliierten zu einer

Auseinandersetzung über die weiteren Operationsziele gekommen. Auf der Sitzung der Vereinigten Stabschefs in Malta, die Ende Januar 1945 der Jalta-Konferenz vorausging, vertrat der Chef des Empire-Generalstabs, Sir Alan Brooke, erneut den englischen Plan, alle Kräfte auf einen einzigen massierten Stoß nördlich des Ruhrgebiets in die norddeutsche Tiefebene zu konzentrieren. Diesem Vorschlag lag die politisch motivierte Absicht zugrunde, die Häfen an der norddeutschen Küste auf jeden Fall vor den Sowjets zu erreichen. Aber der amerikanische Heeresgeneralstabschef Marshall setzte unter Androhung des Rücktritts von Eisenhower dessen Plan durch, zunächst alle deutschen Streitkräfte westlich des Rheins zu vernichten, um hier einen deutschen Flankenangriff gegen den alliierten Stoß über den Rhein von vornherein auszuschalten, dann Brückenköpfe über den Strom zu gewinnen, um das »Industriedikkicht« des Ruhrgebiets durch eine Umfassungsoperation vom Niederrhein und dem Frankfurter Raum her einzuschließen, und danach den Sowjets in Norddeutschland entgegenzustoßen.

Unmittelbar nach der »Battle of the Bulge« hatten französische Streitkräfte zunächst einmal den deutschen Brückenkopf von Kolmar angegriffen und die deutschen Verteidiger mit amerikanischer Verstärkung bis zum 9. Februar über den Rhein geworfen. Am Nordabschnitt beabsichtigte Montgomery, mit seiner kanadischen Armee zwischen Maas und Niederrhein nach Südosten vorzustoßen und mit den ihm unterstellten amerikanischen Kräften bei Düren über die Rur nach Nordosten vorzugehen, um die Zange im Raum Krefeld zu schließen. Der am 8. Februar beginnende Angriff der Kanadier kam gegen den verbissenen Widerstand deutscher Fallschirmjäger nur langsam voran, da der Westrand des Reichswaldes stark befestigt und Rhein und Maas durch das eingetretene Tauwetter über die Ufer getreten waren. Hinzu kam, daß die amerikanische Armee der Heeresgruppe Montgomerys nicht zum vorgesehenen Zeitpunkt angreifen konnte, da die Deutschen die Schleusen der Urfttalsperre geöffnet und die Rur überschwemmt hatten. Montgomerys Operationen kamen erst voran, als die Amerikaner am 23. Februar, nachdem das Hochwasser nachgelassen hatte, zum Angriff antreten konnten, am 2. März den Rhein südlich Düsseldorf erreichten und sich am nächsten Tag bei Geldern mit den Kanadiern vereinigten. Die deutsche Fallschirmjägerarmee sollte jedoch auf Hitlers Befehl um jeden Preis einen

Brückenkopf von Krefeld bis Wesel halten, damit die Kohle- und Stahlverschiffung von Duisburg über den Dortmund-Ems-Kanal nach Innerdeutschland gesichert blieb, die bei der Störung des Bahnverkehrs durch die alliierte Luftwaffe eine erhöhte Bedeutung besaß. Aber trotz verzweifelter Gegenwehr wurden die Verteidiger um den letzten verbliebenen Rheinübergang bei Wesel zusammengedrängt: am 2. März fiel Krefeld und die zu schützende Schiffahrtslinie lag bereits im Schußfeld der feindlichen Artillerie. In der Nacht zum 10. März mußten die Trümmer von neun Divisionen bei Wesel schließlich doch auf das Ostufer zurückgenommen und die Brücke – wie alle Rheinbrücken, die die Alliierten bis dahin erreicht hatten – gesprengt werden. Damit war das linke Rheinufer auf deutschem Boden von Emmerich bis Neuß in alliierter Hand. Die Alliierten hatten dabei 53000 Gefangene eingebracht.

Die amerikanische 1. Armee unter Generalleutnant Hodges, die ebenfalls am 23. Februar über die Rur gegangen war, erreichte am 5. März Köln. Die Zugänge zur Stadt wurden im wesentlichen durch Volkssturm verteidigt, da die restlichen Truppen sofort über den Rhein genommen werden mußten, wenn hinter dem Strom noch eine Verteidigungslinie aufgebaut werden sollte. Nach zwei Tagen war das linksrheinische Köln von den Amerikanern besetzt. Unterdessen schwenkte Hodges' Südflügel nach Südosten ein, um die nördlich der Mosel stehende deutsche Heeresgruppe B unter Feldmarschall Model im Rücken zu fassen. Als die von Hodges auf Remagen angesetzte amerikanische Panzerdivision am 7. März auf dem letzten Höhenzug vor dem Rhein angelangt war, sah sie die Ludendorff-Eisenbahnbrücke unzerstört im Tal liegen. Hitler hatte allen am Rhein eingesetzten Pionieroffizieren die Exekution angedroht, falls die Brücken, für die sie verantwortlich waren, unbeschädigt in die Hand des Feindes fielen. Da die linksrheinischen Stützpunkte bis zuletzt gehalten werden und möglichst viele Truppen über den Fluß in Sicherheit gebracht werden sollten, standen diese Offiziere vor der schwierigen Aufgabe, buchstäblich in letzter Minute sprengen zu müssen. Bei Remagen wurde das Sprengkommando von den ins Tal jagenden amerikanischen Panzern in Deckung gezwungen und konnte nur noch zwei schwache Ladungen zünden, die den Mittelpfeiler ungenügend beschädigten. Die über die Brücke stürmenden Amerikaner überwältigten die schwache Gruppe der Verteidiger und sicherten am anderen Ufer einen schmalen

Brückenkopf. Sowohl SHAEF wie das Führerhauptquartier wurden durch dieses Ereignis völlig überrascht. Hodges bat den Oberbefehlshaber seiner Heeresgruppe, General Bradley, sofort telefonisch um Instruktionen, ob und wie dieser »außerplanmäßige« Erfolg auszunutzen sei, und Bradley erhielt von Eisenhower den Befehl, den Brückenkopf durch den Einsatz einiger Divisionen zu erweitern und zu halten. Auf deutscher Seite mußten für einen sofort befohlenen Gegenstoß Kräfte aus dem Raum von Köln herangeholt werden. Als sie eintrafen, war der Brückenkopf von den Amerikanern bereits so verstärkt worden, daß sie ihn nicht mehr beseitigen konnten. Zehn Tage lang scheiterten alle Versuche, die Brücke durch Kampfschwimmer, schwere Artillerie und Luftangriffe zu zerstören, bis ein Bombentreffer den beschädigten Pfeiler einstürzen ließ – zu spät, um den Ausbau des Brückenkopfes zu verhindern, der zu diesem Zeitpunkt bereits durch eine weitere Notbrücke mit dem Westufer verbunden war. Hitler ließ durch das »Sonderstandgericht West« mehrere Offiziere, denen die Panne zur Last gelegt wurde, zum Tode verurteilen. Mit dem Brückenkopf von Remagen aber hatten die Alliierten bereits eine Lücke in die Front gerissen, die am letzten natürlichen Hindernis im Westen aufgebaut werden sollte.

Die amerikanische 3. Armee unter Patton, die die nördlich der Mosel stehenden Kräfte Models durch die Eifel frontal angegriffen hatte, warf die Verteidiger bis zum 10. März über den Rhein und nach Süden zu über die Mosel. Damit war die zweite Phase der linksrheinischen Operationen Eisenhowers beendet und das Westufer des Stroms von Emmerich bis nördlich Koblenz in der Hand der Alliierten. Sie hatte ihnen weitere 49000 Gefangene eingebracht.

In der dritten Phase war es Eisenhowers Ziel, den verbliebenen, 200 km langen deutschen Frontbogen westlich des Rheins, der sich von Koblenz entlang den Flußläufen von Mosel und Saar bis nördlich Straßburg spannte, zu beseitigen und damit die Ausgangsbasis für die südliche Umfassung des Ruhrgebiets in die Hand zu bekommen. Seit Mitte Februar hatten amerikanische Kräfte der Heeresgruppe Devers vergebens die deutschen Stellungen zwischen Mosel und Rhein angegriffen. Die Lage der Verteidiger mußte jedoch in dem Moment aussichtslos werden, in dem Pattons Armee über die unzureichend gedeckte Mosel in ihren Rücken stieß. Daher suchte der Oberbefehlshaber West, Feldmarschall v. Rundstedt, bei Hitler die rechtzeitige Räumung des Frontbogens und die Rettung der Streitkräfte hinter die Rheinlinie zu erreichen. Doch Hitler wollte das industriell wichtige Saargebiet und den Westwall auf alle Fälle verteidigt wissen. Rundstedt, der in den vergangenen Wochen in zunehmendem Maße an Hitlers Operationsführung Kritik geübt hatte, wurde am 10. März durch Feldmarschall Kesselring ersetzt, der die deutsche Italienfront bislang zäh und erfolgreich verteidigt hatte. Fünf Tage später setzte Patton zum Angriff an, überwand Mosel und Hunsrück und nahm bis zum 23. März das gesamte Rheinufer von Koblenz bis Ludwigshafen in Besitz. In der Nacht zum 23. März gelang es ihm, an einer fast ungedeckten Stelle des Rheins – bei Oppenheim südlich von Mainz – Truppen über den Fluß zu setzen und einen Brückenkopf zu bilden. Vor den Angriffen der amerikanischen Armee Patchs zwischen Saarbrücken und dem Rhein gaben die Verteidiger das Vorfeld des Westwalls auf, der schließlich von Patchs Verbänden durchbrochen wurde. Ein Teil der zertrümmerten deutschen Divisionen konnte sich an die verbliebenen Rheinübergänge zurückziehen. Zahlreichen Truppenteilen und Flüchtlingstransporten aus dem Saargebiet wurde jedoch von Pattons Panzern der Weg verlegt, während anhaltende Angriffe der amerikanischen Luftwaffe das Chaos vollendeten. Als die letzten Brückenköpfe westlich Karlsruhe am 25. März aufgegeben werden mußten, war die dritte Phase des alliierten Feldzuges an den Rhein beendet. Hitlers Befehl, jeden Fußbreit linksrheinischen Bodens – sozusagen das »falsche« Ufer – zu verteidigen, hatte Eisenhowers Absicht in die Hände gearbeitet, möglichst zahlreiche deutsche Streitkräfte noch vor dem Strom zu zerschlagen. Seit Beginn des Angriffs von Montgomery auf den Reichswald Anfang Februar hatten die Deutschen ein Drittel der an der Westfront eingesetzten Streitkräfte verloren: 293 000 Mann waren in Gefangenschaft geraten, 60 000 gefallen oder verwundet. Nach der Heeresgruppe Montgomerys waren nun auch die beiden amerikanischen Heeresgruppen an den Rhein gelangt. Wie die Sowjets zum Stoß über die Oder, schickten sich die Westalliierten zum Stoß über den Rhein ins Innere Deutschlands an.

Montgomery hatte seine Vorbereitungen für die Überquerung des unteren Rheins bei Wesel am 23. März abgeschlossen. Noch im Februar hatte die Luftoffensive gegen die wichtigsten Verkehrsknotenpunkte im gesamten Raum zwischen Bremen und Koblenz begonnen, um das zukünftige Kampfgebiet vom deutschen Nachschub zu isolieren. Nach einem verheerenden Artilleriefeuer begannen in der Nacht zum 24. März im Abschnitt zwischen Rees und Rheinberg britische und amerikanische Kräfte über den Strom zu setzen. Am Morgen gingen zwei alliierte Luftlandedivisionen nördlich von Wesel nieder. Am Abend des 26. März waren bereits zwölf Brücken über den Strom geschlagen und am 30. März hatten die Angreifer einen großen zusammenhängenden Brückenkopf gebildet, der sich von Emmerich über Bocholt, Haltern und Dorsten bis zu dem nördlich der Ruhr gelegenen Stadtteil Duisburgs erstreckte. Nachdem die Amerikaner bereits am mittleren Rhein Brückenköpfe gewonnen hatten, war damit auch die Ausgangsbasis für den nördlichen Offensivkeil der von Eisenhower geplanten Umfassung des Ruhrgebiets geschaffen.

Mit dem Verlust der Rheinlinie hatte eine Fortsetzung des Krieges bei dem bestehenden Kräfteverhältnis auch den letzten Sinn verloren. Der alliierte Vormarsch konnte von nun an nur unter Aufbietung aller Kräfte an einzelnen Frontabschnitten – und auch dort nur vorübergehend – aufgehalten werden. Doch Hitler trotzte dem unabwendbaren Schicksal bis zuletzt. Wenn ihm selbst der Untergang bestimmt war, sollte auch das deutsche Volk mit in die Katastrophe gerissen werden und die Alliierten bei seinem Abgang von der weltgeschichtlichen Bühne in Mitteleuropa nur ein Trümmerfeld vorfinden. Als die Bedrohung des Ruhrgebiets akut wurde, gab er am 19. März jenen Befehl heraus, der unter der nachträglichen Bezeichnung »Nero-Befehl« in die Geschichte eingegangen ist und in dem er anordnete, daß beim Rückzug sämtliche Verkehrs-, Nachrichten-, Industrie- und Versorgungsanlagen zu zerstören seien. Für die bislang praktizierte Politik der »verbrannten Erde« war nach Hitlers Entscheidung das Rüstungsministerium unter Speer verantwortlich gewesen. Speer hatte die befohlene Zerstörung der zurückgelassenen Anlagen in deren bloße Lahmlegung gemildert, die durch Demontage, Mitnahme oder Vergraben wesentlicher Ausrüstungsteile bewirkt wurde, und hatte dafür Hitlers Billigung gefunden, da er argumentierte, daß diese Methode im Falle der Rückeroberung verlorener Gebiete eine schnellere Wiederaufnahme von Erzeugung und Verkehr ermögliche. Als nunmehr im Frühjahr 1945 auch die letzte Aussicht auf eine Wiedergewinnung von Gebieten schwand, ließ sich Hitler von einer radikalen Vernichtungspolitik nicht mehr abbringen. Vergebens hielt ihm Speer am 18. März in einer

Denkschrift vor, daß die Führung nicht das Recht habe, die zukünftige Lebensbasis des eigenen Volkes – das bisher seine Pflichten getreulich erfüllt habe und gerade jetzt zum höchsten Einsatz aufgerufen werde – durch die Vernichtung aller Versorgungsanlagen und Vorräte bewußt und planmäßig zu zerstören. Wenn die Feinde beabsichtigten, das deutsche Volk seiner Existenzgrundlagen zu berauben, so sollten sie auch selbst die Schuld und die Verantwortung vor der Geschichte auf sich nehmen. Noch am selben Abend aber lehnte Hitler die Auffassung Speers mit der Erklärung ab: »Wenn der Krieg verlorengeht, wird auch das Volk verloren sein. Dieses Schicksal ist unabwendbar.« Da die »Guten« gefallen seien und nur die »Minderwertigen« übrigblieben, sei es nicht nötig, »auf die Grundlagen, die das Volk zu seinem primitivsten Weiterleben braucht, Rücksicht zu nehmen«. Im Fall einer Niederlage habe sich das deutsche Volk sowieso »als das schwächere erwiesen« und dem »stärkeren Ostvolk« gehöre in Europa die Zukunft.[33] Speer, den diese Auffassung Hitlers erschütterte, fuhr sofort ins Ruhrgebiet zu Feldmarschall Model. Mit dessen Einvernehmen wurde aller Sprengstoff nach Möglichkeit in der Hand des Militärs zurückgehalten und an vertrauenswürdige Angehörige der Werksleitungen Waffen und Maschinenpistolen ausgegeben, um fanatische Parteifunktionäre gegebenenfalls an dem sinnlosen Vernichtungswerk hindern zu können. Speer gelang es, von Hitler am 30. März eine Durchführungsanweisung zum »Nero-Befehl« zu erwirken, die die Gauleiter auf diesem Sektor seinem Weisungsrecht unterstellte und ihm ermöglichte, den Befehl durch Einzelanordnungen abzuschwächen. Zu diesem Mittel des »bedingten Gehorsams« gegenüber sinnlosen Befehlen griffen in jenen Wochen auch jene höheren militärischen Befehlshaber, die die Einsicht in die Unabwendbarkeit der Niederlage mit ihrer soldatischen Gehorsamspflicht in Konflikt brachte. Wenn sie eine Beseitigung Hitlers auch ablehnten, so sahen sie ihre Aufgabe wenigstens darin, Verluste und Zerstörungen auf das militärisch vertretbare Ausmaß zu beschränken. Die Beweggründe, die die einfachen Soldaten – die die Lage nicht überschauen konnten – daran hinderten, die Waffe wegzuwerfen, waren mannigfaltig. Manche glaubten noch immer an Hitler oder an kommende Wunderwaffen. Ihre Pflichtauffassung gegenüber dem Vaterland, oft auch ein einfacher Herdentrieb, die Furcht vor dem Schicksal, das die Alliierten der nationalsozialistischen Propaganda zufolge dem deutschen Volk zugedacht hatten und die Angst vor Repressalien der eigenen Führung gegen die Angehörigen in der Heimat zwangen sie zum Gehorsam. An der Ostfront dürfte die Furcht vor der Rache, die die Sowjetsoldaten an der deutschen Bevölkerung nahmen, als Motiv für das Weiterkämpfen überwogen haben. Die Situation bei der Truppe glich derjenigen in der Heimat, wo – abgesehen von denjenigen, die sich dem Regime mit Haut und Haaren verschworen hatten – ein Teil der Bevölkerung, angesichts der Zerstörung ihrer Arbeits- und Wohnstätten, des ständigen Näherrückens der Front, der Furcht um das eigene Leben und des Drucks des bis zum Schluß funktionierenden nationalsozialistischen Herrschaftsapparates, von Fatalismus und Apathie erfaßt worden und ein anderer Teil von einem hilflosen Vertrauen zur Führung getragen war. Dem einfachen Mann war das Maß von Verlogenheit einfach nicht vorstellbar, mit der Goebbels dem Volk immer wieder neue Hoffnungen machte, indem er ohne die geringste reale Voraussetzung den kommenden Endsieg prophezeite. Vor allem die Begeisterungsfähigkeit der Jugend wurde in jener letzten Phase in gewissenloser Weise ausgenutzt und brachte noch erstaunliche – wenn im Grunde auch sinnlose – Beweise von Hingabe und Tapferkeit hervor. Doch auch der fanatischste Glaube an den Sieg vermochte die Realitäten nicht zu ändern, die die militärische Lage an der Front immer ungünstiger gestalteten. Schon gar nicht konnte die Lage durch solche zweifelhaften Schöpfungen wie die »Werwolf«-Organisation beeinflußt werden, die am 1. April 1945 durch einen Rundfunkappell als »spontan« handelnde Untergrundbewegung der Zivilbevölkerung in den besetzten deutschen Gebieten ins Leben gerufen werden sollte, um Sabotage zu treiben und die Deutschen von der Zusammenarbeit mit den Alliierten abzuschrecken. Außer durch vereinzelte Terrorakte wie die Ermordung des von den Amerikanern eingesetzten Oberbürgermeisters von Aachen, Franz Oppenhoff, trat er nur in der Form kleiner HJ-Gruppen in Erscheinung, die alliierte Materiallager anzündeten, Drähte über die Nachschubstraßen spannten oder sie mit Glassplittern und Nägeln bestreuten.

Während Montgomery im Raum Wesel den Rhein überschritt, hatte Pattons Armee nach der Überquerung des Stroms bei Oppenheim am 25. März die Mainbrücken bei Aschaffenburg unversehrt in Besitz genommen. Am gleichen Tag brachen Hodges' Streitkräfte aus dem Brückenkopf von Remagen aus, erreichten die Lahn und holten flußaufwärts stoßend zu einem Umfassungsstoß in den Rücken des Ruhrgebiets aus. Am 1. April vereinigten sie sich in Lippstadt mit den amerikanischen Verbänden Montgomerys, die aus dem Brückenkopf von Wesel nach Osten vorgegangen waren. Damit war Models Heeresgruppe B mit rund 21 Divisionen im Ruhrkessel eingeschlossen. Der Antrag Models auf rechtzeitige Räumung des Gebiets war von Hitler abgelehnt worden.

In den letzten Märztagen stellte General Eisenhower, der von den politischen Spannungen zwischen den Verbündeten – die in der Zeit nach der Jalta-Konferenz begannen – nicht unterrichtet war, seine Pläne für den weiteren Feldzug in Deutschland nach rein militärischen Gesichtspunkten fertig. Sie sahen nach der Einkesselung des Ruhrgebiets einen Stoß der Heeresgruppe Bradleys aus dem Kasseler Raum quer durch Mitteldeutschland in den Raum Leipzig–Dresden vor, um den Sowjets an der Elbe die Hand zu reichen und Deutschland in zwei Teile zu spalten. Erst im Anschluß daran sollte Montgomerys Heeresgruppe in Richtung auf Hamburg und Lübeck vorstoßen, um die deutschen Kräfte in Dänemark und Norwegen abzuschneiden, während Devers' Heeresgruppe gleichzeitig nach Südosten gehen sollte, um im Donautal bei Linz mit den Sowjets Verbindung aufzunehmen und die Gebirgsgebiete Südbayerns und Österreichs zu besetzen, ehe sich Hitler und die deutsche Führung dort in eine schwer einnehmbare »Alpenfestung« zurückziehen konnten. Auf Grund gewisser Meldungen vermuteten die alliierten Nachrichtenstäbe eine solche Absicht der deutschen Führung; auch der zähe Widerstand, den die Deutschen in Ungarn und Norditalien leisteten, schien darauf hinzudeuten. Eisenhower teilte die Grundzüge seines Planes neben Washington und London auch Stalin als dem Oberbefehlshaber der Roten Armee mit. Während letzterer den Plan begrüßte, protestierte Churchill sofort bei Roosevelt, daß Eisenhower mit der Mitteilung an die Sowjets seine Befugnisse überschritten habe, da den militärischen Operationen in dieser Schlußphase eine weitreichende politische Bedeutung zuzumessen sei. Im Gegensatz zu Eisenhower forderte er, daß nach der Einkesselung des Ruhrgebiets der Hauptstoß von Montgomery in Norddeutschland über die Elbe nach Berlin geführt werden sollte: Einmal sollte die Reichshauptstadt aus politischen und psychologischen Gründen nicht – oder wenigstens nicht allein – von den Sowjets erobert werden, um einen Ausgleich für die bevorstehende Einnahme Wiens und des größeren Teils von Österreich durch die

Rote Armee zu schaffen. Zum anderen sollte die Ostsee möglichst rasch erreicht werden, um die Sowjets von Dänemark und den Zugängen zum Atlantik fernzuhalten. Aber Eisenhower, für den die eventuelle Bildung eines deutschen »Nationalen Réduits« in den Alpen eine weitaus größere militärisch-strategische Bedeutung einnahm als Berlin, befürchtete, daß eine Annahme der britischen Vorschläge in Norddeutschland so starke Kräfte binden würde, daß er die Armee Pattons nicht nach Süden gegen dieses »Réduit« einschwenken lassen könnte. Da sich die amerikanischen Stabschefs hinter Eisenhower stellten, dessen Plan ihnen einen schnellen und vollständigen Sieg zu garantieren schien, wurde seine Verwirklichung schließlich durchgesetzt.

Die Verteidigung des von Hitler zur »Festung« erklärten Ruhrgebiets, das durch die alliierten Luftangriffe bereits als Rüstungsschmiede ausgeschaltet war, stellte militärisch ein aussichtsloses Unterfangen dar. Allein die Ernährung der dort zusammengeballten Bevölkerung, zu der die fast 250000 Mann starken Kräfte Models und rund 100000 Angehörige der dort konzentrierten Flakeinheiten kamen, war für längere Dauer eine Unmöglichkeit. Nachdem der Versuch Models, durch einen Angriff von Winterberg aus nach Osten die Verbindung mit Mitteldeutschland wiederherzustellen, gescheitert war, zerbrach die Verteidigung unter dem Druck von außen und den unaufhörlichen Luftangriffen rasch. Alliierte Angriffe von Norden und Süden, die am 14. April bei Hagen zusammentrafen, spalteten den Kessel in zwei Teile. Zwei Tage später hörten die Kämpfe im östlichen Teilkessel auf; innerhalb von vierundzwanzig Stunden ergaben sich hier 80000 Mann. In den Ruinen der Häuser und Fabriken des Ruhrgebiets sollte sich kein zweites Stalingrad entwickeln, dafür war die Moral der Truppe angesichts der Aussichtslosigkeit des Kampfes zu sehr erschüttert. An Stalingrad erinnerte lediglich die Zahl der eingeschlossenen Truppen: nachdem am 18. April auch der westliche Kessel die Waffen gestreckt hatte, waren 325000 Mann und dreißig Generäle in die Gewalt der Amerikaner gefallen. Feldmarschall Model erschoß sich am 21. April in einem Waldstück südlich von Duisburg.

Noch während die amerikanischen Armeen den Ruhrkessel umklammert hielten, stießen sie mit ihren übrigen Kräften nach Osten in die breite Frontlücke, die sich durch die Einschließung der Heeresgruppe Models gebildet hatte, um Eisenhowers geplanten Vorstoß an die Elbe zu verwirklichen. Am 11. April erreichten amerikanische Panzerspitzen den Fluß bei Magdeburg, wo am nächsten Tage sofort ein Brückenkopf am Ostufer gebildet wurde. Damit hatten die Amerikaner das letzte Flußhindernis vor Berlin überwunden und standen 120 km vor der deutschen Hauptstadt, während die Sowjets noch einer festgefügten deutschen Front an der Oder gegenüberstanden. Nach Bradleys Beurteilung hätte seine Heeresgruppe ihren Vormarsch auf Berlin fortsetzen können – wenn es in den Plänen Eisenhowers gelegen hätte. Bis zum 13. April erreichten seine Streitkräfte nördlich des Harzes die Elbe auf der ganzen Breite zwischen Wittenberge und der Saalemündung und südlich des Harzes die Saale von Halle bis Jena. Dabei schlossen sie im Harz eine deutsche Armee ein, die von dort aus nach Hitlers Befehl die Frontlücke, die durch die Einkesselung der Heeresgruppe Models entstanden war, hatte schließen und diese Heeresgruppe durch einen Gegenangriff nach Westen hatte entsetzen sollen. Bis zum 20. April konnte sie sich im bewaldeten und gebirgigen Harzgebiet halten, wo zuletzt noch am Brocken SS- und HJ-Einheiten verzweifelt Widerstand leisteten. Als die Amerikaner die Saale bei Halle überquerten und auf die untere Mulde vorgingen, trafen sie überraschend auf starken deutschen Widerstand. Ebenso erging es ihren Kräften, die zwischen Saalemündung und Wittenberge Brückenköpfe über die Elbe bilden wollten: sie waren auf Hitlers letztes Aufgebot – die 12. Armee – gestoßen, die unter General Wenck neu aufgestellt worden war. Anfang April hatte Hitler befohlen, aus allen in Nord- und Mitteldeutschland überhaupt noch zusammenzubringenden Reserven, wie Kriegsschulen, Reichsarbeitsdienst usw. neue Divisionen aufzustellen, die überwiegend aus jungen, begeisterungsfähigen Soldaten bestanden und statt der üblichen Nummernbezeichnung klingende patriotische Namen wie Clausewitz, Scharnhorst, Schlageter usw. erhielten. Schon seit geraumer Zeit operierte Hitler auf seinen Generalstabskarten mit Divisionen und Armeen, die in Wirklichkeit stärkemäßig längst keine mehr waren. Seine Vorstellung aber, mit diesen neuaufgestellten und unfertigen Divisionen unter Wenck eine »Wende« im Kampf gegen die Westmächte herbeiführen zu können, indem er sie zur Befreiung des Ruhrgebiets ansetzen und Eisenhowers Front spalten wollte, bewies, daß er nunmehr auch das letzte Augenmaß für die Realitäten verloren hatte. Mit ihren allmählich sich versammelnden neuen Divisionen übernahm Wencks Armee den Frontabschnitt von Wittenberge entlang Elbe und

Mulde bis nördlich Leipzig und konnte in der Nacht zum 16. April im Gegenangriff den amerikanischen Brückenkopf bei Magdeburg beseitigen. Noch am 21. April, als sich die Sowjetstreitkräfte unter Schukow, die fünf Tage vorher die Oderfront durchbrochen hatten, den Vororten Berlins näherten, richtete Wencks Armee ihr ganzes Augenmerk auf die Verteidigung nach Westen. Sie ahnte nicht, daß Eisenhower am selben Tage den Sowjets mitteilte, er werde seine Streitkräfte an der Elbe-Mulde-Linie anhalten. Da traf in der Nacht zum 23. April der Chef des OKW, Generalfeldmarschall Keitel, im Hauptquartier Wencks ein, um ihn auf eine neue Aufgabe vorzubereiten: auf die Befreiung Berlins. Die 12. Armee mußte sich nun in die entgegengesetzte Richtung nach Osten wenden, während sich ihre nördlichen und südlichen Nachbararmeen weiterhin auf den Kampf nach Westen konzentrierten. Damit waren Ostfront und Westfront Rücken an Rücken gedrängt und praktisch zu einer Front verschmolzen. Als die Amerikaner nach der Einnahme von Leipzig über die Mulde stießen und sich ihre 69. Infanteriedivision am 25. April 16.40 Uhr bei Torgau an der Elbe mit der sowjetischen 58. Gardedivision traf, waren die deutschen Streitkräfte auf ihrem Heimatboden in zwei voneinander getrennte Kampfräume gespalten.

Bereits Anfang April war Feldmarschall Montgomery mit seiner Heeresgruppe aus dem Brückenkopf über den Rhein bei Wesel zur Offensive gegen die deutschen Streitkräfte in Holland und an der nördlichen Westfront angetreten. Nach dem Durchbruch der Kanadier von Emmerich an das Ijssel-Meer wurde Westholland mit einer eingeschlossenen und Front nach Osten kämpfenden deutschen Armee von Hitler zur »Festung« erklärt. Östlich des Ijssel-Meeres konnten die Kanadier bis zum 2. April fast ohne deutschen Widerstand ganz Nordholland besetzen, die Ems überschreiten und in Richtung auf die deutsche Nordseeküste vorgehen, bis ihr Vormarsch durch Gegenangriffe im Raum von Oldenburg aufgehalten wurde. Die britischen Teilkräfte Montgomerys, deren Ziel die untere Elbe war, stießen an verschiedenen Stellen auf starken Widerstand deutscher Fallschirmjägerdivisionen, der durch die Sprengung der Brücken über die zahlreichen zu überquerenden Flußläufe unterstützt wurde. Bis zum 24. April hatte jedoch auch Montgomery das Ostufer der Elbe von Harburg bis zum Anschluß an die Heeresgruppe Bradleys bei Wittenberge in der Hand. Noch hielten deutsche Streitkräfte an seiner linken Flanke zwischen den Mündungen der Ems und der Elbe die Nordseeküste mit ihren Häfen. Gegen die »Festung Holland« rückten die Alliierten nicht weiter vor, weil die Deutschen hier die Deiche zur Nordsee und zum Ijssel-Meer beherrschten, deren Öffnung große Landgebiete überschwemmen und für Jahre landwirtschaftlich unbrauchbar machen konnte. Da in Westholland Hungersnot herrschte, vereinbarte General Eisenhower mit Reichskommissar Seyß-Inquart am 30. April eine Art lokalen Waffenstillstand: gegen Einstellung der alliierten Offensive erklärten sich die Deutschen bereit, weitere Überschwemmungen zu unterlassen und bei der Lieferung und Verteilung alliierter Lebensmittel an die holländische Bevölkerung mitzuwirken.

Unterdessen hatten sich die Alliierten auch zur Eroberung Süddeutschlands angeschickt. Ende März war die amerikanische 7. Armee unter Patch aus dem Brückenkopf im Raum Mainz-Mannheim zum Angriff angetreten, um von Norden her den deutschen Streitkräften (Heeresgruppe G) in die Flanke zu fallen, die am Oberrhein den französischen Truppen gegenüberlagen. Am 25. März war die Befehlsgewalt des bisherigen Oberbefehlshabers West, Feldmarschall Kesselrings, auf die Westfront südlich des Harzmassivs beschränkt und ihm die Bezeichnung »Oberbefehlshaber Süd« verliehen worden. Seine Armeen füllten ihre ausgebrannten Divisionen mit Angehörigen von Waffen- und Heeresschulen, Bodenpersonal der Luftwaffe, Volkssturmeinheiten und Versprengten, die sich über den Rhein hatten retten können, einigermaßen auf.

Patch hatte von Eisenhower den Befehl erhalten, das Vordringen der Heeresgruppe Bradleys in Mitteldeutschland nach Süden zu decken. Am 16. April erreichten Patchs Streitkräfte Nürnberg. Auf Befehl Hitlers, der die »Stadt der Reichsparteitage« bis aufs letzte verteidigt wissen wollte, lieferte die durch SS, Luftwaffentruppen und Volkssturm verstärkte Besatzung den Amerikanern einen mehrere Tage dauernden, heftigen Kampf, bis die Stadt am 20. April fiel. Pattons Armee, die von Thüringen aus die Zwickauer Mulde erreicht hatte und im Erzgebirge an der tschechoslowakischen Grenze stand, wandte sich gemäß den Plänen, die Eisenhower den Sowjets am 21. April übermittelt hatte, über Hof nach Süden und ging parallel zur tschechoslowakischen Grenze und dem Böhmerwald zusammen mit Patchs Armee gegen das angenommene »Nationale Réduit« vor. Bis zum 26. April zogen sich die Verteidiger hinter die Donau zurück.

Am 22. April waren die Franzosen von Westen her in Stuttgart eingerückt. Als sie die Stadt, die wegen des Nachschubs über die Autobahn Mannheim–Karlsruhe–Stuttgart–Ulm dem Armeegebiet Patchs zugeteilt war, wieder räumen sollten, kam es zu einem für die französische Prestigeempfindlichkeit bezeichnenden Protest General de Gaulles an Präsident Truman. Erst durch die Drohung, die Materialzuwendung für die französischen Streitkräfte zu kürzen, konnten die Franzosen zum Einlenken gebracht werden. Die französische Armee, die den Schwarzwald im Süden überschritt und an den Bodensee vordrang, schloß das Gros einer deutschen Armee in der Schwäbischen Alb ein. In den letzten Apriltagen erzwangen sich die Amerikaner den Übergang über die Donau und nahmen am 28. April Augsburg. Am selben Tage erhoben sich in München Teile der Garnison unter Hauptmann Gerngroß im Bunde mit ehemaligen Gewerkschaftlern und bayerischen Monarchisten – die zusammen die »Freiheitsaktion Bayern« bildeten – und riefen im Rundfunk zum Widerstand gegen die Absicht des Gauleiters Giesler auf, die »Hauptstadt der Bewegung« fanatisch zu verteidigen. Der Aufruf bewirkte in verschiedenen Orten Bayerns die Verhaftung örtlicher Parteifunktionäre. Durch herbeigerufene SS- und Luftwaffeneinheiten wurde das Unternehmen jedoch sehr schnell niedergeworfen und eine Anzahl Anhänger der Freiheitsaktion standrechtlich erschossen. Zum »Endkampf« um München kam es trotzdem nicht: am 30. April rückten Patchs Verbände in München ein und trafen sich vier Tage später am Brenner mit Verbänden der amerikanischen 5. Armee, die von Italien heraufkamen. Unterdessen war Pattons Armee donauabwärts nach Österreich eingerückt und erreichte am 5. Mai Linz.

Da die amerikanischen Truppen im Alpenraum rasch vorankamen und sich das befürchtete »Nationale Réduit« als ein Phantom erwies, schlug Eisenhower am 1. Mai dem sowjetischen Oberkommando vor, seine Streitkräfte im Norden über die Elbe bis Lübeck und im Süden über die tschechoslowakische und österreichische Grenze bis zur Linie Karlsbad–Pilsen–Budweis–Linz vorrücken zu lassen. Nachdem die Zustimmung der Sowjets vorlag, gingen Pattons Verbände ab 5. Mai nach Osten über das südliche Erzgebirge und den Böhmerwald bis zur vereinbarten Linie vor und nahmen am nächsten Tag Pilsen. Als jedoch Eisenhower angesichts der günstigen militärischen Entwicklung am 4. Mai vorschlug, daß Patton in der Tschechoslowakei bis an das Westufer von Elbe und Moldau vorstoßen solle, protestierten die Sowjets entschieden. Obwohl über die Besetzung der Tschechoslowakei keine politischen Absprachen bestanden und sich die Russen gegen den starken Widerstand der Heeresgruppe Schörners von Osten her erst bis in den Raum Brünn genähert hatten und Pattons Truppen Prag – wo sich die tschechischen Patrioten erhoben hatten – verhältnismäßig leicht hätten nehmen können, blieb Eisenhower auf der vereinbarten Linie stehen und überließ den Sowjets, die schon Wien erobert hatten, auch die Befreiung der tschechoslowakischen Hauptstadt mit allen politischen Auswirkungen.

Den Weg von Ungarn nach Wien hatten sich die Sowjets hart erkämpfen müssen. Die nach der Ardennenoffensive aufgefrischte 6. SS-Panzerarmee unter Sepp Dietrich, die im Februar trotz aller Einwände Guderians zur Heeresgruppe Süd geschickt worden war, hatte am 6. März zwischen Platten- und Velenczesee noch einmal einen Angriff nach Südosten geführt, um die »3. Ukrainische Front« unter Tolbuchin westlich der Donau zu zerschlagen. Sie erreichte bei Herczegfatra beinahe die Donau und stieß nach Süden zu bis in den Raum Dunaföldvar vor, dann war die Kraft der Angreifer erschöpft. Am 16. März führte Tolbuchin nördlich des Velenczesees einen Gegenangriff nach Westen in den Rücken Sepp Dietrichs, dessen Verbände sich unter beträchtlichen Verlusten gerade noch vor der Einschließung retten konnten. Hitler wütete über das »Versagen« der SS-Verbände und befahl, daß verschiedene SS-Divisionen – darunter die »Leibstandarte Adolf Hitler« –, die gegen ausdrücklichen Befehl zurückgegangen waren, ihre Ärmelstreifen abzulegen hätten. Am 25. März schloß sich auch die nördlich der Donau stehende »2. Ukrainische Front« unter Marschall Malinowski dem Vorgehen Tolbuchins nach Westen an und nahm am 4. April Preßburg. Zwei Tage später drangen die Sowjets in Wien ein. Ein Aufstand der für die Unabhängigkeit Österreichs kämpfenden Widerstandsgruppe »05«, der mit Unterstützung von Teilen der Wiener Garnison geplant war, wurde vorher von der SS aufgedeckt und die Anführer öffentlich gehenkt. Nach heftigen Straßenkämpfen war Wien am 13. April in der Hand der Sowjets, die anschließend beiderseits der Donau weiter nach Westen vorgingen. Noch einmal gelang es, den sowjetischen Vormarsch an der Donau bei Krems aufzuhalten.

Nachdem die Sowjets Pommern und Danzig erobert hatten und sich der Kampf in Ostpreußen seinem Ende zuneigte, zog das sowjetische Oberkommando alle freigewordenen Kräfte an der Oderfront zusammen, um dort zum Sturm auf die deutsche Hauptstadt anzusetzen. Guderian tat sein äußerstes, um die Oder–Neiße–Front gegen den bevorstehenden Ansturm zu wappnen. Wie im Westen wurden auch hier die Skelette der Divisionen durch Ausbildungseinheiten, Genesene, Volkssturm, Polizei, Arbeitsdienst sowie Überstellungen aus Luftwaffe und Marine aufgefüllt und mit Waffen versehen. Auf Guderians Betreiben hin wurde die Führung der Heeresgruppe Weichsel, die den entscheidenden Frontabschnitt von der Ostsee bis zur Neißemündung zu verteidigen hatte, Himmler aus den Händen genommen und Generaloberst Heinrici anvertraut, der sich bei den Abwehrkämpfen im Osten besondere Erfahrung erworben hatte. Heinrici bekam von Hitler den Befehl, aus dem kleinen deutschen Brückenkopf auf dem Ostufer der Oder bei Frankfurt nach Norden anzugreifen, um den Ring um Küstrin zu sprengen und dort die sowjetischen Brückenköpfe durch einen Stoß in den Rücken zu beseitigen. Als dieser Versuch fehlschlug und Hitler in der Lagebesprechung vom 28. März die militärischen Führer für den Mißerfolg verantwortlich machte, kam es zwischen ihm und Guderian zum endgültigen Bruch: Hitler forderte den Generalstabschef – der tatsächlich an einer Herzkrankheit litt – auf, sofort einen Erholungsurlaub von sechs Wochen anzutreten. General Krebs wurde beauftragt, die Geschäfte des Heeresgeneralstabschefs zu führen. Die Besatzung von Küstrin brach am 30. März zu den eigenen Linien durch; ihr Kommandant, SS-Gruppenführer Reinefarth, der den Befehl dazu gegeben hatte, wurde vor ein Kriegsgericht gestellt.

Hitler vermutete, daß die Sowjets ihre Hauptoffensive aus politischen Gründen gegen die Heeresgruppe Mitte richten und versuchen würden, über Dresden nach Prag zu stoßen, um zusammen mit dem Ende März begonnenen Vormarsch auf Wien durch eine weite Umfassungsbewegung das Protektorat zu erobern. Am 6. April entzog er daher der Heeresgruppe Weichsel einige der als Reserve aufgefrischten Divisionen, um sie der Heeresgruppe Mitte und dem Nordflügel der Heeresgruppe Süd zuzuführen. Trotz aller Proteste bekam Heinrici schließlich von Luftwaffe, Marine und SS 30000 Mann – ein Viertel der ihm zugesagten Verstärkung – zu Verfügung gestellt, die jedoch weder infanteristisch ausgebildet noch genügend ausgerüstet waren. Am 15. April diktierte Hitler seine Proklamation an die »Soldaten der deutschen Ostfront«, in der er zu äußerster Pflichterfüllung aufrief und prophezeite, daß den Sowjets vor den Mauern der deutschen Hauptstadt »das alte Schicksal Asiens« bereitet und »der bolschewistische Ansturm in einem Blutbad erstickt«[34] werden würde. Am nächsten Tag traten Schukows Streitkräfte mit starker Luftunterstützung und einer Artillerievorbereitung, wie sie bis dahin an der Ostfront noch nicht erlebt worden war, aus dem Brückenkopf von Küstrin zum Angriff an. Gleichzeitig begann Konjew an der unteren Neiße seine Offensive. Erst am Abend des dritten Tages konnten Schukows Truppen im Raum Wriezen einen Durchbruch erzielen, um nach Süden zu in den Rücken der deutschen 9. Armee (General Busse) und nach Westen zu in den Raum nördlich von Berlin vorzudringen. Konjew dagegen konnte die deutsche Front sofort durchstoßen und die Verteidiger nach Süden in Richtung Dresden auf das Gebirge zurückdrücken. Sein Hauptstoß richtete sich jedoch nach Nordwesten auf Berlin und damit gleichfalls in den Rücken der 9. Armee. Heinrici wollte diese von zwei Seiten umfaßte Armee sofort von der Oderfront zurücknehmen, um ihr zu ermöglichen, die Verbindung zu den deutschen Kräften, die noch unangegriffen südlich von Stettin an der Oder standen, wiederherzustellen. Den Aufbau einer neuen Front noch vor Berlin hielt er in dieser Situation für unmöglich. Die Armee Busses wurde jedoch durch Hitlers Befehl an der Oder festgehalten und ging ihrer Einschließung entgegen. Da durch den Vorstoß Schukows zugleich die Südflanke der bei Stettin stehenden Truppen gefährdet wurde, befahl Heinrici, aus Splittergruppen der 9. Armee, Reserven, Volkssturm und Alarmeinheiten unter Führung des SS-Obergruppenführers Steiner (»Armeegruppe Steiner«) zwischen Oder und Havel eine Front nach Süden aufzubauen. Noch während das geschah, begann auch Rokossowskis »2. Weißrussische Front« an der Oder südlich von Stettin anzugreifen, ohne zunächst allerdings die deutsche Front durchbrechen zu können.

Kaum hatte Hitler am 20. April von der Entstehung der Armeegruppe Steiner erfahren, als er auch mit ihr schon wieder »operierte«: er befahl, sie durch weitere Kräfte und improvisierte Einheiten zu verstärken und nach Süden angreifen zu lassen. Durch diese Operation und von ihm befohlene Angriffe der 9. Armee und der auf Nordsachsen zurückgedrängten Kräfte sollte entlang der Oder und der oberen Spree wieder eine geschlossene Front zur Verteidigung Berlins hergestellt werden. Während Hitler auf die Ausführung seiner angesichts des Kräftemangels utopischen Befehle wartete, schlugen am nächsten Tag die ersten russischen Artilleriegeschosse in der Berliner Innenstadt ein. Als am 22. April die Armeegruppe Steiner, deren improvisierte Verbände für den befohlenen Angriff völlig unbrauchbar waren, trotz dauernden Drängens nicht angetreten war, als die 9. Armee südöstlich von Berlin endgültig eingeschlossen war, die Sowjets nördlich und südlich der Hauptstadt nach Westen stießen und in ihre östlichen Randbezirke eindrangen, brach Hitler zusammen. Er überschüttete Volk, Wehrmacht und sogar die SS mit Vorwürfen, versagt und ihn verraten zu haben, und äußerte seinen Entschluß, in Berlin zu bleiben, um die Verteidigung der Stadt zu leiten und sich zu erschießen, falls ihm kein Erfolg beschieden sein sollte. Am Vortage hatte Dönitz als designierter Oberbefehlshaber im Nordraum sein Hauptquartier nach Plön in Schleswig-Holstein verlegt, während Kesselring nach Hitlers Entscheidung vom 22. April zum Oberbefehlshaber im gesamten Südraum bestellt wurde. Als am 24. April das OKW – unter Einbeziehung des OKH nunmehr zum »Gesamtstab OKW« vereinigt – nach Rheinsberg im nördlichen Brandenburg ging, wurde jedoch immer noch die Fiktion einer einheitlichen Führung aller Fronten durch Keitel und Jodl aufrechterhalten, die vor allem die »Befreiung« Berlins und die Rettung Hitlers von außen her betreiben sollten. Am gleichen Tag trafen sich die Spitzenverbände Schukows und Konjews bei Nauen im Westen Berlins und vollendeten damit die Einschließung der deutschen Hauptstadt.

Trotz der realen Erkenntnis, daß seine Sache verloren war, klammerte sich Hitler immer noch an den Glauben, daß die »Vorsehung« sein Schicksal nach dieser Zeit schwerster Prüfung doch zum Guten wenden werde – und zwar durch eine Entzweiung der gegnerischen Allianz auf deutschem Boden. Schon in den vorausgegangenen Wochen hatte Hitler seiner Umgebung stets das Vorbild des trotz aller Niederlagen ausharrenden Friedrich des Großen vor Augen gehalten. Goebbels, der Hitler im Glauben an eine Schicksalswende bestärkte, hatte ihm Anfang April aus Carlyles Geschichte des Preußenkönigs jene Episode vom »Wunder des Hauses Brandenburg« vorgelesen, wie Friedrich II., nachdem er sich in der dunkelsten Stunde des Siebenjährigen Krieges schon zum Selbstmord entschlossen hatte, durch den Tod der Zarin errettet wurde. Als daher am 12. April die Nachricht vom Tode Roosevelts einlief, beglückwünschte ihn der in ekstatische Freude geratene Goebbels sofort zu diesem »Wendepunkt«. In seiner Rundfunkrede zu Hitlers sechsundfünfzigstem Geburtstag am 20. April 1945 – zu dem sich nochmals alle Größen des Dritten Reiches im Führerbunker versammelt hatten, ehe sie in alle Himmelsrichtungen auseinandergingen – hob Goebbels das Walten der Vorsehung hervor, die Hitler das Attentat vom 20. Juli habe überleben lassen, während sie »das Haupt der feindlichen Verschwörung« zerschmettert habe. Goebbels behauptete, daß »die perverse Koalition zwischen Plutokratie und Bolschewismus« nunmehr zerbrechen werde.[35] Im Januar hatte die deutsche Abwehr einen bei der Ardennenoffensive erbeuteten englischen Operationsbefehl mit dem bezeichnenden Namen »Eclypse« (Sonnenfinsternis) in die Hand bekommen, der eine Karte mit den vereinbarten Zonen für die Besetzung Deutschlands enthielt. Hitler beobachtete daher gespannt den Vormarsch der Amerikaner an die mittlere Elbe, d. h. weit in das den Sowjets zur Besetzung zugeteilte Gebiet hinein. Doch das »Wunder des Hauses Hitler« blieb aus, im Gegenteil sollte die nationalsozialistische Führung selbst von zunehmender Entzweiung heimgesucht werden. Am 23. April richtete Göring, der sich auf den Obersalzberg begeben hatte, guten Glaubens ein Telegramm an Hitler, er solle ihm auf Grund des nicht veröffentlichten Nachfolgeerlasses vom 29. Juni 1941 »die Gesamtführung des Reiches« mit »voller Handlungsfreiheit nach innen und außen« übertragen. Falls er bis 22 Uhr keine Antwort erhalte, nehme er an, daß Hitler seiner Handlungsfreiheit beraubt sei, und werde die Voraussetzungen des Nachfolgeerlasses »als gegeben ansehen und zum Wohle von Volk und Vaterland handeln«.[36] Göring glaubte allen Ernstes, der geeignete Verhandlungspartner zu sein, um in einem Gespräch mit Eisenhower »von Mann zu Mann« eine Beendigung des Krieges allein mit den Westmächten zustande zu bringen. Als Hitler Görings Telegramm erhielt, tobte er über dieses »Ultimatum«, erklärte die Nachfolgeregelung für ungültig und ordnete die Verhaftung des Reichsmarschalls an, die am nächsten Tag auf dem Obersalzberg durch die SS vollzogen wurde. Zum Nachfolger Görings als Oberbefehlshaber der Luftwaffe ernannte er Generaloberst Ritter von Greim, der eigens zu seiner Ernennung mit einer Schulmaschine – begleitet von der bekannten Fliegerin Hanna Reitsch – auf der Ost-West-Achse im Berliner Tiergarten landete. Diese als Start- und Landebahn hergerichtete Allee bildete seit Tagen die einzige Verbindung zur Außenwelt. Zwei Tage später verließ der vor der Landung verwundete v. Greim

Berlin auf demselben Wege, wie er gekommen war – nunmehr als Generalfeldmarschall und mit einigen Aufträgen Hitlers: er sollte die Verteidigung der Reichskanzlei sowie den Entsatzangriff der Armee Wenck durch die Luftwaffe unterstützen und – Himmler verhaften. Denn am gleichen 28. April war die Auslandsnachricht im Führerbunker eingelaufen, daß Himmler durch Vermittlung des Vizepräsidenten des Schwedischen Roten Kreuzes und Angehörigen des schwedischen Königshauses, des Grafen Bernadotte, den Westmächten die Beendigung der Kampfhandlungen angeboten hatte.

Himmler war in den letzten Monaten von den verschiedensten Seiten gedrängt worden, seine Verbindungen zum neutralen Ausland auszunutzen, um mit den Westmächten Verhandlungen einzuleiten. Doch erst nachdem feststand, daß Hitler auf eigenen Entschluß in wenigen Tagen in den Trümmern Berlins sterben werde, hielt Himmler die Zeit für gekommen, sich zum »Retter Deutschlands« aufzuschwingen. Dabei nahm er an, daß ihm auf Grund seiner Ämterhäufung und Machtbefugnis die Nachfolge Hitlers mehr oder weniger automatisch zufallen werde. In einer Unterredung, die in der Nacht zum 24. April im schwedischen Konsulat von Lübeck stattfand, bat er Bernadotte, den Westmächten über das schwedische Außenministerium ein deutsches Kapitulationsangebot zu übermitteln. Der Kampf gegen die Sowjetunion sollte dagegen weitergehen. Als Churchill am nächsten Tag Himmlers Angebot vom britischen Gesandten in Stockholm übermittelt bekam, stimmte er sich telefonisch mit Truman dahingehend ab, daß nur eine gleichzeitige bedingungslose Kapitulation gegenüber allen drei Verbündeten in Frage käme, und verständigte Stalin entsprechend. Die durch Himmlers Schritt ausgelöste nochmalige öffentliche Erklärung der Alliierten vor der Weltpresse vom 28. April, daß sie auf einer gleichzeitigen Kapitulation an allen Fronten bestehen würden, machte Hitlers Illusion über eine Entzweiung seiner Gegner endgültig zunichte: in der Nacht zum 29. April diktierte er sein politisches Testament. Darin stieß er Göring und Himmler aus der Partei aus, enthob sie ihrer sämtlichen Staatsämter und ernannte Großadmiral Dönitz zum Reichspräsidenten und Obersten Befehlshaber der Wehrmacht, d.h. zu seinem Nachfolger als Staatsoberhaupt. Goebbels wurde Reichskanzler und Bormann »Parteiminister«. Außerdem bestimmte er die Mitglieder jener Regierung, die die Verpflichtung erfüllen sollte, »den Krieg mit allen Mitteln weiter fortzusetzen«. Er verkündete seinen Entschluß, sich das Leben zu nehmen, da der eigene Widerstand durch »charakterlose Subjekte allmählich entwertet« werde. Nachdem er die Schuld am Kriege zurückgewiesen und dem »internationalen Judentum und seinen Helfern« zugeschoben hatte, endete das Schriftstück mit einem Appell an Führung und Volk »zur peinlichen Einhaltung der Rassegesetze und zum unbarmherzigen Widerstand gegen den Weltvergifter aller Völker, dem internationalen Judentum«.[37] In dem anschließend diktierten privaten Testament erklärte er seine Eheschließung mit Eva Braun, regelte seine Eigentumsangelegenheiten und verfügte die sofortige Verbrennung seiner Leiche. Die nächtliche Trauung mit seiner langjährigen, vor den Augen der Öffentlichkeit sorgsam bewahrten Geliebten war schon vor dem Diktat der Testamente erfolgt.

Unterdessen wurde die Verteidigung Berlins immer kritischer. Die deutsche Besatzung unter General Weidling wurde nach Verlust der beiden Flugplätze nur noch ungenügend durch Abwurf aus der Luft und bis zum 28. April durch gelegentliche verwegene Landungen auf der Ost-West-Achse versorgt. Teils vom Gerücht über herannahende Entsatzarmeen angespornt, teils durch das rücksichtslose Durchgreifen der Standgerichte angetrieben und teils aus purer Angst vor den Russen, schlugen sich die Verteidiger in einem verzweifelten Häuser- und Straßenkampf, konnten jedoch das sowjetische Vordringen nicht aufhalten. In der Nacht zum 30. April erhielt Hitler auf seine Anfrage beim OKW den niederschmetternden Funkspruch, daß alle Entsatzangriffe von außen hoffnungslos liegengeblieben seien. Die Mittagslage dieses Tages ergab, daß das Stadtzentrum von den Sowjets immer bedrohlicher eingeengt wurde: es stand fest, daß sie spätestens am 1. Mai die Reichskanzlei erreichen mußten. Am Nachmittag des 30. April verabschiedete sich Hitler von seiner Umgebung und zog sich in seine Räume zurück. Um 15.30 Uhr erschoß sich Hitler; Eva Braun nahm Gift. Ihre Leichen wurden vor dem Bunkereingang im Garten mit Benzin übergossen und verbrannt, die Überreste am späten Abend in einem naheliegenden Bombenkrater vergraben. Sie sollten später von den Sowjets gefunden und anhand von Zahnersatzteilen identifiziert werden.

Bormann teilte dem völlig überraschten Dönitz am 30. April auf dem Funkwege lediglich mit, daß Hitler den Großadmiral an Stelle Görings zum Nachfolger bestimmt habe, verschwieg aber vorläufig Hitlers Tod. Im Gegensatz zu Dönitz wurde jedoch Stalin durch einen von Goebbels unterzeichneten Brief vom Selbstmord Hitlers unterrichtet und um einen Waffenstillstand zwischen Deutschland und der Sowjetunion gebeten, damit die neue Regierung in Berlin zusammentreten und allgemeine Kapitulationsverhandlungen einleiten könne. General Krebs, der als ehemaliger stellvertretender Militärattaché in Moskau die russische Sprache beherrschte, wurde um Mitternacht als Parlamentär zum Oberbefehlshaber der in Berlin kämpfenden Truppen, General Tschuikow, geschickt. Am Mittag des 1. Mai kehrte Krebs mit dem endgültigen Bescheid zurück, daß die Sowjets die sofortige bedingungslose Kapitulation gegenüber allen drei Alliierten forderten. Nun erst – nachdem eine separate Verständigung auch mit den Sowjets fehlgeschlagen war – informierte Goebbels den Großadmiral, daß Hitler bereits am Vortag »verschieden« sei. Während Goebbels, der »Kanzler der neunundzwanzig Stunden«, mit seiner Frau und sechs Kindern noch am gleichen Tag in den Tod ging, unternahm die Mehrzahl der anderen Bunkerinsassen einen gewaltsamen nächtlichen Ausbruch, der einem Teil gelang, während ein anderer Teil dabei getötet wurde oder in sowjetische Gefangenschaft geriet. Am 2. Mai kapitulierten unter General Weidling die letzten Widerstandsnester von Berlin: die Hauptstadt des Deutschen Reiches war gefallen.

Unterdessen war der Kampf außerhalb Berlins weitergegangen. Am 24. April bekam General Wenck den definitiven Befehl, daß seine Armee an der Elbe kehrtmachen und nach Osten angreifen sollte, um sich mit der südöstlich Berlins eingeschlossenen 9. Armee auf halbem Wege zu vereinen und mit ihr zusammen nach Norden bis Berlin durchzubrechen. Das war der Plan zur »Befreiung« Berlins durch Wenck, auf den die in Berlin Eingeschlossenen so große Hoffnungen setzten. Die nördliche Angriffsspitze Wencks konnte aber nur bis Ferch am Südufer des Schwielow-Sees vorstoßen und damit der eingeschlossenen Besatzung von Potsdam den Rückzug ermöglichen. Am 29. April gelang es der 9. Armee, sich völlig erschöpft im Raum Beelitz mit der Armee Wencks zu vereinigen: 40000 Mann und mehrere Tausend Flüchtlinge retteten sich hinter die Linien der 12. Armee. Um der Einschließung durch die Sowjets zu entrinnen, ging Wenck in den vom Feind noch nicht besetzten Raum östlich von Stendal zurück. Er hoffte, daß ihm dort die Amerikaner den Übergang über die Elbe gestatten würden.

Keitel und Jodl hatten versucht, auch die nördlich von Berlin stehenden Kräfte der Heeresgruppe Weichsel, die von Rokossowskis Truppen bedrängt wurde, zu einem Befreiungsangriff auf Berlin anzusetzen. Generaloberst Heinrici hielt einen solchen Angriff, für den praktisch nur die Reste einer Panzerdivision und eine von Westen herangeführte Panzergrenadierdivision zur Verfügung standen, von vornherein für sinnlosen Kräfteverschleiß. Als daher am 25. April seine Ostfront bei Prenzlau durchbrochen wurde, setzte er die beiden Divisionen dort zum Abstützen der Front ein. Keitel warf Heinrici bewußte Obstruktion vor und setzte ihn am 29. April ab. General v. Tippelskirch – der die Heeresgruppe vertretungsweise führte – konnte die Truppe mitsamt den flüchtenden Bevölkerungsteilen bis zum 2. Mai auf die geschlossene Frontlinie Wittenberge–Parchim–Doberan zurückführen.

Gemäß der Vereinbarung, die Eisenhower am 21. April mit dem sowjetischen Oberkommando getroffen hatte, hatte Montgomery am Monatsende englische und amerikanische Kräfte bei Lauenburg und Bleckede mit Amphibienfahrzeugen und Sturmbooten über die Elbe setzen lassen, um Schleswig-Holstein abzuschneiden. Das amerikanische Korps erreichte nach Nordosten vorgehend am 2. Mai Schwerin und Wismar und gelangte damit in den Rücken der Heeresgruppe Weichsel. Die Oberbefehlshaber der beiden zwischen Sowjets und Amerikanern eingezwängten Armeen nahmen mit den Amerikanern Verbindung auf und erwirkten, daß sich ihre Truppen hinter die amerikanischen Linien in Gefangenschaft begeben konnten. Nachdem auch die Engländer Lübeck erreicht und damit das Tor für die Flüchtlinge nach Westen sowieso geschlossen hatten, gab Dönitz am 2. Mai über das OKW den Befehl, Hamburg nicht zu verteidigen: die Stadt wurde von den Engländern am 3. Mai ohne Kampf besetzt. Da gleichzeitig auch die Teilkapitulation des Nordraums eingeleitet wurde, ließ Montgomery seine Truppen auf einer nördlich von Hamburg und Lübeck verlaufenden Linie haltmachen.

Der neue Staats- und Regierungschef Dönitz war nicht gewillt, sich seine künftigen Mitarbeiter durch Hitlers testamentarische Bestimmungen oktroyieren zu lassen. Dönitz wählte sich den bisherigen Reichsfinanzminister Graf Schwerin v. Krosigk – ein Mann konservativer Gesinnung, dessen Name auch auf Goerdelers Ministerliste gestanden hatte – zum politischen Berater und Vorsitzenden einer eventuell neu zu bildenden Regierung. Vorsichtig mußte er jedoch mit Himmler verfahren: In der Nacht zum 1. Mai bat er den Reichsführer in sein Plöner Hauptquartier, das für alle Fälle durch ein verstärktes Wachkommando aus zuverlässigen U-Boot-Besatzungen gesichert worden war. Die Pistole unter Papieren seines Schreibtischs griffbereit haltend, teilte er Himmler, der mit einer Eskorte bewaffneter SS-Leute erschienen war, Hitlers Verfügung mit. Himmler bat, »der zweite Mann im Staate« sein zu dürfen, und entwickelte die völlig irreale Vorstellung, daß er mit seiner SS als »Ordnungsfaktor im mitteleuropäischen Raum« der geeignete Verhandlungspartner für die Westmächte sei, da er bei dem bald ausbrechenden Konflikt zwischen Ost und West »das Zünglein an der Waage« abgeben würde. Dönitz eröffnete ihm, daß er keine Verwendung für ihn habe, enthob ihn jedoch offiziell noch nicht seiner Ämter, um einen internen Machtkampf in letzter Stunde zu vermeiden.

Über die näheren Umstände von Hitlers Tod nicht informiert, ließ Dönitz durch den Rundfunk die Meldung verbreiten, daß Hitler »in seinem Befehlsstand in der Reichskanzlei, bis zum letzten Atemzuge gegen den Bolschewismus kämpfend, für Deutschland gefallen sei«[38] und ihn zum Nachfolger bestellt habe. In einer Rundfunkansprache an das deutsche Volk bat er um dessen Vertrauen und führte aus, daß der militärische Kampf jetzt nur noch für das eine Ziel weitergeführt werde, »deutsche Menschen vor der Vernichtung durch den vordringenden bolschewistischen Feind zu retten«.[39] Gegen die Westmächte werde daher nur so lange gekämpft werden, wie sie dieses Ziel zu behindern suchten. Für Dönitz gab es mit seiner Amtsübernahme nur ein Ziel: den Krieg so zu beenden, daß möglichst viele Streitkräfte und Flüchtlinge auf das von den Westmächten besetzte Gebiet übergeführt werden konnten und der sowjetischen Gefangenschaft entgingen. Das bedeutete, daß eine Gesamtkapitulation etwa um 10 Tage aufgeschoben werden und nach Möglichkeit Teilkapitulationen gegenüber den Westmächten erreicht werden mußten.

Vor Hitlers Tod hatte es nur eine Heeresgruppe riskiert, selbständig zu kapitulieren: die Heeresgruppe C in Norditalien unter dem Oberbefehlshaber Südwest, Generaloberst v. Vietinghoff. Sie hatte seit Jahresanfang unter zunehmendem Munitions- und Treibstoffmangel gelitten, der vor allem durch die fortwährenden alliierten Luftangriffe gegen ihre Hauptnachschublinie über den Brenner verursacht worden war. Die daraus entstandene Unbeweglichkeit ihrer Truppen mußte bei einem Frontdurchbruch katastrophale Folgen haben. Daher hatte der bevollmächtigte General der Wehrmacht bei der Mussolini-Regierung und zugleich höchster SS- und Polizeiführer für Italien, SS-Obergruppenführer Wolff, schon im März 1945 über Allen Welsh Dulles in der Schweiz mit dem Alliierten Oberkommando Mittelmeer wegen einer eventuellen Teilkapitulation Verbindung aufgenommen (vgl. dazu auch S. 477). Als v. Vietinghoff am 19. März als Nachfolger Kesselrings die Heeresgruppe übernahm, ließ er die Verbindung durch Wolff aufrechterhalten, fand jedoch die Lage für eine Teilkapitulation noch nicht reif. Das sollte sich jedoch ändern, als die Alliierten am 20. April im Raum von Bologna die Front durchbrachen und die deutschen Truppen zwangen, sich unter Verlust ihrer Fahrzeuge und Geschütze hinter den Po zurückzuziehen. Am 23. April sandte v. Vietinghoff Wolff in die Schweiz. Am gleichen Tag begab sich Mussolini vom Gardasee ins aufständische Mailand, um mit dem »Nationalen Befreiungskomitee für Oberitalien« (C.L.N.A.I.) zu verhandeln. Als dieser Versuch fehlschlug, wandte er sich nach Como mit der Absicht, sich über die Grenze in die Schweiz zu retten. Am Comer See wurde er zusammen mit seiner Geliebten Clara Petacci am 27. April von Partisanen erkannt, verhaftet und am nächsten Tag erschossen. Am 29. April konnte im Alliierten Mittelmeer-Hauptquartier Caserta die Teilkapitulation für die Heeresgruppe Südwest unterzeichnet werden und am 2. Mai schwiegen in Norditalien die Waffen.

Dönitz billigte diesen Schritt, da er seiner Konzeption der Teilkapitulationen gegenüber den Westalliierten entsprach. Da das Rückzugstor nach Schleswig-Holstein nunmehr geschlossen war und die Bewegung von Truppen und Flüchtlingen nach Westen nur noch mit alliierter Zustimmung erfolgen konnte, leitete er die Teilkapitulation des norddeutschen Raumes, d. h. Schleswig-Holsteins und Nordwestdeutschlands ein: Am 3. Mai wurde eine deutsche Delegation unter Generaladmiral v. Friedeburg zu Montgomery gesandt. Friedeburg sollte nach Möglichkeit erreichen, daß die Absetzbewegungen im Osten zu Lande und zur See weiterlaufen konnten. Der Generaladmiral kehrte in der Nacht zum 4. Mai in Dönitz' neues Hauptquartier nach Mürwik mit der Mitteilung zurück, daß Montgomery die Teilkapitulation auf Holland und Dänemark ausgedehnt wissen wolle und darüber hinaus die unversehrte Übergabe aller in diesem Kapitulationsbereich befindlichen Schiffe fordere. Dönitz zögerte zunächst, die letztere

Forderung anzunehmen, da sie die Einstellung der Seetransporte bedeutete und eine Nichtversenkung der Kriegsschiffe dem Ehrenkodex der Kriegsmarine widersprach. Da jedoch befürchtet werden mußte, das Montgomery andernfalls als Repressalie den Übertritt einzelner Soldaten der Ostfront über die Demarkationslinie verbieten würde, die der Feldmarschall im Gegensatz zum Übertritt geschlossener Truppenteile als möglich in Aussicht gestellt hatte, wurde v. Friedeburg zur Unterzeichnung ermächtigt. Friedeburg kehrte in Montgomerys Hauptquartier zurück und unterzeichnete noch am Abend die Teilkapitulation, die am 5. Mai 8 Uhr in Kraft trat. Dönitz befahl die Einstellung des U-Boot-Krieges auf allen Meeren und erließ über das OKW sofort ein Verbot zur Waffenvernichtung; dennoch wurde ein Teil der U-Boote durch ihre Kommandanten eigenmächtig versenkt.

Am 2. Mai hatte Feldmarschall Kesselring Dönitz um Genehmigung ersucht, mit den Westmächten über die Kapitulation der Heeresgruppen G (Nordalpen) und E (Jugoslawien) verhandeln zu dürfen, deren Lage nach der Übergabe der Italienfront unhaltbar geworden war. Dönitz stimmte zunächst nur Verhandlungen über die Heeresgruppe G zu, da er das Schicksal der im Osten stehenden deutschen Streitkräfte seinerseits in Verhandlungen mit Eisenhower zu klären wünschte. Von Kesselring beauftragt, nahm General H. Foertsch mit der amerikanischen 6. Heeresgruppe (General Devers) Verbindung auf und vereinbarte am 5. Mai in Haar bei München die bedingungslose Übergabe der Heeresgruppe G für den nächsten Tag, 12 Uhr mittags.

Generaladmiral v. Friedeburg hatte von Dönitz die Weisung erhalten, von Montgomerys Hauptquartier aus zu Eisenhower nach Reims zu fahren, um eine weitere Teilkapitulation deutscher Streitkräfte zu erreichen. Von der bevorstehenden Ankunft eines deutschen Unterhändlers unterrichtet, hatte Eisenhower sofort mit dem sowjetischen Oberkommando Verbindung aufgenommen und vorgeschlagen, statt der von der »Europäischen Beratenden Kommission« (EAC) am 25. Juli 1944 ausgearbeiteten und in Jalta ergänzten Urkunde, die die bedingungslose staatlich-politische Kapitulation Deutschlands vorsah, eine rein militärische bedingungslose Gesamtkapitulation unterzeichnen zu lassen. Er war zu diesem Entschluß gelangt, weil die in Jalta vorgenommene Ergänzung bislang von den Franzosen noch nicht gebilligt worden war und ihm dieses Kapitulationsinstrument überhaupt zu juristisch schien und bei den deutschen Generälen eventuell Bedenken auslösen konnte. Am Morgen des 5. Mai hatte der sowjetische Generalstab dem Vorschlag Eisenhowers zugestimmt und einen bevollmächtigten Sowjetvertreter bestellt. Als v. Friedeburg in Reims eintraf, sah er sich daher der Forderung nach gleichzeitiger bedingungsloser Kapitulation an allen Fronten gegenüber, ohne daß nach der Unterzeichnung noch weitere Truppenbewegungen gestattet sein sollten. Er sandte General Kinzel mit dieser Mitteilung nach Mürwik zurück, der am Morgen des 6. Mai Dönitz Bericht erstattete. Die sofortige Annahme der Forderung Eisenhowers hätte für alle an der Ostfront kämpfenden deutschen Truppen sowjetische Kriegsgefangenschaft bedeutet, wobei noch fraglich blieb, ob sie einen Befehl, ihre Waffen an Ort und Stelle niederzulegen, befolgen würden. Zur Unterstützung v. Friedeburgs sandte Dönitz daher Generaloberst Jodl mit der Instruktion nach Reims, Eisenhower unter Darlegung aller Gründe für die angestrebte Teilkapitulation zu gewinnen und nur bei Mißlingen dieses Versuchs in eine Gesamtkapitulation einzuwilligen. In letzterem Fall sollte Jodl wenigstens erreichen, daß zwischen dem Zeitpunkt einer Einstellung der Kampfhandlungen und dem Zeitpunkt der Einstellung aller Truppenbewegungen nach Möglichkeit eine Zeitspanne von vier Tagen eingelegt und der Übertritt einzelner Soldaten über die amerikanischen Linien erlaubt werden sollten. Eisenhower, der in Jodls Vorschlägen nur ein Verzögerungsmanöver und einen letzten Versuch erblickte, das Bündnis der drei Großmächte zu spalten, bestand auf sofortiger Unterzeichnung der Gesamtkapitulation. Andernfalls würden die Front auch gegenüber einzelnen sich ergebenden Soldaten geschlossen, die Verhandlungen abgebrochen und die Luftangriffe wiederaufgenommen werden. Nur bei sofortiger Unterzeichnung billigte er eine achtundvierzigstündige Frist bis zum Inkrafttreten zu, die Jodl bei dem zerstörten deutschen Nachrichtennetz für die Durchgabe des Kapitulationsbefehls als unbedingt notwendig ansah. Als Dönitz die Forderungen Eisenhowers durch einen Funkspruch übermittelt bekam, ermächtigte er Jodl zur Unterzeichnung der Gesamtkapitulation, die am 7. Mai, nachts 2.41 Uhr, in Reims erfolgte. Die Einstellung der Feindseligkeiten war für den 8. Mai 23.01 Uhr vorgesehen. Um trotz der rein militärischen Kapitulation eine Übernahme der höchsten Regierungsgewalt in Deutschland durch die Alliierten zu sichern, war auf Drängen des amerikanischen

Vertreters bei der EAC in London, Botschafter Winant, in Artikel 4 der Urkunde der Passus aufgenommen worden, daß die militärische Kapitulationsurkunde durch »ein allgemeines Kapitulationsinstrument« für Deutschland als Ganzes ersetzt werden könne. Auf Weisung Eisenhowers hatte Jodl ferner eine Verpflichtung unterschreiben müssen, daß der Chef des OKW und die Oberbefehlshaber der drei Wehrmachtteile eine zweite »formale Ratifizierung« der Kapitulationsurkunde an einem von den Alliierten zu bestimmenden Ort vornehmen würden: Stalin hatte offenbar aus Prestigegründen auf einer zweiten Unterzeichnung in Anwesenheit höherer sowjetischer Offiziere und in seinem Machtbereich bestanden. Sie fand am 9. Mai 0.16 Uhr – als die Kapitulationsbestimmungen bereits in Kraft waren – im sowjetischen Oberkommando in Karlshorst bei Berlin statt und wurde durch den Chef des OKW, Keitel, den Oberbefehlshaber der Kriegsmarine, v. Friedeburg, und Generaloberst Stumpff, den Vertreter des verwundeten und nicht erreichbaren Oberbefehlshabers der Luftwaffe (Ritter v. Greim), vollzogen.

Da Dönitz beim Abschluß der Kapitulation am 7. Mai für die Rückführung der deutschen Streitkräfte an der Ostfront statt der erforderlichen vier Tage nur eine knapp zweitägige Frist hatte erwirken können, blieb nur einem Teil dieser Truppen die sowjetische Gefangenschaft erspart. Vom 2. bis zum 8. Mai konnten von der Heeresgruppe Kurland trotz der unzulänglichen Verladeeinrichtungen im Libauer Hafen noch 25 000 Soldaten über See abtransportiert werden, 190 000 mußten sich den Sowjets ergeben. Von der nähergelegenen Armee Ostpreußen wurden 75 000 Mann heimgebracht, 150 000 Mann traten den Weg in sowjetische Gefangenschaft an. Dagegen rettete sich die Heeresgruppe Weichsel im Einverständnis mit den westalliierten Armeeoberbefehlshabern mit 360 000 Mann fast vollständig hinter die amerikanischen Linien, weitere 40 000 Angehörige dieser Heeresgruppe hatten schon vorher von der Küste Vorpommerns und Mecklenburgs über See nach Westen gebracht werden können. Auch Wencks 12. Armee nebst den ihr einverleibten Trümmern der 9. Armee wurde ermöglicht, bei Tangermünde mit 100 000 Mann über die Elbe zu gehen und sich in amerikanische Gefangenschaft zu begeben. Die Heeresgruppe Süd konnte in zwei Tagesmärschen mit 800 000 Mann gleichfalls die amerikanischen Linien erreichen und sich den Amerikanern gefangen geben. Von der Heeresgruppe E in Nordjugoslawien gelang es 250 000 Soldaten, die westlichen Linien zu erreichen:

am 9. Mai gerieten noch 150000 Mann – drei Tagesmärsche von der Demarkationslinie entfernt – in jugoslawische Kriegsgefangenschaft, die ein Drittel von ihnen nicht überleben sollte. Am ungünstigsten gestaltete sich die Lage für Schörners Heeresgruppe Mitte im Protektorat. Hier versuchte der »Deutsche Staatsminister für Böhmen und Mähren«, SS-Obergruppenführer Karl Hermann Frank, mit Billigung durch Dönitz eine politische Lösung des Problems: in letzter Minute sollte die tschechische Protektoratsregierung durch Aufnahme bisher in Haft befindlicher bürgerlich-nationaler Vertreter, die an der alleinigen Besetzung ihres Landes durch die Sowjets kein Interesse haben konnten, umgebildet und eine deutsch-tschechische Delegation zu Eisenhower geschickt werden, um die Kapitulation Böhmens und Mährens anzubieten und ihn zur Besetzung des Landes aufzufordern. Aber Franks ziemlich aussichtsloser Versuch wurde allein schon durch die sich überstürzenden Ereignisse in Prag vereitelt. Als nämlich die Amerikaner die tschechoslowakische Grenze nach Osten überschritten, hielt die Bevölkerung Prags irrtümlicherweise die Stunde ihrer Befreiung für gekommen: am 5. Mai besetzten die Aufständischen die Rundfunkstation und gaben das Zeichen zur allgemeinen Erhebung. Mit herangeführten SS-Einheiten kam es zu erbitterten Straßenkämpfen, in die auch die deutsche Luftwaffe eingriff. Als die Amerikaner an der vereinbarten Demarkationslinie stehenblieben, rückte am 7. Mai eine südlich von Prag liegende Division der Wlassow-Armee zur Unterstützung der Aufständischen heran – offenbar, um sich wenigstens den Amerikanern gegenüber in letzter Minute zu rehabilitieren. Nachdem aber Schörners Heeresgruppe ihre am 6. Mai befohlene Absetzbewegung auf die amerikanischen Linien begonnen hatte und mit dem baldigen Eintreffen sowjetischer Streitkräfte zu rechnen war, gerieten die tschechischen Aufständischen in die Verlegenheit, sich von den Wlassow-Truppen distanzieren zu müssen: Wlassow und seine Anhänger waren zu einem verlorenen Haufen von »Verrätern« zwischen allen Fronten geworden, die der rächenden Hand ihrer sowjetischen Landsleute nicht mehr entrinnen konnten. In Prag setzten verschiedene Widerstandsnester der SS auch nach Inkrafttreten der allgemeinen Kapitulation den Kampf fort, bis sie von den am 9. Mai eintreffenden sowjetischen Truppen ausgeräumt wurden. Der Haß gegen die sechsjährige deutsche Herrschaft machte sich durch unmenschliche Grausamkeiten gegen die zurückgebliebenen deutschen

Zivilisten Luft. Aber auch denjenigen Angehörigen der deutschen Heeresgruppe, die die amerikanischen Linien noch hatten erreichen können, harrte eine bittere Enttäuschung: mit dem Inkrafttreten der Kapitulation wurde ihnen der Übertritt nach Westen verboten. Rund eine Million Mann dieser Heeresgruppe gerieten in sowjetische Gefangenschaft, 200000 Soldaten hatten sich nach Westsachsen und Nordbayern retten können. Schörner selbst flog nach Bayern, wurde aber von den Amerikanern wieder an die Sowjets ausgeliefert. Durch Dönitz' Kapitulationspolitik waren neben einer nicht bestimmbaren Zahl ost- und mitteldeutscher Flüchtlinge immerhin 1,85 Millionen Soldaten, d.h. 55 Prozent der deutschen Streitkräfte an der Ostfront, in den Westen gerettet worden.

Nach der Erfüllung seiner Aufgabe, den Krieg zu beenden, neigte Dönitz dazu, den Rücktritt seiner Regierung zu erklären. Doch Schwerin v. Krosigk riet davon ab, weil dadurch ein staatsrechtliches Vakuum geschaffen werde, das den Alliierten eine willkommene Begründung liefern könne, die oberste Regierungsgewalt in Deutschland zu übernehmen und regionale Militärregierungen einzusetzen. Nach ihrer letzten selbständigen Entscheidung, der Kapitulation, besaß die »Geschäftsführende Reichsregierung« Dönitz jedoch keinerlei Handlungsfreiheit mehr und war auch außenpolitisch völlig isoliert. Ihr einziges Verbindungsglied zur Außenwelt wurde eine alliierte Kontrollkommission, die sich am 11. Mai in Flensburg etablierte und der sechs Tage später auch ein sowjetischer Stab beitrat. Churchill beabsichtigte offensichtlich, die Regierung Dönitz als zentrale deutsche Verwaltung unter alliierter Kontrolle für die Lösung innerdeutscher Aufgaben zunächst bestehen zu lassen, um die eigenen Hände nicht in den »aufgeschreckten Ameisenhaufen stecken« zu müssen. Da aber die Sowjets die Liquidierung der »militaristisch-faschistischen Dönitz-Clique« forderten und auch die Amerikaner auf die in Jalta vereinbarte offizielle Übernahme der obersten deutschen Regierungsgewalt durch die alliierten Militärregierungen drangen, gab Churchill Mitte Mai nach. Am 23. Mai wurde die Regierung Dönitz für aufgelöst erklärt, ihre Mitglieder und das OKW unter entwürdigenden Umständen in Mürwik verhaftet und in Kriegsgefangenschaft abgeführt. Da damit jegliche deutsche Zentralinstanz beseitigt war, die das von der EAC ausgearbeitete Dokument über die politische und staatliche Totalkapitulation Deutschlands unterzeichnen konnte, wurde diese Urkunde in eine Deklaration umgewandelt, die die vier alliierten Oberbefehlshaber am 5. Juni 1945 in Berlin unterzeichneten und verkündeten. Mit ihr wurde neben der militärischen nun auch die bedingungslose staatlich-politische Kapitulation in Kraft gesetzt und die deutsche Staatsgewalt auch de jure von den Siegermächten übernommen.

Als in der Mitternachtsstunde zum 9. Mai 1945 an allen europäischen Fronten die Waffen schwiegen, war das nach der Vorherrschaft in Europa strebende nationalsozialistische Deutschland in fast sechsjährigem Kampf niedergeworfen und das nationalsozialistische Regime als Träger dieses Strebens politisch ausgelöscht. Mit der völligen Beseitigung des eigenständigen politischen und militärischen deutschen Machtfaktors hatte dieser Krieg jedoch das Gleichgewicht der Kräfte auf dem europäischen Kontinent nicht wiederhergestellt: anstelle der besiegten Hegemonialmacht betrat vielmehr eine neue, in Europa nach der Vorherrschaft strebende Großmacht den internationalen Schauplatz.

13. Kapitel
Von Jalta bis Potsdam: Probleme der zukünftigen Friedensregelung und die Gründung der Vereinten Nationen

Die Konferenz von Jalta, die unter dem Decknamen »Argonaut« vom 4. bis 11. Februar 1945 stattfand, ist wohl als die wichtigste Kriegskonferenz der »Großen Drei« anzusehen: Noch schienen in dieser Übergangsphase von der Kriegs- zur Friedensplanung Entscheidungen zugunsten einer dauernden Zusammenarbeit nach dem Kriege möglich, während sich beim nächsten Treffen in Potsdam die Fronten bereits weitgehend verhärtet hatten.

Die Amerikaner hofften auf der Konferenz von Jalta die Ausräumung der Schwierigkeiten zu erreichen, die sich hinsichtlich der Errichtung einer Weltfriedensorganisation ergeben hatten, ferner die bindende Festlegung der Sowjetunion auf eine Teilnahme am Krieg gegen Japan. Das Interesse an rein europäischen Angelegenheiten trat demgegenüber bei ihnen in den Hintergrund. Die Vorschläge des State Department für eine Lösung der verschiedenen anstehenden offenen Probleme in Europa nahm Roosevelt daher kaum zur Kenntnis. Der Präsident befand sich überdies gesundheitlich nicht in der besten Verfassung, ohne daß eine Auswirkung seines schlechten Gesundheitszustandes auf die Ergebnisse der Konferenz nachweisbar wären.

Für die Engländer standen das Deutschlandproblem, die Rolle Polens und Frankreichs im zukünftigen europäischen Gleichgewicht sowie der englische Einfluß auf dem Balkan und im Iran im Vordergrund. Den Sowjets lag vor allem das Problem zukünftiger Sicherheit vor Deutschland am Herzen, also eine entsprechende Regelung der Deutschlandfrage und die Errichtung sowjetfreundlicher, d. h. von Kommunisten beherrschter Regierungen in den osteuropäischen Staaten. Ein weiteres Ziel Stalins war es, für den wirtschaftlichen Wiederaufbau der Sowjetunion aus Deutschland beträchtliche Reparationen zugesprochen zu bekommen. Darüber hinaus galt es, für den sowjetischen Kriegseintritt gegen Japan territoriale Zugeständnisse und Sonderrechte in Ostasien zu erwirken.

Als Auftakt zu Jalta tagten vom 31. Januar bis 3. Februar 1945 in Malta die Combined Chiefs of Staff. Die Einigung über die zukünftigen amerikanischen Zugangsrechte durch die vorgesehene britische Besatzungszone nach Bremen und Bremerhaven sollte am 6. Februar 1945 die Unterzeichnung des endgültigen Abkommens über das Besatzungsregime für Deutschland durch die Europäische Beratende Kommission ermöglichen. Das Abkommen sah neben einer Abgrenzung der Besatzungszonen die Errichtung eines Alliierten Kontrollrats vor, der aus den Oberbefehlshabern der Besatzungsstreitkräfte bestehen und seinen Sitz im gemeinsam kontrollierten Berlin haben sollte. Am 3. Februar flogen die amerikanischen und englischen Delegationen von Malta nach der Krim ab.

Um sich der aktiven sowjetischen Unterstützung im Kriege gegen Japan zu versichern, die die amerikanischen Stabschefs als unabdingbare Voraussetzung für eine wesentliche Abkürzung des Krieges in Ostasien ansahen, war Roosevelt bereit, Stalins Forderungen zum größten Teil zu akzeptieren. Zu diesen Forderungen gehörte zunächst die Wiedergewinnung von Gebieten und Rechten, die die Zarenregierung durch ihre Niederlage im russisch-japanischen Krieg von 1904/05 an Japan verloren hatte: den Südteil Sachalins, die Pachthäfen Port Arthur und Dairen sowie die Kontrolle über die ostchinesische und die südmandschurische Eisenbahn zu diesen Häfen. Roosevelt gelang es, mit Stalin übereinzukommen, daß wenigstens Dairen – wenn auch unter Wahrung der »überragenden Interessen der Sowjetunion« – internationalisiert werden, die erwähnten Eisenbahnen von einer gemeinsamen sowjetisch-chinesischen Gesellschaft betrieben werden sollten und China die volle Souveränität über die Mandschurei behalten sollte. Die Sowjets bekamen ferner die japanischen Kurilen sowie die Versicherung zugesprochen, daß der autonome Status der Äußeren Mongolei (Mongolischen Volksrepublik) gewahrt bleiben sollte. Die Sowjetunion versprach dafür ihrerseits, mit China einen Freundschafts- und Bündnispakt zu schließen, das Land von der japanischen Herrschaft befreien zu helfen und zwei oder drei Monate nach der Kapitulation Deutschlands in den Krieg gegen Japan einzutreten. Dieses von Roosevelt und Stalin in separaten Zusammenkünften vereinbarte Geheimabkommen wurde am 11. Februar Churchill unterbreitet und von diesem gleichfalls unterzeichnet. Roosevelt befand sich in der unangenehmen Lage, Ansprüche des chinesischen Verbündeten in der Mandschurei und der Äußeren Mongolei ohne vorherige Beratung mit Tschiang Kai-schek geopfert zu haben: Sein Handeln unterschied sich damit wenig von jenem Territorialschacher der imperialistischen Großmächte, die er selbst und die Amerikaner so oft mit Abscheu gebrandmarkt hatten. Eine rechtzeitige Abstimmung mit der Tschiang-Kai-schek-Regierung war jedoch schlechterdings unmöglich, weil dadurch eine Geheimhaltung des beabsichtigten sowjetischen Kriegseintritts nicht mehr gewährleistet gewesen und eventuell japanische Präventivschritte gegen Rußlands noch ungenügend verstärkte mandschurische Front hervorgerufen worden wären. Über das Abkommen, das ohne Beteiligung des State Department zustande gekommen war, wurde von dem engen Kreis der Eingeweihten strengste Verschwiegenheit bewahrt: Als James F. Byrnes Anfang Juli 1945 amerikanischer Außenminister wurde, blieb ihm die Existenz dieses Abkommens, das in einem Safe des Weißen Hauses verwahrt wurde, noch eine Zeitlang unbekannt.

Stalin und Churchill konnten ihre divergierenden lebenswichtigen Interessen in Europa nicht einer militärischen Zusammenarbeit in Ostasien unterordnen, die für sie sekundäre Bedeutung besaß. Ihnen fiel daher auch die Initiative bei der Behandlung der europäischen Angelegenheiten zu, während sich Roosevelt hierbei mit der mehr passiven Rolle des Vermittlers begnügte. Bereits auf der ersten Vollsitzung am 5. Februar forderte Stalin eine konkrete Entscheidung über die Aufteilung Deutschlands in mehrere Teilstaaten. Churchill stimmte einer Aufteilung im Prinzip zu, betonte jedoch, daß sie einer vorherigen Prüfung der historischen, ethnographischen und wirtschaftlichen Voraussetzungen bedürfe, für die in Jalta die Zeit nicht ausreiche. Schließlich kam man überein, die Bestimmung über eine Aufteilung Deutschlands in die Kapitulationsbedingungen aufzunehmen und innerhalb eines Monats von einer Sonderkommission – bestehend aus Eden und den Botschaftern Winant und Gusew in London – einen konkreten Aufteilungsvorschlag ausarbeiten zu lassen.

Angesichts der amerikanischen Absicht, die US-Truppen in absehbarer Zeit aus Europa abzuziehen, bestand Churchill darauf, die Franzosen von Anfang an an der Besetzung Deutschlands zu beteiligen. Stalin lehnte diesen Vorschlag zunächst ab, da dadurch ein Präzedenzfall für die Forderung weiterer Staaten nach einer Besatzungszone in Deutschland geschaffen werde. Er willigte schließlich ein, als die Westmächte sich erboten, den Franzosen aus Teilen ihrer eigenen Zonen ein zusammenhängendes Besatzungsgebiet abzutreten. Nach anfänglichem Widerstand Stalins und Roosevelts wurde auch die Aufnahme Frankreichs als gleichberechtigter Partner in den geplanten Alliierten Kontrollrat für Deutschland gebilligt.

Zur Reparationsfrage legten die Sowjets einen Plan vor, der die Gesamtsumme der von Deutschland geforderten Reparationen auf 20 Milliarden Dollar festsetzte, von denen die Hälfte an die Sowjetunion gehen sollten. Dabei sollten Sachleistungen in Höhe von 10 Milliarden Dollar innerhalb von zwei Jahren durch Demontagen deutscher Industrieanlagen und Übernahme von Schiffen, rollendem Material usw. direkt dem deutschen Volksvermögen entnommen werden und die deutsche Schwerindustrie dabei gleichzeitig um 80 Prozent verringert werden. Die verbleibenden 10 Milliarden Dollar sollten in einem Zeitraum von zehn Jahren in Form von Waren der laufenden deutschen Produktion entnommen werden. Die Sowjets waren enttäuscht, als dieser gegenüber dem Morgenthau-Plan gemäßigt anmutende Vorschlag auf den Widerstand der Engländer stieß. Aber die Auffassung der Westmächte hatte sich seit der zweiten Quebec-Konferenz gewandelt, und vor allem Churchill war zu der Überzeugung gelangt, daß wirtschaftlicher Notstand eine radikale Entwicklung in Deutschland begünstigen mußte und den Westmächten die Verpflichtung zur Ernährung und Unterstützung der Deutschen auferlegte. Er lehnte es daher ab, eine konkrete Summe festzusetzen, bevor die Frage der deutschen Leistungsfähigkeit von Wirtschaftsexperten geprüft worden sei. Daraufhin wurde beschlossen, in Moskau eine Alliierte Reparationskommission zu bilden, für deren Arbeit die drei Außenminister noch in Jalta Richtlinien ausarbeiten sollten. Da sich die Engländer auch weiterhin gegen die Festsetzung einer Gesamtsumme wehrten, konnten sich die Außenminister nicht einigen. Roosevelt, der abgesehen von der Konfiszierung deutschen Eigentums in den Vereinigten Staaten auf jegliche Reparationen aus Deutschland verzichtete, schlug daher vor, die von den Sowjets genannte Summe von 20 Milliarden »als Verhandlungsgrundlage« für die Arbeit der Alliierten Reparationskommission anzunehmen. In das vereinbarte geheime Protokoll zur Reparationsfrage wurde daher sowohl der sowjetisch-amerikanische wie der englische Standpunkt aufgenommen. Es wurde vereinbart, daß deutsche Reparationen außer in der Form von Demontagen und Leistungen aus der Produktion auch in Form der »Nutzung deutscher Arbeitskraft« beansprucht werden könnten. Diese Bestimmung wurde jedoch in das Reparationsabkommen von Potsdam nicht aufgenommen.

Hinsichtlich der Politik gegenüber einem besiegten Deutschland konnten sich die drei Mächte in Jalta weder konkret einigen, noch konnten sie es sich leisten, solange Deutschland kämpfte, sich deswegen zu zerstreiten.

In der dritten Vollsitzung der Konferenz am 6. Februar wurde die Debatte über die Gründung der Organisation der Vereinten Nationen eröffnet. Auf der vorbereitenden Konferenz von Dumbarton Oaks vom Herbst 1944 waren vor allem hinsichtlich des Abstimmungsmodus im Sicherheitsrat der UN Meinungsverschiedenheiten aufgetreten, die die Amerikaner in Jalta durch einen Kompromißvorschlag bereinigen konnten. Die Sowjets forderten jedoch, daß neben der Sowjetunion selbst mindestens zwei ihrer Sowjetrepubliken – die Ukraine und Weißrußland – als stimmberechtigte Mitglieder in die UN aufzunehmen seien. Roosevelt gab nach einigem Zögern nach. Mit Beseitigung der Kontroversen schien Roosevelts Ziel einer Fortsetzung der Zusammenarbeit der Großmächte nach dem Kriege im Rahmen einer Weltfriedensorganisation nunmehr gesichert. Noch in Jalta wurde die Einberufung der Gründungskonferenz der United Nations für den 25. April 1945 nach San Franzisko beschlossen.

Von allen in Jalta behandelten Problemen sollte sich das polnische Problem als das schwierigste erweisen. Stalin lehnte den Vorschlag Roosevelts ab, für den Verzicht der Polen auf die Gewinnung Königsbergs – das den Sowjets zufallen sollte – von der Curzon-Linie abzuweichen und Lemberg sowie die benachbarten Erdölgebiete bei Polen zu belassen. Es wurde daher vereinbart, daß die sowjetisch-polnische Grenze identisch mit der Curzon-Linie sein solle. Im Westen schlugen die Sowjets eine Verschiebung der polnischen Grenze bis an die Oder und die westliche (Lausitzer) Neiße vor. Die Westmächte dagegen wollten die polnischen Annexionen auf Ostpreußen südlich und westlich von Königsberg, auf alle von den Polen selbst gewünschten Gebiete östlich der Oder und auf den Regierungsbezirk Oppeln (östliche, Glatzer Neiße) beschränkt wissen. Churchill führte aus, daß die Polen im Westen so viel Territorium erhalten sollten, wie sie ausreichend bewirtschaften könnten, dagegen sei es falsch, »wenn man die polnische Gans dermaßen mit deutschem Futter mäste, daß sie an Verdauungsbeschwerden eingehe«.[40] Wenn Polen die von den Westmächten vorgeschlagenen Gebiete erhalte, werde das allein die Massenevakuierung von sechs Millionen Deutschen bedeuten, die im restlichen Deutschland untergebracht werden müßten. Stalin erwiderte, daß der größte Teil der deutschen Bevölkerung aus diesen Gebieten bereits geflohen sei. Churchill gab zu, daß die deutschen Verluste an Menschen im gegenwärtigen Kriege eine Unterbringung und soziale Einordnung der Umsiedler im verbleibenden Deutschland erleichterten, trotzdem bedürfe die Angelegenheit vorher eingehender Prüfung. Die endgültige Festlegung der deutsch-polnischen Grenze unterblieb daher in Jalta. Es wurde vereinbart, daß Polen nach Ansicht der drei Staatschefs »im Norden und Westen einen beachtlichen territorialen Zuwachs erhalten« müsse, daß jedoch das Ausmaß des Gebietszuwachses mit den Wünschen der neu zu bildenden polnischen Regierung abgestimmt werden und »die endgültige Festlegung der Westgrenze Polens der Friedenskonferenz vorbehalten bleiben« solle.[41] Vor allem Churchill wollte sich damit die endgültige Entscheidung offenhalten, bis die Frage der Bildung einer repräsentativen polnischen Regierung gelöst war: Er war nicht bereit, einer kommunistischen Satellitenregierung in Warschau dieselben Konzessionen zu machen wie einer unabhängigen polnischen Regierung, die im Spiel des europäischen Gleichgewichts eine eigenständige Rolle zu übernehmen in der Lage war.

Die Bildung einer von allen drei Alliierten anerkannten polnischen Regierung war in der Tat ein vordringliches Problem: Mit dem Vormarsch der Roten Armee erweiterte die in Warschau sitzende Provisorische Regierung der Lublin-Polen, die eine Minderheit des polnischen Volkes repräsentierte und nur von Moskau anerkannt war, ständig ihren Machtbereich und festigte ihre Herrschaft im Lande. Demgegenüber forderten die Westmächte in Jalta für Polen eine neue Provisorische Regierung auf breiter nationaler Grundlage, die aus Anhängern der fünf größten polnischen Parteien gebildet werden und baldigst freie Wahlen durchführen sollte. Die Sowjets befürchteten jedoch nicht zu Unrecht, daß freie Wahlen in Polen zur Bildung einer nicht gerade sowjetfreundlichen Regierung führen würden. Sie waren daher entschlossen, die dominierende Rolle der Kommunisten in der Regierung auf jeden Fall zu bewahren, und behaupteten, nur die Lublin-Polen könnten die Sicherheit im Etappengebiet der sich nach Berlin vorkämpfenden Roten Armee garantieren, während die polnische Untergrundbewegung, die mit der Londoner Exilregierung in Verbindung stehe, gegenüber der Roten Armee verschiedentlich ein unfreundliches

Verhalten an den Tag gelegt habe. Andererseits konnten die Westmächte die polnische Exilregierung in London schon deshalb nicht einfach fallenlassen, da deren Exilarmee mit immerhin 150000 Mann an ihrer Seite kämpfte. Roosevelt schlug in Jalta vor, je zwei Mitglieder der Lubliner Regierung und Vertrauensleute der Londoner Regierung in Polen sollten nach Jalta eingeladen werden, um sich zusammen mit den Großen Drei über die Zusammensetzung einer einheitlichen Regierung zu einigen. Die Sowjets antworteten mit dem Gegenvorschlag, in die bestehende Warschauer Regierung »einige demokratische Führer aus polnischen Emigrantenkreisen aufzunehmen«. Während also die Sowjets auf eine bloße Erweiterung der Warschauer Regierung abzielten, wollten die Westmächte sowohl die Lubliner wie die Londoner Gruppe durch eine neue Regierung ersetzen, die sich »auf alle demokratischen und antifaschistischen Kräfte innerhalb Polens stützt und führende demokratische Auslandspolen einschließt«. Roosevelt suchte offensichtlich nach einer Formulierung, die die Meinungsverschiedenheit der Alliierten vor der Welt vertuschen sollte. Er war nicht gewillt, die Gründung der Weltfriedensorganisation und eine langfristige Zusammenarbeit mit der Sowjetunion wegen einer Frage zu gefährden, die nach seiner Ansicht vorübergehende Bedeutung hatte: sollte doch die neue polnische Regierung sowieso nur so lange bestehen, bis eine legitime Regierung durch freie und demokratische Wahlen gebildet würde, über deren Abhaltung in Polen sich alle drei Großmächte einig zu sein schienen. Schließlich wurde erklärt, daß »die Provisorische Regierung, die jetzt in Polen amtiert . . . auf breiter demokratischer Basis unter Einschluß von demokratischen Führungskräften aus Polen selbst und von im Ausland lebenden Polen umgebildet werden«, den Namen »Provisorische Polnische Regierung der Nationalen Einheit« tragen und »zur baldmöglichen Abhaltung freier und uneingeschränkter Wahlen auf der Grundlage des allgemeinen Wahlrechts und geheimer Abstimmung verpflichtet werden« sollte. Molotow und die beiden Botschafter der Westmächte, Harriman und Sir Clark Kerr, bildeten eine Kommission und wurden bevollmächtigt, in Moskau mit der Warschauer Regierung und anderen demokratischen polnischen Führern aus dem In- und Ausland zu verhandeln, um die Regierungsbildung zustande zu bringen. Amerikaner und Engländer schlugen vor, daß die Botschafter der drei Mächte berechtigt sein sollten, »zu beobachten und zu berichten«, ob die Verpflichtung der polnischen

Regierung zur freien und ungehinderten Durchführung der Wahlen eingehalten werde. Als dieses Problem das Abkommen über Polen ernstlich zu verzögern drohte, gaben Churchill und Roosevelt nach. In der Erklärung wurde lediglich bestimmt, daß die drei Mächte mit der neuen Regierung diplomatische Beziehungen aufnehmen und Botschafter austauschen sollten, »durch deren Berichterstattung die jeweiligen Regierungen über die Lage in Polen unterrichtet werden« sollten.[42]

Die unbestimmt gehaltene Erklärung über Polen gab den Sowjets von vornherein die Möglichkeit einer mehrdeutigen Auslegung: Es blieb offen, ob die gegenwärtige Warschauer Regierung durch eine neue ersetzt oder lediglich erweitert werden sollte. Die Autorität der bestehenden Regierung in Warschau blieb zunächst unangetastet, und es blieb offen, was unter »freien Wahlen« zu verstehen sei. Gerade bei der auf Wunsch der Sowjets aufgenommenen Bestimmung, daß nur »demokratische und antinazistische Parteien« zur Wahl zuzulassen seien, sollte sich erweisen, daß beide Partner derart allgemeine Begriffe ganz unterschiedlich interpretierten.

Das galt auch für die vom amerikanischen Außenministerium ausgearbeitete und in Jalta angenommene »Erklärung über das befreite Europa«. In ihr einigten sich die drei Großmächte auf die »Wiederherstellung der souveränen Rechte und der Selbstregierung« der von den Achsenmächten unterworfenen Völker und der ehemaligen deutschen Satellitenstaaten, ferner auf die gemeinsame Unterstützung dieser Völker bei der Aufgabe, »einstweilige Regierungsbehörden zu bilden, in denen alle demokratischen Elemente der Bevölkerung weitgehend vertreten sind und die zur baldmöglichsten Einsetzung von frei gewählten und dem Willen des Volkes entsprechenden Regierungen verpflichtet sind«.[43] Mit dieser Erklärung verfolgten die Amerikaner das Ziel, an die Stelle der von Churchill und Stalin im Oktober 1944 getroffenen Vereinbarung über die Abgrenzung von Interessensphären die gemeinsame Verantwortlichkeit der Großmächte für alle befreiten europäischen Gebiete zu setzen. Es sollte sich jedoch erweisen, daß die Sowjets auch an ihren südosteuropäischen Grenzen der Bildung nichtkommunistischer Regierungen entgegentraten. Für Jugoslawien billigten Churchill und Stalin in Jalta das Abkommen zwischen Ministerpräsident Šubašić und Tito vom 1. November 1944, das die Errichtung einer gemeinsamen Provisorischen Regierung und die Einsetzung eines dreiköpfigen Regentschaftsrates bis zu einem

Volksentscheid über die Rückkehr des Königs vorsah. Die »Großen Drei« empfahlen, Titos »Antifaschistischen Rat für die Nationale Befreiung Jugoslawiens« durch Mitglieder des jugoslawischen Vorkriegsparlaments zu erweitern und bis zur Schaffung einer verfassunggebenden Versammlung als vorläufige Legislative beizubehalten.

Zu einer kurzen Debatte kam es über den seit 1941 von den Alliierten gemeinsam besetzten Iran. Im Norden dieses Landes hatten die Sowjets unter erheblichem Druck versucht, Ölkonzessionen zu erhalten, und sich nach Weigerung der iranischen Regierung stärker in die einheimische Verwaltung einzumischen gesucht. Die Engländer erstrebten daher ein Abkommen über den baldigen Rückzug aller alliierten Truppen aus dem Lande nach dem Ende des Krieges gegen Deutschland. Doch die Russen erklärten sich zu einem Abkommen über den Rückzug ihrer Truppen nicht bereit.

Angesichts der zahlreichen noch anstehenden Probleme wurde Churchills Vorschlag angenommen, spätestens alle drei Monate periodische Treffen der Außenminister der drei Mächte anzuberaumen, die abwechselnd in den drei Hauptstädten stattfinden sollten. Sie sollten u. a. auch die Frage der Behandlung der »Hauptkriegsverbrecher« behandeln, für deren Erörterung in Jalta keine Zeit geblieben war.

Das abschließende Kommuniqué, das nur einen Teil der Konferenz-Ergebnisse erwähnte, wurde in allen drei Ländern überwiegend positiv aufgenommen. Churchill wurde jedoch am 27. Februar 1945 im Unterhaus wegen der ungenügenden Regelung der Polenfrage angegriffen. Er gab zu, daß die Frage, ob die Polen »Herren im eigenen Haus sein« würden, noch nicht einwandfrei entschieden sei, daß er aber keinen Anlaß habe, an der sowjetischen Vertragstreue zu zweifeln. Auch Roosevelt gab in privatem Kreise zu, daß das Polenabkommen von den Sowjets so ausgelegt werden könne, wie es ihren Zielen entspreche, aber es sei das Äußerste gewesen, was im Moment für Polen habe erreicht werden können.

Die nachträgliche Kritik an Jalta hat den westlichen Staatsmännern vorgeworfen, daß sie die Absichten der Russen nicht erkannt und Stalin aus freien Stücken zu weitgehende Zugeständnisse gemacht hätten. Gewiß sollten sich die Ergebnisse von Jalta für die Westmächte überwiegend als nachteilig herausstellen: Polen und die südosteuropäischen Staaten wurden sowjetische Satelliten, die russische Position in Ostasien wurde

– zumal sich eine sowjetische Teilnahme zur Niederwerfung Japans schließlich als entbehrlich herausstellte – unnötigerweise gestärkt und damit zugleich der kommunistischen Machtergreifung in China Vorschub geleistet. Aber diese Ergebnisse von Jalta waren weniger die Folge mangelnder Standfestigkeit gegenüber sowjetischen Forderungen oder ungeschickter Verhandlungsführung: sie waren vielmehr Folge und Ausdruck der tatsächlichen Machtverhältnisse. Die Vorherrschaft, die die UdSSR durch ihre Streitkräfte über ganz Osteuropa mit Ausnahme Griechenlands ausübte, konnte nicht durch noch so geschickt formulierte Abmachungen rückgängig gemacht werden. Hätten Roosevelt und Churchill z. B. in der Polenfrage kompromißlos die Londoner Exilregierung unterstützt und Jalta ohne Abmachung über die Bildung einer neuen polnischen Regierung verlassen, hätten die Lublin-Polen die unbeschränkte Herrschaft im Lande sofort übernommen. So behielten die westlichen Regierungen immerhin noch die Aussicht, möglichst viele Londoner Polen in die umzubildende Regierung aufgenommen zu sehen. Auch eine strikte Ablehnung der von Moskau vorgeschlagenen polnischen Westgrenze hätte die Sowjets nicht an der Zuteilung eines entsprechenden Gebietes ihrer Besatzungszone in Deutschland an Polen verhindern können. Das Ausmaß des in Jalta für den Westen vertraglich Erreichten wird leicht überdeckt durch die Tatsache, daß die Russen die Abmachungen mit Hilfe sinnwidriger Auslegung nicht einhielten. In Ostasien schienen die Konzessionen an die Sowjetunion durch die Annahme der amerikanischen Militärs gerechtfertigt, daß die japanische Armee auf dem asiatischen Festland ein Potential darstelle, dessen Niederringung enorme Opfer an amerikanischen Menschenleben fordern würde, falls es nicht während der Invasion des japanischen Mutterlandes durch die Sowjetunion gebunden werde. Auch hier wären die Russen in der Lage gewesen, sich die verweigerten Konzessionen – vielleicht mit Ausnahme der Kurilen – beim Zusammenbruch Japans selbst zu nehmen; über die Äußere Mongolei übten sie seit 1920 de facto sowieso bereits die Kontrolle aus. Andererseits konnte Roosevelt nach der sowjetischen Verpflichtung zu einem Bündnisvertrag mit der nationalchinesischen Regierung annehmen, die Gefahr einer sowjetisch-chinesischen Feindschaft und einer sowjetischen Unterstützung der chinesischen Kommunisten gegen Tschiang Kai-schek gebannt zu haben. Im Grunde waren die Abmachungen von Jalta nichts anderes als die Anerkennung des sich neu einpendelnden, tatsächlichen Gleichgewichts der Supermächte. Zur Vermeidung einer neuen Machtverteilung hätten die Westmächte zur Zeit der Jalta-Konferenz – rein theoretisch – nur zwei Wege beschreiten können: sie hätten sich entschließen müssen, entweder den Sowjets nach dem Zusammenbruch Deutschlands sofort gewaltsam entgegenzutreten oder den Kampf gegen Deutschland und Japan kurz vor dem Siege abzubrechen. Der erste Weg hätte die Fortsetzung des Weltkrieges mit für die Menschheit katastrophalen Folgen bedeuten können und hätte bei den Völkern der westlichen Demokratien, die noch im Bewußtsein eines gemeinsamen Kampfes an der Seite des sowjetischen Verbündeten lebten, nicht das geringste Verständnis gefunden. Der zweite Weg hätte den Verzicht auf die Zielsetzung des Krieges bedeutet, vor allem ein Wiedererstehen der aggressiven deutschen Macht in Europa für absehbare Zeit zu verhindern. Dabei hätte schon die Aufnahme von Verhandlungen mit der Hitler-Regierung eine unmögliche Wendung der alliierten Kriegspropaganda erfordert. Um die zukünftige Bedrohung Europas durch die Deutschen auszuschalten, ohne gleichzeitig die Vorherrschaft der UdSSR über Europa in Kauf nehmen zu müssen, hätten die Westmächte nur einen Weg versuchen können, für den es zur Zeit von Jalta allerdings bereits zu spät war: sich mit der deutschen Widerstandsbewegung über Friedensbedingungen zu einigen, deren öffentliche Proklamierung dieser Bewegung in Deutschland selbst von vornherein eine breitere Grundlage für einen erfolgreichen Umsturz hätte geben können. Diese trotz aller Ungewißheit über ein Gelingen des Putsches bis zum Juli 1944 immerhin vorhandene Chance zur Wiederherstellung eines Mächtegleichgewichts in Europa wurde von den westlichen Staatsmännern nicht wahrgenommen, da sie bis zu einem gewissen Grade den Fehlern ihrer Feinde selbst verfallen waren: »Der Ungeist totalitärer Maßnahmen, den sie niederringen wollten, färbte auch auf die Entschlüsse der Gegner Hitlers ab.«[44]

Schon die nächsten Wochen nach der Jalta-Konferenz sollten erweisen, daß sich die Sowjets bei der Verfolgung ihrer Ziele durch die getroffenen Abmachungen in keiner Weise gehemmt fühlten. Anfang März kam es zunächst wegen der Entwicklung in Rumänien zu einer Auseinandersetzung, wo der stellvertretende sowjetische Außenminister Wyschinski bei König Michael in ultimativer Form die Bildung einer neuen, von den Kommunisten beherrschten Regierung unter Ministerpräsident

Groza erzwang. Die Vertreter der Westmächte in der Alliierten Kontrollkommission für Rumänien wurden dabei völlig übergangen. Die amerikanische Regierung sah in dem sowjetischen Vorgehen eine Verletzung der »Erklärung über das befreite Europa«, mußte sich aber mit diplomatischen Protesten begnügen, da sie von den Engländern nicht wirksam unterstützt wurde: Für die Briten mußte die amerikanische Auffassung, daß die Erklärung von Jalta die Übereinkunft über die Interessensphären in Südosteuropa vom Oktober 1944 aufhebe, eine erneute Gefährdung ihrer Position in Griechenland bedeuten und möglicherweise auch dort die Abhaltung geordneter Wahlen in Frage stellen. Beide westlichen Partner erkannten jedoch die Regierung Groza nicht an.

Auch die Moskauer Verhandlungen über die Zusammensetzung einer neuen polnischen Regierung nach den Richtlinien von Jalta kamen keinen Schritt voran. Die Sowjets bestanden darauf, daß nur solche polnischen Politiker zur Beratung über die Umbildung der Warschauer Regierung herangezogen werden sollten, die die Entscheidungen von Jalta anerkannten. Damit wurden Mikolajczyk und andere nationalpolnische Führer, die sich vor allem gegen die in Jalta festgelegte Ostgrenze Polens ausgesprochen hatten, von vornherein ausgeschlossen. Auch durch die Intervention Roosevelts und Churchills Anfang April wurde die Polenfrage nicht gelöst. Um wenigstens die Aufnahme Mikolajczyks in die neue polnische Regierung zu erreichen, der bei den Exilpolen und der öffentlichen Meinung der Westmächte größtes Ansehen genoß, brachte Churchill diesen polnischen Politiker dazu, die Entscheidungen von Jalta anzuerkennen. Aber auch dieses letzte Opfer wurde von Mikolajczyk vergeblich dargebracht. Am 21. April 1945 schlossen die Sowjets mit der Regierung in Warschau demonstrativ einen Freundschafts- und Hilfeleistungspakt ab. In seinem Schreiben an Churchill vom 24. April 1945 machte Stalin Ausführungen, die deutlich eine Teilung Europas in zwei Interessensphären anklingen ließen: Obwohl er nicht wisse, »ob in Griechenland eine wahrhaft repräsentative Regierung errichtet worden ist, oder ob die Regierung in Belgien wahrhaft demokratisch« sei, habe die Sowjetunion bei der Bildung dieser Regierungen kein Einmischungsrecht geltend gemacht, »weil ihr voll bewußt ist, welche Bedeutung Belgien und Griechenland für die Sicherheit Großbritanniens haben«.[45] Im Falle Polens, das unmittelbar an die Sowjetunion grenze, stünden deren Sicherheitsinteressen auf dem Spiel, und daher habe die Sowjetregierung das Recht, auf der Bildung einer freundschaftlichen Regierung in Warschau zu bestehen. Unterdessen hatte das sowjetische Oberkommando den Polen bereits deutsches Territorium einschließlich Danzigs und schlesischer Gebiete zur Verwaltung übergeben. Die Verlautbarungen der Warschauer Regierung sprachen offen von der »Rückkehr« dieser Gebiete, in denen auch schon die Vertreibung der dort lebenden Deutschen und die Ansiedlung von Polen aus dem Osten begannen. Es wurde erkennbar, daß die bestehende kommunistische Regierung immer stärkere Autorität gewann und durch eine andere kaum mehr werde ersetzt werden können.

Wie weit das Mißtrauen zwischen den Alliierten fortgeschritten war, zeigte sich bei dem Versuch vom März 1945, die Teilkapitulation der deutschen Streitkräfte in Norditalien zu erreichen. General der Waffen-SS Wolff, der zu diesem Zwecke am 8. März insgeheim nach Zürich gekommen war, wurde mitgeteilt, daß nur in Caserta – und zwar ausschließlich über eine bedingungslose Teilkapitulation auf rein militärischer Ebene – verhandelt werden könne. Am 12. März wurden die Sowjets von der Kontaktaufnahme unterrichtet und eingeladen, sowjetische Offiziere zur Teilnahme an Verhandlungen nach Caserta zu senden. Molotows sofort erhobene Forderung, sowjetische Vertreter bereits an den Vorbesprechungen in der Schweiz teilnehmen zu lassen, wurde aus Besorgnis darüber abgelehnt, daß eine Einschaltung der Sowjets das Zustandekommen von Verhandlungen möglicherweise verzögern könnte. Daraufhin forderte Molotow am 16. März kategorisch den Abbruch der Gespräche in der Schweiz. Die Vereinigten Stabschefs bestanden jedoch darauf, daß es ausschließlich Sache des jeweiligen Oberbefehlshabers sei, die rein militärische Waffenstreckung der ihm gegenüberstehenden Feindkräfte anzunehmen, solange dabei keine politischen Probleme auftauchten. Das Treffen zweier alliierter Vertreter mit General Wolff, das am 19. März in Ascona zustande kam, verlief übrigens ergebnislos: Wolff mußte zunächst den neuen Oberbefehlshaber Südwest, Generaloberst v. Vietinghoff, für eine Übergabe ohne Genehmigung Hitlers zu gewinnen suchen.

Am 23. März protestierte Molotow und behauptete, seit zwei Wochen fänden in Bern »hinter dem Rücken der Sowjetunion« mit deutschen Vertretern Verhandlungen statt. Die Sowjetregierung sehe darin »kein Mißverständnis, sondern etwas

Schlimmeres«.[46] Daraufhin intervenierte Roosevelt am nächsten Tag mit einer Botschaft an Stalin: Er sei gegenüber seinen Militärs verpflichtet, jede Gelegenheit einer Teilkapitulation deutscher Truppen ohne Verzögerung wahrzunehmen, die für die amerikanischen Streitkräfte eine Vermeidung unnötiger Verluste bedeute. Eine solche Übergabe feindlicher Streitkräfte im Felde sei keine Verletzung des vereinbarten Grundsatzes der bedingungslosen Kapitulation und habe keine politische Bedeutung. Nach einem weiteren Telegrammaustausch offenbarte Stalin dem Präsidenten gegenüber am 3. April seinen ganzen Argwohn und Zweifel an der Aufrichtigkeit der westlichen Verbündeten: seine Militärs bezweifelten

»auf Grund ihrer Unterlagen nicht im geringsten, daß die Verhandlungen zu einem Abkommen mit den Deutschen geführt haben, in dem der deutsche Befehlshaber an der Westfront, Generalfeldmarschall Kesselring, sein Einverständnis erklärt hat, seine Front zu öffnen und den anglo-amerikanischen Truppen den Vormarsch nach Osten freizugeben, wofür ihm die Anglo-Amerikaner eine Erleichterung der Friedensbedingungen versprochen haben ... Als Endergebnis haben die Deutschen im gegenwärtigen Moment an der Westfront den Krieg gegen England und die Vereinigten Staaten praktisch eingestellt. Gleichzeitig setzen die Deutschen den Krieg gegen Rußland ... fort. Es ist leicht zu begreifen, daß eine solche Situation in keiner Weise zur Bewahrung und Stärkung des gegenseitigen Vertrauens unserer Länder beiträgt«[47].

Das sowjetische Mißtrauen wurde durch die Tatsache genährt, daß die Armeen der Amerikaner und Engländer Ende März/Anfang April an der Westfront verhältnismäßig schnell vorankamen, während sich der Vormarsch der Roten Armee verzögerte. Roosevelt wies am 5. April die Anschuldigungen der Sowjets zurück und erklärte, daß der rasche Vormarsch der anglo-amerikanischen Truppen in Westdeutschland die Folge der absoluten Luftherrschaft und der bereits westlich des Rheins erfolgten Zerschlagung des Gros der deutschen Streitkräfte sei. Er fügte die prophetischen Worte hinzu:

»Es wäre eine der großen Tragödien der Weltgeschichte, wenn sich nach all den ungeheuren Opfern« im Moment des Sieges »ein solcher Mangel an Vertrauen und ein derartiger Argwohn einstellen und unser gewaltiges Unterfangen gefährden würden.«[48]

Diese Worte charakterisierten die Krisensituation, in der sich die Allianz der »Großen Drei« befand, als Roosevelt am 12. April 1945 überraschend an Gehirnschlag starb. Der Zeitpunkt seines

Todes rettete seinen Nimbus als stets erfolgreicher Staatsmann: er starb, als der Sieg, um den er sich so große Verdienste erworben hatte, unumstößlich gesichert war, als aber zugleich das Bündnis, das er für eine Zusammenarbeit nach dem Kriege zu erhalten bestrebt gewesen war, unaufhaltsam zu zerbrechen begann. Bis zur letzten Stunde seines Lebens hatte er die Politik verfolgt, das Mißtrauen der Sowjets durch Beweise guten Willens und die aufrichtige Verfolgung gemeinsamer Ziele zu überwinden und die Sowjetunion zum Partner für den Aufbau eines dauerhaften Weltfriedens zu machen. Noch in seiner letzten Botschaft an Stalin am Tage seines Todes betonte er am Beispiel des unterdessen beigelegten Schweizer Zwischenfalles, wie unnütz solche Mißverständnisse seien und wie wichtig es sei, sie zukünftig durch gegenseitiges Vertrauen zu vermeiden. Es ist zwar anzunehmen, daß auch Roosevelt seine Politik der Großzügigkeit gegenüber der Sowjetunion angesichts der hartnäckig verfolgten selbstsüchtigen Interessenpolitik des Kreml auf eine Politik des Gegendrucks hätte umstellen müssen – keinesfalls aber hätte er sich dazu vor einem Kriegsende in Ostasien entschlossen. Der neue Präsident Truman wurde zunächst von denselben Mitarbeitern beraten wie Roosevelt, und zu Roosevelts Lebzeiten begannen aus diesem Kreise erst wenige Männer einen härteren Kurs gegenüber den Sowjets zu empfehlen. Noch wogen die aufgetretenen Schwierigkeiten mit den Sowjets gering gegenüber dem Beitrag, den die Sowjetunion zum Kriege leistete. Den sowjetischen Zielen in Europa entgegenzutreten, hätte immerhin die langfristige Stationierung amerikanischer Streitkräfte auf dem Kontinent und den Verzicht auf die sowjetische Hilfe gegen Japan bedeutet. Konnte demgegenüber die sowjetische Politik durch Verständnis für ihre Forderungen nicht doch noch mäßigend beeinflußt werden? Würden sich nicht manche der aufgetretenen Probleme auf längere Sicht als weniger gewichtig erweisen, vor allem, wenn erst einmal eine Organisation zur kollektiven Sicherung des Friedens errichtet sein würde? Die Entscheidung dieser Fragen war das Erbe, das Roosevelt dem neuen Präsidenten hinterließ, und dieser entschied sie zunächst wie sein Vorgänger. Wenn Truman auch im Ton oftmals entschiedener auftrat, setzte er doch die Politik fort, die Absichten und Forderungen Moskaus nach Möglichkeit konkret zu klären und zu mäßigen. Er hielt die von Roosevelt mit den Sowjets getroffenen Vereinbarungen ein, wenn es ihm auch – wie beim Jalta-Abkommen über Ostasien – schwerfiel. Vor allem aber unternahm er alle Anstrengungen, um die Organisation der Vereinten Nationen zu verwirklichen, in der die Kriegsallianz allmählich aufgehen sollte. Nachdem in Jalta die beiden Probleme des Mitgliederkreises und des Abstimmungsmodus im Sicherheitsrat eine Kompromißlösung gefunden hatten, konnten am 5. März 1945 sechsundvierzig Staaten nach San Franzisko eingeladen werden, die gemäß der in Jalta vereinbarten Vorbedingung dem »gemeinsamen Feind« bis zum 1. März den Krieg erklärt hatten. Am 25. April 1945 – am gleichen Tage, an dem sich die amerikanischen und sowjetischen Truppen an der Elbe trafen – wurde die Konferenz eröffnet. Die Erfüllung von Molotows Forderung, die umstrittene Warschauer Regierung zur Konferenz einzuladen, wurde an die Bedingung ihrer vorherigen Umbildung nach den Beschlüssen von Jalta geknüpft. Das Plenum überstimmte auch Molotows Widerstand gegen eine Einladung Argentiniens, das am 1. März noch nicht in den Krieg eingetreten war: das Land wurde zusammen mit der Ukraine und Weißrußland als Gründungsmitglied anerkannt. Als auch über die Zulassung Dänemarks Einigkeit erzielt worden war, stieg die Zahl der Gründungsmitglieder der Vereinten Nationen auf fünfzig Staaten. Am 26. Juni 1945 unterzeichneten deren Vertreter in San Franzisko die Satzung der Vereinten Nationen: die Hoffnung, daß die Kriegsallianz der Großmächte auch im Frieden Bestand haben werde, schien neu aufzuleben. Auch in der festgefahrenen Polenfrage war wenigstens der tote Punkt überwunden worden: Als die Außenminister der drei Mächte im April/Mai bei ihren Gesprächen über Polen in San Franzisko nicht weiterkamen, entschloß sich Truman, Harry Hopkins am 23. Mai als Sondergesandten nach Moskau zu schicken, um alle schwebenden Fragen mit Stalin zu besprechen und für Mitte Juli ein Treffen der drei Staatschefs im Raum von Berlin zu verabreden. Hopkins' Mission ebnete den Weg dafür, daß endlich eine Liste derjenigen polnischen Führer vereinbart werden konnte, die zu den Beratungen über die Regierungsumbildung herangezogen werden sollten. Am 17. Juni trafen die eingeladenen polnischen Führer, unter ihnen auch Mikolajczyk, in Moskau ein und nach fünftägigen Verhandlungen hatte man sich über die Zusammensetzung der neuen »Provisorischen Regierung der Nationalen Einheit« unter Ministerpräsident Osóbka-Morawski geeinigt, die am 5. Juli 1945 von allen drei Großmächten anerkannt wurde. Die Westmächte hatten sich allerdings in das Unvermeidliche schicken müssen, daß auch das neue Kabinett von den Lublin-Polen beherrscht blieb. Immerhin hatten sie das im Augenblick Mögliche erreicht und es bestand die Hoffnung, daß das bevorstehende Dreier-Treffen die Grundlagen zur Abhaltung leidlich unbehinderter Wahlen in Polen und damit zur Bildung einer verhältnismäßig unabhängigen und für alle drei Verbündeten annehmbaren Regierung schaffen werde.

Churchills Abkommen mit Stalin vom Oktober 1944 über den paritätischen Einfluß in Jugoslawien sollte sich für die Westmächte als Enttäuschung herausstellen. Zwar hatte dort der vorgesehene Regentschaftsrat nach langen Auseinandersetzungen am 5. März 1945 eingesetzt werden und auch die im Vertrag zwischen Tito und Šubašić vorgesehene Koalitionsregierung gebildet werden können, die jedoch völlig von Titos Anhängern beherrscht wurde. Die in Jalta empfohlene Erweiterung der Legislative durch Aufnahme von Mitgliedern des Vorkriegsparlaments war nicht erfolgt. Die neue Regierung schloß am 11. April 1945 mit Moskau einen gegen Deutschland gerichteten Beistandspakt ab. Vor allem die jugoslawischen Gebietsansprüche gegenüber Österreich sowie vor allem gegenüber Italien – die seit der Auflösung der österreichisch-ungarischen Monarchie ein Streitobjekt gewesen waren – ließen Tito verstärkten Rückhalt bei den Sowjets suchen. Ungeachtet der im Februar 1945 in Belgrad mit dem alliierten Oberbefehlshaber in Italien, Feldmarschall Alexander, vereinbarten Demarkationslinie, die von Fiume aus nach Norden lief, waren Titos Partisanen in der italienischen Provinz Venetia Giulia bis an den Isonzo vorgerückt, um für die gewünschten Annexionen ein Fait accompli zu schaffen. Am 2. Mai erreichten neuseeländische Truppen Görz und Triest – wo zwei Tage zuvor bereits Titos Partisanen eingedrungen waren – und nahmen die Kapitulation der deutschen Garnison entgegen. Über die Verwaltung des gemeinsam besetzten Gebietes kam es zwischen der alliierten Militärregierung und den Jugoslawen zu Auseinandersetzungen, die sich bei der Vermischung der englischen und jugoslawischen Verbände zu offenen Feindseligkeiten auszuweiten drohten. Obwohl auch Truman das einseitige Vorgehen Titos verurteilte, war er nicht bereit, den Rückzug der Jugoslawen gegebenenfalls durch den Einsatz amerikanischer Verbände zu erzwingen: Die amerikanischen Streitkräfte sollten keinesfalls in Auseinandersetzungen auf dem

Balkan verwickelt, sondern schleunigst in den Pazifik gesandt werden. Es gelang den Westmächten schließlich, mit den Jugoslawen am 9. Juni 1945 zu einem Übereinkommen zu gelangen, das die jugoslawischen Streitkräfte westlich einer Triest einschließenden Demarkationslinie auf eine bestimmte Stärke beschränkte und sie alliiertem Oberbefehl unterstellte. Stalin beschwerte sich in einer Botschaft an Churchill vom 21. Juni über das Verhalten Feldmarschall Alexanders und trat für die »berechtigten Interessen der Jugoslawen in bezug auf Istrien und Triest«[49] ein.

Ein weiteres offenes Problem war die Verteilung der Besatzungszonen in Österreich, das nach der Moskauer Erklärung vom 1. November 1943 wieder unabhängig werden sollte. Eine Einigung über das Besatzungsregime hatte sich im Verlauf des Jahres 1944 deswegen verzögert, weil die Amerikaner kein Interesse an der Übernahme einer Besatzungszone in Österreich zeigten. Erst als der amerikanische Vertreter in der EAC im Dezember 1944 seine Regierung unter Hinweis auf die Vorgänge in Bulgarien mahnte, daß der zukünftige Einfluß auf die Geschicke Österreichs nur durch eine Beteiligung an der Besetzung des Landes gesichert sein werde, meldete diese ihren Anspruch an. Anfang April 1945 war man sich in der EAC über die ungefähre Verteilung der vier Besatzungszonen einig, nicht jedoch über deren Ausdehnung und Abgrenzung, – vor allem nicht über die Einteilung der Sektoren der in der Sowjetzone liegenden Hauptstadt Wien. Zur völligen Überraschung der Westmächte ließen die Sowjets nach der Einnahme Wiens die Bildung einer provisorischen österreichischen Regierung unter dem Sozialdemokraten Karl Renner zu, in der verschiedene Posten von Kommunisten besetzt waren. Diese Regierung wurde am 29. April vom dortigen sowjetischen Oberbefehlshaber, Marschall Tolbuchin, anerkannt. Da die Westmächte vorher nicht konsultiert worden waren und ihren Militärmissionen der Zugang nach Wien verwehrt wurde, befürchteten sie die Einrichtung eines weiteren sowjetischen Satellitenregimes und erkannten ihrerseits die Regierung Renner zunächst nicht an. Erst nach der Überwindung des allgemeinen Tiefpunkts in den Beziehungen zwischen den Westmächten und der Sowjetunion vom April/Mai 1945 wurde auch in der österreichischen Besatzungsfrage ein Übereinkommen erzielt. Am 4. Juli einigte sich die EAC über die Errichtung eines gemeinsamen Kontrollrats nach dem für Deutschland vorgesehenen

Muster, wenige Tage später über die Besatzungszonen und die Wiener Sektoren. Im Laufe des Juli übernahmen die Westmächte die bisher von den Sowjets besetzten Teile ihrer Zonen und die Sektoren in Wien.

Als sich im April/Mai 1945 durch die sowjetische Haltung bezüglich Polens, Triests, der inneren Verhältnisse in den südosteuropäischen Staaten, des Abstimmungsverfahrens im Sicherheitsrat und des »Schweizer Zwischenfalls« (vgl. S. 463 f.) das Verhältnis der Westmächte zu den Sowjets merklich verschlechterte und die Rote Armee Österreich zu überrennen drohte, drang Churchill bei seinen amerikanischen Verbündeten darauf, in Deutschland möglichst weit über die Elbe nach Osten vorzustoßen. Sein Wunsch, bis Berlin vorzugehen, wurde aber von dem rein militärisch denkenden Eisenhower nicht erfüllt, der Berlin für »kein wichtiges Operationsziel« hielt und im Einvernehmen mit den Sowjets an der Elbe-Mulde-Linie stehenblieb. Churchill drängte gleichfalls auf eine Besetzung der westlichen Tschechoslowakei und Prags. Doch Eisenhower vereinbarte auch hier mit den Sowjets, seine Verbände an der Linie Karlsbad–Pilsen–Budweis anzuhalten.

Bereits am 18. April 1945 hatte Churchill den amerikanischen Präsidenten beschworen, die amerikanisch-englischen Truppen sollten erst dann auf die Zonengrenzen zurückgenommen werden, wenn mit den Sowjets eine Einigung in verschiedenen Fragen erreicht sein würde. In einem Memorandum für den in San Franzisko weilenden Eden vom 4. Mai 1945 schrieb er:

»Bevor die Westmächte aus ihren gegenwärtigen Stellungen auf die vorgesehenen Zonengrenzen zurückfallen, müssen wir in folgenden Punkten bindende Zusicherungen haben: Polen, den temporären Charakter der russischen Besetzung Deutschlands, die in den russifizierten oder russisch-kontrollierten Ländern des Donaubekkens einzuführende Ordnung mit besonderer Berücksichtigung Österreichs, der Tschechoslowakei und des Balkans ... Eine Lösung für alle diese Dinge ist aber nur zu finden, bevor die amerikanischen Armeen in Europa geschwächt werden.«[50]

Aber die amerikanische Führung, die ihre Armeen so schnell wie möglich gegen Japan in den Kampf werfen wollte, war keinesfalls bereit, in Europa solange starke Streitkräfte zu unterhalten, bis die Sowjets die westlichen Wünsche erfüllt haben würden. Hinter Churchills Vorschlag vermutete sie die Absicht, die Vereinigten Staaten in rein europäische Angelegenheiten zu verwickeln. Sie war der Ansicht, daß ein solcher Schritt das Bündnis mit Moskau endgültig zerstören würde, ohne zugleich die Sowjets daran zu hindern, die Westmächte von Berlin und Wien auszuschließen, das gemeinsame Kontrollratssystem für Deutschland und Österreich zu blockieren und Polen sowie der Tschechoslowakei ihren Willen aufzuzwingen. Truman blieb daher bei seiner Auffassung, daß sich die Truppen der Westmächte auf die vereinbarten Zonen zurückziehen sollten, sobald es die militärische Lage erlaubte. Churchill suchte nunmehr das Datum der für Mitte Juli festgesetzten Dreier-Konferenz vorzuverlegen, damit der Rückzug der alliierten Truppen wenigstens zum Zeitpunkt des Zusammentreffens der Staatschefs noch nicht vollzogen sei. Doch Truman, der durch innenpolitische Aufgaben – vor allem die Vorlage des Haushaltsplans vor dem Kongreß – in Anspruch genommen war und sich darüber hinaus erst noch weitgehend auf die außenpolitischen Probleme, die auf der Konferenz zur Sprache kommen sollten, vorbereiten mußte, erklärte sich mit einer Vorverlegung der Konferenz nicht einverstanden. Es blieb Churchill nichts anderes übrig, als sich der zwischen Truman und Stalin Mitte Juni getroffenen Vereinbarung über die Zurücknahme der amerikanischen Truppen auch seinerseits anzuschließen: Beginnend mit dem 1. Juli zogen sich die Streitkräfte der beiden Westmächte innerhalb von vier Tagen aus der Tschechoslowakei, aus Sachsen, Thüringen, der Provinz Sachsen und aus Mecklenburg auf die Zonengrenzen zurück und nahmen gleichzeitig die vereinbarten Sektoren von Berlin in Besitz. Bereits am 5. Juni 1945 hatten sich in Berlin die von ihren Regierungen zu Mitgliedern des Alliierten Kontrollrats bestellten vier Oberbefehlshaber General Eisenhower, Feldmarschall Montgomery, Marschall Schukow und General de Lattre de Tassigny getroffen und drei Erklärungen veröffentlicht, in denen die Übernahme der obersten Regierungsgewalt in Deutschland durch die Siegermächte nebst weiteren Bestimmungen für die Entmilitarisierung und Beherrschung Deutschlands, ferner die Grenzen der Besatzungszonen sowie die Viermächte-Besetzung Berlins und die Organisation des Kontrollrats bekanntgegeben wurden. Am 17. Juli 1945 wurde das Oberste Hauptquartier der Alliierten Expeditionsstreitkräfte (SHAEF) – das wohl bisher erfolgreichste gemeinsame Oberkommando in der Geschichte der Koalitionskriege – aufgelöst und die Befehlsgewalt General Eisenhowers auf die Truppen der amerikanischen Zone eingeschränkt. Die Franzosen konnten ihre Besatzungszone und ihren Sektor in Berlin erst übernehmen, nachdem in der EAC am 26. Juli 1945 ein entsprechendes Abkommen unterzeichnet worden war.

Das für Deutschland errichtete Kontrollsystem mußte jedoch ohne die Festlegung einer einheitlichen Deutschlandpolitik der vier Besatzungsmächte unwirksam bleiben. Für die amerikanische Besatzungszone hatte der amerikanische Generalstab am 14. Mai 1945 endgültig die von Truman gebilligte geheime Direktive J.C.S. 1067 herausgegeben, die für die erste Nachkriegszeit gelten sollte und durch die Übernahme von Relikten des Morgenthau-Plans einen noch überwiegend »negativen« Charakter trug. Als Ziele stellte die Direktive die »Ausschaltung des Nazismus und Militarismus«, die Verhaftung der Kriegsverbrecher, die industrielle Abrüstung, die Durchführung des Reparations- und Rückerstattungsprogramms und die »Vorbereitungen zu einem späteren Wiederaufbau des deutschen politischen Lebens auf demokratischer Grundlage«[51] auf. Die deutsche Wirtschaft war nur so weit zu fördern, daß der Bedarf der Besatzungskräfte gedeckt und deren Gefährdung durch Hungersnot, Seuchen und Unruhen im Lande ausgeschaltet wurden. Die Einigung auf eine gemeinsame Deutschlandpolitik, die es den Besatzungsmächten erlaubte, die Instruktionen für ihre jeweiligen Zonen-Oberbefehlshaber aufeinander abzustimmen, war eine der Hauptaufgaben, die es auf der in Aussicht genommenen Konferenz zu lösen galt.

Das wachsende Mißtrauen zwischen den Alliierten hatte bewirkt, daß sich die Einstellung beider Seiten in der Frage einer Aufteilung Deutschlands in mehrere Staaten seit Jalta geändert hatte. Schon sechs Wochen nach Jalta war Churchill der Ansicht, daß eine solche Aufteilung nicht erwogen werden solle, solange die Zweifel über die wahren sowjetischen Absichten nicht beseitigt seien. Dabei klang neben politischen Erwägungen die Befürchtung an, daß die hohen sowjetischen Reparationsforderungen gegenüber einem zerstückelten Deutschland eines Tages eine wirtschaftliche Unterstützung der Deutschen durch England notwendig machen könnten. Der auf Grund der Jalta-Beschlüsse eingesetzte Ausschuß, der die Aufteilungsvorschläge ausarbeiten sollte, kam daher im März 1945 mit seiner Arbeit keinen Schritt voran. Am 26. März vertrat auch der sowjetische Vertreter Gusew die Auffassung, daß der in Jalta getroffene Aufteilungsbeschluß keineswegs obligatorisch sei, sondern nur ein Mittel unter anderen darstelle, um Deutschland in Zukunft unschädlich zu machen. Für die Änderung der sowjetischen Politik gab es mehrere Gründe: Einmal schien Deutschland den Sowjets durch die Übergabe der Gebiete östlich der Oder-Neiße-Linie an Polen, die sie in der gegebenen Situation als endgültige Lösung auch gegenüber den Westmächten durchzusetzen hoffen konnten, genügend geschwächt zu sein. Zum anderen sicherte ihnen die Erhaltung der deutschen Einheit Reparationen aus ganz Deutschland und Einfluß auf das Industriegebiet an der Ruhr. Vielleicht spielten sie auch bereits mit dem Gedanken, daß die chaotischen Zustände im völlig zerstörten Deutschland einer kommunistischen Machtergreifung Vorschub leisten und ganz Deutschland in ihren Machtbereich bringen konnten – besonders dann, wenn sich die Amerikaner bald aus Europa zurückzogen. Vor allem aber konnten die Sowjets im Falle einer nicht erfolgenden Einigung auf eine ihnen genehme Deutschlandpolitik durch die Abschnürung der sowjetischen Zone immer noch eine Teilung bewerkstelligen.

Zur Konferenz von Potsdam, die sechzehn Tage dauerte und die längste, im Grunde aber erfolgloseste der alliierten Kriegskonferenzen war, kamen die drei Partner mit unterschiedlichen Zielen. Stalin verfolgte drei Hauptziele: größtmögliche Reparationen aus Deutschland, Anerkennung der kommunistisch beherrschten Regierungen in den Satellitenstaaten und Abrundung der sowjetischen Sicherheits- und Einflußzone nach Westen und Süden. Zur Verwirklichung der letzten Absicht waren im Juni bereits Schritte unternommen worden: Durch einen Vertrag mit der Tschechoslowakei vom 29. Juni 1945 hatten sich die Sowjets den östlichsten Teil dieses Landes, die Karpato-Ukraine, abtreten lassen, dadurch alle Ukrainer unter ihrer Herrschaft vereint und die Kontrolle über wichtige Karpatenpässe sowie eine gemeinsame Grenze mit Ungarn gewonnen. Polen wurde durch die Übergabe deutscher Gebiete bis zur Oder-Neiße-Linie vorgeschoben. Nach der Kündigung des Freundschafts- und Neutralitätspaktes mit der Türkei aus dem Jahre 1925 erhoben die Sowjets im Juni Forderungen auf Stützpunkte in den türkischen Meerengen und auf die beiden östlichen Provinzen Kars und Ardaban, die bis 1921 zur Sowjetunion gehört hatten. Gleichzeitig ließen sie die Note der persischen Regierung an die drei Großmächte, die an den Rückzug der ausländischen Besatzungstruppen erinnerte, unbeantwortet und schürten weiterhin die Separatistenbewegung in den nordpersischen Gebieten.

Truman und der Anfang Juli 1945 neu ernannte Außenminister James F. Byrnes, die beide keine außenpolitischen Erfahrungen besaßen und sich daher um so gründlicher auf alle auftauchenden Probleme vorbereitet hatten, verfolgten in Potsdam das Hauptziel, den Vereinigten Staaten einen baldigen Rückzug aus Europa zu ermöglichen. Ihnen lag daran, gemeinsame Richtlinien für die Behandlung Deutschlands durch die Alliierten festzulegen, in den befreiten europäischen Ländern durch Überwachung und Unterstützung freier Wahlen baldigst vom Volkswillen getragene Regierungen zu bilden und Friedensverträge auszuarbeiten, die mit diesen Regierungen abgeschlossen werden konnten. Europa sollte so bald wie möglich »normalisiert« und wirtschaftlich auf eigene Füße gestellt werden.

Die Ziele der britischen Regierung gingen mit denen der Amerikaner im großen und ganzen konform – bis auf zwei Ausnahmen: Aus Sorge vor der sowjetischen Ausdehnung hoffte sie einen baldigen Rückzug der Vereinigten Staaten aus Europa hinauszögern zu können, um hier das militärische Gegengewicht gegen die Sowjets zu bewahren. Ferner wünschten die Briten bei den großen wirtschaftlichen Schwierigkeiten, mit denen sie selbst zu kämpfen hatten, eine großzügige amerikanische Unterstützung und vor allem eine Deutschlandregelung, die die Versorgung der dichten Industriebevölkerung in der britischen Besatzungszone aus den sowjetisch besetzten Agrargebieten Ostdeutschlands ermöglichte, um ihre eigenen angespannten Hilfsquellen damit nicht noch zusätzlich belasten zu müssen. Diese Erwägung sollte sie in Potsdam vor allem zu den sowjetischen Reparationsforderungen in schärferen Gegensatz bringen als die Amerikaner, die immer noch einer harten Bestrafung des besiegten Gegners zuneigten.

In England war am 23. Mai 1945 die nationale Koalitionsregierung aus innenpolitischen Gründen auseinandergebrochen, und für Juli waren Neuwahlen festgesetzt worden. Churchill lud daher den Führer der Labour-Party, Clement Attlee, ein, der Konferenz von Anfang an als Beobachter beizuwohnen, um im Falle eines Regierungswechsels eine kontinuierliche englische Politik zu sichern. Als Attlee durch den Wahlausgang das Amt des Premiers zufiel, kehrte er mit seinem neuen Außenminister Ernest Bevin nach Potsdam zurück, während Churchill in England blieb. Obwohl die britische Außenpolitik eine überraschende Kontinuität zeigte, beeinträchtigte das zeitliche Zusammentreffen von Konferenz und Wahlen die britische Position in Potsdam.

Bei der Eröffnung der Konferenz in Schloß Cäcilienhof am 17. Juli legte Truman, der den Vorsitz führte, vier Vorschläge vor: (1) die Errichtung eines Außenministerrates der fünf Großmächte für die Vorbereitung von Friedensverträgen mit den ehemaligen Feindstaaten, (2) die Vereinbarung einer gemeinsamen Politik gegenüber Deutschland, (3) gemeinsame Schritte im Sinne der Jalta-Deklaration über das befreite Europa, um in Italien, Griechenland, Rumänien, Bulgarien und Ungarn freie Wahlen zu beaufsichtigen, und (4) die Erleichterung der Waffenstillstandsbedingungen für Italien und die Aufnahme dieses Landes in die Vereinten Nationen, da es den Kampf gegen Deutschland unterstützt und Japan den Krieg erklärt hatte.

Die Bildung des vorgeschlagenen Außenministerrates wurde bereits in den nächsten Tagen vereinbart und seine erste Sitzung auf den 1. September in London festgesetzt. Da sich sowohl Stalin wie Churchill gegen eine Beteiligung Chinas an europäischen Fragen wandten, wurde bestimmt, daß der Rat bei der Behandlung der Friedensverträge jeweils aus denjenigen Mitgliedstaaten zusammengesetzt sein sollte, deren Vertreter die Kapitulationsbedingungen des betreffenden Feindlandes unterzeichnet hatten. Frankreich sollte wenigstens bei der Ausarbeitung der Friedensverträge mit Italien und später mit Deutschland beteiligt werden. Die EAC sollte mit Errichtung des Außenministerrats aufgelöst werden.

Hinsichtlich der Behandlung Deutschlands einigten sich die drei Mächte ohne große Schwierigkeiten auf gewisse politische Grundsätze, die in vieler Hinsicht der von den Amerikanern für ihre Zone erlassenen Direktive J.C.S. 1067 entsprachen. Diese Grundsätze banden die Besatzungsmächte jedoch nicht hinsichtlich einer einheitlichen positiven Politik gegenüber Deutschland: Mit der Vorbehaltsklausel zugunsten der »militärischen Sicherheit« konnten praktisch alle individuellen Maßnahmen eines Zonen-Oberbefehlshabers gedeckt werden und der Begriff zuzulassender »demokratischer Parteien« konnte durchaus verschieden ausgelegt werden; über seinen Inhalt waren sich die Alliierten nur hinsichtlich seines negativen, gegen den Nationalsozialismus gerichteten Charakters einig.

Die Festlegung der gemeinsamen Grundsätze für die wirtschaftliche Behandlung Deutschlands bereitete dagegen erhebliche Schwierigkeiten. Bei den eng miteinander verflochtenen

Fragen des Umfangs der Reparationen und der Festlegung der deutschen Ostgrenze kam es zwischen den Westmächten und den Sowjets zu scharfen Auseinandersetzungen. Churchill wandte sich aus wirtschaftlichen und humanitären Gründen gegen eine Ausdehnung Polens bis zur westlichen (Lausitzer) Neiße, da sie die Vertreibung und Umsiedlung zusätzlicher Millionen Deutscher nach Westen bedeutete und durch die gleichzeitige Abtrennung eines Viertels der deutschen landwirtschaftlichen Nutzfläche von 1937 die Versorgung der Bevölkerung in den westlichen Besatzungszonen erschweren mußte. England litt selbst unter Nahrungsmittelknappheit und war nicht gewillt, die um Millionen von Flüchtlingen vermehrte deutsche Bevölkerung als Folge der sowjetischen Politik für längere Zeit durch Einkäufe aus dem Ausland, vor allem aus den Vereinigten Staaten, zu ernähren. Außerdem war Churchill wohl der Ansicht, daß die Annexion derart umfangreichen deutschen Gebiets durch Polen den Samen zu einem Revanchekrieg legen würde. Deutschland aber auf die Dauer so schwach zu halten, daß es zu einem solchen nicht fähig war, mußte wiederum den wirtschaftlichen Wiederaufbau Europas verhindern und die sowjetische Vorherrschaft auf dem europäischen Kontinent zu einem Dauerzustand machen. Aber Stalin war nicht bereit, auf die Garantien zu verzichten, die er für die zukünftige Sicherheit der Sowjetunion als notwendig ansah. Er behauptete, in den umstrittenen Gebieten seien fast keine Deutschen zurückgeblieben und die Deutschen könnten durch Exporte Lebensmittel von den Polen kaufen. Nicht zu Unrecht entgegnete Churchill dieser Vorstellung mit der Frage, wie denn die Deutschen bei den enormen sowjetischen Reparationsforderungen ihre Produktionsfähigkeit für einen solchen Export wiederherstellen sollten. Sein Vorschlag, bis zu einem Friedensvertrag mit Deutschland eine Linie festzulegen und die Gebiete östlich davon den Polen als eigenes Territorium zuzuteilen, während sie die westlichen Gebiete im Auftrag der sowjetischen Besatzungsmacht gemäß den Vereinbarungen der drei Großmächte verwalten sollten, stieß auf Stalins Ablehnung. Obwohl Churchill darauf drang, die Entscheidung über die deutsch-polnische Grenze nicht zu verschieben, da sich die gegenwärtige Lage bei weiterer Verzögerung lediglich konsolidieren, eine Regelung immer schwieriger werden und in der britischen Zone unweigerlich der Hungerwinter anbrechen würde, blieb die Frage der deutschen Ostgrenze in Potsdam ungelöst.

Ein weiterer Streitpunkt war die Reparationsfrage. Die Sowjets behaupteten, daß Roosevelt in Jalta der Reparationssumme von 20 Milliarden Dollar zugestimmt habe, und wiederholten ihren Anspruch auf die Hälfte dieser Summe. Unterdessen hatten sich auch die Amerikaner zu dem englischen Standpunkt bekehrt, keine Gesamtsumme festzusetzen, bevor die deutsche Leistungsfähigkeit bekannt sei. Sie befürchteten, daß sich die Vereinigten Staaten unter Umständen gezwungen sehen könnten, Deutschlands Importe zu finanzieren und wie nach dem Ersten Weltkrieg bei der Zahlung der deutschen Reparationen an andere zu helfen, wenn sie das Land nicht durch Verelendung dem Kommunismus in die Arme treiben wollten. Die Westmächte waren nur bereit, den prozentualen Anteil festzulegen, den jede der drei Mächte von jener industriellen Ausrüstung Deutschlands bekommen sollte, die nicht zur Erhaltung eines gewissen deutschen Lebensstandards ohne Hilfe von außen benötigt würde. Die Auseinandersetzung über die Reparationen beschwor bei den Sowjets die Vorstellung herauf, daß den Westmächten die Schonung der Deutschen wichtiger sei als die Leistung einer entsprechenden Wiedergutmachung an die schwer geschädigte Sowjetunion, während andererseits bei den Westmächten das Empfinden wachgerufen wurde, daß die Sowjets die Schwierigkeiten und Probleme Westeuropas aus egoistischen Gründen völlig negierten. Die Beratungen der Reparationskommission, die gemäß den Beschlüssen von Jalta seit dem 21. Juni in Moskau tagte, waren ergebnislos geblieben und wurden nun auch in Potsdam ohne Erfolg fortgesetzt. Dort wuchs der Widerstand auch der Amerikaner gegen die Festsetzung einer Endsumme in dem Maße, in dem die Sowjets auf der Abtretung weiter ostdeutscher Gebiete an Polen bestanden. Da diese Abtrennung von Gebieten der sowjetischen Zone die Gesamtbasis der aufzuteilenden Reparationen schmälerte, änderten die Amerikaner ihre Konzeption dahingehend, daß jede Besatzungsmacht ihre Reparationen in erster Linie der eigenen Zone entnehmen sollte.

Der durch die harte Schule amerikanischer Innenpolitik geprägte Verhandlungstaktiker Byrnes entwarf einen »Paketvorschlag«, der die Fragen der Reparationen, der polnischen Westgrenze und den Abschluß eines Friedens mit Italien sowie die Aufnahme dieses Landes in die Organisation der Vereinten Nationen zusammenfaßte. Diesem Vorschlag lag der praktische Gedanke zugrunde, für die De-facto-Anerkennung der sowieso nicht zu ändernden sowjetischen Eigenmächtigkeit in der Frage der polnischen Grenzen eine Stabilisierung der Verhältnisse in Westeuropa zu erreichen und eine weitere sowjetische Einmischung in diese Verhältnisse nach Möglichkeit auszuschließen. Byrnes schlug vor, daß die Reparationsansprüche der Sowjetunion grundsätzlich durch Entnahme von Kapitalgütern aus ihrer eigenen Zone befriedigt werden sollten, die Ansprüche der Westmächte aus den westlichen Zonen. Zusätzlich sollten die Sowjets einen Anteil von der industriellen Ausrüstung des Ruhrgebiets erhalten, soweit sie für die deutsche Friedenswirtschaft unnötig sei, und zwar zum Teil ohne Gegenleistung, zum Teil im Austausch gegen Nahrungsmittel, Kohle und andere Waren aus der sowjetischen Zone. Auf Wunsch Bevins wurde bestimmt, daß der sowjetische Anteil nicht allein aus der britischen Zone, sondern aus allen Westzonen zu entnehmen sei, und es wurde schließlich vereinbart, daß 10 Prozent der industriellen Ausstattung in diesen Zonen ohne Gegenleistung und 15 Prozent im Austausch gegen andere Güter an die Sowjets abgetreten werden sollten. Da schätzungsweise 40 Prozent aller deutschen Kapitalgüter in der Sowjetzone lagen, bekamen die Sowjets mit der Festlegung dieser Prozentzahlen die ursprünglich geforderte Hälfte der deutschen Gesamtreparationen zugesprochen, während gleichzeitig die englische Forderung nach Versorgungsgütern aus der östlichen Zone befriedigt war. Für das sowjetische Einverständnis mit dieser Reparationsregelung stimmten die Westmächte in der polnischen Grenzfrage zu, daß die Gebiete östlich der Oder-(Lausitzer)Neiße-Linie »unter die Verwaltung des polnischen Staates kommen und in dieser Hinsicht nicht als Teil der sowjetischen Besatzungszone in Deutschland betrachtet werden« sollten. Die drei Mächte bekräftigten jedoch »ihre Auffassung, daß die endgültige Festlegung der Westgrenze Polens bis zu der Friedenskonferenz zurückgestellt werden soll«.[52] Hinsichtlich Italiens erklärten sich die Sowjets einverstanden, daß die Vorbereitung des Friedensvertrages mit diesem Lande im Außenministerrat vordringlich behandelt werden solle und nach Friedensschluß Italiens Antrag auf Mitgliedschaft in den Vereinten Nationen von allen drei Mächten unterstützt werden solle. Bis dahin hatten die Sowjets sich dagegen gesperrt, wenn nicht gleichzeitig ihre Satelliten anerkannt und in die UN aufgenommen würden.

Stalin hatte auf die Festsetzung einer Reparationsendsumme

verzichtet und dem westlichen Reparationsvorschlag zugestimmt, da er bei einem Scheitern der Verhandlungen damit rechnen mußte, von der überwiegend in Westdeutschland liegenden deutschen Schwerindustrie überhaupt nichts zu erhalten. Polens Reparationsansprüche sollten aus dem sowjetischen Anteil, die Ansprüche aller anderen verbündeten Staaten aus dem Anteil der Westmächte befriedigt werden.

Nach der Regelung der Reparationsfrage konnten sich die drei Mächte auch über die wirtschaftlichen Grundsätze der Behandlung Deutschlands einigen, die die Alliierten im Gegensatz zu den politischen Grundsätzen zu einer Anzahl positiver Schritte verpflichteten: unter anderem war Deutschland während der Besatzungszeit als eine wirtschaftliche Einheit zu betrachten, entsprechend sollten für die Erzeugung und Verteilung der hauptsächlichsten Güter gemeinsame Richtlinien aufgestellt werden. Dieser Bestimmung über die Einheit des deutschen Wirtschaftsgebietes wirkte jedoch bereits das Reparationsabkommen entgegen, da die Westmächte nicht gewillt waren, sich in ihren eigenen Zonen der rücksichtslosen sowjetischen Reparationspolitik anzuschließen.

Zu den von Stalin in Potsdam aufgeworfenen Fragen gehörte auch die Aufteilung der deutschen Kriegs- und Handelsflotte, von deren Bestand er ein Drittel für die Sowjetunion forderte. Nachdem der englische Vorschlag abgelehnt worden war, die im Kriege erlittenen Schiffsverluste bei der Zuweisung anteilsmäßig zu berücksichtigen, einigte man sich auf die sowjetische Forderung mit der Maßgabe, daß die Aufteilung der deutschen Kriegsschiffe bis Mitte Februar 1946, der deutschen Handelsflotte jedoch erst nach ihrer Verwendung im Krieg gegen Japan erfolgen sollte. Der englische Wunsch auf Versenkung des überwiegenden Teils der deutschen U-Boot-Flotte, die – gleich in wessen Besitz – eine Bedrohung des britischen Inselstaates darstelle, wurde respektiert: nur 30 Boote sollten erhalten bleiben und gleichmäßig unter die drei Mächte verteilt werden.

Stalins Vorschlag einer sofortigen namentlichen Aufführung der deutschen »Hauptkriegsverbrecher« wurde abgelehnt, und man beschloß, die Bestimmung der zu Verurteilenden der Anklage zu überlassen. Die Verhandlungen der zu dieser Zeit in London tagenden alliierten Kommission führten schließlich zum Viermächte-Abkommen vom 8. August 1945 mit dem Statut des Internationalen Militärgerichtshofes in Nürnberg.

Schienen in der Frage der Behandlung Deutschlands – vor allem in der Reparationsfrage – befriedigende Ergebnisse erzielt, so wurde deutlich, daß die Sowjets an der Abrundung und Festigung ihrer Einflußzone unverrückbar festhielten. Der sowjetische Anspruch auf Königsberg und den nördlichen Teil Ostpreußens, gegen den die Westmächte schon in Teheran keine Einwände erhoben hatten, wurde in Potsdam für die kommende Friedensregelung bestätigt. Der amerikanische Vorschlag, in Italien, Griechenland, Ungarn, Rumänien und Bulgarien unter der Beobachtung durch alliierte Kommissionen freie Wahlen abhalten zu lassen, wurde von Stalin auf die Forderung nach diplomatischer Anerkennung der kommunistischen Marionettenregierungen abgebogen: die Sowjetunion habe auch die Provisorischen Regierungen Frankreichs und Italiens anerkannt, obwohl in diesen Ländern noch keine Wahlen stattgefunden hätten. Doch Stalin erreichte sein Ziel nicht, da Truman und die Engländer darauf beharrten, daß sie die genannten Regierungen in der sowjetischen Einflußzone erst anerkennen würden, wenn diese die politischen Auffassungen in ihren Ländern repräsentierten.

Der sowjetische Staatschef bestand ferner auf der endgültigen Liquidation der ehemaligen polnischen Exilregierung in London, die – wie er behauptete – immer noch über Mittel zur Ausübung ihrer Tätigkeit, über Agenten und Pressevertreter verfüge. Er forderte die Übertragung aller Guthaben der Exilregierung auf die neue polnische Regierung, ferner die Repatriierung der polnischen Exilarmee und -flotte, gegebenenfalls gegen deren Willen. Churchill verweigerte eine zwangsweise Heimschaffung von Angehörigen der polnischen Exilstreitkräfte, die sich vor allem in Italien auf alliierter Seite tapfer geschlagen hätten. Es wurde lediglich vereinbart, der Warschauer Regierung alles Eigentum der ehemaligen Exilregierung zu übergeben.

Briten und Amerikaner versuchten in Potsdam, die Vertreibung der Deutschen aus Polen, der Tschechoslowakei und Ungarn in geordnete Bahnen zu lenken, indem der Alliierte Kontrollrat in Berlin einen entsprechenden Plan für die schrittweise Überführung und Verteilung der Deutschen auf die Besatzungszonen ausarbeiten sollte. Stalin stand diesem Problem jedoch gleichgültig gegenüber und meinte mit Recht, daß der Kontrollrat den Regierungen dieser Länder keine Weisungen erteilen könne. Da die Westmächte jedoch darauf bestanden, wurde ein Abkommen getroffen, daß die Überführung der Deutschen in »humaner Weise« erfolgen solle und die Polen, Tschechoslowaken und Ungarn ersucht werden sollten, weitere Ausweisungen so lange einzustellen, bis die Frage im Kontrollrat geprüft worden sei. Diese Abmachung blieb jedoch lediglich Papier: Ehe sich der Kontrollrat der Sache annehmen konnte, war die Vertreibung längst in vollem Gange, und zwar unter Bedingungen, die der Bestimmung über eine »humane« und »geordnete« Überführung hohnsprachen.

Der Drang nach weiterer Ausdehnung der sowjetischen Interessensphäre kam in Potsdam bei der Frage einer Revision des Meerengen-Vertrages von Montreux deutlich zum Ausdruck. Roosevelt und Churchill hatten diesen sowjetischen Wunsch bereits in Jalta unterstützt, um der Sowjetunion in Krieg und Frieden einen freien Zugang zum Weltmeer zu sichern. Stalin forderte jedoch, daß eine neue Vereinbarung militärische Stützpunkte der beiden hauptbeteiligten Schwarzmeer-Staaten, der Türkei und der Sowjetunion, an den Meerengen vorsehen sollte. Gleichzeitig suchte er die Westmächte hinsichtlich der im Juni an die Türkei gerichteten sowjetischen Vorschläge zu beruhigen: Wenn die Türkei über eine Bereinigung der Territorialfragen nicht zu verhandeln wünsche, werde er sich mit einem geänderten Meerengen-Abkommen begnügen. Churchill lehnte die sowjetischen Sonderforderungen für ein neues Meerengen-Regime ab und betonte, daß die Konvention von Montreux nur durch die Beteiligung aller ihrer Unterzeichner geändert werden könne. Truman suchte das Problem durch den weitergehenden Vorschlag einer Internationalisierung aller europäischen Wasserwege mit freier Durchfahrt – auch des Rheins, der Donau und des Kieler Kanals – zu lösen, stieß aber damit bei den Sowjets auf keine Gegenliebe. Die Angelegenheit wurde in Potsdam fallengelassen, aber die Debatte hatte den Sowjets gezeigt, daß sie bei einem Versuch, die Türkei hinsichtlich der Meerengen oder der östlichen Grenzprovinzen unter Druck zu setzen, mit starker Opposition der Westmächte rechnen mußten. Ein weiterer sowjetischer Interessenanspruch, der bei auftretendem Widerstand der Westmächte zunächst wieder fallengelassen wurde, war der von Stalin geäußerte Wunsch auf Übernahme der Treuhandschaft über eine der italienischen Kolonien – offensichtlich Libyen. Churchills sofort spürbarer Widerstand und Byrnes' Argument, daß über die italienischen Kolonien erst auf der Friedenskonferenz verfügt werden könne, ließ die Gesprächspartner diese Frage bis zur ersten Sitzung des Außenministerrats im September verschieben. Immerhin zeigten das sowjetische Interesse an den türkischen Meerengen und an einem Stützpunkt an der afrikanischen Küste sowie der in Potsdam vorgetragene Wunsch, bei der erneut eingerichteten internationalen Kontrolle über die Tanger-Zone beteiligt zu werden, daß die Sowjetunion im Mittelmeerraum strategische Positionen anstrebte, die mit der Wahrung ihrer eigenen Sicherheit nichts mehr zu tun hatten. Ein um so größerer Fortschritt schien daher das von den Sowjets in Potsdam gegebene Einverständnis zu dem Vorschlag zu sein, im Iran die Hauptstadt Teheran sofort zu räumen und anschließend die sowjetischen und britischen Truppen schrittweise völlig aus dem Lande zurückzuziehen, eine Zusage, die die Russen jedoch auch erst erfüllten, nachdem die iranische Regierung das Problem 1946 dem Sicherheitsrat der Vereinten Nationen unterbreitet hatte.

Ein Druckmittel, dessen sich die Westmächte in Potsdam zur Beeinflussung der Verhandlungen mit den Sowjets überhaupt nicht bedienten, war die soeben abgeschlossene Entwicklung der Atombombe. Am Vortag der Konferenzeröffnung erhielt Präsident Truman die Mitteilung von der ersten gelungenen Versuchsexplosion der »S 1«, wie der Deckname für die Bombe lautete, die am 16. Juli 1945, 5.30 Uhr in Alamogordo (New Mexico) gezündet worden war und mit ihrer Sprengwirkung alle Erwartungen übertroffen hatte. Als Churchill in Potsdam von dem weltgeschichtlichen Ereignis unterrichtet wurde, war seine erste Reaktion, den Besitz der neuen Waffe vor den Sowjets geheim zu halten. Doch Truman und seine Berater kamen zu dem Entschluß, daß es vernünftiger sei, Stalin zu informieren, da beabsichtigt war, die Bombe in allerkürzester Zeit gegen die Japaner einzusetzen. Wenn Stalin auf der unmittelbar vorangegangenen Konferenz in Potsdam mit keinem Sterbenswörtchen darüber informiert worden wäre, konnte sich der Vorwurf, den Sowjets diese Mitteilung von erheblicher militärischer Tragweite vorenthalten zu haben, auf die Beziehungen zwischen den Alliierten ungünstig auswirken. Jedoch sollten den Russen über die Herstellung der Waffe keine Einzelheiten mitgeteilt werden, solange nicht ein entsprechendes Abkommen über internationale Kontrolle und Inspektion unter Dach und Fach gebracht war. Auch Churchill, der durch die neue Waffe das Gleichgewicht gegenüber den Sowjets wesentlich gestärkt sah, erklärte sich schließlich mit einer Unterrichtung Stalins einverstanden – wohl mit der Hoffnung, sie bei den Verhandlungen als Argument zugunsten der Westmächte benutzen zu können. Die Unterrichtung Stalins sollte ganz beiläufig erfolgen: Als sich die Konferenzteilnehmer nach der Vollsitzung vom 24. Juli beim Aufbruch in zwanglosen Gruppen zusammenfanden, teilte der Präsident Stalin gesprächsweise mit, daß die Amerikaner »jetzt über ein neues Kampfmittel von außergewöhnlicher Zerstörungskraft verfügten«. Stalin schien nicht sonderlich überrascht und zeigte, wie Truman in seinen Memoiren berichtet, »kein besonderes Interesse, sondern bemerkte lediglich, er hoffe, wir würden es mit gutem Nutzen gegen Japan einsetzen«.[53] Churchill war der – sicher irrigen – Meinung, daß Stalin die Bedeutung dieser Mitteilung nicht erfaßte. Was auch die Wahrheit gewesen sein mag: Die Sowjets versuchten zunächst nicht, Genaueres über die neue Waffe zu erfahren oder an ihrer weiteren Entwicklung beteiligt zu werden. Es ist anzunehmen, daß Stalin durch sowjetische Agenten längst vom Fortgang der Arbeiten an dieser Waffe in Amerika Kenntnis erhalten hatte und sicher war, daß die sowjetischen Wissenschaftler und Techniker die Bombe in absehbarer Zeit auch würden herstellen können. Jedenfalls schien die sowjetische Haltung im weiteren Verlauf der Konferenz in keiner Weise von der Befürchtung beeinflußt, daß sich das militärische und diplomatische Gleichgewicht zwischen den Westmächten und der Sowjetunion durch die Atomwaffe verschoben haben könnte. Aber auch auf der Seite der Westmächte führte das Bewußtsein, nunmehr die Sowjetunion in einem etwaigen zukünftigen Kriege besiegen zu können, weder zu verstärkten Forderungen gegenüber Moskau noch zu der Erwartung größerer sowjetischer Nachgiebigkeit. Eine Drohung mit der Bombe in Potsdam hätte den Prinzipien amerikanischer Außenpolitik völlig widersprochen: Jedes durch Einschüchterung erreichte Nachgeben der Sowjets mußte sich in einer Obstruktionshaltung Moskaus gegenüber den Vereinten Nationen auswirken. Statt mit der Möglichkeit einer Auswirkung der neuen Waffe auf die Potsdamer Verhandlungen beschäftigten sich die Amerikaner vielmehr mit ihrem baldigen Einsatz gegen Japan. Die Aussicht, die neue Kernwaffe zu gebrauchen, mochte bei den englisch-amerikanischen Strategen die Hoffnung aufkommen lassen, den Krieg in Ostasien baldigst beenden zu können – eine Hoffnung, die allerdings durch die Erfahrungen mit der Wirkung der Luftoffensive gegen

Deutschland getrübt wurde, die weit hinter den Erwartungen zurückgeblieben war. An der Forderung, daß die Sowjetunion in den Krieg gegen Japan eintreten solle, änderte sich dadurch jedenfalls nichts: Der Schlußbericht über die Ostasien-Strategie, den die Vereinigten Stabschefs am gleichen 24. Juli Truman und Churchill in Potsdam unterbreiteten, sah auch weiterhin vor, daß die Beteiligung der Sowjetunion an diesem Krieg zu fördern und materiell zu unterstützen sei. Bevor die furchtbare Waffe eingesetzt wurde, hielten die westlichen Staatsmänner eine nochmalige ultimative Aufforderung zur Aufgabe des Kampfes an Japan für angebracht. Nachdem die Zustimmung des chinesischen Staatschefs in Potsdam eingetroffen war, wurde am 26. Juli 1945 die »Potsdamer Deklaration« herausgegeben. Auf dieses Ultimatum, dem sich die Sowjetunion nach ihrem Kriegseintritt am 8. August anschloß, erfolgte keine offizielle japanische Antwort.

Am 2. August 1945 ging in Potsdam die letzte große Kriegskonferenz der Alliierten zu Ende, ohne für Europa auf längere Sicht befriedigende Ergebnisse zu bringen. Mit dem Fortfall des gemeinsamen Kampfes in Europa hatten sich die Eigeninteressen der Mächte beherrschend in den Vordergrund geschoben und ein echtes Einverständnis in europäischen Fragen vereitelt: Die Russen hatten ihre Vorherrschaft in Ost- und Südosteuropa gegen eine Einflußnahme der Westmächte mit Erfolg verteidigt. Die Westmächte wiederum schienen nicht gewillt, die dort von den Sowjets errichteten »volksdemokratischen« Ordnungen anzuerkennen, und hatten den sowjetischen Versuch abgewehrt, in weitere Randpositionen einzudringen. Die Auseinandersetzung war im Grunde bis zur Verhandlung über die Friedensverträge verschoben worden; aber es bestand wenig Aussicht, daß sich der Außenministerrat über Fragen einigen würde, für die die Regierungschefs in Potsdam keine Lösung hatten finden können. Die Erfahrungen mit der sowjetischen Haltung in Potsdam bewirkten jedenfalls bei den Amerikanern den Entschluß, die Sowjets auf keinen Fall an einer Besetzung des japanischen Mutterlandes zu beteiligen.

Immerhin schienen die Alliierten in Potsdam über die Behandlung und Kontrolle Deutschlands zu einer Einigung gelangt zu sein: Das aus dem gemeinsamen Kampf stammende Erbe schien die Mächte weiter aneinander zu binden und zu einheitlichen Maßnahmen zu zwingen. Aber auch diese Annahme stellte sich bald genug als Irrtum heraus. Da die Potsdamer Beschlüsse über Deutschland ohne die Mitwirkung und das Einverständnis Frankreichs getroffen worden waren, fühlte sich die französische Regierung an diese Abmachungen nicht gebunden und drohte, die alliierten Maßnahmen in Deutschland durch das Veto ihres Vertreters im Kontrollrat zu torpedieren. Den Franzosen, denen das Potential Deutschlands die vordringlichste Gefahr für ihre zukünftige Sicherheit erschien, wollten ihren gefährlichen Nachbarn – wenn schon nicht in mehrere Staaten geteilt – zumindest in halbautonome Gebiete aufgegliedert sehen: Die vorgesehene Einrichtung zentraler Fachverwaltungen für ganz Deutschland stieß daher auf ihren hartnäckigen Widerstand. Aber auch die Interessen der Westmächte und der Sowjetunion waren zu gegensätzlich, um in Deutschland eine gemeinsame Politik zu ermöglichen: sie führten zur Teilung Deutschlands – der schmerzlichsten Folge des Zweiten Weltkrieges für das deutsche Volk.

Die Konferenz von Potsdam stand am Ende des Zweiten Weltkrieges: Der von Churchill für diese Konferenz gewählte Deckname »Terminal« – Endstation – war dafür geradezu symbolisch. Mit ihr begann eine neue Phase »zwischen Krieg und Frieden«, für die der Begriff des »Kalten Krieges« geprägt worden ist. Die Berichte, die Bevin und Churchill am 16. August 1945 vor dem Unterhaus über die Potsdamer Beschlüsse abgaben, ließen das Kommende vorausahnen. Bevin erklärte, in den sowjetischen Satellitenstaaten sei lediglich eine Spielart des Totalitarismus durch eine andere ersetzt worden. Churchill propagierte das Wort vom »eisernen Vorhang«, der Europa in zwei Teile spalte, und erklärte, daß die Demokratie nunmehr erneut auf die Probe gestellt werde: »Wir müssen sie auf unserer Insel aufrechterhalten wie während der dunklen Tage der Jahre 1940 und 1941.«[54] Bevor sich aber die Weltöffentlichkeit mit der Potsdamer Konferenz und ihren Ergebnissen näher auseinandersetzen konnte, wurde ihr Interesse von den dramatischen Ereignissen in Ostasien gefesselt, die zur unvorhergesehen schnellen Beendigung des Krieges mit Japan führten und die Schwierigkeiten in Europa zunächst in den Hintergrund treten ließen.

14. Kapitel
Ende des Krieges und neue Machtverteilung in Ostasien: Die Niederwerfung Japans 1945

Mit der Rückeroberung der Philippinen und Burmas sowie der Vertreibung der Japaner aus dem Golf von Bengalen hatte sich die strategische Lage der Alliierten für eine Beherrschung der maritimen Verbindungslinien Japans wesentlich verbessert. Die »British Eastern Fleet« konnte mit ihrer Trägerflotte und ihren U-Booten in zunehmendem Maße die japanischen Seerouten durch die Malakka-Straße bedrohen und Luftangriffe gegen die Nikobaren und Sumatra fliegen. Die Amerikaner beherrschten nach der Einnahme der Philippinen das Südchinesische Meer und unterbanden damit die japanische Zufuhr an Öl und anderen Rohstoffen aus den Gebieten Niederländisch-Indiens. Die japanische Südroute, die sich nunmehr dicht an die Küsten des asiatischen Festlandes anlehnen mußte, wurde durch amerikanische U-Boote und Flugzeuge bedroht; die Routen nach Korea, Nordchina und der Mandschurei konnten dagegen vorerst nur durch U-Boote gestört werden. Die Tonnageverluste ihrer Handelsflotte bereiteten den Japanern seit dem Jahre 1943 erhebliche Schwierigkeiten. Zum Jahresende 1944 war diese Flotte auf ein Skelett zusammengeschrumpft und konnte weder die Bevölkerung noch die Kriegsindustrie Japans ausreichend versorgen: von 6 Millionen BRT bei Kriegsbeginn war sie zu diesem Zeitpunkt auf 2,5 Millionen BRT zurückgegangen. Trotz aller Anstrengungen zur Steigerung des Schiffsbaus sollte die japanische Handelsmarine zum Kriegsende schließlich nur noch 1,8 Millionen BRT aufweisen, davon waren ein großer Teil hölzerne, meist nur für den Verkehr innerhalb des Japanischen Meeres geeignete Schiffe und gut die Hälfte in den südlichen Gewässern abgeschnitten. Während des Krieges versenkten die Amerikaner über zweitausend japanische Handelsschiffe mit 7913858 BRT, davon 60 Prozent durch U-Boote, 30 Prozent durch die (Marine-) Luftwaffe und den Rest durch Überwasserstreitkräfte, Minen und andere Kampfmittel. Dazu kamen 211664 BRT, die von den anderen Alliierten vernichtet wurden. Die großen Erfolge der amerikanischen U-Boot-Waffe, deren monatliche Versenkungsziffer 1944 im Durchschnitt 210000 BRT erreichte und auf deren Konto rund ein Drittel der 686 versenkten japanischen Kriegsschiffe zu buchen waren, sind auf die unzureichenden Methoden der japanischen U-Boot-Abwehr zurückzuführen. Erst Ende 1943 wurde zum Schutz der japanischen Handelsschiffahrt eine »Vereinigte Geleitflotte« gebildet. Bis dahin gab es auch keine übergeordnete Stelle, die die Maßnahmen der Befehlshaber der einzelnen Stützpunkte und Küstenbereiche zum Schutze der normalen Handelsschiffahrt koordiniert hätte: bis zum Frühjahr 1944 war z. B. nur auf der Route nach Singapur ein obligatorischer Konvoidienst eingeführt worden, für den fünfundzwanzig schnelle Geleitschiffe zur Verfügung standen. Auch die Waffen zur U-Boot-Bekämpfung wurden im Laufe des Krieges kaum weiterentwickelt, mit Ausnahme eines magnetischen Ortungsgeräts, das von Flugzeugen dicht über die Wasseroberfläche hingeschleppt wurde. Als dieses Anzeigegerät zur regelmäßigen Sicherung der Route nach Singapur eingesetzt werden sollte, war diese Möglichkeit durch die Luftherrschaft, die die Amerikaner von den Philippinen her ausübten, bereits überholt. Es gelang den Japanern, insgesamt 45 amerikanische U-Boote zu versenken. Die japanische U-Boot-Waffe, die nicht im Handelskrieg, sondern im Stil klassischer Seekriegführung gegen feindliche Kriegsschiffe meist im Verein mit der Überseeflotte, ferner zur Versorgung abgeschnittener Inselbesatzungen eingesetzt wurde, verlor im Kriege 128 Boote.

Japan, das in weit stärkerem Maße von Einfuhren über See abhängig war als etwa England und vor dem Kriege 75 Prozent seines Bedarfs an Sojabohnen sowie 30 Prozent seines Brotgetreides importierte, wurde von der Unterbrechung der überseeischen Verbindungslinien schwer getroffen. Im Haushaltsjahr vom 1. April 1943 bis 31. März 1944 sanken die Einfuhren von Öl, verkokbarer Kohle und Eisenerz auf ein Drittel des Maximalimports während der Kriegszeit. Dank der angehäuften Vorräte wirkte sich dieser Rückgang noch nicht unmittelbar auf die wichtigsten Zweige der Kriegsproduktion aus. Reis wurde während dieser Zeit aus den südlichen Gebieten schon nicht mehr importiert, seine Einfuhr fiel von 2,6 Millionen t im Jahre 1942 auf 0,8 Millionen t 1944. Kritisch wurde die Lage, als im April 1945 die Einfuhr von Öl völlig aufhörte: durch den Brennstoffmangel wurden nicht nur Kriegsflotte und Industrie, sondern auch die Fischerei betroffen, deren Jahreserträge von 4,8 Millionen t auf weniger als die Hälfte zurückgingen. Je stärker das japanische Mutterland während der letzten Kriegsmonate in die Reichweite der amerikanischen Bomberwaffe rückte und der Schiffsverkehr auch im Japanischen Meer unterbunden wurde, desto mehr wurde die Kriegsindustrie gelähmt: schließlich konnte auch die Kohle von den nördlichen und südlichen japanischen Inseln Hokkaido und Kyushu kaum mehr zu den Industriezentren gebracht werden.

Die Beherrschung des Südchinesischen Meeres durch die Amerikaner hatte sich bereits unmittelbar mit der Landung auf Luzon angekündigt: in der Nacht zum 10. Januar 1945 drang Admiral Halsey mit der 3. Flotte – einschließlich McCains Task Force 38 insgesamt 99 Schiffe – zwischen Luzon und Formosa unbemerkt in dieses Meer ein. Zwei Tage später griffen McCains Flugzeuge die Kamranh-Bucht sowie Flughäfen, Öllager, Docks und Geleitzüge an der indochinesischen Küste zwischen Saigon und Tourane an. Sie versenkten dabei neben einer Reihe von Handelsschiffen und Öltransportern zwei Kreuzer und vernichteten über hundert japanische Flugzeuge. Anschließend nahm die 3. Flotte Kurs nach Nordosten, bombardierte im Laufe der nächsten Tage Ziele und Flugplätze in Südformosa sowie an der chinesischen Küste auf der ganzen Ausdehnung von der Halbinsel Liuchow bis Shantow einschließlich der Häfen Hongkong, Kanton und Hainan. Am 20. Januar verließ die Flotte durch den Balingtang-Kanal wieder das Südchinesische Meer: elf Tage lang hatte sie unbehelligt in diesem Meer gekreuzt und dabei über 200000 BRT japanischen Schiffsraums versenkt. Als sie am 21. Januar von Osten her erneut Häfen und Ziele auf Formosa, den Pescadoren und den südlichen Ryukyu-Inseln mit Erfolg angriff, schlugen die Japaner durch Kamikazeangriffe zurück und beschädigten einen Träger sowie einen Zerstörer schwer, einen weiteren Träger leicht. Nachdem die Task Force 38 noch die nördlichen Ryukyu-Inseln und vor allem Okinawa, das Objekt einer der beiden nächsten Landungsunternehmen, angegriffen und fotografisch erkundet hatte, kehrte sie nach Ulithi zurück. Im Laufe des Januar hatte sie 300000 BRT japanischen Schiffsraums und 615 feindliche Flugzeuge vernichtet und dabei selbst 201 Maschinen, 167 Mann fliegendes Personal und durch Kamikazeangriffe 205 Seeleute verloren. In Ulithi trat Halsey am 26. Januar das Kommando über die Pazifik-Flotte wieder an Spruance ab, unter dessen Führung die »5. Flotte« – wie sie nun abermals hieß – die Operationen gegen Iwojima und Okinawa durchführen sollte.

Mit der Landung auf Iwojima (Operation »Detachment«), die wegen der zeitlichen Verschiebung des vorangegangenen Luzon-Unternehmens erst auf den 19. Februar 1945 festgesetzt werden konnte, beabsichtigten die Amerikaner, für den strategischen Luftkrieg gegen Japan auf halbem Wege zwischen den Marianen und dem japanischen Mutterland einen Stützpunkt zu gewinnen, auf dem beschädigte »Superfestungen« vom Typ B-29 auf ihrem Rückflug landen konnten und von dem aus den Bombern Jagdschutz bis Japan gewährt werden konnte. Außerdem war diese Insel Ausgangspunkt wiederholter japanischer Luftangriffe gegen die Basen des amerikanischen Bomberkommandos auf Saipan, durch die bis Anfang Januar 1945 elf der wertvollen B-29-Maschinen vernichtet und eine Anzahl weiterer beschädigt worden waren. Die 7. USAAF, deren Aufgabe die Niederhaltung der übersprungenen gegnerischen Inseln im Pazifik war, konzentrierte sich auf Befehl Nimitz' ab Anfang Dezember 1944 völlig auf die Bombardierung Iwojimas von den Marianen aus: Bis 15. Februar 1945 warf sie in täglichen Angriffen fast 6800 t Bomben auf diese Insel ab. Im gleichen Zeitraum wurde Iwojima fünfmal von einem Kreuzergeschwader der 5. Flotte beschossen; kaum eine andere Insel mußte im Pazifikkrieg ein so ausgedehntes vorbereitendes Bombardement über sich ergehen lassen. Trotzdem sollten sich um jeden Fußbreit Boden dieses nur 20 qkm zählenden Gebiets blutige, vier Wochen dauernde Kämpfe entwickeln. Die Verteidigungspläne des japanischen Oberkommandos sahen einen Zermürbungskrieg zur Verzögerung der Invasion des Mutterlandes vor, sobald die Amerikaner in eine innere Linie eindrangen, die von den Bonin-Inseln über Iwojima, Okinawa, Formosa, das Shanghai-Gebiet bis nach Südkorea verlief. Die Luftstreitkräfte sollten bis zu gegnerischen Landungsaktionen geschont werden, um dann – hauptsächlich unter Verwendung von Kamikazes – konzentriert eingesetzt zu werden. Der Eckpfeiler der inneren Linie – das von der Zivilbevölkerung völlig geräumte Iwojima – wurde durch 22000 Mann verteidigt und war außerordentlich stark mit Bunkern, unterirdischen Höhlen und Verbindungskorridoren versehen. Da nur je ein Strandabschnitt im Osten und Westen der Insel für Landungsoperationen in Frage kamen, konnte hier die Strategie einer unmittelbaren Verteidigung am Strand mit einer Zermürbungsdefensive in der Tiefe kombiniert werden. Die auf den Landungsstrand gerichteten Geschützstellungen waren in den Höhlen vorzüglich gegen Bomben und Artilleriefeuer geschützt und so gut getarnt, daß sie teilweise erst entdeckt wurden, als sie das Feuer eröffneten.

Zur Abschirmung der Landungsaktion griff die Task Force 58 unter Vizeadmiral Mitscher am 16. und 17. Februar erfolgreich Flugplätze, Flugzeugwerke und Schiffe im Raum Tokio an. Bei diesem Trägerangriff gegen Japan – dem ersten seit dem berühmten Doolittle-Raid von 1942 – vernichteten die Amerikaner bei einem Verlust von 88 Maschinen rund 530 feindliche Flugzeuge in der Luft und am Boden. Anschließend kehrte Mitschers Trägerflotte zur Unterstützung der Landung nach Iwojima zurück, wo unterdessen am 16. Februar eine Gruppe von Schlachtschiffen, Kreuzern und Geleitträgern ein dreitägiges Bombardement begonnen hatte, unter dessen Schutz die Minenräumer und die UDTs ihre Arbeit verrichteten.

Am Morgen des 19. Februar traf die Landungsflotte unter Vizeadmiral Turner ein, die einschließlich der schon in Aktion getretenen Beschießungsgruppe fast 500 Fahrzeuge zählte und die Landungstruppen unter Generalleutnant Holland M. Smith – das 5. Amphibische Korps mit drei Marinedivisionen – beförderte. Den an Land gehenden Marineinfanteristen schlug ein mörderisches Abwehrfeuer entgegen. Die den Strand bedekkende leichte Vulkanasche machte den Männern eine rasche Fortbewegung unmöglich und ließ viele Amphtracks an dem verhältnismäßig steil aufsteigenden Ufer steckenbleiben. Die Schiffsartillerie mußte eine Feuerwalze vor die gelandeten Marineinfanteristen legen, die sich mit Flammenwerfern und Handgranaten langsam vorankämpften und bis zum Abend einen schmalen Landungskopf bilden konnten, der die Insel an ihrer engsten Stelle bis zur Westküste überquerte und dadurch den befestigten Suribachi-Vulkan von dem übrigen Gebiet trennte. Die Verluste des ersten Tages waren außerordentlich hoch und beliefen sich auf 2400 Mann, davon über 500 Tote.

In der Nacht zum 21. Februar wurden Teile von Mitschers Trägerflotte, die nordwestlich von Iwojima standen, von japanischen Flugzeugen ohne Ergebnis angegriffen. Dagegen wurde der Träger »Saratoga«, der vor der Küste lag, um den gelandeten Truppen einen nächtlichen Luftschirm zu gewähren, von zehn Kamikazefliegern schwer beschädigt, einer der Geleitträger wurde versenkt. Das Gros der Task Force 58 nahm nun Kurs nach Norden und führte am 25. Februar einen weiteren Luftangriff gegen den Raum von Tokio, der jedoch wegen schlechter Flug- und Sichtverhältnisse ziemlich erfolglos blieb. Nach einem Angriff auf Okinawa am 1. März, der vor allem der genauen Luftaufklärung dieses Objekts diente, lief Mitschers Trägerflotte wieder in Ulithi ein, um sich für das Okinawa-Unternehmen vorzubereiten.

Auf Iwojima hatten sich die Marineinfanteristen unterdessen in dem von Minen verseuchten und mit Bunkern und unterirdischen Anlagen bestückten Gelände Meter um Meter vorangekämpft, am 23. Februar mit starker Unterstützung durch Schiffsartillerie den Suribachi gestürmt und die »Stars and Stripes« auf dem Kraterrand gehißt. Am 1. März waren der Insel-Hauptort Motoyama und beide Flugplätze in amerikanischer Hand. Dank der raschen Arbeit der »Seabees« landete dort am 4. März bereits die erste von Japan zurückkehrende »Superfestung«. Obwohl die Eroberung der Insel ab 16. März als gesichert galt, entwickelten sich noch heftige Kämpfe um eine Felsenschlucht an der Nordküste, aus der die Verteidiger am 26. März einen überraschenden Ausbruch unternahmen. Der japanische Kommandant, Generalleutnant Kuribayashi, der die Verteidigung äußerst geschickt geführt und sinnlose »Banzai-Angriffe« vermieden hatte, fiel bei diesem Angriff oder beging Harakiri. Die Amerikaner hatten im Kampf um Iwojima bis zum 27. März, als Heerestruppen die weitere Säuberung der Insel übernahmen, 5931 Marineinfanteristen und 881 Seeleute verloren, rund 20000 Mann waren verwundet worden. Die Verluste machten 30 Prozent der gesamten Landungsstreitmacht aus, in den kämpfenden Regimentern der Marinedivisionen erreichten sie 75 Prozent. Von den 22000 japanischen Verteidigern gerieten bis Mai 1945 nur rund 1000 in Gefangenschaft.

Mit dem Besitz von Iwojima erhöhte sich die Wirksamkeit der strategischen Luftangriffe gegen Japan beträchtlich. Am 7. April konnten zum erstenmal »Mustang«-Jäger von der Insel aus einen Angriff der B-29-Langstreckenbomber gegen Japan begleiten, und bis zum Kriegsende suchten nicht weniger als 2400 »Superfestungen« mit 27000 Besatzungsmitgliedern auf Iwojima Zuflucht.

Da die Amerikaner eine Landung auf Formosa aus ihren strategischen Überlegungen gestrichen hatten, mußten sie sich als Alternative der größten Ryukyu-Insel Okinawa bemächtigen, um von dort aus die feindlichen Schiffahrtslinien durch das Ostchinesische und das Japanische Meer wirksam unterbinden zu können und einen vorgeschobenen Flottenstützpunkt für die Invasion des japanischen Mutterlandes zu erlangen. Die Landung auf Okinawa (Operation »Iceberg«) wurde auf den 1. April 1945 festgesetzt. Um die mit Sicherheit zu erwartende starke Gegenwehr vom japanischen Mutterland her auszuschalten, griff Mitschers Trägerflotte am 18. März die Flugplätze auf Kyushu und am nächsten Tag die japanischen Flottenstützpunkte von Kobe und Kure an und beschädigte dort mehrere feindliche Schiffe, darunter das Riesenschlachtschiff »Yamato«. Die japanische Luftwaffe schlug zurück, beschädigte fünf amerikanische Träger sowie einen Zerstörer und verwandelte den Träger »Franklin« durch zwei Bomben, die aufgetankte und munitionierte Maschinen zur Explosion brachten, in ein Flammenmeer; dennoch konnte dieser am schwersten beschädigte Träger des Pazifikkrieges gerettet werden. Mitschers Trägerangriffe gegen Kyushu vernichteten über 500 japanische Flugzeuge und wurden am 27. und 31. März durch Angriffe der »Superfestungen« von den Marianen aus ergänzt, die die Flugplätze auf Kyushu für mehrere Tage unbrauchbar machten. Diese Erfolge bewirkten, daß der vorgesehene Masseneinsatz von Kamikaze- und Bombenfliegern gegen die amerikanische Landungsflotte (Operation »Ten-Go«) erst am 6. April einsetzen konnte. Zu diesem Zeitpunkt sollten dafür zunächst 700 Maschinen – die Hälfte davon Kamikazes – zur Verfügung stehen.

Die Verteidigung Okinawas war der japanischen 32. Armee unter Generalleutnant Ushijima anvertraut, die einschließlich Einwohnermiliz und Marineeinheiten rund 100000 Mann zählte – fast das Doppelte der Zahl, die der amerikanische Nachrichtendienst angenommen hatte. Die Japaner beabsichtigten, die 120 km lange und durchschnittlich 10–20 km breite Insel in der Tiefe zu verteidigen, wo die Schiffsgeschütze den Gegner nicht mehr wirksam unterstützen konnten und die eigene Feuerkraft am stärksten war.

Die Landungsflotte (5. Flotte) unter Admiral Spruance, die sich von Ulithi, Leyte und Saipan aus in Marsch setzte, stellte mit über 1200 Schiffen die bisher größte amphibische Streitmacht dar. Die Landungstruppe – die amerikanische 10. Armee unter Generalleutnant Buckner – bestand aus drei Marine- und fünf Infanteriedivisionen, insgesamt 170000 Mann kämpfende Truppe und 150000 Mann rückwärtige Dienste. Die Streitmacht war deshalb so groß, weil mit starkem Widerstand gerechnet werden mußte: MacArthurs Methode, den Feind dort zu treffen, wo er nicht war, konnte an der Peripherie Japans, wo jede Insel von den Japanern besetzt gehalten wurde, nicht mehr angewandt werden.

Erstmals nahm auch die neugebildete British Pacific Fleet (Admiral Sir Bruce Fraser) mit einer schnellen Trägerflotte unter Vizeadmiral Sir Rawlings an den Operationen teil und hielt die japanischen Flugplätze auf Sakishima Gunto – zwischen Formosa und Okinawa – für die Dauer des Unternehmens »Iceberg« nieder. Während Mitschers Task Force 58 bis zum Landungstag ihre Angriffe gegen Okinawa und die Südküste von Kyushu fortsetzte, begann die Beschießungsgruppe von Schlachtschiffen, Kreuzern und Geleitträgern am 26. März mit der Bombardierung der Insel. Vergebens suchten die Japaner diese Vorbereitungen durch Kamikazeangriffe zu stören; aber sie konnten nur eine Anzahl Schiffe beschädigen. Am Morgen des Ostersonntags, des 1. April 1945, begannen bei völlig ruhiger See die Landungen, die außer auf stellenweises schwaches Artilleriefeuer auf keinerlei Widerstand trafen. Die Marineinfanterie kam anschließend nach Norden rasch voran; dagegen stießen die Heerestruppen nach Süden zu auf sich rasch versteifenden Widerstand, der ihnen am 6. April in dem zerklüfteten Gelände nördlich der Hauptorte Naha und Shuri Halt gebot. Am selben Tag begann von Kyushu aus die verzögerte Operation »Ten-Go«, die eine Serie jener Massenangriffe von Kamikaze- und Bombenfliegern bringen sollte, die die Japaner »Kikusui« (Schwebende Chrysantheme) nannten. Um die gefürchteten Kamikazeangriffe früh genug erfassen und abfangen zu können, hatten die Amerikaner bis zu einer Entfernung von 100 Seemeilen rund um Okinawa eine Vorpostenkette von Zerstörern mit Radargeräten aufgestellt, die am 6. April der Hauptstoß des ersten »Kikusui«-Sturms von 355 Kamikazefliegern und 341 Bombern traf: drei Zerstörer wurden versenkt und zwölf teilweise schwer beschädigt, während die eigentliche Landungsflotte ein Landungsboot und zwei Munitionstransporter verlor. Bis zum 22. Juni flogen die Japaner noch neun derartige Angriffe, wenn auch mit immer weniger Flugzeugen. Während des Okinawa-Unternehmens erfolgten insgesamt 1900 Kamikazeangriffe, dazu hunderte von konventionellen Sturzbomber- und Torpedofliegerangriffen. Mitschers Flaggschiff »Bunker Hill« und der Träger »Enterprise« wurden so schwer beschädigt, daß sie zur Reparatur entlassen werden mußten. Rawlings' britische Trägergruppe bekam gleichfalls einige Kamikazetreffer ab, die jedoch weniger Schaden anrichteten, da das Flugdeck der englischen Schiffe im Gegensatz zu dem der amerikanischen Träger gepanzert war. Insgesamt verloren die Amerikaner vor Okinawa – überwiegend durch Todesflieger – 30 Schiffe, von denen jedoch kein Kriegsschiff größer war als ein Zerstörer; 368 Schiffe wurden beschädigt. In diesem bei weitem verlustreichsten Flottenunternehmen verlor die amerikanische Marine 4900 Tote, 4824 Verwundete und 763 Flugzeuge.

Aber die Operation »Ten-Go« beschränkte sich nicht nur auf Luftangriffe: am 6. April lief unter Vizeadmiral Ito das Mammutschlachtschiff »Yamato«, von einem Kreuzer und Zerstörern begleitet, aus den Heimatgewässern aus, um die nach dem ersten Kamikaze-Massenangriff »übriggebliebenen« Schiffe der amerikanischen Landungsflotte vor Okinawa zu vernichten. Obwohl die japanische Flotte für dieses Unternehmen ihren ganzen Ölbestand hatte hergeben müssen, war der Verband nur für die Hinfahrt versorgt – ein Faktum, das dem Unternehmen von vornherein den Charakter eines Opfergangs verlieh. Bei seiner Annäherung wurde Itos Verband von Mitschers Trägerflugzeugen angegriffen und das Riesenschiff »Yamato« – der Stolz der Kaiserlichen Flotte – durch zehn Torpedos und ein Dutzend Bomben mit dem japanischen Admiral an Bord versenkt. Der Begleitkreuzer und vier Zerstörer teilten das Schicksal ihres Flaggschiffes. Damit endete das letzte Unternehmen der japanischen Hochseeflotte.

Auf Okinawa begann nach starker Artillerievorbereitung am 19. April der Angriff auf die stark ausgebaute, mit unterirdischen Anlagen durchsetzte Südstellung, kam jedoch nur meterweise voran. Erst am 29. Mai – mit der Einnahme der im Mittelalter errichteten Stadt Shuri, deren dicke Steinwälle vom Schlachtschiff »Mississippi« mit panzerbrechender Munition unter Feuer genommen werden mußten – war die Schlüsselposition der japanischen Verteidigung gefallen. Die amerikanischen Truppen stießen am 22. Juni zum Südkap durch. Insgesamt wurden 7800 Japaner gefangengenommen. Die Verluste der amerikanischen 10. Armee betrugen 7613 Tote, 31907 Verwundete und 26000 nicht bei Kampfhandlungen Verletzte. Okinawa wurde bereits im Juli in den Dienst der Bomberoffensive gegen Japan gestellt. Mitte August, als Japan kapitulierte, war die Insel vorbereitet, als Basis für eine Invasion des japanischen Mutterlandes zu dienen.

Unterdessen hatte der strategische Bombenkrieg gegen die japanischen Heimatinseln immer stärkere Ausmaße angenommen. Im März 1945 gingen die Amerikaner dazu über, die wichtigsten Städte Japans mit Brandbomben zu belegen, die sich bei der leichten Bauweise der japanischen Häuser besonders verheerend auswirkten. Allein einer dieser Angriffe, der in der Nacht zum 10. März auf Tokio, verursachte mehr Zerstörung als die Atombombe auf Hiroshima. Einschließlich der Trägerangriffe betrug die Gesamt-Bombenmenge, die die japanischen Mutterinseln traf, 160800 t; davon wurden 147000 t durch die »Superfestungen« ans Ziel gebracht. Die durch die »konventionelle« Bombardierung – ohne die beiden Atombomben – verursachten Gesamtverluste werden von den Japanern auf 260000 Tote, 412000 Verwundete, 9,2 Millionen Obdachlose und über 2,2 Millionen zerstörte Häuser geschätzt. Die strategische Luftwaffe trug ferner durch den Abwurf von über 12000 Minen in den wichtigsten Passagen der japanischen Heimatgewässer nicht unbeträchtlich zur Vernichtung des japanischen Handelsschiffsraums bei. Um die japanische Kriegsindustrie und Versorgung lahmzulegen, wäre es wahrscheinlich rationeller gewesen, wenn sich die strategische Luftwaffe zusammen mit der U-Boot-Waffe ganz auf die Unterbindung der japanischen Einfuhren zur See und auf die Lähmung des Eisenbahnnetzes konzentriert hätte, statt die Städte und einzelne Fabriken zu zerstören. Denn nachdem schon die Einfuhr von Öl seit April 1945 unterbunden war, mußte allein der im Juli einsetzende Ausfall der Eisenerz- und Kohleimporte aus Mandschukuo und China die japanische Kriegsindustrie binnen kurzem zum Erliegen bringen.

Auch die amerikanische Pazifik-Flotte, deren Flugzeugträger zur Abdeckung des Okinawa-Unternehmens schon eine Reihe von Angriffen gegen Kyushu geführt hatten, wurde nunmehr verstärkt zur Bombardierung der japanischen Heimatküsten und -gewässer eingesetzt. Während Mitte Juli ein Verband von Kreuzern und Zerstörern ungehindert ins Ostchinesische und ins Gelbe Meer eindrang, um dort die japanische Handelsschiffahrt zu bekämpfen, führte McCains Trägerflotte am 10. Juli einen Überraschungsangriff auf Flugplätze im Raum von Tokio und begann am 14. Juli einen zweitägigen Luftangriff gegen Ziele im nördlichen Teil der japanischen Hauptinsel Honshu (Hondo) und auf Hokkaido, die bislang außerhalb der Reichweite der »Superfestungen« gelegen hatten. Die Luftangriffe stießen kaum auf japanische Gegenwehr zur Luft: die Japaner hielten ihre Luftwaffe ganz offensichtlich für die Abwehr einer Invasion zurück. Durch die Zerstörung sämtlicher Eisenbahnfähren und einer erheblichen Anzahl von Lastschiffen wurde der Kohletransport von Hokkaido nach Honshu einschneidend behindert. In diesen Tagen beschossen erstmals amerikanische und britische Flottenverbände mit Schlachtschiffen, Kreuzern und Zerstörern ungestört Eisen- und Stahlwerke an der japanischen Heimatküste und legten deren Produktion lahm. Am 18. Juli richteten McCains und Rawlings' Trägerflotten ihre Angriffe gegen Werften und Schiffe in der Bucht von Tokio und vernichteten vom 24. bis 28. Juli in der japanischen Inlandsee zwischen Honshu und Shikoku die Reste der japanischen Flotte: drei Schlachtschiffe und vier Kreuzer wurden auf Grund gelegt, die noch vorhandenen japanischen Träger außer Gefecht gesetzt und eine Anzahl weiterer Schiffe beschädigt. Am 9. und 10. August griff die Task Force 38 erneut den nördlichen Abschnitt von Honshu an, zerschlug dort eine Ansammlung von 200 japanischen Bombenflugzeugen und vereitelte damit ein feindliches Selbstaufopferungs-Unternehmen, durch das 2000 Mann auf den amerikanischen Marianen-Flugplätzen abgesetzt werden sollten, um die Basen der »Superfestungen« zu zerstören. Als bei einem Angriff auf Tokio am 15. August die amerikanischen Maschinen über der Stadt waren, bekam Halsey von Admiral Nimitz den Befehl, alle Offensivhandlungen einzustellen: die Japaner hatten die Kapitulation angeboten.

In Japan war die politische Entwicklung, die zur Kapitulation führen sollte, nach der erfolgreichen amerikanischen Landung auf Okinawa in Gang gekommen. Am 4. April war die durch eine Reihe militärischer Niederlagen diskreditierte Regierung des Generals Koiso zurückgetreten. Während der Regierungsperiode Koiso hatte die japanische Friedensgruppe des »Jushin« vergeblich versucht, über die Sowjetunion, China und Schweden mit den Feindmächten zu Verhandlungen zu kommen. Nunmehr befürchtete sie, daß eine Weiterführung des Krieges die völlige Zerstörung Japans sowie den Sturz der Dynastie herbeiführen würde, und war selbst zur Kapitulation bereit, sofern dabei nur die Monarchie gerettet werden konnte. Sie schlug daher dem Kaiser die Ernennung des achtundsiebzigjährigen Admirals Baron Suzuki zum Premier vor. Obwohl Suzuki allmählich erkannte, daß der Kaiser von ihm die baldige Herbeiführung des Friedens erwartete, mußte er vorsichtig zu Werke gehen und sich in öffentlichen Erklärungen zum Kampf bis zum Sieg bekennen, um eine Revolte der Armee zu vermeiden: die blutige Verteidigung Okinawas und die folgenden, sinnlos gewordenen Kämpfe waren die notwendige Folge dieser durch die Haltung der Armee erzwungenen Politik.

Im »Obersten Rat für die Kriegführung« waren neben Suzuki nunmehr Außenminister Shigenori Togo und Marineminister Yonai als Anhänger der Friedenspartei vertreten. Ihre Gegenspieler waren Kriegsminister General Anami und die beiden Stabschefs der Marine und des Heeres, Admiral Toyoda und General Umezu, die glaubten, daß Japan nach der Abweisung einer Invasion Friedensbedingungen ohne Kapitulation und Besetzung des Landes erreichen würde. Immerhin waren auch diese drei Vertreter keine Fanatiker, die eine Armeerevolte befürworteten oder den radikalen Armeekreisen von den Vorgängen im Obersten Rat Kenntnis gaben.

Bei den Anzeichen wachsender Meinungsverschiedenheiten zwischen den Westmächten und der Sowjetunion setzte der neue Außenminister Togo alle Hoffnung darauf, über eine Vermittlung Moskaus zum Frieden zu gelangen, da er annahm, daß Moskau im Falle einer Entzweiung mit den westlichen Demokratien kein Interesse an einer völligen Niederlage und Besetzung Japans durch die Amerikaner haben könnte. Wenn Molotow am 5. April auch mitgeteilt hatte, daß die Sowjetunion den Neutralitätspakt vom April 1941 nicht zu verlängern wünsche, so hatte er doch gleichzeitig erklärt, daß sie ihn bis zu seinem Auslaufen im April 1946 respektieren werde – und Togo konnte nicht ahnen, daß Stalin im Februar 1945 in Jalta bereits konkrete Abmachungen über den sowjetischen Kriegseintritt gegen Japan getroffen hatte. Togo nahm daher die Kapitulation Deutschlands zum Anlaß, im Mai sofort den Dreimächtepakt und den Antikominternpakt für annulliert zu erklären. Diplomatische Fühlungnahmen zum Abschluß eines neuen Neutralitätsvertrages und sogar eines Nichtangriffspakts – unter dem gleichzeitigen Angebot einer Neutralisierung und eines japanischen Rückzugs aus der Mandschurei nach dem Kriege sowie mit dem Hinweis auf die Bereitschaft zu weiteren Konzessionen in Ostasien – blieben ohne Ergebnis: Stalin hatte in Jalta von den Westmächten viel weitergehende Angebote erhalten.

Am 18. Juni, als die Kämpfe auf Okinawa zu Ende gingen, beschlossen die sechs Mitglieder des Obersten Rats in einer Geheimsitzung, die Sowjets um Vermittlung eines Friedens zu ersuchen, der als Mindestbedingung die Erhaltung der japanischen Monarchie sichern sollte. Die Zeit drängte: schon lagen Nachrichten von der bevorstehenden Konferenz in Potsdam und der Verlegung sowjetischer Truppen aus Europa nach Fernost vor. Am 12. Juli informierten die Japaner Moskau vom Wunsch des Kaisers nach einem Friedensschluß, vorausgesetzt, daß es sich nicht um die bloße Einwilligung in eine bedingungslose Kapitulation handelte, und baten, den Prinzen Konoye als Sondergesandten zu empfangen. Aber die Sowjets hatten es nicht sonderlich eilig: am 18. Juli, einen Tag nach Beginn der Potsdamer Konferenz, teilten sie den Japanern mit, daß sie auf die japanischen Vorschläge keine definitive Antwort geben könnten, da die Botschaft des Kaisers keine konkreten Vorschläge enthalte und die genaue Absicht der Mission Konoyes unklar geblieben sei. In Potsdam informierte Stalin Präsident Truman über diesen japanischen Schritt und die sowjetische Antwort – und gab damit stillschweigend zu verstehen, daß er sich die sowjetischen Forderungen im Fernen Osten für den Preis, mit Japan Frieden zu halten, auch von Tokio würde erkaufen können, falls Truman die Rooseveltschen Zugeständnisse von Jalta nicht mehr konzidieren wollte. Am 25. Juli teilten die Japaner den Sowjets mit, daß Konoyes Mission beabsichtige, die sowjetische Vermittlung für eine Beendigung des Krieges zu erhalten, und daß Japan als Gegenleistung zu einer weitgehenden Berücksichtigung der sowjetischen Wünsche in Ostasien bereit sei. Am nächsten Tag richteten die Vereinigten Staaten, Großbritannien und China mit der »Potsdamer Deklaration« eine ultimative Aufforderung an die Japaner, den Kampf einzustellen. In dieser Deklaration, die Tokio durch neutrale Schutzmächte übermittelt und über den Rundfunk verbreitet wurde, hieß es, daß die aus Europa verstärkten alliierten Streitkräfte nunmehr gegen Japan bereitstünden. Japan müsse sich daher jetzt entscheiden, den Weg der Vernunft zu gehen oder der Verwüstung anheimzufallen. Im Anschluß daran wurden die alliierten Bedingungen aufgeführt: Der japanische Militarismus und seine Vertreter, die das japanische Volk irregeleitet hätten, müßten für immer ausgeschaltet werden. Daher würden die Alliierten Japan bis zur Aufrichtung einer demokratischen Ordnung besetzt halten. Gemäß der Deklaration von Kairo werde die japanische Souveränität zukünftig auf die vier Hauptinseln und auf noch zu bestimmende kleinere Inseln beschränkt werden. Es sei nicht beabsichtigt, die Japaner zu versklaven oder als Nation auszulöschen, doch würden alle Kriegsverbrecher zur Verantwortung gezogen werden. Japan sollte die für sein Wirtschaftsleben und angemessene Reparationsleistungen notwendigen Industrien behalten, die Kriegsindustrie werde dagegen verboten werden. Den Japanern sollte der Zugang zu Rohstoffen, nicht jedoch deren Kontrolle gestattet sein, auch würden sie später wieder am Welthandel teilnehmen können. Sobald alle diese Ziele verwirklicht worden wären und eine dem Volk verantwortliche Regierung gebildet worden sei, würden die Besatzungstruppen wieder aus dem Lande abziehen. Die Deklaration schloß mit dem eindringlichen Appell: »Wir fordern die japanische Regierung auf, jetzt die bedingungslose Kapitulation aller ihrer Streitkräfte zu vollziehen ... Widrigenfalls trifft Japan absoluter Ruin.«[55] Ein von Kriegsminister Stimson vorgeschlagener Passus, daß die Alliierten eine konstitutionelle Monarchie unter der gegenwärtigen Dynastie nicht unbedingt ablehnten, war in die Deklaration nicht aufgenommen worden: in Regierungskreisen und einem Teil der Presse der Vereinigten Staaten und Chinas wurde die Absetzung Kaiser Hirohitos und sogar seine Verurteilung als Kriegsverbrecher gefordert. Auch sollten eventuell in Japan bestehende Gruppen, die für die Abschaffung der Monarchie eintraten, nicht von vornherein entmutigt werden. Sicher hätte die von Stimson vorgeschlagene Erklärung die Bemühungen der Friedensgruppe in Japan wesentlich gefördert.

Im Obersten Rat trat Außenminister Togo am 27. Juli für die Annahme der Potsdamer Deklaration ein, da sie Japan trotz allem gewisse Bedingungen verhieß und eine Zurückweisung ernste Folgen haben mußte. Auch der Kaiser hielt die Deklaration im Prinzip für annehmbar. Doch die drei Militärs forderten eine offizielle Ablehnung. In dieser Situation beschloß der Rat, mit der Antwort zu warten, bis eine sowjetische Reaktion auf die Bitte um Vermittlung vorlag. Aus taktischen Gründen wurde die Presse angewiesen, der Deklaration keine allzu große Bedeutung beizumessen. Suzuki teilte Pressekorrespondenten mit, die alliierte Erklärung stelle im Grunde nur eine Wiederholung der Deklaration von Kairo und insoweit kein neues Faktum dar, das eine Änderung der bisherigen japanischen Politik bedinge. Diese nicht recht glückliche Äußerung

Suzukis wurde von der Presse und vom Rundfunk mit entsprechend militanten Kommentaren veröffentlicht. Als Folge solcher kriegerischen Verlautbarungen und des Ausbleibens einer offiziellen Antwort der japanischen Regierung waren die Alliierten der Ansicht, daß die Japaner die Deklaration rundweg ablehnten. Am 2. August gab daher Truman auf der Rückreise von Potsdam an Bord des Kreuzers »Augusta« den endgültigen Befehl zum Einsatz der Atombombe gegen Japan.

Bereits am 1. Juni hatte ein aus hohen Beamten und Atomwissenschaftlern zusammengesetzter Ausschuß die Anwendung der in Kürze fertiggestellten Waffe empfohlen, um den Japanern die fürchterliche neue Zerstörungskraft zu demonstrieren. Gewiß hätte die sich stets verdichtende Blockade der japanischen Inseln im Verein mit der Bombardierung ihrer Städte die Japaner schließlich auch ohne den Einsatz dieser Vernichtungswaffe auf die Knie gezwungen. Aber hatten nicht die erbitterten Kämpfe auf Iwojima und Okinawa gezeigt, wozu die Japaner auch in ausweglosen Situationen fähig waren? Unverändert rechneten die Amerikaner damit, eine Invasion des japanischen Mutterlandes durchführen zu müssen: schon waren die Pläne für eine Landung mit dreizehn Divisionen auf Kyushu am 1. November 1945 (Operation »Olympic«) ausgearbeitet. Ihr sollte mit Stichtag 1. März 1946 eine Landung mit fünfundzwanzig Divisionen im Raum Tokio (Operation »Coronet«) folgen. Mitte August besaßen die Japaner noch 5350 Kamikazeflugzeuge und ebenso viele Maschinen für den normalen Kampfgebrauch, 5000 Piloten wurden im Kamikaze-Korps ausgebildet. Die Flugzeuge waren getarnt auf kleine Startstreifen, in unterirdischen Hangars und Höhlen verteilt und sollten zu Kamikaze-Massenangriffen eingesetzt werden. Dazu kam der geplante Masseneinsatz von Zwerg-U-Booten, Selbstmordsprengbooten und -torpedos sowie Kampfschwimmern. Die Amerikaner, die durch die in Okinawa erlittenen hohen Verluste beunruhigt waren, rechneten auf den gebirgigen japanischen Inseln mit langwierigen Kämpfen und einem Vielfachen an Opfern; noch standen 2 Millionen Japaner mit voller Ausrüstung und genügenden Munitionsvorräten im Mutterland. Im Juni hatte das japanische Parlament außerdem ein Gesetz gebilligt, das eine Levée en masse der gesamten Bevölkerung vorsah. Auf Grund dieser Aspekte, die einen erbitterten Kampf verhießen, hielt Präsident Truman den Einsatz der Atombombe für die Abkürzung des Krieges gerechtfertigt, er hoffte damit eine Invasion Japans überflüssig zu machen und Hunderttausende von Menschenleben zu retten. Am 24. Juli bekam der Oberkommandierende der strategischen Luftwaffe, General Spaatz, den Befehl, daß die 20. USAAF die Bombe zu einem Zeitpunkt nach dem 3. August gegen eine der vier Industriestädte mit dichter Bevölkerung, Hiroshima, Kokura, Nagasaki oder Niigata, einsetzen solle, sobald das Wetter einen Abwurf bei guten Sichtverhältnissen ermöglichte. Am 6. August 1945, 9.15 Uhr Ortszeit, warf die Superfestung »Enola Gay« die erste Atombombe über Hiroshima ab. Die an einem Fallschirm niedergehende Uraniumbombe entzündete zwei riesige Feuerkugeln mit einer ungeheuren Druck- und Hitzewelle, die noch in einer Entfernung von 4 km zahlreiche Brände und Verbrennungen verursachte, im Umkreis von 1 km allein durch ihre radioaktive Strahlung tödlich wirkte. Von den 320000 Einwohnern der Stadt wurden 78000 getötet, 14000 vermißt, 19000 verletzt und 171000 obdachlos. 62000 der insgesamt 90000 Häuser wurden zerstört.

Durch die Rundfunkerklärung Trumans über die Natur der neuen Waffe informiert, drängte der japanische Kaiser am 7. August Togo, den Kampf sofort zu beenden, ohne noch länger über die Bedingungen zu diskutieren. Aber die Armeeführung blieb weiter unbeugsam und suchte sogar die Verbreitung der Nachrichten über die Bombe und ihre verheerenden Wirkungen zu unterdrücken. Schon am nächsten Tag traf die Japaner ein weiterer Schlag: in Moskau erklärte Molotow dem japanischen Botschafter, daß sich die Sowjetunion ab 9. August als mit Japan im Kriegszustand betrachte. Durch die japanische Ablehnung der Potsdamer Deklaration habe das japanische Ersuchen um eine sowjetische Vermittlung jegliche Grundlage verloren. Die Sowjetunion habe daher den Vorschlag ihrer Verbündeten angenommen, im Interesse einer baldigen Wiederherstellung des Weltfriedens in den Krieg gegen die japanische Aggression einzutreten.

Für die Annahme, daß der Abwurf der ersten Atombombe den sowjetischen Kriegseintritt gegen Japan beschleunigt habe, gibt es keine Beweise. In Potsdam hatten die Sowjets allerdings erklärt, die Rote Armee werde in der zweiten Augusthälfte angreifen, der genaue Termin hänge von einer vorherigen Einigung bei den chinesisch-sowjetischen Verhandlungen ab, die im Juni über die Jalta-Absprachen hinsichtlich der Äußeren Mongolei und der sowjetischen Rechte in der Mandschurei in Gang gekommen waren. Der chinesisch-sowjetische Freundschafts- und Bündnisvertrag nebst seinen Zusatzabkommen wurde jedoch erst am 14. August 1945 unterzeichnet. In ihm bekamen die Sowjets die in Jalta abgesprochenen Zugeständnisse gegen die Verpflichtung zugesichert, daß sie sich nicht zugunsten der chinesischen Kommunisten in die inneren Angelegenheiten Chinas einmischen und in den zu besetzenden mandschurischen Gebieten die nationalchinesische Verwaltung wiederherstellen würden.

Die Nachricht von der sowjetischen Kriegserklärung traf in Tokio gleichzeitig mit der Meldung über das Eindringen sowjetischer Truppen in der Mandschurei am Morgen des 9. August ein. Wiederum drängte der Kaiser Suzuki und Togo zur Annahme der Potsdamer Deklaration. Der sofort zusammentretende Oberste Kriegsrat einigte sich auf eine prinzipielle Annahme unter dem ausdrücklichen Vorbehalt, daß die Rechte des Kaisers nicht beeinträchtigt werden dürften. Doch der Kriegsminister und die beiden Stabschefs beharrten auf der Aufnahme dreier weiterer Bedingungen: (1) daß das japanische Mutterland nicht besetzt werde, (2) daß Japan seine Streitkräfte aus den überseeischen Gebieten selbst zurückziehen und demobilisieren dürfe und (3) daß von Japanern begangene Kriegsverbrechen nur von den eigenen Behörden verfolgt werden sollten. Während dieser Sitzung des Rates fiel die zweite Atombombe auf die Stadt Nagasaki: von ihren 260000 Einwohnern wurden 40000 getötet und ebenso viele verletzt. Nur durch die umliegenden Talwände wurde die Wirkung der an sich stärkeren Plutoniumbombe auf die Stadt selbst begrenzt. In einer nächtlich einberufenen Kaiserlichen Konferenz bat Suzuki nach mehrstündiger ergebnisloser Debatte zur Überraschung seiner Gegenspieler den Kaiser um die Entscheidung – ein Schritt, der die ungeschriebenen Gesetze und Gepflogenheiten der japanischen Verfassung durchbrach. Der Kaiser erklärte, daß »das Untragbare getragen« werden und die alliierte Deklaration mit dem einzigen Vorbehalt zugunsten der Rechte des Kaiserhauses angenommen werden müsse: die Entscheidung war gefallen. Die Antwort der Alliierten, die Außenminister Byrnes den Japanern am 11. August zugehen ließ, ging von der Forderung nach bedingungsloser Übergabe nicht ab und machte hinsichtlich des japanischen Vorbehalts eindeutig klar, daß die Autorität des Kaisers und der japanischen Regierung vom Moment der Kapitulation an dem Obersten Alliierten Befehlshaber unterstehen würde und die endgültige Regierungsform durch den frei geäußerten Willen des japanischen Volkes bestimmt werden müsse. Bei den Beratungen im Obersten Kriegsrat am 13. August vertraten Suzuki, Togo und Yonai die Ansicht, daß die amerikanische Antwort die japanische Bedingung erfülle, da aus ihr die vorläufige Beibehaltung der Monarchie als Institution hervorgehe und sich im Falle eines Volksentscheids das japanische Volk niemals für eine Abschaffung aussprechen werde. Suzukis Gegner im Kriegsrat sahen jedoch gerade in der Klausel zugunsten des Volkswillens eine Ermutigung für die Aktivität zum Sturze der Monarchie. Auch befürchteten sie eine Revolte der Armee: bald nach Bekanntwerden der amerikanischen Antwort hatte eine Gruppe jüngerer Offiziere Kriegsminister Anami bestürmt, die Einleitung der Kapitulation durch eine Intervention der Armee zu beenden. Da jedoch alle Angehörigen des kaiserlichen Hauses die Entscheidung des Kaisers unterstützten, stand der Armee kein kaiserlicher Prinz als Aushängeschild für einen Putsch zur Verfügung. Für die Friedensgruppe blieb abermals der einzige Ausweg, die Entscheidung in einer Kaiserlichen Konferenz zu erreichen, wo der Kaiser nach einer zweistündigen Debatte schließlich das letzte Wort sprach: Es sei kaiserlicher Wille, daß die Regierung die alliierte Antwort als befriedigend befinden und annehmen solle. Nur bei einer sofortigen Beendigung des Krieges könne genügend Substanz gerettet werden, um die Nation in der Zukunft wieder aufzurichten, andernfalls würde die bestehende politische Struktur Japans völlig zerschlagen und die Nation ausgelöscht werden. Das Kabinett billigte nunmehr die Entscheidung des Kaisers und arbeitete einen kaiserlichen Erlaß aus, der über den Rundfunk verbreitet werden sollte und den Hirohito noch am selben Abend auf Tonband sprach. In dieser Situation griffen Offiziere des Kriegsministeriums und des Generalstabs zum äußersten Mittel und inszenierten einen Militärputsch. In der Nacht wurde der Kommandeur der kaiserlichen Leibgarde, der die Teilnahme an der Verschwörung verweigerte, ermordet und die Leibwache durch gefälschte Befehle veranlaßt, den Palast von der Außenwelt zu isolieren und sich des Tonbands mit der Kapitulationserklärung zu bemächtigen. Die Revolte wurde jedoch durch das entschlossene Eingreifen des kommandierenden Distriktsbefehlshabers niedergeschlagen. Auch weitere örtliche Aufstände fanatischer Offiziersgruppen, ferner die Versuche, Suzuki und andere gemäßigte Politiker zu ermorden, schlugen fehl. Die Hauptverschwörer und Kriegsminister Anami, der in die Putschabsichten eingeweiht, selbst jedoch völlig passiv geblieben war, begingen Selbstmord. Am Mittag des 15. August (Japan-Zeit) hörten die Japaner zum erstenmal die Stimme ihres Gott-Kaisers, der seine Untertanen von der Annahme der Potsdamer Deklaration unterrichtete und an ihren Gehorsam appellierte.

Nach Eingang der japanischen Mitteilung am Nachmittag des 14. August (Washington-Zeit) arrangierte Außenminister Byrnes sofort eine Fernschreiber-Konferenz mit London, Moskau und Tschungking und schnitt anfängliche Einwände der Verbündeten, daß die Japaner ihre Bedingung zugunsten der Monarchie offensichtlich immer noch aufrechterhielten, mit der Feststellung ab, daß die amerikanische Regierung die japanische Note als vollständige Annahme der Potsdamer Deklaration ansehe. Am Abend gab Präsident Truman im Rundfunk bekannt, daß die Japaner »die Erklärung von Potsdam, die die bedingungslose Kapitulation festlegt«[56], angenommen hätten und General MacArthur zum Obersten Alliierten Befehlshaber bestellt und beauftragt worden sei, die Kapitulation zu vollziehen. Einige Tage zuvor hatten die Amerikaner die sowjetische Forderung abgelehnt, *zwei* Oberste Alliierte Befehlshaber – General MacArthur und Marschall Wassilewski – zu ernennen.

In Japan führte der Selbstmord des Kriegsministers am 15. August den Rücktritt der Regierung Suzuki herbei, die zwei Tage später durch ein Kabinett unter dem Onkel der Kaiserin, Prinz Higashikuni, ersetzt wurde, der als aktiver General zugleich das Kriegsministerium übernehmen konnte und damit die Einheit der japanischen Nation am besten zu garantieren schien. Nach Singapur, China und Mandschukuo wurden kaiserliche Prinzen gesandt, um durch ihre Autorität die Einhaltung der gegebenen Befehle zu sichern. Es gelang auch, das Kamikaze-Korps von der Absicht abzubringen, sich bei der Einfahrt der amerikanischen Flotte in die Bucht von Tokio auf das Flaggschiff »Missouri« zu stürzen. Am 28. August trafen die amerikanischen Streitkräfte in Japan ein. Am 2. September fand an Bord der »Missouri« die offizielle Unterzeichnung der Kapitulationsurkunde statt. Sie verpflichtete die Japaner zur bedingungslosen Übergabe ihrer Streitkräfte samt Waffen und Material in unzerstörtem Zustand, zur sofortigen Freilassung aller alliierten Gefangenen und zur Durchführung der Bestimmungen der Potsdamer Erklärung. Als Vertreter der japanischen Regierung unterzeichnete der neue Außenminister Shigemitsu, als Vertreter des japanischen Oberkommandos General Umezu. General MacArthur unterschrieb in seiner Eigenschaft als Oberster Alliierter Befehlshaber und nahm damit die Übergabe im Namen der vier Verbündeten Mächte und im Interesse der anderen, mit Japan im Kriege stehenden Vereinten Nationen entgegen. Es folgten die Unterzeichnung durch die Vertreter der Vereinigten Staaten, Chinas, Großbritanniens, der Sowjetunion, Australiens, Kanadas, Frankreichs, der Niederlande und Neuseelands.

Mit dem Abschluß der Zeremonie an diesem 2. September 1945 um 9.25 Uhr war der Zweite Weltkrieg, der 55 Millionen Tote und Vermißte gefordert hatte, beendet. Wie in Europa hatte sein Ausgang auch in Ostasien die Machtverhältnisse total verändert. Durch die Ablehnung der sowjetischen Forderung, an der Besetzung des japanischen Mutterlandes beteiligt zu werden, blieb Japan wenigstens die staatliche Einheit bewahrt. Nach dem Verlust seiner Großmachtstellung schien angesichts der politischen und wirtschaftlichen Ohnmacht Kuomintang-Chinas die Vorherrschaft Sowjetrußlands in Ostasien zur Tatsache zu werden, bis sich China nach dem Siege Mao Tse-tungs im Bürgerkrieg zu einem von Moskau unabhängigen Machtfaktor entwickelte. MacArthurs »General Order No. 1«, die die Besatzungsregionen festlegte, sollte im Randgebiet des ostasiatischen Kontinents unbeabsichtigt den zukünftigen westlichen Einflußbereich abstecken: den 38. Breitengrad in Korea und den 16. Breitengrad in Indochina (Vietnam). Aber auch innerhalb dieses Einflußbereichs erwies sich eine Rückkehr zum Vorkriegszustand als unmöglich. So kurz die japanische Hegemonialherrschaft auch gedauert hatte, hatte sie doch den Nimbus von der Unbesiegbarkeit der europäischen Mächte zerstört und dadurch die Selbständigkeitsbestrebungen der Kolonialvölker intensiviert.

Anmerkungen

I. Teil: Hegemoniale Aggression in Europa und Ostasien

1 Hitler, Zweites Buch, S. 114, 62, 54, 163; Mein Kampf, S. 736 ff.
2 Akten zur Deutschen Auswärtigen Politik, Serie D (künftig zitiert: ADAP), Bd. VI, S. 60.
3 a. a. O., S. 98.
4 engl. Wortlaut a. a. O., S. 142.
5 Jacobsen, 1939–1945. Der Zweite Weltkrieg, Chronik und Dokumente, S. 110.
6 ADAP, Bd. VII, S. 51 f.
7 a. a. O., S. 205 ff.
8 Documents on British Foreign Policy, 1919–1939, Third Series, Vol. VII, S. 451.
9 Telegramm Halifax' vom 3. 5. 1939, a. a. O., Vol. V, S. 402.
10 Hubatsch, Hitlers Weisungen, S. 20 f.
11 Wortlaut des Vertrages und des geheimen Zusatzprotokolls ADAP, Bd. VIII, S 127 ff.
12 a. a. O., S. 129 t.
13 Keesings Archiv der Gegenwart 1939, S. 4269.
14 a. a. O., S. 4275.
15 Tansill, Hintertür zum Kriege, S. 602.
16 Nürnbg. Dok. PS–686, abgedruckt in: Der Prozeß gegen die Hauptkriegsverbrecher vor dem Internationalen Militärgerichtshof Nürnberg (künftig zit.: IMG) Bd. XXVI, S. 255.
17 so in seiner ergänzenden Denkschrift für das OKH vom 10. 10. 1939, s. Jacobsen, Dokumente zur Vorgeschichte des Westfeldzuges, S. 5 ff.
18 Jacobsen, Chronik und Dokumente, S. 139.
19 Hubatsch, Hitlers Weisungen, S. 47.
20 Hubatsch, Hitlers Weisungen, S. 53 f.
21 Roosevelts Rede in Charlotteville, Virginia, am 10. 6. 1940, Peace and War, Washington 1943, S. 545 ff.
22 Churchill, Zweiter Weltkrieg, Bd. II, 1, S. 188 f.
23 ADAP, Bd. IX, S. 503 ff.
24 Ploetz, Konferenzen und Verträge, S. 189; Wortlaut des Waffenstillstands-Vertrags ohne Präambel ADAP, Bd. IX, S. 554 ff.
25 Churchill, Zweiter Weltkrieg, Bd. II, 1, S. 282.
26 De Gaulle, Memoiren 1940–1942, S. 76.
27 Churchill, Zweiter Weltkrieg, Bd. II, 1, S. 272.
28 Hubatsch, Hitlers Weisungen, S. 61 ff.
29 a. a. O., S. 67 ff.
30 Denkschrift d. OKW v. 20. 9. 1940, Nürnbg. Dok. NG–143, abgedruckt bei Hillgruber, Hitler, König Carol und Marschall Antonescu, S. 99.
31 ADAP, Bd. XI, 1, S. 175.
32 a. a. O., Bd. IX, S. 513.
33 28. 10. 1940, Ciano, L'Europa verso la Catastrofe, Milano 1948, S. 604.
34 Ciano, Tagebücher, 1939–1943, S. 278.
35 ADAP, Bd. XI, 1, S. 253.
36 a. a. O., S. 468.
37 a. a. O., S. 470.
38 a. a. O., Bd. XI. 2, S. 535 ff.
39 Die Beziehungen zwischen Deutschland und der Sowjetunion, S. 322.

[40] Churchill, Zweiter Weltkrieg, Bd. III, 1, S. 193.
[41] Besprechung v. 27. 3. 1941, Jacobsen, Chronik und Dokumente, S. 227.
[42] Jacobsen, Chronik und Dokumente, S. 247.
[43] Hubatsch, Hitlers Weisungen, S. 130.
[44] Halder, Kriegstagebuch, B. II, S. 32
[45] Hubatsch, Hitlers Weisungen, S. 84 ff.
[46] Die Beziehungen zwischen Deutschland und der Sowjetunion, S. 397.
[47] a. a. O., S. 409 ff.
[48] Halder, Kriegstagebuch, Bd. III, S. 38.
[49] Keesings Archiv der Gegenwart, 1941, S. 5216.
[50] Halder, Kriegstagebuch, Bd. III, S. 332.
[51] zit. bei Jacobsen/Rohwer, Entscheidungsschlachten, S. 171.
[52] Jacobsen, Chronik und Dokumente, S. 572.
[53] Hubatsch, Hitlers Weisungen, S. 89.
[54] Rede Rosenbergs vor den engsten Beteiligten am Ostproblem v. 20. 6. 1941, Nürnbg. Dok. PS–1058, IMG XXVI, S. 613.
[55] Jacobsen, Chronik und Dokumente, S. 223.
[56] Roosevelts Botschaft an den Kongreß v. 7. 7. 1941, engl. bei Rosenman, The Public Papers and Addresses of F. D. Roosevelt, 1941 Vol., New York 1950, S. 256 f.
[57] Jacobsen, Chronik und Dokumente, S. 264 f.
[58] Churchill, Zweiter Weltkrieg, Bd. III, 1, S. 442 ff.
[59] Jacobsen, Chronik und Dokumente, S. 254.
[60] Hubatsch, Hitlers Weisungen, S. 103 f.
[61] USA, Congress: Hearings before the Joint Committee on the Investigation of the Pearl Harbor Attack, Washington 1946, Part XII, S. 165.
[62] Henry L. Stimson, Diary, 25. 11. 1941, zit. a. a. O., Part XI, S. 5433.
[63] a. a. O., Part XII, S. 239 ff.
[64] Aussage v. Commander L. R. Schulz, a. a. O., Part X, S. 12441.
[65] Papers Relating to the Foreign Relations of the United States, Japan, 1931–1941, Washington 1943, Vol. II, S. 784 f.
[66] Telegr. Togos an Oshima v. 30. 11. 1941, Pearl Harbor Attack, Hearings, Part XII, S. 204.

II. Teil: Niederwerfung der regionalen Hegemonialbestrebungen und Ringen um eine universale Friedensordnung

[1] Jacobsen, Chronik und Dokumente, S. 305.
[2] Churchill, Zweiter Weltkrieg, Bd. IV, 1, S. 397. Engl. Text: Documents on American Foreign Relations, Vol. IV, S. 242 f.
[3] Churchill, a. a. O., Bd. IV, 2, S. 84.
[4] Jacobsen, Chronik und Dokumente, S. 352.
[5] Hubatsch, Hitlers Weisungen, S. 184.
[6] Halder, Kriegstagebuch, Bd. 3, S. 489.
[7] v. Manstein, Verlorene Siege, S. 326.
[8] (Ciano-Tagebuch). Jacobsen, Chronik und Dokumente, S. 270.
[9] Poliakov/Wulf, Das Dritte Reich und die Juden, Berlin 1955, S. 123 f.
[10] Nürnbg. Dok. NO–5618 (Fotokopie im Institut f. Zeitgeschichte).
[11] Churchill, Zweiter Weltkrieg, Bd. V, 1, S. 60.
[12] Jacobsen, Chronik und Dokumente, S. 397.
[13] Kleist, Zwischen Hitler und Stalin, S. 286.
[14] Hubatsch, Hitlers Weisungen, S. 243.

[15] v. Manstein, Verlorene Siege, S. 615.
[16] Jacobsen/Rohwer, Entscheidungsschlachten, S. 452.
[17] Churchill, Zweiter Weltkrieg, Bd. VI, 1, S. 168.
[18] Erfurth, Finnischer Krieg, S. 273.
[19] Jacobsen, Chronik und Dokumente, S. 474.
[20] v. Choltitz, Soldat unter Soldaten, S. 256.
[21] Hitlers Lagebesprechungen (Hrsg. H. Heiber), S. 722.
[22] a. a. O., S. 729, Anm. 3.
[23] Denkschrift für die Generalität v. 26. März 1943, Ritter, Carl Goerdeler, S. 605 f.
[24] Keesings Archiv der Gegenwart 1944, S. 6456.
[25] Stalins Correspondence with Churchill etc., S. 132, deutsch b. Jacobsen, Der Zweite Weltkrieg, Grundzüge der Politik und Strategie, S. 240.
[26] H. G. Gelber, Der Morgenthau-Plan (V. f. Zg. 1965), S. 389.
[27] So Churchill, Zweiter Weltkrieg, Bd. VI, 1, S. 274, 276 f.
[28] Jacobsen, Chronik und Dokumente, S. 380.
[29] Reichsgesetzblatt 1944, Teil I, S. 253.
[30] Guderian, Erinnerungen, S. 346.
[31] Hubatsch, Hitlers Weisungen, S. 300.
[32] Milward, Die deutsche Kriegswirtschaft, S. 161.
[33] Jacobsen, Chronik und Dokumente, S. 529.
[34] Hubatsch, Hitlers Weisungen, S. 311.
[35] Keesings Archiv d. Gegenwart 1945, S. 184.
[36] Trevor-Roper, Hitlers letzte Tage, S. 124.
[37] Jacobsen, Chronik und Dokumente, S. 530 ff.
[38] Lüdde-Neurath, Regierung Dönitz, S. 131.
[39] a. a. O., S. 132.
[40] Churchill, Zweiter Weltkrieg, Bd. VI, 2, S. 39.
[41] Jacobsen, Grundzüge, S. 377.
[42] Text d. Abschlußformel über die polnische Regierungsbildung, a. a. O., S. 376 f.
[43] a. a. O., S. 378.
[44] Broszat, 200 Jahre deutsche Polenpolitik, München 1963, S. 245.
[45] Gleichlautender Text an Truman: Stalins Correspondence with Churchill etc., S. 219 f.; deutsch: Churchill, Zweiter Weltkrieg, Bd. VI, 2, S. 171 f.
[46] Churchill, a. a. O., S. 119.
[47] a. a. O., S. 124; engl. Text: Stalins Correspondence with Churchill etc., S. 206, (dort statt »Friedensbedingungen« allerdings »armistice terms«).
[48] Churchill, a. a. O., S. 126; Stalins Correspondence with Churchill etc., S. 208.
[49] Churchill, Zweiter Weltkrieg, Bd. VI, 2, S. 248; gleichlautend an Truman, s. Stalins Correspondence with Churchill etc., S. 249.
[50] Churchill, Zweiter Weltkrieg, Bd. VI, 2, S. 183.
[51] Jacobsen, Grundzüge, S. 380 f.
[52] Deuerlein, Potsdam 1945, S. 364.
[53] Truman, Memoiren, Bd. I, S. 426.
[54] Keesings Archiv der Gegenwart, 1945, S. 376.
[55] Deuerlein, Potsdam 1945, S. 273.
[56] Truman, Memoiren, Bd. I, S. 454.

Literaturverzeichnis

Da das Literaturverzeichnis keinen Anspruch auf Vollständigkeit erheben kann, wird vor allem auf folgende Spezialbibliographien verwiesen: Bibliographie zur Zeitgeschichte. Beilage d. Vierteljahrshefte f. Zeitgeschichte. Zusammengest. v. Th. Vogelsang, Jg. 1 (1953)ff. Stuttgart 1953ff. – F. Herre u. H. Auerbach, Bibliographie zur Zeitgesch. u. z. Zweiten Weltkrieg f. d. Jahre 1945–1950, München 1955. – H. A. Jacobsen, Z. Konzeption einer Gesch. d. Zweiten Weltkrieges 1939–1945. Disposit. mit krit. ausgew. Schrifttum, Frankfurt/M. 1964.

Nachschlagewerke und Dokumentenpublikationen

Gesch. d. Zweiten Weltkrieges, Ploetz, Würzburg 1960. – A. Hillgruber u. G. Hümmelchen, Chronik des Zweiten Weltkrieges, Königstein/Ts. 1978. – Konferenzen und Verträge 1914–1959, Ploetz, Würzburg 1959. – W. Keilig, Das deutsche Heer 1939–1945, Lfg. 1ff., Bad Nauheim 1956ff. – W. Lohmann u. H. H. Hildebrand, Die deutsche Kriegsmarine 1939–1945, Bd. 1–3, Bad Nauheim 1956–64. – Keesings Archiv d. Gegenwart 1939–1945. – Lexikon des Zweiten Weltkriegs, hrsg. v. C. Zentner, München 1977. – D. Mason, Who's who in World War II, London 1978. – J. Rohwer u. G. Hümmelchen, Chronik des Seekrieges 1939–1945, Oldenburg u. Hamburg 1968. – E. Deuerlein, Potsdam 1945. Quellen z. Konferenz der »Großen Drei«, dtv-Bd. 152/53, München 1963. – Deutschlands Rüstung im Zweiten Weltkrieg. Hitlers Konferenzen mit Albert Speer 1942–45, Hrsg. W. A. Boelcke, Frankfurt a. M. 1969. – Hitlers Lagebesprechungen, hrsg. v. H. Heiber, Stuttgart 1962. – A. Hillgruber (Hrsg.), Staatsmänner und Diplomaten bei Hitler, Bd. 1. 2., Frankfurt/M. 1967, 1970. – W. Hubatsch, Hitlers Weisungen f. d. Kriegführung 1939–1945, Frankfurt/M. 1962. – H.-A. Jacobsen, 1939–1945. Der Zweite Weltkrieg in Chronik und Dokumenten, Darmstadt 1961. – H.-A. Jacobsen, Der Zweite Weltkrieg, Grundzüge d. Politik u. Strategie in Dokumenten, Frankfurt/M.-Hamburg 1965. – Kriegstagebuch des Oberkomm. d. Wehrmacht, Bd. 1–4, herausg. v. P. E. Schramm u. a., Frankfurt/M. 1961–64. – Lagevorträge des Oberbefehlshabers der Kriegsmarine vor Hitler 1939–1945, hrsg. v. G. Wagner, München 1972. – Akten zur deutsch. auswärtig. Politik 1918–1945, Serie D: 1937–1941, Bd. I–XIII, Baden-Baden 1950–70, Serie E: 1941–1945, Bd. I–VIII, Göttingen 1969–1979. – Die Beziehungen zw. Deutschland u. d. Sowjetunion 1939–1941, Dok. d. Auswärtigen Amtes, hrsg. v. A. Seidl, Tübingen 1949. – Documents on American Foreign Relations, Ed. by L. M. Goodrich, Boston 1941–47. – Documents on British Foreign Policy 1919–1939, Serie 3: Vol. 1–10, London 1949–61. – Foreign Relations of the United States 1939–1945, Washington 1956–69. – Stalin's Correspondence with Churchill, Attlee, Roosevelt and Truman 1941–1945, London 1958. – J. Stalin, Über den Großen Vaterländischen Krieg der Sowjetunion, Berlin 1952. – Teheran, Jalta, Potsdam. Die sowjetischen Protokolle von den Kriegskonferenzen der »Großen Drei«, Hrsg. A. Fischer, Köln 1968. – Der Prozeß gegen die Hauptkriegsverbrecher vor dem Internationalen Militärgerichtshof Nürnberg 14. Nov. 1945–1. Okt. 1946, Nürnberg 1947–49.

O. Abetz, Das offene Problem, Köln 1951. – F. Anfuso, Rom – Berlin im dipl. Spiegel, München 1951. – P. Badoglio, Italien im Zweiten Weltkrieg. Erinnerungen u. Dok., München/Leipzig 1947. – E. Beneš, Memoirs, London 1954. – T. Bór-Komorowski, The secret Army, London 1950. – O. N. Bradley, A Soldier's Story, New York 1951. – A. Bryant, Kriegswende 1939–43, Sieg im Westen 1943–46. Aus den Tagebüchern Feldm. Alanbrooke's, Düsseldorf 1957/60. – J. F. Byrnes, In aller Offenheit, Frankfurt/M. o. J. – Chiang Kai-shek, China's Destiny, London 1947. – D. v. Choltitz, Soldat unter Soldaten, Konstanz 1951. – W. S. Churchill, Der Zweite Weltkrieg, Bd. I–VI, Hamburg/Stuttgart 1950–54. – G. Ciano, Tagebücher 1939–43, Bern 1947. – M. W. Clark, Mein Weg v. Algier n. Wien, Wien 1954. – Lucius D. Clay, Entscheidung in Deutschland, Frankfurt/M. 1950. – J. E. Davies, Als USA-Botschafter in Moskau, Zürich 1943. – J. R. Deane, E. seltsames Bündnis, Wien 1946. – K. Dönitz, Zehn Jahre u. zwanzig Tage, Bonn 1958. – D. D. Eisenhower, Kreuzzug in Europa, Amsterdam 1948. – H. Friessner, Verratene Schlachten, Hamburg 1956. – G. Gafencu, Vorspiel z. Krieg im Osten, Zürich 1944. – A. Galland, D. Ersten und d. Letzten, München 1961. – Ch. de Gaulle, Memoiren 1940–1942, Berlin/Frankfurt a. M. 1955. – Ch. de Gaulle, Memoiren 1942–46, Düsseldorf 1961. – J. Goebbels, Tagebücher a. d. Jahren 1942–43, hrsg. von L. P. Lochner, Zürich 1948. – G. Guderian, Erinnerungen e. Soldaten, Heidelberg 1951. – F. Halder, Kriegstagebuch. 1939–42, bearb. v. H.-A. Jacobsen, Bd. I–III, Stuttgart 1962–64. – A. Heusinger, Befehl im Widerstreit, Stuttgart 1950. – G. Hilger, Wir und der Kreml, Frankfurt/M.-Berlin 1955. – A. Hitler, Mein Kampf, München 1933. – A. Hitler, Zweites Buch. Ein Dok. a. d. Jahre 1928, Stuttgart 1961. – N. v. Horthy, Ein Leben für Ungarn, Bonn 1953. – C. Hull, The Memoirs, New York 1948. – Lord H. L. Ismay, Memoirs, London 1960. – W. Keitel, Generalfeldmarschall Keitel. Verbrecher oder Offizier? hrsg. v. W. Görlitz, Frankfurt/M.-Berlin 1961. – F. Kersten, Totenkopf und Treue, Hamburg 1953. – A. Kesselring, Soldat bis z. letzten Tag, Bonn 1953. – P. Kleist, Zwischen Hitler und Stalin 1939–45, Bonn 1950. – E. Kordt, Nicht aus den Akten, Stuttgart 1950. – W. Krueger, From down under to Nippon, Washington 1953. – W. D. Leahy, I was there, New York 1950. – M. M. Litvinov, Memoiren, München 1956. – W. Lüdde-Neurath, Regierung Dönitz, Göttingen 1964. – C. G. v. Mannerheim, Erinnerungen, Zürich 1952. – E. v. Manstein, Verlorene Siege, Bonn 1955. – S. Mikolajczik, D. Krieg gegen d. Freiheit. Memoiren, Berlin 1948. – B. L. Montgomery, Von El Alamein zum Sangro. Von der Normandie zur Ostsee, Hamburg 1949. – B. L. Montgomery, Memoiren, München 1958. – R. Murphy, Diplomat among warriors, Garden City 1964. – G. S. Patton, Krieg wie ich ihn erlebte, Bern 1950. – F. Paulus, Ich stehe hier auf Befehl!, hrsg. v. W. Görlitz, Frankfurt/M. 1960. – H. Pikker, Hitlers Tischgespräche im Führerhauptquartier 1941–1942, neu hrsg. v. P. E. Schramm, Stuttgart 1963. – E. Raeder, Mein Leben, Bd. 1.2, Tübingen 1956–57. – J. v. Ribbentrop, Zwischen London u. Moskau, hrsg. v. A. v. Ribbentrop, Leoni 1953. – E. v. Rintelen, Mussolini als Bundesgenosse, Stuttgart 1951. – E. Rommel, Krieg ohne Haß, hrsg. v. L. M. Rommel und F. Beyerlein, Heidenheim 1950. – A. Rosenberg, D. polit. Tagebuch Alfred Rosenbergs 1934/35 und 1939/40, dtv-Bd. 219, München 1964. – F. Ruge, Rommel und d. Invasion, Stuttgart 1959. – W. Schellenberg, Memoiren, Köln 1956. – P. Schmidt, Statist auf diplomatischer Bühne 1923 bis 1945, Bonn 1949. – F. v. Schlabrendorff, Offiziere gegen Hitler, Frankfurt/M. 1960. – G. K. Schukow, Erinnerungen und Gedanken, Stuttgart 1969. – M. Shigemitsu, Die Schicksalsjahre Japans, Frankfurt/M. 1959. – A. Speer, Erinnerungen, Berlin 1969. – H. Speidel, Invasion 1944, Tübingen 1949. – E. R. Stettinius, Welt in Abwehr, Leipzig/München 1946. – J. W. Stilwell, The Stilwell Papers. Ed. by W. White, New

York 1948. – H. L. Stimson and B. McGeorge, On active Service in Peace and War, New York 1948. – S. Togo, Japan i. zweiten Weltkrieg, Bonn 1958. – H. S. Truman, Memoiren. Bd. I (1945), Stuttgart 1955. – W. Warlimont, Im Hauptquart. d. deutsch. Wehrmacht 1939–45, Frankfurt/M. 1962. – A. C. Wedemeyer, Der verwaltete Krieg, Gütersloh 1960. – E. Frhr. v. Weizsäcker, Erinnerungen, München/Leipzig 1950. – S. Welles, Seven Decisions that shaped History, New York 1951. – S. Welles, The Time for Decision, New York 1944. – S. Westphal, Heer in Fesseln, Bonn 1952.

Gesamtdarstellungen

R. Cartier u. P. Dufourcq, Der Zweite Weltkrieg, München 1967. – Das Deutsche Reich und der Zweite Weltkrieg, v. W. Deist u. a. Hersg. v. Militärgeschichtlichen Forschungsamt, Bd. 1 u. 2, Stuttgart 1979. – H. G. Dahms, Der Zweite Weltkrieg, Tübingen 1960. – G. A. Deborin, Der Zweite Weltkrieg, Berlin 1960. – Deutschland im zweiten Weltkrieg, hrsg. v. W. Schumann, G. Hass u. a., Bd. 1–4, Berlin 1974ff. – R. E. Dupuy, World War II, New York 1969. – G. W. Feuchter, Der Luftkrieg, Frankfurt/M.-Bonn 1962. – G. Förster/H. Helmert/H. Schnittner, Der Zweite Weltkrieg. Milit. Verlauf u. Chronik, Leipzig 1962. – M. Freund, Der zweite Weltkrieg, Gütersloh 1962. – J. F. C. Fuller, Der zweite Weltkrieg 1939–45, Wien 1950. – Geschichte des zweiten Weltkrieges 1939–1945, hrsg. v. H. Hoffmann, Bd. 1–9, Berlin 1975ff. – W. Görlitz, Der Zweite Weltkrieg 1939–45, Bd. I u. II, Stuttgart 1951/52. – H. Michaelis, Der Zweite Weltkrieg, Frankfurt/M. 1972. – H. Michel, La seconde guerre mondiale, Paris 1968/69. – F. Ruge, D. Seekrieg 1939–1945, Stuttgart 1969. – B. S. Telpuchovskij, Die sowjet. Geschichte d. Groß. Vaterländ. Krieges. Dt. Ausg. erl. v. A. Hillgruber u. H.-A. Jacobsen, Frankfurt/M. 1961. – K. v. Tippelskirch, Geschichte des Zweiten Weltkriegs, Bonn 1956. – The War 1939–45. Ed. by D. Flower and J. Reeves, London 1960.

Einzeldarstellungen

A. Armstrong, Unconditional Surrender, New Brunswick 1961. – P. Beesly, Very Special Intelligence. Geheimdienstkrieg der britischen Admiralität 1939–1945, Berlin 1978. – Bilanz d. Zweiten Weltkrieges, Hamburg 1953. – H. Bonatz, Seekrieg im Äther. Die Leistungen der Marine-Funkaufklärung 1939–1945, Herford 1981. – D. Brandes, Die Tschechen unter deutschem Protektorat, München/Wien 1969. – M. Broszat, Nat.-soz. Polenpolitik 1939–45, Stuttgart 1961. – H. Böhme, D. deutsch-franz. Waffenstillstand im Zweiten Weltkrieg, Stuttgart 1963. – A. Buchner, D. deutsche Griechenland-Feldzug, Heidelberg 1957. – R. J. C. Butow, Japan's Decision to rurrender, Stanford 1954. – W. H. Chamberlin, Amerikas zweiter Kreuzzug, Bonn 1952. – B. Collier, The war in the Far East 1941–1945, London 1969. – A. Dallin, Deutsche Herrschaft in Rußland 1941–45, Düsseldorf 1958. – F. W. Deakin, D. brutale Freundschaft, Berlin 1962. – D. S. Detwiler, Hitler, Franco und Gibraltar, Wiesbaden 1962. – Die Funkaufklärung und ihre Rolle im Zweiten Weltkrieg, Hrsg. v. J. Rohwer u. E. Jäckel, Stuttgart 1979. – Entscheidungsschlachten des Zweiten Weltkrieges. Hrsg. v. H. A. Jacobsen u. J. Rohwer, Frankfurt/M. 1960. – W. Erfurth, D. Finnische Krieg 1941–44, Wiesbaden 1950. – European Resistance Movements 1939–45, Vol. 1.2, Oxford 1960/64. – H. Feis, Churchill, Roosevelt, Stalin. The War They Waged and the Peace They Sought, Princeton 1957. – H. Feis, The Road to Pearl Harbor, Princeton 1950. – H. Feis, Zwischen Krieg und Frieden. Das Potsdamer Abkommen, Frankfurt/M. 1962. – A. Fischer, Sowjetische Deutschlandpolitik im

Zweiten Weltkrieg 1941–1945, Stuttgart 1975. – M. R. D. Foot, Resistance. An analysis of European resistance to Nazism 1940–1945, London 1976. – H. Greiner, D. oberste Wehrmachtführung 1939–43, Wiesbaden 1951. – R. Hansen, D. Ende d. Dritten Reiches, Stuttgart 1966. – A. Hillgruber, Hitler, König Carol u. Marschall Antonescu, Wiesbaden 1954. – A. Hillgruber, Hitlers Strategie, Politik und Kriegsführung 1940–41, Frankfurt/M. 1965. – F. H. Hinsley, British Intelligence in the Second World War. Its Influence on Strategy and Operations, Bd. I u. II, London 1979/1981. – W. Hofer, D. Entfesselung d. zweiten Weltkrieges, Frankfurt/M. 1960. – P. Hoffmann, Widerstand, Staatsstreich, Attentat. Der Kampf der Opposition gegen Hitler, München 1969. – E. M. Howell, The Soviet Partisan Movement 1941–44, Washington 1956. – W. Hubatsch, »Weserübung«, Göttingen 1960. – D. Irving, Hitler und seine Feldherren, Frankfurt/M. 1975. – H.-A. Jacobsen, Deutsche Kriegführung 1939–45, Hannover 1962. – H.-A. Jacobsen, Fall Gelb. D. Kampf um d. deutsch. Operationsplan z. Westoffensive 1940, Wiesbaden 1957. – W. Jacobmeyer, Heimat u. Exil. Die Anfänge der polnischen Untergrundbewegung im Zweiten Weltkrieg, Hamburg 1973. – E. Jäckel, Frankreich in Hitlers Europa, Stuttgart 1966. – F. C. Jones, Japan's New Order in East Asia, London 1954. – R. V. Jones, Most Secret War, London 1978. – H. Jung, D. Ardennen-Offensive 1944/45. Ein Beispiel f. d. Kriegführung Hitlers, Göttingen 1971. – M. Kehrig, Stalingrad. Analyse und Dokumentation einer Schlacht, Stuttgart 1974. – F. Kennan, American Dpiomacy 1900–1950, Chicago 1952. – K. Klee, D. Unternehmen »Seelöwe«, Göttingen 1958. – E. Klöss (Hrsg.), Der Luftkrieg über Deutschland 1939–45, dtv-Bd. 160, München 1964. – E. Kordt, Wahn und Wirklichkeit, Stuttgart 1948. – H. v. Krannhals, Der Warschauer Aufstand 1944, Frankfurt/M. 1962. – Kriegswirtschaft und Rüstung 1939–1945, hrsg. v. F. Forstmeier u. H.-E. Volkmann, Düsseldorf 1977. – K. Kwiet, Reichskommissariat Niederlande, Stuttgart 1968. – W. L. Langer and E. Gleason, The Challenge to Isolation 1937–40, The Undeclared War 1940–41, New York 1952/53. – G. A. Lensen, The strange neutrality. Soviet-Japanese relations during the second world war, 1941–1945, Tallahassee 1972.– P. Leverkühn, D. geheime Nachrichtendienst d. deutsch. Wehrmacht im Kriege, Frankfurt/M. 1957. – R. Lewin, Ultra goes to war. The first account of World War II's greatest secret. Based on official documents, New York 1978. – B. H. Lidell Hart (Hrsg.), Die Rote Armee, Bonn 1956. – B. H. Lidell Hart, D. Strategie e. Diktatur, Zürich 1948. – B. H. Lidell Hart, Geschichte des Zweiten Weltkrieges, Düsseldorf 1972. – F. F. Liu, A military History of modern China 1924–49, Princeton 1956. – H.-D. Loock, Quisling, Rosenberg und Terboven. Zur Vorgeschichte u. Geschichte d. nationalsozialist. Revolution in Norwegen, Stuttgart 1970. – W. Marienfeld, Konferenzen üb. Deutschland, Hannover 1963. – K. Macksey, The partisans of Europe in World War II, London 1975. – B. Mark, D. Aufstand im Warschauer Ghetto, Berlin 1959. – B. Martin, Friedensinitiativen und Machtpolitik im Zweiten Weltkrieg 1939–1942, Düsseldorf 1974. – M. Matloff and E. M. Snell, Strategic Planning for coalition warfare (1941–42 u. 1943–44), Washington 1953/60. – W. H. McNeill, America, Britain and Russia, London 1953. – A. S. Milward, D. deutsche Kriegswirtschaft 1939–45, Stuttgart 1966. – A. S. Milward, Der Zweite Weltkrieg. Krieg, Wirtschaft und Gesellschaft 1939–1945, München 1977. – G. Moltmann, Amerikas Deutschlandpolitik im Zweiten Weltkrieg, Heidelberg 1958. – S. E. Morison, History of U. S. Naval Operations in World War II, Vol. I–XV, Boston 1950–62. – L. Neumann, Making The Peace 1941–45, Washington 1950. – A. Philippi u. F. Heim, Der Feldzug gegen Sowjetrußland 1941–45, Stuttgart 1962. – K. Reinhardt, Die Wende vor Moskau, Stuttgart 1972. – G. Reitlinger, Die Endlösung, Berlin 1961. – H. Rentsch, Partisanenkampf, Frankfurt/M. 1961. – G. Ritter, Carl Goerdeler u. d. deutsche Widerstandsbewegung, Stuttgart 1956. – W. R. Roberts, Tito, Mihailović and the Allies 1941–1945, New Brunswick 1973. – S. W.

Roskill, The War at Sea, Vol. 1.2, London 1954–57. – H. Rothfels, D. deutsche Opposition geg. Hitler, Frankfurt/M. 1958. – F. Ruge, Entscheidung im Pazifik, Hamburg 1951. – H. Rumpf, Das war d. Bombenkrieg (1943–45), Hamburg 1961. – W. Schlauch, Rüstungshilfe der USA an die Verbündeten im Zweiten Weltkrieg, Darmstadt 1967. – E. Schmidt-Richberg, D. Endkampf auf d. Balkan. Heidelberg 1955. – B. P. Schröder, Deutschland und der Mittlere Osten im Zweiten Weltkrieg, Göttingen 1975. – A. Seaton, Der russisch-deutsche Krieg 1941–1945, Frankfurt/M. 1973. – H. Seton-Watson, D. Osteuropäische Revolution, München 1956. – G. A. Shepperd, The Italien campaign, 1943–1945, New York 1968. – R. E. Sherwood, Roosevelt und Hopkins, Hamburg 1950. – M. Shulman, D. Niederlage im Westen, Gütersloh 1949. – J. L. Snell (Edit.), The Meaning of Yalta, Baton Rouge 1956. – Ch. C. Tansill, Die Hintertür zum Kriege, Düsseldorf, 1957. – A. and V. M. Toynbee, Hitler's Europe, Oxford 1954. – H. R. Trevor-Roper, Hitlers letzte Tage, Zürich 1946. – A. Verrier, Bomberoffensive gegen Deutschland 1939–45, Frankfurt a. M. 1970. – Vollmacht d. Gewissens, Bd. 1.2, Frankfurt/M. 1960/65. – N. v. Vormann, D. Feldzug in Polen 1939, Weißenburg 1958. – W. Wagner, Belgien in der deutschen Politik während des Zweiten Weltkrieges, Boppard 1974. – Th. Weber, D. Luftschlacht um England, Wiesbaden 1956. – G. L. Weinberg, Germany and the Soviet Union 1939–1941, Leiden 1954. – A. Werth, Rußland im Kriege 1941–45, München/Zürich 1965. – R. Wheatley, Operation Seelöwe, Minden 1958. – Ch. Wilmot, D. Kampf um Europa, Frankfurt/M.-Berlin 1954. – E. Zeller, Geist d. Freiheit. D. zwanzigste Juli, München 1963.

Register

dtv dokumente

)rdnung, Fleiß und
parsamkeit
exte und Dokumente
ur Entstehung der
bürgerlichen Tugenden«
Irsg. v. Paul Münch
tv 2940

)as Klassische Weimar
exte und Zeugnisse
Irsg. v. Heinrich Pleticha
tv 2935

inderstuben
/ie Kinder zu Bauern,
ürgern, Aristokraten
/urden. 1700-1850
lerausgegeben von
ürgen Schlumbohm
tv 2933

Parole der Woche
Eine Wandzeitung
im Dritten Reich
1936-1943
Herausgegeben von
Franz-Josef Heyen
dtv 2936

Hitlers Machtergreifung
1933
Herausgegeben von
Josef und Ruth Becker
dtv 2938

Die russische Revolution
1917
Herausgegeben von
Manfred Hellmann
dtv 2903

Anatomie des
SS-Staates
Band 1
Hans Buchheim:
Die SS –
das Herrschafts-
instrument
Hans Buchheim: Befehl
und Gehorsam
dtv 2915

Band 2
Martin Broszat:
Konzentrationslager
Hans Adolf Jacobsen:
Kommissarbefehl
Helmut Krausnick:
Judenverfolgung
dtv 2916

Rudolf Höß:
Kommandant in
Auschwitz
Hrsg. v. Martin Broszat
dtv 2908